세상의 속도를
따라잡고 싶다면

Do it!

2020년 최신판!
웹 분야 1위 도서!

탄탄한 웹 기본기를 위한 교과서!

HTML5 + CSS3 웹 표준의 정석

코딩 왕초보도 이 한 권이면 기초부터 활용까지 완전 정복!

전면 개정 2판

고경희 지음

이지스퍼블리싱

세상의 속도를 따라잡고 싶다면 **Do it!**
변화의 속도를 즐기게 됩니다.

탄탄한 웹 기본기를 위한 교과서!

Do it! HTML5+CSS3 웹 표준의 정석 — 전면 개정 2판

개정 2판 발행 • 2019년 12월 27일
개정 2판 10쇄 • 2024년 4월 15일

개정 1판 발행 • 2017년 1월 3일
개정 1판 9쇄 • 2019년 6월 3일

초판 발행 • 2013년 9월 23일
초판 10쇄 • 2016년 8월 19일

지은이 • 고경희
펴낸이 • 이지연
펴낸곳 • 이지스퍼블리싱(주)
출판사 등록번호 • 제313-2010-123호
주소 • 서울시 마포구 잔다리로 109 이지스빌딩 4층(우편번호 04003)
대표 전화 • 02-325-1722 / **팩스** • 02-326-1723
홈페이지 • www.easyspub.co.kr / **페이스북** • www.facebook.com/easyspub
Do it! **스터디룸 카페** • cafe.naver.com/doitstudyroom / **인스타그램** • instagram.com/easyspub_it

기획 및 책임 편집 • 대경미, 이수진, 유신미 / **표지 및 본문 디자인** • 트인글터
교정교열 • 박명희, 박진영 / **기술교정** • 김이수 / **일러스트** • 김학수 / **마케팅** • 박정현, 한송이, 이나리
인쇄 • 보광문화사 / **영업 및 교재 문의** • 이주동, 김요한(support@easyspub.co.kr) / **독자지원** • 오경신

ISBN 979-11-6303-129-1 13000
가격 25,000원

해야 할 일은 과감히 결심하라.
결심한 일은 반드시 실행하라.

Resolve to perform what your ought.
Perform without fail what you resolve.

벤자민 프랭클린
Benjamin Franklin

웹 분야 1위엔 이유가 있다!

문과생을 넘어 전 국민 코딩 시대, 이 책이 답이다!

초등학생도 코딩을 배우는 요즘, 이젠 대학 전공자뿐만 아니라 문과생들도 코딩이 필수가 되었습니다. 이 책은 코딩의 출발선인 HTML5를 가장 기초적인 개념부터 최신 태그까지 자세히 설명합니다. 영어를 배우고자 하면 누구나 ABC부터 시작하듯이 이 책으로 코딩을 시작하세요!

- 대학에서 이 책으로 강의하신 **이준동 교수님**
(강릉 원주대학교 멀티미디어공학과 교수)

수학에 정석이 있다면 웹에도 정석이 있다!

한 권으로 다른 책들을 모두 물리치는 무지막지한 책! 대학 교수님들을 비롯한 많은 사람들의 리뷰와 추천이 거짓이 아님을 확신할 수 있다!

- 책벌레 님

진작 이 책으로 살 걸 그랬네요 ㅠㅠ!

- 박** 님

이 책보다 친절히, 이 책만큼 잘 설명할 수 없다!

주변에서 '웹 개발에 어떻게 입문하나요?' 라고 물으면 늘 이 책을 추천합니다. 단순히 기능만 나열한 책은 지루하고 포기하기 쉬운데 이 책은 중요한 부분을 강조하며 꼭 필요한 예제를 다루기 때문입니다. 또한 사소한 부분에서 막히는 입문자를 위해 1:1 과외 선생님처럼 설명해 줍니다. 이 책이 꾸준히 베스트셀러가 되는 이유를 조금만 살펴봐도 아실 겁니다!

- 웹 개발자 **김종광** 님(공개 SW개발자 Lab 수석연구원)

회사에 한 권 정도 비치해서 신규 개발자들이나 기획자들에게 읽히면 큰 도움이 되리라 생각합니다.

- expt*** 님

다음 번 NCS 강의 때도 어김없이 채택하고 싶네요!

NCS(국가기간전략사업) 강의 교재로 직접 이 책을 사용했고 이번 개정판을 기술 교정본 결과, 감히 자신 있게 추천해 드립니다. 세밀한 학습 구성은 물론, 학생들의 복습까지 생각한 책입니다. 기존 책도 훌륭했지만 이번 개정판에는 내용 보강과 더불어 트렌드에 맞는 예제로 업그레이드되었습니다. 새로운 책이나 다름 없어서 이미 기존 책이 있는 분들도 이번 개정판을 소장하시길 적극 권합니다!

- 기술 교정해 주신 NCS 강사 **김이수** 님
(이젠아카데미 NCS Digital Design UI/UX 강사)

강의 참고 서적으로 샀는데 수업보다 이 책이 훨씬 좋네요!

학원에서 6개월 이상은 기본으로 배워야 하는 내용들이 이 한 권에 모두 들어있답니다! 다른 분들도 아시겠지만 교육용 서적으로는 예제가 많은 책이 좋은데, 이 책이 그래요!

- ia**38 님

최신 표준인 HTML 5.2를 쉽고 빠르게 정석대로!

HTML5는 이식성이 뛰어나 웹과 앱 개발뿐 아니라 사물 인터넷 등 여러 영역에서 주목받는 기술입니다. 이는 어떤 분야든 개발자라면 누구나 필수적으로 배워야 한다는 걸 의미합니다. 이 책은 프로그래밍을 배울 때 가장 중요한 '실습'을 정확하고도 활용 가능하게 담았습니다. HTML5를 처음 배우는 분들에게 안성맞춤인 책이죠. 게다가 2017년 12월에 제정된 HTML 5.2 내용까지 반영해 최신 표준을 알고 싶은 개발자들에게도 훌륭한 교재입니다.

- W3C HTML5 대한민국 관심그룹 의장 **이원석 박사님**
(W3C automotive 표준 에디터)

문과생도, 컴맹도 쉽게 배울 수 있어요!

이젠 HTML5라면 당연히 이 책이 떠오릅니다!

- lkb1*** 님

실무 경력이 6년인 제가 봐도 상당한 노하우가 묻어 있다는 생각이 듭니다.

- youngjo***02 님

인터넷을 쓰는 사람이라면 누구나 유용하게 활용할 수 있는 책!

이 책을 통해 코딩을 읽거나 직접 짤 수 있게 되면 카페나 블로그에 더 효율적으로 포스팅을 할 수 있을 것 같아요.

- josfam*** 님

배운 코드를 자기 것으로 소화시키는 것까지 도와주는 책!

- 정** 님

'앱(App)'에도 필요한 HTML과 CSS를 가장 최신 표준으로!

끊임없이 진화하는 HTML의 내용을 누군가 친절히 설명해 준다면 정말로 고마운 일이 아닐 수 없죠. 이 책이 바로 그런 역할을 합니다. 웹 표준이 정해진 후 3년 만(2017년 12월)에 발표된 HTML 5.2버전을 초보자의 관점에서 알려주기 때문입니다. 웹 사이트는 물론 앱을 만들 때도 HTML과 CSS가 필요해진 시점에서 이 책은 모든 이들에게 좋은 길잡이가 되리라 확신합니다.

- 대학에서 이 책으로 강의하신 **김병곤 교수님**
(부천대학교 e-비즈니스학과 교수)

웹의 모든 내용을 이토록 쉽고 자세하게!

이 책은 웹 프로그래밍을 그 어느 책보다도 자세하고 쉽게 설명합니다. 국내에서 가장 많은 활동과 경험을 가진 저자의 노하우가 남긴 결과물이기 때문이죠. 웹에 처음 입문하는 사람뿐만 아니라 HTML 5.2의 새로운 기능을 정리하고자 하는 사람에게도 이 책을 적극 추천합니다!

- 11년 연속 MVP **박용준** 님
(Microsoft MVP, 《ASP.NET & Core를 다루는 기술》 저자)

정말 쉽게 설명해 주네요! 감사합니다!

- sk***54 님

이 책 한 권만으로도 충분합니다.

- purelye*** 님

모든 것은 웹에서 시작되고 웹에서 끝난다!

트렌드가 변해도 변함없이 웹 분야 1위인 이유!

'누구나 쉽게 이해할 수 있는 HTML5 책'이 목표였던 《Do it! HTML5+CSS3 웹 표준의 정석》은 2013년 9월에 출간된 이후 2014년에 국립 중앙 도서관의 컴퓨터 분야 대출 1위 도서로 선정되는 등 명실상부한 웹 분야 1위 도서로 자리 잡았습니다. 그리고 2017년에 HTML 5.1 버전으로 개정한 후에도 독자들에게 꾸준히 사랑받으며 웹 분야 1위를 지켜왔습니다. 유행에 민감한 웹 분야의 책인데도 이렇게 계속 이 자리를 지킬 수 있었던 이유는 HTML과 CSS가 웹의 '기본 중의 기본'이기 때문입니다. 유행은 한철 지나가는 것이지만 기본은 변하지 않습니다. 웹의 기본만큼은 정석대로 배우는 것이 정답입니다.
이제 최신 HTML5.2 버전을 반영하여 최신 웹 브라우저에 딱 맞는 예제들로 더욱 강력해진 전면 개정 2판을 세상에 내보냅니다.

아무것도 몰라도 된다. 기초 태그부터 반응형 웹까지 한번에!

많은 독자가 이 책을 '웹 분야의 교과서'라고 칭찬해 주셨습니다. 교과서를 공부해야 문제집을 풀 수 있는 것처럼 웹 분야 어딜 가든 이 책의 내용이 토대가 되기 때문입니다. 또한 웹의 기본을 다루는 만큼 누구나 읽고 따라만 해도 이해할 수 있게 본문을 상세하게 풀어냈습니다. 태그가 무엇인지부터 시작해 간단명료한 예제로 웹 표준의 정석을 알려줍니다. 기본에 충실한 예제 소스는 개념을 배울 때뿐만 아니라 실무에 가져다 그대로 쓸 수도 있어 매우 유용합니다. 또한 이제는 웹을 공부할 때 기본으로 알고 있어야 하는 '반응형 웹'에 대해서도 꼭 알아야 하는 개념만 모아서 정리해 놓았습니다.

이제 웹은 모든 디지털 기기의 중심!

웹 사이트를 만들 때만 필요했던 HTML은 이제 애플리케이션은 물론 스마트폰, 태블릿, 스마트 TV, 게임 콘솔 등 인터넷과 연결된 모든 제품에서도 핵심 역할을 담당합니다. 다시 말해, 웹이 모든 디지털 기기의 중심이 되어 '웹 플랫폼'이 된 것이죠. 이제 모든 것은 웹에서 시작되고 모든 정보는 웹에 저장되는 시대입니다. 그래서 표준을 구현하는 HTML5의 중요성은 몇 번을 강조해도 부족합니다. 최신 HTML 5.2 내용을 공부하고 싶은 사람은 물론 웹 분야로 첫길을 들여야 하는 초보자라면 더욱 이 책으로 시작하세요.

태그는 결국 기억력 싸움! 까먹을 틈을 안 주는 복습 설계!

HTML과 CSS를 조금이라도 공부해 본 사람이라면 'HTML과 CSS는 암기 과목'이라는 말에 공감할 것입니다. 기본을 익힌 다음에는 배운 내용을 기억해 활용하는 것이 중요하기 때문입니다. 핵심은 바로 '기억하는 것'입니다. 이를 위해 이 책은 반복 학습할 수 있도록 설계했습니다. 우선, 텍스트가 아닌 짧은 예제로 개념을 익히고 배운 내용을 직접 만들어 보면서 다시 한번 공부합니다. 또한 책 중간마다 나오는 '1분 복습' 코너로 공부한 내용을 잊어버리기 전에 복습합니다. 그리고 마지막으로 '기억을 되살리는 연습문제'까지 풀어보면 한 번만 봐도 마치 여러 번 복습한 결과를 가져오기 때문에 배운 내용을 잊어버릴 틈이 없습니다. 이 책 속의 철저한 복습 설계가 여러분의 '단기 기억'을 '장기 기억'으로 바꿔줄 것입니다.

개정 작업으로 애쓰신 대경미 주임과 언제나 훌륭한 책을 만들어 주시는 이지스퍼블리싱의 이지연 대표께 감사드립니다.

고경희 드림

이 책에 관련된 모든 소스 파일은 여기서 다운로드하세요!

이 책의 모든 소스 파일은 이지스퍼블리싱 홈페이지에 회원가입 후 로그인하면 [자료실]에서 무료로 다운로드할 수 있습니다. 또한 저자의 깃허브를 통해서도 다운로드할 수 있습니다.

이지스퍼블리싱 홈페이지: www.easyspub.co.kr
저자 깃허브: github.com/funnycom/html5-css3

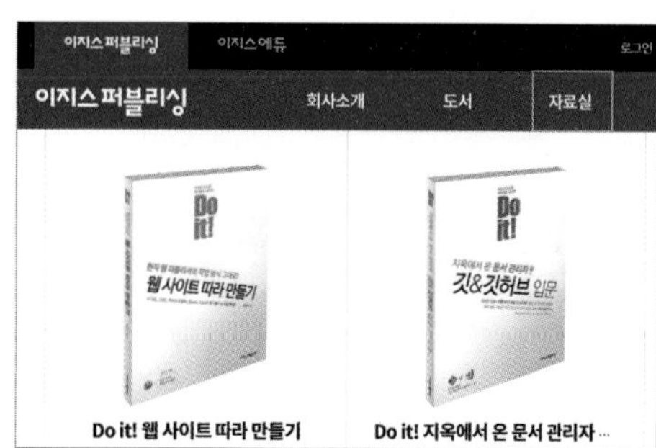

저자 직강 동영상 강의로 저자에게 1:1 과외 받으세요!

이 책의 핵심 내용을 담은 저자 직강 동영상을 무료로 제공합니다. 책과 함께 시청하면 더욱 쉽게 개념을 잡을 수 있어요!

이지스퍼블리싱 홈페이지: [www.easyspub.co.kr] → [동영상 강의] → [Do it! HTML5+CSS3 웹 표준의 정석 - 전면 개정 2판]
유튜브 채널: [www.youtube.com/user/easyspub] → [재생목록] → [Do it! HTML5+CSS3 웹 표준의 정석 - 전면 개정 2판]

질문은 직접 저자에게! 지식을 나누고 스터디 멤버 찾을 때는 Do it! 스터디 룸!

공부하다 궁금한 내용은 저자가 직접 운영하는 카페에 질문을 올리면 답변을 받을 수 있습니다.

Do it! html5 카페: cafe.naver.com/doithtml5
[웹 표준의 정석 → [정석] Q&A게시판]

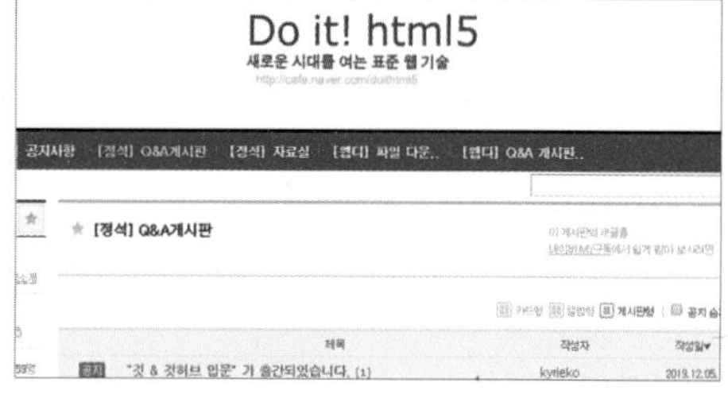

자신이 알고 있는 내용은 서로 나누며 다른 사람과 함께 공부하고 싶은 독자라면 Do it! 스터디 룸으로 오세요.

Do it! 스터디 룸: cafe.naver.com/doitstudyroom

30일 정석 코스

교재도 독학도 OK! 하나하나 차근차근 배워보자!

HTML과 CSS를 배우려고 책을 사긴 했는데 어디서부터 공부해야 할지 막막한가요? 코딩이 처음이라면 30일 정석 코스로 학습해 보세요. 빈칸에 공부할 날짜를 적어 자신만의 목표를 세우고 계획에 맞춰 공부하면 끝까지 포기하지 않고 목표를 달성할 수 있을 거예요.

1일차	2일차	3일차	4일차	5일차
월 일	월 일	월 일	월 일	월 일
01-1~01-2 HTML 기본	01-3 ~ 01-4 HTML 문서 구조	02-1 ~ 02-3 텍스트 태그	02-4 표 태그	03 이미지와 링크
6일차	**7일차**	**8일차**	**9일차**	**10일차**
월 일	월 일	월 일	월 일	월 일
04-1 ~ 04-2 폼, <input> 태그	04-3 ~ 04-5 다양한 폼 요소들	05-1 ~ 05-2 주요 선택자	05-3 ~ 05-4 CSS	06-1 ~ 06-2 텍스트 스타일
11일차	**12일차**	**13일차**	**14일차**	**15일차**
월 일	월 일	월 일	월 일	월 일
06-3 ~ 06-4 문단, 목록 스타일	07-1 ~ 07-2 색상, 배경 스타일	07-3 그러데이션 효과	08-1 ~ 08-2 CSS 박스 모델	08-3 여백 속성
16일차	**17일차**	**18일차**	**19일차**	**20일차**
월 일	월 일	월 일	월 일	월 일
09-1 CSS 포지셔닝	09-2 ~ 09-3 다단, 표 스타일	10 시맨틱 태그	11-1 멀티미디어 삽입	11-2 멀티미디어 재생
21일차	**22일차**	**23일차**	**24일차**	**25일차**
월 일	월 일	월 일	월 일	월 일
12-1 ~ 12-2 연결, 속성 선택자	12-3 가상 요소, 스타일	13-1 ~ 13-2 CSS 변형	13-3 CSS 트랜지션	13-4 CSS 애니메이션
26일차	**27일차**	**28일차**	**29일차**	**30일차**
월 일	월 일	월 일	월 일	월 일
14 반응형 웹이란	15-1 ~ 15-2 미디어 쿼리란	15-3 웹 사이트 만들기	16-1 플렉스 박스 레이아웃	16-2 웹 사이트 만들기

15일 집중 코스

빠르게 끝내고 싶다면 목표는 이렇게!

HTML과 CSS를 각각 집중해서 공부하고 싶나요? 차례와 상관없이 15일 집중 코스로 공부하면 HTML과 CSS를 나눠서 빠르게 학습할 수 있습니다. 물론 마지막엔 반응형 웹 사이트 만들 때 꼭 알아두어야 하는 내용도 함께 배웁니다.

1일차	2일차	3일차	4일차	5일차
월 일	월 일	월 일	월 일	월 일
01 HTML 기본 다지기	02 텍스트 관련 태그	03 이미지와 링크	04 폼	05 CSS 기초
6일차	**7일차**	**8일차**	**9일차**	**10일차**
월 일	월 일	월 일	월 일	월 일
06 텍스트 스타일	07 색상, 배경 스타일	08 CSS 박스 모델	09 CSS 레이아웃	10 시맨틱 태그
11일차	**12일차**	**13일차**	**14일차**	**15일차**
월 일	월 일	월 일	월 일	월 일
11 멀티미디어	12 고급 CSS 선택자	13 CSS 애니메이션	14, 15 반응형 웹, 미디어 쿼리	16 플렉스 박스

HTML → CSS → HTML + CSS

까먹을 틈을 안 주는 복습 설계! 한 번만 봐도 기억에 오래 남는다!

Do it! **1단계_** Do it! 예제: 텍스트가 아닌 예제로 기본 개념을 잡습니다.

{ 직접 해보세요! } **2단계_** 직접 해보세요!: 본문에서 배운 내용을 실습해 봅니다!

1분 복습 **3단계_** 1분 복습!: 배운 내용을 바로 복습! 문제 푸는 데 1분도 안 걸려요!

연습문제 **4단계_** 연습문제!: 스스로 풀어보는 난이도별 응용문제! 해답 파일이 제공됩니다!

이 책을 만난 사람들의 이야기 4
머리말 6
이 책은 이렇게 활용하세요! 7
학습 계획표 8

첫째마당
처음 시작하는 HTML5

01 HTML 기본 다지기 14
01-1 HTML과의 첫 만남 15
01-2 웹 브라우저와 웹 편집기 21
01-3 HTML 기본 문서 구조 32
01-4 웹 문서 만들고 업로드하기 45
[오늘 바로 써먹는 HTML5+CSS3]
블로그와 게시판에서 사용하는 HTML 태그 54

02 텍스트 관련 태그들 56
02-1 텍스트를 덩어리로 묶어 주는 태그 57
02-2 텍스트를 한 줄로 표시하는 태그 61
02-3 목록을 만드는 태그 66
02-4 표를 만드는 태그 75
[기억을 되살리는 연습문제] 91

03 이미지와 하이퍼링크 93
03-1 이미지 94
03-2 링크 만들기 106
03-3 SVG 이미지 120
[오늘 바로 써먹는 HTML5+CSS3]
이미지 맵으로 이벤트 페이지 만들기 125
[기억을 되살리는 연습문제] 131

04 폼 관련 태그들 132
04-1 폼 만들기 133
04-2 사용자 입력을 위한 <input> 태그 141
04-3 <input> 태그의 다양한 속성 159
04-4 여러 데이터 나열해 보여 주기 170
04-5 기타 다양한 폼 요소들 176
[기억을 되살리는 연습문제] 182

둘째마당

CSS3로 완성하는 웹 표준

05 CSS 기초 185
05-1 스타일과 스타일 시트 186
05-2 주요 선택자 194
05-3 캐스케이딩 스타일 시트(CSS) 203
05-4 CSS3와 CSS 모듈 209

06 텍스트 관련 스타일 214
06-1 글꼴 관련 스타일 215
06-2 텍스트 스타일 228
06-3 문단 스타일 235
06-4 목록 스타일 247
[기억을 되살리는 연습문제] 253

07 색상과 배경을 위한 스타일 255
07-1 웹에서 색상 표현하기 256
07-2 배경 색과 배경 이미지 260
07-3 그러데이션 효과로 배경 꾸미기 274
[오늘 바로 써먹는 HTML5+CSS3]
HTML로 마케팅용 메일 작성하기 286
[기억을 되살리는 연습문제] 291

08 CSS 박스 모델 293
08-1 CSS와 박스 모델 294
08-2 테두리 관련 속성들 304
08-3 여백을 조절하는 속성들 315
[기억을 되살리는 연습문제] 325

09 CSS 레이아웃 326
09-1 CSS 포지셔닝과 주요 속성들 327
09-2 다단으로 편집하기 349
09-3 표 스타일 357
[기억을 되살리는 연습문제] 367

셋째마당

HTML, CSS 한 걸음 더 나가기

10 HTML5와 시맨틱 태그 369
10-1 HTML5 문서 370
10-2 문서 구조를 위한 HTML5 시맨틱 태그 374
10-3 IE8 이하 버전에서는 어떻게 하나요? 387

11 HTML5와 멀티미디어 391
- 11-1 웹과 멀티미디어 392
- 11-2 오디오 & 비디오 재생하기 398
- [오늘 바로 써먹는 HTML5+CSS3] 동영상으로 홈페이지 대문 만들기 416
- [기억을 되살리는 연습문제] 419

12 다재다능한 CSS3 선택자 420
- 12-1 연결 선택자 421
- 12-2 속성 선택자 429
- 12-3 가상 클래스와 가상 요소 437
- [기억을 되살리는 연습문제] 447

13 CSS3와 애니메이션 448
- 13-1 변형 449
- 13-2 변형과 관련된 속성들 458
- 13-3 트랜지션 464
- 13-4 애니메이션 473
- [오늘 바로 써먹는 HTML5+CSS3] 상품 페이지에 가격 떠오르게 만들기 482
- [기억을 되살리는 연습문제] 486

넷째마당

반응형 웹 사이트 만들기

14 반응형 웹이란? 489
- 14-1 모바일 기기와 웹 디자인 490
- 14-2 가변 그리드 레이아웃 499
- 14-3 가변 레이아웃과 가변 요소 504

15 미디어 쿼리 511
- 15-1 미디어 쿼리 이해하기 512
- 15-2 미디어 쿼리 적용하기 521
- 15-3 미디어 쿼리 사용해 웹 문서 만들기 526

16 플렉스 박스 레이아웃 535
- 16-1 플렉스 박스 레이아웃과 기본 속성들 536
- 16-2 플렉스 박스 항목 배치를 위한 속성들 544

찾아보기 551

처음 시작하는 HTML5

01 HTML 기본 다지기

02 텍스트 관련 태그들

03 이미지와 하이퍼링크

04 폼 관련 태그들

누구든 웹 사이트를 제작하거나 모바일 앱을 개발하려고 한다면 'HTML'이라는 용어를 많이 듣습니다. 브라우저 화면에 정보를 보여주기 위한 가장 기본적인 도구가 HTML과 CSS이기 때문이죠. 특히 개발 환경이 모바일 중심으로 바뀌면서 '웹 표준 기술'인 HTML5가 중요한 요소로 떠올랐습니다. 이 책의 첫째마당에서는 HTML을 처음 배우는 사람들을 위해 매우 기초적인 HTML의 정의부터 기본 문서 구조, 실습에 필요한 프로그램 설치까지 살펴보겠습니다.

01

HTML 기본 다지기

웹과 HTML은 떼려야 뗄 수 없는 관계입니다. 이 장에서는 우선 웹이 어떻게 동작하는지 알아보고 그 안에서 HTML의 역할이 무엇인지 살펴보겠습니다. 그리고 HTML4가 아닌 HTML5를 사용해야 하는 이유도 알아봅니다.

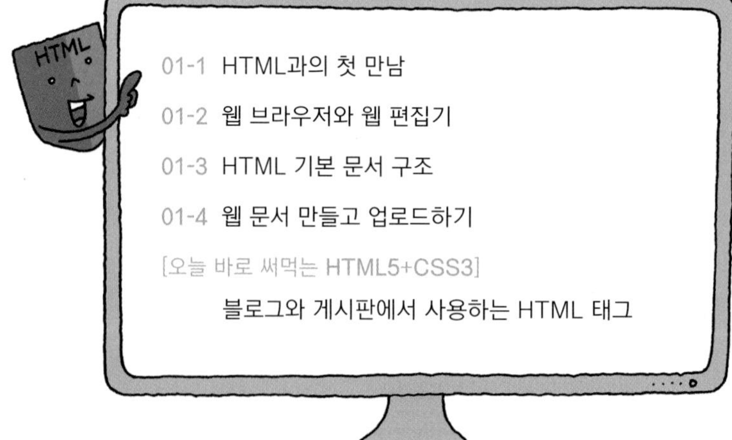

HTML
01-1 HTML과의 첫 만남
01-2 웹 브라우저와 웹 편집기
01-3 HTML 기본 문서 구조
01-4 웹 문서 만들고 업로드하기
[오늘 바로 써먹는 HTML5+CSS3]
블로그와 게시판에서 사용하는 HTML 태그

01-1 HTML과의 첫 만남

HTML 공부가 처음이라면 HTML이 왜 웹 공부의 출발점인지 궁금할 것입니다. 여기서는 HTML에 대해 간단히 살펴보고 웹 개발에서 HTML이 왜 중요한지 알아보겠습니다.

HTML이란 무엇일까?

컴퓨터에서 사용하는 모든 파일에는 각각 고유의 형식이 있습니다. 예를 들어 엑셀 프로그램으로 문서를 작성했다면 확장자가 *.xlsx인 파일로 저장되죠. 한글의 확장자는 *.hwp이구요. 웹의 경우도 마찬가지입니다. 웹 사이트에서 사용할 문서는 웹에 맞는 형식인 *.html(또는 *.htm) 확장자를 붙여 다른 문서와 구분하고 이 파일을 더블 클릭하면 웹 브라우저가 실행되면서 그 안의 내용이 표시됩니다.

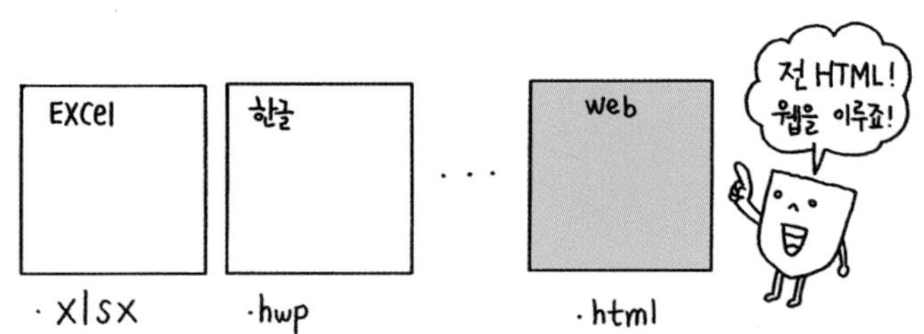

하지만 일반 문서와 웹 문서는 큰 차이가 있습니다. 엑셀 문서를 비롯한 일반 문서는 내용을 입력하는 프로그램과 나중에 그 내용을 확인하는 프로그램이 같지만 웹 문서는 문서를 작성하는 프로그램과 그 내용을 보는 프로그램이 서로 다릅니다. 웹 문서를 작성하는 프로그램을 '웹 편집기(web editor)'라고 하고 웹 문서를 보는 프로그램을 '웹 브라우저(web browser)'라고 합니다.

▶ 웹 브라우저는 기본으로 윈도우에 포함되어 있는 인터넷 익스플로러(Internet Explorer)나 엣지(Edge), 크롬(Chrome), 파이어폭스(Firefox) 같은 프로그램들을 말합니다.

우리가 쇼핑이나 은행 업무뿐만 아니라 관공서 업무 등 대부분의 일을 인터넷으로 처리할 수 있는 이유는 바로 웹 브라우저를 통해 웹 서비스를 쓸 수 있기 때문입니다.

그렇다면 다시 질문으로 돌아가 HTML이란 무엇일까요? HTML은 하이퍼텍스트 마크업 랭귀지(HyperText Markup Language)의 줄임말로 말 그대로 해석하면 하이퍼텍스트를 마크업하는 언어입니다. '하이퍼텍스트'란 웹 사이트에서 링크를 클릭해 다른 문서나 사이트로 즉시 이동할 수 있는 기능을 말하고 '마크업'이란 태그(tag)를 사용해 문서에서 어느 부분이 제목이고 본문인지, 어느 부분이 사진이고 링크인지 표시하는 것을 말합니다. 즉, 웹에서 자유롭게 오갈 수 있는 웹 문서를 만드는 언어가 HTML이라고 정리할 수 있습니다.

설명이 잘 이해되지 않는다고요? 다음 예시로 개념을 다시 정리하겠습니다. 웹 브라우저 화면에 보이는 웹 문서를 메모장에서 열어 보면 문서의 소스를 볼 수 있습니다. 소스에서 꺾쇠 괄호(〈, 〉)로 묶인 부분이 'HTML 태그(tag)'이고 이렇게 태그를 붙이는 것을 '마크업'이라고 합니다. 이 꺾쇠 안의 내용이 웹 브라우저 화면에 나타나지 않는다는 걸 알아차렸다면 눈썰미가 있으시네요!

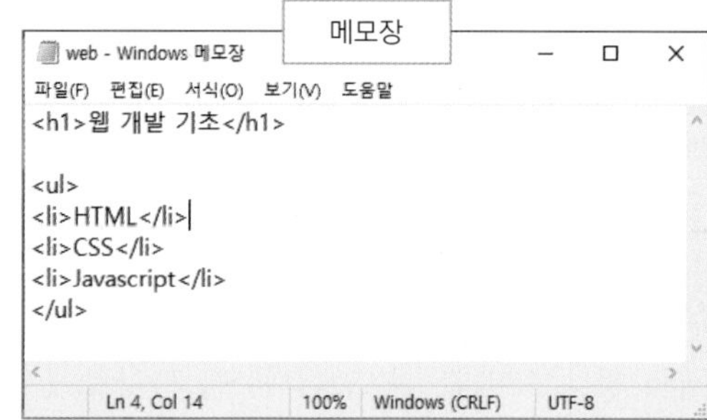

HTML 소스 엿보기

실제로 우리가 자주 들어가는 웹 사이트도 사실 HTML과 CSS로 이루어져 있습니다. 정말 그런지 직접 살펴볼까요? 웹 브라우저에 아무 웹 사이트나 열어 놓고 사이트의 빈 공간을 마우스 오른쪽 버튼으로 클릭한 후 [페이지 소스 보기]를 선택해 보세요. 브라우저에 새 탭이 열리면서 보고 있는 사이트의 소스들이 나타날 것입니다.

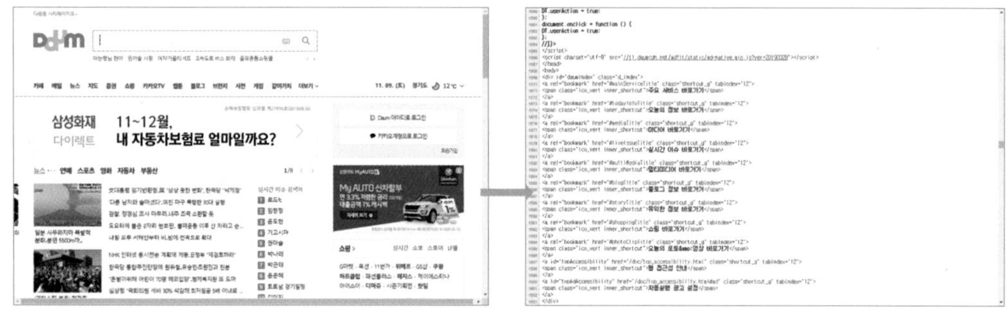

이 소스들은 웹 브라우저 화면에 내용을 표시할 때 어떻게 해야 하는지 미리 정해 놓은 약속을 따른 것인데 이런 약속이 HTML과 CSS라고 생각하면 쉽습니다. 이 책을 끝낼 무렵 이 약속들에 대해 이해할 수 있게 되겠지요.

웹 표준이란 무엇일까?

HTML5를 웹 표준 기술이라고 하는데 왜 웹 표준이 필요할까요? 어떻게 만들든 남들에게 멋진 사이트를 보여 주기만 하면 되는 것 아닐까요?
예를 들어 옷 한 벌을 구입한다고 가정해 보겠습니다. 매장에 있는 옷들은 모두 표준화된 치수를 사용하여 만들어집니다. 따라서 유명 백화점이든 시장이든 장소와 상관없이 자신의 신체 치수만 알면 손쉽게 옷을 구입할 수 있지요. 하지만 이런 표준 신체 치수가 없다면 가는 곳마다 일일이 옷을 입어보고 사야 할 것입니다. HTML도 마찬가지입니다. 어떤 사이트는 인터넷 익스플로러에서만 구현되고 어떤 사이트는 크롬에서만 구현된다면 사용자들이 자유롭게 사이트를 이용할 수 없겠지요.
각 브라우저에 맞게 사이트를 다시 만들어야 한다면 정말 비효율적이며 사회적으로 엄청난 시간과 비용이 낭비될 것입니다. 웹 표준은 이를 해결하기 위해 등장했습니다. 웹 사이트를 만들 때 지켜야 하는 약속들을 정리한 것이죠. 웹 표준을 지켜 사이트를 제작하면 일반 사용자는 장소나 브라우저와 상관없이 쉽게 웹 사이트를 볼 수 있고 웹 개발자와 디자이너들은 시간을 절약할 수 있습니다. 웹 표준으로 문서 하나를 만들면 어떤 기기에서나 볼 수 있기 때문입니다. 이렇듯 이제는 HTML5로 문서를 만드는 것이 웹 표준을 지킨 문서를 만드는 기본입니다.

옷의 표준은
S, M, L, XL!
웹의 표준은 HTML5!
HTML

왜 HTML5와 CSS3를 공부해야 할까?

왜 HTML과 CSS를 공부해야 할까요? 특히 HTML5와 CSS3라는 최신 기술을 익혀 어디에 활용할 수 있을까요? 이번에는 웹 디자이너나 웹 개발자가 되기 위해 왜 HTML과 CSS를 배워야 하는지 알아보고 학습 목표를 세워 봅시다.

최신 웹 표준에 맞는 웹 사이트를 제작할 수 있습니다

이제는 스마트폰이나 태블릿뿐 아니라 모든 사물에 인터넷이 연결됩니다. 이 모든 기기의 웹 브라우저를 위해 각각 따로 코딩할 수는 없겠지요. 그래서 모든 웹 브라우저에서 똑같이 준수해야 할 표준이 필요한데 그것이 바로 HTML5입니다.
HTML5 문법에 맞게 웹 문서를 작성하면 PC나 스마트폰의 웹 브라우저뿐 아니라 가전기기, 자동차를 비롯해 시각 장애인을 위한 화면 낭독기 등 모든 기기에서 웹 문서 내용을 정확하게 파악할 수 있습니다.

또한 HTML5에 CSS3까지 더한다면 접속하는 기기에 따라 자동으로 레이아웃이 바뀌는 사이트를 만들 수도 있죠. 이런 기법을 '반응형 웹 디자인'이라고 하는데 이 책을 끝낼 때쯤에는 반응형 웹 사이트를 만들 수 있을 것입니다.

동일한 HTML 코드가 PC, 태블릿, 스마트폰에서 보이는 모습

앱 화면을 디자인하기 위한 기초입니다

HTML5와 CSS3가 사람들에게 주목받는 이유는 전문가들이 사용하는 프로그래밍 언어를 사용하지 않더라도 HTML5를 이용해 누구나 애플리케이션(application)을 만들 수 있기 때문입니다. iOS나 안드로이드 같은 운영체제별로 따로 모바일용 앱을 개발하기도 하고(이런 앱을 '네이티브앱'이라고 부릅니다) HTML5의 API를 사용해 모바일 운영체제와 상관없이 실행하는 '웹앱'을 만들 수도 있습니다. 네이티브앱이든, 웹앱이든 사용자에게 보여주는 앱 화면은 최신 웹 표준인 HTML5과 CSS3를 사용해 디자인해야 합니다.

▶ 요즘 애플리케이션을 줄여 '앱(app)'이라고 부르죠.

▶ HTML5로 웹앱을 만들기 위해서는 자바스크립트와 HTML5에 포함되어 있는 API에 대한 지식이 필요합니다.

알아두면 좋아요! 이젠 앱을 만들 때도 HTML, CSS를 알아야 해요!

이전에는 HTML과 CSS를 웹 사이트를 만들 때만 사용했기 때문에 웹 디자이너나 웹 개발자만 공부하는 분야라고 여겨졌습니다. 하지만 스마트폰이 등장하면서 스마트폰에서 사용할 모바일 페이지나 애플리케이션을 만들기 위해 반드시 공부해야 할 분야가 되었습니다. 아이폰 앱이나 안드로이드 앱을 제작하는 프로그래밍 언어는 따로 있지만 앱 화면에 보여주는 정보들은 HTML과 CSS로 제작하기 때문입니다.
또한 스마트 TV나 스마트 카 등 인터넷에 접속할 수 있는 다양한 제품들 때문에도 HTML과 CSS를 공부해야 할 분야는 더 많아졌습니다. 인터넷에 연결되는 기기들은 기본으로 웹 브라우저를 이용해 정보를 보여주는데 웹 브라우저에서 정보를 표시하는 방법이 바로 HTML과 CSS이기 때문입니다.

소스를 이해해 웹 사이트와 블로그를 수정하기 쉽습니다

HTML5를 모르더라도 워드프레스 같은 사이트 제작 도구를 이용해 웹 사이트나 블로그를 만들 수 있고 '테마'나 '스킨'을 이용해 겉모습을 다양하게 바꿀 수 있습니다. 하지만 사이트 형태를 원하는 대로 수정하려면 그 소스를 이해해야 합니다. 특히 사이트나 블로그가 브라우저 화면에 보이는 모습을 바꾸고 싶다면 반드시 CSS를 알아야 합니다.

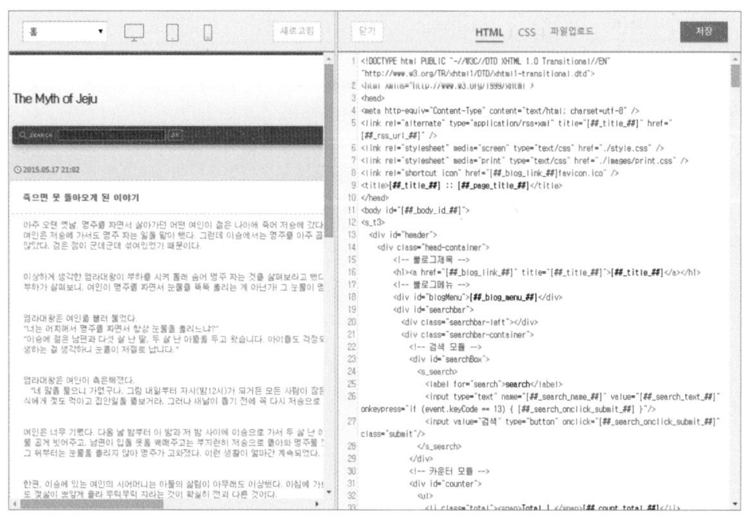

티스토리 블로그의 HTML/CSS 편집

알아두면 좋아요! HTML을 HTML5라고 부르는 이유

HTML5는 이전에 사용하던 HTML4에 이어 다양한 기능이 추가되었기 때문에 '4' 다음 숫자인 '5'를 붙여 HTML5라고 불렀습니다. 그리고 대부분의 웹 브라우저에서 HTML5를 지원하게 되면서 'HTML5'라는 이름에서 숫자가 빠지고 'HTML'이라고 부르게 되었습니다. 현재 HTML5의 공식 명칭은 'HTML'이지만 예전의 HTML과 구별하기 위해 아직도 HTML5라고 부르기도 합니다. HTML의 역사를 조금 더 알아볼까요?

HTML의 역사와 HTML5의 등장

인터넷 초창기의 HTML은 텍스트와 이미지를 한 줄씩 웹 브라우저 화면에 표시하는 정도였습니다. 하지만 웹 사용자가 늘고 웹 브라우저들이 하나 둘 등장하면서 표준이 필요하게 되었습니다. 웹 창시자인 '팀 버너스 리'가 'W3C(World Wide Web Consortium)'라는 단체를 설립하고 HTML 2.0과 HTML 3.2 그리고 HTML 4.0을 차례로 발표합니다. 하지만 그 후로 인터넷은 점점 더 빨리 발전해 웹에서 처리해야 할 요구사항들이 더욱 많아졌습니다. HTML4로는 웹의 흐름을 따라가기 어렵게 되었죠.

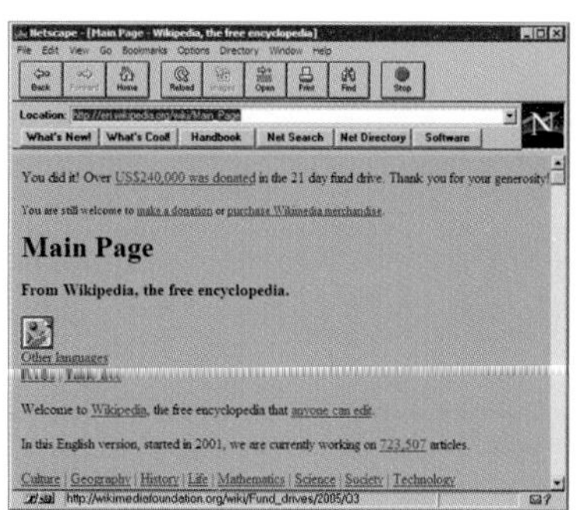

초기의 웹 사이트 화면

애플과 모질라, 오페라, 구글 등의 주요 브라우저 업체들은 기존 HTML 문서도 지원하면서 최신 웹 환경에 맞게 기존 HTML을 확장하려는 생각으로 WHATWG(Web Hypertext Application Technologies Working Group)를 구성했습니다. 처음에는 회의적이던 W3C도 2007년 결국 WHATWG를 받아들였고 'HTML5'라는 이름으로 부르게 되었습니다. 몇 년 동안의 논의 과정을 거쳐 2014년 11월 공식 표준이 발표되었는데 이때부터 HTML5를 'HTML'이라는 이름으로 사용하고 있습니다.

▶ 이 책에서는 기존 HTML4와 구분하기 위해 2014년 발표된 웹 표준을 계속 HTML5라고 부르겠습니다. 책에서 숫자 없이 'HTML'이라고만 표시된 부분은 'CSS'나 '자바스크립트' 등과 구별하기 위한 일반 명사입니다.

HTML5와 후속 표준안

예전에는 W3C에서 표준안을 내놓더라도 브라우저 업체에서 적극적으로 수용하지 않았지만 HTML5 표준안부터는 웹 브라우저 업체들이 함께 참여하고 있기 때문에 표준안이 업그레이드될 때마다 웹 브라우저 업체에서 발 빠르게 수용하고 지원하며 살아있는 표준안이 되고 있습니다.

HTML5 공식 표준안이 발표된 후 2017년 12월 현재 5.2까지 확정되었으며 지금도 HTML 코드의 표준화는 계속 진행되고 있습니다. 현재 표준안 명세는 https://html.spec.whatwg.org/에서 확인할 수 있고 진행 중인 명세는 https://www.w3.org/TR/html53/에서 확인할 수 있습니다.

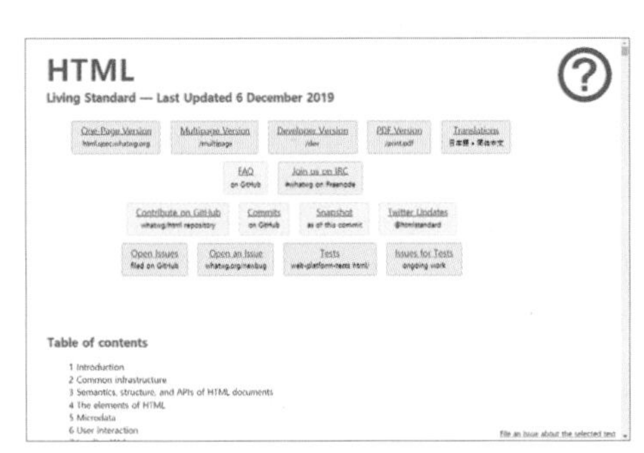

현재 표준안 명세(HTML 5.2)

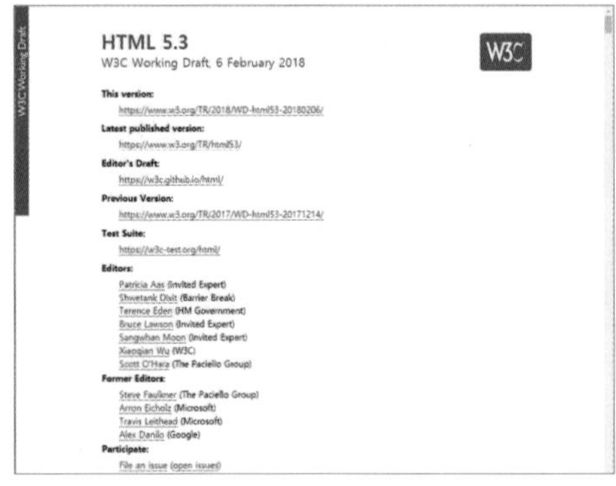

개발 중인 명세(HTML 5.3)

01-2 웹 브라우저와 웹 편집기

HTML 소스를 직접 입력해 보기 전에 준비해야 할 것들이 있습니다. 바로 앞에서 설명한 웹 브라우저와 웹 편집기입니다. 이들의 종류를 알아보고 이 책에서 사용할 웹 브라우저 '크롬'과 웹 편집기 '비주얼 스튜디오 코드'를 설치하고 다루어 보겠습니다.

웹 브라우저 종류와 HTML5 지원 정도

앞에서 배운 웹 브라우저의 정의 기억나시나요? 웹 브라우저는 웹 사이트를 둘러볼 때 사용하는 프로그램이면서 웹 편집기로 작성한 웹 문서를 화면에 표시해 주는 프로그램으로 현재 사용할 수 있는 웹 브라우저는 매우 다양합니다. 다음은 우리나라 사용자들이 많이 사용하는 웹 브라우저입니다.

브라우저 이름	제조업체	특징
크롬	구글	빠른 업데이트를 통해 HTML5 표준에 가장 발 빠르게 대응하고 있어 최근 가장 많이 사용되는 브라우저입니다.
파이어폭스	모질라	일반 사용자들보다 개발자들이 자주 사용하는 웹 브라우저로 개발 도구와 부가 기능들이 뛰어납니다.
인터넷 익스플로러	마이크로소프트	HTML5에 대한 지원은 취약하지만 아직까지 국내에서 많이 사용되고 있습니다. 윈도우 7 서비스팩1부터 지원하기 시작한 IE11을 마지막으로 더 이상 개발되지 않고 있습니다. ▶ 윈도우 10에서는 '보조 프로그램' 안에 'IE11'이 포함되어 있습니다.
엣지	마이크로소프트	마이크로소프트에서 인터넷 익스플로러 대신 HTML5를 지원하기 위해 새로 개발해 윈도우 10에서 기본으로 사용하는 웹 브라우저입니다.

▶ 이외에도 애플의 '사파리'나 오페라 재단의 '오페라' 브라우저도 있습니다.

자신이 사용하고 있는 웹 브라우저가 HTML5를 얼마나 지원하는지 알고 싶다면 웹 브라우저에서 http://HTML5test.com/ 에 접속해 보세요. 555점을 만점으로 했을 때 HTML5 지원 정도가 몇 점인지 표시될 것입니다. 그리고 이 사이트의 상단에 있는 [other browsers] 탭을 클릭하면 다른 브라우저들의 HTML5 지원 정도도 확인할 수 있습니다.

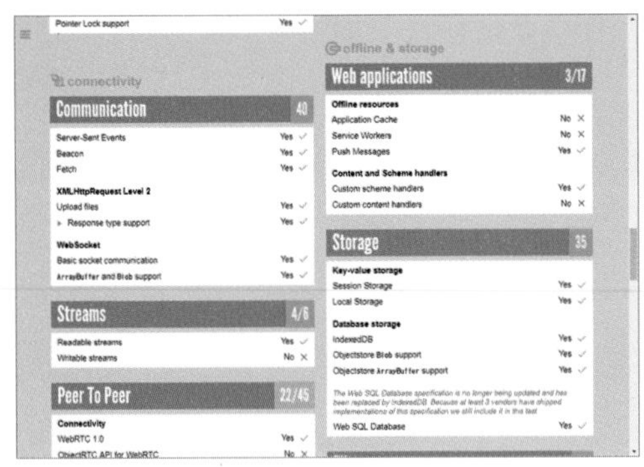

크롬 브라우저

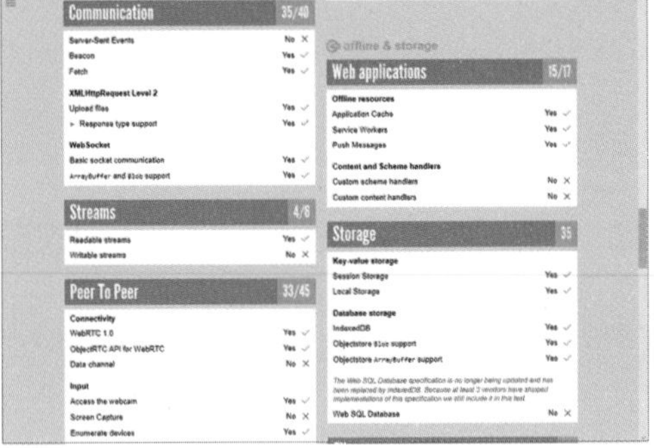

엣지 브라우저

알아두면 좋아요! 프론트엔드와 백엔드

최근의 웹 사이트는 PC뿐만 아니라 태블릿이나 스마트폰 같은 모바일 기기로도 접속할 수 있기 때문에 사용자가 어떤 기기로 접속하더라도 내용을 확인할 수 있도록 웹 사이트를 제작해야 합니다.

웹을 제작할 때는 '프론트엔드(front-end)'와 '백엔드(back-end)'로 나누어 개발합니다. 프론트엔드란 사용자와 직접 마주하는 부분을 가리키는 것으로 웹 브라우저 화면에 사이트 내용을 보여주는 것이고 백엔드란 회원제 사이트의 사용자 정보나 게시판의 게시물 내용을 저장하고 수정·삭제하는 부분을 말합니다.

이지스퍼블리싱 홈페이지(www.easyspub.co.kr)를 예로 들어 설명해 보죠. [회원 가입] 메뉴를 클릭하면 가입에 필요한 양식이 나타납니다. 이렇게 브라우저 화면에 보이는 회원 가입 양식을 만드는 것을 프론트엔드 개발이라고 하고 HTML과 CSS가 기본으로 필요하며 자바스크립트도 사용해야 합니다.

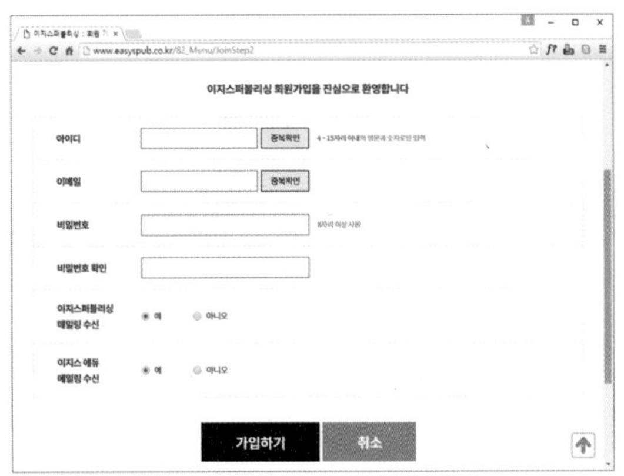

회원 양식에 필요한 정보를 입력하고 [가입하기]를 누르면 여러분이 입력한 정보들은 이지스퍼블리싱의 서버 컴퓨터로 전달됩니다. 서버에서는 PHP나 ASP.NET, Java 같은 프로그래밍 언어를 이용해 우리가 넘겨준 정보를 서버에 저장합니다. 이런 정보들은 서버의 데이터베이스에 저장되었다가 원할 때마다 추가하거나 삭제할 수도 있고 특정 조건에 맞는 사용자를 검색할 수도 있습니다. 이렇게 정보를 저장하고 관리하는 부분이 백엔드입니다.

이 책에서 다룰 내용은 프론트엔드 기술 중에서 HTML과 CSS입니다. 회원제 사이트를 만들거나 게시판을 만들어 사용하고 싶다면 이 책을 공부한 후 서버 프로그래밍 언어를 공부하면 됩니다.

웹 편집기의 종류

이번에는 웹 편집기를 살펴볼까요? 웹 문서를 만들 때 HTML 태그를 입력하는 프로그램을 '웹 편집기'라고 합니다. 웹 편집기에 HTML 소스를 입력하면 그 내용을 웹 브라우저로 읽는데 이 웹 편집기는 메모장이든 전문 편집기 프로그램이든 텍스트를 입력할 수 있는 프로그램이면 모두 가능합니다.

편집기 종류	특징
텍스트 편집기	적절한 프로그램은 아니지만 HTML 태그에 익숙하다면 윈도우의 메모장이나 매킨토시의 텍스트 편집기를 이용해서도 웹 문서를 작성할 수 있습니다. (물론 한글이나 워드에서도 웹 문서를 작성할 수 있죠) 사용자가 태그를 일일이 직접 입력해야 하기 때문에 HTML 태그와 속성을 알고 있어야 하고 입력할 때 오류가 발생하기 쉽습니다. 메모장
웹 편집기	사용하길 권하는 편집기로 웹을 위한 전용 편집기입니다. 태그와 속성, 일반 텍스트 등을 서로 다른 색으로 표시해주므로 소스를 읽기 쉽고 편집기에 따라 태그나 속성의 일부만 입력하더라도 전체를 완성해주기 때문에 오타로 인한 문제를 줄일 수 있습니다. 윈도우용 편집기로는 노트패드++(무료)나 에디트 플러스(유료) 등이 있고 맥용 편집기로는 텍스트메이트(Textmate)(무료)나 코다(Coda)(유료) 등이 있으며 드림위버(Dreamweaver)(유료)나 비주얼 스튜디오 코드(Visual Studio Code)(무료) 같은 편집기는 윈도우와 맥에서 모두 사용 가능합니다. ▶ 이 책에서는 비주얼 스튜디오 코드를 이용해 소스 코드를 작성할 것입니다. 노트패드++ 에디트 플러스 텍스트 메이트 코다 드림위버 비주얼 스튜디오 코드
통합개발환경(IDE)	웹을 개발할 때 대부분 단순히 HTML만 사용하는 것이 아니라 자바스크립트나 ASP.NET, PHP, node.js 등 여러 언어들을 함께 사용합니다. 웹 IDE는 웹 편집기의 편리함과 함께 사용자에게 필요한 개발 환경을 한꺼번에 구축하고 사용할 수 있게 해줍니다. 웹 IDE 프로그램에는 비주얼 스튜디오(Visual Studio)(무료, 유료), 웹스톰(Webstorm)(무료), 서브라임 텍스트(Sublime Text)(무료, 유료) 등이 있습니다. 비주얼 스튜디오 웹스톰 서브라임 텍스트
웹 기반 코드 편집기	웹 기반 코드 편집기는 웹상에서 소스 코드를 입력하고 결과를 바로 확인할 수 있는 편집기입니다. 웹 코딩을 위한 시스템 환경을 만들거나 별도의 편집기 프로그램을 이용하지 않고 브라우저 화면에 코드를 입력하고 결과를 볼 수 있다는 장점이 있으며 팀 작업을 하면서 여러 팀원들과 소스를 공유하는 데도 유용하고 초보자의 코딩 연습용으로도 적합합니다. Codepen(http://codepen.io/)이나 JSFiddle(https://jsfiddle.net/), Liveweave(http://liveweave.com/), Plunker(http://plnkr.co/) 등이 있습니다.

웹 편집기 선택하기 - 비주얼 스튜디오 코드

비주얼 스튜디오 코드는 이미 '비주얼 스튜디오'라는 통합개발환경(IDE) 프로그램으로 유명한 마이크로소프트사에서 웹 개발을 위해 무료로 제공하는 편집기입니다. 이 책에서는 다음과 같은 편리한 기능 때문에 비주얼 스튜디오 코드를 선택했습니다.

대부분의 주요 플랫폼에서 모두 사용할 수 있습니다

다양한 기능을 갖춘 대부분의 웹 편집기들은 윈도우나 매킨토시 등 특정 운영체제에서만 사용할 수 있고 그나마 유료인 경우가 많습니다. 하지만 비주얼 스튜디오 코드는 윈도우나 맥 OS, 리눅스 모두에서 사용할 수 있고 무료입니다.

태그와 CSS 속성을 친절히 안내합니다

비주얼 스튜디오 코드로 태그나 CSS 속성을 입력하는 동안 태그나 CSS 속성에 대한 간단한 설명이 표시되고 ⓘ를 클릭하면 자세한 설명이 나타납니다. 아직 새로운 태그나 CSS3 속성들이 익숙하지 않다면 이런 설명들이 도움이 될 것입니다.

▶ 이미 입력한 속성 위로 마우스 포인터를 올려도 설명을 볼 수 있습니다.

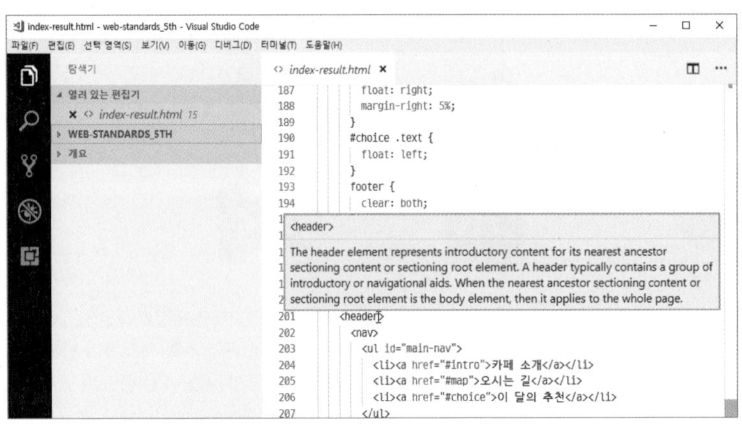

태그와 CSS 속성을 간편하게 입력할 수 있습니다

태그나 CSS 속성을 입력할 때 이름의 일부만 입력해도 그 단어가 포함된 목록이 표시되어 손쉽게 선택할 수 있습니다. 또한 </까지만 입력하면 닫는 태그가 자동으로 추가됩니다.

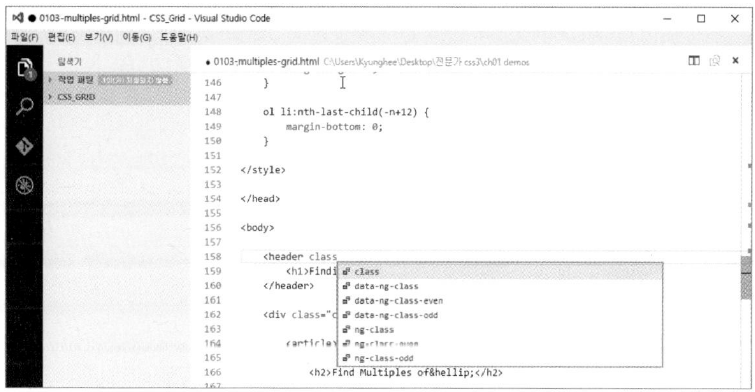

확장이 쉽습니다

웹 개발을 할 때 다양한 도구를 사용하면 좀 더 작업이 쉬워집니다. 예를 들어 영문 프로그램인 비주얼 스튜디오 코드를 한글 버전으로 바꿔주는 기능이나 수정한 소스를 즉시 웹 브라우저에서 결과를 확인할 수 있는 기능들입니다. 이것을 비주얼 스튜디오 코드에서는 '확장'이라고 부르는데 비주얼 스튜디오 코드의 왼쪽 메뉴 막대에서 확장 아이콘()을 클릭한 후 확장 기능의 이름을 입력하면 다양한 확장 기능을 검색하고 설치할 수 있습니다.

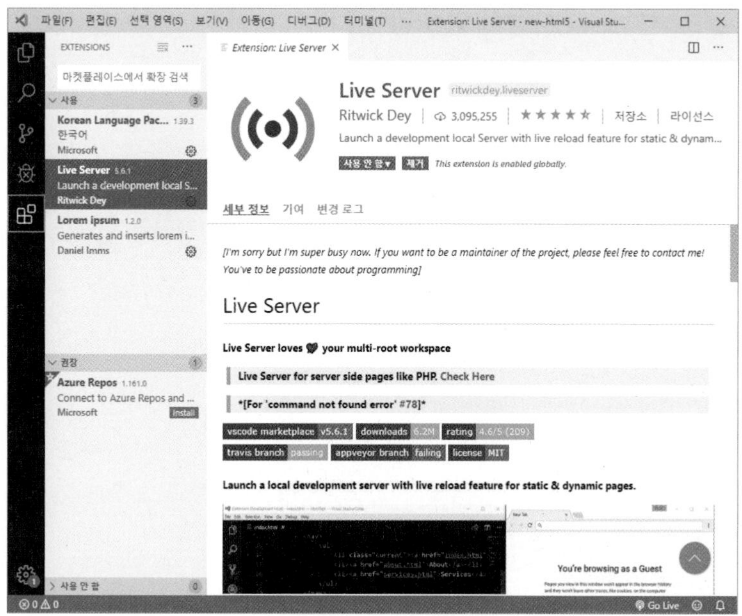

파일 업데이트 확인 및 자동 브라우저 리로드를 해주는 Live Server 확장 기능

마켓플레이스(https://marketplace.visualstudio.com/vscode)를 이용하면 C#을 비롯해 파이썬이나 Go, AngularJS 등 최신 웹 기술들을 비주얼 스튜디오 코드 안에 통합해 사용할 수 있습니다.

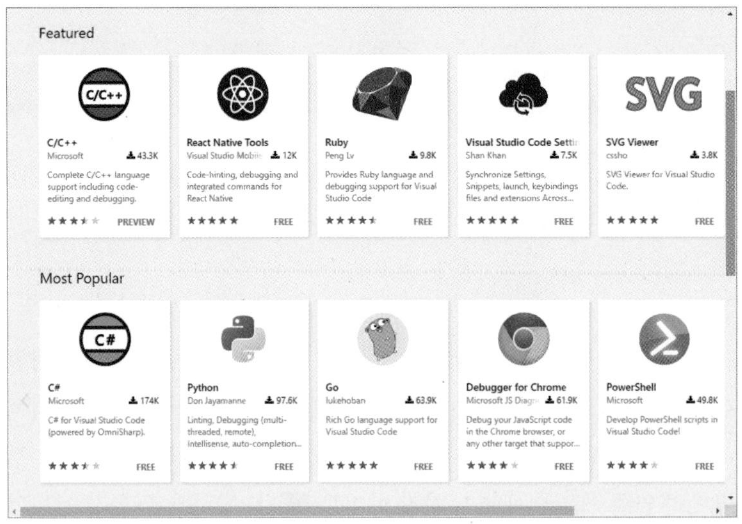

비주얼 스튜디오 코드 설치 및 확장 설치

비주얼 스튜디오 코드 설치하기

비주얼 스튜디오 코드는 https://code.visualstudio.com/에서 내려받아 간단히 설치할 수 있습니다. [Download]를 선택한 후 윈도우나 맥용을 프로그램을 선택하여 실행하면 됩니다.

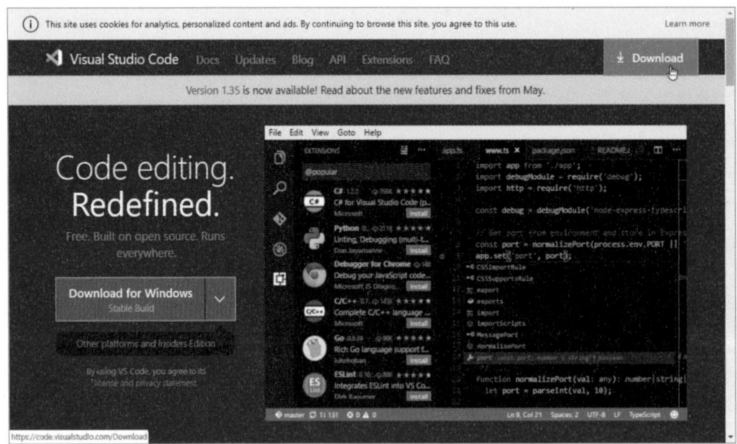

비주얼 스튜디오 코드 설치가 완료되었다면 비주얼 스튜디오 코드를 좀 더 편리하게 사용하기 위해 기본 언어를 한글로 바꿔보겠습니다.

기본 언어를 한글로 바꾸기

1. 비주얼 스튜디오 코드의 왼쪽 메뉴 막대의 아이콘 중 확장 아이콘(⊞)을 클릭합니다. 검색창에 korean이라고 검색하면 여러 결과가 나타나는데 그중에서 korean language pack for visual studio code를 누릅니다.

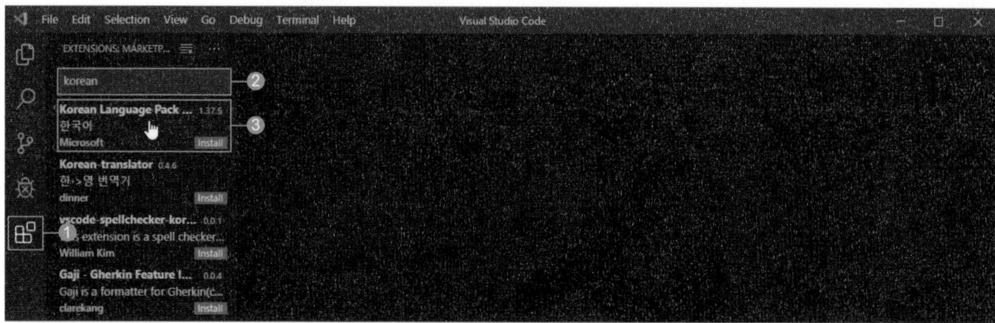

2. [Install]을 눌러서 확장 기능을 설치합니다.

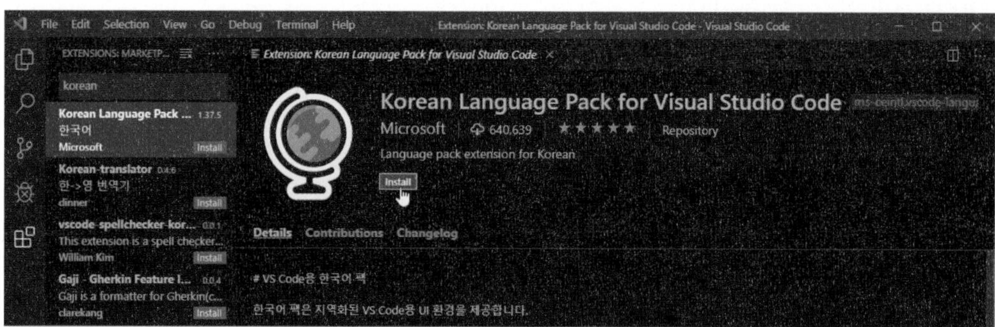

3. 확장 설치가 끝나면 화면 아래쪽에 생기는 [Restart Now] 버튼을 클릭합니다.

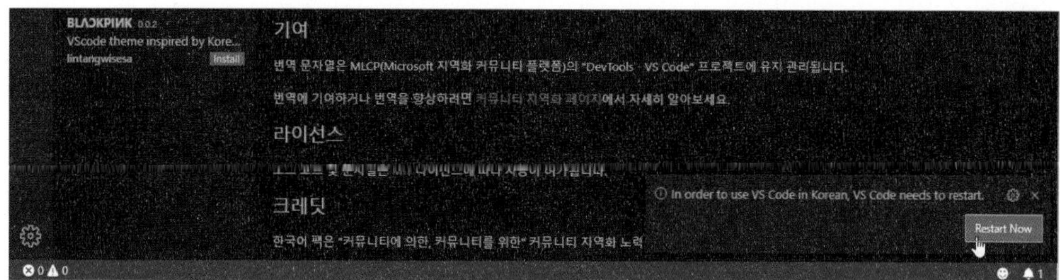

4. 자동으로 비주얼 스튜디오 코드가 종료되었다가 실행되고 화면 속 메뉴가 한글로 바뀌어 있을 것입니다.

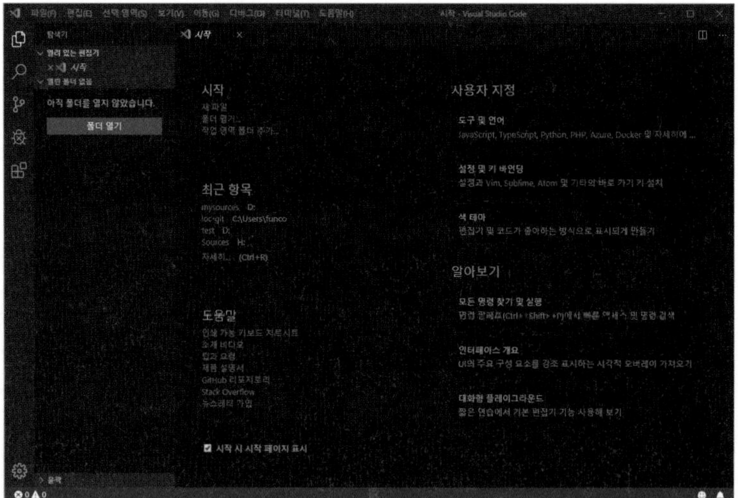

▶ 비주얼 스튜디오 코드의 경우 기본적으로 어두운 배경색을 사용하는데 밝은 색 배경이 더 편하다면 [파일 - 기본 설정 - 색 테마]를 차례로 선택한 후 '밝은 테마' 중에서 'Light+(default light)'를 선택합니다.

라이브 서버 확장 설치하기

여기에서는 확장 중에 하나인 라이브 서버(Live Server)를 설치해 보겠습니다. 라이브 서버는 우리가 앞으로 하게 될 여러 실습들의 결과를 편하게 확인할 수 있게 해줍니다.

1. 왼쪽 메뉴에서 확장 아이콘( )을 클릭하면 확장 기능 목록이 나타납니다.

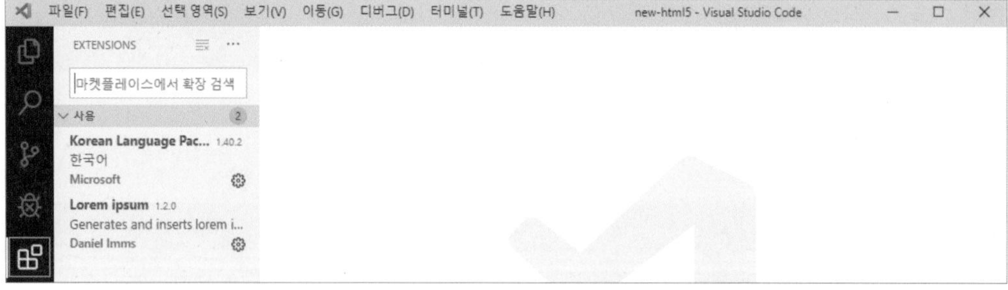

2. 검색 창에 Live Server라고 입력하면 확장 기능이 여러 개 나타날 것입니다. 그중에서 개발자 이름 Ritwick Dey인 확장을 선택하면 오른쪽 화면에 해당 확장 기능에 대한 설명이 나타납니다. [Install] 또는 [설치] 버튼을 클릭하여 확장 기능을 설치하세요.

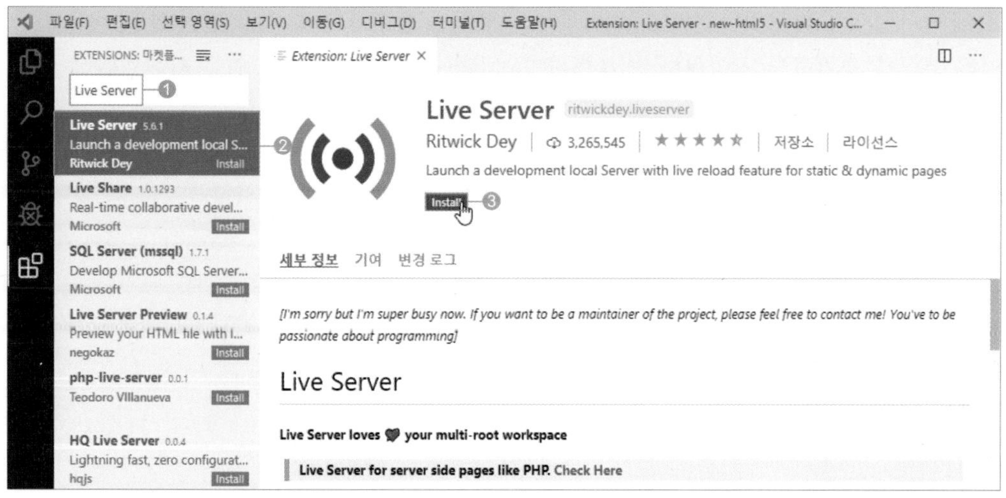

실습을 위한 작업 폴더 추가하기

비주얼 스튜디오 코드에서 소스를 작성할 때는 소스가 있는 폴더를 미리 '작업 폴더'로 지정해야 합니다. 그렇게 하면 웹 문서에서 사용하는 여러 파일들을 한눈에 확인하고 관리할 수 있고, 소스를 수정하면서 즉시 웹 브라우저에서 확인하는 Live Server 기능도 사용할 수 있습니다.

1. 이 책에서 사용할 예제 파일을 다운로드해서 압축을 풀어 놓으세요. 압축을 푸는 위치는 어디든 상관없습니다. 그리고 폴더의 이름도 자신이 원하는 이름으로 바꿔도 됩니다. 여기에서는 바탕화면에 'html5-book'이라는 폴더에 압축을 풀었습니다.

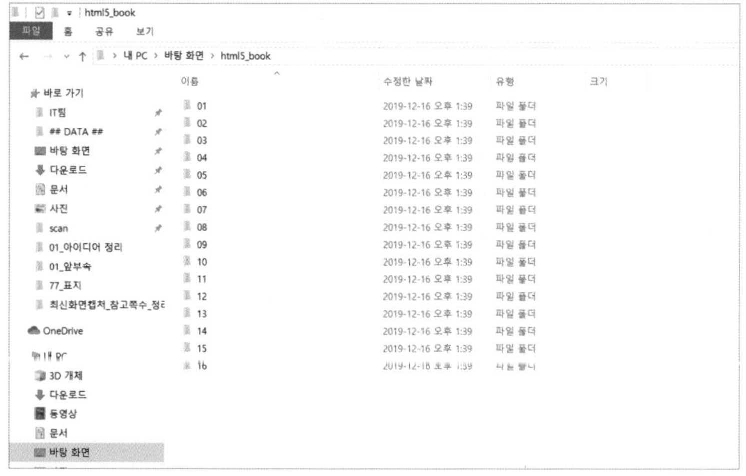

2. 예제 파일이 준비되었다면 비주얼 스튜디오 코드를 실행합니다. 가장 먼저 할 일은 소스가 있는 폴더를 추가하는 것입니다. 비주얼 스튜디오 코드 화면 속에서 왼쪽 사이드바에 있는 [폴더 열기] 버튼을 클릭하거나 상단 메뉴에서 [파일 → 폴더 열기] 메뉴를 선택한 후 폴더 선택 창이 나오면 예제 파일이 저장된 폴더를 찾아서 [폴더 선택]을 누릅니다. 여기에서는 html5-book 폴더를 선택하겠습니다.

▶ 비주얼 스튜디오 코드를 실행했을 때 화면에 나타난 시작 화면은 '시작' 탭에 있는 [X] 아이콘을 클릭하여 닫아주세요.

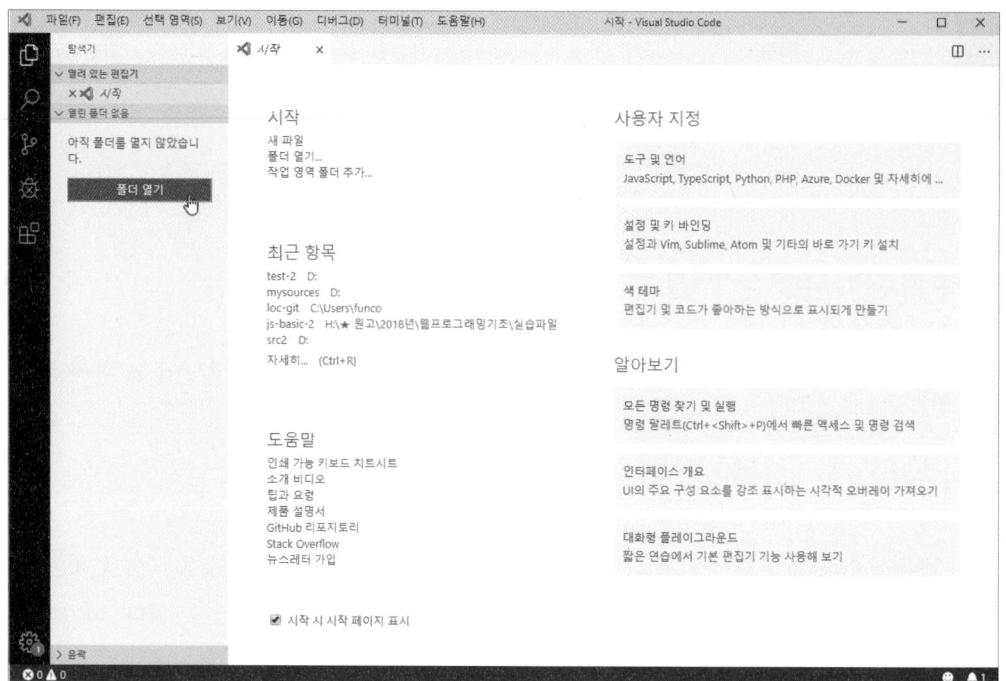

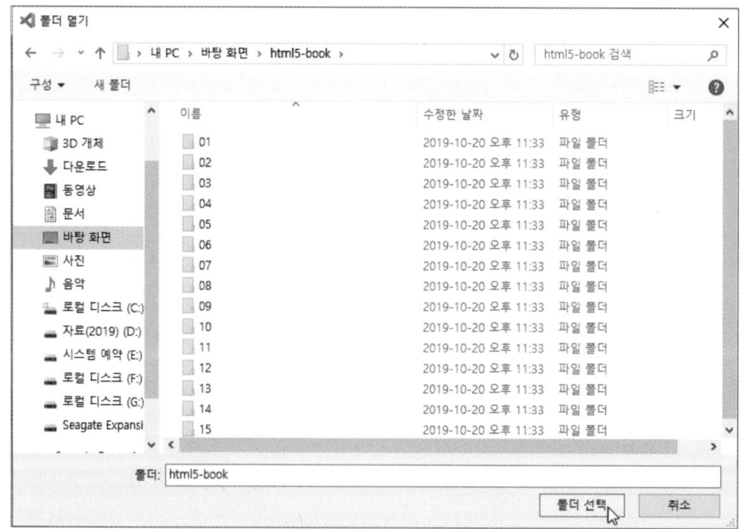

폴더 선택 창

3. 이 책을 공부하면서 사용할 예제 파일이 비주얼 스튜디오 코드 화면의 왼쪽 사이드바에 나타납니다. 실습은 장별로 정리되어 있습니다.

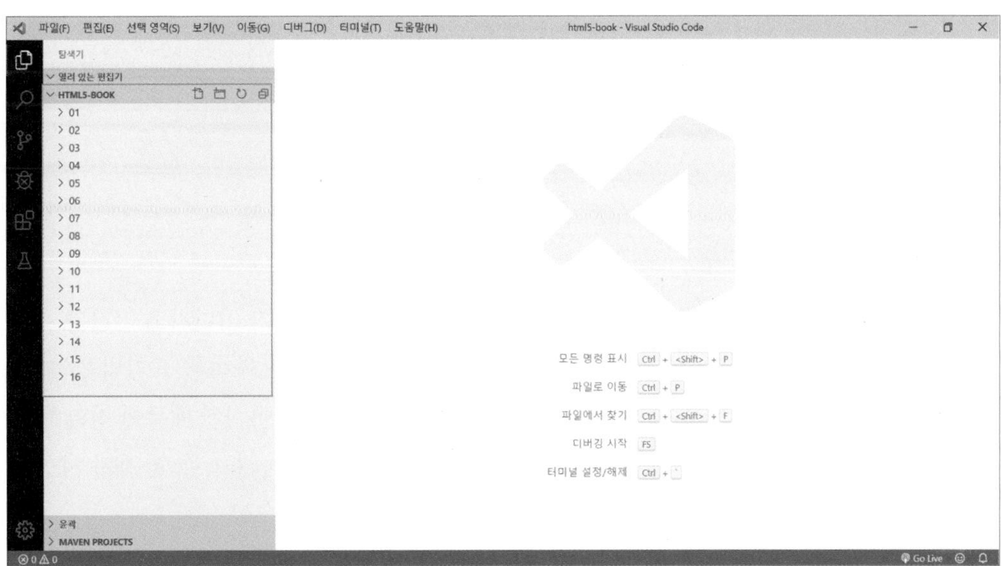

01-3 HTML 기본 문서 구조

웹 편집기를 파악했으니 이제부터는 HTML에 대해 하나씩 공부해 가며 직접 소스를 작성해 보고 웹 브라우저에서 어떻게 확인하는지 알아보겠습니다. HTML 공부가 처음이라면 이 부분은 반드시 배우고 넘어가세요!

태그, 이건 꼭 알아두세요!

앞의 설명에서 HTML은 웹 문서에 마크업하는 언어라고 했죠? 어디가 이미지고 어디가 텍스트인지 표시하는 것을 마크업이라고 하는데 마크업할 때 사용하는 약속된 표기법을 '태그(tag)'라고 합니다. 태그는 웹 문서에 표시하려는 내용을 전달하는 언어이기 때문에 정확히 사용해야 합니다. 태그를 배우기 앞서 HTML 문서를 만들기 전에 기억해야 할 몇 가지 사항을 먼저 알아보겠습니다.

태그는 〈와 〉를 이용해 구분합니다

웹 문서 소스에는 태그뿐만 아니라 웹 문서의 내용까지 함께 들어 있지만 〈와 〉로 묶인 부분이 HTML 태그입니다. 예를 들어 이미지를 삽입할 때는 'image'의 약자인 'img'를 〈와 〉 사이에 표시해 〈img〉라는 태그를 사용하고 텍스트 문단을 삽입할 때는 'paragraph'의 약자인 'p'를 〈와 〉 사이에 표시해 〈p〉라는 태그를 사용합니다. 어느 부분에 어떤 태그를 사용해야 할지는 HTML 명세서에 미리 정해져 있으며 태그를 하나씩 배워나가는 것이 HTML을 공부하는 방법입니다. 웹 브라우저는 〈와 〉 사이에 있는 문자는 태그로 인식한다는 점을 기억해 두세요!

태그는 소문자로 씁니다

HTML 태그는 대·소문자를 구별하지 않지만 HTML5 표준 명세에서는 태그와 태그 안에 사용하는 속성들은 모두 소문자로 사용할 것을 권장합니다.

맞는 예	틀린 예
`<img src="images/first.jpg">`	`<IMG src="images/first.jpg">`

여는 태그와 닫는 태그를 정확히 입력합니다

대부분의 태그는 <h1>~</h1>이나 <p>~</p>처럼 여는 태그와 닫는 태그가 하나의 쌍으로 이루어지며 웹 브라우저는 여는 태그에서 닫는 태그까지를 태그의 적용 범위로 인식합니다. <img> 태그나
 태그처럼 닫는 태그가 없는 경우도 있지만 닫는 태그가 필요한 태그에서는 반드시 닫는 태그를 삽입해야 합니다.

▶ 웹 편집기 중에는 닫는 태그를 자동으로 삽입해 주는 경우가 많습니다.

맞는 예	틀린 예
<h1>시간이란..</h1> <p>내일 죽을 것처럼 오늘을 살고 영원히 살 것처럼 내일을 꿈꾸어라.</p>	<h1>시간이란.. <p>내일 죽을 것처럼 오늘을 살고 영원히 살 것처럼 내일을 꿈꾸어라.</p>

적당히 들여 씁니다

HTML 태그는 기본 속성상 여러 번 띄어쓰기를 하더라도 한 칸의 공백으로 인식합니다. 따라서 HTML 소스를 작성할 때 태그 사이의 포함 관계에 따라 단계별로 들여 쓰더라도 웹 브라우저에서는 단지 한 칸으로만 인식합니다. HTML 소스를 단계별로 들여 쓰면 태그 간의 포함 관계를 눈으로 쉽게 확인할 수 있어 스타일 시트나 자바스크립트를 사용하면서 문서 구조를 확인할 때 편리합니다. 소스를 들여 쓸 때는 Tab 키를 이용합니다.

들여 썼을 때	들여 쓰지 않았을 때
<ul> <li>메뉴1</li> <li>메뉴2</li> <li>메뉴3</li> </ul>	<ul> <li>메뉴1</li> <li>메뉴2</li> <li>메뉴3</li> </ul>

태그는 속성과 함께 사용할 수 있습니다

HTML 태그는 단순히 태그 하나만 사용될 뿐만 아니라 태그에 여러 기능을 추가하는 속성과도 함께 사용됩니다. 즉 <태그 속성="속성 값" 속성="속성 값" …> 형태로 사용할 수 있습니다. 예를 들어 웹 문서에 이미지를 삽입할 때 <img> 태그를 사용하는데 <img> 태그에는 이미지 파일의 경로를 알려주는 src 속성과 이미지의 크기를 알려주는 width 속성, height 속성, 이미지에 보조 설명을 붙여주는 alt 속성 등 여러 가지 속성이 함께 사용됩니다. 각 태그에서 사용할 수 있는 속성들이 다르기 때문에 태그와 속성을 함께 익혀두어야 합니다.

아래 소스에서 빨간색으로 표시된 부분이 속성이고 파란색 부분이 속성 값입니다.

```
<img src="images/first.jpg" width="350" height="290" alt="시계 이미지">
```

포함 관계를 명확히 합니다

HTML 태그는 한 태그 안에 다른 태그를 포함시킬 수 있습니다. 이때 여는 태그와 닫는 태그 쌍을 정확히 맞추어 사용한 태그 용도에 맞게 적용할 수 있습니다.

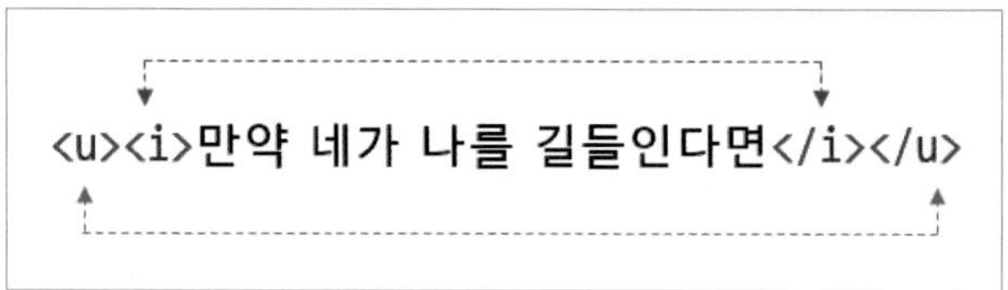

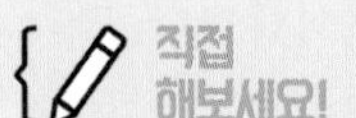

간단한 HTML 문서 만들기

[준비] 없음 [완성] 01/first-result.html

아직 태그를 공부하지는 않았지만 HTML 문서가 어떤 구조를 가지고 있는지 웹 브라우저에서 어떻게 동작하는지 살펴보겠습니다.

1. 비주얼 스튜디오 코드의 상단 메뉴에서 [파일 → 새 파일]을 선택하면 빈 문서 창이 열립니다. 일단 아무것도 입력하지 않고 파일을 저장하겠습니다. Ctrl + S를 누르면 [다른 이름으로 저장] 창이 나타나는데 내려받은 예제 파일 폴더 중 [01] 폴더를 선택하고 [파일 이름] 항목에 first.html이라고 입력한 후 [저장] 버튼을 클릭합니다.

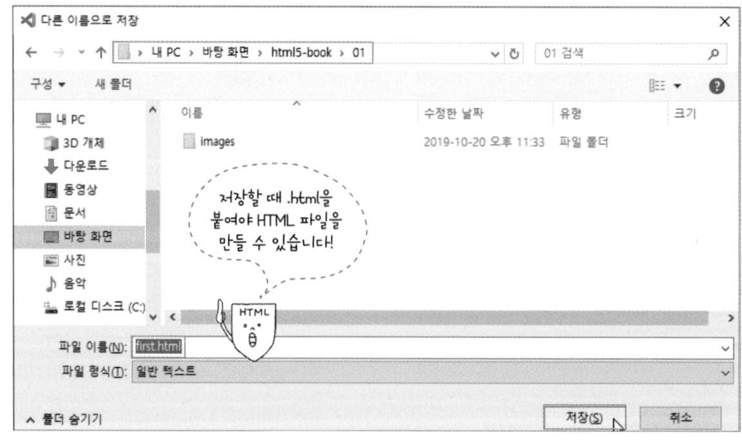

2. 파일을 저장한 후 빈 문서 창 위를 살펴보면 'first.html'이라는 탭이 보일 것입니다. 현재 편집 중인 문서의 이름이죠. 비주얼 스튜디오 코드에서는 웹 문서의 태그를 자동으로 입력해 주는 에밋(Emmet) 기능이 있습니다. 문서의 1번 줄을 클릭한 후 !(느낌표)를 입력하고 [Tab] 키를 누르세요.

▶ 에밋(Emmet)이란 HTML 소스 코드를 빠르게 입력할 수 있도록 해주는 플러그인 기능입니다. 예전에는 젠코딩(Zen Coding)이라고도 했었죠. 미리 약속한 코드를 입력하고 [Tab]을 누르면 완성 코드를 자동으로 작성해 줍니다.

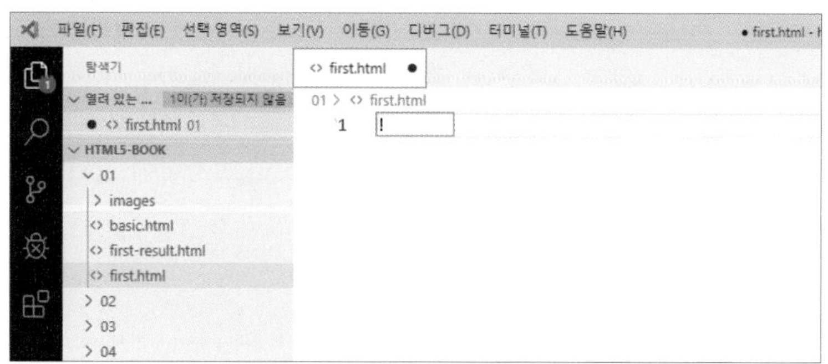

3. 그럼 HTML 문서 기본 구조가 자동으로 만들어집니다. 어떤 웹 문서를 작성하든 이 기본 구조를 지켜야 합니다. 여기에 사용된 태그는 앞으로 하나씩 공부할 것입니다.

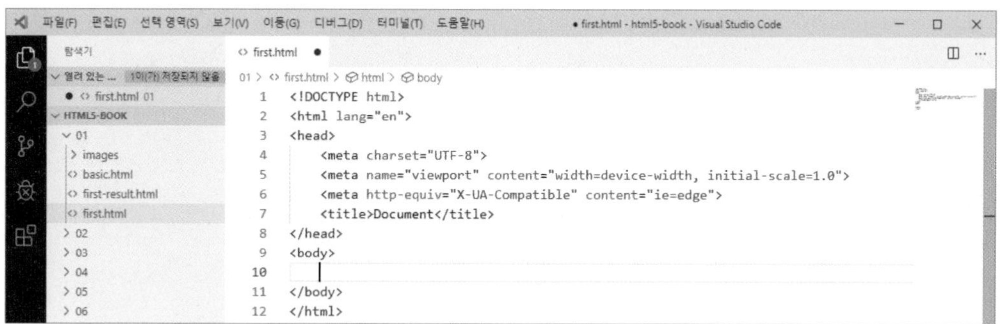

4. 2번 줄에 있는 lang="en"이라는 소스는 현재 문서가 영어(english)로 작성된다는 뜻이기 때문에 이 부분을 lang="ko"로 수정합니다. 그리고 7번 줄의 <title>Document</title> 부분도 다른 제목으로 수정합니다. 여기에서는 '내가 처음 만드는 HTML 문서'라고 수정했습니다.

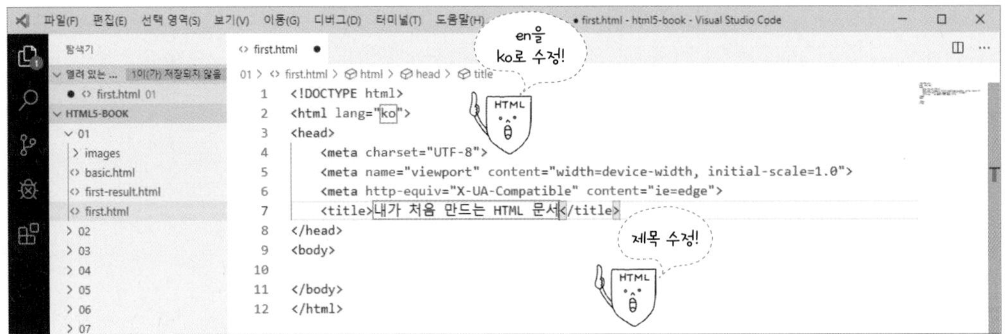

5. 웹 브라우저에 표시되는 웹 문서 내용은 <body> 태그와 </body> 태그 사이에 입력합니다. 다음과 같이 간단하게 줄을 바꾸면서 텍스트를 몇 줄 입력하세요. 그리고 Ctrl + S를 눌러 문서를 저장하고, 비주얼 스튜디오 코드 편집 창의 빈 공간에서 마우스 오른쪽 버튼을 클릭한 후 [Open with Live Server] 메뉴를 선택하세요.

▶ 문서를 수정하고 저장하지 않은 상태에서는 탭의 제목(first.html) 옆에 검은색 원이 표시되고 문서를 저장하면 검은색 원이 사라집니다.

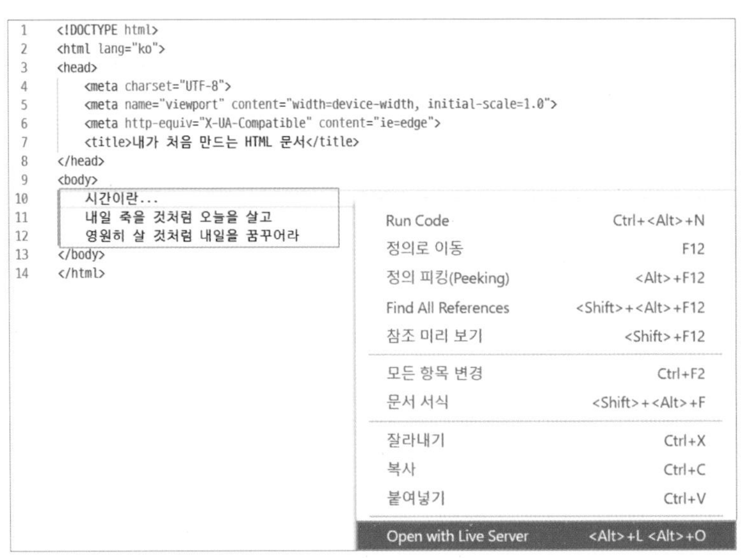

▶ Live Server 대신 소스를 저장한 문서가 있는 곳으로 이동해 first.html 파일을 웹 브라우저로 열어서 확인해도 됩니다.

6. 웹 브라우저에서 결과를 확인하면 비주얼 스튜디오 코드에서 입력한 텍스트가 모두 한 줄로 표시되어 있는 것을 확인할 수 있습니다. 이것으로 웹 문서 소스에서 텍스트를 추가하면 줄바꿈 없이 모두 한 줄로 입력된다는 것을 알 수 있죠.

시간이란... 내일 죽을 것처럼 오늘을 살고 영원히 살 것처럼 내일을 꿈꾸어라

웹 브라우저에서 확인한 화면

7. 텍스트의 어떤 부분은 제목이고 어떤 부분은 내용인지 그리고 어느 위치에서 줄을 바꿔야 하는지 표시하려면 '태그'를 사용합니다. 앞에서 입력했던 내용을 삭제하고 다음과 같이 태그가 포함된 내용을 다시 입력하고 문서를 저장하세요.

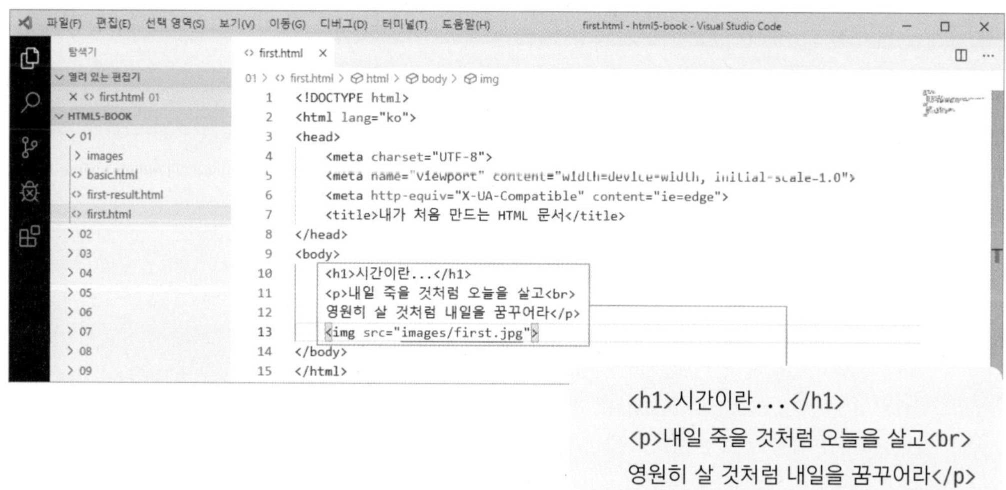


```
<h1>시간이란...</h1>
<p>내일 죽을 것처럼 오늘을 살고<br>
영원히 살 것처럼 내일을 꿈꾸어라</p>
<img src="images/first.jpg">
```

8. 웹 브라우저에서 01/first.html 문서를 다시 확인하면 어떤 부분은 제목처럼 굵고 진하게 표시되고 어떤 부분은 줄바꿈이 되어 있습니다. 그리고 이미지도 삽입되어 있죠. 이렇게 화면에 표시할 내용에 태그를 사용해서 역할을 구별해 주는 것을 마크업(markup)이라고 합니다.

HTML 문서 기본 구조 살펴보기

HTML 문서는 일반 문서와 달리 정해진 형식에 맞추어 내용을 입력해야 합니다. 앞에서 만든 문서를 이용해 HTML 문서의 기본 구조를 살펴보겠습니다. 소스가 짧더라도 이 안에는 HTML 문서에서 반드시 필요한 모든 구조가 포함되어 있습니다. 웹 문서는 아무리 길더라도 〈!doctype〉과 〈html〉, 〈head〉, 〈body〉 네 가지 태그를 이용해 문서의 시작과 끝을 표시합니다.

네 가지 태그는 기본 중의 기본이에요!

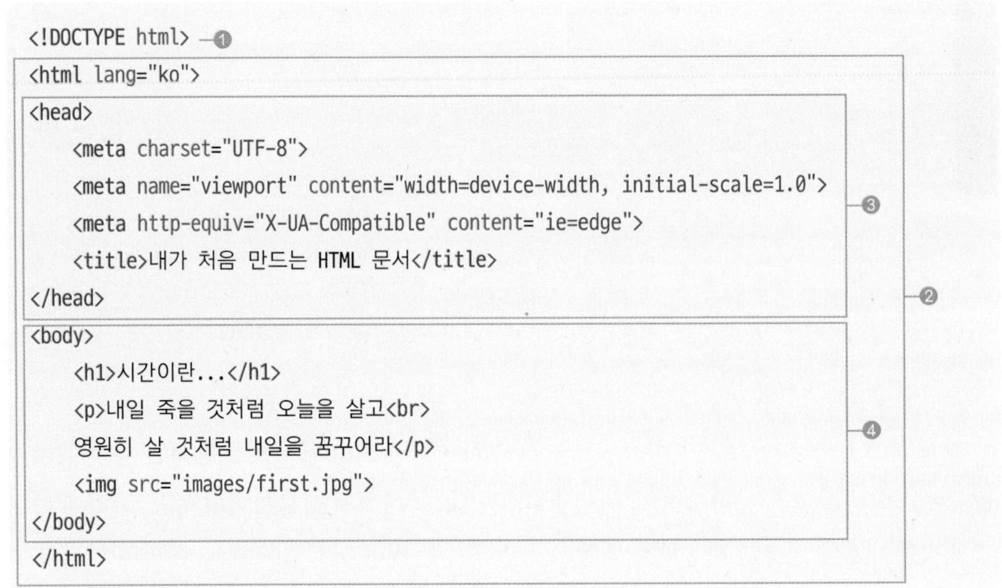

```
<!DOCTYPE html> ─❶
<html lang="ko">
<head>
    <meta charset="UTF-8">
    <meta name="viewport" content="width=device-width, initial-scale=1.0">
    <meta http-equiv="X-UA-Compatible" content="ie=edge">          ─❸
    <title>내가 처음 만드는 HTML 문서</title>
</head>                                                                   ─❷
<body>
    <h1>시간이란...</h1>
    <p>내일 죽을 것처럼 오늘을 살고<br>
    영원히 살 것처럼 내일을 꿈꾸어라</p>                           ─❹
    <img src="images/first.jpg">
</body>
</html>
```

❶ <!doctype html> - 현재 문서가 HTML5 언어로 작성된 웹 문서라는 뜻입니다.

❷ <html> ~ </html> - 웹 문서의 시작과 끝을 나타내는 태그입니다. 웹 브라우저가 <html> 태그를 만나면 </html>까지의 소스를 읽어 HTML 문법에 맞추어 브라우저에 표시합니다.

❸ <head> ~ </head> - 웹 브라우저가 웹 문서를 해석하기 위해 필요한 정보들을 입력하는 부분입니다. 여기에 있는 정보는 실제 문서 내용이 아니기 때문에 문서 제목만 브라우저 창에 표시되고 나머지는 웹 브라우저 화면에 표시되지 않습니다. 스타일 및 스크립트 등이 포함되기도 합니다.

❹ <body> ~ </body> - 실제로 웹 브라우저 화면에 나타날 내용입니다. 앞으로 우리가 공부하게 될 HTML 태그들은 대부분 <body> 태그 안에 들어갑니다.

HTML 문서의 기본 구조에 대해 살펴보았습니다. 이어서 각 태그를 자세히 알아보겠습니다.

<!doctype> - 문서 유형을 지정하는 선언문

웹 문서의 시작을 알려주는 <html> 태그보다 먼저 사용하는 것이 '문서 유형(document type)'을 지정하는 <!doctype>입니다. 이때 지정하는 문서 유형이란 웹 브라우저에게 '이제부터 처리할 문서는 HTML 문서이고 어떤 유형을 사용했으니 그 버전에 맞는 방법으로 해석하라.'라고 알려주는 것입니다.

▶ <!doctype>은 태그가 아니지만 웹 문서를 만들 때 함께 사용해야 하는 요소입니다.

과거 HTML4에서는 문서 유형이 여러 가지였고 문서 유형을 지정하는 소스도 길었기 때문에 잘못 사용되거나 아예 문서 유형을 사용하지 않는 경우도 있었습니다. 하지만 HTML5부터는 단 한 줄로 문서 유형을 선언합니다.

```
<!doctype html>
```

웹 브라우저는 이 소스만 보고 '아하, HTML5에 맞추어 문서를 해석하면 되겠구나!'라고 이해합니다. HTML4에서처럼 엄격 모드(strict mode)인지, 호환 모드(transitional mode)인지 구별할 필요도 없고 문서 유형을 정의하는 긴 구문을 기억하지 않아도 됩니다. HTML5에서는 현재 문서가 HTML 문서라는 점만 표기하는 것으로 문서 유형 선언이 끝납니다.

▶ HTML에서는 대·소문자 구별이 없지만 doctype을 좀 더 강조하기 위해 <!DOCTYPE html>처럼 대문자로 사용하기도 합니다.

<html> 태그 - 웹 문서 시작을 알리는 태그

문서 유형을 선언한 후 실제 문서 정보와 내용이 시작되고 끝나는 것을 표시하는 태그가 <html>입니다. <html> 태그는 웹 문서가 시작된다는 뜻이고 </html> 태그는 웹 문서가 끝났다는 뜻입니다. 따라서 </html> 태그 다음에는 아무 내용도 없겠죠?

```
<html lang="ko">
```

<html> 태그에서는 lang이라는 속성을 사용해 문서에서 사용할 언어를 지정할 수 있습니다. 예를 들어 한국어라면 korea의 약자인 ko를 사용합니다.

▶ 두 자리 국가별 언어 코드는 ISO 639-1 표준에 정해져 있습니다.

언어 표기는 ko처럼 두 자리를 사용할 수도 있고 en-US처럼 네 자리를 사용할 수도 있습니다. 두 자리로 표기한 주요 국가별 언어 코드는 다음과 같습니다.

코드	de	en	fr	ja	ko	zh
언어	독일어	영어	프랑스어	일본어	한국어	중국어

간단히 <html>이라고만 해도 문제가 없는데 굳이 사용 언어를 명시하는 이유는 무엇일까요? 우선 검색 사이트에서 특정 언어로 제한해 검색할 때 그 대상이 될 수 있기 때문입니다. 예를 들어 검색 결과 중에서 '한국어로 된 문서'로 범위를 제한할 경우, <html lang="ko">라고 된 문서를 우선 검색합니다. 또한 화면 낭독기에서 웹 문서를 소리내어 읽어줄 때 언어가 명시되면 그 언어에 맞추어 발음이나 억양, 목소리 등을 다르게 해서 들려줄 수 있습니다.

▶ 일부 기기에서는 아직 지원되지 않지만 머지않아 구현될 것입니다.

<html> 태그와 </html> 태그 사이에는 문서 정보를 지정하는 <head> 태그와 실제 화면에 보이는 문서 내용을 입력하는 <body> 태그가 포함됩니다.

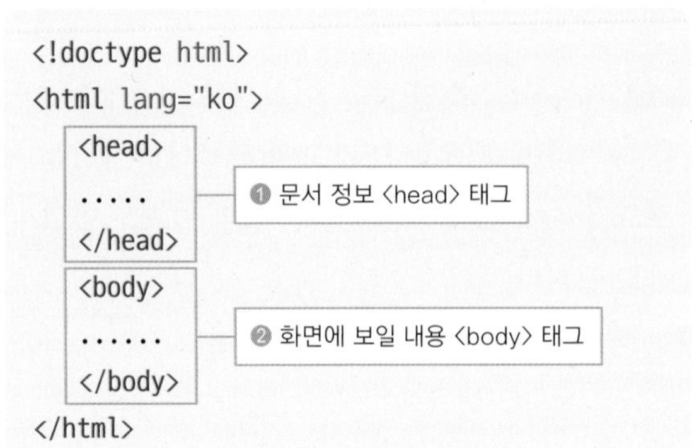

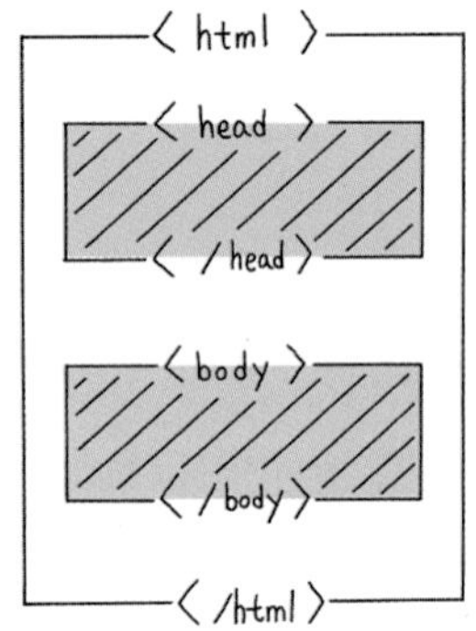

<head> 태그 - 브라우저에게 정보를 주는 태그

웹 브라우저 화면에는 보이지 않지만 웹 브라우저가 알아야 할 정보들은 모두 <head> 부분에 입력합니다. 문서에서 사용할 외부 파일들도 이곳에서 링크합니다. <head> 태그와 </head> 태그 사이에서 문서 정보를 표시하기 위해 사용할 수 있는 주요 태그들은 다음과 같습니다.

<title> 태그 - 문서 제목

<head> 태그 안에서 가장 중요한 태그를 꼽으라면 <title> 태그일 것입니다. <title> 태그에서 지정하는 내용은 거의 모든 웹 브라우저의 제목 표시줄에 표시되고 해당 페이지를 방문하는 방문자나 검색 엔진은 제목 표시줄의 제목을 보고 페이지 전체의 내용을 추측합니다.

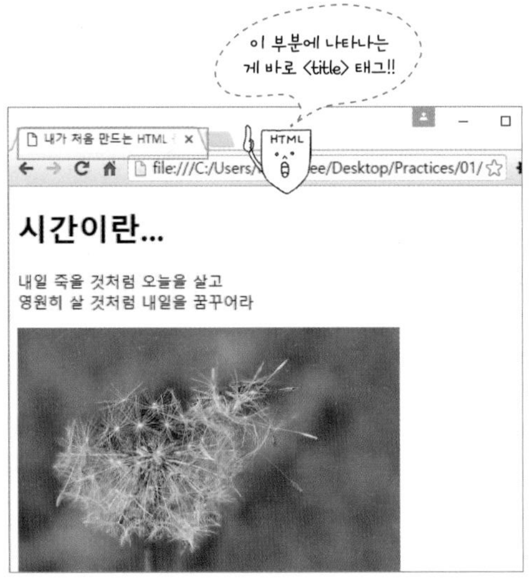

기본형 `<title> 문서 제목 </title>`

▶ '즐겨찾기'로 추가할 때 <title> 태그 안의 내용으로 추가됩니다.

알아두면 좋아요! **문서의 제목과 웹 접근성**

'인터넷 웹 콘텐츠 접근성 지침 2.0' 중 '운용의 용이성' 부문의 '(쉬운 내비게이션) 콘텐츠는 쉽게 내비게이션할 수 있어야 한다.'는 원칙에는 페이지마다 제목을 제공하는지 여부를 검사하는 항목이 있습니다. 사용자가 화면 낭독기(screen reader) 같은 보조 기기를 이용해 웹 페이지를 읽을 때 위에서부터 순서대로 소리가 나옵니다. 이때 문서에 제목을 붙이면 문서에서 문서로 이동할 때 제목을 듣고 어떤 내용이 들어 있을지 짐작할 수 있죠. 따라서 웹 접근성을 준수하기 위해서라도 <title> 태그는 반드시 사용해야 합니다. 이때 사이트 안의 모든 페이지에 똑같은 제목을 제공한다면 페이지 제목으로서의 의미가 없겠죠. 또한 제목에 ::: 이나 ▦ 같은 모든 특수 기호를 사용할 수 없으며 긴 문장을 사용하는 것도 좋지 않습니다. 결론을 말하자면 제목에는 페이지의 내용을 쉽게 짐작할 수 있는 주요 단어들을 넣어야 합니다.

<meta> 태그 - 문자 세트를 비롯한 문서 정보

메타 데이터라고 하면 '데이터에 대한 데이터'를 말하지요. 메타 태그도 비슷합니다. <meta> 태그는 웹 브라우저 화면에는 보이지 않지만 웹 문서와 관련된 정보들을 지정합니다.

문자 세트 지정하기

<meta> 태그의 가장 중요한 역할은 화면에 글자를 표시할 때 어떤 인코딩 방법을 사용할지 지정하는 것입니다. 웹 서버는 영어를 기본으로 하기 때문에 영어 이외의 문자를 화면에 표시하기 위해 미리 약속된 문자 세트를 사용해야 하는데 이때 HTML5에서는 <meta> 태그를 사용해 'utf-8'이라는 문자 세트를 사용한다고 웹 브라우저에게 알려줍니다.

```
<meta charset="UTF-8">
```

모바일 기기 고려하기

요즘은 인터넷에 접속할 때 데스크톱보다 모바일 기기를 더 많이 사용하죠? 웹 문서를 작성할 때도 <meta> 태그를 써서 스마트폰 등의 기기에서 웹 문서를 제대로 표시할 수 있도록 해야 합니다. 앞에서 실습했던 first.html 파일에서 비주얼 스튜디오 코드가 자동으로 만들어줬던 기본 구조 혹시 기억나나요? 소스 내용 중에 다음과 같은 내용이 있었는데 이 내용은 모바일 기기를 위한 것이고 더 자세한 설명은 뒤의 '뷰포트' 설명 부분에서 자세히 설명하겠습니다.

```
<meta name="viewport" content="width=device-width, initial-scale=1.0">
```

인터넷 익스플로러 브라우저 고려하기

인터넷 익스플로러는 최신 웹 기술이 사용된 웹 문서를 제대로 해석하지 못합니다. 그래서 인터넷 익스플로러 사용자까지 고려해야 하는 웹 사이트를 제작할 경우 다음과 같은 〈meta〉 태그를 사용해서 현재 웹 문서를 최신 표준 모드로 해석하라고 알려줍니다.

```
<meta http-equiv="X-UA-Compatible" content="ie=edge">
```

검색 엔진 고려하기

〈meta〉 태그를 사용해서 웹 사이트의 키워드나 간단한 설명, 제작자 등의 정보를 지정할 수 있습니다. 이 정보들은 검색 엔진에서 사이트를 검색할 때 참조하는 정보인데 검색 엔진에 따라 참고하는 정보는 달라질 수 있습니다.

```
<meta name="keywords" content="html5, 웹표준">
<meta name="description" content="html5를 통해 웹 표준 공부하기">
<meta name="author" content="Kyunghee Ko">
```

해당 문서의 키워드

해당 문서의 설명

해당 문서의 소유자 또는 제작자

〈body〉 태그 - 실제 브라우저에 표시될 내용

문서 유형을 정의하고 문서 정보까지 입력했다면 〈body〉 태그와 〈/body〉 태그 사이에 실제 브라우저에 표시될 내용을 입력합니다. 이 책에서 설명하는 대부분의 태그가 〈body〉 태그와 〈/body〉 태그 사이에서 사용하는 태그들입니다.

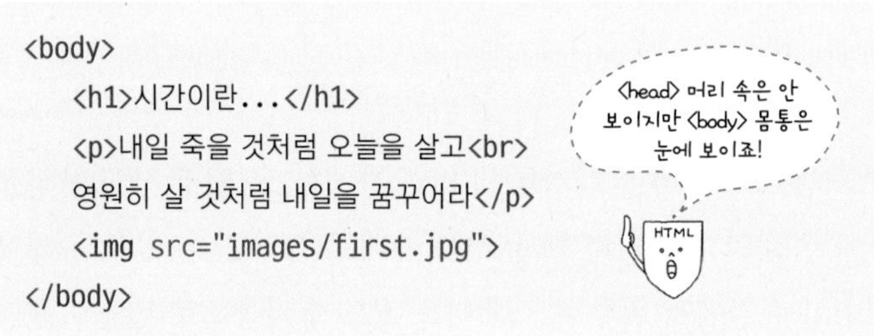

```
<body>
    <h1>시간이란...</h1>
    <p>내일 죽을 것처럼 오늘을 살고<br>
    영원히 살 것처럼 내일을 꿈꾸어라</p>
    <img src="images/first.jpg">
</body>
```

<head> 머리 속은 안 보이지만 <body> 몸통은 눈에 보이죠!
HTML

34쪽에서 만든 문서를 보면 〈body〉 태그에 있는 〈h1〉 태그와 〈p〉 태그, 〈br〉 태그 내용이 브라우저 화면에 나타났습니다. 뒤에 자세히 나오겠지만 참고로 미리 설명하자면 〈h1〉 태그는 제목을 표시하는 태그로 태그를 사용한 부분이 다른 텍스트보다 크고 진하게 표시되며 〈p〉 태그는 텍스트 단락을 표시하고 〈br〉 태그를 사용한 부분에서는 줄이 바뀌어 다음 줄에서 텍스트가 시작됩니다.

▶ 여기서 사용된 태그의 자세한 설명은 뒤이어 나옵니다.

웹 문서에서 특수 문자 및 특수 기호 사용하기

HTML 문서에서는 한글이나 영문, 숫자 등 사용자가 키보드로 입력하는 텍스트를 화면에 보여줍니다. 그렇다면 특수 기호는 어떻게 넣을까요? 지금부터 설명하는 방법을 이용하면 키보드에 없는 특수 문자나 특수 기호를 입력할 수 있습니다.

특수 기호 사용하기

HTML 소스에서 공백이나 괄호 같은 문자들을 소스 기호로 인식하지 않고 그대로 화면에 표시하려고 할 때도 특수 기호를 이용합니다. 다시 말해 HTML 문서의 특성상 여러 개의 공백 문자, 즉 띄어쓰기를 입력하더라도 한 칸만 인식하기 때문에 여러 개의 공백을 나타내려면 공백을 나타내는 특수 기호를 여러 개 입력해야 합니다. 또한 따옴표를 화면에 표시할 때 소스 창에 그대로 따옴표를 입력하면 〈img src="bg.jpg"〉에서 사용하는 속성 값의 따옴표처럼 인식해 버리기 때문에 그대로 따옴표를 입력하면 안 됩니다. 그리고 '〈' 같은 꺾쇠 괄호를 화면에 표시할 때도 그대로 꺾쇠 괄호를 입력하면 태그로 인식하므로 태그가 아닐 때에는 미리 약속한 이름이나 표기법을 사용해야 합니다. 이 표기법을 '엔티티 이름' 또는 '엔티티 기호'라고 합니다.

W3C(www.w3c.org)에서 제공하는 엔티티 코드 표는 https://dev.w3.org/html5/html-author/charref 에서 확인할 수 있습니다. 이 사이트에는 웹 문서에서 사용할 수 있는 특수 문자나 특수 기호에 간단하게 엔티티 이름이 표시되어 있습니다.

예를 들어, 꺾쇠 괄호를 나타내는 특수 기호에는 '⟨' '⟨' '⟨' 이라고 표시되어 있는데, 기호 위로 마우스 포인터를 올리면 '⟨'과 '⟨' 같은 엔티티 코드가 함께 표시됩니다. 세 개의 엔티티 이름과 두 개의 엔티티 코드 중 어떤 것을 사용해도 됩니다. 단, 엔티티 이름이나 엔티티 코드 뒤에 오는 세미콜론(;)은 꼭 붙여야 합니다.

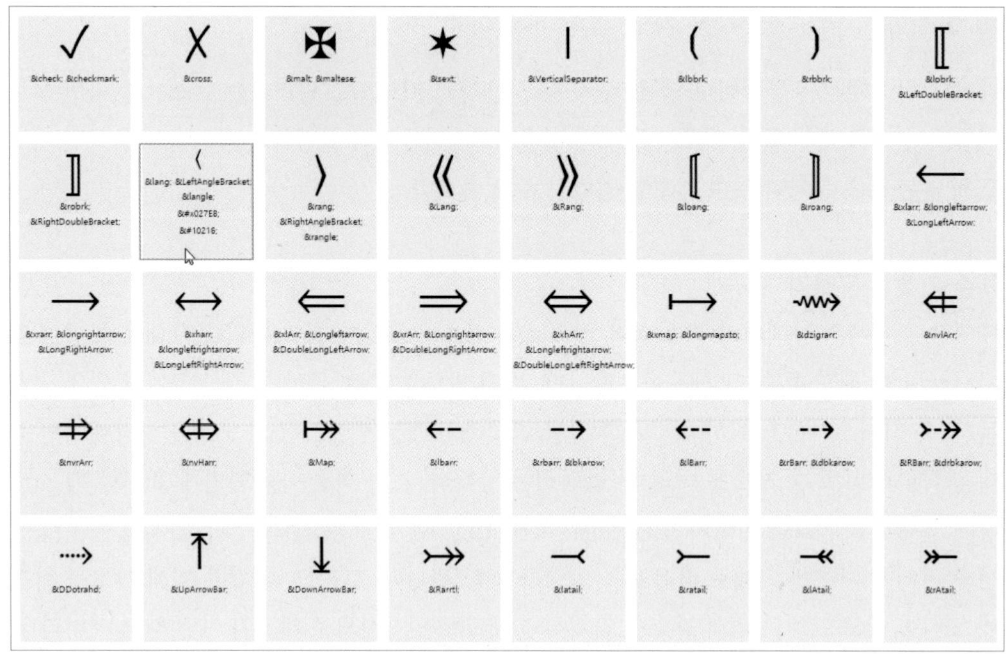

윈도우에서 특수 문자 입력하기

키보드에서 한글 자음을 누른 후 [한자] 키를 누르면 마우스 커서 바로 아래나 화면 오른쪽 구석에 특수 문자가 표시됩니다. 한글 각 자음마다 서로 다른 특수 문자가 포함되어 있는데 가장 많이 사용하는 특수 문자들은 [ㅁ]을 누르고 [한자] 를 누르면 볼 수 있습니다.

예를 들어 한글 자음 [ㄱ]을 누른 후 [한자]를 눌렀을 때 사용할 수 있는 특수 문자와 한글 자음 [ㅁ]을 누른 후 사용할 수 있는 특수 문자는 다음과 같습니다.

▶ [한자] 키가 없는 키보드라면 키보드의 오른쪽 [Ctrl]을 누르면 됩니다.

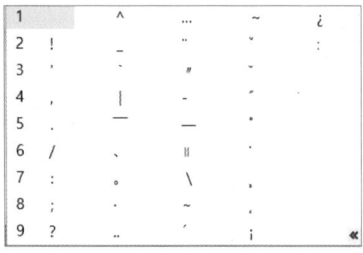

1		^	…	~	¿
2	!	_	¨	ˇ	ː
3	'	`	〃	˘	
4	,	|	-	˝	
5	.	―	—	˚	
6	/	、	‖	˙	
7	:	。	＼	¸	
8	;	·	∼	˛	
9	?	‥	´	¡	«

[ㄱ]과 [한자]를 눌렀을 때 나오는 특수 문자

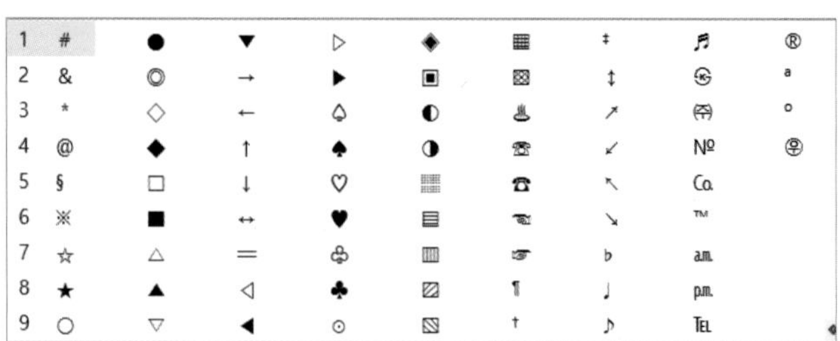

[ㅁ]과 [한자]를 눌렀을 때 나오는 특수 문자

01-4 웹 문서 만들고 업로드하기

지금까지 HTML에 대한 기본 개념을 익혔으니 이제부터 실제로 웹 문서를 만들어 인터넷상에 업로드하고 웹 브라우저로 직접 확인하는 방법에 대해 알아보겠습니다.

호스팅 서버 준비하기

우리는 장시간 인터넷을 이용하지만 이는 인터넷 회선을 통해 인터넷 서비스를 이용하는 것일 뿐 내 컴퓨터 안의 파일이 인터넷에 연결된 것은 아닙니다. 따라서 HTML로 웹 사이트를 만들고 그 내용을 다른 사람들이 볼 수 있도록 하려면 HTML로 만든 웹 문서를 모두 서버 컴퓨터로 옮겨야 합니다.

▶ 서버(server) 컴퓨터는 전용선을 통해 인터넷에 직접 연결되어 있는 컴퓨터를 가리키고 인터넷 회선을 통해 서버 컴퓨터에 접속하는 사용자 컴퓨터를 클라이언트(client) 컴퓨터라고 합니다.

개인은 웹 서버를 마련하기 어렵기 때문에 서버의 일부 공간을 매달 또는 몇 년마다 일정 금액을 내고 사용하는 서비스를 이용합니다. 이것을 '서버 호스팅 서비스' 또는 '웹 호스팅 서비스'라고 합니다. 개인 웹 사이트 운영자들은 대부분 호스팅 서비스를 이용합니다.
웹 사이트를 안정적으로 운영하기 위해서는 유료 호스팅을 권하지만 웹 사이트를 운영해 본 적이 없다면 무료 호스팅 서비스를 통해 웹 문서 제작을 연습해 보고 유료 호스팅을 신청하는 것도 좋습니다. 무료 호스팅 서비스는 업체마다 조금씩 다르지만 정해진 기간마다 연장 신청을 해야 무료로 계속 사용할 수 있습니다. 다만, 무료 호스팅 서비스는 서버에 있는 파일을 백업해 주지 않으므로 중요한 파일의 경우, 스스로 백업해 두어야 합니다. 이 책에서는 닷홈의 무료 호스팅 서비스를 이용합니다.

▶ 백업(backup)은 컴퓨터 장비의 고장이나 사고에 대비해 파일을 복사해 두는 것을 말합니다.

알아두면 좋아요! **웹 호스팅 서버의 종류**

호스팅 서비스는 어떤 서버를 이용하느냐에 따라 윈도우 서버 호스팅과 리눅스 서버 호스팅으로 나뉘는데 윈도우 서버에서는 ASP나 ASP.NET 프로그래밍 언어를 사용하고 리눅스 서버에서는 PHP 프로그래밍 언어를 사용하며 좀 더 대중적이고 저렴합니다. 이외에 클라우드 서버를 사용한 '클라우드 서버 호스팅'도 최근 많이 사용합니다.

{직접 해보세요!} 닷홈에 무료 호스팅 서비스 신청하기

우선 웹 문서들을 업로드할 무료 웹 서버 공간을 신청해 보겠습니다. 닷홈의 호스팅 서비스는 1년 간 무료로 사용할 수 있으며 1년이 지나면 연장 신청을 해야 무료로 계속 사용할 수 있습니다.

▶ 여러분이 알고 있는 다른 무료 호스팅 서비스가 있다면 그곳에서 신청해도 됩니다.

1. 닷홈 회원 가입하기

주소 창에 'dothome.co.kr'을 입력하여 무료 호스팅을 제공하는 닷홈 사이트로 이동합니다. 로그인 창 바로 아래에 있는 [회원가입]을 클릭합니다. 필요한 정보를 입력하고 회원 가입합니다. 입력한 이메일 주소를 통해 인증까지 마쳐야 호스팅을 신청할 수 있습니다.

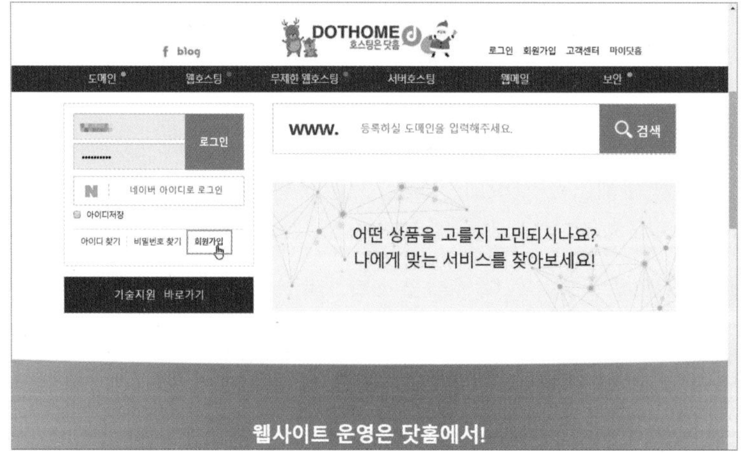

2. 무료 호스팅 신청하기

닷홈 초기 화면에서 가입한 아이디로 로그인한 후 [웹 호스팅] 메뉴 중 [무료 호스팅]을 선택합니다.

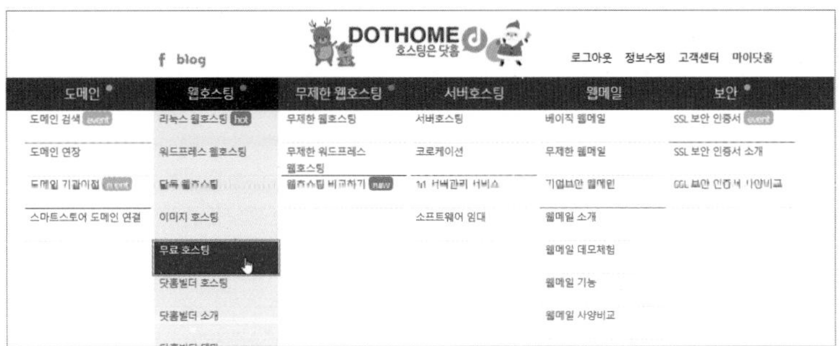

3. 여러 가지 서비스가 있는데 그중 [무료 호스팅] 항목에 있는 [신청하기]를 클릭합니다.

4. [무료 호스팅 이용 안내] 화면을 읽고 '위의 사항을 숙지했습니다.'에 체크한 후 [무료 웹 호스팅 신청하기]를 클릭합니다. FTP 아이디는 다른 것으로 바꿀 수도 있지만 FTP 접속 주소(기본 제공 도메인)와 아이디, 비밀번호는 반드시 기억해 두어야 합니다. 이메일 인증을 거친 후에 '무료계정 사용정책을 확인하였으며 이에 동의합니다.'를 체크하고 [신청하기] 버튼을 클릭합니다.

5. 무료 호스팅 신청이 완료되었다는 메시지가 나타나면 호스팅 신청이 된 것입니다. 이제부터 'FTP아이디.dothome.co.kr'이 여러분의 웹 사이트 주소가 되고 이곳에 연습하는 웹 문서를 올릴 수 있습니다. 예를 들어 FTP 아이디가 funcom이라면 http://funcom.dothome.co.kr이 홈페이지 주소가 됩니다.

FTP 프로그램 설치하기

서버를 신청하긴 했는데 서버에 파일을 어떻게 올리고 내릴까요? 이때 필요한 것이 FTP 프로그램입니다.

사용자 컴퓨터에서 작성한 웹 문서와 파일을 서버로 옮기는 것을 업로드(upload), 서버에 있는 파일들을 사용자 컴퓨터로 옮기는 것을 다운로드(download)라고 하고 서버와 클라이언트 간에 파일을 주고 받을 수 있게 해주는 파일 전송 프로토콜(File Transfer Protocol)을 약자로 FTP라고 합니다.

▶ '프로토콜(protocol)'이란 기기 간의 약속이라고 생각하면 됩니다.

서버와 클라이언트 간의 파일 전송을 쉽게 해주는 프로그램을 흔히 FTP 프로그램이라고 하는데 FileZilla나 다FTP, CuteFTP 같은 FTP 프로그램을 설치해 사용하거나 FTP 기능이 내장된 편집기라면 그 기능을 사용하면 됩니다. 이 책에서는 FileZilla 프로그램을 사용하겠습니다.

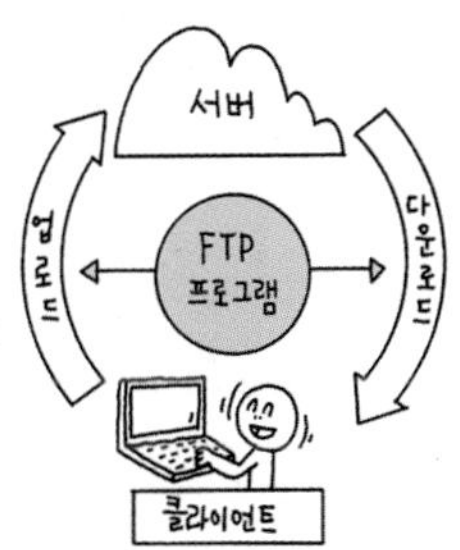

{직접 해보세요!} FTP 프로그램 FileZilla 설치하고 서버에 접속하기

FileZilla는 서버용과 클라이언트용이 따로 있는데 우리가 사용할 프로그램은 클라이언트용입니다. FileZilla를 설치하고 앞에서 신청한 닷홈 무료 호스팅 서버에 접속하는 방법까지 알아보겠습니다.

1. Filezilla 설치하기

FileZilla 사이트(https://filezilla-project.org)에 접속한 후 왼쪽 메뉴에서 [FileZilla → Download]를 선택합니다. 화면 중앙의 녹색 다운로드 버튼 아래에 있는 [Show additional download options]를 클릭합니다.

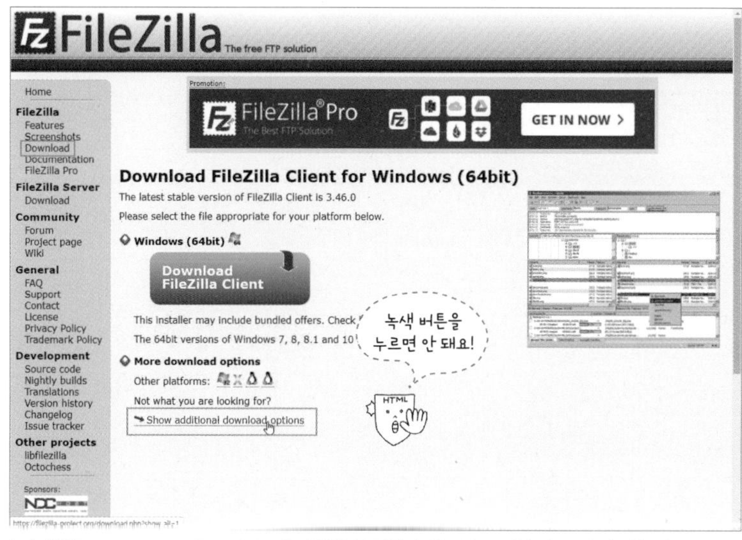

▶ 녹색 [Download FileZilla Client] 버튼을 클릭하지 않도록 조심하세요! 불필요한 번들 프로그램이 포함되어 있습니다.

2. 사용하고 있는 시스템 환경에 맞는 FileZilla를 다운로드한 후 설치하세요. 설치가 끝나면 FileZilla 프로그램 창과 알림 창이 나타납니다. [확인]을 클릭합니다.

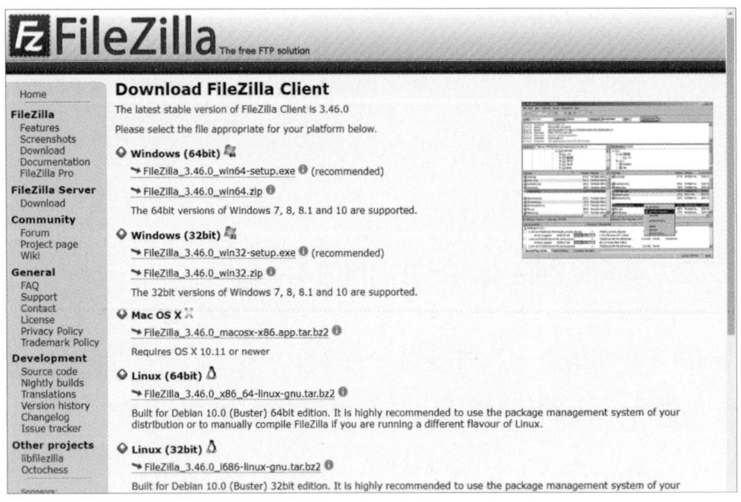

3. FTP 서버와 연결하기

FileZilla 프로그램을 실행한 후 위의 호스트 칸에는 FTP 접속 주소를 입력하고 사용자명에는 FTP 아이디를, 비밀번호에는 FTP 비밀번호를 입력한 후 [빠른 연결]을 클릭합니다.

▶ 닷홈 호스팅을 신청할 때 썼던 정보를 입력하면 됩니다.

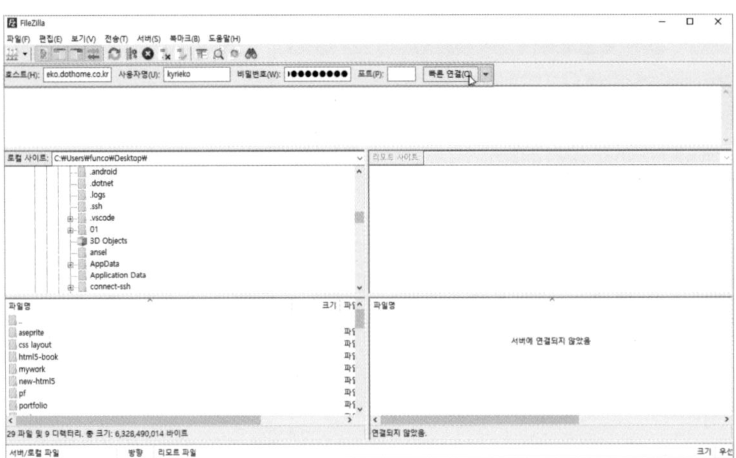

4. FTP 서버와 정상적으로 연결되었다면 FileZilla 화면 오른쪽에 FTP 서버의 내용이 표시됩니다. 아직 아무 내용도 없기 때문에 html 폴더만 보입니다.

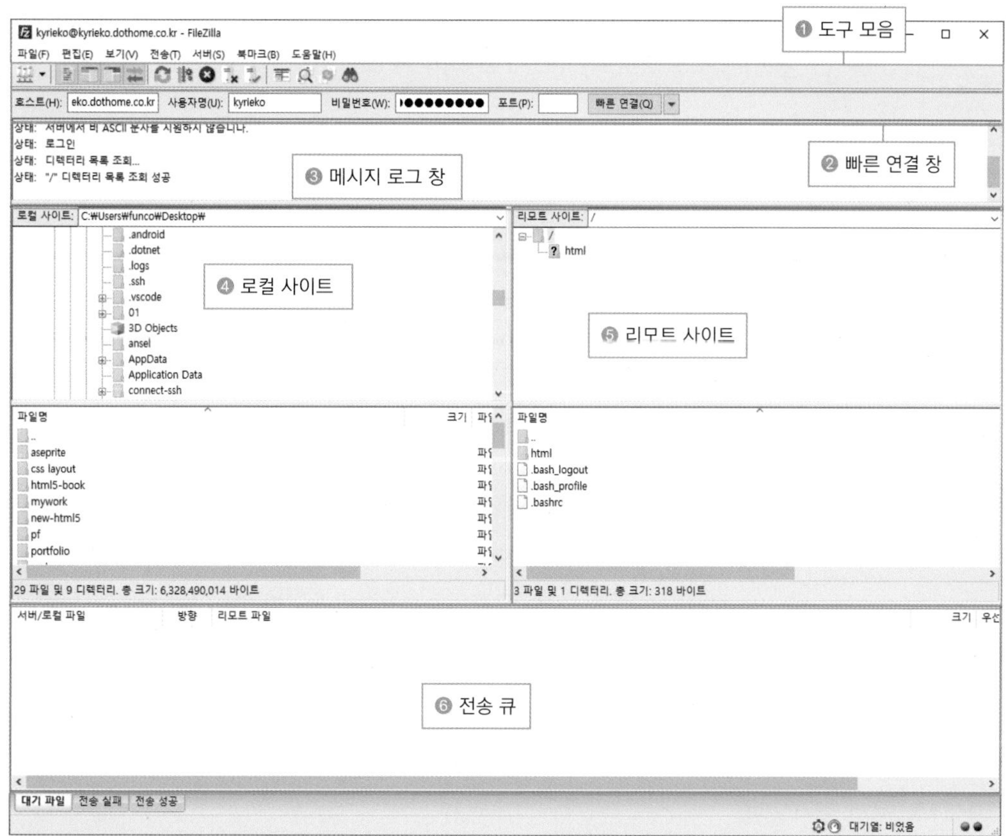

❶ **도구 모음** - FileZilla에서 자주 사용하는 도구들을 모아놓은 곳입니다.

❷ **빠른 연결 창** - 메뉴에서 몇 단계에 걸쳐 서버에 접속하는 방법도 있지만 빠른 연결 창을 이용하면 접속할 서버 주소와 사용자명(아이디), 비밀번호를 입력해 빠르게 접속할 수 있습니다.

❸ **메시지 로그 창** - 서버 접속이나 파일 전송과 관련된 메시지가 표시됩니다.

❹ **로컬 사이트** - FileZilla를 사용하는 사용자 컴퓨터의 파일과 폴더가 표시됩니다.

❺ **리모트 사이트** - 서버에 접속되었다면 서버 내의 파일과 폴더가 표시됩니다.

❻ **전송 큐** - 서버로 전송 중인 파일과 전송이 끝난 파일이 표시됩니다.

5. 서버 연결 종료하기

FTP 서버에 정상적으로 접속되는 것을 확인했다면 [서버 연결 종료] 아이콘 을 클릭해 연결을 종료합니다. 그리고 FileZilla 프로그램도 종료합니다.

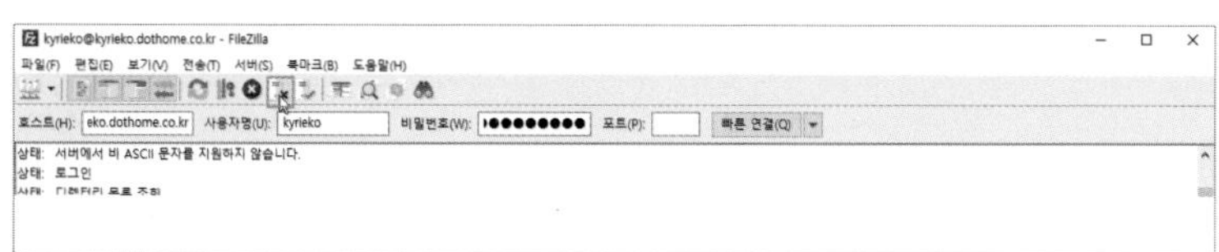

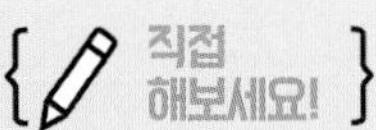

내가 만든 문서 웹 서버에 올리고 확인하기

앞에서 만들었던 first.html 문서는 여러분의 컴퓨터에 저장되어 있기 때문에 여러분만 볼 수 있습니다. 이 웹 문서를 모든 사람이 볼 수 있게 하려면 웹 서버에 올려 놓아야 합니다. FTP를 이용해 호스팅 서버에 업로드하는 방법을 알아봅시다.

1. FTP 서버에 접속하기

FileZilla를 실행한 후 FTP 서버 주소와 아이디, 비밀번호를 입력하고 [빠른 연결]을 클릭합니다.

▶ 이전에 접속한 적이 있는 서버라면 [빠른 연결] 버튼 오른쪽의 [▼]를 클릭하면 손쉽게 선택할 수 있습니다.

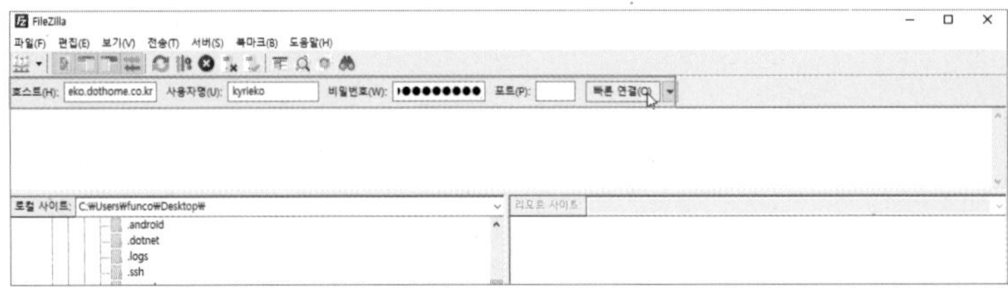

2. HTML 문서 불러오기

[로컬 사이트] 창에서 바탕 화면의 [01] 폴더를 찾아 클릭하면 바로 아래에 [01] 폴더 안의 내용이 표시됩니다. 웹 서버에서 실제 파일이 업로드될 영역은 서버 공간의 html 폴더이므로 오른쪽 [리모트 사이트] 창에서 html 폴더를 클릭하세요. 이 폴더가 우리가 만든 파일을 업로드할 위치입니다.

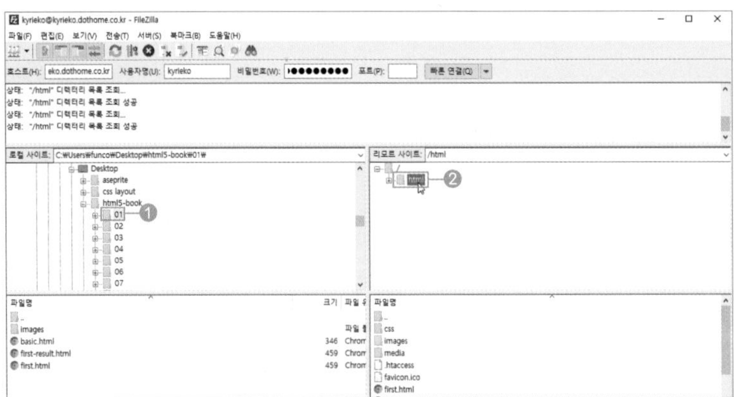

3. 파일 서버에 올리기

왼쪽 [로컬 사이트] 영역에 있는 first.html 파일과 images 폴더를 동시에 선택한 후 오른쪽 [리모트 사이트] 영역으로 드래그합니다. 웹 문서에는 이미지나 동영상, 스크립트 파일 등 여러 가지 파일이 함께 사용되는데 이 파일들도 로컬 컴퓨터에 있던 폴더 구조 그대로 함께 웹 서버에 올려 놓아야 합니다.

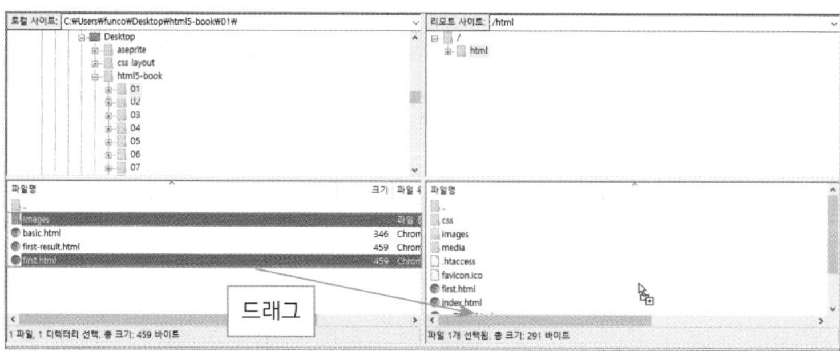

4. 웹 브라우저에서 확인하기

이제 모든 준비가 되었으니 웹 브라우저로 확인해 볼까요? 닷홈 무료 웹 호스팅을 사용하고 있다면 주소 표시줄에 'http://아이디.dothome.co.kr/first.html'이라고 입력해 보세요. 내 컴퓨터에 저장했던 first.html 문서가 화면에 보일 것입니다. 웹 사이트도 이런 방법으로 웹 문서와 사용한 파일들을 웹 서버에 올려 놓으면 됩니다.

▶ 여기서 '아이디'는 여러분의 닷홈 아이디입니다.

HTML5 오늘 바로 써먹는 CSS3

블로그와 게시판에서 사용하는 HTML 태그

일부 사이트나 게시판에서는 사용자의 편의를 고려해 텍스트 스타일을 편집할 수 있도록 편집기를 제공하고 있습니다. 여기서는 '티스토리 블로그'를 중심으로 설명하지만 HTML 태그 작성 기능을 제공하는 편집기라면 게시판 사용법은 거의 동일합니다.

위지위그 편집기

위지위그 편집기란 HTML 태그에 대해 잘 알지 못하더라도 워드나 한글 문서를 만들 듯이 마우스를 클릭해 이미지를 삽입하고 글자 크기나 색을 조절할 수 있는 편집기입니다. '위지위그 편집기'라는 용어는 낯설지만 이미 여러분도 익숙하게 사용하고 있습니다. 그 예로 블로그에 글을 올릴 때 글자 크기를 조절하고 글자 색을 바꿀 수 있는데 이런 블로그 편집기도 위지위그 편집기입니다. 위지위그 편집기에 입력된 내용은 편집기에서 HTML 태그로 자동으로 바꾸어 주는데 그러다보니 불필요한 태그가 추가되기도 합니다.

위지위그 편집기의 태그 열어보기

다음(Daum) 블로그나 카페 또는 티스토리 블로그를 사용하고 있다면 글쓰기 게시판에서 자유롭게 내용을 입력한 후 글자 크기와 색, 진하게(Bold) 또는 이탤릭체로 다양하게 바꾸어 보세요. 티스토리 블로그의 경우 텍스트에 스타일을 지정한 후 '기본 모드'를 클릭하고 [HTML]를 선택하면 현재 입력한 내용이 HTML 태그로 바뀌는 것을 볼 수 있습니다..

▶ 네이버 카페와 블로그에서는 HTML 편집을 할 수 없습니다.

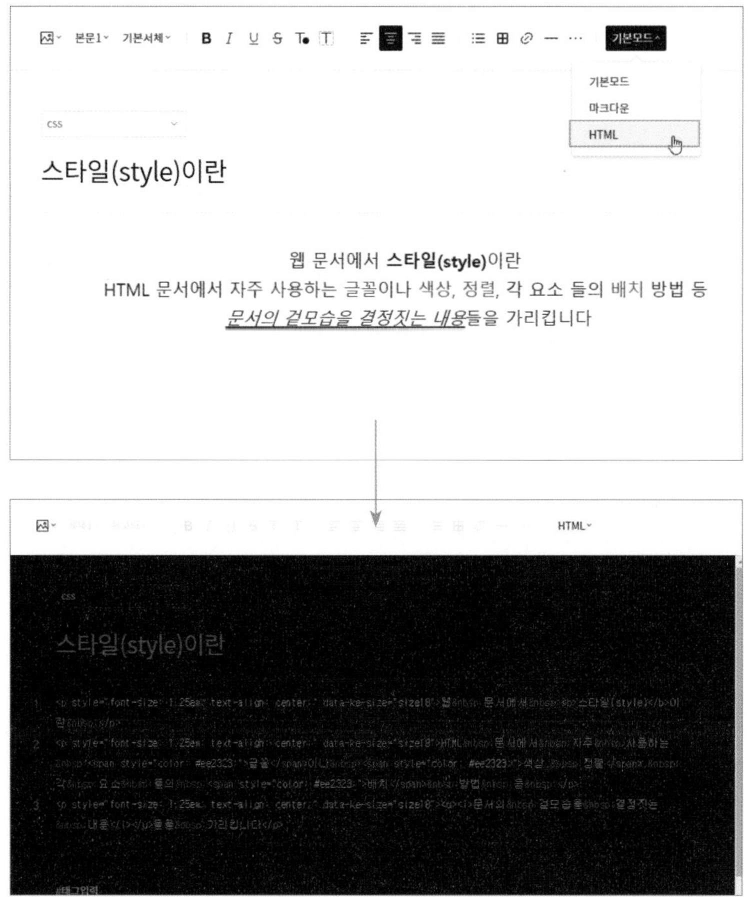

이렇게 자동으로 만들어진 소스 태그들은 웹 표준을 고려하지 않고 화면에 표시된 결과만 생각해 작성되었기 때문에 바람직한 소스는 아닙니다. 하지만 앞으로 HTML 태그를 배우면 반드시 필요한 태그와 속성만 사용해 게시물을 작성할 수 있을 것입니다.

02

텍스트 관련 태그들

HTML 태그를 사용해 웹 문서를 만드는 전반적인 과정을 살펴보았으니 이제 태그를 하나씩 살펴보겠습니다. 앞의 예제에서 짐작할 수 있듯이 웹 문서의 정보들은 대부분 텍스트로 전달됩니다. 이렇게 텍스트로 이루어진 정보는 수정이 편리하다는 장점이 있지만 텍스트 양이 많을 경우, 정보를 찾기 힘들다는 단점도 있죠. 그래서 필요에 따라 크기나 색상, 스타일 등을 바꾸어 표시합니다. 이 외에도 여러 가지로 활용할 수 있는 목록(list)과 관련된 태그도 있습니다. 02장에서는 텍스트, 목록과 관련된 태그들을 살펴보고 그 의미(syntax)를 알아보겠습니다.

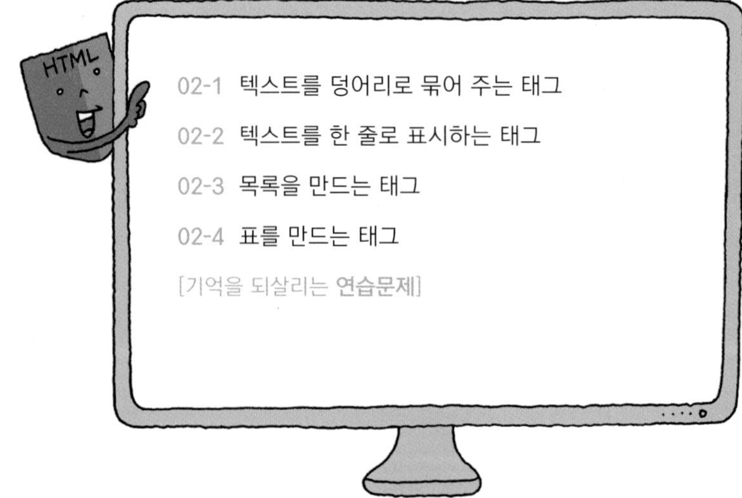

HTML
02-1 텍스트를 덩어리로 묶어 주는 태그
02-2 텍스트를 한 줄로 표시하는 태그
02-3 목록을 만드는 태그
02-4 표를 만드는 태그
[기억을 되살리는 연습문제]

02-1 텍스트를 덩어리로 묶어 주는 태그

텍스트와 관련해 사용하는 태그는 많지만 그중에서도 텍스트를 블록(block)으로 묶어 처리하는 태그를 먼저 살펴보겠습니다. 이 태그들은 선택한 텍스트 글자에만 적용되는 것이 아니라 텍스트가 포함된 블록 전체에 적용됩니다.

<h*n*> 태그 - 제목 표시하기

제목 텍스트는 일반 텍스트보다 굵고 진하게 표시됩니다. <h*n*> 태그는 제목을 뜻하는 heading의 줄임말인 'h'와 제목 크기를 나타내는 숫자(1~6)를 사용해서 <h1>에서 <h6>까지 표현합니다. <h1>이 가장 큰 제목이고 <h6>이 가장 작은 크기의 제목입니다.

기본형 <h*n*> 제목 </h*n*>

<p> 태그 - 단락 만들기

텍스트를 표시할 때 가장 많이 사용하는 태그가 <p> 태그입니다. <p> 태그는 paragraph의 줄임말로, 텍스트 단락을 만드는데 이때 '단락'이란 앞뒤에 줄바꿈이 있는 텍스트 덩어리를 말합니다. <p> 태그로 표시하는 텍스트 단락은 </p> 태그를 만날 때까지 줄바꿈 없이 텍스트를 한 줄로 표시하는데 텍스트 줄이 브라우저 창의 너비보다 길어질 경우, 줄이 자동으로 바뀝니다.

기본형 <p> 텍스트 </p>

▶
 태그를 두 개 삽입하면 텍스트 단락이 생긴 것처럼 보이지만 실제로 웹 브라우저는 이것을 텍스트 단락으로 인식하지 않습니다.

 태그 - 줄 바꾸기

텍스트 단락에서 줄바꿈을 하더라도 웹 브라우저 창에는 줄바꿈 없이 한 줄로 표시됩니다. 웹 브라우저 창에

기본형

서 줄바꿈을 하려면 줄을 바꿀 위치에
 태그를 사용합니다.
 태그는 break의 줄임말이고 닫는 태그가 없습니다.

<hr> 태그 - 분위기 전환을 위한 수평 줄 넣기

<hr> 태그는 horizontal의 줄임말로, 수평 줄을 삽입할 때 사용합니다. 보통 여러 개의 텍스트 단락을 나열하는 도중에 텍스트 단락의 주제가 바뀔 때 분위기 전환용으로 사용하죠. <hr> 태그를 사용하면 기본으로 가로선이 삽입되는데 CSS를 이용해 가로선을 없앨 수 있습니다. 닫는 태그는 없습니다.

기본형 `<hr>`

<blockquote> 태그 - 인용문 넣기

다른 블로그나 사이트의 글을 인용할 경우, <blockquote> 태그를 이용해 표시합니다.

기본형 `<blockquote> 인용 내용 </blockquote>`

이때 인용한 문장은 다른 텍스트보다 안으로 들여 써지므로 다른 텍스트와 구별됩니다. 인용한 사이트 주소가 명확할 경우, cite 속성을 이용해 인용 사이트 주소를 표시할 수도 있습니다.

이렇게 설명만 읽어서는 감이 잘 오지 않죠? 앞에서 배운 태그들을 사용한 예제를 보며 어떻게 쓰이는지 살펴보겠습니다. 빈칸을 스스로 채워 가면서 공부하면 기억에 더 잘 남아요!

Do it! 기본적인 텍스트 입력하기 예제 02/text-1.html

제주 이색 여행지

야외 텐트를 닮은 건축물 "테쉬폰"

아일랜드 출신 임피제 신부가 1954년 제주에 오면서 목장 숙소로 짓기 시작한 후 사료공장, 성당으로 활용됐습니다.

제주에서 점차 다른 지방으로 보급됐지만 현재 제주에만 건축물이 남아있는데,
국내 근현대 건축사의 한 페이지를 보여주는 가치를 지닌다고 전문가들은 평가합니다.

> 성이시돌목장은 제주특별자치도 제주시 한림읍 금악리에 있는 목장이다. 특히 이시돌목장은 제주 지역 최초의 전기업목장(全企業牧場)으로 1961년 11월 말 제주시 한림읍 금악리에 세워 양돈 사업을 실시하였으며 면양을 사육하였던 것으로 알려져 있다. 이시돌목장의 특색있는 건축양식으로 테쉬폰도 유명하다. (출처:향토문화전자대전)

결과 화면

```
<h1>제주 이색 여행지</   1  >
<h2>야외 텐트를 닮은 건축물 "테쉬폰"</   2  >
<p>아일랜드 출신 임피제 신부가 ...... 활용했습니다.</p>
<p>제주에서 점차 다른 지방으로 ...... 남아 있는데,<br>
국내 근현대 건축사의 ...... 평가합니다.</p>
<hr>
< bl           3  >성이시돌목장은 제주특별자치도 ...... 테쉬폰도 유명하다. (출처:향토문화전자대전)
</blockquote>
```

빈칸을 채워 보세요!

정답 1.h1 2.h2 3.blockquote

<pre> 태그 - 입력하는 그대로 화면에 표시하기

HTML에서는 아무리 많은 공백을 넣더라도 브라우저 창에는 한 개의 공백만 표시됩니다. 하지만 <pre> 태그를 사용할 경우, 소스에 표시한 공백이 브라우저에 그대로 표시됩니다. <code>나 <samp>, <kbd> 같은 태그를 사용해 프로그램 소스를 표시할 때도 소스의 형태를 그대로 브라우저 창에 보여주어야 하기 때문에 <pre> 태그가 함께 사용됩니다. <pre> 태그는 preformat의 줄임말입니다.

기본형 <pre> 텍스트 </pre>

▶ <code>와 <kbd>에 대한 자세한 설명은 64쪽을 참고하세요.

알아두면 좋아요! <pre> 태그와 웹 접근성

<pre> 태그를 사용할 때는 접근성에 대해 한 번 더 고려해야 합니다. 웹 문서를 소리로 읽어 주는 기계나 점자로 표시해 주는 기계는 <pre> 태그가 적용된 부분을 만나면 건너뛰어 버리기 때문입니다. 따라서 그 부분의 내용을 알 수 있도록 대체 텍스트를 추가하는 것이 좋습니다.

다음은 <pre> 태그를 사용해 적절히 들여 쓰면서 웹 브라우저 화면에 자바스크립트 함수를 표시한 예제입니다.

Do it! 소스 코드 표시하기

예제 02/text-2.html

```
로컬 스토리지(Local Storage)를 저장하는 함수 :

    function savetheLocal(){
        var second = document.getElementById("second");
        var thevalue = second.value;
        localStorage.setItem(1, thevalue);
        gettheLocal();
    }
```

```
<h3>로컬 스토리지(Local Storage)를 저장하는 함수 :  </h3>
<pre>
    function savetheLocal(){
        var second = document.getElementById("second");
        var thevalue = second.value;
        localStorage.setItem(1, thevalue);
        gettheLocal();
    }
</ p            >
```

닫는 태그는 여는 태그와 쌍을 이룹니다!

정답 pre

1분 복습 국민안전처에서 제공하는 지진 대비 행동 요령을 문서에 삽입하려고 합니다. 인용문에 해당하는 태그를 사용하여 소스를 완성하세요.

```
재난 대비 국민행동 요령

    지진으로 흔들리는 동안은 테이블(책상) 밑에 들어가 몸을 보호한다
    (출처:국민안전처)
```

```
<h3>재난 대비 국민행동 요령</h3>
< b                    >지진으로 흔들리는 동안은 …… (출처:국민안전처)
< /b                   >
```

정답 blockquote

02-2 텍스트를 한 줄로 표시하는 태그

앞에서 텍스트 태그 중 블록 레벨 태그에 대해 살펴보았습니다. 이번에는 텍스트에서 사용하는 태그 중에서 줄바꿈 없이 텍스트를 표시하는 '인라인 레벨' 태그에 대해 알아보겠습니다. 여기서 설명하는 태그들은 닫는 태그를 생략할 수 없습니다.

〈strong〉 태그, 〈b〉 태그 - 굵게 표시하기

텍스트 중에서 굵게 표시하려고 할 때 〈strong〉 태그나 〈b〉 태그를 사용합니다. 눈으로 보기에는 차이가 느껴지지 않는 두 태그를 구분하는 이유는 화면 낭독기에서의 기능 때문입니다. 화면 낭독기에서는 강조하고 싶은 부분을 굵게 표시하더라도 내용을 눈으로 보는 것이 아니기 때문에 그 부분이 강조된 것인지, 다른 내용과 구분하기 위해 단지 굵게 표시한 것인지 구별하지 못합니다.

기본형
```
<strong> 굵게 강조할 텍스트 </strong>
<b>굵게 표시할 텍스트</b>
```

▶ 중요도를 더 높이고 싶다면 〈strong〉 태그를 여러 번 겹쳐 쓸 수 있습니다.

경고나 주의 사항처럼 중요한 내용이어서 강조해야 할 때는 〈strong〉 태그를 사용하고 문서의 키워드처럼 단순히 굵게 표시할 때는 〈b〉 태그를 사용합니다. 보이는 것이 아니라 의미가 중심인 거죠. 〈strong〉 태그를 사용하면 그 부분이 강조되었다고 화면 낭독기가 알려줍니다.

〈em〉 태그, 〈i〉 태그 - 이탤릭체로 표시하기

텍스트를 비스듬히 이탤릭체로 표시할 때는 〈em〉 태그나 〈i〉 태그를 사용합니다. 〈em〉 태그는 emphasis의 줄임말이고 〈i〉 태그는 italic의 줄임말입니다. 문장에서 흐름상 특정 부분을 강조하고 싶을 때는 〈em〉 태그를 사용하고 마음 속의 생각이나 꿈, 기술적인 용어, 다른 언어의 관용구 등에는 〈i〉 태그를 사용합니다. 다시 말해 중요한 내용을 담고 있는 것이 〈em〉 태그이고 단순히 이탤릭체로 표시하는 것이 〈i〉 태그입니다.

기본형
```
<i> 이탤릭체로 표시할 텍스트 </i>
<em> 이탤릭체로 강조할 텍스트 </em>
```

▶ 화면에는 단순히 이탤릭체로 표시되지만 필요하다면 CSS를 이용해 색상이나 글자 크기 등을 조절해 눈에 더욱 띄게 만들 수 있습니다.

다음 예제에서는 중요한 내용을 강조하기 위해 <strong> 태그를 사용해 굵게 표시하거나 <em> 태그를 사용해 이탤릭체로 표시하고 있습니다. 단순히 다른 텍스트와 구별하기 위해 굵게 표시할 때는 <b>를 사용하고 이탤릭체로 표시할 때는 <i>를 사용합니다.

Do it! 텍스트 강조하기 예제 02/text-3.html

> ## 제주 이색 여행지 - 이중섭 거리
>
> **주말**마다 **'서귀포문화예술디자인시장'**이 열립니다.
>
> *'아트마켓'*이라고도 부르는데, *문화예술체험*이나 *공연관람*을 할 수도 있고
> 작가들이 직접 만든 창작예술품 등을 판매하기도 합니다.

```
<h2>제주 이색 여행지 - 이중섭 거리</h2>
<p>< str        1 >주말</strong>마다 <b>'서귀포문화예술디자인시장'</b>이 열립니다.</p>
<p><em>'아트마켓'</            2 >이라고도 부르는데 <i>문화예술체험</i>이나 <i>공연관람
</i>을 할 수도 있고 <br>작가들이 직접 만든 창작예술품 등을 판매하기도 합니다.</p>
```

빈칸을 채워 보세요!

정답 1. strong 2. em

<q> 태그 - 인용 내용 표시하기

<q> 태그는 인용한 내용을 표기하기 위한 것으로 quote의 줄임말입니다. <q> 태그가 앞에서 배운 <blockquote> 태그와 다른 점은 <blockquote> 태그는 블록 레벨 태그이기 때문에 인용 내용이 줄이 바뀌어 나타나고 다른 내용과 구별되도록 안으로 들여 써지지만 <q> 태그는 인라인 레벨 태그이기 때문에 줄바꿈 없이 다른 내용과 함께 한 줄로 표시되고 인용 내용을 구별할 수 있도록 인용 내용에 따옴표를 붙여 표시하는 점입니다. 다음은 <q> 태그를 이용해 간단한 문장을 인용한 예제입니다.

기본형 <q> 인용 내용 </q>

▶ <blockquote> 태그에서처럼 cite 속성을 이용해 사이트 주소를 표시할 수 있습니다.

Do it! 텍스트 인용하기 예제 02/text-4.html

> # 웹 접근성
>
> 웹의 창시자인 팀 버너스 리 (Tim Berners-Lee)의 " 웹의 힘은 보편성에 있다. 장애에 구애없이 모든 사람이 접근할 수 있는 것이 필수적인 요소이다."라는 말로 웹 접근성을 설명한다.

따옴표가 저절로 생겼어요!

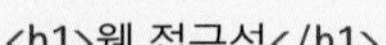

```
<h1>웹 접근성</h1>
<p>웹의 창시자인 팀 버너스 리 (Tim Berners-Lee)의 <q cite="http://www.w3.org/standards/
webdesign/accessibility"> 웹의 힘은 보편성에 있다. 장애에 구애없이 모든 사람이 접근할 수 있는 것
이 필수적인 요소이다.</q>라는 말로 웹 접근성을 설명한다. </p>
```

<mark> 태그 - 형광펜 효과 내기

<mark> 태그는 선택한 부분의 배경색이 노란색이 되며 형광펜으로 그어 놓은 듯한 효과를 냅니다. HTML4에서는 텍스트에 형광펜을 그은 듯한 효과를 내려면 스타일 시트를 사용해야 했지만 HTML5에서는 <mark> 태그로 이런 효과를 쉽게 낼 수 있습니다.

```
기본형  <mark> 텍스트 </mark>
```

▶ CSS의 background-color 속성을 사용해 <mark> 태그의 배경색을 바꿀 수 있습니다.

<span> 태그 - 줄바꿈 없이 영역 묶기

<span> 태그는 태그 자체로는 아무 의미가 없지만 텍스트 단락 안에서 줄바꿈 없이 일부 텍스트만 묶어 스타일을 적용하려고 할 때 주로 사용합니다.

```
기본형  <span> 내용 </span>
```

▶ 텍스트 영역을 블록 단위, 즉 단락을 통째로 묶고 싶다면 <span> 대신 <div> 태그를 사용합니다.

다음은 텍스트 단락에서 일부 글자만 형광펜으로 표시하거나 파란색으로 바꾼 예제입니다.

Do it! 일부 텍스트에만 스타일 적용하기 예제 02/text-5.html

야외 텐트를 닮은 건축물 "테쉬폰"

아일랜드 출신 임피제 신부가 1954년 제주에 오면서 목장 숙소로 짓기 시작한 후 사료공장, 성당으로 활용됐습니다. 제주에서 점차 다른 지방으로 보급됐지만 현재 제주에만 건축물이 남아있으며, 국내 근현대 건축사의 한 페이지를 보여주는 가치를 지닌다고 전문가들은 평가합니다.

빈칸을 채워 보세요!

```
<h2>야외 텐트를 닮은 건축물 <mark>"테쉬폰"</ m      1 ></h2>
<p>아일랜드 출신 …… 남아 있으며 <span style="color:blue;">국내 근현대 건축사의 한 페이지를 보
여주는 가치를 지닌다</ s      2 >고 전문가들은 평가합니다.</p>
```

정답 1. mark 2. span

<ruby> 태그 - 동아시아 글자 표시하기

<ruby> 태그는 주로 동아시아 국가들의 글자에 주석을 함께 표기하기 위한 용도로 사용되며 주석으로 표시할 내용을 <ruby> 태그 안에 <rt> 태그로 표시합니다.
다음 예제는 일본어 글자와 발음을 함께 표시하기 위해 <rt> 태그로 발음 기호를 감싸준 것입니다. 결과 화면을 보면 각 글자 위에 <rt> 태그로 묶었던 내용이 주석처럼 표시된 것을 볼 수 있습니다.

```
기본형  <ruby> 내용 <rt> 주석 </rt> </ruby>
```

Do it! 일본 글자 표시하기 예제 02/text-6.html

루비(Ruby)는 1995년 일본의 프로그래머인 마츠모토 유키히로
まつもとゆきひろ
(松本行弘)가 만든 프로그래밍 언어입니다.

```
<p>루비(Ruby)는 1995년 일본의 프로그래머인 마츠모토 유키히로 (<ruby>松本行弘<rt>まつもとゆ
きひろ</rt></ruby>)가 만든 프로그래밍 언어입니다.</p>
```

기타 텍스트 관련 태그들

이 외에도 다음과 같은 다양한 태그가 있습니다.

태그	설명	예시
<abbr>	약자 표시. title 속성을 함께 사용할 수 있음	<p><b><abbr title="Internet of Things">IoT</abbr></b>란 각종 사물에 센서와 통신 기능을 내장해 인터넷에 연결하는 기술을 의미한다. </p>
<cite>	웹 문서나 포스트에서 참고 내용 표시	<p>내가 경험한 가장 흥미진진한 일은 누군가를 만나는 일이다 - 영화, <cite>'비포선셋' </cite> 중
<code>	컴퓨터 인식을 위한 소스 코드	<pre><code> function savetheLocal(){ ...... } </code></pre>
<kbd>	키보드 입력이나 음성 명령 같은 사용자 입력 내용	<p> 웹 화면을 다시 불러오려면 <kbd>F5</kbd>키를 누릅니다</p>
<small>	부가 정보처럼 작게 표시해도 되는 텍스트	<p>가격 : 13,000원 <small>(부가세 별도)</small></p>
<sub>	아래 첨자	<p>물의 화학식은 <b>H₂O</b>다 </p>
<sup>	위 첨자	<p>E = mc² </p>
<s>	취소선	<p><s>34,000원</s><strong>19,000원</strong></p>
<u>	밑줄	<p> 링크 표시 용도가 아니라 단순히 밑줄을 긋는다면 <u> u 태그</u></p>

1분 복습 ‘디지털 세상’은 굵게 표시하고(중요성은 없음) ‘코딩 교육’은 형광펜으로 칠한 것처럼 표시하려고 합니다. 맞는 태그를 사용하여 소스를 완성하세요.

> 최근엔 **디지털 세상**을 살아가기 위한 기본 상식으로 코딩 교육이 시행되고 있다.

<p>최근엔 <_____ 1 >디지털 세상</_____ 1 >을 살아가기 위한 기본 상식으로 <_____ 2 >코딩 교육</_____ 2 >이 시행되고 있다.</p>

정답 1. b 2. mark

02-3 목록을 만드는 태그

목록과 관련된 태그들은 웹 표준 이전에는 텍스트를 정리하기 위해 사용했습니다. 하지만 이제는 목록을 이용해 이미지나 텍스트 어떤 것이든 목록화해 정리할 수 있고 CSS를 적용해 메뉴나 본문 내용 등에서 다양하게 활용할 수 있습니다. 목록을 만드는 태그는 자주 사용되는 태그이므로 반드시 실습해 익히고 넘어가도록 합니다.

<ul> 태그, <li> 태그 - 순서 없는 목록 만들기

순서가 필요하지 않은 목록(unordered list)을 만들 때는 <ul> 태그를 사용하고 <ul> 태그 안에 <li> 태그(list item)를 사용해 각 항목을 표시합니다.

순서 없는 목록의 경우, 각 항목 앞에 작은 원이나 사각형 같은 불릿(bullet)이 붙습니다. HTML4까지는 <li> 태그의 type 속성을 이용해 불릿을 바꾸었지만 이제는 CSS의 list-style-type 속성을 이용해 불릿을 수정합니다.

▶ CSS의 list-style-type 속성에 대해서는 06장을 참고하세요.

기본형
```
<ul>
    <li> 내용 </li>
    <li> 내용 </li>
    ...
</ul>
```

다음은 관광 안내 전화를 '일반 전화'와 '휴대 전화'로 구별해 표시한 예제로 순서가 중요하지 않기 때문에 <ul> 태그와 <li> 태그를 이용해 목록을 만들었습니다. 아무 스타일도 적용하지 않았기 때문에 기본 목록 형태로 표시됩니다.

Do it! 순서 없는 목록 만들기 예제 02/ul.html

관광 안내 전화

한국관광공사에서는 전국의 관광안내소와 공동으로 여러분의 여행 편의를 위해 관광안내전화 1330 서비스를 연중무휴 실시하고 있습니다.

1330에는 해당 지역의 지도와 관광 가이드북, 관광안내소를 대신할 수 있을 정도의 다양한 정보가 있습니다. 원하는 관광지는 물론이며 숙박, 교통, 음식점 등의 자세한 정보를 한국어를 비롯한 영어, 중국어, 일어의 3개 국어로도 이용 가능합니다.

- 일반 전화 : (국번없이) 1330
- 휴대 전화 : 064-1330

```
<h1>관광 안내 전화 </h1>
<p>한국관광공사에서는 ......실시하고 있습니다.</p>
<p>1330에는 ...... 이용 가능합니다.</p>
<ul>
    <li>일반 전화 : (국번없이) 1330</ 1 >
    <li>휴대 전화 : 064-1330</li>
</ 2 >
```

정답 1. li 2. ul

<ol> 태그, <li> 태그 - 순서 목록 만들기

항목을 나열하되 순서가 필요한 목록(ordered list)을 만들 때는 <ul> 대신 <ol> 태그를 사용하고 <li> 태그를 사용해 각 항목을 표시합니다. <ol> 태그에는 <ul> 태그와 달리 여러 속성이 함께 사용되어 목록의 숫자 표기 방법이나 시작하는 숫자 등을 바꿀 수 있습니다.

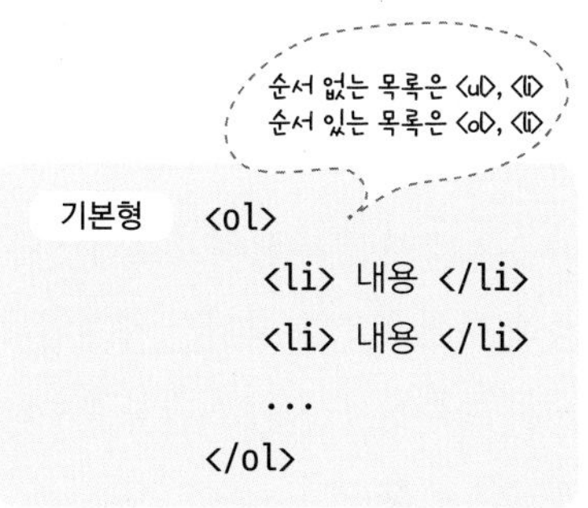

<ol> 태그 속성으로 순서 목록의 숫자와 순서 바꾸기

<ol> 태그에는 순서와 관련된 몇 가지 속성이 있으므로 속성 값에 따라 조금씩 다른 형태로 표시할 수 있습니다.

① **type 속성** - <ol> 태그는 순서 목록이기 때문에 각 항목 앞에 1, 2, … 같은 숫자가 기본으로 붙는데 <ol> 태그의 type 속성을 이용해 숫자의 종류를 다양하게 조절할 수 있습니다. type 속성에서 사용할 수 있는 값은 오른쪽과 같습니다.

속성 값	설명
1	숫자(기본값)★
a	영문 소문자
A	영문 대문자
i	로마숫자 소문자
I	로마숫자 대문자

▶ <ol> 태그의 type 속성 대신 CSS의 list-style-type 속성을 이용해 지정할 수도 있습니다.

▶ 기본 값이란 아무것도 지정하지 않았을 때 선택되는 값입니다.

② **start 속성** - 순서 목록은 기본적으로 1부터 시작하는데 start 속성을 이용하면 중간 번호부터 시작할 수 있습니다.

③ **reversed 속성** - 항목을 역순으로 표시합니다.

</li> 태그 생략과 목록 중첩

순서 없는 목록이나 순서 목록의 각 항목을 정의할 때 <li> 태그를 사용하는데 여러 항목이 나열될 때 </li> 태그를 생략해도 <li> 태그가 다음에 오는 <li> 태그를 만나면 자동으로 그 전에 </li> 태그가 있는 것처럼 인식합니다. 따라서 오른쪽과 같은 소스도 가능합니다.

```
<ol>
    <li>한라수목원
    <li>화순 금모래 해수욕장
    <li>산방산
    <li>용머리해안
    <li>송악산
</ol>
```

목록의 항목들을 나열하는 도중에 또 다른 목록을 포함시킬 수도 있습니다. 이때는 <li>와 </li> 사이에 목록을 넣으면 됩니다.

다음은 순서 없는 목록으로 '1일차'와 '2일차' 항목을 만든 후 각 항목 안에 다시 순서 목록을 이용해 여행 코스를 나열한 예제입니다. 첫 번째 순서 목록에서는 type 속성을 사용하고 두 번째 순서 목록에서는 type 속성과 start 속성을 이용해 숫자 종류와 시작 번호를 수정했습니다.

Do it! 다양한 형태의 순서 목록 만들기 예제 02/ol.html

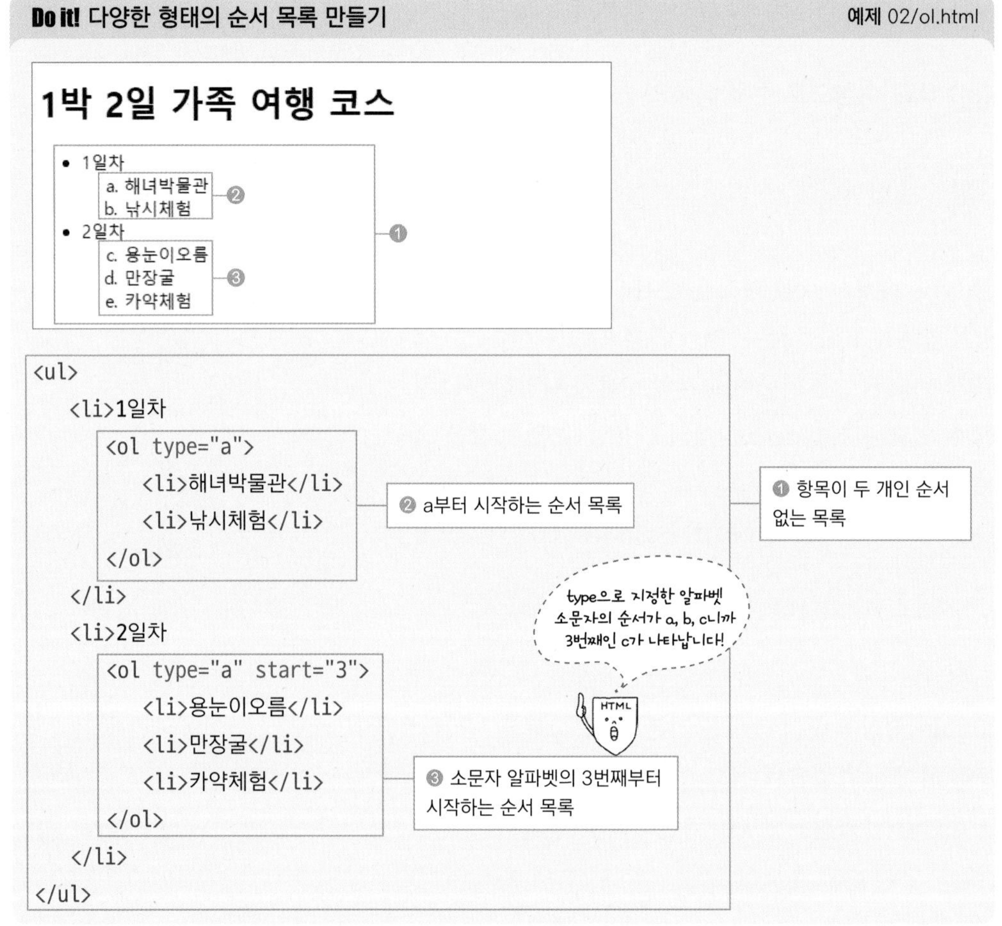

<dl>, <dt>, <dd> 태그 - 설명 목록 만들기

<dl> 태그는 사전 구성처럼 '제목'과 '설명'이 한 쌍인 설명 목록(description list)을 만듭니다. 예를 들어 '단어/정의' 목록이나 '질문/답' 목록에서 사용할 수 있죠. 이때 사용되는 태그 중 <dl> 태그는 목록을 만들고 <dt> 태그는 제목을, <dd> 태그는 설명을 표시합니다. 하나의 <dt> 태그에 여러 개의 <dd> 태그 값을 가질 수도 있고 여러 개의 <dt> 태그를 가질 수도 있습니다.

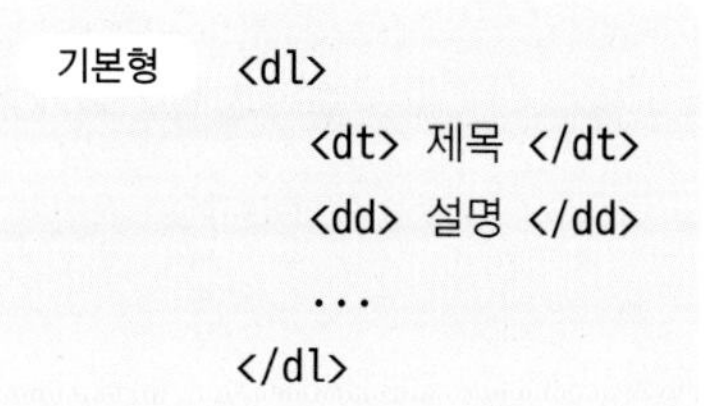

다음은 <dl> 태그와 <dt>, <dd> 태그를 사용해 구성한 예제로 하나의 <dt> 태그에 세 개의 <dd> 태그가 사용되었습니다. 이렇게 하면 이름 하나에 세 개의 설명이 표시됩니다.

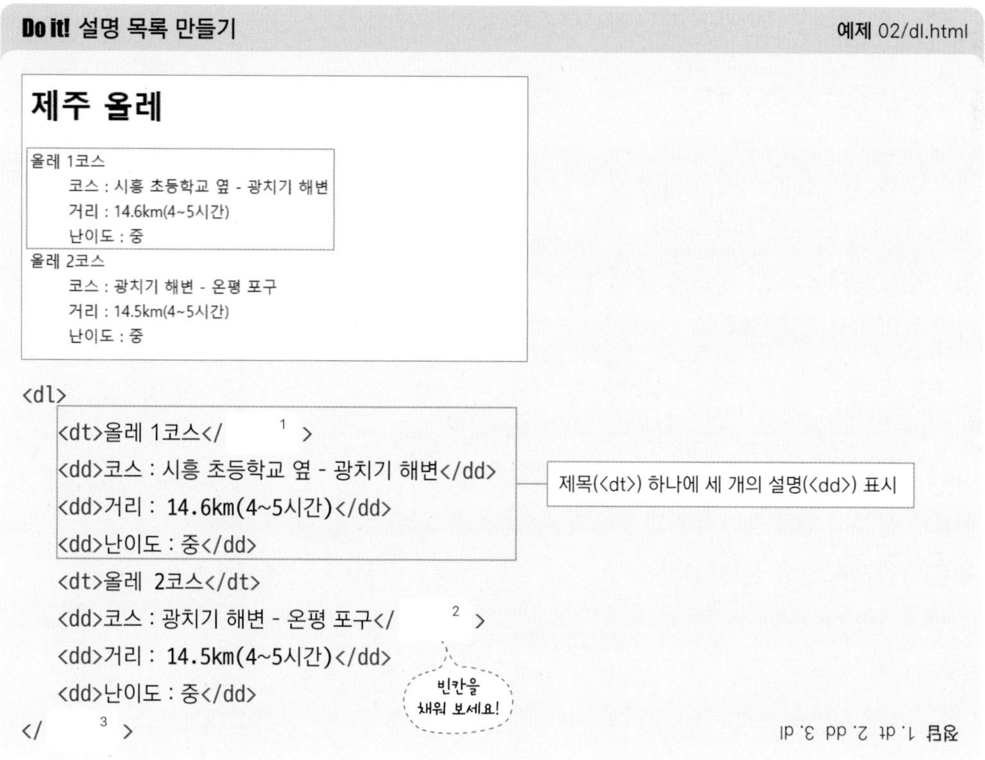

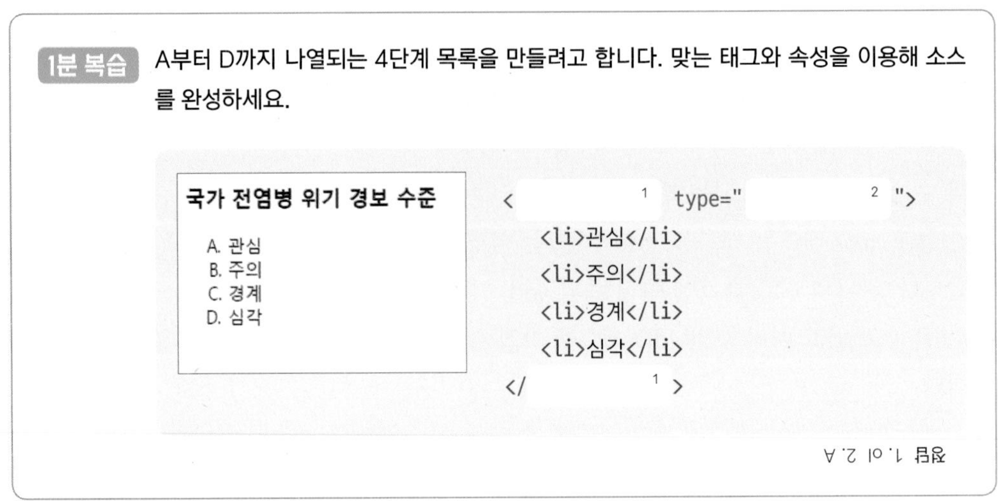

1분 복습 A부터 D까지 나열되는 4단계 목록을 만들려고 합니다. 맞는 태그와 속성을 이용해 소스를 완성하세요.


```
<        1  type="        2 ">
  <li>관심</li>
  <li>주의</li>
  <li>경계</li>
  <li>심각</li>
</        1 >
```

정답 1. ol 2. A

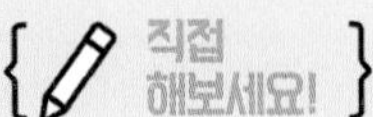

온라인 프로필 - 텍스트 입력하기

[준비] 02/index-text.html [완성] 02/index-text-result.html

텍스트 태그는 웹 문서에서 가장 많이 사용하는 태그입니다. 온라인 프로필 사이트를 만들면서 웹 문서에 텍스트를 표시하는 여러 방법을 공부해 보겠습니다. 예제 문서에는 스타일이 적용되어 있는데 스타일 시트에 대해서는 차차 배울 것이므로 여기에서는 텍스트 입력에 대해서만 주의해서 살펴보세요.

1. 비주얼 스튜디오 코드를 열고 [02] 폴더에 index-text.html 문서를 불러옵니다. 파일을 살펴보면 문서의 전체적인 구조만 만들어져 있고 내용은 채워지지 않은 상태입니다.

▶ 편집 창의 빈 곳을 마우스 오른쪽 버튼으로 클릭한 후 [Open Live Server]를 선택하면 현재 문서가 브라우저 창에 어떻게 보이는지 확인할 수 있습니다.

```
        <div id="main">
          <!-- 자기 소개 -->
          <section>
            <h2 class="subtitle">Who am I?</h2>

          </section>

          <!-- 경력 -->
          <section>
            <h2 class="subtitle">Experience</h2>

          </section>

          <!-- 숙련도 -->
          <section>
            <h2 class="subtitle">Skills</h2>

          </section>

          <!-- 학력 -->
          <section>
            <h2 class="subtitle">Education</h2>

          </section>
        </div>
      </div>
    </body>
```

알아두면 좋아요! **주석 - 설명 글 추가하기**

주석(comment)이란 나중에 자신이 작성한 HTML 소스를 보거나 다른 사람이 HTML 소스를 열어 보더라도 페이지 내용을 쉽게 이해할 수 있도록 설명하는 글입니다. 주석은 사람을 위한 것이기 때문에 웹 브라우저에서 해석하지도 않고 나타나지도 않습니다. HTML 태그에 주석을 표시할 때는 <!--와 --> 사이에 원하는 내용을 쓰면 되고 여러 줄에 걸친 주석도 가능합니다. CSS에서의 주석은 HTML과 달리 /*와 */ 사이에 내용을 입력합니다.

2. 텍스트 입력하기

〈p〉 태그를 사용해서 간략한 자신의 소개글을 입력해 보겠습니다. 28번 줄에 〈p〉 태그를 사용해서 내용을 입력하세요. 줄바꿈을 하고 싶다면 〈br〉 태그를 적절히 사용합니다.

▶ 텍스트 내용이 길어질 때 편집기 화면에서 자동으로 줄이 바뀌게 하려면 [보기 → 자동 줄 바꿈 설정/해제]를 선택합니다.

```
25        <!-- 자기 소개 -->
26        <section>
27            <h2 class="subtitle">Who am I?</h2>
28            <p>프런트엔드 웹 기술(Front-end Web Tech.)에 관심이 많습니다.
              <br>현재 제주의 한 시골 마을에서 코딩 중입니다.</p>
29        </section>
```

```
<p>프런트엔드 웹 기술(Front-end Web Tech.)에 관심이 많습니다.
<br>현재 제주의 한 시골 마을에서 코딩 중입니다.</p>
```

3. 목록 만들기

'Experience'라는 제목 다음에 경력을 입력해 보겠습니다. 경력은 여러 개를 나열해야 하므로 목록을 사용하면 편리합니다. 34번 줄에 목록을 사용해서 자신의 경력을 입력해 보세요.

```
31        <!-- 경력 -->
32        <section>
33            <h2 class="subtitle">Experience</h2>
34            <ul>
35                <li>프론트엔드 개발
36                    <ul>
37                        <li>업무 내용 업무 내용 업무 내용 </li>
38                        <li>업무 내용 </li>
39                        <li>업무 내용 업무 내용</li>
40                    </ul>
41                </li>
42                <li>웹 디자인
43                    <ul>
44                        <li>업무 내용 </li>
45                        <li>업무 내용 업무 내용</li>
46                    </ul>
47                </li>
48            </ul>
49        </section>
```

```
<ul>
    <li>프론트엔드 개발
        <ul>
            <li>업무 내용 업무 내용 업무 내용 </li>
            <li>업무 내용 </li>
            <li>업무 내용 업무 내용</li>
        </ul>
    </li>
    <li>웹 디자인
        <ul>
             <li>업무 내용 </li>
             <li>업무 내용 업무 내용</li>
        </ul>
    </li>
</ul>
```

4. 웹 브라우저에서 확인하기

수정한 내용을 저장합니다. 비주얼 스튜디오 코드 편집기 창의 빈 공간에서 마우스 오른쪽 버튼을 클릭한 후 [Open with Live Server]를 선택하면 웹 브라우저에서 즉시 index-text.html 파일을 수정한 결과를 확인할 수 있습니다. 웹 브라우저 창은 닫지 말고 그대로 열어두세요.

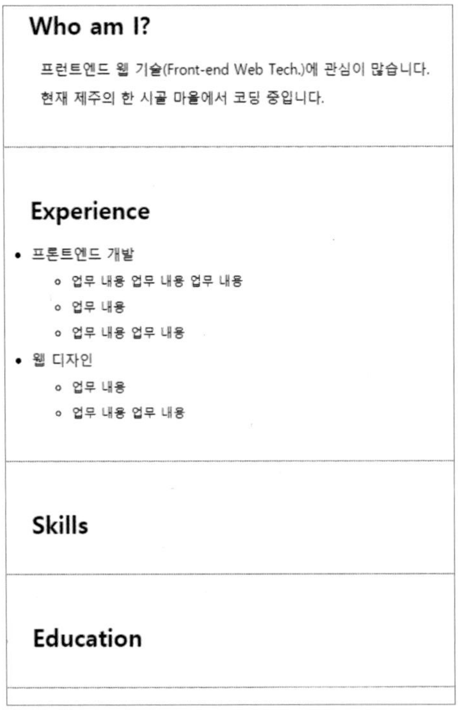

Who am I?

프런트엔드 웹 기술(Front-end Web Tech.)에 관심이 많습니다.
현재 제주의 한 시골 마을에서 코딩 중입니다.

Experience

- 프론트엔드 개발
  - 업무 내용 업무 내용 업무 내용
  - 업무 내용
  - 업무 내용 업무 내용
- 웹 디자인
  - 업무 내용
  - 업무 내용 업무 내용

Skills

Education

5. 하이라이트 효과 추가하기

<mark> 태그를 사용하면 선택한 텍스트 부분에 형광펜을 그은 듯한 효과를 줄 수 있고, <b> 태그를 사용하면 텍스트를 굵게 표시할 수 있습니다. 앞에서 입력했던 자기 소개 내용 중에서 강조하고 싶은 텍스트 앞뒤에 <mark> 태그를 붙입니다.

▶ 비주얼 스튜디오 코드에서는 <mark> 태그를 입력하면 자동으로 닫는 태그 </mark>도 같이 입력되므로 닫는 태그 부분을 강조할 텍스트 뒷부분으로 옮겨야 합니다.

<mark> 태그 추가

```
<section>
    <h2 class="subtitle">Who am I?</h2>
    <p><mark>프런트엔드 웹 기술(Front end Web Tech.)</mark>에 관심이
    많습니다. <br>현재 제주의 한 시골 마을에서 코딩 중입니다.</p>
</section>
```

6. Ctrl + S를 눌러 수정한 소스를 저장합니다. 그리고 열어 두었던 웹 브라우저 창을 확인하면 따로 새로고침 버튼을 클릭하지 않아도 수정한 내용이 반영되어 표시됩니다. <mark> 태그를 사용했던 부분에 형광펜으로 표시한 것처럼 노란 배경색이 표시되어 있는 것을 확인할 수 있습니다.

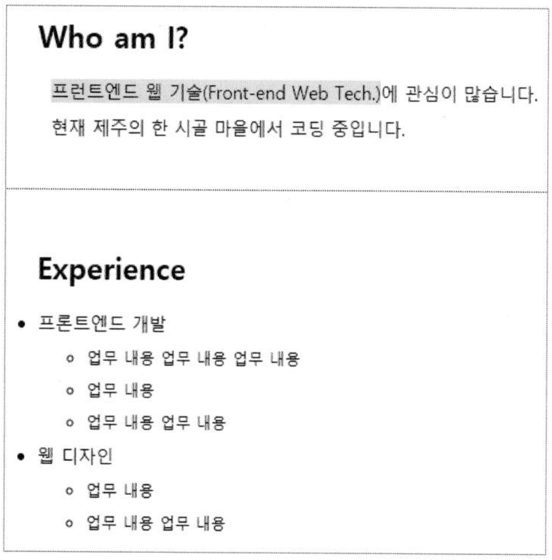

Who am I?

프런트엔드 웹 기술(Front-end Web Tech.)에 관심이 많습니다.
현재 제주의 한 시골 마을에서 코딩 중입니다.

Experience

- 프론트엔드 개발
  - 업무 내용 업무 내용 업무 내용
  - 업무 내용
  - 업무 내용 업무 내용
- 웹 디자인
  - 업무 내용
  - 업무 내용 업무 내용

알아두면 좋아요! W3C HTML 검사기

웹 브라우저에서 원하는 결과가 나왔더라도 HTML 문법에 맞게 작성되었는지, 웹 표준에 어긋나는 부분은 없는지 확인해 보아야 합니다. 웹 표준을 제정하는 W3C에서는 https://validator.w3.org/에서 온라인 HTML 검사기를 제공하고 있습니다. 사용자 컴퓨터에 있는 문서라면 [Validate by File Upload] 탭을 선택한 후 [파일 선택]을 클릭하고 검사할 문서를 선택합니다. 그리고 [Check]를 클릭하면 화면에 결과가 나타납니다.

▶ 웹상에 있는 문서의 HTML 소스를 검사하려면 [Validate by URI] 탭을 클릭한 후 문서 주소를 입력합니다.

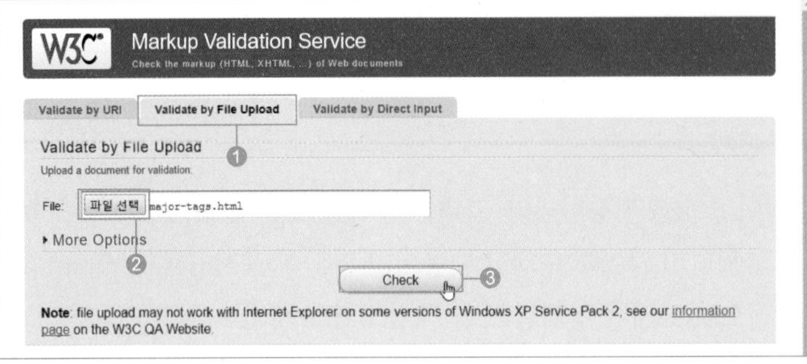

문서를 체크한 후 결과가 표시되는데 화면 아래쪽에 'No errors or warnings to show'라고 표시되면 오류가 없는 문서이고 만약 오류가 있다면 [Error]라는 표시와 함께 문서의 어느 부분에 어떤 오류가 있는지 알려주는 보고서가 나타납니다. 오류가 있을 경우, 보고서 내용을 참고해 소스를 수정한 후 다시 한번 체크해 봅니다.

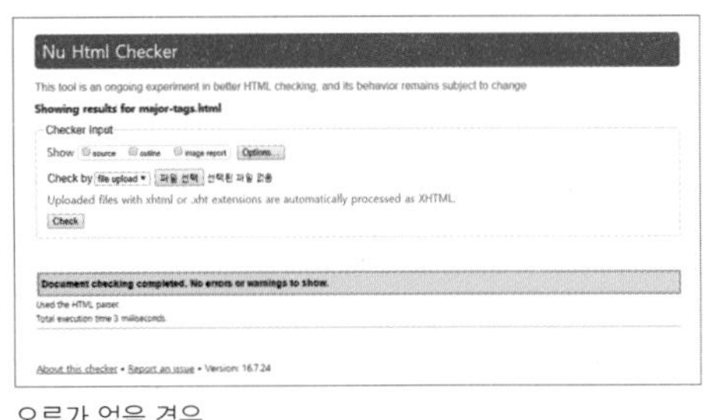

오류가 없을 경우

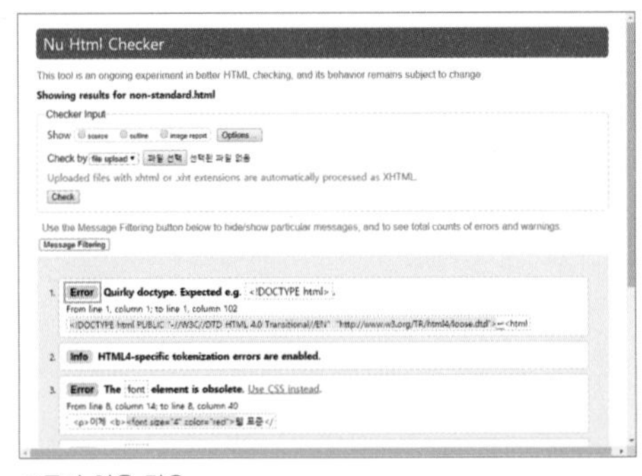

오류가 있을 경우

02-4 표를 만드는 태그

웹 문서에서 자료를 정리할 때 자주 사용하는 요소가 '표(table)'입니다. 표는 행(row)과 열(column)로 이루어져 있고 행과 열이 만나 이루는 영역을 셀(cell)이라고 부릅니다. 표를 만들려면 행과 열 두 가지를 고려해야 하므로 하나의 표를 만들기 위해서는 여러 개의 태그가 사용됩니다. 표를 만들 때 사용하는 태그들에 대해 알아보겠습니다.

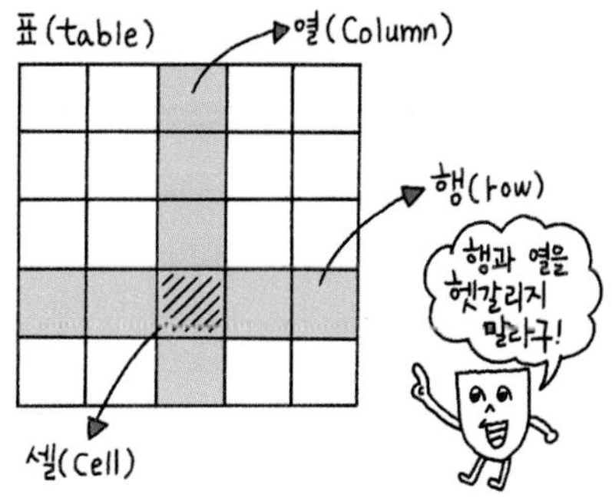

<table>, <tr>, <td>, <th> 태그 - 기본적인 표 만들기

기본적인 표의 모습을 머릿속으로 상상해 보세요. 가로, 세로로 각각 행과 열이 있고 그 안에 내용이 입력됩니다. 이런 표를 만들 때는 표를 만드는 태그와 행을 만드는 태그, 열을 만드는 태그가 각각 필요합니다. 그래야 각 셀에 내용을 입력할 수 있으니까요. 이렇게 하나의 표를 만들기 위해서는 여러 개의 태그가 필요합니다. 표를 이용해 자료를 정리한 사이트의 소스를 살펴보면 오른쪽의 태그들로 구성되어 있는 것을 볼 수 있습니다.

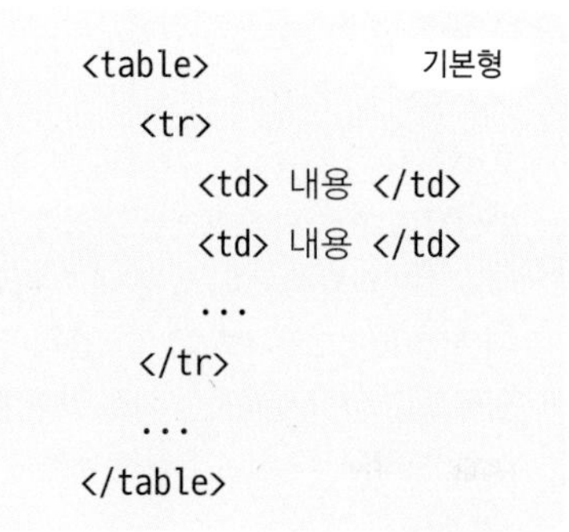

기본형

```
<table>
  <tr>
    <td> 내용 </td>
    <td> 내용 </td>
    ...
  </tr>
  ...
</table>
```

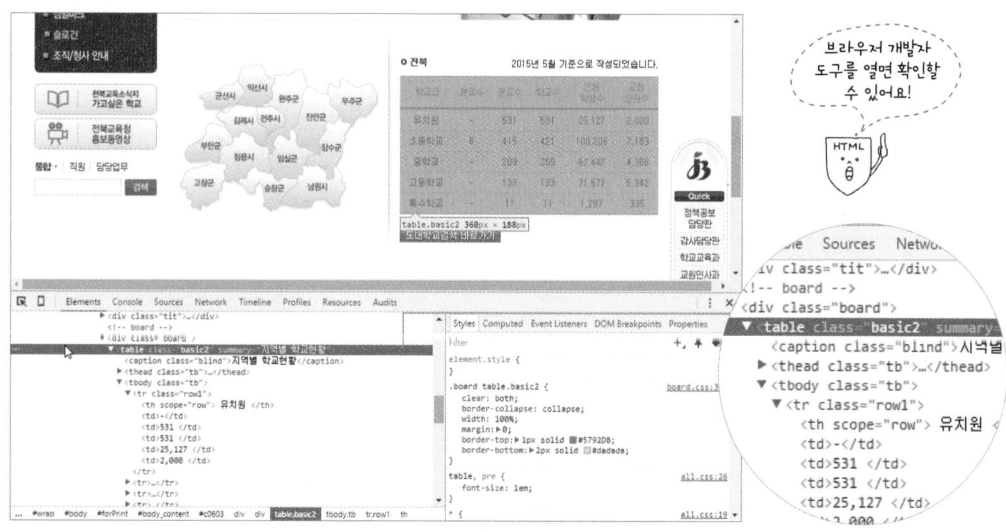

알아두면 좋아요! 브라우저 개발자 도구

최신 브라우저에는 웹 개발자 도구가 포함되어 있습니다. 이 도구를 이용하면 웹 문서 소스를 확인할 뿐만 아니라 소스를 수정할 수도 있습니다. 여기서는 이 책에서 사용하는 크롬 브라우저로 개발자 도구를 사용해 보겠습니다. 크롬에서 웹 문서를 열어 특정 부분을 마우스 오른쪽 버튼으로 클릭하고 [검사]를 선택하면 개발자 도구 창이 열리면서 선택한 부분의 태그가 강조되어 표시됩니다.

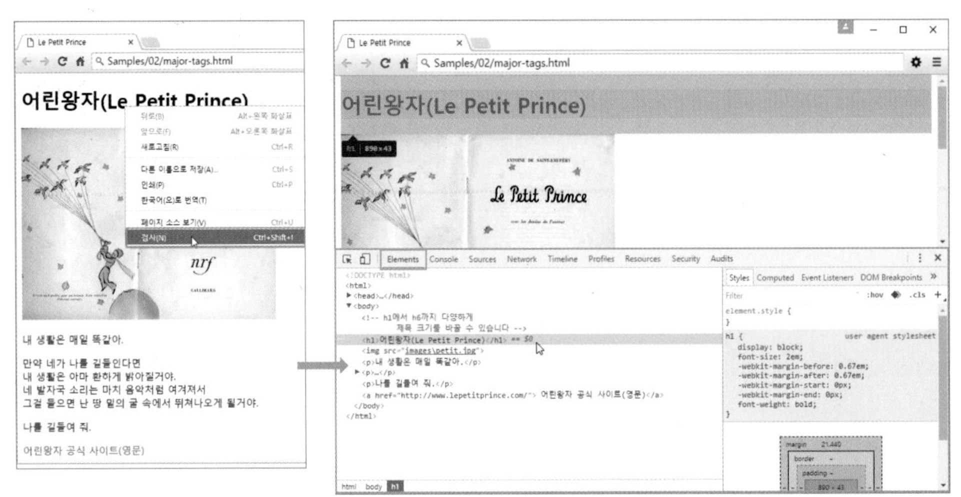

개발자 도구 창의 위쪽에는 여러 탭이 있는데 그중에서 [Elements] 탭을 클릭하면 소스를 볼 수 있고 마우스 포인터를 소스에 있는 태그 위로 가져가면 그 태그가 웹 브라우저 화면에서 어떻게 적용되는지 화면에 회색 배경으로 표시해 알려줍니다. 또한 개발자 도구를 이용하면 매번 소스를 수정해 웹 브라우저에 확인해 보고 다시 수정하는 과정 없이 웹 브라우저 창에서 소스를 수정해 즉시 결과를 확인해 볼 수 있습니다. 다만, 브라우저에서 수정하는 내용은 단지 결과를 확인하기 위한 것이므로 바뀐 값이 문서에 저장되지는 않습니다.

만약 모니터 화면이 넓거나 듀얼 모니터를 사용하고 있다면 개발자 도구 창을 따로 분리해 사용할 수도 있습니다. 개발자 도구 창 오른쪽 위에 있는 환경 설정 아이콘 ⋮을 클릭한 후 분리 아이콘 을 클릭하면 개발자 도구 창이 또 하나의 창으로 열립니다. 나 를 클릭해 개발자 도구 창의 위치를 바꿀 수도 있습니다.

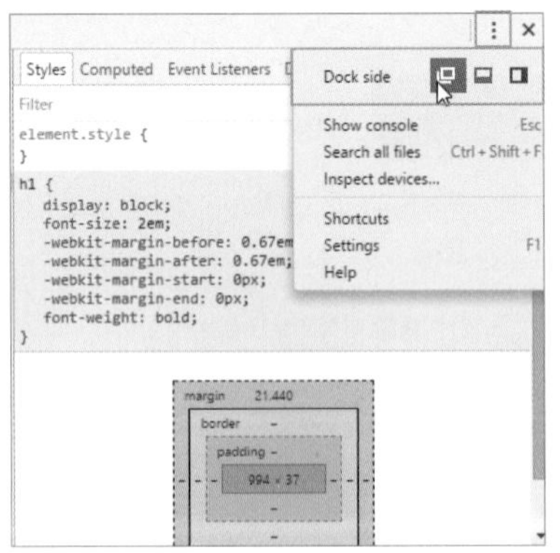

기본적인 표 만들기

웹에서 표를 만들 때는 여러 태그가 함께 사용되기 때문에 표 만들기를 연습하다 보면 태그들이 혼동되곤 합니다. 웹 문서에 표를 만들 때는 순서가 있는데요. 그 순서를 기억해 두면 표 만들기가 한결 쉬울 것입니다. 우선 〈table〉 태그를 이용해 표 전체 윤곽을 잡은 후 행(row)을 먼저 만들고 행마다 몇 개의 셀(cell)이 들어갈지 결정합니다. 예를 들어 행이 2개이고 열이 3개인 표를 만든다면 다음과 같은 순서로 만듭니다.

① 〈table〉 태그로 표 자리를 먼저 만듭니다.

```
<table>

</table>
```

② 〈tr〉 태그로 2개의 행을 만듭니다.

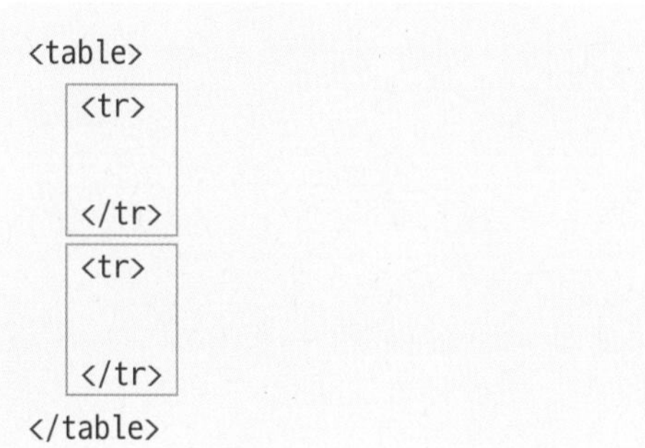

```
<table>
  <tr>

  </tr>
  <tr>

  </tr>
</table>
```

③ 〈td〉 태그로 각 행마다 셀을 3개씩 만듭니다.

```
<table>
  <tr>
    <td> ...... </td>
    <td> ...... </td>
    <td> ...... </td>
  </tr>
  <tr>
    <td> ...... </td>
    <td> ...... </td>
    <td> ...... </td>
  </tr>
</table>
```

④ 각 셀에 들어갈 내용은 〈td〉와 〈/td〉 사이에 입력합니다.

<th> 태그 - 표에 제목 셀 만들기

표를 만들다 보면 첫 번째 행이나 열에 셀의 제목을 넣는 경우가 많습니다. 제목의 경우, 보통 다른 글자보다 굵게 표시하고 셀의 중앙에 배치하는데 〈td〉 태그 대신 〈th〉 태그를 사용하면 이런 과정을 간단히 줄이면서 제목 셀을 만들 수 있습니다. 〈th〉 태그도 〈td〉 태그와 마찬가지로 셀을 만드는 태그로 헤딩 셀에 들어가는 내용을 셀의 중앙에 배치하고 굵게 표시합니다.

이렇게 만든 표는 다음과 같은 모습으로 표시됩니다. 기본적으로 표는 테두리 없이 표시되기 때문에 셀 구분을 쉽게 할 수 있도록 CSS를 사용해서 테두리를 추가했습니다.

▶ <table> 태그를 문서 레이아웃용이 아닌 표 형태의 자료를 표시하는 용도로 사용한다면 <table> 태그 안에 border 속성을 사용해 테두리를 표시할 수 있습니다. 테두리를 좀 더 세밀히 조절하고 싶다면 09장을 참고하세요.

Do it! 2×3 표 만들기 **예제** 02/table-1.html

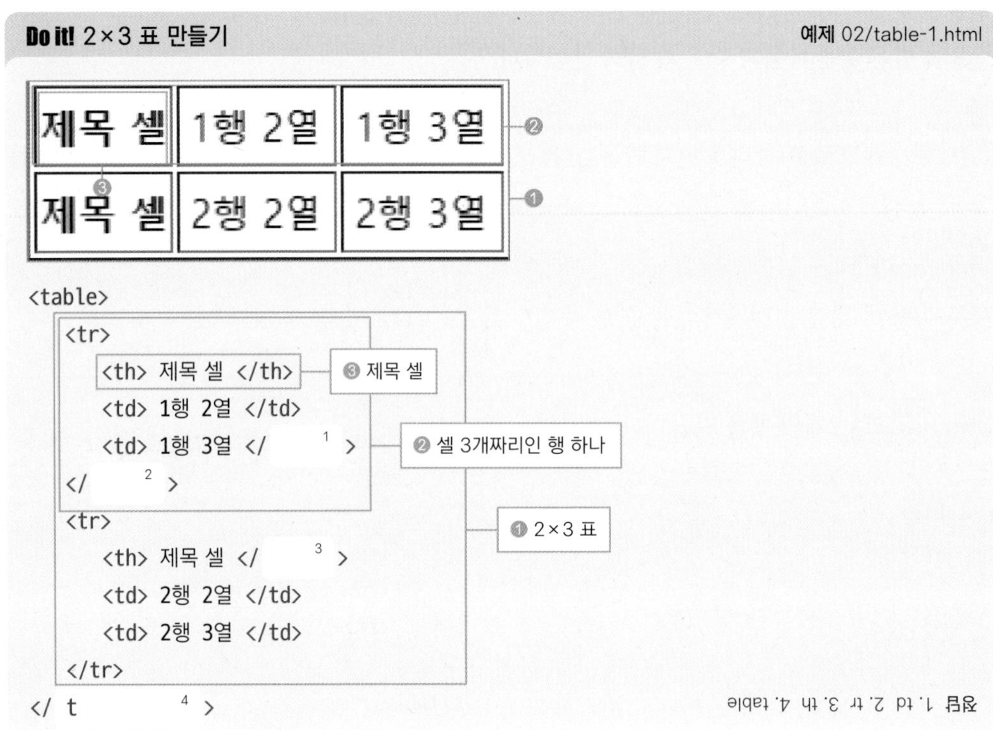
제목 셀
1행 2열
1행 3열
제목 셀
2행 2열
2행 3열
❸
❷
❶
<table>
<tr>
<th> 제목 셀 </th>
<td> 1행 2열 </td>
<td> 1행 3열 </ 1 >
</ 2 >
<tr>
<th> 제목 셀 </ 3 >
<td> 2행 2열 </td>
<td> 2행 3열 </td>
</tr>
</ t 4 >
❸ 제목 셀
❷ 셀 3개짜리인 행 하나
❶ 2×3 표
정답 1. td 2. tr 3. th 4. table

colspan, rowspan 속성 - 행 또는 열 합치기

기본적인 표를 만드는 것까지 배웠습니다. 그렇다면 기본적인 표 형태를 넘어 행이나 열을 합치려면 어떻게 해야 할까요? 이 기능은 셀을 합치는 것이므로 셀을 만드는 <td> 태그나 <th> 태그에서 이루어집니다.

여러 열을 하나로 합치려면 <td> 태그나 <th> 태그 안에서 colspan 속성을 사용해 몇 개의 셀을 가로로 합칠지 지정합니다.

기본형
```
<td colspan="합칠 셀의 개수"> 내용 </td>
<th colspan="합칠 셀의 개수"> 내용 </th>
```

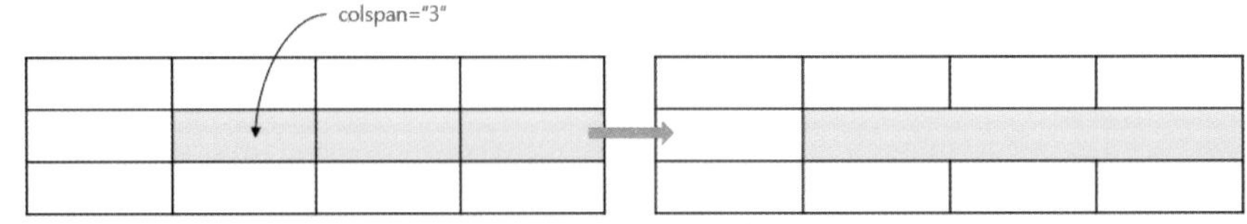
colspan="3"

행을 합치는 것도 마찬가지입니다. 〈td〉 태그나 〈th〉 태그에서 rowspan 속성을 이용해 세로로 합칠 셀의 개수를 지정하면 됩니다.

```
기본형    <td rowspan="합칠 셀의 개수"> 내용 </td>
          <th rowspan="합칠 셀의 개수"> 내용 </th>
```

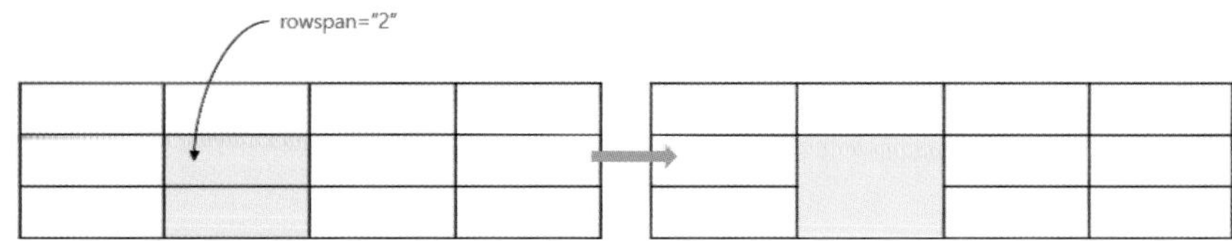

다음은 colspan 속성을 사용해 열을 합친 예제입니다. 두 번째 행과 세 번째 행은 colspan="3"을 이용해 원래 있던 3개의 열을 합쳐 하나의 열로 만들었습니다. 소스를 보고 표의 모습을 미리 떠올릴 수 있고 표를 보고 소스를 떠올릴 수 있어야 합니다.

Do it! 일부 셀 합치기 예제 02/table-2.html

이름		연락처	
주소			
자기소개			

```
<table>
    <tr>
        <th>이름</th>
        <td></td>
        <th>연락처</th>
        <td></td>
    </tr>
    <tr>
        <th>주소</th>
        <td colspan="3"></     1     >      열 3개 합치기
    </tr>
    <tr>
        <th>자기소개</th>
        <td c               2   ="3"></td>
    </tr>
</table>
```

영어로 행은 row 열은 column이란 걸 기억하세요!

정답 1. td 2. colspan

앞에서 설명한 태그들을 이용하면 기본적인 표를 만들 수 있지만 웹 표준에 맞게 작성하려면 소스 태그만으로 표의 구조를 어느 정도 이해할 수 있어야 합니다. 화면 낭독기뿐만 아니라 시각적인 프로그램(예를 들어 웹 브라우저)을 사용하지 않고 웹 문서를 살펴보는 경우도 고려해야 하기 때문입니다. 표 형태의 자료를 웹 표준에 맞추기 위해 사용하는 태그들을 하나씩 알아보겠습니다.

<caption> 태그, <figcaption> 태그 - 표에 제목 붙이기

표에 제목을 붙일 때는 보통 <caption> 태그를 사용하지만 <figcaption> 태그를 사용할 수도 있습니다. 두 가지 방법 모두 알아보겠습니다.

<caption> 태그 사용하기

먼저 <caption> 태그는 <table> 태그 바로 다음에 사용합니다. <caption> 태그를 사용한 표 제목은 표의 위쪽 중앙에 표시되는데요. <caption> 안에는 다른 태그를 사용해 제목을 여러 줄로 표시하거나 텍스트를 꾸밀 수도 있습니다. 아래 예제는 <caption> 태그로 표 제목을 여러 줄로 표시한 것입니다.

기본형 <caption> 표 제목 </caption>

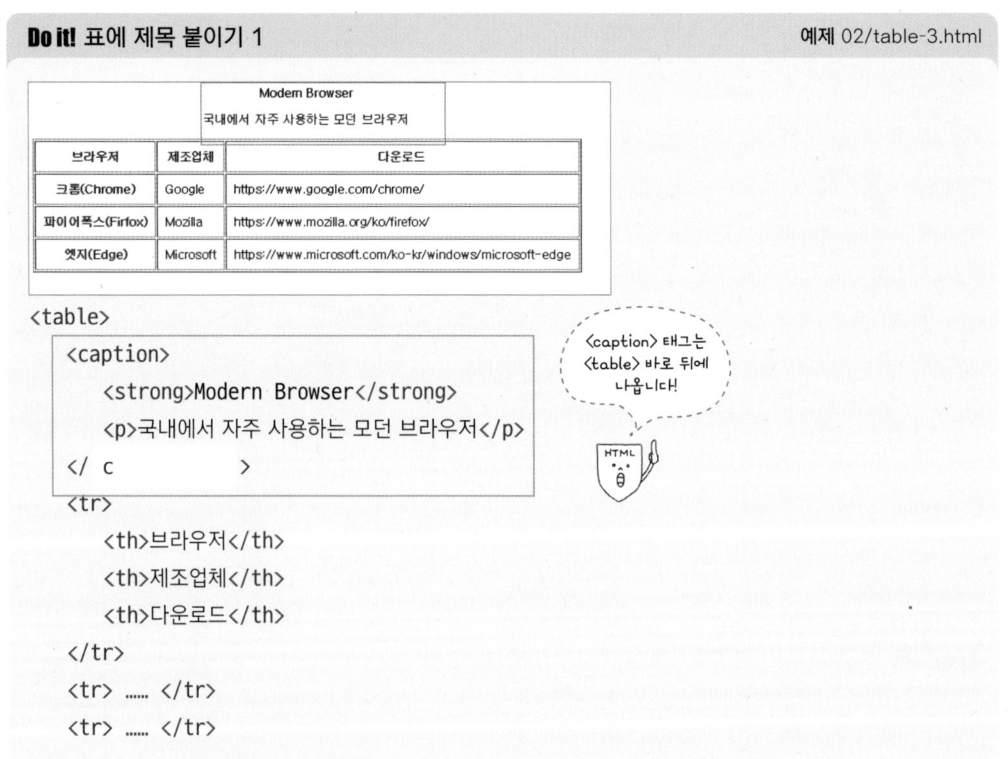

Do it! 표에 제목 붙이기 1 — 예제 02/table-3.html

Modem Browser

국내에서 자주 사용하는 모던 브라우저

브라우저	제조업체	다운로드
크롬(Chrome)	Google	https://www.google.com/chrome/
파이어폭스(Firfox)	Mozilla	https://www.mozilla.org/ko/firefox/
엣지(Edge)	Microsoft	https://www.microsoft.com/ko-kr/windows/microsoft-edge

```
<table>
  <caption>
    <strong>Modern Browser</strong>
    <p>국내에서 자주 사용하는 모던 브라우저</p>
  </ c            >
  <tr>
    <th>브라우저</th>
    <th>제조업체</th>
    <th>다운로드</th>
  </tr>
  <tr> ...... </tr>
  <tr> ...... </tr>
```

```
    <tr> ...... </tr>
</table>
```

정답 caption

<figcaption> 태그 사용하기

표에 제목을 붙이는 두 번째 방법으로 <figure> 태그와 <figcaption> 태그를 사용할 수도 있습니다. <figcaption> 태그는 figure와 caption의 합성어로 설명 글을 붙이고 싶은 대상을 <figure> 태그로 감싼 후 <figcaption> 태그를 이용해 제목이나 설명 글을 입력합니다. 이 경우, <caption> 태그는 사용하지 않으며 <caption> 태그와 달리 중앙에 정렬되지 않습니다. 또한 <caption> 태그를 사용하면 제목이 위쪽 중앙에 표시되는 반면, <figcaption> 태그를 <table> 태그보다 앞에 사용하면 표 위에 제목이 표시되고 </table> 태그 다음에 추가하면 표 아래에 제목이 표시됩니다.

▶ <figure> 태그와 <figcaption> 태그에 대해서는 03장에서 자세히 설명합니다.

아래 예제는 <figure> 태그를 이용해 표 전체를 감싼 후 <figcaption> 태그를 이용해 표에 제목을 붙인 것입니다.

Do it! 표에 제목 붙이기 2 예제 02/table-4.html

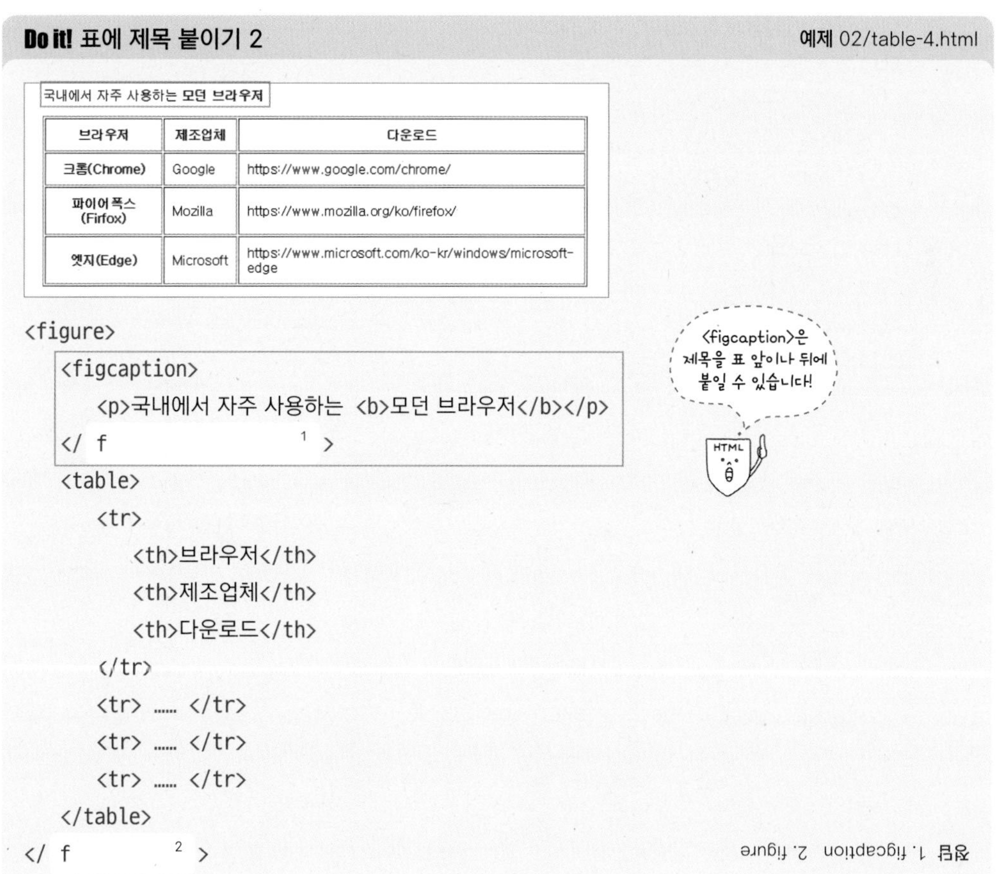

국내에서 자주 사용하는 **모던 브라우저**

브라우저	제조업체	다운로드
크롬(Chrome)	Google	https://www.google.com/chrome/
파이어폭스 (Firfox)	Mozilla	https://www.mozilla.org/ko/firefox/
엣지(Edge)	Microsoft	https://www.microsoft.com/ko-kr/windows/microsoft-edge

```
<figure>
  <figcaption>
    <p>국내에서 자주 사용하는 <b>모던 브라우저</b></p>
  </ f          1  >
  <table>
    <tr>
      <th>브라우저</th>
      <th>제조업체</th>
      <th>다운로드</th>
    </tr>
    <tr> ...... </tr>
    <tr> ...... </tr>
    <tr> ...... </tr>
  </table>
</ f          2  >
```

<figcaption>은
제목을 표 앞이나 뒤에
붙일 수 있습니다!
HTML

정답 1. figcaption 2. figure

aria-describedby 속성 - 표에 대한 설명 제공하기

화면 낭독기에서 표를 읽어줄 때 도움이 되도록 표 설명을 별도의 문장으로 작성한 후 〈table〉 태그 안에 aria-describedby 속성을 추가해 연결하면 표를 이해하는 데 도움이 됩니다.

다음의 예제는 #summary라는 부분의 설명이 aria-describedby="summary"라는 속성을 사용한 표와 연결된 것으로 지정한 것입니다.

Do it! 화면 낭독기를 위한 표 설명 제공하기 **예제** 02/table-5.html

다음 표는 HTMl5를 지원하는 모던(Modern Browser)를 정리한 것입니다. 최신 버전일수록 HTML5를 좀더 많이 지원하기 때문에 최신 버전을 다운로드하는 것이 좋습니다.

Modern Browser

브라우저	제조업체	다운로드
크롬(Chrome)	Google	https://www.google.com/chrome/
파이어폭스(Firfox)	Mozilla	https://www.mozilla.org/ko/firefox/
엣지(Edge)	Microsoft	https://www.microsoft.com/ko-kr/windows/microsoft-edge

```
<p id="summary">다음 표는 HTML5를 지원하는 모던(Modern Browser)를 정리한 것입니다. 최신 버전일수록 HTML5를 좀 더 많이 지원하기 때문에 최신 버전을 다운로드하는 것이 좋습니다. </p>
    <table aria-describedby="summary">
        <caption>Modern Browser</caption>
        <tr>
            <th>브라우저</th>
            <th>제조업체</th>
            <th>다운로드</th>
        </tr>
        <tr> ...... </tr>
        <tr> ...... </tr>
        <tr> ...... </tr>
    </table>
```

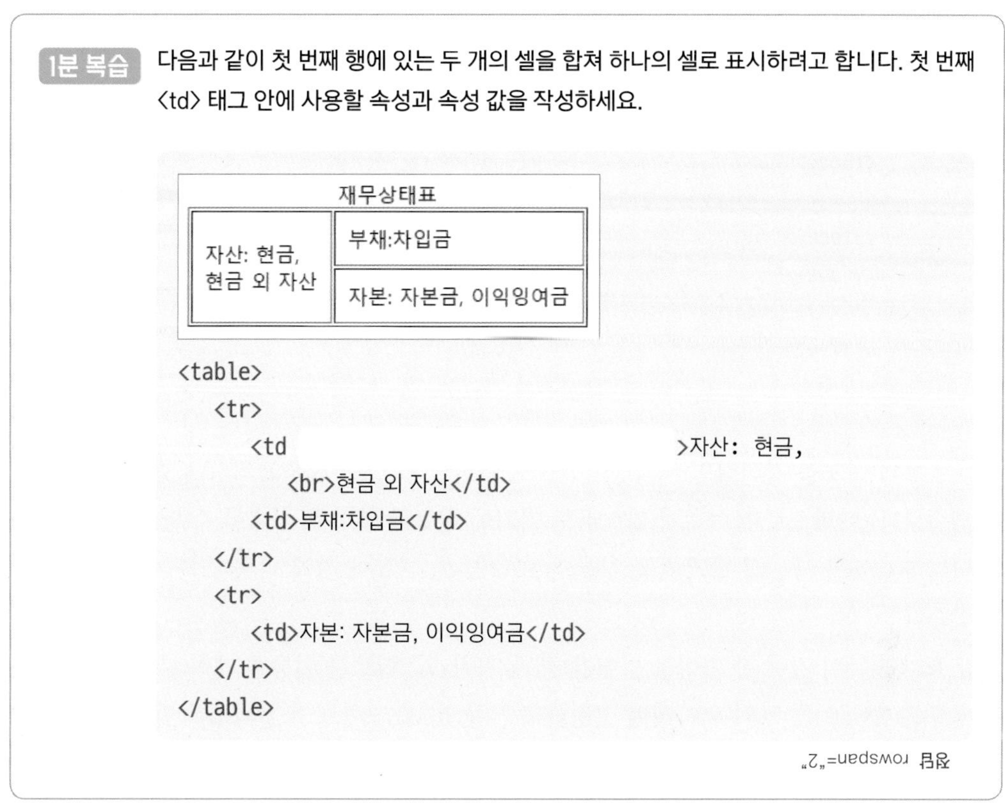

1분 복습 다음과 같이 첫 번째 행에 있는 두 개의 셀을 합쳐 하나의 셀로 표시하려고 합니다. 첫 번째 <td> 태그 안에 사용할 속성과 속성 값을 작성하세요.


```
<table>
  <tr>
    <td                                    >자산: 현금,
      <br>현금 외 자산</td>
    <td>부채:차입금</td>
  </tr>
  <tr>
    <td>자본: 자본금, 이익잉여금</td>
  </tr>
</table>
```

정답 rowspan="2"

<thead>, <tbody>, <tfoot> 태그 - 표 구조 정의하기

일부 표에서는 제목이 표시된 셀과 자료가 표시된 셀 외에도 표 아래쪽에 합계나 요약 내용을 표시하기도 합니다. 이런 표의 각 셀은 제목이 있는 부분과 실제 내용이 있는 본문 그리고 요약 부분이 있는 부분으로 표의 구조를 나누어 놓는 것이 좋습니다. 이때 사용하는 태그들은 table의 t와 제목 부분(head), 본문(body), 요약 부분(foot)이란 말이 합쳐진 <thead>와 <tbody>, <tfoot> 태그입니다.

<table>
<caption>요안도라 객실</caption>
<tr><th>방 이름</th><th>대상</th><th>크기</th><th>가격</th></tr>
<tr><td>유채방</td><td>여성 도미토리</td><td rowspan="3">4인실</td><td rowspan="4">1인 20,000원</td></tr>
<tr><td rowspan="2">동백방</td><td>동성 도미토리</td></tr>
<tr><td>가족 1팀</td></tr>
<tr><td>천혜향방</td><td>-</td><td>2인실</td></tr>
<tr><td colspan="4">바깥채 전체를 렌트합니다</td></tr>
</table>

❶ 제목 <thead>
❷ 본문 <tbody>
❸ 요약 <tfoot>

기본형

```
<thead>
    <tr> … </tr>
</thead>
<tbody>
    <tr> … </tr>
</tbody>
<tfoot>
    <tr> … </tr>
</tfoot>
```

또는

```
<thead>
    <tr> … </tr>
</thead>
<tfoot>
    <tr> … </tr>
</tfoot>
<tbody>
    <tr> … </tr>
</tbody>
```

▶ HTML4에서는 <tfoot> 태그를 <tbody> 태그 다음에 쓰면 오류가 생겼기 때문에 대부분 웹 편집기들이 <tfoot> 태그를 <tbody> 태그 앞에 사용하는 것을 기본으로 하고 있습니다. 하지만 HTML5에서는 <tfoot> 태그를 <tbody> 태그 앞이나 뒤 어디든 써도 됩니다.

이렇게 표의 구조를 정의하면 시각장애인들도 화면 낭독기를 통해 표의 구조를 쉽게 이해할 수 있습니다. 화면으로 보여주지 않더라도 기기에서 표를 제대로 이해할 수 있는 거죠. 이뿐만 아니라 CSS를 사용해 표의 제목 부분과 요약 부분, 본문에 각각 다른 스타일을 적용할 수도 있습니다.

또한 표의 본문이 길어 한 화면을 넘어갈 경우, 자바스크립트를 이용해 제목 부분(<thead>)과 요약 부분(<tfoot>)은 표의 위아래에 고정하고 본문(<tbody>)만 스크롤되도록 만들 수 있습니다. 이 방법은 내용이 긴 표를 여러 장에 걸쳐 인쇄할 때도 각 장마다 표의 제목 부분과 요약 부분이 자동으로 인쇄되므로 편리하게 이용할 수 있습니다.

다음의 예제는 <thead> 태그로 표의 제목을, <tbody> 태그로 표의 본문을, <tfoot> 태그로 전체 합계를 표시한 것입니다. 또한 CSS를 이용해 제목 부분과 합계 부분의 배경색을 다르게 표시했습니다.

Do it! 표 구조화하기 예제 02/table-6.html

제주특별자치도 학교현황(2015.4.1 기준)

구분	학교수	학급수	학생수	교원수
유치원	117	252	5,547	474
초등학교	111	1,720	37,686	2,632
중학교	44	699	21,274	1,412
고등학교	29	676	22,019	1,433
특수학교	3	90	428	160
합계	304	3,437	86,954	6,111

❶ ❷ ❸

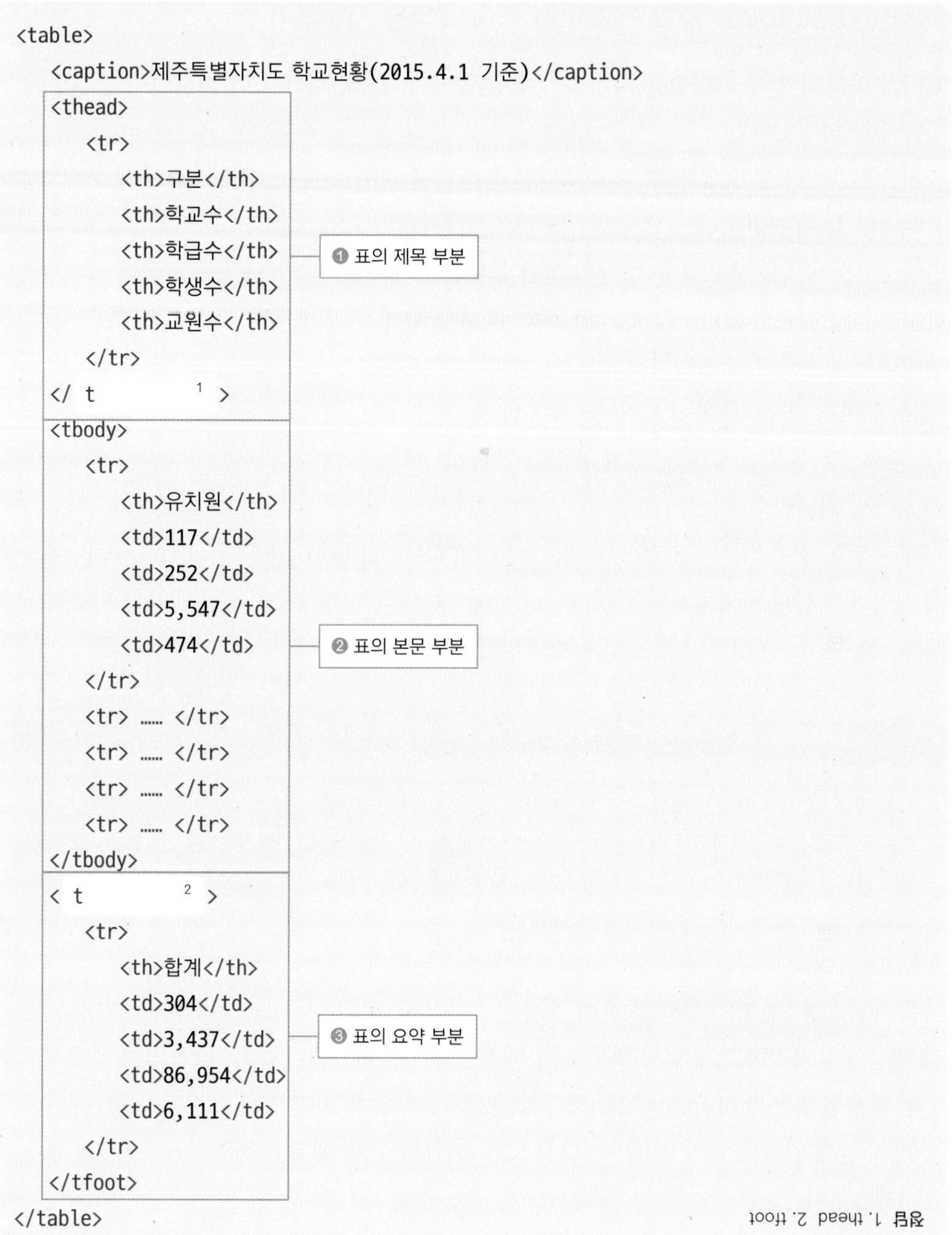

```
<table>
    <caption>제주특별자치도 학교현황(2015.4.1 기준)</caption>
    <thead>
        <tr>
            <th>구분</th>
            <th>학교수</th>
            <th>학급수</th>
            <th>학생수</th>
            <th>교원수</th>
        </tr>
    </ t        1 >
    <tbody>
        <tr>
            <th>유치원</th>
            <td>117</td>
            <td>252</td>
            <td>5,547</td>
            <td>474</td>
        </tr>
        <tr> ...... </tr>
        <tr> ...... </tr>
        <tr> ...... </tr>
        <tr> ...... </tr>
    </tbody>
    < t        2 >
        <tr>
            <th>합계</th>
            <td>304</td>
            <td>3,437</td>
            <td>86,954</td>
            <td>6,111</td>
        </tr>
    </tfoot>
</table>
```


정답 1. thead 2. tfoot

<col>, <colgroup> 태그 - 여러 열 묶어 스타일 지정하기

표에서 하나의 열에 스타일을 지정하거나 열(column)을 몇 개씩 묶어 스타일을 한꺼번에 지정할 수도 있습니다.

<col> 태그는 한 열에 있는 모든 셀에 같은 스타일을 적용하려고 할 때 사용하는 것으로 닫는 태그가 없습니다. 만약 <col> 태그를 사용해 둘 이상의 열을 묶어 같은 스타일을 지정하려면 span 속성을 이용해 몇 개를 함께 묶어줄지 지정할 수 있습니다. <colgroup> 태그를 사용해서도 여러 열을 묶어 스타일을 적용할 수 있는데 <colgroup> 태그 안에 묶는 열의 개수만큼 <col> 태그를 넣으면 됩니다.

기본형
```
<col>
```

기본형
```
<colgroup>
    <col>
    …
</colgroup>
```

이때 주의할 점은 <col> 태그와 <colgroup> 태그는 <caption> 태그 뒤와 <tr>, <td> 태그 전에 사용해야 한다는 점입니다. 그리고 <colgroup> 태그 안에 있는 <col> 태그를 비롯해 단독으로 사용한 <col> 태그의 개수와 표의 열의 개수가 같아야 합니다.

알아두면 좋아요! 행을 묶는 태그는 없나요?

표를 만들 때 <tr> 태그로 행을 만든 후 그 안에 필요한 개수만큼 셀을 만들죠. 이렇게 표를 만들 때부터 <tr> 태그로 행을 조절하므로 따로 행을 묶는 태그는 없습니다. 반면, 표를 만들 때 열을 만드는 태그가 없으므로 열을 조절할 때는 <col> 태그나 <colgroup> 태그를 따로 사용합니다.

다음 예는 2행 4열의 표에서 첫 번째 열에는 스타일을 지정하지 않고 두 번째, 세 번째 열에 파란 배경색을 지정하고 네 번째 열에 노란 배경색을 지정하는 것입니다. 다음의 예제에서 스타일이 적용된 열은 <col span="2"> 태그로 묶은 두 번째, 세 번째 열과 마지막 <col> 태그로 지정한 네 번째 열인데 표의 열 개수 4개를 맞추기 위해 첫 번째 열에 해당하는 <col>도 맨 앞에 추가했습니다.

Do it! 표에서 열끼리 묶기　　예제 02/colgroup.html

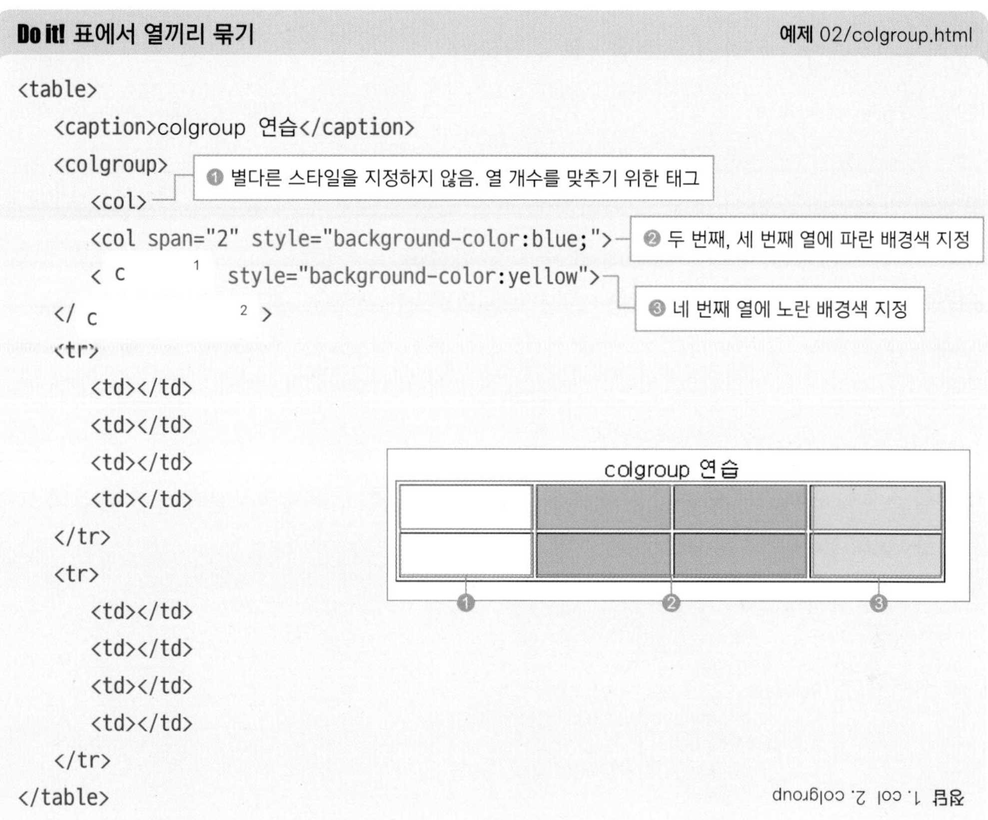

```
<table>
    <caption>colgroup 연습</caption>
    <colgroup>
        <col>
        <col span="2" style="background-color:blue;">
        < c      1   style="background-color:yellow">
    </ c              2 >
    <tr>
        <td></td>
        <td></td>
        <td></td>
        <td></td>
    </tr>
    <tr>
        <td></td>
        <td></td>
        <td></td>
        <td></td>
    </tr>
</table>
```

❶ 별다른 스타일을 지정하지 않음. 열 개수를 맞추기 위한 태그
❷ 두 번째, 세 번째 열에 파란 배경색 지정
❸ 네 번째 열에 노란 배경색 지정
colgroup 연습
❶
❷
❸

정답 1. col 2. colgroup

1분 복습 다음 그림과 같이 첫 번째 열에만 배경색을 삽입하려고 합니다. 괄호를 채워 소스를 완성하세요.

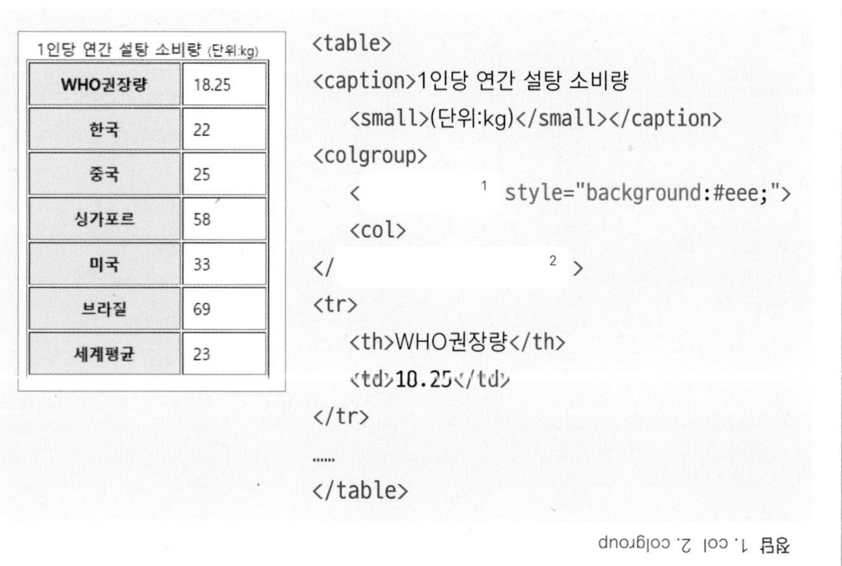

1인당 연간 설탕 소비량 (단위:kg)

WHO권장량	18.25
한국	22
중국	25
싱가포르	58
미국	33
브라질	69
세계평균	23

```
<table>
<caption>1인당 연간 설탕 소비량
    <small>(단위:kg)</small></caption>
<colgroup>
    <         1  style="background:#eee;">
    <col>
</                 2 >
<tr>
    <th>WHO권장량</th>
    <td>18.25</td>
</tr>
......
</table>
```

정답 1. col 2. colgroup

직접 해보세요! 온라인 프로필 - 표 추가하기

[준비] 02/index-table.html [완성] 02/index-table-result.html

앞에서 만들었던 온라인 프로필 페이지에 학력 사항을 보여주는 표를 추가해 보겠습니다. <thead>와 <tbody> 태그를 이용해 표 구조를 만들고, <th>와 <td>를 구별해서 사용한다는 것을 떠올리며 실습해 보세요.

▶ 학력 사항 내용을 목록으로 작성할 수도 있지만 여기에서는 표를 사용합니다.

1. 표 기본 구조 만들기

비주얼 스튜디오 코드에서 준비 파일을 엽니다. '학력'이라고 표시된 부분에 표를 삽입해 보겠습니다. 60번 줄 부분에 커서를 가져다 놓고 다음과 같이 기본 구조를 입력하세요.

▶ 여기에서는 <tfooter> 태그 없이 <thead>와 <tbody>만 사용합니다.

57 <!-- 학력 -->
58 <section>
59 <h2 class="subtitle">Education</h2>
60 <table>
61 <caption>학력 사항</caption>
62 <thead>
63
64 </thead>
65 <tbody>
66
67 </tbody>
68 </table>
69 </section>
<!-- 학력 -->
<section>
<h2 class="subtitle">Education</h2>
<table>
<caption>학력 사항</caption>
<thead>
</thead>
<tbody>
</tbody>
</table>
</section>

2. 표에 행과 열 넣기

〈thead〉 태그 안에 〈tr〉 태그를 사용해 행을 만들고 그 안에 〈th〉 태그를 사용해 제목 셀을 만듭니다. 그리고 〈tbody〉에는 두 개의 행을 만들고 각 내용을 입력합니다.

```
<!-- 학력 -->
<section>
    <h2 class="subtitle">Education</h2>
    <table>
        <caption>학력 사항</caption>
        <thead>
            <tr>
                <th>출신학교</th>
                <th>전공</th>
                <th>기간</th>
                <th>구분</th>
            </tr>
        </thead>
        <tbody>
            <tr>
                <td>ㅁㅁ대학교</td>
                <td>컴퓨터공학</td>
                <td>2004.3 ~ 2008.2</td>
                <td>졸업</td>
            </tr>
            <tr>
                <td>ㅇㅇㅇ고등학교</td>
                <td> - </td>
                <td>2001.3 ~ 2004.2</td>
                <td>졸업</td>
            </tr>
        </tbody>
    </table>
</section>
```

3. 웹 브라우저에서 확인하기

파일을 저장한 후 마우스 오른쪽 버튼을 클릭하고 [Open with Live Server]를 선택하세요. 웹 브라우저 창에 나타난 표는 테두리도 없고 각 셀 간의 간격이 너무 좁게 표시되는군요. 그럼 지금부터 표 스타일을 지정해 보겠습니다. 브라우저 창은 그대로 열어두세요.

Education

학력 사항

출신학교	전공	기간	구분
ㅁㅁ대학교	컴퓨터공학	2004.3 ~ 2008.2	졸업
ㅇㅇㅇ고등학교	-	2001.3 ~ 2004.2	졸업

4. 표 스타일 지정하기

비주얼 스튜디오 코드로 돌아와 〈/head〉 태그 앞에 다음 소스를 추가합니다. 이 소스는 표의 스타일을 지정하는 소스로 자세한 내용은 둘째마당에서 설명할 것입니다. 아래 소스 중 /*와 */ 사이의 내용은 주석이므로 입력하지 않아도 됩니다.

```
<style>
    table {
        width:70%; /* 표의 너비 */
        border:1px solid #222; /* 1픽셀짜리 표 테두리 */
        border-collapse: collapse; /* 중복되는 표와 셀의 테두리를 한 줄로 표시 */
    }
    thead {
        background:#eee; /* 제목 행의 배경색 */
    }
    th, td {
        border:1px solid #ccc; /* 1픽셀짜리 셀 테두리 */
        padding:5px; /* 셀 테두리와 셀 내용 사이의 여백(패딩) */
        font-size:0.8em; /* 셀의 글자 크기 */
    }
</style>
```

5. 웹 브라우저 표 스타일 확인하기

파일을 저장한 후 웹 브라우저 화면을 보면 표에 테두리가 표시되고 제목 셀에는 배경색도 들어가 있을 것입니다. 그리고 셀에도 여백이 적절히 추가되어 좀 더 보기 좋은 표가 되었을 것입니다.

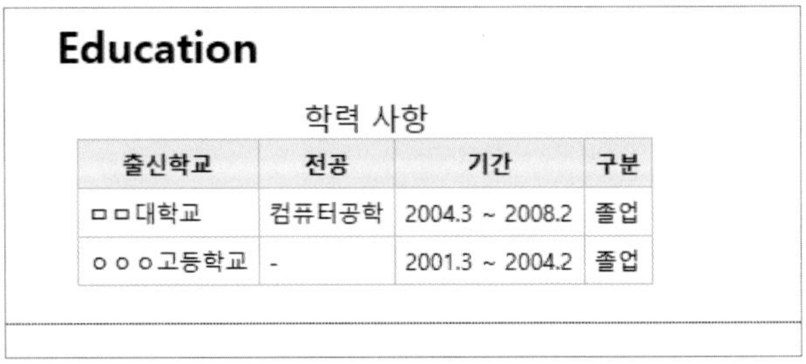

Education

학력 사항

출신학교	전공	기간	구분
ㅁㅁ대학교	컴퓨터공학	2004.3 ~ 2008.2	졸업
ㅇㅇㅇ고등학교	-	2001.3 ~ 2004.2	졸업

기억을 되살리는

연습문제

Q1 난이도 ★☆☆

텍스트들이 미리 입력되어 있는 quiz-1.html 문서를 열고 다음 조건에 맞게 태그를 추가하세요.

[문제] 02/quiz-1.html

서울의 지향 이미지 : 역사와 활력의 인간도시 휘장은 한글 '서울'을 서울의 산, 해, 한강으로 나타내면서 전체적으로는 신명나는 사람의 모습을 형상화한 것으로 인간 중심도시를 지향하는 서울을 상징합니다. 자연 - 인간 - 도시의 맥락 속에서 녹색 산은 환경사랑, 청색 한강은 역사와 활력, 가운데 해는 미래의 비전과 희망을 함축하고, 이 세가지 요소를 붓터치로 자연스럽게 연결하여 서울의 이미지와 사람의 활력을 친근하게 느낄 수 있도록 하였습니다.

[해답] 02/sol-1.html

서울특별시

서울의 지향 이미지 : 역사와 활력의 인간도시

*휘장은 한글 '서울'을 서울의 산, 해, 한강으로 나타내면서
전체적으로는 신명나는 사람의 모습을 형상화한 것으로
인간 중심도시를 지향하는 서울을 상징합니다.*

자연 - 인간 - 도시의 맥락 속에서
녹색 산은 환경사랑, 청색 한강은 역사와 활력,
가운데 해는 미래의 비전과 희망을 함축하고,
이 세가지 요소를 붓터치로 자연스럽게 연결하여
서울의 이미지와 사람의 활력을 친근하게 느낄 수 있도록 하였습니다.

조건

① 첫 번째 줄 텍스트는 1단계 제목으로 바꾸세요.

② 제목 이하 텍스트는 3개 단락으로 나누세요.

- 첫 번째 단락: 내용을 강조하기 위해 굵게 표시하세요.
- 두 번째 단락: 이탤릭체로 표시하세요(강조의 의미는 없음).
- 세 번째 단락: 읽기 쉽게 적당히 줄을 바꾸어 표시하세요.

Q2 난이도 ★☆☆

기본적인 HTML 문서를 만들고 quiz-2.txt 문서의 텍스트를 가져와 다음과 같이 표시하세요.

[문제] 02/quiz-2.txt

```
이지스퍼블리싱 신입 사원 모집 공고

IT 기획, 편집 부서에서 함께 할 신입 사원을 모집합니다.

모집 직군 : 편집 기획 부서

직무 내용 : 도서 프로듀싱 업무 (신입 지원 가능)
- 도서 기획, 편집
- 도서 홍보, 독자 소통
접수 마감일 : 2016.3.6.

자세한 내용은 공지 게시판을 참고하세요.
```

[해답] 02/sol-2.html

이지스퍼블리싱 신입 사원 모집 공고

IT 기획, 편집 부서에서 함께 할 신입 사원을 모집합니다.

- 모집 직군 : 편집 기획 부서
- 직무 내용 : 도서 프로듀싱 업무 (신입 지원 가능)
  - 도서 기획, 편집
  - 도서 홍보, 독자 소통
- 접수 마감일 : 2016.3.6.

자세한 내용은 공지 게시판을 참고하세요.

조건

① 첫 번째 줄은 1단계 제목 태그를 사용합니다.

② 두 번째 줄은 텍스트 단락으로 표시합니다.

③ '모집 직군'에서 '접수 마감일'까지 순서 없는 목록으로 표시합니다.

④ '직무 내용' 다음 줄에 있는 '도서 기획, 편집'과 '도서 홍보, 독자 소통'은 2단계 순서 없는 목록으로 표시합니다.

⑤ 마지막 줄은 텍스트 단락으로 표시합니다.

Q3 난이도 ★★☆

quiz-3.html에 미리 입력된 텍스트를 두 가지 종류의 순서 있는 목록으로 표시하세요.

[문제] 02/quiz-3.html

커피 드립 순서 - 아라비아 숫자

필터접기 분쇄 불림 추출

커피 드립 순서 - 알파벳 소문자

필터접기 분쇄 불림 추출

[해답] 02/sol-3.html

커피 드립 순서 - 아라비아 숫자

1. 필터접기
2. 분쇄
3. 불림
4. 추출

커피 드립 순서 - 알파벳 소문자

a. 필터접기
b. 분쇄
c. 불림
d. 추출

조건

① '필터접기'에서 '추출'까지 4개 항목을 가진 순서 목록을 만듭니다.
② 첫 번째 목록은 아라비아 숫자로 나열하는 순서 목록으로 표시합니다.
③ 두 번째 목록은 알파벳 소문자로 나열하는 순서 목록으로 표시합니다.

Q4 난이도 ★★★

quiz-4.html 문서에 그림과 같은 표를 작성하세요.

[해답] 02/sol-4.html

주요 SNS 서비스별 이용률(%)

	페이스북	카카오스토리	밴드	인스타그램	트위터
2015년	77.1	58.3	32.4	16.7	22.1
2016년	73.8	51.0	40.1	28.1	14.7

조건

① 표에 사용할 스타일은 quiz-4.html에 미리 만들어져 있습니다.
② <caption> 태그를 사용하세요.
③ 표의 제목 셀은 <th> 태그를 사용하고 그 외 셀은 <td> 태그를 사용합니다.

03

이미지와 하이퍼링크

HTML 태그 중 자주 쓰는 태그 중 하나가 바로 이미지와 하이퍼링크 관련 태그입니다. 이번 장에서는 사진과 그림 등의 이미지를 웹 문서에 넣는 방법과 글이나 이미지를 클릭하면 다른 문서(page)나 사이트로 넘어가도록 링크를 거는 방법을 배워 보겠습니다. 이때 링크(link)는 '하이퍼링크(hyperlink)'를 줄인 말입니다. 그럼 웹 문서의 대부분을 차지하는 이미지와 웹 문서의 핵심 기능인 링크를 살펴볼까요?

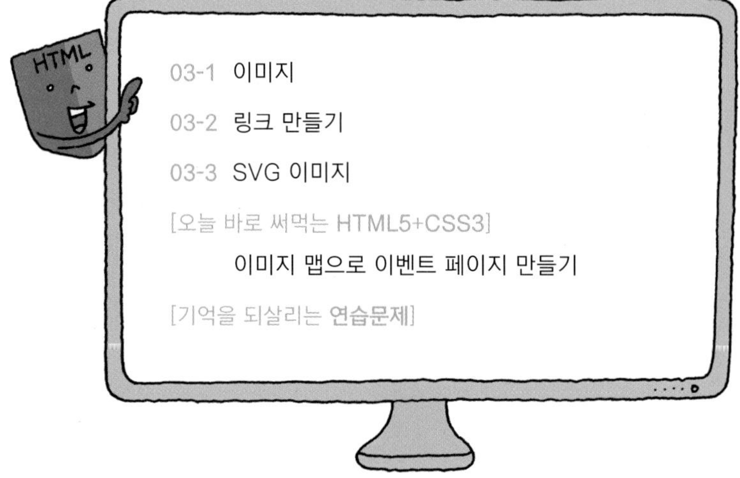

03-1 이미지
03-2 링크 만들기
03-3 SVG 이미지
[오늘 바로 써먹는 HTML5+CSS3]
이미지 맵으로 이벤트 페이지 만들기
[기억을 되살리는 연습문제]

03-1 이미지

핸드폰으로 찍은 친구 사진, 그림판에서 그린 도해, 게임하다 찍은 스크린샷, 우리 매장의 위치를 알려 주는 약도. 우리가 친숙하게 사용하는 이 모든 것이 웹에서는 이미지입니다. 그런데 이미지를 웹에 어떻게 넣을까요? 이것도 태그로 가능합니다. 이번 장에서는 우선 웹에서의 이미지에 대해 알아보고 이미지를 삽입할 때 사용하는 태그와 다양한 속성을 살펴보겠습니다.

웹에서 사용하는 이미지 형식

텍스트만 있는 사이트보다 화려한 색상의 이미지가 함께 사용되거나 배경 이미지가 멋지게 깔려 있다면 아무래도 시선이 머물게 됩니다. 그래서 웹 사이트를 만들 때는 분량이 많은 본문은 텍스트로 처리하고 메뉴나 기타 내용들은 이미지로 처리해 방문자들의 관심을 끌기 위해 노력합니다. 그렇다면 아무 이미지 파일이나 가져와 사용할 수 있을까요? 그렇지는 않습니다.

웹 페이지에서 사용할 수 있는 이미지 파일은 파일 크기가 크지 않으면서도 화질이 좋아야 하기 때문에 몇 가지 파일 형식만 사용할 수 있습니다. 만약 다른 형식으로 된 이미지 파일을 웹에서 사용하려면 다음과 같은 파일 형식으로 변환해야 합니다.

웹에서 사용할 수 있는 이미지 파일 형식

파일 형식	설명
GIF(Graphic Interchange Form)	표시할 수 있는 색상 수가 최대 256가지뿐이지만 다른 이미지 파일 형식에 비해 파일 크기가 작기 때문에 아이콘이나 불릿 등 작은 이미지에 주로 사용합니다. 투명한 배경이나 움직이는 이미지를 만들 수 있다는 장점이 있습니다.
JPG/JPEG(Joint Photographic Experts Group)	사진을 위해 개발된 형식으로 GIF보다 다양한 색상과 명암을 표현할 수 있습니다. 저장을 반복하다 보면 화질이 떨어질 수도 있습니다.
PNG(Portable Network Graphics)	투명 배경을 만들면서 다양한 색상도 표현할 수 있으며 네트워크용으로 개발되었기 때문에 최근 많이 사용합니다.

이렇게 웹에서 사용할 이미지를 준비했습니다. 이제 태그와 속성을 배우며 웹 문서에 이미지를 넣어 볼까요?

〈img〉 태그 - 이미지 삽입하기

웹 문서에 이미지를 삽입할 때는 〈img〉 태그를 사용합니다. 이때 src 속성을 사용해 이미지 파일이 있는 경로를 알려 주어야 화면에 이미지를 표시할 수 있습니다.

기본형 `<img src="경로" [속성="값"]>`

▶ 기본형에서 [,] 로 묶은 부분의 기타 속성들은 생략할 수 있으며 속성들에 대해서는 하나씩 설명할 것입니다.

다음 예제는 images 폴더에 있는 cover.jpg 이미지를 웹 문서에 삽입한 것입니다.

Do it! 이미지 삽입하기 예제 03/img-1.html

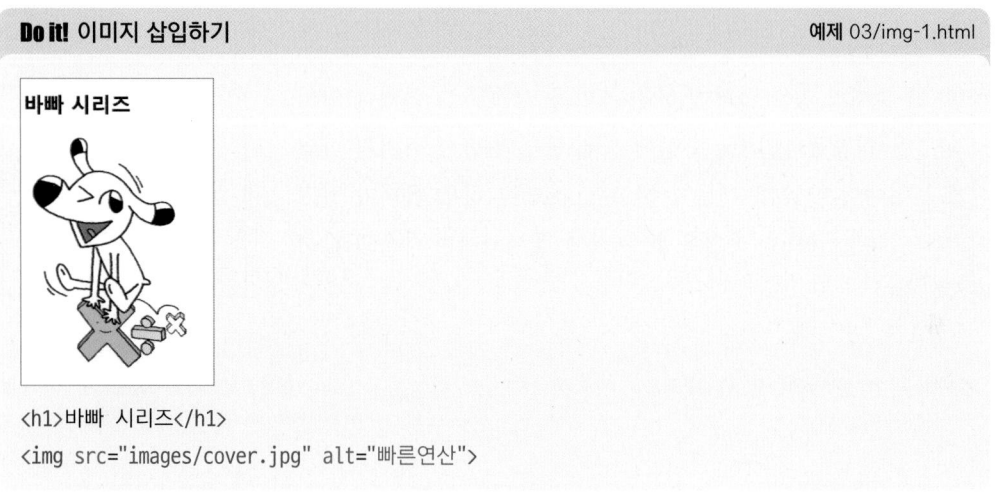


```
<h1>바빠 시리즈</h1>
<img src="images/cover.jpg" alt="빠른연산">
```

예제 소스에서 〈img〉 태그와 함께 쓰인 src와 alt는 무엇일까요? 이것은 웹 문서에 이미지를 삽입할 때 〈img〉 태그와 함께 사용하는 속성입니다. 이 속성들에 대해 하나씩 살펴보겠습니다.

src 속성 - 이미지 파일 경로 지정하기

이미지를 웹 문서에 넣으려면 src 속성에 정확한 파일 경로를 지정해야 합니다. '경로'란 현재 HTML 문서에서 이미지 파일까지 찾아가기 위한 길로 이 길이 정확하지 않다면 웹 문서에 이미지가 표시되지 않습니다. 이때 내 컴퓨터에 이미지 파일이 있는 경우와 웹 상의 이미지 링크를 사용하는 경우에 따라 이미지 경로에 들어가는 값도 다릅니다. 먼저 컴퓨터에 이미지 파일이 있는 경우부터 살펴보겠습니다.

내 컴퓨터의 이미지 파일 경로 지정하기

이미지 파일의 경로는 웹 문서 파일의 위치를 기준으로 정해집니다. 웹 문서 파일과 이미지 파일이 같은 경로에 있다면 src 속성에는 간단히 이미지 파일의 이름만 적으면 됩니다. 예를 들어 index.html과 lotus.jpg 파일이 같은 폴더에 있다면 src 속성에 파일 이름만 적으면 됩니다.

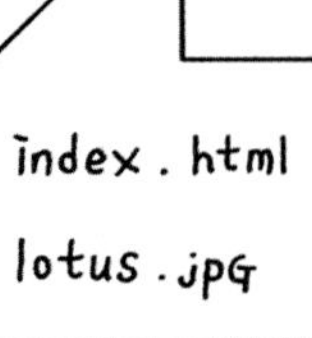


```
<img src="lotus.jpg">
```

반면, 웹 문서가 있는 폴더에 하위 폴더를 만들고 그 폴더에 이미지 파일을 저장했다면 src 속성에 하위 폴더와 함께 이미지 파일 이름을 적어야 합니다. 예를 들어 images라는 하위 폴더가 있고 거기에 있는 lotus.jpg 파일을 웹 문서에 표시하려면 다음과 같이 작성합니다.

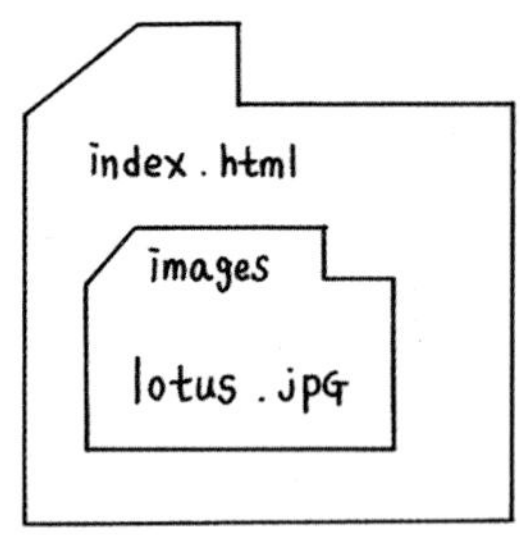


```
<img src="images/lotus.jpg">
```

▶ 하나의 웹 사이트에는 여러 이미지 파일들이 사용되기 때문에 별도로 폴더를 만들어 이미지 파일들을 저장하는 방식을 많이 사용합니다.

1분 복습 웹 문서에 top.jpg 이미지 파일을 삽입하는 소스를 작성하세요. 단 top.jpg 파일은 웹 문서와 같은 폴더에 있습니다.

정답 <img src = "top.jpg">

알아두면 좋아요! 파일 경로 이해하기

하위 폴더를 지칭하는 '/' 외에도 파일 경로를 표시하는 몇 가지 기호들이 있습니다. 이 내용을 정확히 이해하고 사용해야만 컴퓨터가 길을 잃지 않고 파일을 찾을 수 있습니다. 그럼 이미지 경로를 나타내는 이정표를 하나씩 알아볼까요?

먼저 앞에서 본 것처럼 파일 경로 중에서 '/'는 하위 폴더를 나타냅니다. 예를 들어 다음과 같이 index.html 문서 하위에 css 폴더와 images 폴더, js 폴더가 있고 각 폴더마다 여러 개의 파일들이 있다고 가정해 보겠습니다.

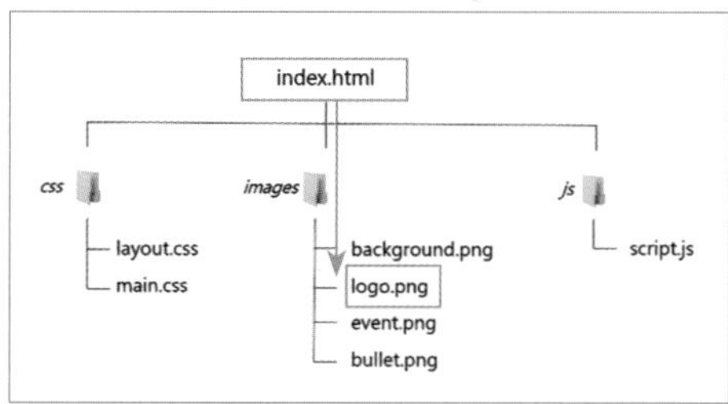

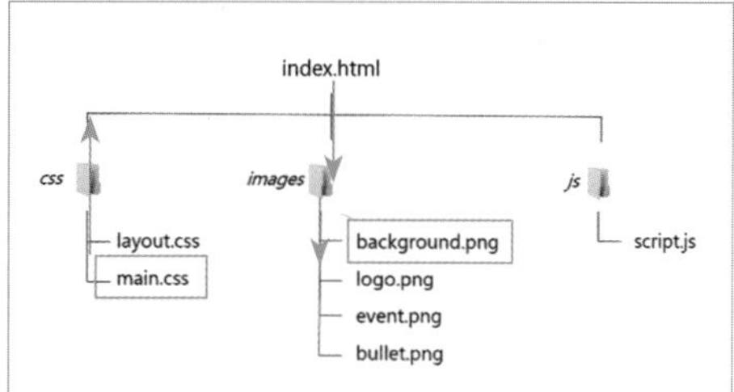

index.html 문서에서 logo.png 라는 이미지 파일을 삽입하거나(<img> 태그 사용) script.js 파일을 삽입할 경우(<script> 태그 사용), 현재 위치 바로 아래 단계에 있는 하위 폴더의 파일을 사용하는 것이므로 다음과 같이 간단히 사용할 수 있습니다.

```
<img src="images/logo.png">
<script src="js/script.js"></script>
```

그렇다면 반대로 한 단계 위로 이동하기 위해서는 어떻게 표시할까요? 이때는 '..' 기호를 사용합니다. 이 기호는 같은 레벨에 있는 폴더끼리 파일을 사용할 때 사용합니다. 위의 그림에서는 css 폴더와 images 폴더, js 폴더가 같은 레벨입니다. 예를 들어 css 폴더에 있는 main.css 파일에서 background.png 파일을 배경 이미지로 삽입하려면 같은 레벨에 있는 폴더이기 때문에 바로 사용할 수 없습니다. 이런 경우, 한 단계 위로 올라갔다가 하위 폴더로 내려와야 합니다. 파일 경로에서 한 단계 위로 올라가는 기호는 '..'이고 한 단계 하위 폴더로 내려오는 기호는 '/'이므로 다음과 같은 소스가 될 것입니다.

```
body {
    background-image: url("../images/background.png");
}
```

앞에서 배운 이미지 경로에 맞추어 웹 문서에 이미지를 올렸습니다. 그런데 내 컴퓨터에서 보이는 이미지가 다른 컴퓨터에서는 보이지 않네요! 어떻게 된 것일까요?

이미지가 삽입된 웹 문서를 다른 사람에게 공유할 때는 html 문서와 함께 이미지 파일이 있는 폴더도 함께 전달해 주어야 합니다. 그래야만 해당 컴퓨터에서도 파일 경로를 읽을 수 있으니까요. 웹 문서를 더 많은 사람에게 공유하려면 FTP 서버에 웹 문서와 함께 이미지 파일을 올려야 합니다. 물론 이미지 폴더 그대로 말이죠.

▶ FTP 서버에 이미지 폴더를 올리는 방법은 52쪽을 참고하세요.

웹 상의 링크를 복사해 이미지 경로 지정하기

이번에는 이미 인터넷에 올라와 있는 이미지 링크를 복사해 이미지 경로를 지정해 보겠습니다. 크롬 브라우저에서는 웹 페이지에 넣고 싶은 이미지를 마우스 오른쪽 버튼으로 클릭하고 [이미지 주소 복사]를 선택하면 이미지 경로를 알 수 있습니다.

이렇게 복사한 웹 이미지 파일의 경로를 src 속성의 값으로 지정합니다. 다만, 웹 이미지는 인터넷에 접속할 수 있어야 화면에 표시됩니다.

▶ 소스 보기를 통해 이미지가 삽입된 부분의 소스를 찾아 src 속성의 따옴표 안에 있는 이미지 파일 경로를 직접 복사해도 됩니다.

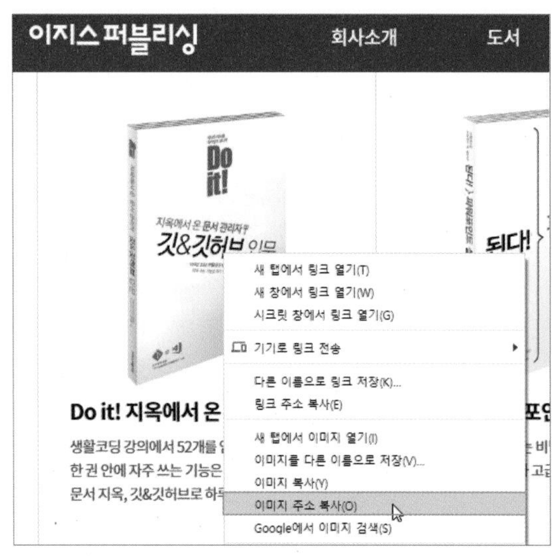


```
<img src="http://www.easyspub.co.kr/
upload/BOOK/337/20191204093031465610B.
jpg">
```

반면, 인터넷 익스플로러 브라우저를 사용한다면 웹 문서에 넣고 싶은 이미지를 마우스 오른쪽 버튼으로 클릭해 [속성]을 선택한 후 속성 창에서 [주소] 부분을 복사해 사용하면 됩니다.

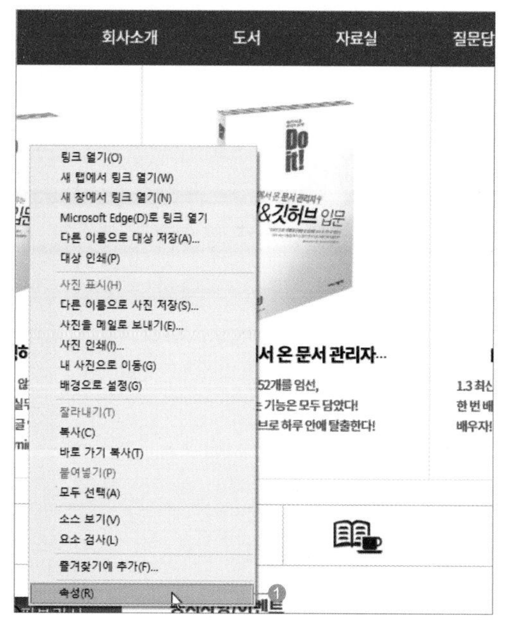

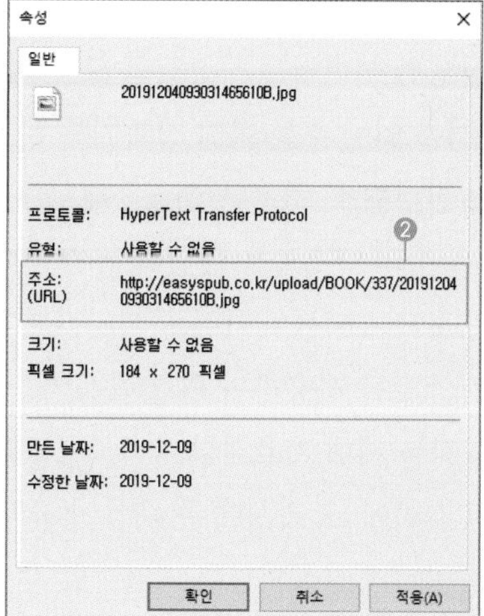

주의해야 할 점은 다른 사람이 블로그나 사진 공유 사이트에 올린 사진이나 이미지는 저작권자의 허락 없이 다른 곳에 옮기거나 다운로드해 사용하면 안 된다는 점입니다. 사용이 허락된 상태더라도 개인적인 용도로만 사용할 수 있는지, 상업적인 용도로도 사용할 수 있는지 확인해야 합니다.

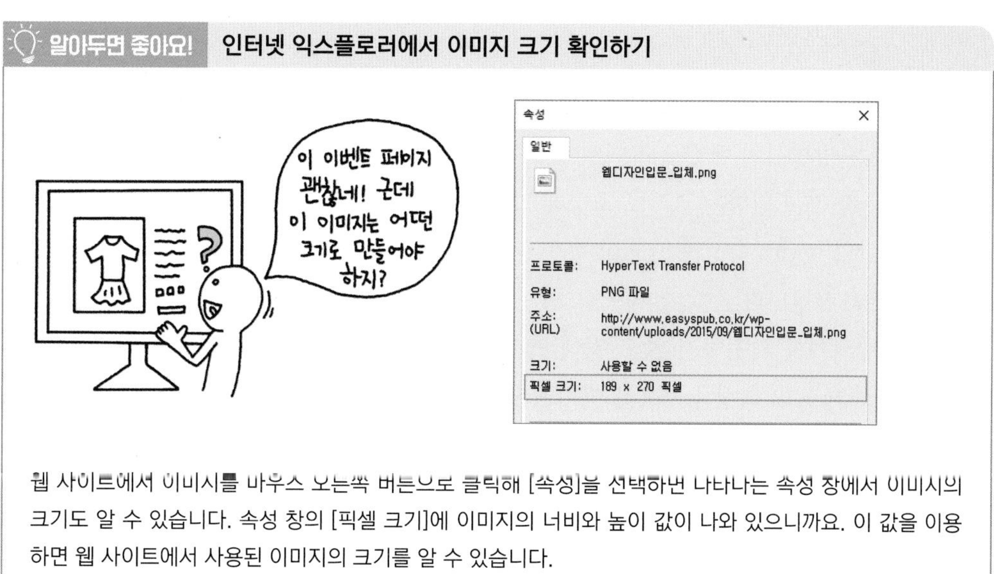

웹 사이트에서 이미지를 마우스 오른쪽 버튼으로 클릭해 [속성]을 선택하면 나타나는 속성 창에서 이미지의 크기도 알 수 있습니다. 속성 창의 [픽셀 크기]에 이미지의 너비와 높이 값이 나와 있으니까요. 이 값을 이용하면 웹 사이트에서 사용된 이미지의 크기를 알 수 있습니다.

alt 속성 - 이미지를 설명해 주는 대체 텍스트

src 속성을 알아보았으니 이번에는 alt 속성을 알아보겠습니다. alt 속성은 이미지를 설명하는 대체 텍스트를 삽입할 때 사용합니다. 대체 텍스트란 무엇이고 언제 사용할까요?
웹 문서에 삽입한 이미지는 시각적인 요소이기 때문에 시각 장애인들은 그 내용을 알 수 없습니다. 웹 문서를 읽어 주는 화면 낭독기도 문서 상의 텍스트만 읽어 주기 때문에 이미지를 만나면 그대로 건너뛰죠. 하지만 〈img〉 태그의 alt 속성을 이용하면 이미지에 대한 설명을 넣을 수 있고 alt 속성의 텍스트를 화면 낭독기가 시각장애인에게 읽어 줄 수 있습니다. 예를 들어 클릭했을 때 홈으로 되돌아 가는 이미지라면 다음과 같이 대체 텍스트를 추가합니다.

```
<img src="home.jpg" alt="홈으로 가기">
```

또한 대체 텍스트를 사용하면 연결 속도가 느리거나 이미지를 제대로 표시할 수 없는 상황에서 이미지 자리에 alt 속성에 쓴 내용이 표시되어 어떤 이미지가 사용되었는지 짐작할 수 있습니다.

홈으로 가기

이 외에도 내용을 눈에 띄게 하기 위해 그래픽으로 처리한 텍스트나 메뉴, 로고 등의 내용이 포함된 이미지들을 사용했다면 alt 속성에 이미지 파일에서 보이는 글자들을 그대로 넣어 주어야 합니다. 하지만 불릿(bullet) 이미지나 작은 아이콘처럼 특별한 의미 없이 화면을 꾸미기 위해 사용한 이미지에는 대체 텍스트를 지정하지 않아도 됩니다. 이런 경우, alt="" 라고 지정하면 됩니다.

```
<img src="bulle.gif" alt="">
```

width, height 속성 - 이미지 크기 조정하기

이미지를 넣는 방법까지 배웠으니 이제 이미지 자체를 조절해 보겠습니다. 이미지 파일을 넣을 때 브라우저 창에 원하는 크기로 조정해 넣고 싶다면 width 속성과 height 속성을 사용하면 됩니다. 만약 width 속성과 height 속성을 사용하지 않으면 원본 이미지 크기 그대로 브라우저 화면에 표시됩니다.
다음 예제는 크기를 지정하지 않고 원래 크기대로(300px×300px) 이미지를 삽입한 것과 width 속성과 height 속성을 사용해 이미지 너비와 높이를 각각 150px로 지정한 것입니다.

Do it! 이미지 크기 조절하기 예제 03/img-2.html

```
<h1>이미지 크기 조절</h1>
<img src="images/gugudan.jpg"  a         1 ="바빠구구단">  ── ❶ '원래' 크기 이미지
<img  s         2 ="images/gugudan.jpg"  w         3 ="250"  h         4 ="250"
 alt="바빠구구단"> ── ❷ 크기 조절한 이미지
```

정답 1. alt 2. src 3. width 4. height

웹 서버에서 다운로드하는 이미지 파일의 용량은 그대로 두면서 사이트 디자인에 따라 이미지를 작게 또는 크게 표시해야 할 경우, width 속성과 height 속성을 이용하면 유용합니다. 다만, 이 속성으로 작은 이미지를 크게 표시할 경우, 화질이 나빠질 수 있습니다.

알아두면 좋아요! 그림판을 이용해 그림 크기 조절하기

웹 문서에 삽입한 이미지의 기본 크기가 얼마인지, 어느 정도로 수정해야 하는지 어떻게 알 수 있을까요? 그럴 때는 윈도우의 기본 프로그램인 '그림판'을 이용해 보세요! 그림판 프로그램을 실행한 후 이미지 파일을 불러오면 그림판 아래의 상태 표시줄에 현재 이미지 크기와 용량이 나타납니다.

그림 크기를 조절하려면 그림판 기본 메뉴 중 [이미지] 패널에서 [크기 조정]을 클릭합니다. 그림 크기 기준을 [픽셀]로 선택하면 현재 크기가 픽셀로 표시됩니다. 가로나 세로 값을 적절히 줄이거나 늘려보세요.

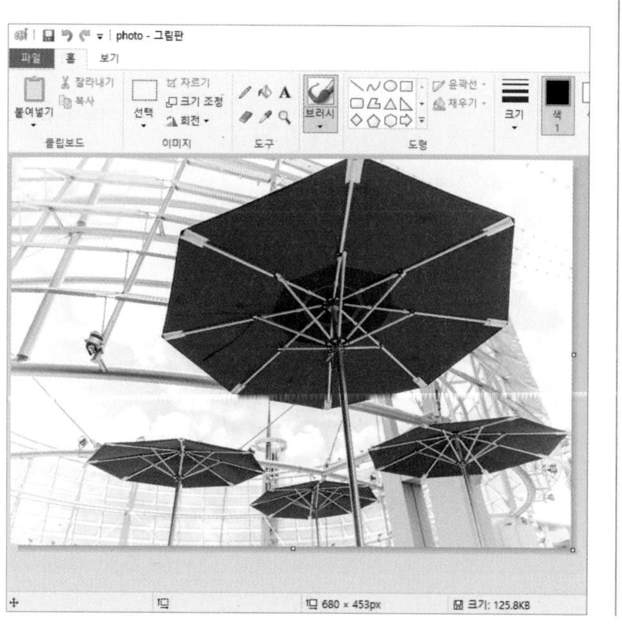

예를 들어 [가로]에 [300]이라고 입력해 가로 값을 300px로 줄이면 세로는 자동으로 조절됩니다. [확인]을 누르면 조절된 이미지를 저장할 수 있고 [취소]를 누르면 조절된 크기 값만 알아내 다른 곳에서 사용할 수 있습니다.

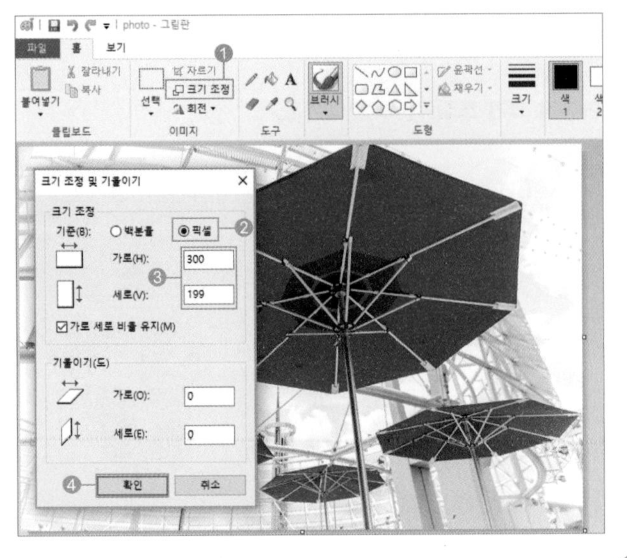

<figure>,<figcaption> 태그 - 이미지에 설명 글 붙이기

HTML5 이전에는 이미지에 설명 글(캡션)을 붙이기 위해 <p> 태그를 사용해 텍스트 단락을 표시한 후 위치를 조절해야만 했습니다. 그래서 이미지 위치를 바꾸면 설명 글 내용도 함께 옮겨야 했죠. 하지만 HTML5에서는 이미지뿐만 아니라 표나 멀티미디어 요소 어디에나 설명 글을 함께 붙일 수 있습니다.

<figure> 태그 - 설명 글을 붙일 대상 지정

<figure> 태그는 설명 글을 붙여야 할 대상을 지정하거나 웹 문서에서 오디오나 비디오 같은 멀티미디어 파일을 비롯해 사진이나 표, 소스 코드 등 웹 문서 안에서 한 단위가 되는 요소를 묶을 때 사용합니다.

기본형
```
<figure> 요소 </figure>
```

한 단위가 되는 요소를 나타내기 위해서는 <figure> 태그만 사용하고 설명 글을 사용하기 위해서는 <figure> 태그 안에 <figcaption> 태그를 사용해 설명 글을 표시합니다. 예를 들어 이미지만 삽입한다면 <figure> 태그를 사용하지 않아도 되지만 이미지에 설명 글을 넣으려면 이미지를 <figure> 태그로 묶어 주어야 합니다.

<figcaption> 태그 - 설명 글 붙이기

설명 글이 필요한 대상은 <figure> 태그로 묶고 설명 글은 <figcaption> 태그로 묶습니다. 설명 글을 붙일 수 있는 대상은 이미지나 오디오, 비디오 같은 미디어 파일이 될 수도 있고 텍스트 단락이나 표가 될 수도 있습니다. 또한 여러 개의 이미지나 미디어 파일에 하나의 설명 글을 표시할 수도 있습니다.

> 기본형 `<figcaption> 설명 글 </ficaption>`

다음 예제는 <figcaption> 태그를 사용해 이미지 바로 아래에 이미지 설명을 표시한 것입니다. 이미지와 이미지 설명이 <figure> 태그로 묶여 있기 때문에 이미지 위치를 옮기면 설명도 함께 옮겨집니다.

Do it! 이미지에 설명 함께 표시하기 예제 03/figcaption.html

제품 선택

예멘 모카 마타리(Yemen Mocha Mattari)

```
<figure>
    <img src="images/prod.jpg" alt="예멘 모카 마타리">
    <figcaption>예멘 모카 마타리(Yemen Mocha Mattari)</figcaption>
</figure>
```

지금까지 웹 문서에 이미지를 삽입하고 조절하는 방법을 알아봤습니다. 하지만 짧은 예시만으로는 자신의 것으로 체화할 수 없겠죠? 앞에서 배운 내용을 떠올리며 실습을 따라 온라인 프로필을 만들어 보세요!

직접 해보세요! 온라인 프로필 - 이미지 삽입하기

[준비] 03/index-img.html [완성] 03/index-img-result.html

02장에서 만들었던 온라인 프로필 페이지에 사진을 넣어 보겠습니다. 자신의 프로필 이미지가 있거나 다른 이미지를 사용하려면 03/images 폴더로 복사해서 사용하세요. 현재 문서는 레이아웃이 미리 만들어져 있으므로 프로필 이미지의 너비는 200픽셀 이하로 조절합니다.

1. 삽입할 위치 확인하기

웹 브라우저에서 03/index-img.html 문서를 열어보면 화면 왼쪽에 사이드바가 있을 것입니다. 이 사이드바의 맨 위에 프로필 이미지와 이름을 입력해 보겠습니다.

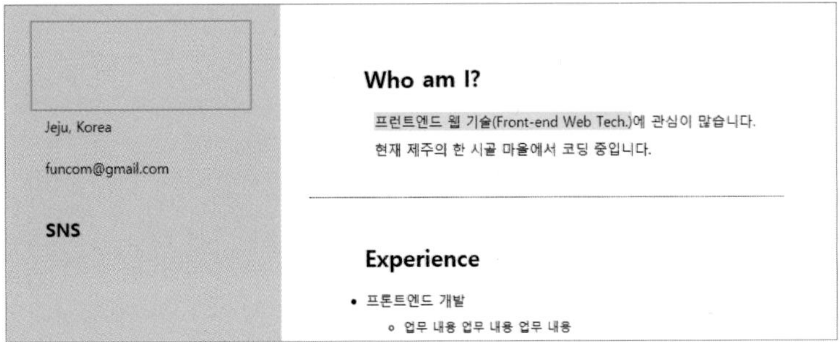
Jeju, Korea
funcom@gmail.com
SNS
Who am I?
프런트엔드 웹 기술(Front-end Web Tech.)에 관심이 많습니다.
현재 제주의 한 시골 마을에서 코딩 중입니다.
Experience
프론트엔드 개발
업무 내용 업무 내용 업무 내용

2. 이미지 삽입하기

비주얼 스튜디오 코드 편집 창에서 29번 줄에 다음과 같은 소스를 사용해 이미지를 삽입합니다. 그리고 프로필 이미지와 이름, 좋아하는 글귀를 하나의 <div> 태그로 묶어 놓았습니다.

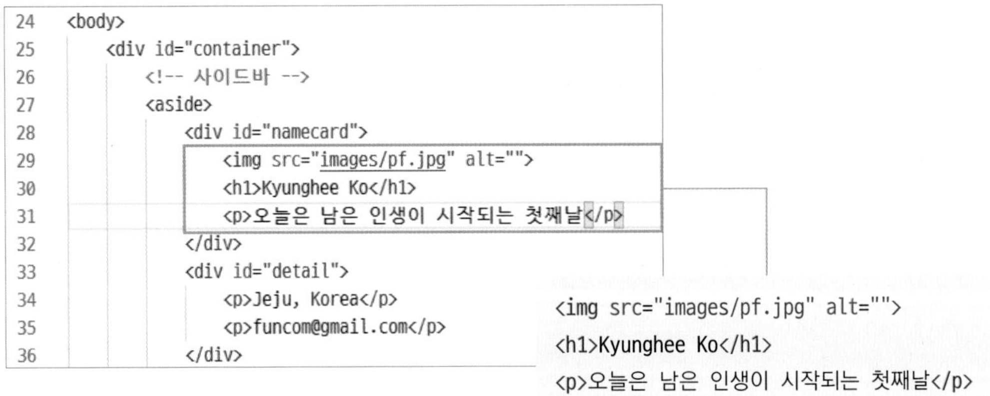
24 <body>
25 <div id="container">
26 <!-- 사이드바 -->
27 <aside>
28 <div id="namecard">
29 <img src="images/pf.jpg" alt="">
30 <h1>Kyunghee Ko</h1>
31 <p>오늘은 남은 인생이 시작되는 첫째날</p>
32 </div>
33 <div id="detail">
34 <p>Jeju, Korea</p>
35 <p>funcom@gmail.com</p>
36 </div>
<img src="images/pf.jpg" alt="">
<h1>Kyunghee Ko</h1>
<p>오늘은 남은 인생이 시작되는 첫째날</p>

3. 웹 브라우저에서 확인하기

수정한 소스를 저장한 후 비주얼 스튜디오 코드 편집기 창의 빈 공간에서 마우스 오른쪽 버튼을 클릭하고 [Open with Live Server]를 선택합니다. 왼쪽 사이드 바의 위쪽에 방금 삽입한 이미지가 보일 것입니다. 만약 이미지가 나타나지 않는다면 작성한 이미지 파일 경로를 확인해 보세요.

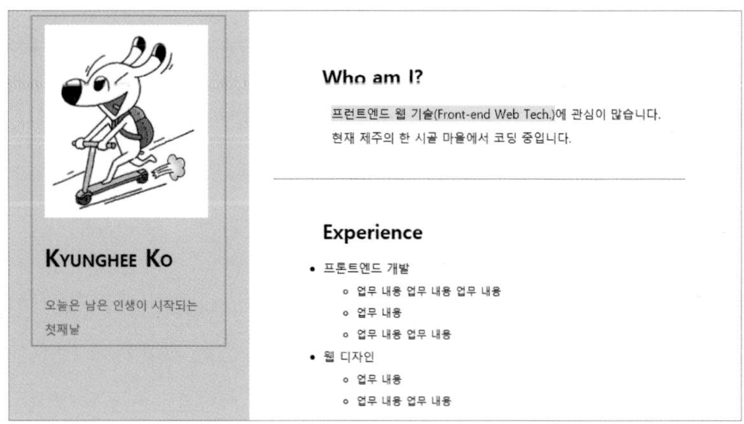

1분 복습 03/img-3.html 문서에 03/images 폴더에 있는 fantasy.jpg 이미지를 삽입하는 소스를 작성해 보세요. 대체 텍스트는 "배 두 척이 있는 강 위로 열기구가 떠 있는 사진"입니다.

```
<img s        1 ="images/fantasy.jpg"  a        1 ="배 두 척이 있는
강 위로 열기구가 떠 있는 사진">
```

정답 1. src 2. alt

03-2 링크 만들기

'링크'는 웹 문서가 다른 문서와 구별되는 가장 큰 특징입니다. 클릭만 하면 연결된 곳으로 즉시 이동해 웹 사용을 더욱 편리하게 해주기 때문이죠. 단순해 보이는 이 기능에도 여러 속성을 이용해 선택할 수 있는 사항들이 있습니다. 텍스트를 클릭해 해당 페이지로 넘어갈 수 있고 이미지에 링크를 걸 수도 있으며 열고 있는 브라우저에서 해당 페이지로 이동하지 않고 새 창을 띄워 보여 줄 수도 있습니다.

<a> 태그, href 속성 - 링크 만들기

우리가 흔히 보는 웹 사이트에서 클릭했을 때 다른 페이지로 넘어가지 않는 요소가 거의 없을 정도로 링크는 웹상에서 널리 사용되고 있습니다. 특히 웹 사이트에서 빠지지 않는 요소인 '메뉴'에도 링크가 적용되어 있죠. 링크를 만드는 <a> 태그는 텍스트와 함께 사용하면 텍스트 링크가 되고 이미지와 함께 사용하면 이미지 링크가 됩니다.

```
기본형  <a href="링크할 주소" [속성="속성 값"]> 텍스트 </a>
        <a href="링크할 주소" [속성="속성 값"]><img src="이미지 파일 경로"> </a>
```

<a> 태그 안에서 사용할 수 있는 주요 속성은 다음과 같습니다.

속성	설명
href	링크한 문서나 사이트의 주소를 입력합니다.
target	링크한 내용이 표시될 위치(현재 창 또는 새 창)를 지정합니다.
download	링크한 내용을 보여 주는 것이 아니라 다운로드합니다.
rel	현재 문서와 링크한 문서의 관계를 알려줍니다.
hreflang	링크한 문서의 언어를 지정합니다.
type	링크한 문서의 파일 유형을 알려줍니다.

링크를 이용해 다른 문서나 사이트로 연결하려면 이 많은 속성 중 기본적으로 href 속성을 이용해 주소를 지정해야 합니다. 예를 들어 다음 소스는 <a> 태그를 이용해 각 텍스트와 이미지를 클릭했을 때 이지스퍼블리싱 홈페이지로 연결하는 텍스트 링크와 이미지 링크입니다.

Do it! 링크 만들기 　　　　　　　　　　**예제** 03/link.html

텍스트 링크 만들기

이지스퍼블리싱 홈페이지

이미지 링크 만들기

이지스퍼블리싱

```
<h1>텍스트 링크 만들기</h1>
<a href="http://www.easyspub.com">이지스퍼블리싱 홈페이지</a>
<h1>이미지 링크 만들기</h1>
<a h____1____="http://www.easyspub.com">
<img src="images/easyspub.jpg">
</____2____>
```

정답 1. href 2. a

텍스트 링크의 밑줄과 글자 색 바꾸기

위의 예제에서 보았듯이 텍스트 링크는 기본적으로 밑줄이 있는 파란색(blue) 글자로 표시됩니다. 이렇게 하면 화면에 있는 여러 텍스트 밑줄 중에서 링크로 사용하는 텍스트를 구별하기 쉽기 때문입니다. 이뿐만 아니라 텍스트 링크를 클릭해 링크된 내용을 한 번 살펴보고 나면 텍스트 링크 색은 보라색(purple)으로 바뀝니다. 또한 텍스트 링크를 누르고 있으면 즉 링크를 활성화시키면 글자 색은 빨간색(red)으로 바뀝니다.

텍스트 링크 만들기

이지스퍼블리싱 홈페이지

방문했던 링크의 글자 색

텍스트 링크 만들기

이지스퍼블리싱 홈페이지

활성화된 링크의 글자 색

하지만 요즘은 화면에 보여 줄 디자인 요소가 많고 이런 텍스트 링크의 색상들이 사이트 디자인에 어울리지 않는 경우가 많습니다. 그럴 경우, 오른쪽과 같은 소스를 〈/head〉 태그 전에 삽입해 CSS를 이용해 텍스트 링크의 색을 바꾸고 밑줄을 없앨 수 있습니다.

```
<style>
  a {
    text-decoration:none;
    color:black;
  }
</style>
```

▶ CSS를 이용한 텍스트 링크 색상은 03/link-css.html 문서에서 확인할 수 있습니다. 자세한 내용은 12장에서 설명합니다.

target 속성 - 새 탭에서 링크 열기

앞에서 살펴본 link.html 문서에서 텍스트 링크나 이미지 링크를 클릭하면 문서가 있던 현재 브라우저 창에 이지스퍼블리싱 홈페이지가 나타납니다. 그리고 예제 문서로 되돌아가려면 브라우저 창의 [이전 페이지] 버튼을 눌러야 하죠. 하지만 target 속성을 사용하면 현재 화면뿐만 아니라 새로운 화면에서도 링크를 열 수 있습니다. target 속성에서 사용할 수 있는 값은 다음과 같습니다.

속성 값	설명
_blank	링크 내용이 새 창이나 새 탭에서 열립니다.
_self	**target 속성의 기본 값으로 링크가 있는 화면에서 열립니다.***
_parent	프레임을 사용했을 때 링크 내용을 부모 프레임에 표시합니다.
_top	프레임을 사용했을 때 프레임에서 벗어나 링크 내용을 전체 화면에 표시합니다.

Do it! 새 탭에 링크 열기 예제 03/target.html

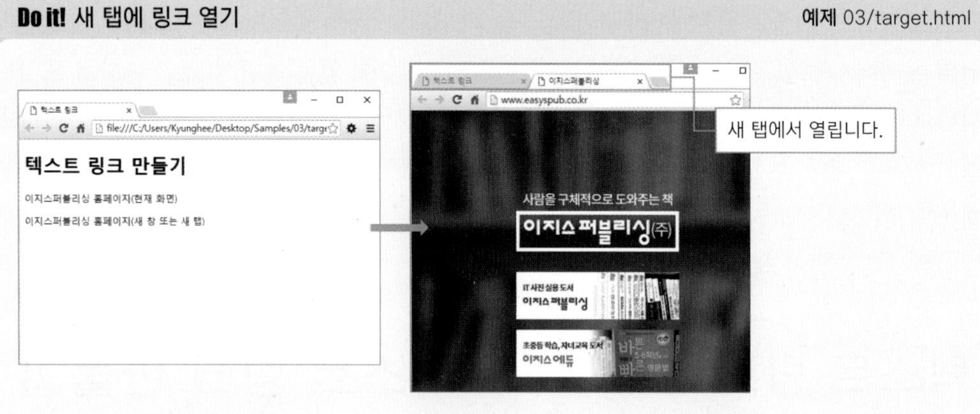


```
<h1>텍스트 링크 만들기</h1>
<p><a href="http://www.easyspub.com">이지스퍼블리싱 홈페이지(현재 화면)</a></p>
<p><a href="http://www.easyspub.com" t         ="_blank">이지스퍼블리싱 홈페이지(새 창 또는 새 탭)</a></p>
```

빈칸을 채워 보세요!

정답 target

알아두면 좋아요! 아이프레임과 target

링크한 페이지를 현재 페이지에서 열거나 새 탭으로 여는 것 외에도 다른 방법이 있습니다. 예를 들어 현재 페이지 안에 캥거루처럼 다른 페이지를 넣을 수 있죠. 이때 사용하는 것이 아이프레임(iframe)입니다. 아이프레임은 프레임의 일종으로 프레임 중에서 문서 본문에 액자처럼 삽입하는 것을 말합니다. <iframe>을 이용해 현재 문서에 다른 문서를 포함시키거나 자바스크립트를 이용해 팝업 창을 열도록 했을 때 현재 문서는 부모 문서가 되고 <iframe>으로 삽입된 문서와 팝업 문서는 자식 문서가 됩니다. 자식 문서에서 링크할 때 target을 _parent 속성으로 지정하면 부모 문서 창에 표시할 수 있습니다.

다음 예제는 parent.html 문서 안에 <iframe> 태그를 이용해 child.html 문서를 삽입한 후 이지스퍼블리싱 홈페이지를 링크한 것입니다. 이때 target 속성을 사용하지 않으면 아이프레임 화면에 그대로 표시되지만 target="_top"로 지정하면 프레임을 벗어나 브라우저 창 전체에 링크 내용이 표시됩니다.

▶ <iframe> 태그에 대해서는 10장에서 자세히 다룹니다.

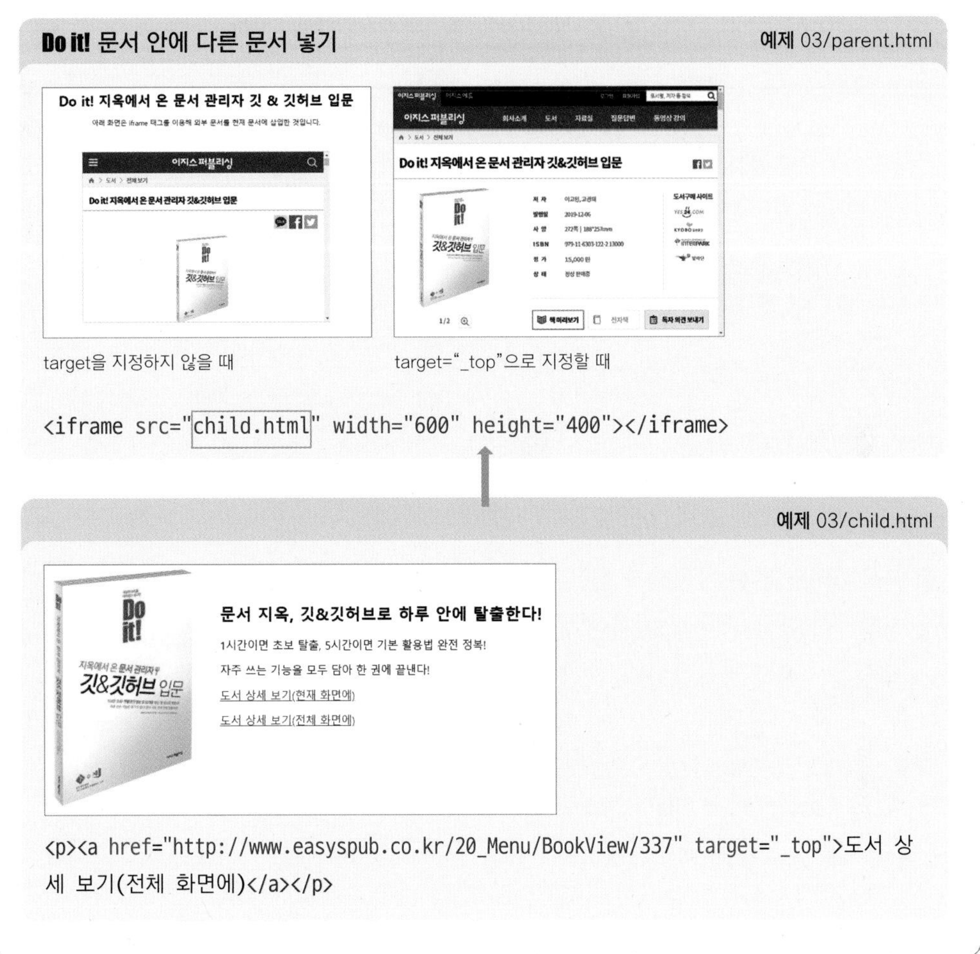

한 페이지 안에서 점프하는 앵커 만들기

지금까지 특정 요소를 클릭해 다른 페이지로 이동하는 링크를 살펴보았습니다. 그런데 다른 페이지 말고 한 페이지 내에서도 링크를 만들 수 있습니다. '앵커(anchor)'라고 불리는 이 기능은 페이지가 긴 웹 문서에서 특정 요소를 클릭하면 그 위치로 한 번에 이동하도록 도와줍니다.

앵커를 직접 보기 위해 YES24(www.yes24.com) 온라인 서점에 있는 책을 클릭해 책 정보로 들어가 보겠습니다. 책 정보가 한 페이지에 모두 들어 있는 긴 문서네요. 페이지를 아래로 내리면 모든 내용을 훑어 볼 수 있지만 [목차] 부분을 클릭하면 목차 내용이 있는 위치로 바로 이동할 수 있습니다. 이렇게 앵커는 한 페이지의 내용이 너무 길거나 서로 구분할 내용으로 구성되어 있는 경우, 사용하면 편리합니다.

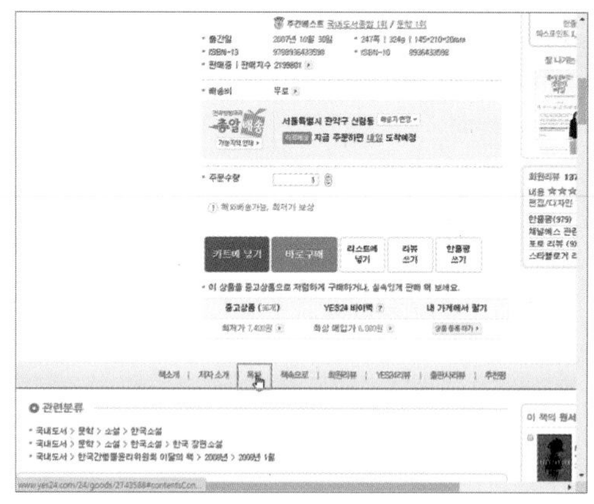

[목차]에 사용된 앵커

[목차]를 눌러 이동한 내용

앵커를 사용하려면 우선 이동하고 싶은 위치마다 id 속성을 이용해 앵커를 만들고 각각 다른 이름을 지정해야 합니다. 이렇게 붙여 놓은 앵커 이름들은 마치 링크를 만들 때처럼 <a> 태그의 href 속성을 사용해 링크합니다. 다만, 앵커 이름 앞에 #을 붙여 앵커를 표시합니다.

기본형
```
<태그 id="앵커 이름"> 텍스트 또는 이미지 </태그>
<a href="#앵커 이름"> 텍스트 또는 이미지 </a>
```

▶ 앵커 기능은 jQuery Mobile을 이용해 모바일 웹 사이트나 웹앱을 만들 때 자주 사용합니다.

다음은 <a> 태그와 href 속성을 사용해 각 앵커로 연결하는 링크를 만들어 연결한 예제입니다. <ul> 태그를 이용해 간단한 메뉴를 만들고 각 메뉴마다 내용이 있는 부분으로 연결하는 앵커를 지정합니다. 그리고 내용 단락으로 이동했을 때 다음에 오는 [메뉴로]를 클릭하면 메뉴 항목으로 즉시 이동합니다. 메뉴와 연결하는 내용이 한 페이지에 있을 경우, 사용하면 편리한 방법입니다.

Do it! 한 문서 안에서 점프하기 — 예제 03/anchor.html

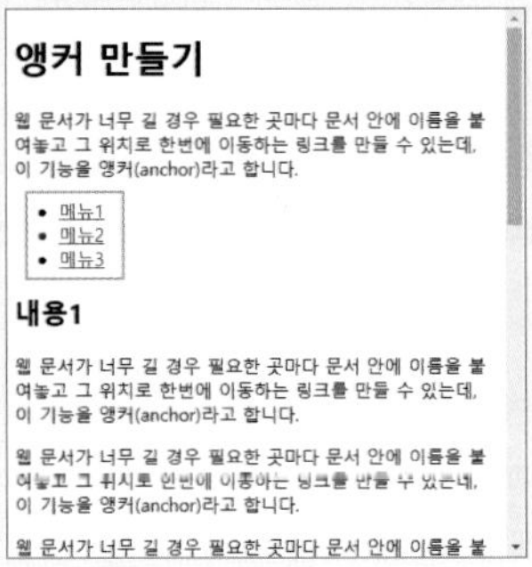

앵커가 적용된 메뉴

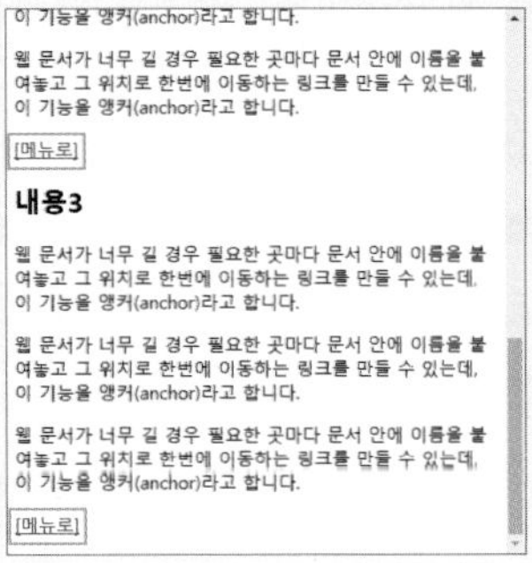

앵커가 적용된 '메뉴로' 링크

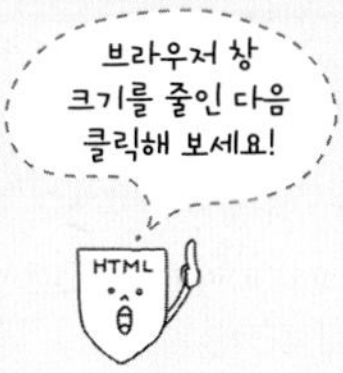

브라우저 창 크기를 줄인 다음 클릭해 보세요!

```
<ul id="menu">
    <li><a href="#content1">메뉴1</a></li>
    <li><a href="#content2">메뉴2</a></li>
    <li><a href="#content3">메뉴3</a></li>
</ul>
    <h2 id="content1">내용1</h2>
    <p>웹 문서가 너무 길 경우 ...... 앵커(anchor)라고 합니다. </p>
    <p><a href="#menu">[메뉴로]</a></p>
    <h2 id="content2">내용2</h2>
    <p>웹 문서가 너무 길 경우 ...... 앵커(anchor)라고 합니다. </p>
    <p><a href="#menu">[메뉴로]</a></p>
    <h2 id="content3">내용3</h2>
    <p>웹 문서가 너무 길 경우 ...... 앵커(anchor)라고 합니다. </p>
    <p><a href="#menu">[메뉴로]</a></p>
```

링크에 대한 기본적인 태그와 속성을 알아보았으니 이제 다시 온라인 프로필로 돌아와 링크를 추가하는 실습을 해보겠습니다. 02장에서 실습했던 온라인 프로필 파일에 이어서 소스를 직접 입력해 보세요!

온라인 프로필 - 링크 추가하기

[준비] 03/index.html　　[완성] 03/index-result.html

HTML의 하이퍼링크 기능을 이용해 온라인 프로필 문서에 여러분의 SNS 페이지를 연결해 보겠습니다. 여기에서 사용하는 링크 주소는 필자의 SNS 페이지이므로 실습할 때는 여러분 자신의 SNS 계정 주소를 사용하세요.

1. 비주얼 스튜디오 코드에서 준비 파일을 열고 〈h2〉SNS〈/h2〉인 소스를 찾아보세요. 그 소스 아래 부분에 다음과 같은 소스를 입력합니다. 링크할 텍스트를 〈a〉 태그로 감싸고 〈a〉 태그 안에 href 속성을 사용해서 연결할 SNS 주소를 입력합니다.

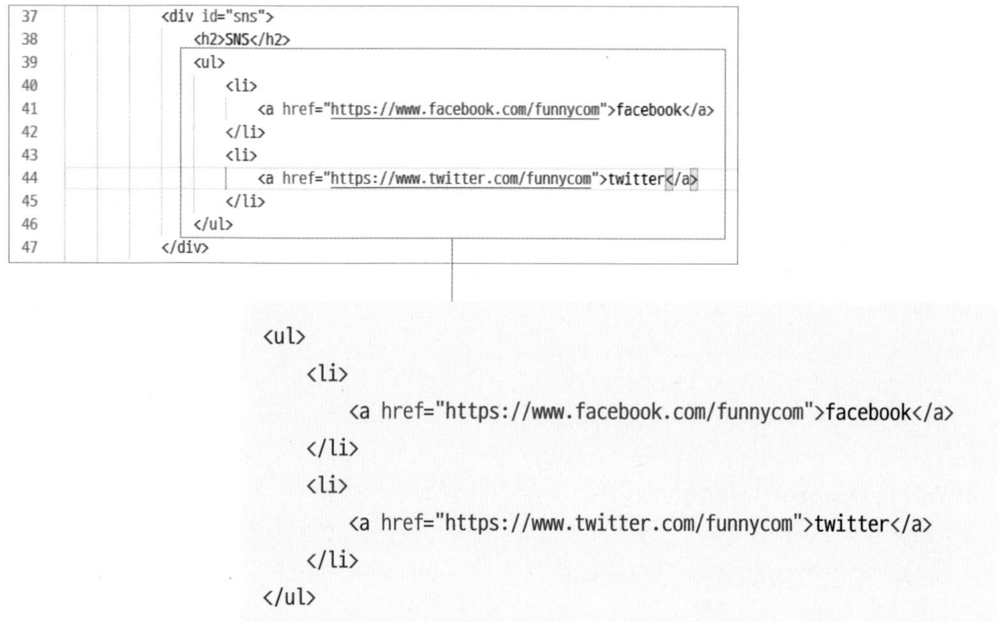

```
<div id="sns">
    <h2>SNS</h2>
    <ul>
        <li>
            <a href="https://www.facebook.com/funnycom">facebook</a>
        </li>
        <li>
            <a href="https://www.twitter.com/funnycom">twitter</a>
        </li>
    </ul>
</div>
```

```
<ul>
    <li>
        <a href="https://www.facebook.com/funnycom">facebook</a>
    </li>
    <li>
        <a href="https://www.twitter.com/funnycom">twitter</a>
    </li>
</ul>
```

2. 웹 브라우저에서 확인하기

소스를 저장한 후 비주얼 스튜디오 코드 편집 창의 빈 공간에서 마우스 오른쪽 버튼을 클릭하고 [Open with Live Server]를 선택합니다. 왼쪽 사이드바에 있는 'SNS' 제목 아래에 텍스트 링크가 보일 것입니다. 링크를 클릭해 보세요.

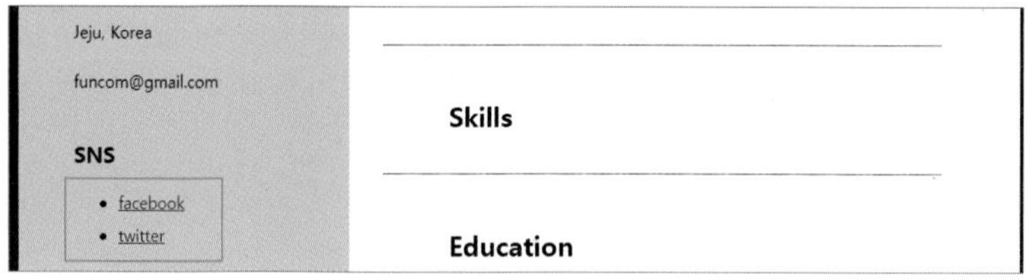

3. 텍스트에 연결한 링크 주소의 내용이 나타날 것입니다. 그런데 링크 내용을 보다가 원래 화면으로 되돌아가려면 [이전 페이지] 버튼을 눌러야 되는군요. [이전 페이지] 버튼을 눌러 온라인 프로필 화면으로 돌아오세요.

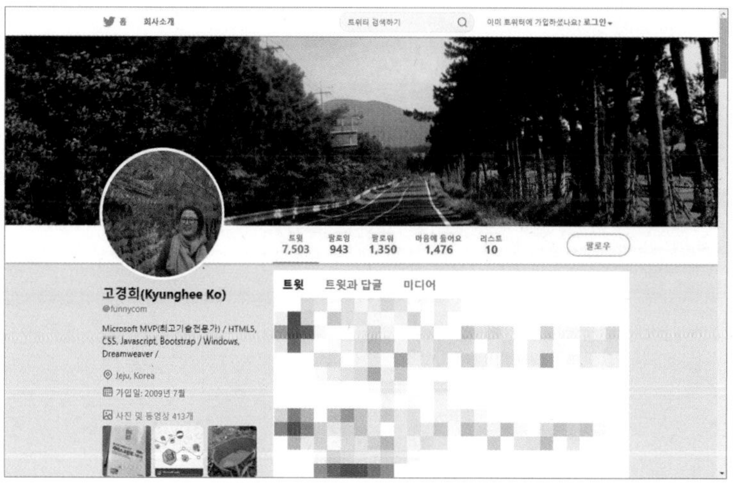

4. 새 탭으로 링크 열기

우리가 만든 온라인 프로필 화면은 그대로 유지하면서 링크한 사이트도 보여주려면 링크 내용을 새 탭으로 열어야 합니다. 비주얼 스튜디오 코드 편집 창으로 돌아와 〈a〉 태그에 target 속성을 추가합니다. 새 탭으로 열기 위한 값은 "_blank"입니다.

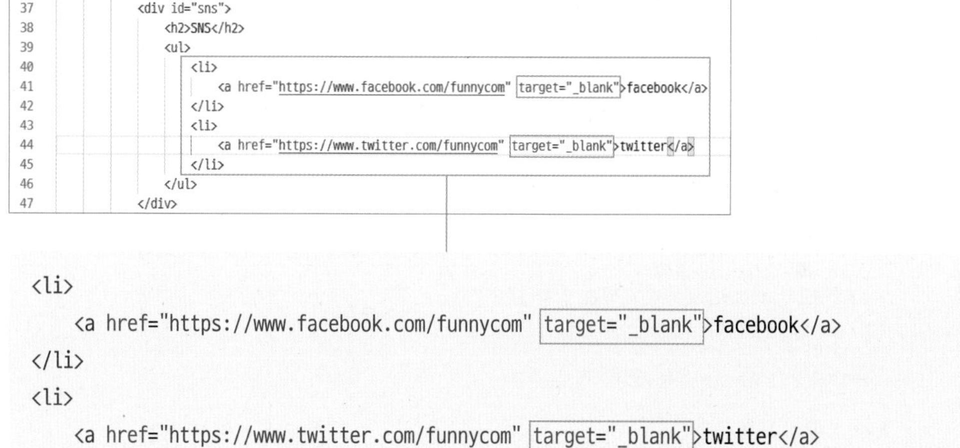

```
<div id="sns">
    <h2>SNS</h2>
    <ul>
        <li>
            <a href="https://www.facebook.com/funnycom" target="_blank">facebook</a>
        </li>
        <li>
            <a href="https://www.twitter.com/funnycom" target="_blank">twitter</a>
        </li>
    </ul>
</div>
```

```
<li>
    <a href="https://www.facebook.com/funnycom" target="_blank">facebook</a>
</li>
<li>
    <a href="https://www.twitter.com/funnycom" target="_blank">twitter</a>
</li>
```

5. 웹 브라우저로 확인하기

수정한 내용을 저장합니다. 웹 브라우저에서 다시 한번 텍스트 링크를 클릭해 보세요. 이번에는 링크를 클릭했을 때 브라우저 창에 탭이 하나 더 열리면서 링크한 사이트가 나타날 것입니다.

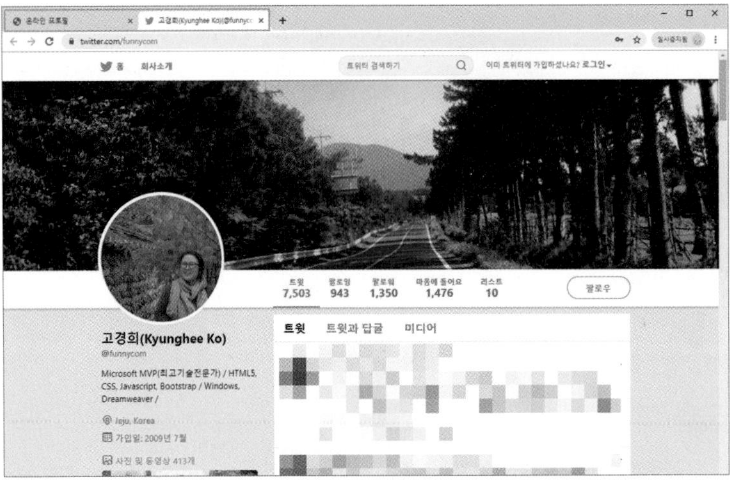

6. 텍스트 링크에 스타일 추가하기

하이퍼링크로 사용한 텍스트는 밑줄이 표시되고 링크 사이트를 한번 방문하고 나면 글자색이 바뀝니다. 텍스트 링크가 많아지면 지저분해 보일 수도 있죠. 그래서 CSS를 사용해서 텍스트 링크의 밑줄을 없애고 글자색도 바뀌지 않도록 합니다. 기존에 있던 표 스타일 소스 아래에 다음과 같은 소스를 추가해 보세요. 이 소스는 세로로 표시했던 목록도 가로로 배치합니다.

▶ 여기에서 사용한 CSS 소스는 둘째마당에서 자세히 설명할 것입니다.

```
    th, td {
      border:1px solid #ccc; /* 1픽셀짜리 셀 테두리 */
      padding:5px;  /* 셀 테두리와 셀 내용 사이의 여백(패딩) */
      font-size:0.8em;  /* 셀의 글자 크기 */
    }
    a, a:visited {
      color:#222;   /* 글자색 */
      text-decoration: none;  /* 밑줄 없앰 */
    }
    #sns > ul {
     padding-left:0;  /* 목록 들여쓰지 않기 */
    }
    #sns > ul > li {
      display:inline-block;   /* 항목을 가로로 배열 */
      width:80px;   /* 각 항목의 너비 */
    }
  </style>
</head>
```

```
a, a:visited {
    color:#222;   /* 글자색 */
    text-decoration: none;  /* 밑줄 없앰 */
}
#sns > ul {
    padding-left:0;  /* 목록 들여쓰지 않기 */
}
#sns > ul > li {
    display:inline-block;   /* 항목을 가로로 배열 */
    width:80px;   /* 각 항목의 너비 */
}
```

7. 추가한 소스를 저장한 후 웹 브라우저에서 결과를 확인해 보세요. 목록을 사용했던 텍스트가 가로로 배치되고 글자색도 다른 텍스트와 같은 색으로 바뀌어 있을 것입니다. 또한 텍스트에 있던 밑줄도 나타나지 않을 것입니다.

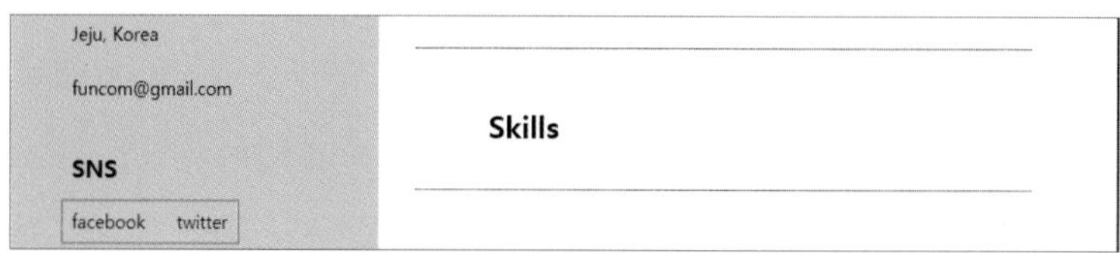

인터넷에 내 온라인 프로필 올리기

[준비] 앞에서 저장한 03/index.html

지금까지 만든 온라인 프로필을 인터넷에 올려 다른 사람들도 볼 수 있게 하려면 어떻게 해야 할까요? 01장에서 설명했던 웹 호스팅 서버가 준비되어 있다면 만든 파일을 서버에 업로드해 봅시다.

사이트 방문자가 여러분의 홈페이지에 접속해 처음 만나게 될 첫 화면은 index.html로 저장해야 합니다. 어떤 사이트든 첫 화면은 index.html로 저장해야 하기 때문입니다. 예를 들어 easyspub.com 사이트에 접속했더라도 실제로는 첫 화면인 easyspub.com/index.html 페이지가 나타나는 것이죠.

1. 파일 업로드하기

FileZilla를 실행한 후 호스팅 서버에 접속합니다. 왼쪽에 있는 [로컬 사이트] 창에서 [03] 폴더를 선택하세요. 바로 아래 부분에 [03] 폴더의 파일 목록이 나타납니다. 그리고 오른쪽에 있는 [리모트 사이트] 창에서 [html] 폴더를 클릭합니다

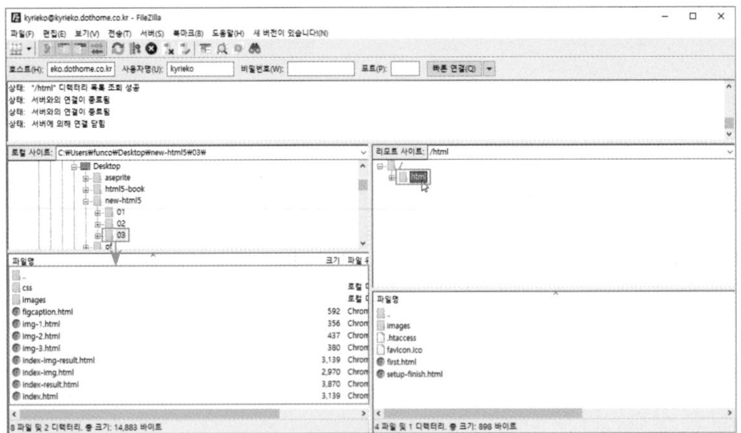

2. 로컬 사이트 파일 목록 중에서 index.html 파일을 클릭한 후 Ctrl를 누른 상태로 [images] 폴더와 [css] 폴더도 클릭해서 함께 선택합니다. 그리고 오른쪽에 있는 리모트 사이트의 파일 목록으로 드래그합니다.

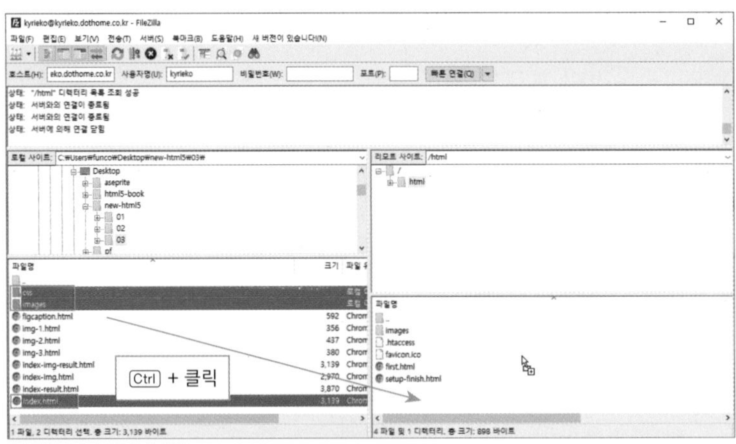

3. 웹 브라우저에서 확인하기

파일 업로드가 끝나면 웹 브라우저에서 확인해 보세요. 닷홈 무료 호스팅 서비스를 사용하고 있 다면 '아이디.dothome.co.kr' 라고만 쳐도 방금 올린 온라인 프로필 페이지가 나타날 것입니다.

▶ 파일의 내용을 수정했을 경우 다시 서버에 업로드해야 수정한 내용을 홈페이지에서 확인할 수 있습니다. 수정한 파일을 업로드할 때 [덮어쓰기]를 선택하면 됩니다.

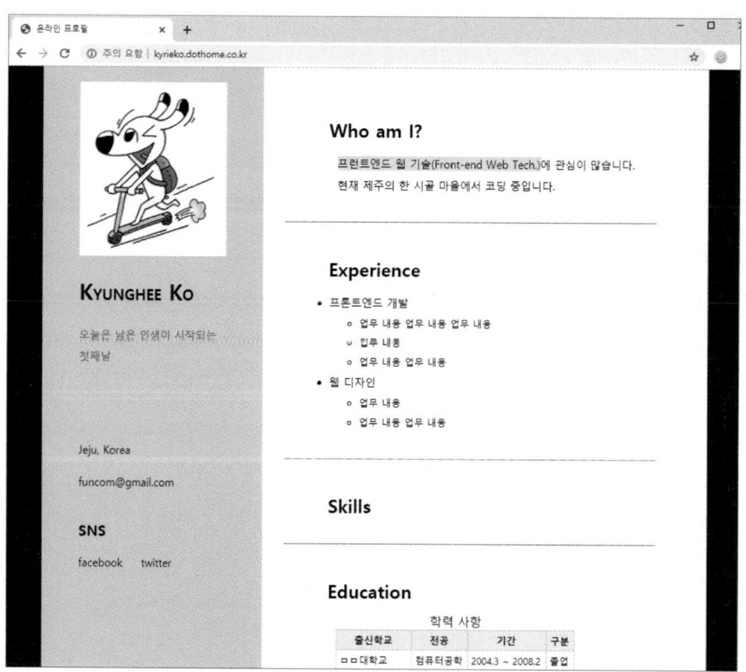

<map> 태그, <area> 태그, usemap 속성 - 이미지 맵 지정하기

앞에서 배운 이미지 링크는 하나의 이미지에 하나의 링크를 걸었습니다. 그런데 하나의 이미지에 여러 개의 링크를 걸 수도 있습니다. 즉 한 이미지상에서 클릭 위치에 따라 서로 다른 링크가 열리는 것이죠. 이것을 '이미지 맵'이라고 합니다. 일반적으로 웹 사이트보다 메일 등에서 사용합니다.

이미지 맵은 이미지에 영역을 만든 후 링크를 추가해야 하기 때문에 <map> 태그를 이용해 이미지 맵을 만들고 <img> 태그에서 usemap 속성으로 이미지 맵을 지정합니다. 이미지 맵으로 사용할 이미지에 영역을 표시할 때는 <area> 태그를 사용하는데 <area> 태그에서 사용할 수 있는 속성은 다음과 같습니다.

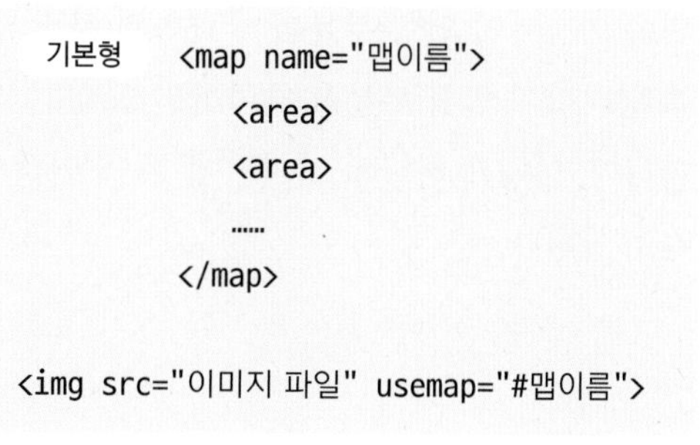

기본형
```
<map name="맵이름">
    <area>
    <area>
    ......
</map>

<img src="이미지 파일" usemap="#맵이름">
```

속성	설명		
alt	대체 텍스트를 지정합니다.		
coords	링크로 사용할 영역을 시작 좌표와 끝 좌표를 이용해 지정합니다.		
download	링크를 클릭했을 때 링크 문서를 다운로드합니다.		
href	링크 문서(사이트) 경로를 지정합니다.		
media	링크 문서(사이트)를 어떤 미디어에 최적화시킬지 지정합니다.		
rel	현재 문서와 링크 문서 사이의 관계를 지정합니다.	**속성 값**	lternate, bookmark, help, license, next, nofollow, noreferer, prefetch, prev, search, tag
shape	링크로 사용할 영역의 형태를 지정합니다.	**속성 값**	default, rect, circle, poly
target	링크를 표시할 대상을 지정합니다.	**속성 값**	_blank, _parent, _self, _top, 프레임 이름
type	링크 문서의 미디어 유형을 지정합니다.		

예를 들어 (0,0)에서 (80,100) 위치까지 사각 형태의 영역을 클릭했을 때 페이스북 사이트로 연결되게 하려면 다음과 같이 사용합니다.

```
<map name="fb">
    <area shape="rect" coords="0,0,80,100" href="http://www.facebook.com" alt="페이스북">
</map>
```

다음 예제는 kids.jpg 라는 하나의 이미지 파일에 두 개의 링크를 만든 것입니다. 이미지에서 왼쪽 여자아이 인형 부분을 클릭하면 사각 영역이 그려지면서 카페 사이트로 이동하고 오른쪽 남자아이 인형 부분을 클릭하면 또 다른 사각 영역이 그려지면서 페이스북 사이트로 이동합니다. 이렇게 하나의 이미지에 두 개 이상의 링크를 만드는 것을 '이미지 맵(image map)'이라고 합니다.

Do it! 이미지 맵 만들기

예제 03/map.html

❶ usemap 속성으로 #favorite 맵 연결

❷ 사각 영역 (10, 10) ~ (160, 200)에 카페 링크 연결

```
<img src="images/kids.jpg" alt="" use        1 ="#favorites">
<map name="favorites">
    <area shape="rect" coords="10,10,160,200" href="http://cafe.naver.com/doitHTML5"
    target="_blank">
    < a          2  shape="rect" coords="220,10,380,200" href="http://www.facebook.
    com/do.it.HTML5" target="_blank">
</ m       3 >
```

❸ 사각 영역 (220, 10) ~ (380,200)에 페이스북 링크 연결

정답 1. usemap 2. area 3. map

1분 복습 '내 홈페이지로 연결하기' 라는 텍스트를 클릭했을 때 이지스퍼블리싱 홈페이지로 연결하는 링크를 만들었습니다. 빈칸을 채워 보세요. 다만, 새로운 탭(창)에 열리도록 해야 합니다.

내 홈페이지로 연결하기

```
<a           1 ="easyspub.co.kr"           2 ="_blank">내 홈페이지
로 연결하기</a>
```

정답 1. href 2. target

03-3 SVG 이미지

웹에서 사용할 수 있는 이미지 파일 형식은 gif나 jpg, png 밖에 없다고 앞에서 설명했습니다. 그런데 최근에 브라우저에서 svg 파일을 지원하게 되면서 아이콘이나 로고 이미지에 SVG 이미지 파일 형식이 많이 사용되고 있습니다. SVG 이미지란 무엇이고 어떻게 사용하는지 알아보겠습니다.

SVG 파일 형식이란?

요즘 웹 사이트를 표시할 화면 크기가 다양하기 때문에 같은 이미지라도 작게 표현해야 할 때가 있고 크게 표현해야 할 때가 있습니다. 그런데 원래 작은 크기였던 gif나 jpg/jpeg, png 파일을 크게 확대해 나타내면 이미지 테두리 부분이 울퉁불퉁해집니다. 이런 이미지를 비트맵 이미지(bitmap image)라고 합니다. 반면, 이미지를 아무리 확대하거나 축소해도 원래의 깨끗한 상태 그대로 유지되는 이미지를 벡터 이미지(vector image)라고 하는데 그런 이미지가 SVG 이미지입니다.

▶ SVG란 Scalable Vector Graphics(스케일러블 벡터 그래픽)의 약자입니다. scalable이란 '확대가 가능하다', '자연스럽게 크기 조절이 가능하다'라는 의미입니다.

SVG 이미지는 크기를 조정해도 이미지가 깨지지 않고 깨끗이 유지되기 때문에 로고나 아이콘에서 많이 사용되며 최근 많은 관심을 끌고 있는 데이터 시각화에서 차트나 다이어그램, 지도 등을 구현할 때도 많이 사용됩니다.

복잡한 데이터를 웹에 표현해 주는 d3.js(http://d3js.org/)나 Raphael.js(http://dmitrybaranovskiy.github.io/raphael/) 같은 자바스크립트 라이브러리에서 차트나 그래프를 표현하는 방식이 바로 SVG 이미지입니다. 해당 사이트를 방문해 예제를 살펴보면 아무리 확대하거나 축소하더라도 이미지가 깨끗한 상태로 유지되는 것을 알 수 있습니다.

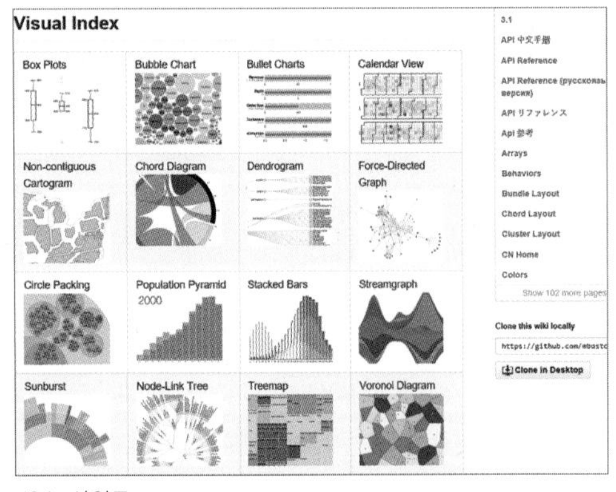

d3.js 사이트

raphael.js 사이트

SVG 이미지는 〈img〉 태그를 이용해 파일 형태로 삽입할 수도 있지만 태그를 이용해 직접 만들 수도 있습니다. 다시 말해 포토샵이나 일러스트레이터 같은 그래픽 편집 프로그램뿐만 아니라 웹 브라우저나 문서 편집기에서도 편집할 수 있죠. 예를 들어 [03/images] 폴더에 있는 automobile.svg 파일은 이미지 파일이지만 더블 클릭하면 웹 브라우저에서 즉시 확인할 수 있습니다.

웹 브라우저에서 본 automobile.svg 파일

또한 비주얼 스튜디오 코드 같은 편집 프로그램에서 [03/images/automobile.svg] 파일을 열면 우리가 알고 있는 웹 문서와 비슷하게 보일 것입니다. 이렇게 SVG는 이미지이면서도 소스 코딩을 통해 만들고 편집할 수 있기 때문에 HTML5의 등장과 함께 많은 주목을 받고 있습니다.

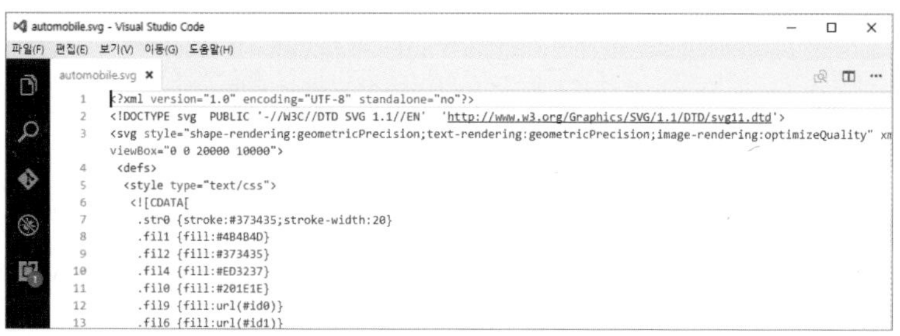

편집기에서 확인한 svg 파일

SVG는 HTML5에서 처음 등장한 것은 아닙니다. 2001년부터 웹 표준으로 지정되었지만 인터넷 익스플로러 8 버전 이하에서 지원하지 않았기 때문에 거의 사용되지 않았을 뿐입니다. 하지만 최근 HTML5를 지원하지 않는 인터넷 익스플로러 8 버전 이하를 사용하지 않도록 권장하기 때문에 다시 SVG에 대한 관심이 높아지고 있습니다.

SVG 이미지 삽입하기

SVG 이미지는 직접 만들 수도 있지만 미리 만들어 놓은 SVG 이미지를 삽입할 수도 있습니다. SVG 이미지는 어도비(Adobe) 일러스트레이터(illustrator) 프로그램에서 벡터 이미지를 만든 후 svg 파일로 저장해 만듭니다. 이렇게 저장한 파일은 웹 문서에서 〈img〉 태그를 이용해 웹 문서에 삽입할 수 있습니다.

다음 예제는 SVG 이미지 파일을 웹 문서에 표시한 것입니다. 벡터 이미지이기 때문에 확대하거나 축소했을 때 이미지에 아무 변형도 생기지 않습니다.

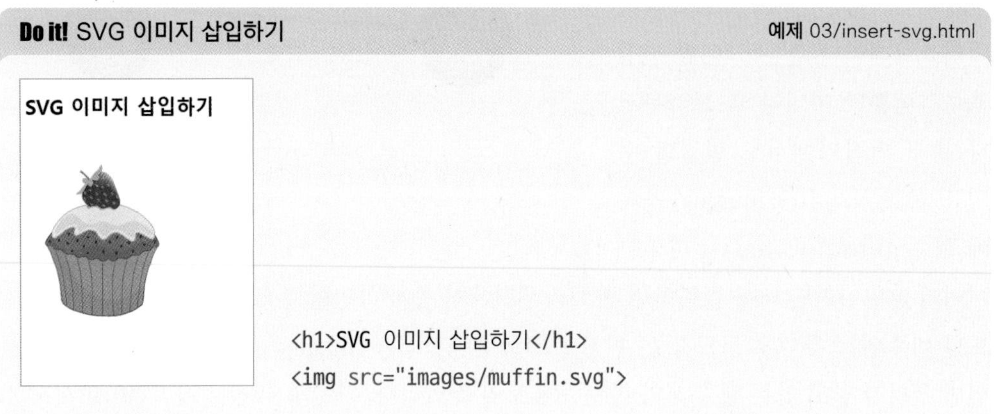

SVG 파일을 지원하지 않는 브라우저를 위해

대부분의 모던 브라우저에서는 svg 파일을 지원하지만 인터넷 익스플로러 8 이하를 고려해야 하거나 안드로이드 2.3 이하 버전에서는 svg 파일을 표시할 수 없습니다. 이런 경우, SVG 이미지 파일 대신 PNG 이미지 파일을 사용해야 합니다.

이럴 때는 사용자의 브라우저가 svg 파일을 지원하는지 먼저 테스트해 보고 SVG를 지원하지 않는다면 〈img〉 태그의 src 속성에 png 파일 경로를 지정해 주는 식으로 사용합니다. 이렇게 브라우저에서 특정 기능을 지원하는지 여부를 테스트해 주는 툴이 Modernizr 입니다.

SVG 기능을 체크하는 Modernizr를 다운로드하려면 Modernizr 사이트(https://modernizr.com/) 에 접속한 후 [Add your detects]를 클릭합니다.

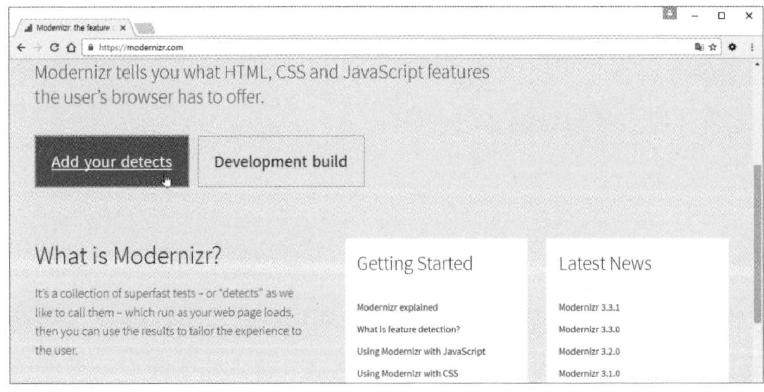

Modernizr에서 체크할 수 있는 다양한 기능들이 나타나는데 이 중에서 [SVG as an 〈img〉 tag source]를 선택하고 [Build]를 클릭합니다.

▶ SVG 외에도 체크해야 할 기능들이 있다면 모두 선택한 후 [Build]를 클릭합니다.

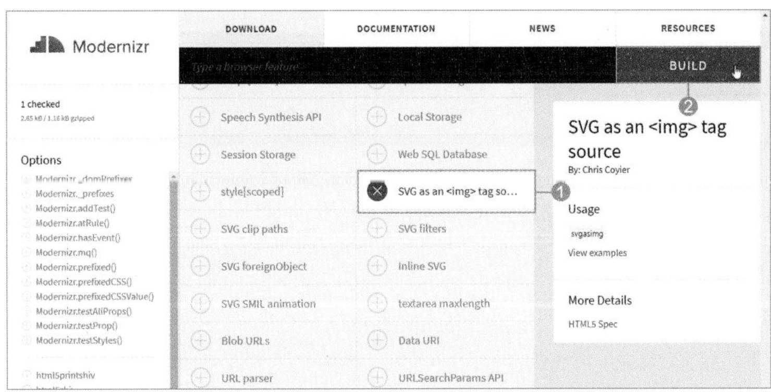

[Build] 항목 오른쪽의 [Download]를 클릭해 js 파일을 다운로드합니다. 다운로드한 파일의 이름은 modernizr-custom.js인데 이 파일을 사용할 폴더로 옮깁니다.

▶ js 파일이 컴퓨터를 손상시킬 수도 있다는 경고창이 뜨더라도 [계속]을 클릭해 진행합니다.

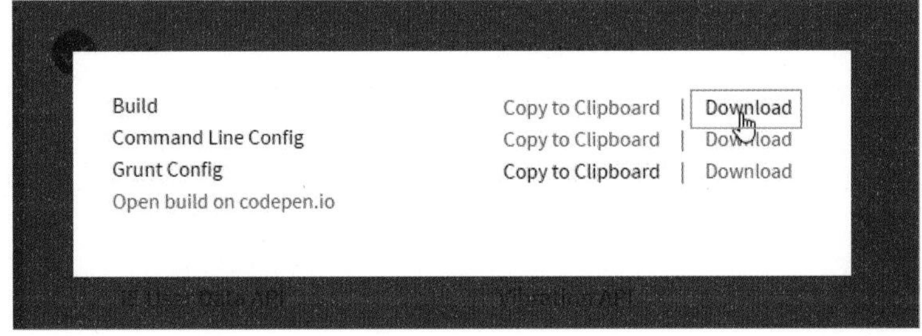

다운로드한 modernizr-custom.js 파일은 〈script〉 태그를 이용해 웹 문서에 연결합니다. 03/insert-svg.html 파일을 열어 다음 소스를 〈head〉 태그와 〈/head〉 태그 사이에 삽입합니다.

```
<head>
    <meta charset="utf-8">
    <title>Insert SVG</title>
    <script src="modernizr-custom.js"></script>
</head>
```

이제부터는 자바스크립트를 이용해 웹 브라우저에서 SVG 기능을 지원하는지 여부에 따라 다르게 표시할 수 있습니다. 아래 두 개 소스 중 하나를 사용하면 됩니다. 이 소스를 비롯해 자바스크립트 소스는 웹 문서 안 어디나 추가할 수 있는데 주로 〈/head〉 태그 직전이나 〈/body〉 태그 직전에 사용합니다.

```
<script>
    if (!Modernizr.svg) {
        // 지원하지 않을 경우
    }
</script>
```

또는

```
<script>
    if (Modernizr.svg) {
        // 지원할 경우
    } else {
        // 지원하지 않을 경우
    }
</script>
```

아래 예제는 Modernizr를 이용해 SVG 기능을 테스트한 후 만약 SVG 기능을 사용할 수 없을 경우, images/muffin.png 파일로 대체한 것입니다.

▶ 여기서는 문서 안에 하나의 이미지만 있을 경우를 예로 들었지만 문서에 이미지가 많다면 ‘id 선택자’를 사용해 다른 이미지와 구별해 주어야 합니다. ‘id 선택자’에 대해서는 05장을 참고하세요.

Do it! Modernizr를 사용해 SVG 이미지 삽입하기 예제 03/check-svg.html

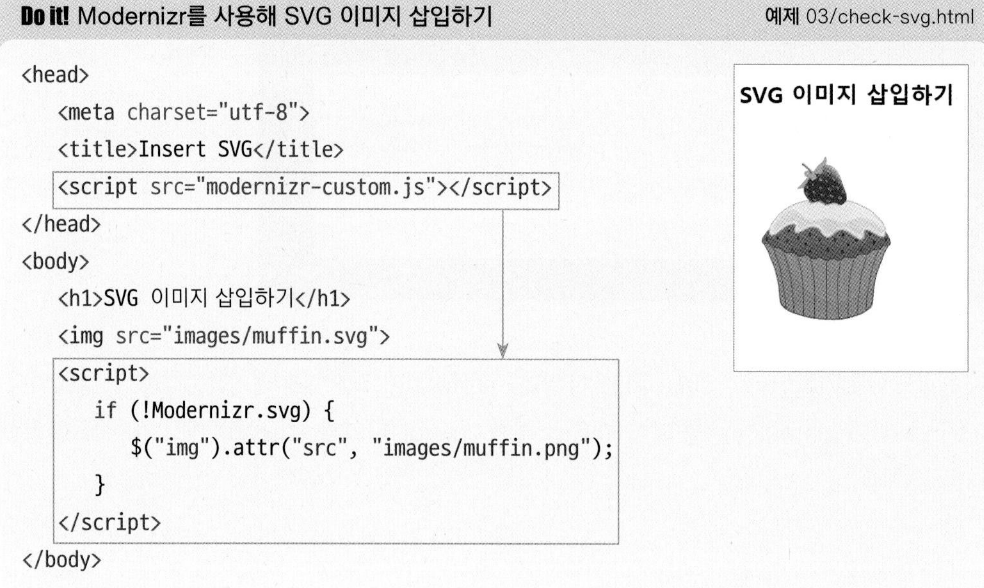


```
<head>
    <meta charset="utf-8">
    <title>Insert SVG</title>
    <script src="modernizr-custom.js"></script>
</head>
<body>
    <h1>SVG 이미지 삽입하기</h1>
    <img src="images/muffin.svg">
    <script>
        if (!Modernizr.svg) {
            $("img").attr("src", "images/muffin.png");
        }
    </script>
</body>
```

이미지 맵으로 이벤트 페이지 만들기

이미지 맵이란 하나의 이미지에 여러 개의 링크를 만드는 것을 말합니다. 모 중소기업 신입사원인 이지수 씨에게 이벤트 페이지를 만들어 회원들에게 메일로 보내라는 특명이 떨어졌다고 가정합시다. 디자인실에서 건네받은 것은 달랑 이미지 하나뿐이네요. 이제부터 이미지 안에서 원형 로고 부분을 클릭하면 신간 도서 목록 페이지로 연결하고, 미리보기 부분을 클릭하면 미리보기 PDF를 다운로드할 수 있는 페이지로 연결하는 방법을 알아보겠습니다. 다음은 이지수 씨가 디자인실에서 받은 파일 event.jpg입니다.

신입사원 이지수 씨가 받은 미션

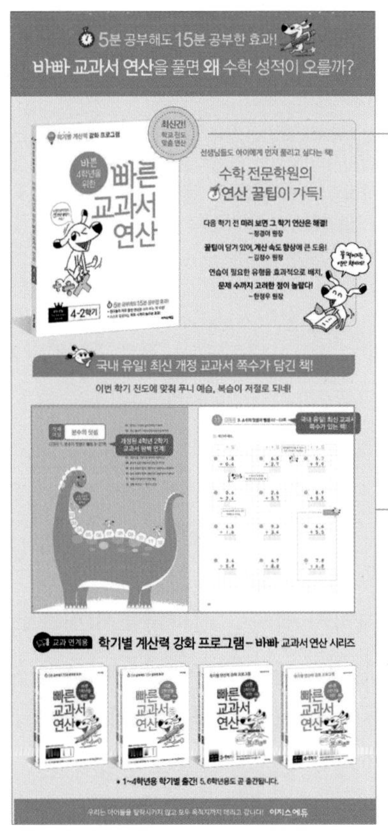

❶ 클릭하면 신간 도서 목록으로 이동합니다.
http://www.easyspub.co.kr/20_Menu/BookList/EDU

❷ 클릭하면 본문 PDF 다운로드 페이지로 이동합니다.
http://www.easyspub.co.kr/12_Menu/BoardView/C200/123/EDU

지금까지 배운 것은 이미지 하나에 링크 하나를 연결하는 것이었는데 이미지 하나에 링크를 여러 개 연결하려면 어떻게 해야 할까요? 옆 자리 선배님은 "그거 이미지 맵을 이용하면 돼!" 라는 한 마디를 남기고 유유히 사라집니다. 이제부터 도전해 볼까요?

[준비] 03/event.html, 03/images/event.jpg **[완성]** 03/event-result.html

1. 준비 파일 확인하기

편집기에서 03/event.html 문서를 열면 기본적인 HTML 문서가 작성되어 있고 아직 아무 내용도 없을 것입니다.

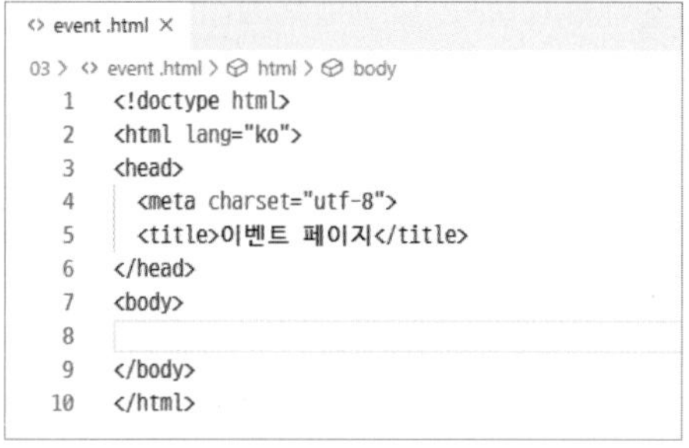

```
<!doctype html>
<html lang="ko">
<head>
  <meta charset="utf-8">
  <title>이벤트 페이지</title>
</head>
<body>

</body>
</html>
```

2. 이미지 맵에 사용할 이미지 삽입하기

<body> 태그 다음에 이미지 맵으로 사용할 이미지를 삽입합니다. 여기에서는 실습 파일로 제공된 이미지를 사용하지만 실제로 이벤트 메일에서 사용하려면 이미지를 웹에 올려 놓아야 합니다.

▶ 이벤트 메일을 통해 누구나 볼 수 있게 하려면 이미지 파일을 미리 웹 서버에 올려 놓고 절대 경로로 지정해야 합니다. 웹 서버에 이미지를 올리는 방법은 01장의 무료 호스팅 가입과 FTP 사용법 부분을 참고하세요.

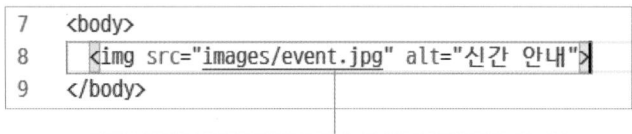

```
<body>
  <img src="images/event.jpg" alt="신간 안내">
</body>
```

```
<img src="images/event.jpg" alt="신간 안내">
```

3. 이미지 맵이라는 이름을 보고 눈치챈 사람도 있겠지만 이미지 맵이란 이미지에서 링크로 사용할 영역을 표시하는 것입니다. 위의 소스를 다음과 같이 수정합니다. usemap="#eventMap"에서 사용할 맵 이름을 지정해 주고 <map> 태그와 </map> 태그 사이에 2개의 영역을 만들어 [신입사원 이지수 씨가 받은 미션]에 제시된 2가지 링크를 연결할 것입니다.

```
<body>
  <img src="images/event.jpg" alt="신간 안내" usemap="#eventMap">
  <map name="eventMap">

  </map>
</body>
```

```
<img src="images/event.jpg" alt="신간 안내" usemap="#eventMap">
<map name="eventMap">

</map>
```

4. 이미지 맵 좌표 알아내기 - 원의 중심

이제 이미지 맵에 링크를 연결해 보겠습니다. 먼저 이미지에서 선택할 부분의 좌표를 알아내야 합니다. 이미지에서 특정 위치의 좌표는 윈도우의 그림판 같은 프로그램을 이용하면 쉽게 알 수 있 습니다.

표지 그림에 있는 원형 부분을 클릭했을 때 신간 도서 목록 페이지로 이동할 수 있도록 원형 부분을 선택해 보겠습니다. 원형 이미지 맵은 중점의 좌표와 반지름 크기를 알아야 합니다. 그림판 프로그램에서 03/images/event.jpg 파일을 열고 [홈 → 선택]을 선택해 마우스 포인터가 십자 모양(+)으로 바뀌면 원형의 중점 정도에 마우스 포인터를 가져가 보세요. 그림판 아래쪽의 상태 표시줄에 좌푯값이 나타날 것입니다. 여기서는 328,240px이라고 표시되는데 여러분이 마우스 포인터를 어느 픽셀에 놓느냐에 따라 좌푯값은 조금씩 달라질 수 있습니다.

▶ Ctrl 키를 누른 상태로 마우스 휠 버튼을 위로 굴리면 이미지를 좀 더 확대해서 볼 수 있고 좌푯값을 좀 더 쉽게 찾을 수 있습니다.

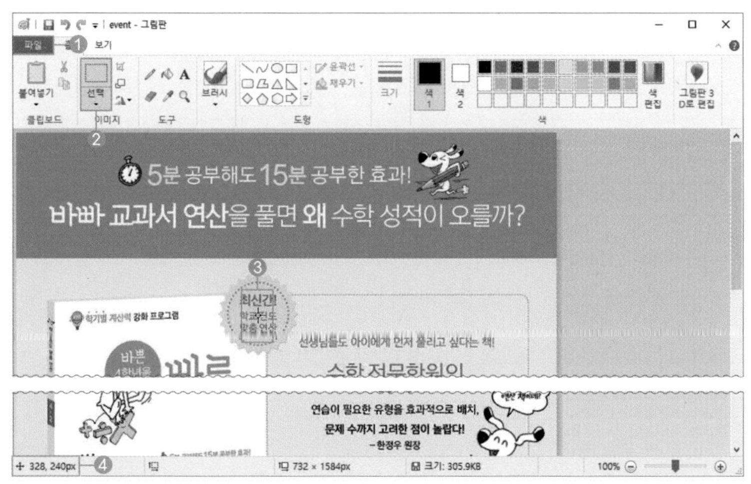

5. 이미지 맵 좌표 알아내기 - 원의 반지름

이번에는 원 영역을 감쌀 수 있을 만큼 영역을 선택하세요. 정확히 그릴 필요는 없고 원형 영역을 최대한 가까이 덮을 정도면 됩니다. 여기서는 그 크기가 108×111px로 나오는군요. 반지름은 너비 값의 반이므로 반지름 값을 55px로 지정하겠습니다. 아직 그림판을 닫지 마세요.

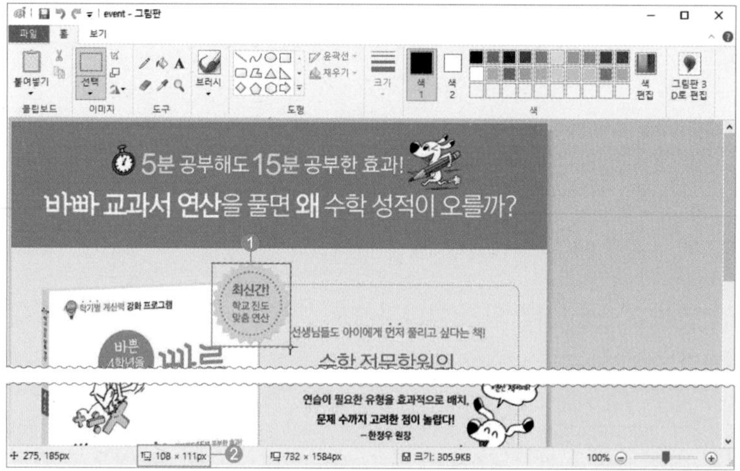

6. 이미지 맵 좌푯값 적용하기 - 원형 영역

좌푯값을 알아냈다면 편집기 화면으로 돌아와 앞에서 입력했던 〈map〉 태그와 〈/map〉 태그 사이에 다음과 같이 입력합니다. shape 속성은 맵의 형태를 지정하는 것으로 여기서는 원(circle)을 선택했습니다. coords 좌표에는 중점 좌표와 반지름 값을 차례로 입력하면 됩니다. href 속성에는 이미지 영역을 클릭했을 때 연결할 신간 소개 페이지 주소를 넣고 target은 링크를 클릭했을 때 새로운 탭에 열리도록 _blank 값을 지정합니다.

```
<img src="images/event.jpg" alt="신간 안내" usemap="#eventMap">
<map name="eventMap">
  <area shape="circle" coords="328, 240, 55" href="http://www.easyspub.co.kr/20_Menu/BookList/EDU"
  alt="시간 소개 페이지로 가기" target="_blank">
</map>
```

```
<area shape="circle" coords="328, 240, 55" href="http://www.easyspub.co.kr/20_
Menu/BookList/EDU" alt="시간 소개 페이지로 가기" target="_blank">
```

7. 이미지 맵 좌표 알아내기 - 사각 영역

이번에는 이미지에서 사각 영역에 링크를 만들기 위해 좌표를 알아보겠습니다. 사각형 이미지 맵을 만들 때는 사각형의 시작 좌표와 끝 좌표를 알아야 합니다. 다시 그림판에서 사각 영역이 시작되는 책 이미지 영역의 왼쪽 윗부분으로 마우스 포인터를 가져간 후 좌푯값을 확인하세요. 여기서는 43, 770px 이군요.

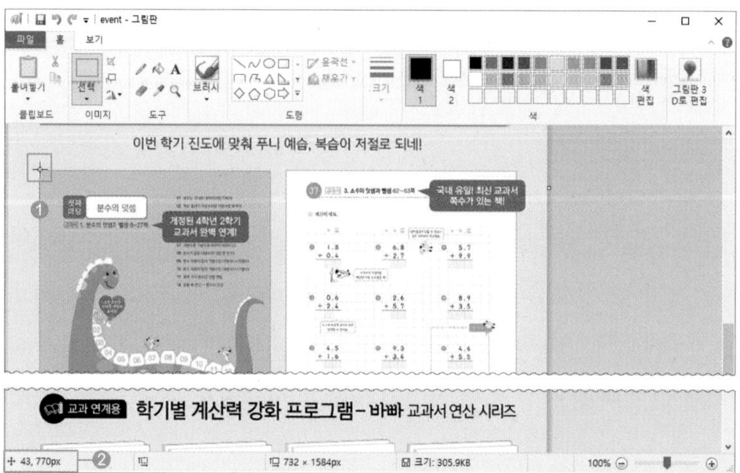

8. 같은 방법으로 사각 영역이 끝나는 책 이미지 영역의 오른쪽 아랫부분으로 마우스 포인터를 가져가 그 위치의 좌푯값도 찾아 보세요. 여기서는 690, 1170px입니다.

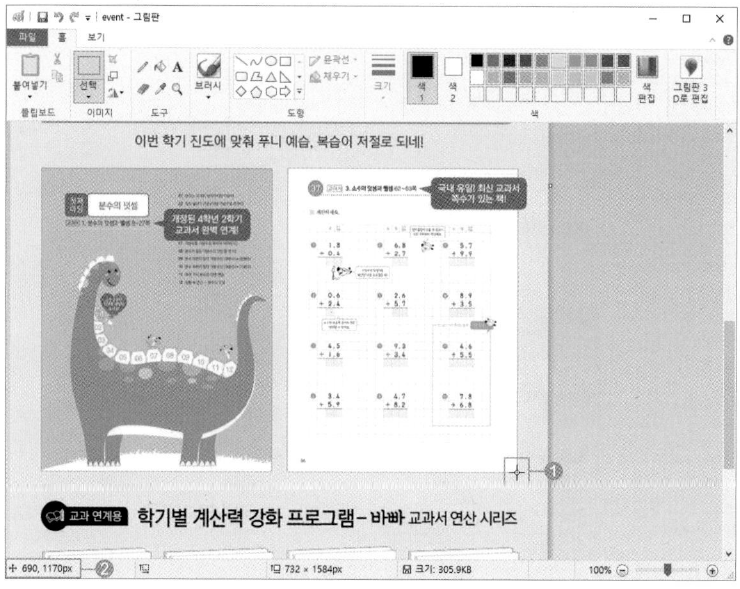

9. 이미지 맵 좌푯값 적용하기 - 사각 영역

편집기 화면으로 돌아와 앞에서 입력한 이미지 영역에 이어 다음과 같은 소스를 추가하세요.

```
<img src="images/event.jpg" alt="신간 안내" usemap="#eventMap">
<map name="eventMap">
  <area shape="circle" coords="328,240,55" href="http://www.easyspub.co.kr/20_Menu/BookList/EDU" alt="시간 소개 페이지로 가기" target="_blank">
  <area shape="rect" coords="43,770,690,1170" href="http://www.easyspub.co.kr/12_Menu/BoardView/C200/123/EDU" alt="본문 PDF 다운로드 페이지로 가기" target="_blank">
</map>
```

```
<area shape="rect" coords="43,770,690,1170" href="http://www.easyspub.co.kr/12_Menu/BoardView/C200/123/EDU" alt="본문 PDF 다운로드 페이지로 가기" target="_blank">
```

10. 브라우저에서 확인하기

이제 이미지 맵을 모두 만들었습니다. 문서를 저장하고 탐색기에서 03/event.html 문서를 열어 보세요. 방금 이미지 맵을 만든 원형 이미지와 책 이미지 위로 마우스 커서를 가져가면 손 모양으로 바뀌어서 링크가 적용되었다는 것을 알 수 있습니다. 실제로 삽입한 이미지는 하나지만 이미지 위의 맵 영역을 클릭하면 신간 목록 페이지와 PDF 다운로드 페이지로 이동할 수 있습니다.

기억을 되살리는

연습문제

Q1 난이도 ★☆☆

quiz-1.html 문서에서 '이미지 삽입하기' 제목 아래 images 폴더에 있는 umbrella.jpg 이미지를 삽입하세요. 이때 이미지 크기가 크기 때문에 실제로 화면에 표시할 때는 320×210 크기로 줄여 사용하세요.

[문제] 03/quiz-1.html

이미지 삽입하기

[해답] 03/sol-1.html

이미지 삽입하기

Q2 난이도 ★★☆

quiz-2.html 문서의 '국내 포털 사이트 Daum으로 연결하기'라는 제목 아래에 'Daum' 로고 이미지를 삽입하세요. 이미지 파일은 따로 제공하지 않으므로 Daum 사이트에서 로고 이미지 경로를 복사해 사용합니다.

[문제] 03/quiz-2.html

포털 사이트 Daum으로 연결하기

[해답] 03/sol-2.html

포털 사이트 Daum으로 연결하기

Daum

Q3 난이도 ★★★

quiz-3.html의 다음 로고 이미지를 클릭했을 때 다음 사이트(http://www.daum.net)로 연결되도록 링크를 추가하세요. 다만, 링크된 사이트는 새 창이나 새 탭에서 열리도록 합니다.

[문제] 03/quiz-3.html

포털 사이트 Daum으로 연결하기

Daum

[해답] 03/sol-3.html

04

폼 관련 태그들

이번에는 웹 폼(form)에 대해 배워 보겠습니다. 웹 폼은 이름에서도 알 수 있듯이 특정 항목에 사용자가 뭔가를 입력하는 형태로 우리가 익숙하게 사용하는 로그인 창이 바로 웹 폼을 이용한 대표적인 사례입니다. 웹 폼을 이용하면 로그인 창에 아이디와 비밀번호를 입력한 것처럼 이메일 주소, 전화번호 등의 항목을 넣을 수 있고 체크박스를 넣을 수도 있습니다. 이렇게 다양한 항목들은 HTML5가 지정되고나서 사용할 수 있게 되었는데요. 아직까지 브라우저별로 지원 내용이 다르기 때문에 표준 규약이 완성될 때까지는 하나씩 확인해야 합니다. 그럼 폼과 관련된 태그에 대해 하나씩 알아볼까요?

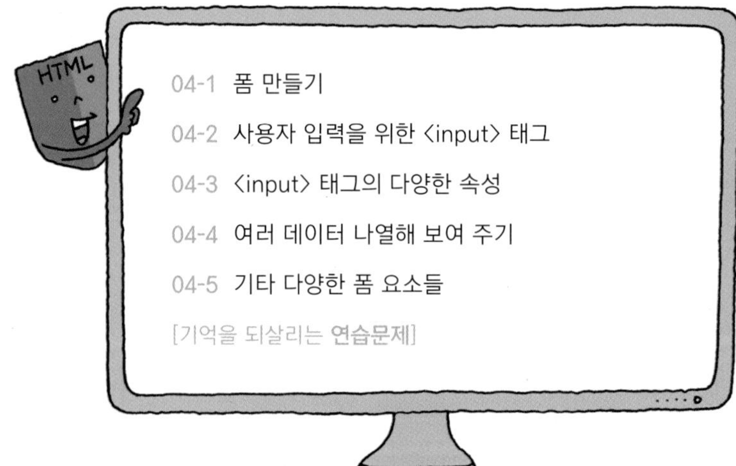

04-1 폼 만들기

04-2 사용자 입력을 위한 <input> 태그

04-3 <input> 태그의 다양한 속성

04-4 여러 데이터 나열해 보여 주기

04-5 기타 다양한 폼 요소들

[기억을 되살리는 연습문제]

04-1 폼 만들기

폼(form)은 이미 우리가 알게 모르게 웹 문서에서 자주 사용하고 있습니다. 특히 사용자의 의견이나 정보를 알기 위해 폼을 사용하는 경우가 많죠. 폼에서 사용되는 여러 항목들을 배우기 전에 먼저 가장 기본적인 태그인 <form> 태그부터 시작해 웹에서 폼의 형태를 만들어 주는 태그들에 대해 알아보겠습니다.

웹에서 자주 만나는 폼

우리는 웹에서 폼을 자주 만납니다. 한 페이지 안에서도 여러 가지 폼이 사용되죠. 아이디와 비밀번호를 입력하거나 로그인 버튼, 회원 가입 창 등 사용자가 웹 사이트로 정보를 보낼 수 있는 요소들은 모두 폼(form)이라고 할 수 있습니다. 웹 사이트의 로그인 폼이나 회원가입 폼이 대표적인 예입니다. 자주 사용하는 검색 사이트나 쇼핑몰 주문서 화면에서도 폼을 이용한 입력란을 볼 수 있죠.

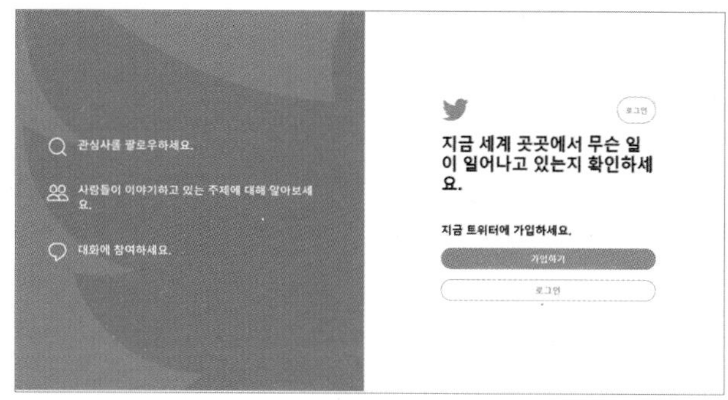

웹에서 볼 수 있는 각종 폼들

그렇다면 폼은 어떤 방식으로 동작할까요? 다음과 같은 로그인 폼을 한 번 생각해 보겠습니다.

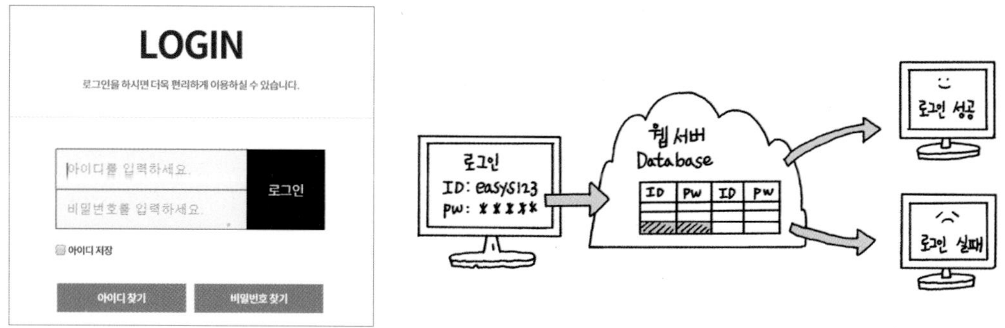

사용자가 아이디와 비밀번호 정보를 입력하고 [로그인] 버튼을 클릭하면 사용자가 입력한 내용이 웹 서버로 보내집니다. 그럼 서버는 자신이 가지고 있는 사용자 데이터베이스를 뒤져 사용자가 보내 온 아이디와 비밀번호가 서로 일치하는 정보인지 여부를 확인하고 그 결과를 브라우저에 보냅니다.
폼과 관련된 대부분의 작업은 정보를 저장하거나 검색, 수정하는 일인데 이런 작업은 모두 데이터베이스를 기반으로 합니다. 따라서 텍스트 상자나 버튼 같은 폼의 형태를 만드는 것은 HTML 태그를 이용하고 그 폼에 입력한 사용자 정보를 처리하는 것은 ASP나 PHP, JSP 같은 서버 프로그래밍을 이용합니다. 여기서는 서버 프로그래밍에 대해서는 다루지 않고 브라우저에 표시될 폼을 만드는 태그들에 대해 살펴보겠습니다.

〈form〉 태그 - 폼 만들기

〈form〉 태그는 폼을 만드는 가장 기본적인 태그로 〈form〉 태그와 〈/form〉 태그 사이에 여러 폼 요소와 관련된 태그를 넣습니다.

```
기본형  <form [속성="속성 값"]> 여러 폼 요소 </form>
```

form 태그의 속성

〈form〉 태그는 몇 가지 속성을 통해 사용자가 입력한 자료들을 서버로 어떤 방식으로 넘길 것인지, 서버에서 어떤 프로그램을 이용해 처리할 것인지 지정합니다. 〈form〉 태그에서 사용하는 속성들은 다음과 같습니다.

<table>
<tr><th>속성</th><th colspan="2">설명</th></tr>
<tr><td rowspan="3">method</td><td colspan="2">사용자가 입력한 내용들을 서버 쪽 프로그램으로 어떻게 넘겨줄지 지정합니다.</td></tr>
<tr><td rowspan="2">속성 값</td><td>get - 주소 표시줄에 사용자가 입력한 내용이 그대로 드러납니다. 256byte~4096byte까지의 데이터만 서버로 넘길 수 있습니다.</td></tr>
<tr><td>post - 대부분 이 방식을 사용합니다. 사용자의 입력을 표준 입력(standard input)으로 넘겨주기 때문에 입력 내용의 길이에 제한을 받지 않고 사용자가 입력한 내용이 드러나지 않습니다.</td></tr>
<tr><td>name</td><td colspan="2">폼의 이름을 지정합니다. 한 문서 안에 여러 개의 <form> 태그가 있을 경우, 폼들을 구분하기 위해 사용합니다.</td></tr>
<tr><td>action</td><td colspan="2"><form> 태그 안의 내용들을 처리해 줄 서버 상의 프로그램을 지정합니다.</td></tr>
<tr><td>target</td><td colspan="2">action 속성에서 지정한 스크립트 파일을 현재 창이 아닌 다른 위치에 열도록 지정합니다.</td></tr>
</table>

<form> 태그를 이용해 폼이 들어갈 부분을 만들었다면 <form> 태그와 </form> 태그 사이에 여러 폼 태그들을 삽입하면서 원하는 폼 형태를 만들 수 있습니다. 예를 들어 폼에 내용을 입력하고 전송 버튼을 눌렀을 때 register.php를 실행한다면 오른쪽과 같이 사용합니다.

```
<form action="register.php">
   ~ 여러 폼 요소 ~
</form>
```

다음 예제는 검색 창을 만드는 폼입니다. 폼에서는 사용자가 내용을 입력하는 필드를 삽입할 때나 버튼을 삽입할 때 <input> 태그를 사용합니다. <form> 태그에서 action="search.php"로 지정했기 때문에 사용자가 검색할 내용을 입력하고 [검색] 버튼을 클릭하면 그 값이 웹 서버에 있는 search.php 파일로 전송되어 검색이 처리됩니다. 그리고 그 결과가 다시 웹 브라우저로 전달되어 화면에 표시됩니다.

▶ 사용자의 검색 내용을 받아 처리하는 서버 프로그램(예를 들어 search.php)은 따로 서버 프로그래밍 언어를 공부해 작성해야 합니다.

Do it! 폼 삽입하기 예제 04/form.html

```
<form action="search.php" method="post">
   <input type="text" title="검색">
   <input type="submit" value="검색">
</ f            >
```

autocomplete 속성 - 자동 완성 기능

검색창이나 로그인 창에 내용을 입력할 때 이전에 입력했던 내용이 아래에 표시되는 것을 본 적 있을 것입니다. 이 기능을 '자동 완성 기능'이라고 하며 사용자가 입력했던 내용을 기억했다가 비슷한 내용을 입력할 경우, 이전에 입력했던 내용을 힌트로 보여 줍니다. 이 기능은 autocomplete 속성을 이용하는데요. 기본값은 "on"입니다. 즉 자동 완성이 기본으로 켜져 있기 때문에 입력한 적 있는 값을 한두 글자 입력하면 입력 내용이 자동으로 완성됩니다.

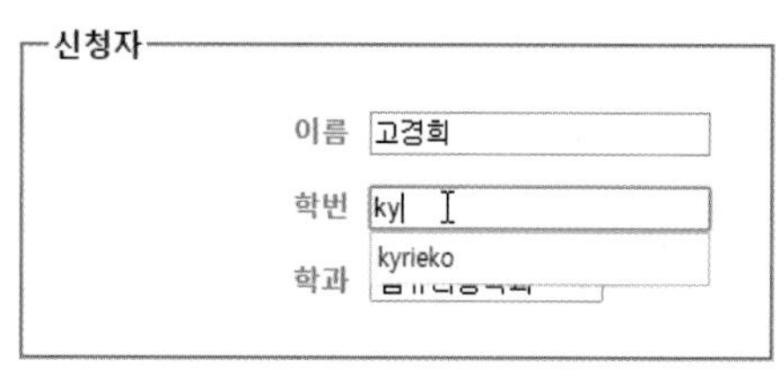

유출되면 곤란한 비밀번호나 일회용 인증번호를 입력할 때는 자동 완성 기능을 끄는 것이 좋겠죠? 이렇게 자동 완성 기능을 사용하지 않으려면 보통 브라우저의 환경 설정 명령을 이용해 꺼야 하는데 <form> 태그의 autocomplete 속성을 "off"로 지정해 다음과 같이 끌 수

도 있습니다.

```
<form action="register.php" autocomplete="off">
    ……
</form>
```

<form> 태그로 일단 기본적인 폼의 형태는 만들었습니다. 이제 앞에서 살펴본 '이름', '학번', '학과'에 해당하는 레이블과 '신청자'에 해당하는 폼 그룹에 대해 알아보겠습니다.

<label> 태그 - 폼 요소에 레이블 붙이기

<label> 태그는 폼 요소에 레이블을 붙이기 위한 것입니다. 레이블(label)이란 입력 창 옆에 '아이디'나 '비밀번호'처럼 붙여 놓은 텍스트를 말합니다. <label> 태그를 사용하면 폼 요소와 레이블 텍스트가 서로 연결되어 있다는 것을 브라우저가 알 수 있습니다.

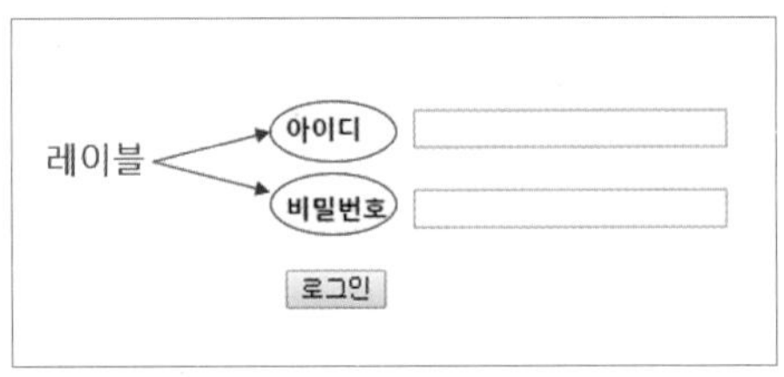


```
기본형    <label [속성="속성 값"] > 레이블 <input ...> </label>
```

또는

```
기본형    <label for="id이름">레이블</label>
          <input id="id이름" [속성 = "속성 값"]>
```

위 [기본형]에서도 알 수 있듯이 <label> 태그는 두 가지 방법으로 사용할 수 있습니다. 각 방법을 이용해 '아이디(6자 이상)'라는 텍스트와 입력 창을 묶어 보겠습니다.

아이디(6자 이상)

첫 번째 방법은 <label> 태그 안에 폼 요소를 넣는 것입니다. 아래 소스에서는 사용자가 아이디를 입력하는 폼 요소를 삽입해야 하므로 폼 요소의 앞뒤에 <label> 태그와 </label> 태그를 붙여 작성합니다.

```
<label>아이디(6자 이상)<input type="text" ......></label>
```

▶ <input> 태그는 폼에서 사용자 입력을 받기 위해 사용하는 태그로 자세한 설명은 04-2를 참고하세요.

두 번째 방법은 <label> 요소와 폼 요소를 따로 사용하고 <label> 태그에서는 for 속성을 이용하고 폼 요소에서는 id 속성을 이용해 서로 연결하는 것입니다. 다시 말해 id 속성 값을 <label> 태그의 for 속성에게 알려 주는 방법을 사용합니다. 아래 소스에서는 아이디를 입력하는 폼 요소에 id="user-id" 라고 지정해 준 후 그 폼 요소에 연결된 <label> 태그에는 for="user-id"라고 입력해 폼 요소와 레이블을 연결합니다.

▶ 태그에서 id 속성을 사용하면 웹 문서에서 해당 요소를 쉽게 구분할 수 있습니다.

```
<label for="user-id">아이디(6자 이상)</label>

<input type="text" id="user-id">
```

이 방법은 폼 요소의 앞뒤에 <label> 태그와 </label> 태그를 붙이는 첫 번째 방법보다 복잡한 것 같지만 <label> 태그를 사용한 텍스트 부분과 사용자 입력을 받는 <input> 소스가 떨어져 있더라도 둘 사이를 쉽게 연결할 수 있다는 장점이 있습니다.

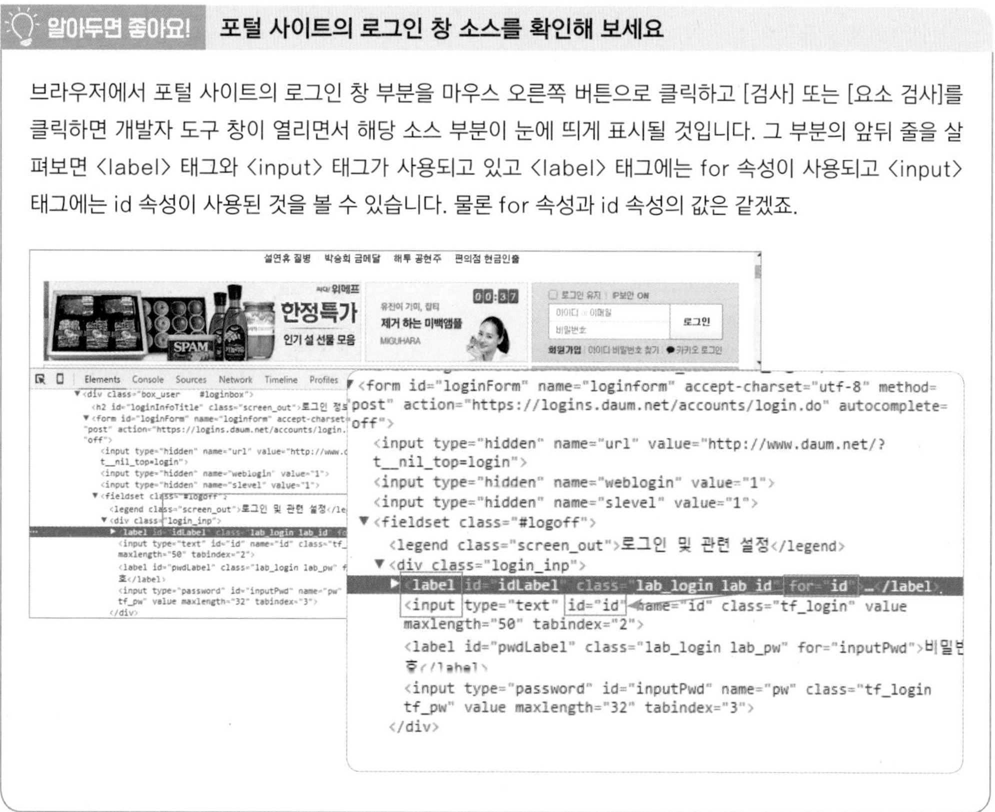

알아두면 좋아요! 포털 사이트의 로그인 창 소스를 확인해 보세요

브라우저에서 포털 사이트의 로그인 창 부분을 마우스 오른쪽 버튼으로 클릭하고 [검사] 또는 [요소 검사]를 클릭하면 개발자 도구 창이 열리면서 해당 소스 부분이 눈에 띄게 표시될 것입니다. 그 부분의 앞뒤 줄을 살펴보면 <label> 태그와 <input> 태그가 사용되고 있고 <label> 태그에는 for 속성이 사용되고 <input> 태그에는 id 속성이 사용된 것을 볼 수 있습니다. 물론 for 속성과 id 속성의 값은 같겠죠.

라디오 버튼과 체크박스에서 사용하는 <label> 태그

스마트폰처럼 화면이 작은 기기에서 라디오 버튼(◉ ◎)이나 체크박스(☐ ☑) 부분을 정확히 터치하는 것은 쉽지 않은 일이죠. 그럴 때 <label> 태그를 이용해 라디오 버튼이나 체크박스에 텍스트(label)를 연결해 놓았다면 텍스트만 터치해도 라디오 버튼이나 체크박스가 선택되어 사용이 훨씬 쉬워집니다. 물론 이런 방법은 작은 버튼이나 박스를 정확히 클릭하지 않아도 되므로 마우스를 사용하는 PC에서도 편리합니다. <label> 태그를 사용하지 않았을 때와 사용했을 때 어떻게 다른지 예제를 통해 비교해 보겠습니다.

▶ 라디오 버튼과 체크박스를 넣는 방법은 앞으로 배울 것입니다.

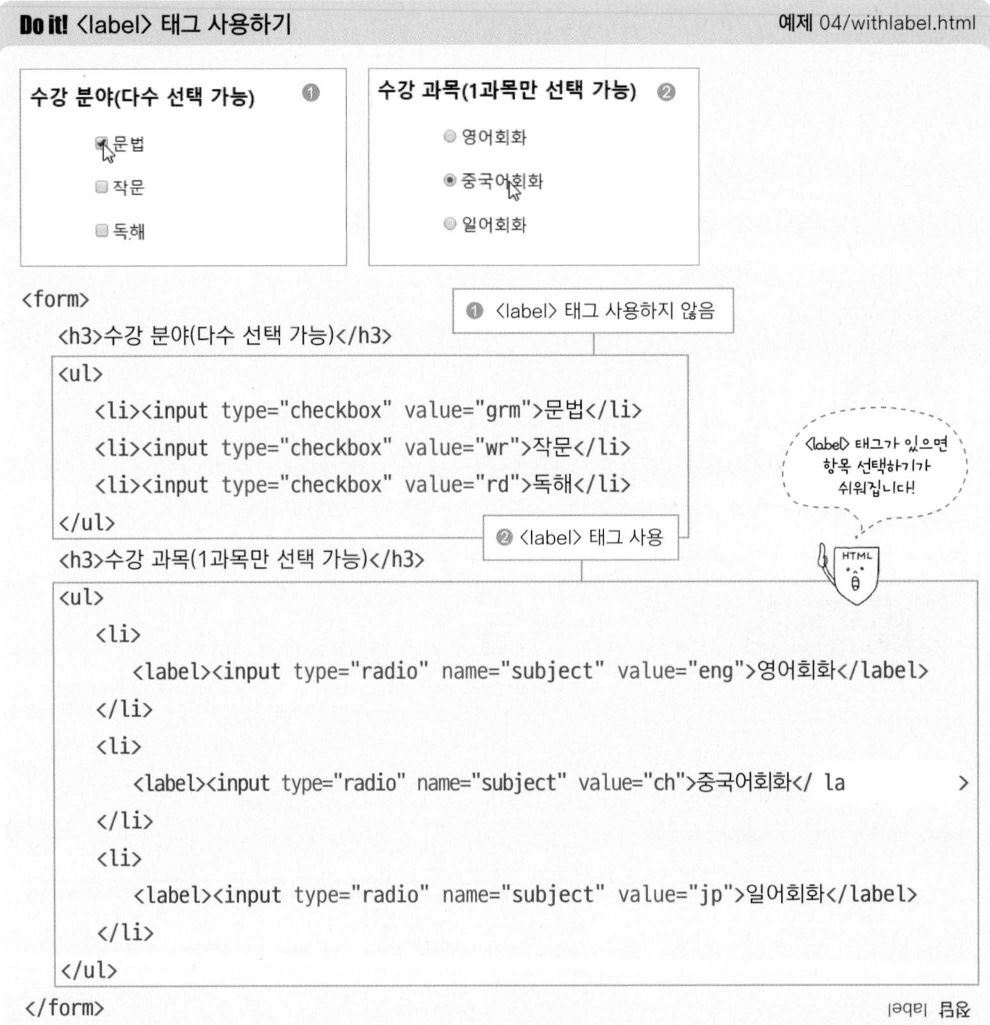

Do it! <label> 태그 사용하기 예제 04/withlabel.html

```
<form>
  <h3>수강 분야(다수 선택 가능)</h3>
  <ul>
    <li><input type="checkbox" value="grm">문법</li>
    <li><input type="checkbox" value="wr">작문</li>
    <li><input type="checkbox" value="rd">독해</li>
  </ul>
  <h3>수강 과목(1과목만 선택 가능)</h3>
  <ul>
    <li>
      <label><input type="radio" name="subject" value="eng">영어회화</label>
    </li>
    <li>
      <label><input type="radio" name="subject" value="ch">중국어회화</ la        >
    </li>
    <li>
      <label><input type="radio" name="subject" value="jp">일어회화</label>
    </li>
  </ul>
</form>
```

❶ <label> 태그를 사용하지 않았기 때문에 텍스트만 클릭하면 체크박스 버튼이 선택되지 않습니다. 반드시 체크박스 부분을 클릭해야 선택됩니다.

❷ <label> 태그를 사용했기 때문에 텍스트만 클릭해도 왼쪽 라디오 버튼이 선택됩니다. 텍스트 영역까지 클릭 범위가 확장되어 편리합니다. 최근 대부분의 폼에서 이 방식을 이용합니다.

<fieldset>, <legend> 태그 - 폼 요소 그룹으로 묶기

쇼핑몰 사이트에서 주문서를 작성하는 폼에서 '사용자 정보'와 '배송 정보'를 나누어 표시하면 사용자가 정보를 입력하기에도 편리하고 화면도 깔끔히 정리할 수 있습니다. 이렇게 하나의 폼 안에서 여러 구역을 나누어 표시하려고 할 때 <fieldset>, <legend> 태그를 사용합니다.

```
기본형   <fieldset [속성="속성 값"] > ... </fieldset>
```

<fieldset> 태그는 <fieldset>과 </fieldset> 태그 사이의 폼들을 하나의 영역으로 묶고 외곽선을 그려 주고 <legend> 태그는 <fieldset> 태그로 묶은 그룹에 제목을 붙여 줍니다.

다음 예제는 사용자가 입력해야 하는 정보를 <fieldset> 태그를 이용해 '개인 정보'와 '로그인 정보'로 묶은 것입니다.

▶ CSS를 이용하면 <legend> 글자의 색상이나 크기, 스타일 등을 자유롭게 조절할 수 있습니다.

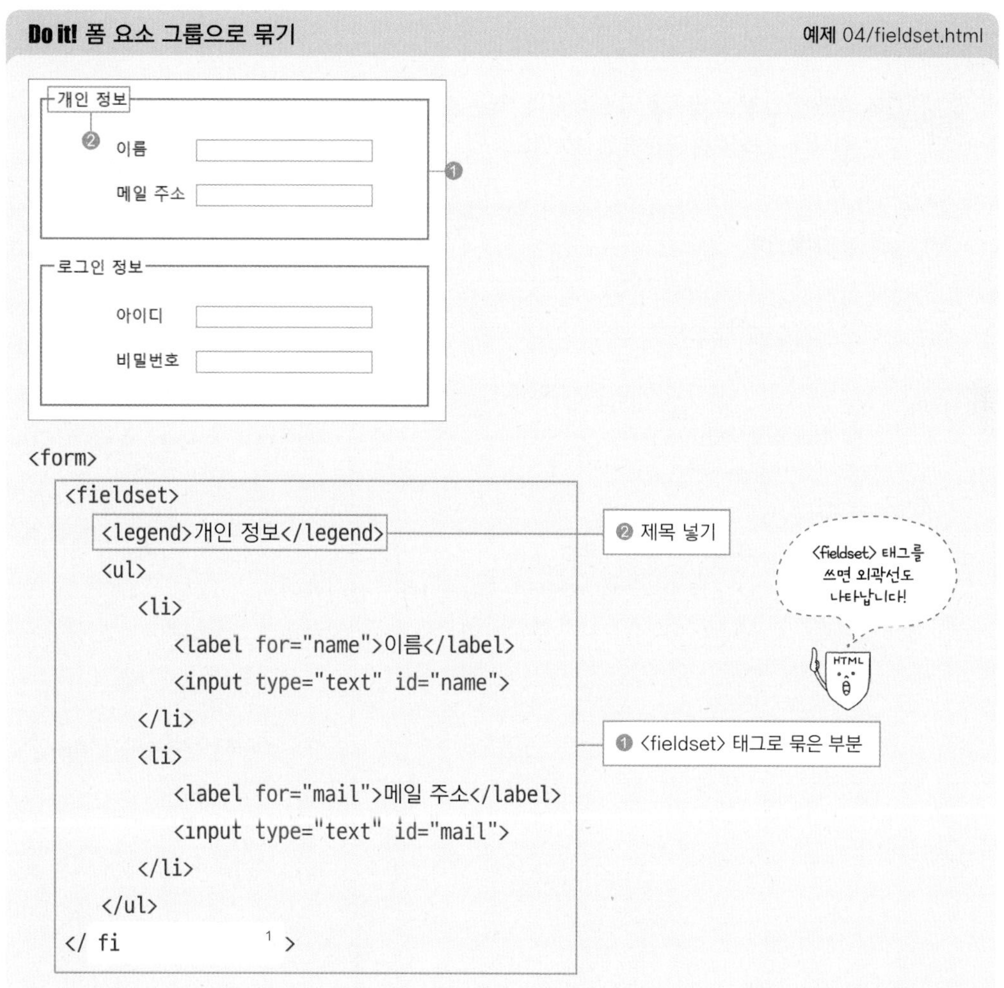


```
<form>
  <fieldset>
    <legend>개인 정보</legend>
    <ul>
      <li>
        <label for="name">이름</label>
        <input type="text" id="name">
      </li>
      <li>
        <label for="mail">메일 주소</label>
        <input type="text" id="mail">
      </li>
    </ul>
  </ fi 1 >
```

```
    <fieldset>
        <legend>로그인 정보</ le            2 >
        <ul>
            <li>
                <label for="id">아이디</label>
                <input type="text" id="id">
            </li>
            <li>
                <label for="pwd">비밀번호</label>
                <input type="text" id="pwd">
            </li>
        </ul>
    </fieldset>
</form>
```

정답 1. fieldset 2. legend

1분 복습 회원 가입 문서 항목을 그림과 같이 '필수 정보'와 '선택 정보' 두 개 영역으로 나누려고 합니다. 소스의 빈 공간을 완성하세요.

회원 가입

필수 정보

이름 :

선택 정보

생일 : 연도-월-일

```
<h3>회원 가입</h3>
    <form>
        <            1 >
        <legend>필수 정보</            2 >
            <label>이름 : <input type="text"></label>
        </            1 >
        ......
    </form>
```

정답 1. fieldset 2. legend

04-2 사용자 입력을 위한 〈input〉 태그

아이디나 검색어를 입력하는 텍스트 상자나 로그인 버튼처럼 사용자가 입력할 부분은 주로 〈input〉 태그를 이용해 넣습니다. 〈input〉 태그로 넣을 수 있는 항목은 아이디나 비밀번호를 비롯해 이메일 주소, 전화번호, 날짜, 시간, 이미지, 버튼 등 다양합니다. 이렇게 다양한 옵션 중에서 무엇이 될지는 type 속성에 의해 결정됩니다.

▶ HTML5에는 새로운 유형들이 많이 추가되었으나 브라우저에 따라 아직 지원되지 않는 유형도 있습니다.

〈input〉 태그 살펴보기

〈input〉 태그를 배우기 전에 우리가 흔히 방문하는 사이트에서 〈input〉 태그가 어떻게 쓰이고 있는지 살펴보겠습니다. 크롬 브라우저에서 구글 검색 사이트(www.google.com)로 이동한 후 검색 창 부분을 마우스 오른쪽 버튼으로 클릭하고 [검사]를 선택하거나 F12를 눌러 보세요. 개발자 도구 창이 열리면서 검색 창에 해당하는 태그 부분이 반전되어 표시되는데 〈input〉 태그가 사용된 것을 볼 수 있습니다. 이렇게 〈input〉 태그는 폼에서 사용자 입력을 받기 위해 사용하는 태그라는 것을 먼저 기억해 두기 바랍니다.

그럼 본격적으로 〈input〉 태그에 대해 알아볼까요?

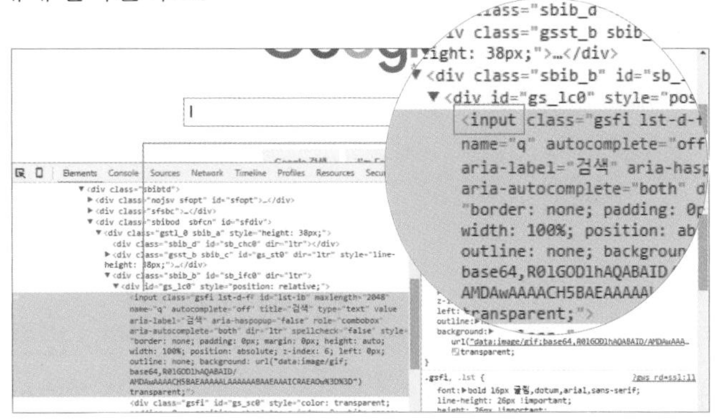

〈input〉 태그 - 입력 항목 만들기

웹에서의 폼은 크게 사용자가 입력하는 부분과 입력한 내용을 서버로 보내는 버튼 부분으로 나눌 수 있습니다. 사용자가 내용을 입력하는 부분은 한 줄짜리 텍스트나 비밀번호 같은 부분인데 이런 부분을 만들 때 사용하는 태그가 〈input〉 태그입니다. 체크박

```
기본형    <input type="유형" [속성="속성 값"] >
```

스나 로그인 버튼처럼 사용자가 클릭하는 버튼도 〈input〉 태그를 이용합니다.

〈input〉 태그로 만들 수 있는 폼 요소가 상당히 많은데 그것은 〈input〉 태그 안에 있는 type 속성을 이용해 구분합니다. 예를 들어 〈input type="text"〉로 지정하면 한 줄짜리 텍스트를 입력하는 필드가 만들어지고 〈input type="checkbox"〉라고 하면 체크박스가 삽입되는 식입니다.

id 속성 사용하기

폼을 만들다 보면 똑같은 폼 요소가 여러 번 사용됩니다. 예를 들어 회원 가입 폼을 만들 경우, 이름 입력 항목이나 주소 입력 항목 등 한 줄짜리 텍스트를 입력할 때 모두 〈input type="text"〉라는 텍스트 필드를 사용합니다. 이렇게 여러 번 사용된 폼 요소를 구분하기 위해 사용하는 것이 id 속성입니다. id를 지정해 놓으면 〈label〉 태그를 이용해 캡션을 붙일 수도 있고 나중에 배울 CSS를 이용해 각 요소마다 다른 형태로 꾸밀 수도 있습니다.

id 속성은 쉽게 말해
'아이디'를 지정하는
속성입니다!
HTML

▶ id 속성은 폼뿐만 아니라 HTML 문서 안의 모든 요소에서 사용합니다.

id 속성 값은 최소한 한 개 이상의 문자여야 하고 공백이 있어서는 안됩니다. 다음 예시에서는 두 개의 텍스트 필드가 사용되었는데 첫 번째 요소는 id를 "user-name"이라고 지정하고 두 번째 요소는 "addr"이라는 id로 지정했습니다.

```
<input type="text" id="user-name" size="10">
<input type="text" id="addr" size="60">
```

▶ size 속성은 필드의 길이를 지정하는 속성입니다.

〈input〉 태그의 type 속성에서 사용 가능한 유형

앞에서 나왔던 로그인 창에서처럼 아이디나 비밀번호를 입력하거나 로그인 버튼을 클릭하는 등 〈input〉 태그를 사용해 사용자가 입력할 수 있는 형태는 매우 다양합니다. 〈input〉 태그에서 입력 형태를 지정할 때 type 속성을 사용하는데 다음 표는 〈input〉 태그의 type 속성에서 사용할 수 있는 유형들입니다. 기존 HTML4의 type 유형과 HTML5에서 세분화되어 추가된 type 유형을 모아 놓았기 때문에 유형이 상당히 많습니다. 하지만 여기 나열한 유형은 자주 사용하는 것이므로 모두 알아 두어야 합니다. 이름만 보아도 어떤 정보를 입력하기 위한 것인지 쉽게 짐작할 수 있으므로 하나씩 따라 해보세요.

▶ 표에서는 간략히 설명만 하고 뒤에서 자세히 배우겠습니다.

유형	설명
hidden	사용자에게는 보이지 않지만 서버로 넘겨지는 값을 가집니다.
text	한 줄짜리 텍스트를 입력할 수 있는 텍스트 상자를 넣습니다.
search	검색 상자를 넣습니다.
tel	전화번호 입력 필드를 넣습니다.
url	URL 주소를 입력할 수 있는 필드를 넣습니다.
email	메일 주소를 입력할 수 있는 필드를 넣습니다.
password	비밀번호를 입력할 수 있는 필드를 넣습니다.
datetime	국제 표준시(UTC)로 설정된 날짜와 시간(연, 월, 일, 시, 분, 초, 분할 초)를 넣습니다.
datetime-local	사용자가 있는 지역을 기준으로 날짜와 시간(연, 월, 일, 시, 분, 초, 분할 초)을 넣습니다.
date	사용자 지역을 기준으로 날짜(연, 월, 일)를 넣습니다.
month	사용자 지역을 기준으로 날짜(연, 월)를 넣습니다.
week	사용자 지역을 기준으로 날짜(연, 주)를 넣습니다.
time	사용자 지역을 기준으로 시간(시, 분, 초, 분할 초)을 넣습니다.
number	숫자를 조절할 수 있는 화살표를 넣습니다.
range	숫자를 조절할 수 있는 슬라이드 막대를 넣습니다.
color	색상 표를 넣습니다.
checkbox	주어진 항목에서 2개 이상 선택 가능한 체크박스를 넣습니다.
radio	주어진 항목에서 1개만 선택할 수 있는 라디오 버튼을 넣습니다.
file	파일을 첨부할 수 있는 버튼을 넣습니다.
submit	서버 전송 버튼을 넣습니다.
image	submit 버튼 대신 사용할 이미지를 넣습니다.
reset	리셋 버튼을 넣습니다.
button	버튼을 넣습니다.

type="hidden" - 히든 필드 만들기

<input> 태그의 type에 따라 어떤 폼이 나타나는지 하나씩 살펴보겠습니다.
먼저 히든(hidden) 필드는 화면상의 폼에는 보이지 않지만 사용자가 입력을 마치고 폼을 서버로 전송할 때 서버로 함께 전송되는 요소입니다. 보통 사용자에게 굳이 보여 줄 필요가 없지만 관리자가 알아야 하는 것을 히든 필드로 입력하죠.

```
기본형    <input type="hidden" name="이름" value="서버로 넘길 값">
```

실제 웹 페이지에서 어떻게 사용되는지 살펴보겠습니다. 이지스퍼블리싱 홈페이지(www.easyspub.com)의 회원 가입 폼에서 첫 번째 입력 필드 부분을 마우스 오른쪽 버튼으로 클릭한 후 [검사] 또는 [요소 검사]를 선택해 개발자 도구 창을 열어 보세요. 화면에 소스 창이 함께 표시되는데 <form> 태그 아래 부분을 보면 <input type="hidden"…> 소스가 있을 것입니다.

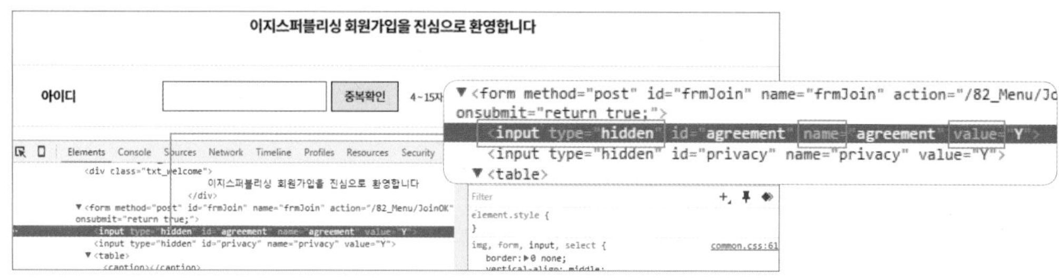

이 부분은 아이디가 중복되는지 체크하는 것으로 사용자가 회원 가입 양식을 작성하고 서버로 전송할 때 hidden 필드의 값도 함께 서버로 전송됨을 뜻합니다(이 예시에서 히든 필드의 값은 value 부분의 값을 뜻하고 "Y"는 아이디 [중복 확인]을 했는지 여부를 뜻합니다). 이처럼 히든 필드를 삽입할 때는 name 속성을 이용해 히든 필드의 이름을 지정하고 그에 대한 값은 value 속성을 이용해 서버로 넘겨줍니다.

type="text" - 텍스트 필드 만들기

```
기본형    <input type="text" [속성="속성 값"]>
```

다음으로 텍스트 필드는 한 줄짜리 일반 텍스트를 입력하는 필드입니다. 폼에서 가장 많이 사용하는 요소로 주로 아이디나 이름, 주소 등 텍스트를 입력할 때 사용합니다.

텍스트 필드에서 사용할 수 있는 속성은 다음과 같습니다.

속성	설명
name	텍스트 필드를 구별할 수 있도록 이름을 붙입니다.
size	텍스트 필드의 길이를 지정합니다. 즉 화면에 몇 글자가 보이도록 할 것인지를 지정합니다. 예를 들어 최대 입력 가능한 글자 수가 10개인데 size를 5로 지정하면 텍스트 필드 크기가 5개 글자 크기에 맞추어져 나머지 5개 글자는 화면에 보이지 않습니다.
value	텍스트 필드 요소가 화면에 표시될 때 텍스트 필드 부분에 표시될 내용입니다. 이 속성을 사용하지 않으면 빈 텍스트 필드가 표시됩니다.
maxlength	텍스트 필드에 입력할 수 있는 최대 문자 개수를 지정합니다.

type="password" - 비밀번호 입력란 만들기

"text" 타입이 아이디 입력란을 만들었다면 "password"는 말 그대로 비밀번호 입력란을 만듭니다.

기본형 `<input type="password" [속성="속성 값"]>`

하지만 아이디와 달리 비밀번호는 화면에 보이면 안 되겠죠. 그래서 패스워드 필드는 텍스트 필드와 거의 같지만 사용자가 입력하는 내용이 화면에 표시되지 않고 '*'나 '•'로 표시됩니다. 속성도 value 속성이 없다는 점만 제외하면 텍스트 필드와 같습니다.

다음 예제는 가장 흔히 볼 수 있는 로그인 폼입니다. 아이디를 입력하는 부분은 type="text"를 사용하고 비밀번호를 입력하는 부분은 type="password"를 사용해 만들어진 것을 볼 수 있습니다.

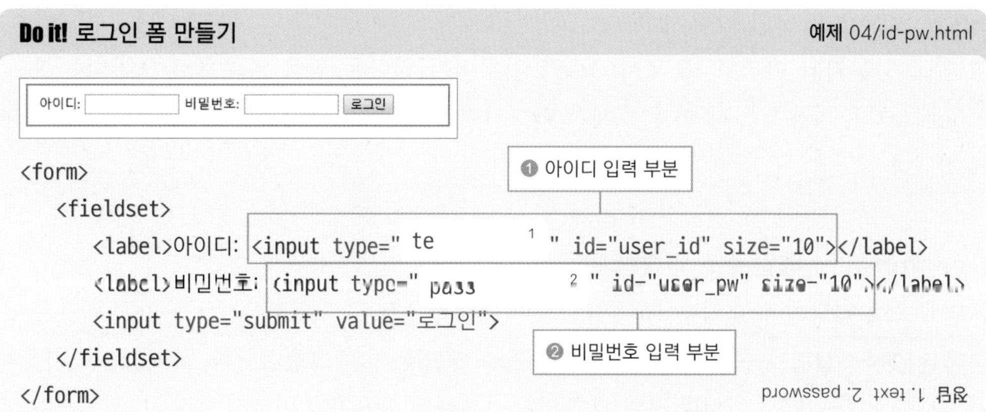

Do it! 로그인 폼 만들기
예제 04/id-pw.html
아이디:
비밀번호:
로그인
<form>
<fieldset>
<label>아이디: <input type=" te 1 " id="user_id" size="10"></label>
<label>비밀번호: <input type=" pass 2 " id="user_pw" size="10"></label>
<input type="submit" value="로그인">
</fieldset>
</form>
❶ 아이디 입력 부분
❷ 비밀번호 입력 부분
정답 1. text 2. password

type="search", type="url", type="email", type="tel" - 분화된 텍스트 필드

이번에는 겉모습은 텍스트 필드와 비슷하지만 검색 상자, 이메일 주소, 전화번호 등 정보에 맞게 분화된 텍스트 필드를 하나씩 살펴보겠습니다. 이 필드들은 텍스트 필드에서 시작된 필드이기 때문에 텍스트 필드와 같은 속성을 사용합니다.

type="search" - 검색 상자 만들기

```
기본형   <input type="search" [속성="속성 값"]>
```

지금까지는 텍스트 필드를 이용해 표시했던 검색 상자가 HTML5에서는 type="search"라는 별도 유형으로 추가되었습니다.

```
<input type="search">
<input type="submit" value="검색">
```

오른쪽과 같은 소스로 검색 필드를 넣은 후 웹 브라우저에서 확인하면 일반 텍스트 상자를 넣은 것과 똑같아 보입니다.

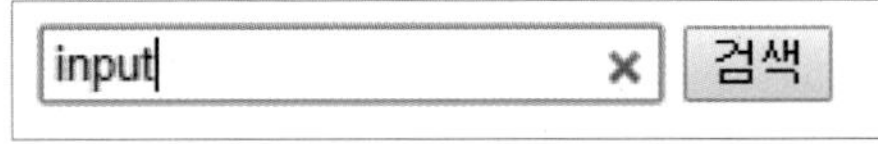

하지만 크롬 브라우저나 MS 엣지 브라우저 등 일부 브라우저에서는 검색 창에 검색어를 입력했을 때 오른쪽에 ✖가 표시되어 입력했던 검색어를 손쉽게 지울 수 있습니다.

type="url" - URL 입력란 만들기

```
기본형   <input type="url" [속성="속성 값"]>
```

▶ 아이폰 같은 모바일 기기에서는 <input type="url">로 되어 있는 필드를 활성화시키면 웹 사이트를 입력하기 편한 키보드 입력 화면으로 바뀝니다.

웹 주소도 텍스트 필드에서 분화되어 type으로 별도로 지정됩니다. 웹 주소 필드는 http://www.easyspub.co.kr처럼 전혀 공백이 없고 영문자와 마침표, 슬래시(/)로만 이루어져 있다는 점을 기준으로 구분하는데요. type="url"을 사용했을 때 이 필드에는 반드시 'http://'로 시작하는 사이트 주소를 입력해야 합니다.

type="email" - 메일 주소 입력란 만들기

메일 주소를 입력해야 할 경우, 기존 HTML에서는 텍스트 필드를 사용해 사용자가 내용을 입력하면 자바스크립트를 이용해 '@' 문자가 들어가 있는지 체크했습니다. 하지만 HTML5에서는 type="email"로 지정만 하면 브라우저 자체에서 사용자가 입력한 내용이 메일 주소 형식에 맞는지 자동으로 체크해 주기 때문에 이메일 필드를 손쉽게 만들 수 있습니다.

```
기본형  <input type="email" [속성="속성 값"]>
```

type="tel" - 전화번호 입력란 만들기

```
기본형  <input type="tel" [속성="속성 값"]>
```

전화번호는 지역마다 형식이 다르기 때문에 사용자가 입력한 값을 체크하지 않고 사용자가 입력한 정보가 일반 텍스트가 아니라 전화번호라는 사실을 인식합니다. 이 값을 이용하면 바로 전화를 걸 수 있도록 말이죠.

지금까지 배운 유형(type)들은 모두 회원 가입 폼에서 자주 사용하는 것들입니다. 예제를 통해 각 유형들이 사용되는 모습을 살펴볼까요? 데스크톱의 웹 브라우저에서 보기에는 큰 변화가 없을지 모르지만 모바일 기기의 웹 브라우저에서 확인해 보면 이메일 주소를 입력하거나 전화번호를 입력할 때 가상 키보드 배열이 바뀌는 것을 볼 수 있습니다.

Do it! 회원 가입 폼 만들기 예제 04/url-email-tel.html

회원 가입

로그인 정보

아이디
비밀번호
비밀번호 확인

개인 정보

이름 ❶
메일 주소 ❷
연락처 ❸
블로그/홈페이지 ❹

가입하기

```
<ul>
  <li>
    <label for="user-name">이름 </label>
    <input type=" t        1 " id="user-name">   ❶
  </li>
```

```
<li>
    <label for="mail">메일 주소</label>
    <input type=" e            2 " id="mail">
</li>
<li>
    <label for="phone">연락처</label>
    <input type=" t            3 " id="phone">
</li>
<li>
    <label for="homep">블로그/홈페이지</label>
    <input type=" u            4 " id="homep">
</li>
</ul>
```

(❷ ❸ ❹)

정답 1. text 2. email 3. tel 4. url

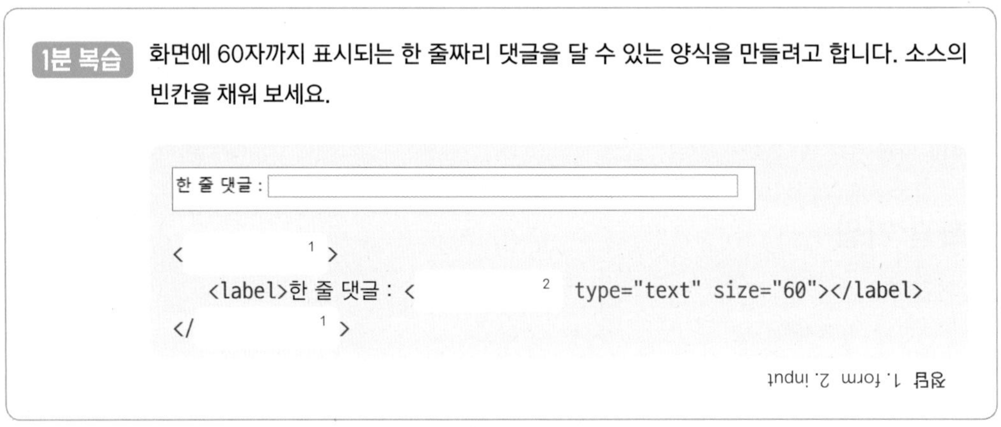

1분 복습 화면에 60자까지 표시되는 한 줄짜리 댓글을 달 수 있는 양식을 만들려고 합니다. 소스의 빈칸을 채워 보세요.


```
<          1 >
    <label>한 줄 댓글 : <          2 type="text" size="60"></label>
</          1 >
```

정답 1. form 2. input

다시 <input> 태그의 유형으로 돌아와 계속 배워 보겠습니다. 앞에서 살펴본 것들은 텍스트 필드의 형태였지만 지금부터 보게 될 것들은 겉모습부터 조금 다릅니다. 하나씩 살펴볼까요?

type="number" - 숫자 입력하기

기본형 `<input type="number" [속성="속성 값"]>`

type="number"를 사용하면 사용자가 입력한 내용을 숫자로 인식합니다. type="number"라고 지정하면 입력 창에 숫자를 직접 입력하는 것이 기본이지만 브라우저에 따라 스핀 박스가 표시되기도 합니다. 이때 스핀 박스란 입력 창 오른쪽에 작은 화살표를 표시해 화살표를 클릭하면 숫자를 증감시킬 수 있게 한 것입니다. 브라우저에서 다음 소스를 열었을 때 크롬이나 인터넷 익스플로러 창에서는 일반 텍스트 필드처럼 표시되지만 파이어폭스에서는 스핀 박스로 표시됩니다.

```
<b>주문 개수 : </b> <input type="number" min="1" max="5" value="1"> 개
```

주문 개수 : 1 개

스핀 박스

주문 개수 : 1 개

type="range" - 슬라이드 막대로 숫자 지정하기

type ="range"는 슬라이드 막대를 움직여 숫자 값을 입력하게 합니다. 오페라 미니를 제외한 대부분의 모바일 브라우저와 인터넷 익스플로러 10 이상의 데스크톱 브라우저에서 지원합니다.

```
기본형  <input type="range" [속성="속성 값"]>
```

type="number" 필드와 type="range" 필드에서 사용할 수 있는 속성은 다음과 같습니다.

속성	설명
min	필드에 입력할 수 있는 최솟값을 지정합니다. type="range"일 때 기본 최솟값은 0입니다.
max	필드에 입력할 수 있는 최댓값을 지정합니다. type="range"일 때 기본 최댓값은 100입니다.
step	짝수나 홀수 등 특정 숫자로 제한하려고 할 때 숫자 간격을 지정할 수 있습니다. 기본 값은 1이며 생략할 수 있습니다.
value	필드에 표시할 초기값입니다.

이번에는 type="number"와 type="range"를 사용한 폼 예제를 살펴보겠습니다. 다음 예제는 '참여 인원'과 '지원 물품'에는 type="number"를 사용하고 '희망 단계'에는 type="range"를 사용해 숫자를 여러 형태로 입력할 수 있게 한 폼입니다. 다만, 이 속성들을 지원하지 않는 파이어폭스와 인터넷 익스플로러에서는 일반적인 텍스트 상자로 표시되기 때문에 사용자가 직접 숫자를 입력해야 합니다.

▶ 슬라이드 막대에서 드래그하는 부분인 슬라이더는 브라우저마다 다르게 나타납니다.

Do it! 다양한 숫자 입력 폼 예제 04/number-range.html

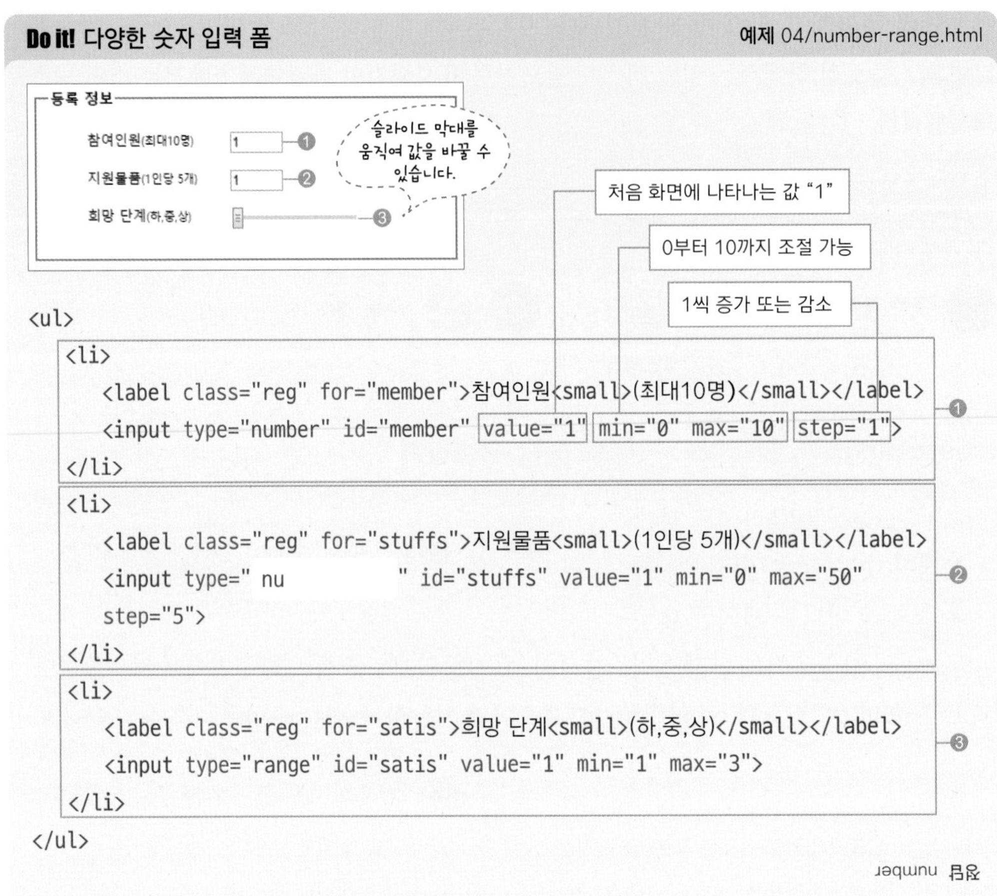


```
<ul>
  <li>
    <label class="reg" for="member">참여인원<small>(최대10명)</small></label>
    <input type="number" id="member" value="1" min="0" max="10" step="1">
  </li>
  <li>
    <label class="reg" for="stuffs">지원물품<small>(1인당 5개)</small></label>
    <input type=" nu          " id="stuffs" value="1" min="0" max="50"
    step="5">
  </li>
  <li>
    <label class="reg" for="satis">희망 단계<small>(하,중,상)</small></label>
    <input type="range" id="satis" value="1" min="1" max="3">
  </li>
</ul>
```

정답 number

앞에서 〈label〉 태그를 배울 때 잠깐 언급했던 라디오 박스와 체크박스를 넣어 보겠습니다.

type="radio", type="checkbox" - 라디오 버튼과 체크박스 넣기

기본형 `<input type="radio" [속성="속성 값"]>`

기본형 `<input type="checkbox" [속성="속성 값"]>`

라디오 버튼( )과 체크박스( )는 여러 항목 중 원하는 항목을 선택할 때 사용하는 폼 요소입니다. 이때 한 개만 선택하도록 할 경우, 라디오 버튼을 사용하고 두 개 이상 여러 가지를 선택해도 될 경우, 체크박스를 사용합니다. 라디오 버튼에서는 하나의 항목만 선택할 수 있으므로 이미 선택된 항목이 있을 경우, 다른 항목을 선택하면 기존 선택한 항목은 취소됩니다. 체크박스는 두 개 이상의 항목도 선택할 수 있다는 점만 빼면 라디오 버튼과 사용법이 비슷합니다. 라디오 버튼과 체크박스에서 사용할 수 있는 속성은 다음과 같습니다.

속성	설명
name	라디오 버튼이나 체크박스가 여러 개 있을 경우, 서버의 폼 프로그램에서 라디오 버튼이나 체크박스를 구분하기 위해 이름을 지정합니다. 라디오 버튼은 여러 개 중에서 하나만 선택하는 것이기 때문에 관련 있는 그룹끼리는 name 속성 값을 똑같이 만듭니다.
value	선택한 라디오 버튼이나 체크박스를 서버로 알려 줄 때 넘길 값을 지정합니다. 이 값은 영문이거나 숫자여야 하며 필수 속성입니다.
checked	라디오 버튼의 항목들은 처음에 아무것도 선택되지 않은 상태로 화면에 표시되는데 기본으로 선택해 놓을 항목이 있다면 checked 속성을 사용합니다.

다음 예제는 라디오 버튼을 이용해 신청 과목을 선택하고 체크박스를 이용해 메일링 뉴스 주제를 선택하는 것입니다. 라디오 버튼은 세 가지 항목 모두 "subject"라는 동일한 name으로 묶여 있으므로 세 가지 중 하나만 선택할 수 있습니다. 반면, 체크박스는 개수와 상관없이 선택할 수 있습니다.

Do it! 라디오 버튼과 체크박스 삽입하기 예제 04/radio-checkbox.html

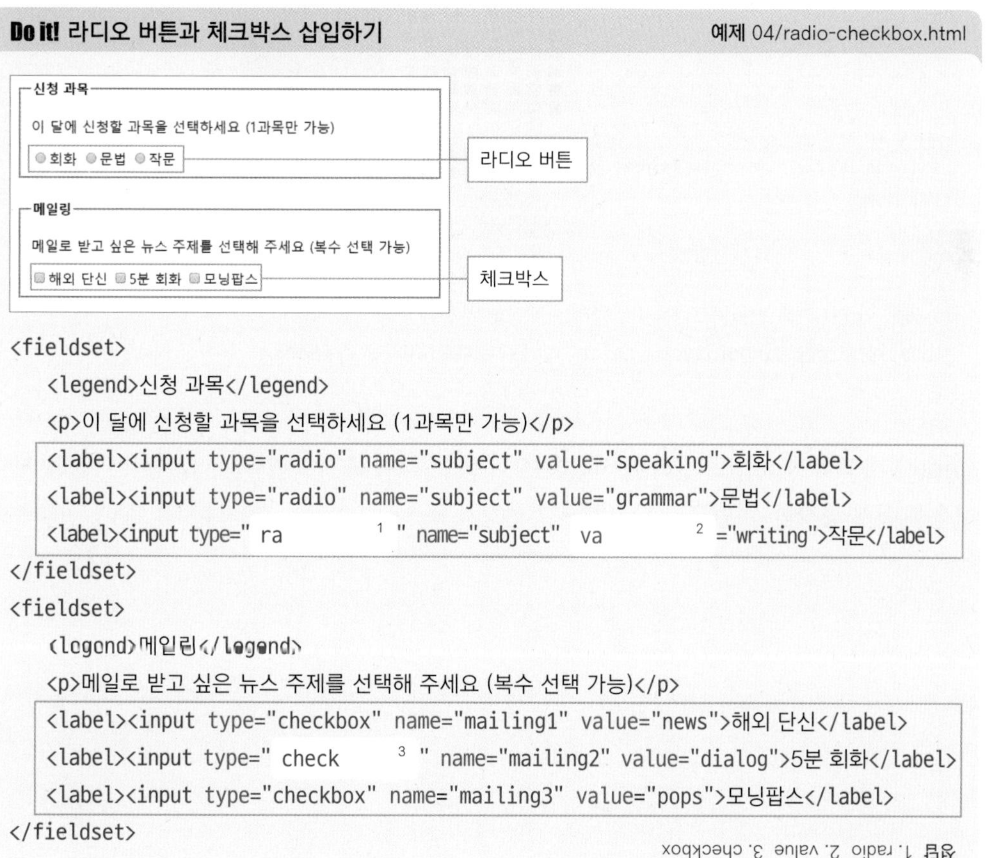


```
<fieldset>
    <legend>신청 과목</legend>
    <p>이 달에 신청할 과목을 선택하세요 (1과목만 가능)</p>
    <label><input type="radio" name="subject" value="speaking">회화</label>
    <label><input type="radio" name="subject" value="grammar">문법</label>
    <label><input type="" ra        1 " name="subject" va        2 ="writing">작문</label>
</fieldset>
<fieldset>
    <legend>메일링</legend>
    <p>메일로 받고 싶은 뉴스 주제를 선택해 주세요 (복수 선택 가능)</p>
    <label><input type="checkbox" name="mailing1" value="news">해외 단신</label>
    <label><input type=" check      3 " name="mailing2" value="dialog">5분 회화</label>
    <label><input type="checkbox" name="mailing3" value="pops">모닝팝스</label>
</fieldset>
```

정답 1. radio 2. value 3. checkbox

type="color" - 색상 선택 상자 표시하기

color 필드는 색상표에서 사용자가 색상을 선택할 수 있게 해줍니다. 색상 값은 16진수로 표시하고 "red"나 "yellow" 같은 색상 이름은 사용할 수 없습니다.

```
기본형  <input type="color" [value="기본 색" [속성="속성 값"]>
```

type="color"라는 속성이 없던 HTML4에서는 자바스크립트를 이용해 색상표를 직접 프로그래밍해 통합시켜야 했지만 HTML5에서는 간단히 type="color" 속성만 이용하면 됩니다. 예를 들어 기본으로 초록색으로 표시하고 사용자가 색상표에서 원하는 색을 선택하도록 하려면 다음과 같이 작성할 수 있습니다. 다만, color 유형은 현재 데스크톱용 파이어폭스와 크롬, 오페라 브라우저와 안드로이드 브라우저에서만 지원하고 그 외 브라우저에서는 텍스트 필드로 표시됩니다.

Do it! 색상 선택 폼 삽입하기 예제 04/color.html

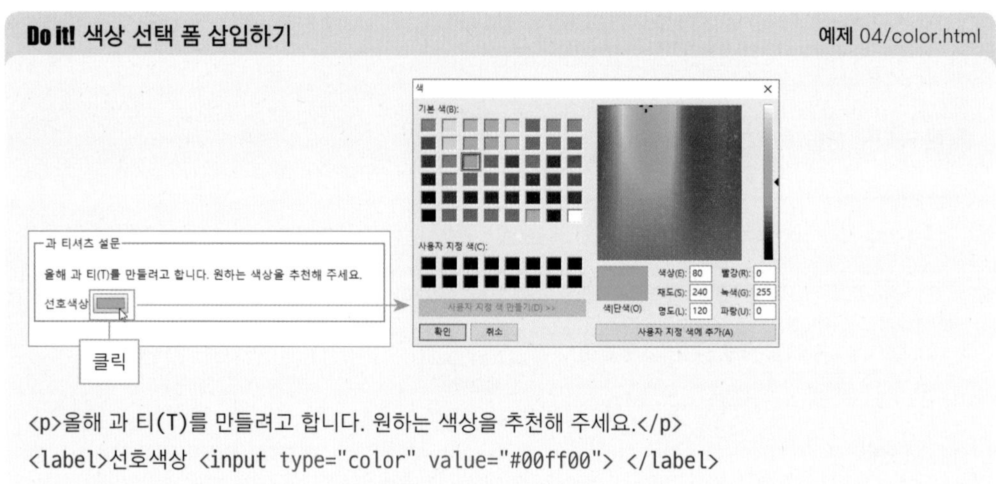


```
<p>올해 과 티(T)를 만들려고 합니다. 원하는 색상을 추천해 주세요.</p>
<label>선호색상 <input type="color" value="#00ff00"> </label>
```

〈input〉 태그의 type으로 날짜와 시간을 각각 또는 함께 표시할 수도 있습니다. 이름을 보면 내용을 쉽게 짐작할 수 있으니 차근차근 살펴보세요.

type="date", type="month", type="week" - 날짜 표시하기

웹 문서나 애플리케이션에 달력을 포함시키고 싶다면 type="date"나 type="month", type="week" 같은 날짜 관련 유형을 이용하면 됩니다.

```
기본형   <input type="date | month | week" [value="기본 값" 속성="속성 값"]>
```

위의 기본형에서 '|'는 '또는(or)'의 의미로 날짜와 관련해 사용할 수 있는 유형은 다음과 같습니다.

▶ type="date"에서 사용할 수 있는 속성은 type="time"과 같으므로 이어서 설명할 type="time" 내용을 참고하세요.

유형	설명
date	날짜를 선택합니다.
month	월(month)과 연도(year)를 선택합니다.
week	주(week)와 연도(year)를 선택합니다.

type="date"로 지정하면 달력에서 날짜를 선택했을 때 필드에 "yyyy-mm-dd" 형식으로 연도와 월, 일이 표시됩니다. 반면, type="month"로 지정하면 달력에서 날짜를 선택했을 때 "yyyy-mm" 형식으로 월까지만 입력되고 type="week"로 지정하면 1월 첫째 주를 기준으로 몇 번째 주인지 연도와 주가 표시됩니다. 예를 들어 24번째 주라면 "yyyy-W24"로 표시됩니다.

다음은 type="date"로 지정해 날짜를 선택하는 예제입니다. 크롬 브라우저의 경우, date 속성을 지원하기 때문에 달력 형태로 표시되지만 MS 엣지의 경우, dd-mm-yyyy 형태로 입력하라고 텍스트 필드가 표시되고 date 속성이 지원되지 않는 인터넷 익스플로러의 경우, 빈 텍스트 필드가 표시됩니다.

Do it! 날짜 입력 폼 삽입하기 예제 04/date.html

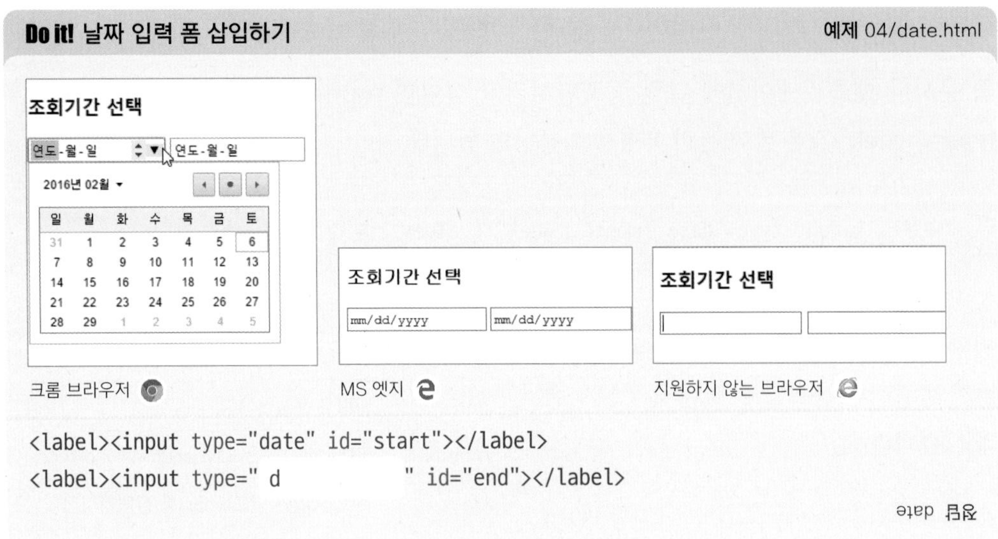


```
<label><input type="date" id="start"></label>
<label><input type=" d            " id="end"></label>
```

정답 date

type="time", type="datetime", type="datetime-local" - 시간 지정하기

<input> 태그를 사용하면 날짜뿐만 아니라 시간도 지정할 수 있습니다. 시간을 지정할 때는 type="time"을 사용하고 날짜와 시간을 함께 지정하려면 type="datetime"이나 type="datetime-local"을 사용합니다.

```
기본형  <input type="time | datetime | datetime-local" [value="기본 값" 속성="속성 값"]>
```

날짜나 시간과 관련된 유형을 지정할 때 공통으로 사용하는 속성은 다음과 같습니다.

속성	설명
min	날짜나 시간의 최솟값을 지정합니다.
max	날짜나 시간의 최댓값을 지정합니다.
step	스핀 박스의 화살표를 누를 때마다 날짜나 시간을 얼마나 조절할지를 지정합니다.
value	화면에 표시할 초기값을 지정합니다. type="time"일 경우, 시간은 00:00부터 23:59까지 입력하고 type="datetime"이나 type="datetime-local" 유형일 경우, 날짜 다음에 키워드 T를 쓰고 24시간제로 시간을 지정합니다. 예를 들어 오후 6시를 나타내려면 T18:00라고 하면 됩니다.

▶ min, max, step 속성에 대한 자세한 설명은 162쪽을 참고하세요.

type="datetime" 속성은 HTML5에서 제외되었지만 HTML5.1에서 다시 채택되었습니다. type="datetime"일 경우, 날짜와 시간 문자 뒤에 시간대(timezone)를 함께 표시해야 하는데

UTC 기준일 경우, Z라고만 표시하면 되고 +dd:dd나 -dd:dd처럼 몇 시간 몇 분이 차이 나는지 숫자로 직접 입력해도 됩니다.

다음 예제는 시작 시간과 종료 시간을 선택하는 것으로 type="time" 유형을 사용했을 때는 시간을 조절할 수 있고 type="datetime-local" 유형을 사용했을 때는 날짜와 시간 모두 조절할 수 있습니다. value 속성을 이용해 기본 값을 미리 지정해 놓았으므로 스핀 박스의 화살표를 눌러 원하는 값을 선택할 수 있습니다.

Do it! 시간 입력 폼 삽입하기 예제 04/time.html

대관시간을 선택하세요(오늘)
시작 시간 오전 09:00 종료 시간 오후 06:00
❶

대관시간을 선택하세요(다른날짜)
시작 시간 2016-03-02 오전 09:00 종료 시간 2016-03-02 오후 06:00
❷

```
<h3>원하는 대관시간을 선택하세요(오늘) </h3>
<label>시작 시간<input type="time" value="09:00" id="start1"></label>,
<label>종료 시간<input type=" t          1 " value="18:00" id="end1"></label>

<h3>대관시간을 선택하세요(다른날짜)</h3>
<label>시작 시간<input type="datetime-local" value="2016-03-02T09:00" id="start2"></label>,
<label>종료 시간<input  type=" da                    2 "  value="2016-03-02T18:00"
id="end2"></label>
```

❶ 시간만 조절 가능

❷ 날짜와 시간 모두 조절 가능

정답 1. time 2. datetime-local

앞에서 배운 유형들에 내용을 입력하거나 선택한 후 그 정보를 서버에 전송해야겠죠? 이 역할을 하는 버튼도 <input> 태그로 넣습니다. 파일을 첨부하고 서버에 정보를 전송하는 등의 역할을 하는 버튼도 역할에 따라 유형이 나뉘는데요. 하나씩 살펴보겠습니다.

type="submit", type="reset" - 서버 전송, 리셋 버튼 넣기

리셋(reset) 버튼은 <input> 요소에 입력된 모든 정보를 재설정해 사용자가 입력한 내용을 모두 지울 수 있습니다. 이때 value 속성을 사용해 버튼에 표시할 내용을 지정합니다. 반면, type="submit"은 사용자가 폼에 입력한 정보를 서버로 전송하는 submit 버튼을 넣습니다. submit 버튼으로 전송된 정보는 처음에 <form> 태그에서 지정한 폼 처리 프로그램에 넘겨집니다.

▶ 이 기능은 브라우저 버전과 상관없이 사용 가능합니다.

기본형
```
<input type="submit | reset" [value="버튼 내용"] [속성="속성 값"]>
```

다음 예제에서 submit 버튼에는 [제출]이라고 표시되며 사용자가 이 버튼을 클릭하면 사용자가 입력한 내용이 서버로 넘겨지면서 〈form〉 태그에 연결된 register.php 프로그램에서 처리됩니다.

▶ 시간과 날짜에 대한 자세한 표기 방법은 https://html.spec.whatwg.org/#dates-and-times에서 볼 수 있습니다.

Do it! submit 버튼과 reset 버튼 삽입하기 예제 04/submit-reset.html

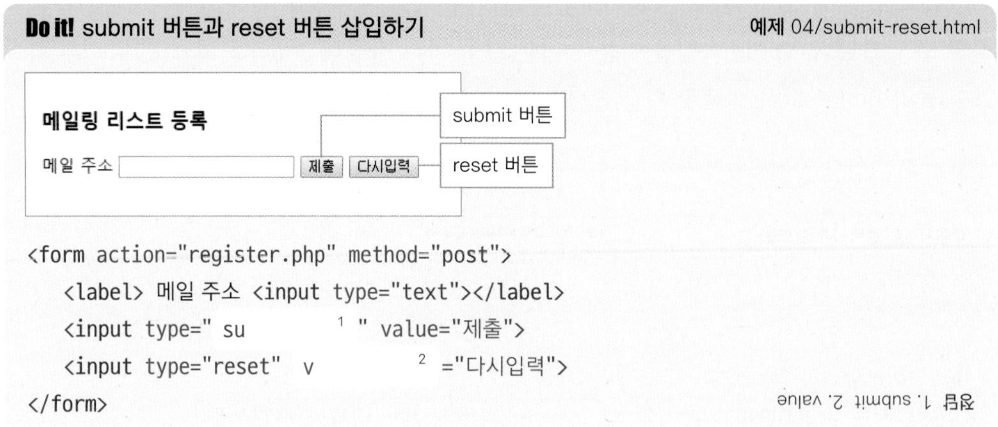


```
<form action="register.php" method="post">
    <label> 메일 주소 <input type="text"></label>
    <input type=" su          1 " value="제출">
    <input type="reset"  v          2 ="다시입력">
</form>
```

정답 1. submit 2. value

type="image" - 이미지 버튼 넣기

type="image"를 사용하면 submit 버튼 대신 전송 이미지를 넣을 수 있습니다.

▶ 이 기능은 브라우저와 상관없이 사용 가능합니다.

기본형 `<input type="image" src="경로" alt="대체 텍스트" [속성="속성 값"]>`

다음은 login.jpg 파일을 서버 전송 버튼으로 사용한 예제입니다. type="image"인 버튼을 클릭하면 submit 버튼을 클릭할 때처럼 사용자가 입력한 정보가 폼 처리 프로그램으로 전달됩니다.

Do it! submit 버튼에 이미지 사용하기 예제 04/submit-image.html

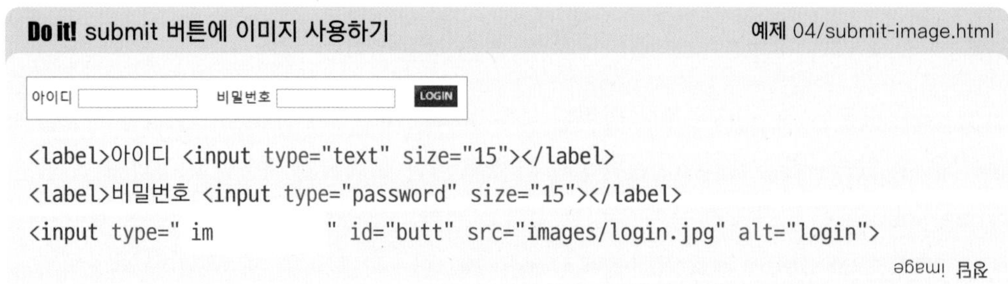


```
<label>아이디 <input type="text" size="15"></label>
<label>비밀번호 <input type="password" size="15"></label>
<input type=" im          " id="butt" src="images/login.jpg" alt="login">
```

정답 image

type="button" - 버튼 넣기

폼 안에 버튼 형태를 만듭니다. 이 버튼은 submit이나 reset 같은 자체 기능이 없고 오직 버튼만 넣기 때문에 스크립트 함수 등을 연결해 사용합니다. value 속성을 사용해 버튼에 표시할 내용을 지정합니다.

기본형
```
<input type="button" [value="버튼 내용"] [속성="속성 값"]>
```

예를 들어 버튼을 클릭했을 때 새 창(새 탭)을 여는 자바스크립트 함수를 실행시키려면 다음과 같이 type="button" 유형을 사용해 버튼을 삽입하고 onclick을 추가해 새 창을 여는 window.open() 함수를 연결합니다.

▶ 이 기능은 브라우저 버전과 상관없이 사용 가능합니다.

Do it! 버튼 삽입하기 예제 04/button.html

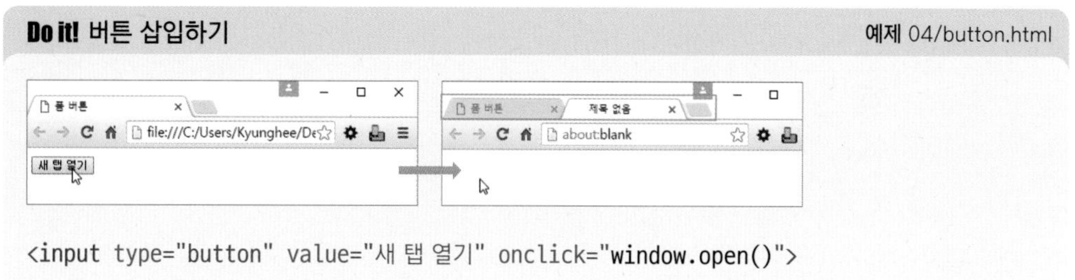


```
<input type="button" value="새 탭 열기" onclick="window.open()">
```

type="file"- 파일 첨부하기

폼에는 파일도 첨부할 수 있습니다. type="file" 필드를 넣으면 웹 브라우저 화면에 [파일 선택]이나 [찾아보기] 등이 표시되는데 이 버튼을 클릭한 후 파일을 선택하면 파일이 첨부됩니다.

기본형
```
<input type="file" [속성="속성 값"]>
```

▶ 이 기능은 브라우저와 상관없이 사용 가능합니다.

다음 소스는 첨부 파일을 추가할 수 있는 요소인데 실제 파일 첨부 버튼에 표시되는 내용은 웹 브라우저에 따라 달라집니다.

```
<label> 첨부파일 <input type="file"></label>
```

첨부파일 파일 선택 선택된 파일 없음
크롬 브라우저
첨부파일 찾아보기... 선택한 파일이 없습니다.
파이어폭스
첨부파일 찾아보기...
인터넷 익스플로러 11
첨부파일 찾아보기...
MS 엣지

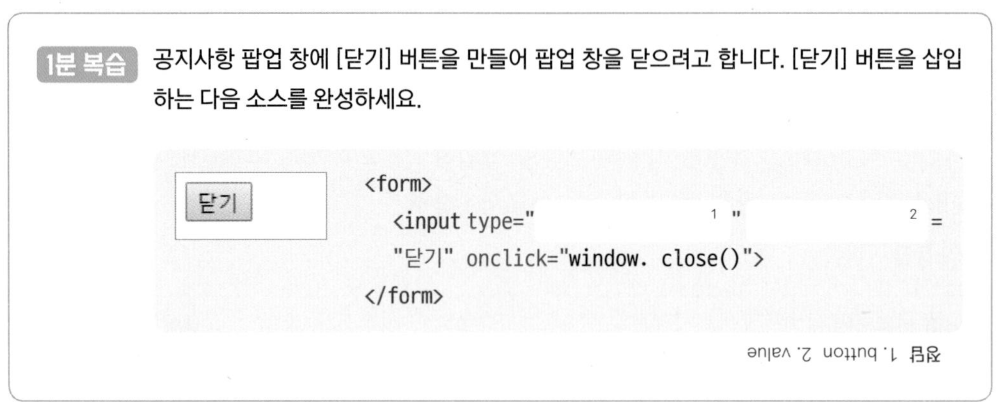

1분 복습 공지사항 팝업 창에 [닫기] 버튼을 만들어 팝업 창을 닫으려고 합니다. [닫기] 버튼을 삽입하는 다음 소스를 완성하세요.


```
<form>
  <input type="    1    "    2    =
  "닫기" onclick="window. close()">
</form>
```

정답 1. button 2. value

04-3 〈input〉 태그의 다양한 속성

지금까지 〈input〉 태그를 이용해 폼을 만드는 기본적인 방법들을 익혔습니다. 여기서 더 나아가 입력란에 커서나 힌트를 표시하고 필수로 입력해야 하는 필드를 지정하는 등 좀 더 세밀하게 폼을 조정할 수 있습니다. 이 모든 것은 〈input〉 태그의 다양한 속성으로 가능합니다. 하나씩 살펴보며 폼을 좀 더 세련되게 만들어 보세요!

autofocus 속성 - 입력 커서 표시하기

autofocus 속성을 사용하면 페이지를 불러오자마자 폼의 요소 중에서 원하는 요소에 마우스 커서를 표시할 수 있습니다. 이전에는 이 기능을 구현하기 위해 자바스크립트를 이용해야 했는데 HTML5에서는 autofocus라는 속성으로 쉽게 해결할 수 있습니다.
다음 예제에서는 autofocus 속성을 사용해 웹 문서를 로딩하자마자 '이름' 옆의 텍스트 필드에 마우스 커서가 표시됩니다.

Do it! 텍스트 필드에 입력 커서 표시하기 예제 04/attribute.html

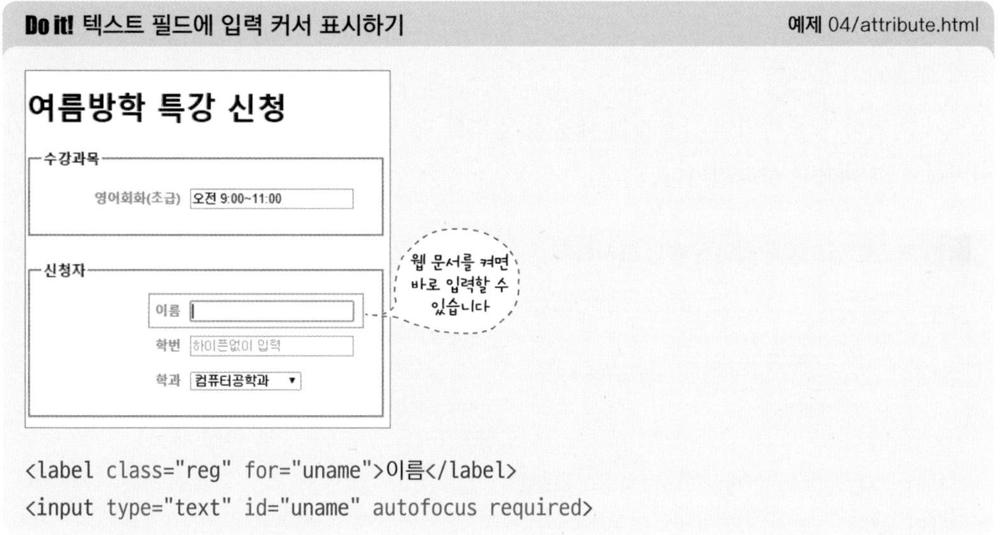


```
<label class="reg" for="uname">이름</label>
<input type="text" id="uname" autofocus required>
```

placeholder 속성 - 힌트 표시하기

사용자가 텍스트를 입력할 때 도움이 되도록 입력란에는 적당한 힌트 내용을 표시하고 있다가 그 필드를 클릭하면 내용이 사라지도록 만들 수 있습니다. 이렇게 하면 텍스트 필드 앞에 제목을 사용하지 않고도 사용자에게 해당 필드에 어떤 내용을 입력해야 할지 알려 줄 수 있어 편리합니다.

예를 들어 '네이버' 같은 포털 사이트의 로그인 창에서도 따로 '아이디'나 '비밀번호' 같은 제목을 붙이지 않고 입력 필드 안에 '아이디'나 '비밀번호'라고 표시해 놓아 사용자가 알아볼 수 있습니다. 이 기능은 <input> 태그의 placeholder 속성으로 만들 수 있는데요. '아이디' 필드를 마우스 오른쪽 버튼으로 클릭한 후 [검사]를 선택해 개발자 도구 창을 열어 보면 <input> 태그 안에 placeholder 속성이 사용된 것을 볼 수 있습니다.

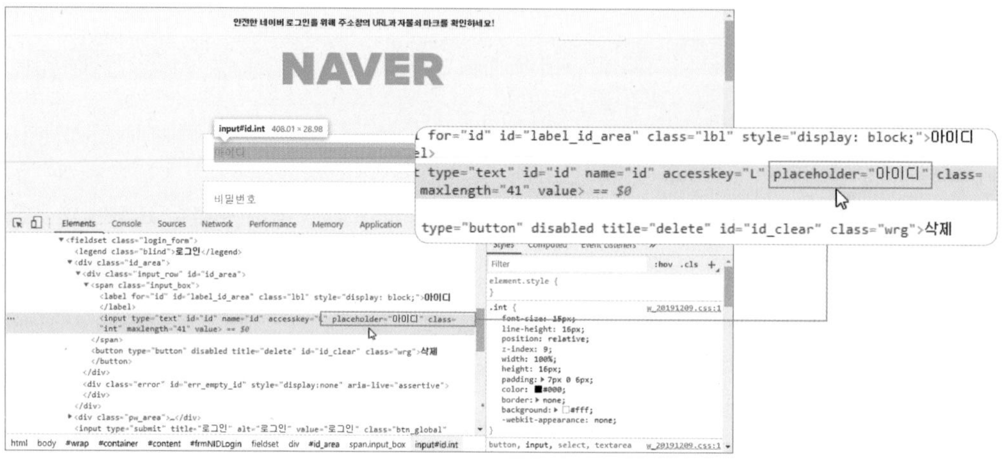

아래 예제에서 학번을 입력하는 텍스트 필드에는 '하이픈없이 입력'이라는 placeholder 텍스트가 희미하게 표시되어 사용자가 내용을 입력할 때 도움을 주고 필드에 내용을 입력하기 시작하면 그 내용은 사라집니다.

Do it! 텍스트 필드에 플레이스 홀더 표시하기 **예제** 04/attribute.html

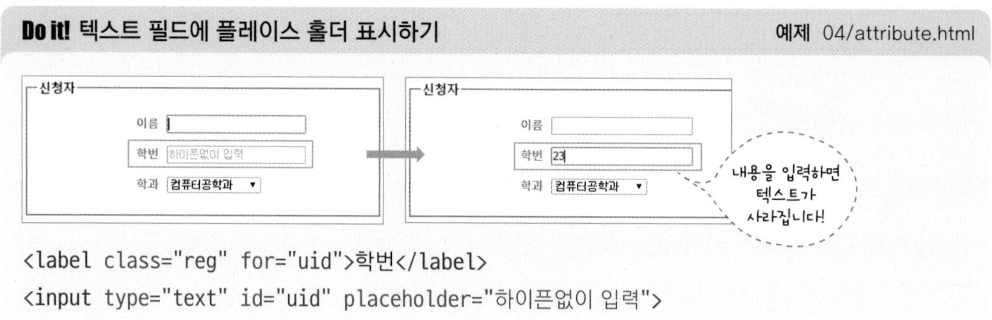


```
<label class="reg" for="uid">학번</label>
<input type="text" id="uid" placeholder="하이픈없이 입력">
```

readonly 속성 - 읽기 전용 필드 만들기

입력란에 텍스트를 표시하는 것을 넘어 사용자가 입력하지 못하고 읽게만 만들 수도 있습니다. readonly 속성은 해당 필드를 읽기 전용으로 바꿉니다. 텍스트 필드나 텍스트 영역처럼 필드 안에 내용이 있지만 사용자에게 내용을 보여 주기만 하고 입력은 할 수 없게 하죠. readonly 속성은 "true"나 "false" 값 중 하나만 사용하기 때문에 속성과 함께 true나 false 값을 지정해도 되고 간단히 readonly라고만 쓰거나 readonly="readonly"라고 써도 readonly="true"로 인식합니다.

다음 예제에서 '영어회화(초급)' 필드에는 readonly 속성이 지정되었기 때문에 이 필드의 내용은 새로 입력할 수 없고 그 안의 내용을 삭제할 수도 없습니다.

Do it! 읽기 전용 필드 만들기 예제 04/attribute.html

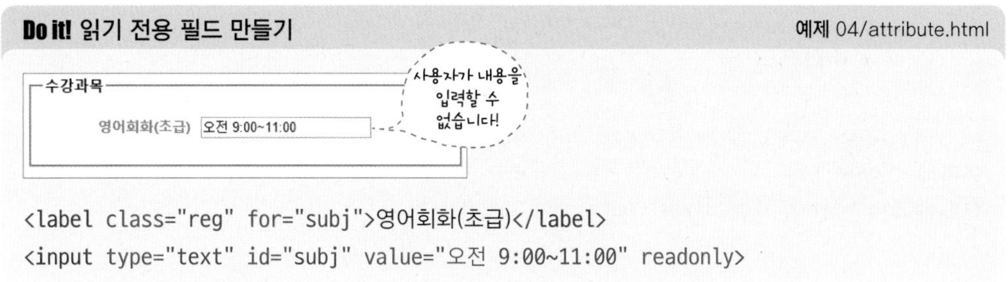


```
<label class="reg" for="subj">영어회화(초급)</label>
<input type="text" id="subj" value="오전 9:00~11:00" readonly>
```

required 속성 - 필수 필드 지정하기

내용을 폼에 입력한 후 submit 버튼을 클릭하면 폼을 서버로 전송하는데 이때 필수 필드에 필요한 내용이 모두 채워졌는지 검사해야 합니다. 이렇게 필수적으로 입력해야 하는 내용에는 required 속성을 지정해 필수 필드로 만들 수 있습니다. required 속성은 불린 값(boolean value)이기 때문에 이 속성을 사용하려면 required="required" 또는 required라고만 입력하면 됩니다.

▶ 선택지를 "true"와 "false", 두 가지 값 중에서 선택하는 것을 "불린 값(boolean value)"이라고 합니다.

다음은 '이름' 필드를 필수 필드로 지정한 예제로 '이름' 필드를 비워 놓고 [신청하기] 버튼을 눌러 전송할 경우, 오류 메시지를 표시합니다. 필수 필드는 브라우저에서 직접 체크하는 것이므로 오류 메시지 내용은 브라우저들마다 다르게 나타납니다.

Do it! 필수 필드 지정하기 예제 04/attribute.html

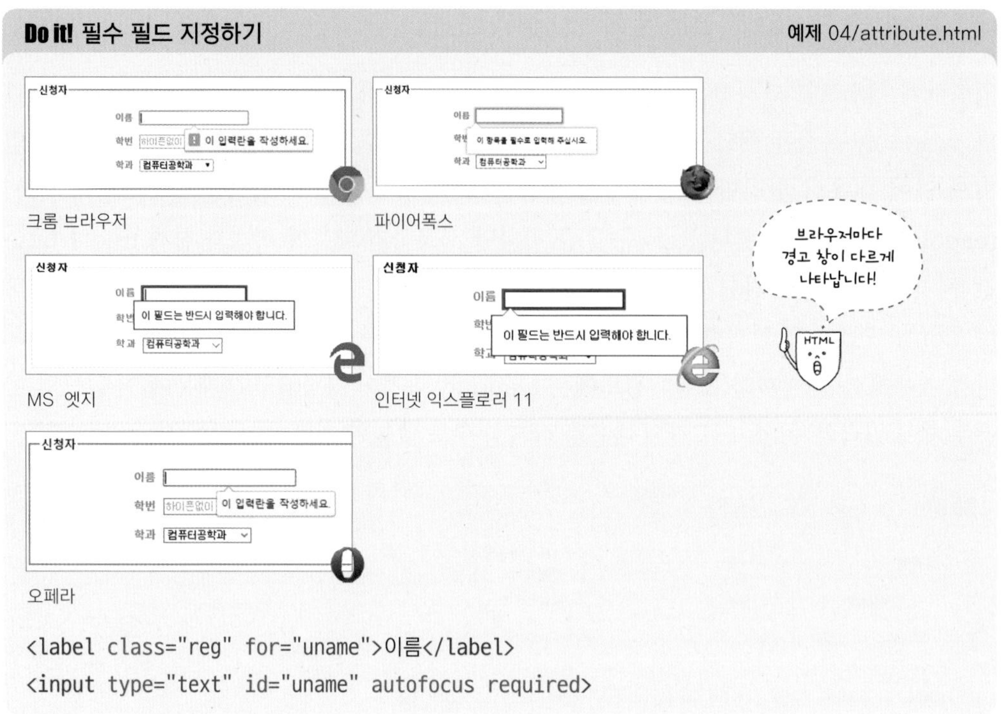


```
<label class="reg" for="uname">이름</label>
<input type="text" id="uname" autofocus required>
```

min, max, step 속성

min 속성과 max 속성은 각각 해당 필드의 최솟값과 최댓값을 지정합니다. 이때 한 가지 속성만 지정할 수도 있지만 두 가지 속성을 함께 써서 최솟값과 최댓값을 모두 지정해 사용자가 입력할 수 있는 값의 범위를 제한할 수도 있습니다. 그리고 step 속성은 허용된 범위 내의 숫자의 일정한 간격을 가리킵니다.

세 가지 속성 모두 <input> 태그의 유형이 date이거나 datetime, datetime-local, month, week, time, number, range일 경우에만 사용할 수 있습니다.

▶ 이 속성은 브라우저와 상관없이 사용 가능합니다.

다음 예제는 '단체 주문' 필드에서 value 속성과 min, max, step 속성을 사용해 기본값과 최솟값을 10으로 하고 최댓값을 100으로 하면서 step을 10으로 했기 때문에 스핀 박스를 클릭할 때마다 10만큼 커집니다.

Do it! 최대, 최솟값, step 지정하기 예제 04/attribute.html

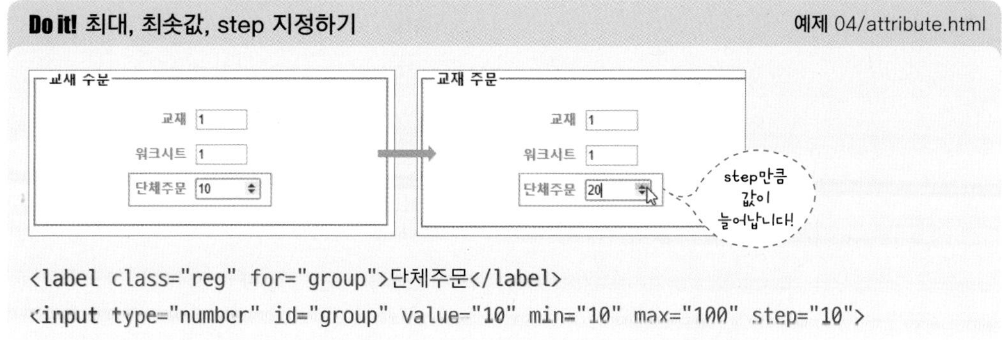


```
<label class="reg" for="group">단체주문</label>
<input type="number" id="group" value="10" min="10" max="100" step="10">
```

size, minlength, maxlength 속성 - 길이, 최소 길이, 최대 길이 속성

min, max, step 속성이 숫자의 조건을 지정했다면 텍스트 길이도 조건으로 만들 수 있습니다. size 속성은 텍스트 필드와 비밀번호 필드, 검색 필드 등 한 줄짜리 텍스트와 관련된 필드에서 화면에 몇 글자까지 보이게 할지 지정하고 maxlength 속성은 사용자가 최대 몇 글자까지 입력할 수 있는지 지정합니다. 그리고 minlength 속성은 최소 몇 글자 이상을 입력해야 하는지 지정합니다. 아직까지 minlength 속성은 최신 크롬 브라우저와 안드로이드 브라우저에서만 지원됩니다.

예를 들어 회원 가입 양식에서 '아이디'를 지정할 때 최소 4자 이상, 15자 미만으로 입력하도록 하고 이 글자를 화면에 10글자만 표시하려면 다음과 같이 지정할 수 있습니다.

Do it! 텍스트 필드의 글자 길이 지정하기 예제 04/join.html

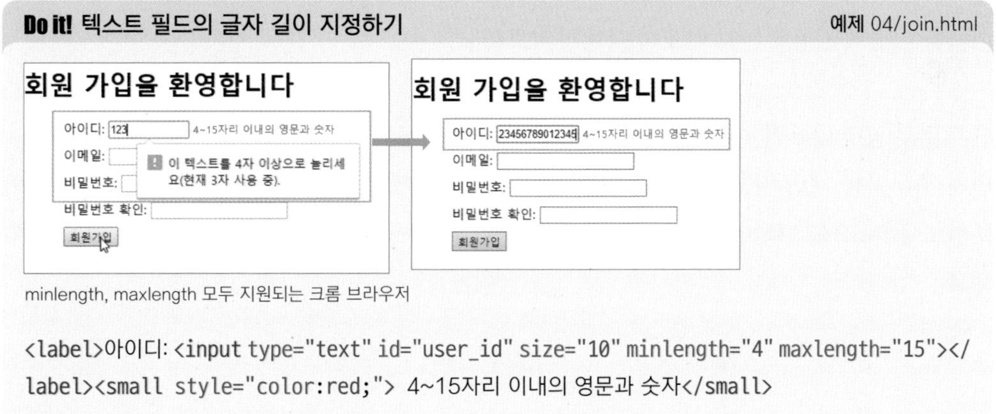

minlength, maxlength 모두 지원되는 크롬 브라우저

```
<label>아이디: <input type="text" id="user_id" size="10" minlength="4" maxlength="15"></
label><small style="color:red;"> 4~15자리 이내의 영문과 숫자</small>
```

이외에도 <input> 태그에서 사용할 수 있는 속성들은 다음과 같습니다.

속성	설명
formaction	실행할 프로그램을 연결합니다. type="submit"이나 type="image"일 때 사용할 수 있습니다.
formenctype	서버로 폼을 전송했을 때 폼 데이터를 어떤 방식으로 해석할 것인지 지정합니다. type="submit"이나 type="image"일 때 사용할 수 있습니다.
formmethod	서버로 폼을 전송하는 방식(get, post 등)을 지정합니다. 이미 <form> 태그 안에서 지정한 방식이 있어도 그 방식은 무시됩니다.
formnovalidate	<form> 태그 안에 novalidate 라는 속성이 있어서 서버로 전송할 때 폼 데이터가 유효(validate)한지 여부를 표시할 수 있는데 <input> 태그 안에서도 formnovalidate 속성을 이용해 유효성 여부를 표시할 수 있습니다.
formtarget	폼 데이터를 서버로 전송한 후 서버의 응답을 어디에 표시할 것인지 타깃을 지정합니다.
height, width	type="image"일 때 이미지의 너비와 높이를 지정합니다.
list	<datalist>에 미리 정의해 놓은 옵션 값을 <input> 안에 나열해 보여 줍니다. 자세한 내용은 173쪽에서 설명합니다.
multiple	type="email"이나 type="file"일 때 두 개 이상의 값을 입력합니다. <input> 태그 안에 속성 이름만 표시하면 됩니다.

상품 주문서 작성하기

[준비] 04/order.html [완성] 04/order-result.html

지금까지 살펴본 여러 폼 요소들 중에서 가장 많이 사용하는 요소를 이용해 상품 주문서를 만들어 보겠습니다. <fieldset>과 <legend> 태그의 용도를 확인하고 <input> 태그의 유형과 속성들을 어떻게 사용하는지 비교하면서 살펴보세요.

1. 주문서 영역 나누기

먼저 주문자의 개인 정보와 배송지 정보, 주문할 상품 정보 3개 영역으로 나눌 것입니다. 비주얼 스튜디오에서 준비 파일을 열어 </h1> 태그 다음에 빈 줄을 만들고 다음과 같이 입력하세요.

```
<body>
  <div class="container">
    <h1>상품 주문서</h1>
    <form>
      <fieldset>
        <legend>개인 정보</legend>
      </fieldset>
      <fieldset>
        <legend>배송지 정보</legend>
      </fieldset>
      <fieldset>
        <legend>주문 정보</legend>
      </fieldset>
    </form>
  </div>
</body>
```

```
<form>
<fieldset>
    <legend>개인 정보</legend>
</fieldset>
<fieldset>
    <legend>배송지 정보</legend>
</fieldset>
<fieldset>
    <legend>주문 정보</legend>
</fieldset>
</form>
```

2. 폼 요소 추가하기

'개인 정보'에는 '이름'과 '연락처'를 넣을 것입니다. 〈legend〉개인 정보〈/legend〉 다음에 아래와 같은 소스를 넣고 Ctrl + S를 눌러 문서를 저장합니다.

```
      <fieldset>
        <legend>개인 정보</legend>
        <ul>
          <li>
            <label for="uname" class="title">이름</label>
            <input type="text" id="uname" placeholder="여백없이 입력" required>
          </li>
          <li>
            <label for="tel1" class="title">연락처</label>
            <input type="tel" id="tel1" placeholder="연락가능한 번호">
          </li>
        </ul>
      </fieldset>
```

```
<ul>
    <li>
        <label for="uname" class="title">이름</label>
        <input type="text" id="uname" placeholder="여백없이 입력" required>
    </li>
    <li>
        <label for="tel1" class="title">연락처</label>
        <input type="tel" id="tel1" placeholder="연락가능한 번호">
    </li>
</ul>
```

3. 배송지 정보를 입력할 수 있는 폼 요소를 추가하겠습니다. 〈legend〉배송지 정보〈/legend〉 다음 줄에 다음과 같은 소스를 추가한 후 Ctrl + S를 눌러 수정한 내용을 저장합니다.

```
<fieldset>
  <legend>배송지 정보
  <ul>
    <li>
      <label for="add
      <input type="te
    </li>
    <li>
      <label for="tel
      <input type="te
    </li>
    <li>
      <label for="com
      <textarea cols=
    </li>
  </ul>
</fieldset>
```

```
<ul>
  <li>
    <label for="addr" class="title">주소</label>
    <input type="text" size="40" id="addr" required>
  </li>
  <li>
    <label for="tel2" class="title">전화번호</label>
    <input type="tel" id="tel2" required>
  </li>
  <li>
    <label for="comment" class="title">메 모</label>
    <textarea cols="40" rows="3" id="comment"></textarea>
  </li>
</ul>
```

4. 주문할 상품과 수량을 입력할 공간이 필요하겠군요. 〈legend〉주문 정보〈/legend〉 다음에 다음 소스를 추가합니다.

```
<fieldset>
  <legend>주문 정보</legend>
  <ul>
    <li>
      <label><input type="checkbox">과테말라 안티구아 (100g) </label>
      <label><input type="number" value="0" min="0" max="5">개 </label>
    </li>
    <li>
      <label><input type="checkbox">인도네시아 만델링 (100g) </label>
      <label><input type="number" value="0" min="0" max="5">개 </label>
    </li>
    <li>
      <label><input type="checkbox">탐라는도다(블렌딩) (100g) </label>
      <label><input type="number" value="0" min="0" max="5">개 </label>
    </li>
  </ul>
</fieldset>
```

```
<ul>
   <li>
      <label><input type="checkbox">과테말라 안티구아 (100g) </label>
      <label><input type="number" value="0" min="0" max="5">개 </label>
   </li>
   <li>
      <label><input type="checkbox">인도네시아 만델링 (100g) </label>
      <label><input type="number" value="0" min="0" max="5">개 </label>
   </li>
   <li>
      <label><input type="checkbox">탐라는도다(블렌딩) (100g) </label>
      <label><input type="number" value="0" min="0" max="5">개 </label>
   </li>
</ul>
```

5. 버튼 추가하기

마지막으로 전송 버튼을 추가하겠습니다. 마지막 </fieldset> 태그 다음에 다음 소스를 추가하고 Ctrl + S를 눌러 지금까지 수정한 내용을 저장합니다.

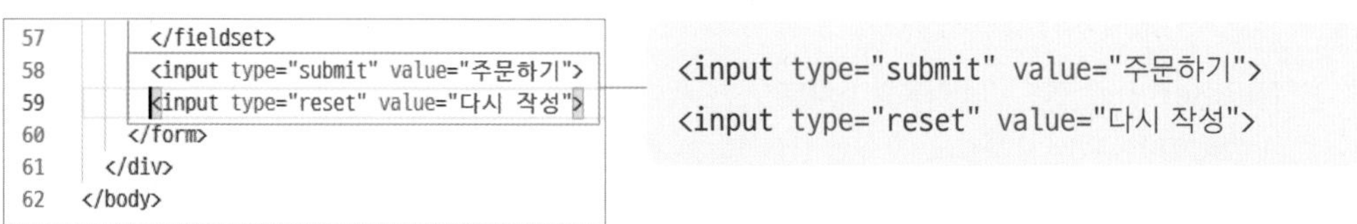

6. 브라우저에서 확인하기

윈도우 탐색기에서 04/order.html 문서를 더블 클릭해 지금까지 만든 폼을 웹 브라우저에서 확인해 보세요. 필요한 요소들은 모두 포함했지만 전체적으로 깔끔하지는 않군요.

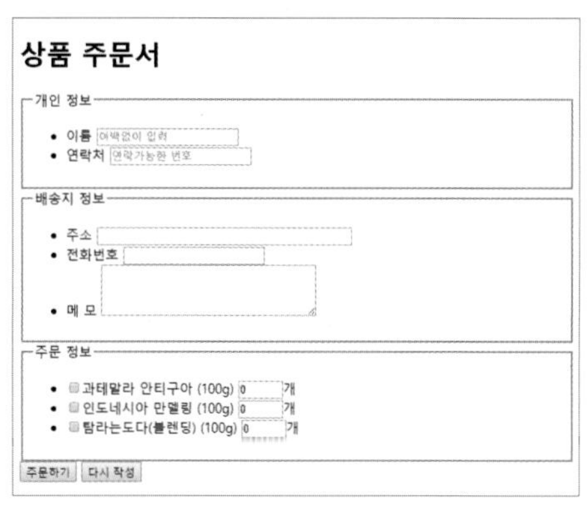

7. 디자인 바꾸기

폼의 디자인을 위해 다음 CSS 소스를 </head> 태그 앞에 추가하세요. 초록색 글자(/* …… */)는 주석이므로 입력하지 않아도 됩니다.

▶ 여기서 사용된 CSS 소스는 둘째마당부터 배울 것입니다.

```
<style>
   .container {
      width:600px;
      margin:0 auto;
   }
   ul {  /* 순서 없는 목록에 적용할 스타일 */
      list-style-type: none; /* 불릿 없앰 */
   }
   label.title {   /* class=title인 label에 적용할 스타일 */
      font-weight: bold; /* 굵은 글자 */
      width: 80px;   /* 너비 80px */
      float: left;   /* 왼쪽부터 배치 */
   }
   div.centered { /* class=centered인 div에 적용할 스타일 */
      text-align: center; /* 가운데 정렬 */
   }
   fieldset { /* 필드셋에 적용할 스타일*/
      margin: 15px 10px;   /* 상하 마진 15px, 좌우 마진 10px */
   }
   fieldset legend {   /* 필드셋의 제목 */
      font-weight: bold;  /* 굵은 글자 */
      font-size: 18px;   /* 글자 크기 18px */
      color: purple;   /* 자주 색 글자 */
   }
   ul li {   /* 목록의 각 항목 */
      margin-bottom: 10px;   /* 아래 마진 10px */
   }
</style>
```

8. submit 버튼과 reset 버튼을 한꺼번에 중앙으로 옮기기 위해 5번 과정에서 입력했던 '주문하기'와 '다시 작성' 두 개 버튼을 <div> 태그로 묶어 주겠습니다. 그리고 클래스 스타일 이름을 centered로 지정합니다.

```
<div class="centered">
  <input type="submit" value="주문하기">
  <input type="reset" value="다시 작성">
</div>
```

9. 브라우저에서 확인하기

브라우저 창으로 돌아와 [새로 고침] 아이콘 을 클릭하거나 F5 키를 눌러 수정된 내용을 확인해 보세요.

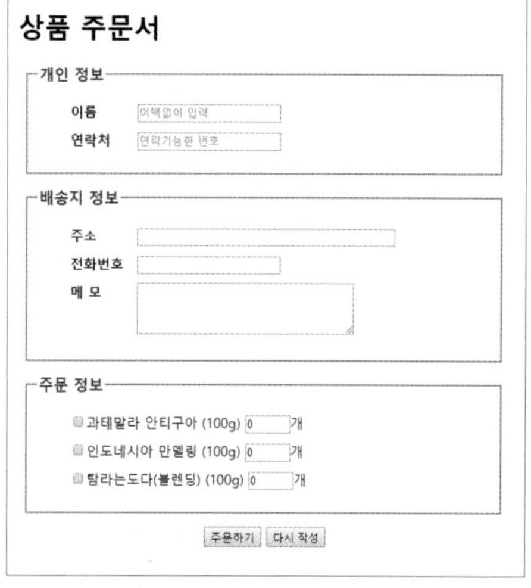

1분 복습 회원 가입 페이지에 접속하면 '이름' 필드에 커서가 표시되도록 하고 '이름'과 '메일 주소'를 필수 항목으로 지정하려고 합니다. 이때 각 항목에 추가해야 할 속성을 완성하세요.

이 름 :
닉네임 :
이메일 :

```
<form>
   <label>이름 : <input type="text"       1      required></label>
   <label>닉네임 : <input type="text"></label>
   <label>메일 주소: <input type="email"       2      ></label>
</form>
```

정답 1. autofocus 2. required

04-4 여러 데이터 나열해 보여 주기

지금까지는 <input> 태그로 한 줄짜리 데이터를 입력할 수 있는 폼 요소들을 배웠습니다. 이번에는 <input> 태그가 아닌 다른 태그를 사용해 한 줄짜리 데이터가 아닌 여러 데이터를 나열해 보여 주고 사용자가 선택할 수 있도록 해 주는 폼 요소들을 살펴보겠습니다.

<select>, <optgroup>, <option> 태그 - 드롭다운 목록 만들기

사용자가 내용을 입력하는 것이 아니라 여러 옵션 중에서 선택하도록 하고 싶을 때 드롭다운 목록을 사용합니다. 드롭다운 목록이란 클릭했을 때 옵션들이 요소 아래쪽으로 펼쳐지기 때문에 붙여진 이름입니다. 공간을 최소한으로 사용하면서 여러 옵션을 표시하려면 드롭다운 목록이 가장 적당합니다.
드롭다운 목록은 <select> 태그와 <option> 태그를 이용해 표시합니다. <select> 태그로 드롭다운 목록의 시작과 끝을 표시하고 그 안에 <option> 태그를 사용해 원하는 항목들을 추가하죠. <option> 태그에는 value 속성을 이용해 서버로 넘겨주기 위한 값을 지정합니다.

기본형

```
<select 속성="속성 값">
    <option value="값" [속성="속성 값"]> 내용1 </option>
    <option value="값" [속성="속성 값"]> 내용2 </option>
    <option value="값" [속성="속성 값"]> 내용3 </option>
    ...
</select>
```

<select> 태그의 속성

먼저 <select> 태그를 사용해 만든 드롭다운 목록은 기본적으로 한 가지 옵션이 표시되고 화살표를 클릭해 나머지 옵션을 살펴본 후 필요한 한 가지 항목을 선택할 수 있습니다. 이때 size 속성이나 multiple 속성을 이용하면 드롭다운 목록의 크기나 선택할 항목의 개수를 조절할 수 있습니다.

속성	설명
size	화면에 표시될 드롭다운 메뉴의 항목 개수를 지정합니다. ▶ 크롬 브라우저의 경우, size에서 지정한 개수보다 하나 더 많은 옵션이 표시됩니다. size="3" 으로 지정하면 4개의 옵션이 표시됩니다.
multiple	브라우저 화면에 여러 개의 옵션이 함께 표시되면서 Ctrl 키를 누른 상태로 드롭다운 메뉴에 있는 여러 항목을 선택할 수 있습니다.

〈option〉 태그의 속성

드롭다운 목록에 표시되는 옵션들은 〈option〉 태그를 이용해 지정하는데 〈option〉 태그에서만 사용하는 속성은 다음과 같습니다.

속성	설명
value	옵션을 선택했을 때 서버로 넘겨질 값을 지정합니다.
selected	화면에 표시될 때 기본으로 선택되어 있는 옵션을 지정합니다.

〈select〉 태그와 〈option〉 태그의 속성을 응용한 예제를 살펴보며 어떻게 적용되는지 살펴보겠습니다. 다음 예는 〈select〉 태그에 size="5"를 지정해 한꺼번에 다섯 개씩 보여 주고 multiple 속성을 지정했기 때문에 드롭다운 목록에서 여러 항목을 동시에 선택할 수 있습니다. 전송 버튼을 클릭하면 선택한 여러 옵션이 서버로 전송됩니다.

Do it! 드롭다운 목록 만들기 예제 04/select1.html

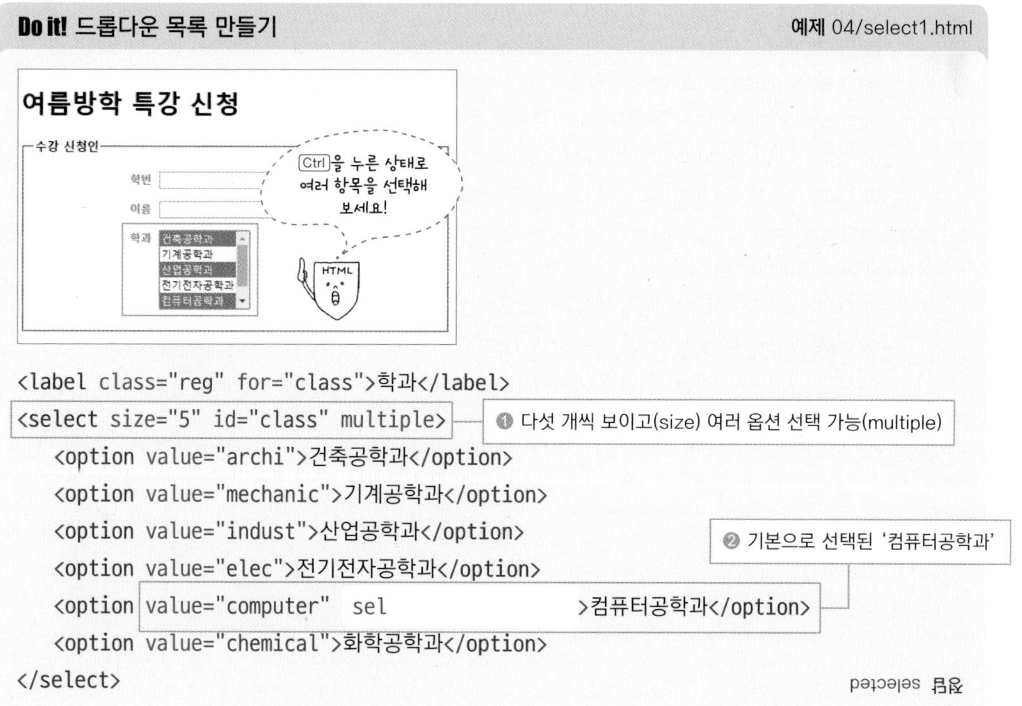


```
<label class="reg" for="class">학과</label>
<select size="5" id="class" multiple>
    <option value="archi">건축공학과</option>
    <option value="mechanic">기계공학과</option>
    <option value="indust">산업공학과</option>
    <option value="elec">전기전자공학과</option>
    <option value="computer" sel          >컴퓨터공학과</option>
    <option value="chemical">화학공학과</option>
</select>
```

❶ 다섯 개씩 보이고(size) 여러 옵션 선택 가능(multiple)

❷ 기본으로 선택된 '컴퓨터공학과'

정답 selected

<optgroup> 태그 - 옵션끼리 묶기

드롭다운 목록에서 여러 항목들을 몇 가지 그룹으로 묶어야 할 경우, <optgroup> 태그를 사용할 수 있습니다. <optgroup> 태그를 사용할 때는 label 속성을 사용해 그룹의 제목을 붙입니다.

다음은 하나의 <select> 태그 안에서 여러 개의 <option> 태그들을 두 개의 <optgroup>으로 묶은 예제입니다.

Do it! 드롭다운 항목 그룹으로 묶기 예제 04/select2.html

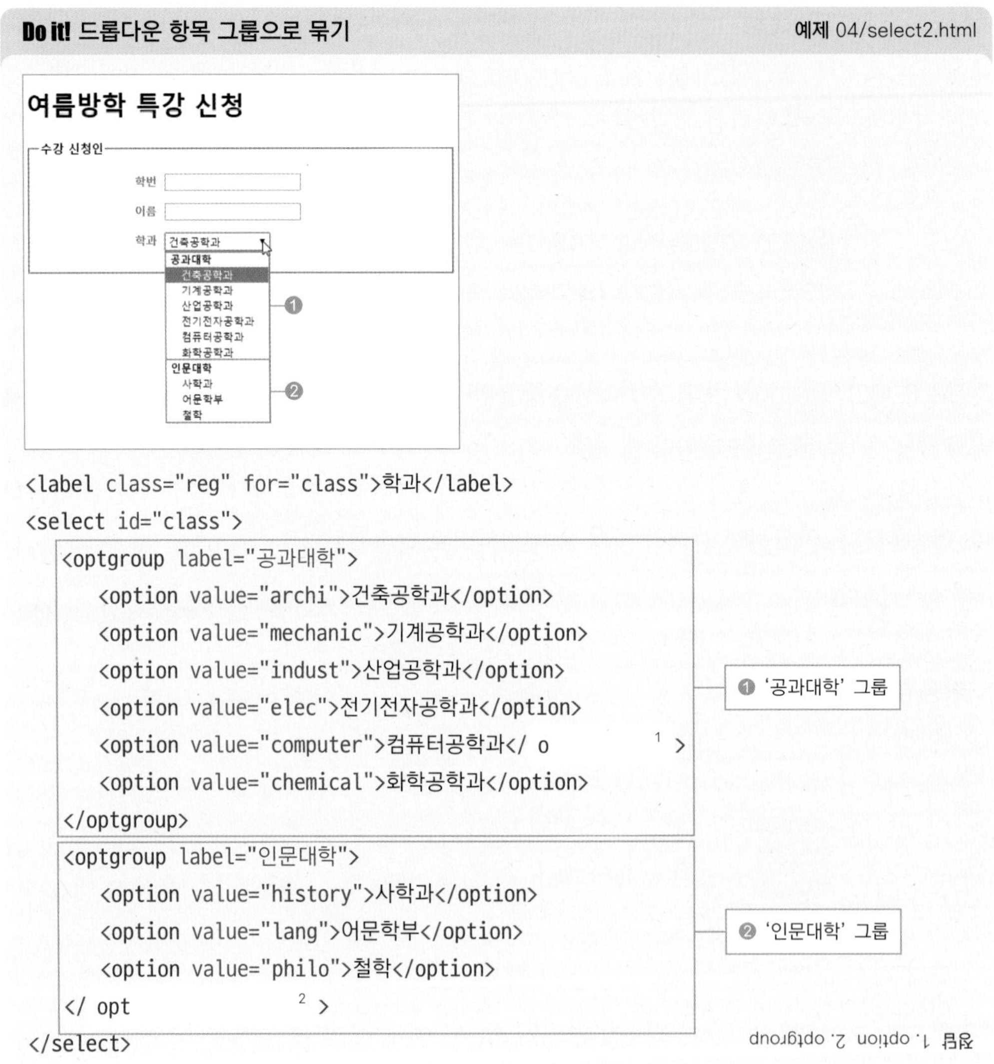


```
<label class="reg" for="class">학과</label>
<select id="class">
  <optgroup label="공과대학">
    <option value="archi">건축공학과</option>
    <option value="mechanic">기계공학과</option>
    <option value="indust">산업공학과</option>
    <option value="elec">전기전자공학과</option>
    <option value="computer">컴퓨터공학과</ o      1 >
    <option value="chemical">화학공학과</option>
  </optgroup>
  <optgroup label="인문대학">
    <option value="history">사학과</option>
    <option value="lang">어문학부</option>
    <option value="philo">철학</option>
  </ opt        2 >
</select>
```

정답 1. option 2. optgroup

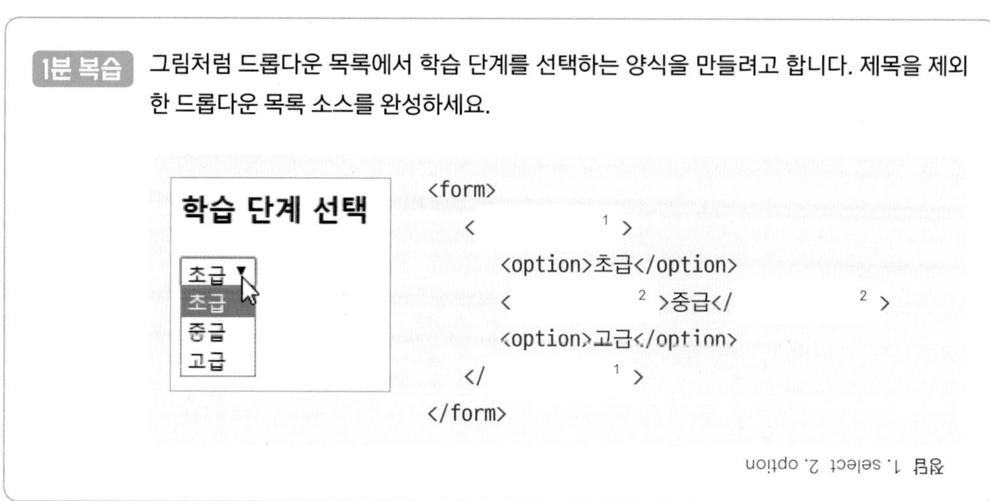

1분 복습 그림처럼 드롭다운 목록에서 학습 단계를 선택하는 양식을 만들려고 합니다. 제목을 제외한 드롭다운 목록 소스를 완성하세요.


```
<form>
  <          1 >
    <option>초급</option>
    <          2 >중급</          2 >
    <option>고급</option>
  </          1 >
</form>
```

정답 1. select 2. option

<datalist> 태그, <option> 태그

앞에서 배운 드롭다운 목록에서 <select> 태그 대신 <datalist> 태그를 사용하면 데이터 목록 중에서 값을 선택하도록 만들 수 있습니다. 즉 텍스트 필드에 직접 값을 입력하는 것이 아니라 데이터 목록에 제시한 값 중에서 선택하면 그 값이 자동으로 입력되는 것이죠.

데이터 목록은 텍스트 필드와 함께 사용하기 때문에 <input> 태그를 함께 사용합니다. 사용하는 방법은 <input> 태그의 list 속성 값과 데이터 목록의 id를 같게 만들면 됩니다. type="text"일 경우, 대부분의 브라우저에서 지원하지만 number나 range, color 필드는 브라우저별이나 버전별로 지원하지 않을 수도 있습니다.

데이터 목록을 만들 때는 <datalist> 태그를 이용해 데이터 목록의 시작과 끝을 표시하고 그 사이에 <option> 태그를 사용해 각 데이터 옵션을 표시합니다. 이때 <option> 태그에는 value 속성과 label 속성을 사용할 수 있습니다.

```
기본형  <input type="text"  list="데이터 목록 id">
          <datalist id="데이터 목록 id">
            <option> ...... </option>
            <option> ...... </option>
            ......
          </datalist>
```

▶ <datalist> 태그는 인터넷 익스플로러 9 이하와 사파리에서는 지원되지 않습니다.

속성	설명
value	사용자가 레이블을 선택했을 때 서버로 넘겨질 값을 지정합니다.
label	사용자를 위해 브라우저에 표시할 레이블입니다. 따로 지정하지 않을 경우, value 값을 레이블로 사용합니다.

다음 예제는 <input> 태그 안에서 list="choices"로 지정해 데이터 목록을 사용하겠다고 설정한 후 <datalist> 태그와 <option> 태그를 이용해 id가 "choices"인 목록을 정의한 것입니다.

Do it! 데이터 목록 만들기 예제 04/datalist.html

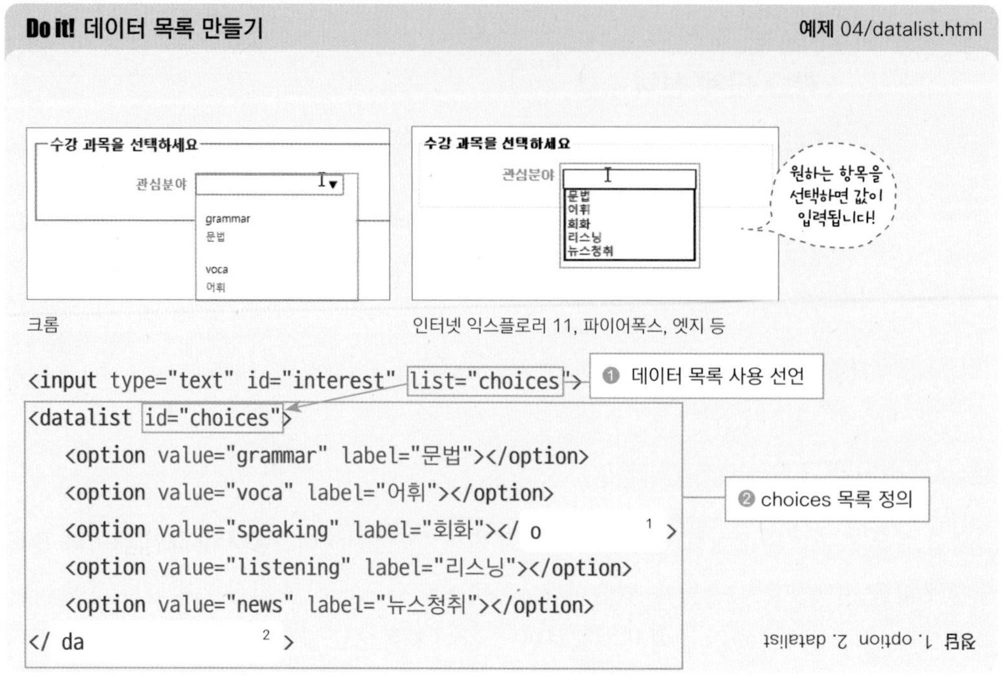


```
<input type="text" id="interest" list="choices">
<datalist id="choices">
   <option value="grammar" label="문법"></option>
   <option value="voca" label="어휘"></option>
   <option value="speaking" label="회화"></ o      1  >
   <option value="listening" label="리스닝"></option>
   <option value="news" label="뉴스청취"></option>
</ da      2  >
```

<textarea> 태그 - 여러 줄 입력하는 텍스트 영역 만들기

폼에서 텍스트나 항목을 선택하는 것이 아니라 직접 여러 줄의 텍스트를 입력하는 영역을 만들 수도 있습니다. 이 영역을 텍스트 영역(textarea)이라고 하며 한 줄 이상의 문장을 입력할 때 사용하는 폼을 말합니다. 게시판에서 게시물을 입력하거나 회원가입 양식에서 사용자 약관을 표시할 때 자주 사용합니다. <textarea> 태그에서는 너비 크기를 지정하는 cols 속성과 화면에 몇 줄을 표시할지 지정하는 rows 속성을 사용합니다.

```
기본형   <textarea [속성="속성 값"]> 내용 </textarea>
```

▶ 이 태그는 브라우저와 상관없이 사용 가능합니다.

속성	설명
name	다른 폼 요소와 구분하기 위해 텍스트 영역의 이름을 지정합니다.
cols	텍스트 영역의 가로 너비를 문자 단위로 지정합니다.
rows	텍스트 영역의 세로 길이를 줄 단위로 지정합니다. 지정한 숫자보다 줄 개수가 많아지면 스크롤 막대가 생깁니다.

다음 예제는 텍스트 영역 필드에 회사 소개를 표시한 것입니다. 텍스트 영역의 너비는 60픽셀이고 화면에 표시되는 줄의 개수는 5개입니다.

Do it! 텍스트 영역 삽입하기 예제 04/textarea.html

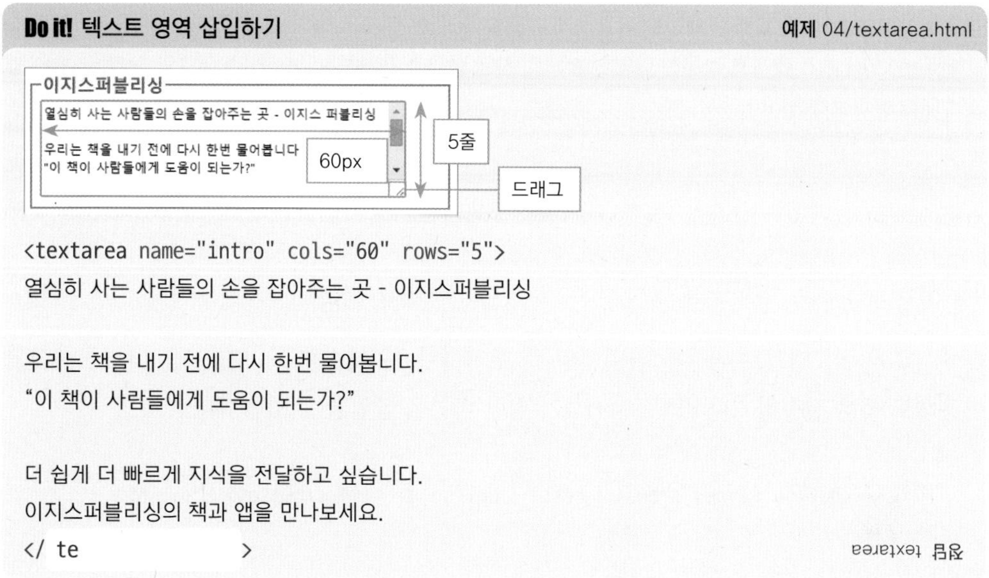


```
<textarea name="intro" cols="60" rows="5">
열심히 사는 사람들의 손을 잡아주는 곳 - 이지스퍼블리싱

우리는 책을 내기 전에 다시 한번 물어봅니다.
"이 책이 사람들에게 도움이 되는가?"

더 쉽게 더 빠르게 지식을 전달하고 싶습니다.
이지스퍼블리싱의 책과 앱을 만나보세요.
</ te              >
```

정답 textarea

▶ 텍스트 영역의 오른쪽 아랫부분의 삼각형을 드래그하면 텍스트 영역이 커집니다.

04-5 기타 다양한 폼 요소들

앞에서 살펴본 여러 폼 요소들 외에도 유용하게 사용할 수 있는 폼 요소들이 많습니다. 웹 문서에 버튼을 삽입해 주는 <button> 태그를 비롯해 다양한 형태로 진행 상태를 표시하는 <meter> 태그와 <progress> 태그에 대해 살펴보겠습니다.

<button> 태그 - 버튼 넣기

앞에서 <input> 태그로 버튼을 삽입했던 것 기억나나요? 비슷해 보이지만 <button> 태그를 이용해도 폼을 전송하거나 리셋(reset)하기 위한 버튼을 삽입할 수 있습니다.

기본형
```
<button [type="submit | reset | button"]> 내용 </button>
```

▶ 이 태그는 브라우저와 상관없이 사용 가능합니다.

<button> 태그의 type 속성은 버튼이 활성화되었을 때 어떤 동작을 할지 지정합니다. 선택할 수 있는 값은 submit과 reset, button 중 하나이고 지정하지 않으면 submit으로 간주합니다.

속성 값	설명
submit	**폼을 서버로 전송합니다. <button type="submit">전송하기</button>과 같이 사용합니다.**★
reset	폼에 입력한 모든 내용을 초기화시킵니다. <button type="reset">다시 쓰기</button>과 같이 사용합니다.
button	버튼 형태만 만들 뿐 자체 기능은 없습니다. <button type="button">주소 입력</button>과 같이 사용합니다.

웹 문서에서의 버튼은 <input type="submit">이나 <input type="reset">, <input type="button">처럼 <input> 태그를 이용해 삽입할 수도 있고 <button> 태그를 이용해 삽입할 수도 있습니다.

다음 예제는 <input> 태그를 사용했을 때와 <button> 태그를 사용했을 때의 기본 버튼입니다. 두 버튼이 거의 비슷한 모습이며 비슷한 용도로 사용할 수 있습니다.

```
<input type="submit" value="전송하기">
<button type="submit">전송하기</button>
```

▶ 버튼을 <input> 태그로 삽입하는 방법은 157쪽을 참고하세요.

차이점이라면 <button> 태그는 태그 이름에서 그 역할을 알 수 있기 때문에 화면 낭독기에서 이 태그를 만나면 '이 부분에는 버튼이 있다는 것'을 알고 정확히 전달할 수 있다는 것입니다. 또한 <button> 태그를 사용한 버튼에는 콘텐츠를 포함할 수 있기 때문에 아이콘을 추가할 수도 있고 CSS를 이용해 원하는 형태로 꾸밀 수도 있습니다.

다음 예제는 <button> 태그를 이용해 서버로 전송하는 버튼을 만든 것입니다. 이때 <img> 태그를 함께 사용하면 버튼에 간단한 아이콘 이미지를 넣을 수 있습니다. 또한 CSS를 이용해 버튼의 기본 스타일뿐만 아니라 버튼에 마우스 포인터를 올려놓았을 때의 스타일도 지정할 수 있습니다. 또한 태그와 CSS만으로 버튼을 만들었기 때문에 버튼을 이미지 파일로 만들어 <input type="image">로 넣었을 때보다 서버에서 훨씬 빨리 읽어 와 화면에 버튼을 표시할 수 있습니다.

Do it! 버튼 삽입하기 예제 04/button-css.html

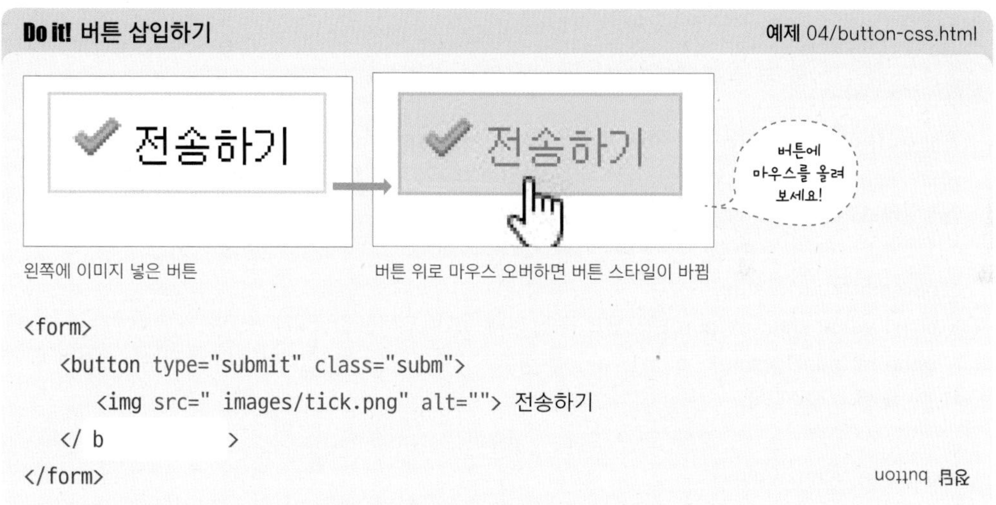

왼쪽에 이미지 넣은 버튼 / 버튼 위로 마우스 오버하면 버튼 스타일이 바뀜

```
<form>
  <button type="submit" class="subm">
    <img src=" images/tick.png" alt=""> 전송하기
  </ b          >
</form>
```

정답 button

<output> 태그 - 계산 결과

기본형 `<output [속성="속성 값"]> 내용 </output>`

▶ 이 태그는 브라우저와 상관없이 사용 가능합니다.

<output> 태그는 입력하는 값이 계산 결과라는 것을 브라우저에게 알려 줍니다. <output> 태그를 사용한다고 해서 브라우저 화면

에 다르게 표시되는 것은 아니지만 <output> 태그로 묶인 부분이 일반 텍스트가 아니라 계산의 결과 값이라는 점을 웹 브라우저가 정확히 인식할 수 있습니다.

다음 예제는 number 유형의 필드에 2개의 숫자를 입력하면 그 숫자를 더해 결과 값을 보여주는 것입니다. 예를 들어 "10"과 "10"을 입력하면 브라우저 화면에 "20"이라는 글자를 표시하는데 이것은 일반 글자 "20"이 아니라 두 수를 더한 결과값 "20" 입니다. 결과 값만 골라 내 다른 연산을 할 수도 있고 스크립트 프로그래밍에서 조건 처리에 사용할 수도 있습니다.

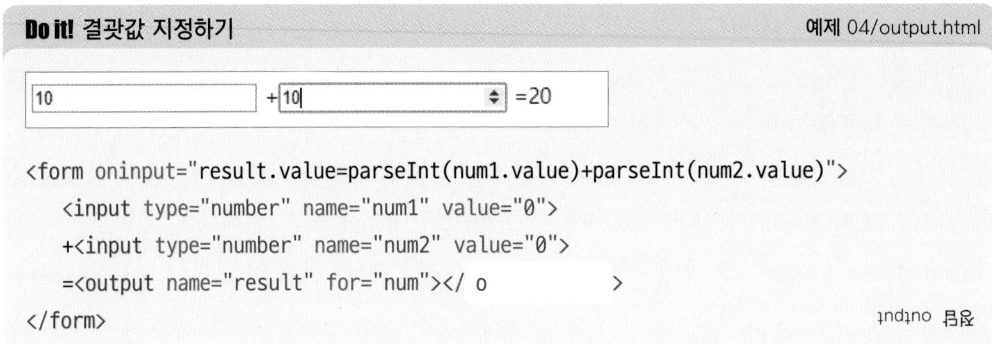

Do it! 결괏값 지정하기 예제 04/output.html

```
<form oninput="result.value=parseInt(num1.value)+parseInt(num2.value)">
    <input type="number" name="num1" value="0">
    +<input type="number" name="num2" value="0">
    =<output name="result" for="num"></ o          >
</form>
```

정답 output

알아두면 좋아요! 두 수의 합은 어떻게 계산할까?

예제 output.html에서는 <form> 태그에 사용된 oninput="result.value=parseInt(num1.value)+parseInt(num2.value)" 라는 자바스크립트 함수가 두 수의 합을 구해 줍니다. 각 항목의 의미를 먼저 알아보고 함수의 의미를 해석해 보겠습니다.

① parseInt(num1.value)

- **num1.value** - name="num1"인 필드 즉 첫 번째 필드에 입력된 값입니다.
- **parseInt(num1.value)** - num1.value를 정수로 바꾸어 주는 함수입니다. 정수로 바꾸지 않으면 수치 계산을 할 수 없습니다.

② parseInt(num2.value)

- **num2.value** - name="num2"인 필드 즉 두 번째 필드에 입력된 값입니다.
- **parseInt(num2.value)** - num2.value를 정수로 바꿉니다.

③ **result.value** - name="result"인 필드의 값 즉 세 번째 필드의 값입니다.

따라서 위 함수를 풀어 보면 "폼에 값을 입력하면(oninput) 첫 번째 필드에 입력된 값과 두 번째 필드에 입력된 값을 정수로 바꾸어 parseInt(num1.value), parseInt(num2.value)를 더한 후 세 번째 필드의 값(result.value)에 넣는다."라는 의미입니다.

<progress> 태그 - 진행 상태 보여주기

기본형	`<progress value="값" [max="값"]></progress>`

<progress> 태그는 작업 진행 상태를 나타낼 때 사용하는 태그입니다. 작업 시작을 0으로 하고 최종 완료를 최댓값으로 해 얼마나 진척되었는지 숫자로 표현합니다. 이때 사용하는 값에는 특별한 단위가 없고 단위를 표시하지도 않습니다.

<progress> 태그에서 사용할 수 있는 속성은 다음과 같습니다.

속성	설명
value	작업 진행 상태를 나타내며 부동 소수점으로 표현합니다. 이 값은 0보다 크거나 같고 max 값보다 작거나 같아야 합니다. 만약 max 값이 지정되지 않았다면 이 값은 1.0보다 작아야 합니다.
max	작업이 완료되려면 얼마나 많은 작업을 해야 하는지 부동 소수점으로 표현합니다. 이 값은 0보다 커야 합니다.

다음 예제는 <progress> 태그를 이용해 진행 상황을 표시한 것입니다. 첫 번째 막대는 최댓값을 60, 현재 값을 50으로 했기 때문에 전체 60 중에서 50만큼, 5/6 지점까지 진행 상황이 기록되었고 두 번째 막대는 최댓값이 100이고 현재 값이 30이기 때문에 3/10 지점까지 진행 상황이 표시됩니다.

Do it! 진행 상태 막대 삽입하기 예제 04/progress.html

10초 남음
진행률 30%

크롬 브라우저

10초 남음
진행률 30%

파이어폭스

10초 남음
진행률 30%

마이크로소프트 엣지

```
<ul>
  <li>
    <label>10초 남음</label>
    <!-- 전체 60초 중 50초 진행 -->
    <progress value="50" max="60"></progress>
  </li>
```

```
  <li>
    <label>진행률 30%</label>
    <!-- 전체 100 중 30만큼 진행 -->
    <progress value="30" max="100"></ pro               >
  </li>
</ul>
```

정답 progress

자바스크립트를 이용하면 〈progress〉 막대의 진행을 순차적으로 계속 진행시켜 마치 애니메이션처럼 보이게 할 수 있습니다. 04/progress-js.html을 실행해 자바스크립트를 이용한 〈progress〉 막대를 확인해 보세요.

〈meter〉 태그 - 값이 차지하는 크기 표시하기

기본형 `<meter value="값" [속성="속성 값"]></meter>`

〈meter〉 태그는 〈progress〉 태그를 사용했을 때와 결과 화면이 거의 같기 때문에 혼동되기도 합니다. 하지만 진행 상황을 나타내는 〈progress〉 태그와 달리 〈meter〉 태그는 전체 크기 중에서 얼마나 차지하는지를 표현할 때 사용합니다.

〈meter〉 태그는 작업이 진행된다는 의미보다 하드 디스크 전체 용량 중 현재 얼마나 사용하고 있는지를 나타내는 사용량이나 전체 유권자 중에서 몇 명이 투표했는지를 보여 주는 투표율처럼 지정된 범위 내에서 해당 값이 어느 정도 차지하고 있는지를 표현합니다.

〈progress〉 태그와 〈meter〉 태그를 비교해 알아 두세요!

〈meter〉 태그에서 사용할 수 있는 속성은 다음과 같습니다.

속성	설명
min, max	범위의 최솟값과 최댓값을 나타냅니다. 값을 정하지 않으면 0과 1로 간주합니다.
value	범위 내에서 차지하는 값을 나타냅니다.
low	"이 정도면 낮다."라고 할 정도의 값을 지정합니다.
high	"이 정도면 높다."라고 할 정도의 값을 지정합니다.
optimum	"이 정도면 적당하다."라고 할 정도의 범위를 지정합니다. optimum값이 high 값보다 크다면 value 값이 클수록 좋고 optimum 값이 low 값보다 작다면 value 값이 작을수록 좋습니다.

▶ high 값이나 low 값이 지정되어 있으면 현재 값(value)이 높은지 낮은지 비교할 수 있습니다. 그 정도를 색상으로 표시할 수도 있고요.

다음 예제는 〈meter〉 태그를 사용하는 여러 가지 예입니다. 단순히 value 속성만 지정했을 때와 최댓값과 최솟값을 지정했을 때 low 값과 high 값을 함께 지정할 때 등을 비교해 살펴보세요.

Do it! 전체 크기 중 차지하는 크기 삽입하기 예제 04/meter.html

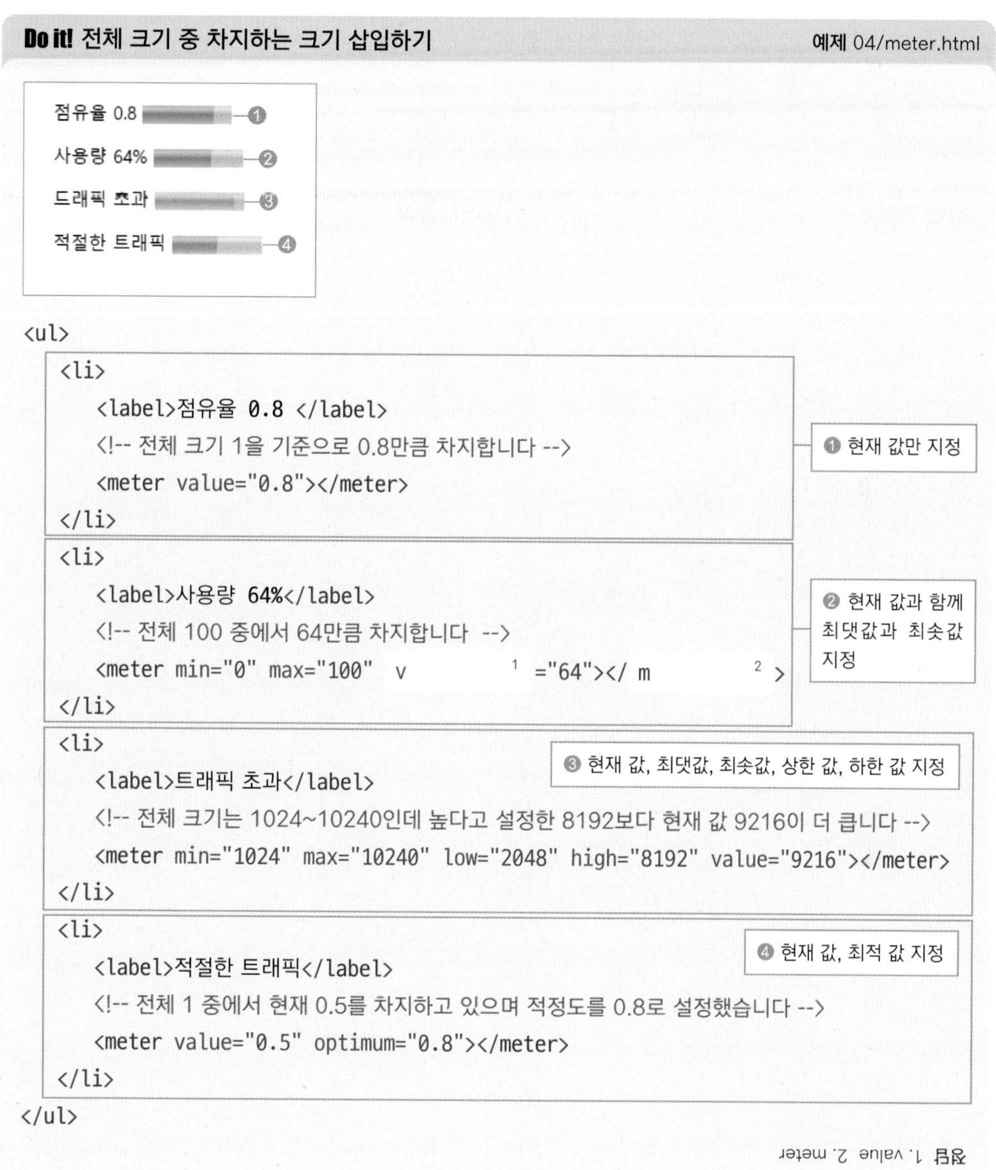

점유율 0.8 ❶
사용량 64% ❷
트래픽 초과 ❸
적절한 트래픽 ❹
❶ 현재 값만 지정
❷ 현재 값과 함께 최댓값과 최솟값 지정
❸ 현재 값, 최댓값, 최솟값, 상한 값, 하한 값 지정
❹ 현재 값, 최적 값 지정

```
<ul>
  <li>
    <label>점유율 0.8 </label>
    <!-- 전체 크기 1을 기준으로 0.8만큼 차지합니다 -->
    <meter value="0.8"></meter>
  </li>
  <li>
    <label>사용량 64%</label>
    <!-- 전체 100 중에서 64만큼 차지합니다 -->
    <meter min="0" max="100" v      1 ="64"></ m      2 >
  </li>
  <li>
    <label>트래픽 초과</label>
    <!-- 전체 크기는 1024~10240인데 높다고 설정한 8192보다 현재 값 9216이 더 큽니다 -->
    <meter min="1024" max="10240" low="2048" high="8192" value="9216"></meter>
  </li>
  <li>
    <label>적절한 트래픽</label>
    <!-- 전체 1 중에서 현재 0.5를 차지하고 있으며 적정도를 0.8로 설정했습니다 -->
    <meter value="0.5" optimum="0.8"></meter>
  </li>
</ul>
```

정답 1. value 2. meter

기억을 되살리는

연습문제

Q1 난이도 ★★☆

다음은 예약 페이지의 일부입니다. 04/quiz-1.html에는 '예약 정보'라는 제목만 표시되어 있습니다. 아래 폼 소스의 빈칸을 채우면서 04/quiz-1.html 문서에 폼을 추가하세요.

[문제] 04/quiz-1.html

예약 정보

[해답] 04/sol-1.html

예약 정보

이 름

휴대폰

이메일

예약하기

```
<form>
    <ul>
        <li>
            <label                >이 름</label>
            <input type="              " id="r-name">
        </li>
        <li>
            <label for="r-phone">휴대폰</label>
            <input type="              " id="              ">
        </li>
        <li>
            <label for="r-email">이메일</label>
            <input type="              " id="r-email">
        </li>
        <li>
            <input type="              "               ="예약하기">
        </li>
    </ul>
</form>
```

Q2 난이도 ★★★

04/quiz-2.html에 '프런트엔드 개발자 지원서'용 폼을 만들려고 합니다. 다음 조건을 만족시키도록 <form> 태그와 </form> 태그 사이에 소스를 추가하세요.

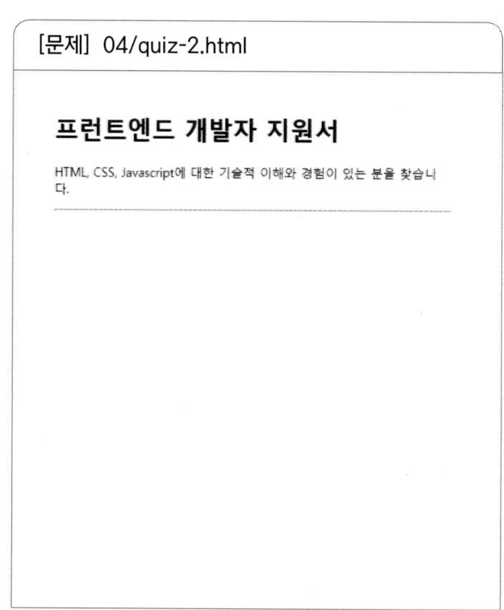

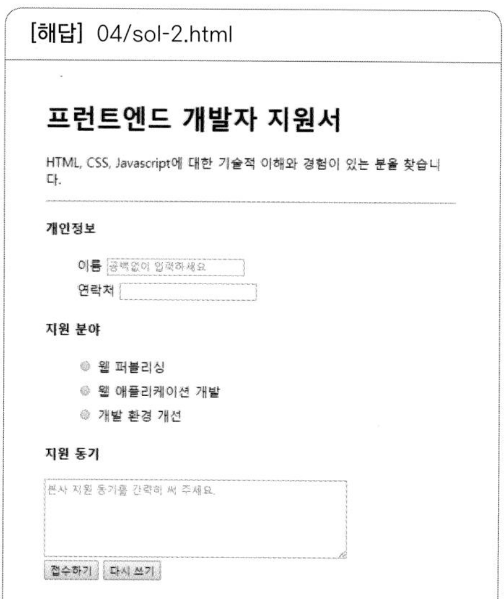

조건

① 폼 요소를 삽입할 때 <label> 태그를 사용해야 합니다.
② '이름' 필드는 텍스트 필드로 삽입하고 '공백 없이 입력하세요'라는 힌트를 표시합니다.
③ '연락처' 필드는 전화번호에 맞는 필드로 삽입합니다.
④ '지원 분야'는 라디오 버튼으로 삽입하는데 name 속성을 field로 지정합니다.
⑤ '지원 동기'는 여러 줄의 텍스트를 입력할 수 있는 텍스트 영역 필드로 삽입합니다.
⑥ 텍스트 영역의 글자 수는 60자, 화면에 표시할 줄 개수는 5개로 지정합니다.
⑦ 텍스트 영역에 '본사 지원 동기를 간략히 써 주세요'라는 힌트를 표시합니다.
⑧ 버튼은 <input> 태그를 이용해도 되고 <button> 태그를 이용해도 됩니다.

CSS3로 완성하는 웹 표준

05 CSS 기초

06 텍스트 관련 스타일

07 색상과 배경을 위한 스타일

08 CSS 박스 모델

09 CSS 레이아웃

HTML 태그로 기본적인 골격은 모두 갖추었는데 웹 문서가 심심하게 느껴지나요? 그림이나 글자들이 정리되지 않은 채 나열되어 어설퍼 보이나요? 지금부터 이 문서에 옷을 입혀 보겠습니다. 첫째마당에서 HTML로 만들었던 골격에 디자인으로 옷을 입혀 주는 것이 바로 CSS(Cascading Style Sheets)입니다. 웹 디자인이나 웹 개발에서 CSS는 빼놓고 말할 수 없을 정도로 중요합니다. HTML보다 더 많은 역할을 한다고 할 수 있죠. 둘째마당에서 CSS의 주요 속성들을 익혀 한층 더 업그레이드된 웹 디자인을 해보세요.

05

CSS 기초

CSS(Cascading Style Sheets)는 HTML과 함께 웹 표준의 기본 개념입니다. HTML이 텍스트나 이미지, 표 같은 각 요소를 웹 문서에 넣어 뼈대를 만드는 것이라면 CSS는 텍스트 색상이나 크기, 이미지 크기나 위치, 표 색상, 배치 방법 등 웹 문서의 디자인 요소를 담당하죠. 웹 문서에 생기를 불어 넣는 CSS를 기본 개념부터 차근차근 살펴보겠습니다.

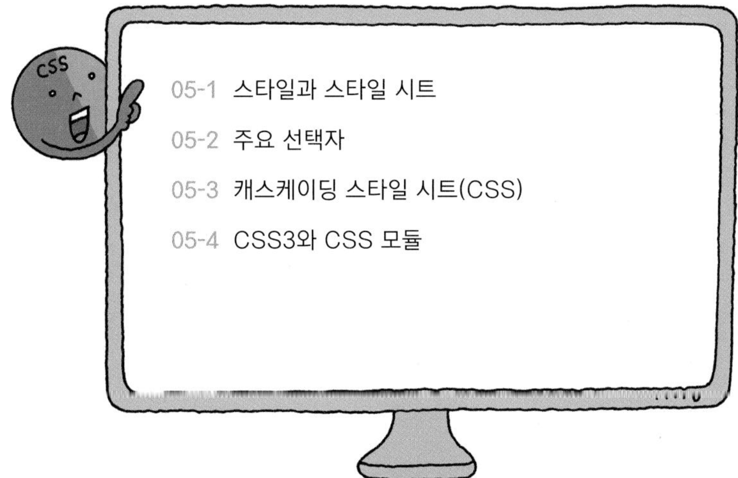

05-1 스타일과 스타일 시트
05-2 주요 선택자
05-3 캐스케이딩 스타일 시트(CSS)
05-4 CSS3와 CSS 모듈

05-1 스타일과 스타일 시트

일상생활에서 '스타일'이라는 말을 사용하듯이 웹 문서에도 '스타일'이 있습니다. 다만, 웹에서의 스타일(style)은 미리 약속한 스타일 속성을 입력해 웹을 디자인하는 것을 말하죠. 그리고 한 문서에서 반복해 쓰이는 스타일들을 모아 놓은 것을 '스타일 시트'라고 부릅니다. 이후 CSS의 기초가 되는 스타일과 스타일 시트에 대해 알아보겠습니다.

왜 스타일을 사용할까?

웹 문서에서 스타일(style)이란 HTML 문서에서 자주 사용하는 글꼴이나 색상, 정렬, 각 요소들의 배치 방법 등 문서의 겉모습을 결정짓는 내용들을 가리킵니다. 예를 들어 텍스트 단락에서 줄 간격을 조절하고 표의 테두리를 점선으로 바꾸는 것도 스타일로 정의하죠. 그런데 앞에서 배운 HTML로 이 작업을 하지 않고 따로 스타일을 사용하는 이유가 무엇일까요?

웹 문서의 내용과 상관없이 디자인만 바꿀 수 있습니다

HTML로는 웹 사이트의 내용을 나열하고 CSS로는 웹 문서의 디자인을 구성한다는 아이디어가 바로 웹 표준의 시작입니다. 이렇게 내용과 디자인이 구분되어 있기 때문에 사이트의 내용을 수정해야 할 때도 디자인에 전혀 영향을 미치지 않고 내용만 수정할 수 있죠. 또한 반대로 내용은 건드리지 않은 상태에서 스타일 시트를 이용해 디자인만 바꾸어 완전히 다른 느낌의 문서로 만들 수도 있습니다.

CSS Zen Garden(http://www.csszengarden.com/) 사이트에 접속해 보세요. HTML 태그로 작성된 동일한 문서를 CSS만 수정해 완전히 다른 모습의 사이트를 만들 수 있습니다. 사이트의 오른쪽을 보면 몇 가지 CSS 이름들이 있는데 그것을 클릭하면 사이트가 완전히 다른 형태로 나타납니다. 물론 내용은 똑같습니다. [VIEW ALL DESIGN]을 눌러 다양한 스타일의 문서들을 확인해 보세요. 어떤가요? CSS의 역할이 금방 이해되죠?

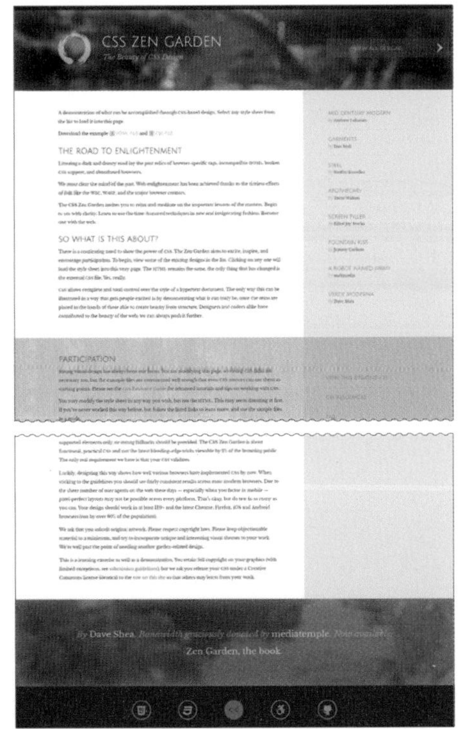

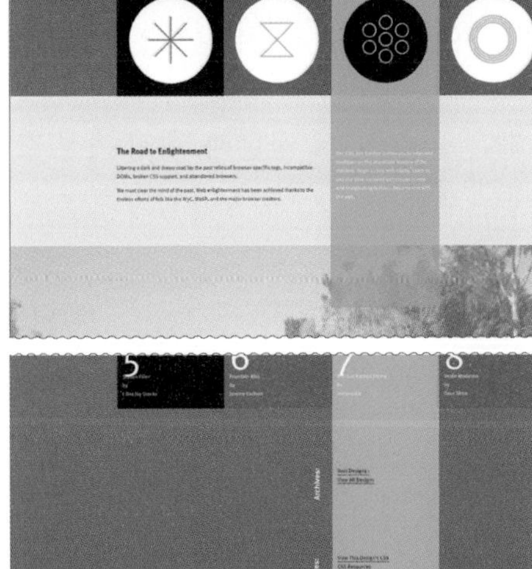

내용은 같지만 서로 다른 CSS를 적용해 분위기를 바꿈

다양한 기기에 맞게 탄력적으로 바뀌는 문서를 만들 수 있습니다

기존 HTML 문서는 개인용 컴퓨터의 웹 브라우저 화면을 기본으로 하기 때문에 인쇄가 필요한 문서일 경우, 인쇄 용지에 맞게 문서를 따로 작성해야 했습니다. 또한 모바일용 홈페이지가 필요할 경우에도 스마트폰 브라우저에 적합하게 문서를 따로 만들어야 했죠. 하지만 CSS를 이용하면 HTML로 작성된 내용은 그대로 두고 대상 기기에 맞게 CSS만 바꾸어 주면 같은 내용을 여러 기기에 어울리게 볼 수 있습니다.

스타일 형식

스타일을 사용해야 하는 이유를 알아보았으니 본격적으로 '스타일'을 살펴볼까요? 태그와 비슷하게 생겼지만 조금 다릅니다. 아래 예시를 기준으로 스타일 형식을 알아보겠습니다.

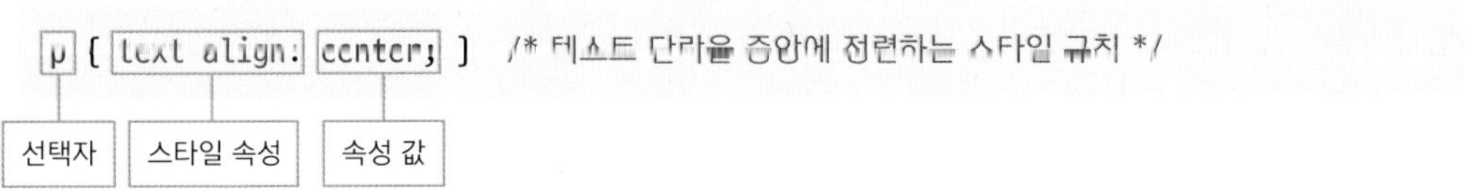

스타일 규칙에서 맨 앞에 나와 있는 부분 즉 앞의 예시에서 'p' 부분을 '선택자(selector)'라고 하는데 앞으로 만들 스타일 규칙을 어디에 적용할 것인지를 나타냅니다. 앞의 예시는 〈p〉 태그가 적용된 요소 즉 텍스트 단락에 중괄호({, }) 사이의 스타일을 적용하겠다는 의미입니다.

▶ 선택자는 '셀렉터' 라고도 부릅니다.

선택자 다음에 중괄호({, })가 오고 그 사이에 속성을 입력하는데 중괄호 안에 들어가는 속성과 속성 값은 콜론(:)으로 구분해 '속성:속성 값'과 같은 형식으로 표시하며 속성과 속성 값 쌍 다음에는 세미콜론(;)으로 구분합니다. 그래서 속성 두 개를 적용한다면 다음과 같이 쓸 수 있죠.

```
p { color: blue; font-size: 16px; } /* 텍스트 단락의 글자 색 파란색, 글자 크기 16px */
```

다음은 스타일의 예입니다. 첫 번째 스타일은 h2가 선택자이기 때문에 〈h2〉 태그를 사용한 제목 텍스트의 글자 크기(font-size)를 20픽셀(20px)로 지정하고 글자 색(color)을 오렌지색(orange)으로 지정합니다. 다른 영역의 글자 색과 글자 크기에는 영향을 미치지 않죠. 두 번째 스타일은 글자 색(color)을 파란색(blue)으로 지정하는데 스타일이 적용될 선택자는 p입니다. 즉 텍스트 단락의 글자 색만 파란색으로 표시하고 다른 부분의 글자 색에는 영향을 미치지 않습니다.

```
h2 {font-size:20px; color:orange; }  /* 2단계 제목의 글자 크기 20px, 글자 색상 주황색 */
p {color:blue; } /* 텍스트 단락의 글자 색 파란색 */
```

스타일을 표기하는 방법

스타일 규칙은 세미콜론(;)으로 구분해 중괄호({, }) 안에 나열하면 상관없지만 앞에서 본 것처럼 한 줄로 길게 쓰면 속성이 여러 개일 경우, 구별하기 쉽지 않습니다. 그래서 공백을 최소화시켜 파일 크기를 작게 만들 거라면 한 줄로 표기하지만 개발자가 읽기 쉽고 유지·보수가 쉬우려면 여러 줄에 걸쳐 작성하는 것이 좋습니다.

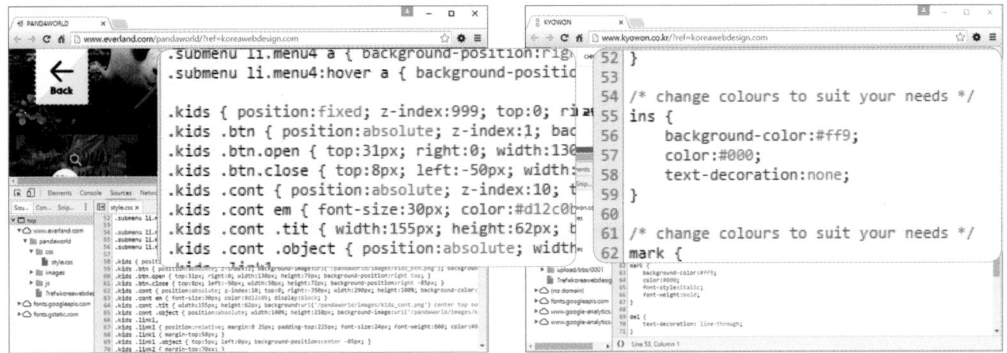

한 줄로 작성한 스타일 규칙 여러 줄로 작성한 스타일 규칙

다시 말해 오른쪽 소스는 모두 같은 소스입니다.

▶ HTML 문서처럼 CSS에서도 소스 공백을 무시합니다.

```
h2{font-size:20px; color:orange;}
```

```
h2{
    font-size:20px;
    color:orange;
}
```

```
h2
{
    font-size:20px;
    color:orange;
}
```

스타일 주석

이렇게 소스를 여러 줄로 작성하고 그 옆에 각 소스별로 설명을 덧붙인다면 이해하기 훨씬 쉽겠죠? 태그에서 주석을 사용한 것처럼 스타일에도 주석을 덧붙일 수 있습니다. 주석을 표시할 때는 /*와 */ 사이에 내용을 입력하는데 주석을 한 줄만 입력하거나 여러 줄을 입력할 수도 있습니다.

다음 예제는 스타일 주석을 사용해 여러 줄짜리 주석과 한 줄짜리 주석을 표시한 것입니다. 실제로 스타일 소스를 작성할 때는 주석을 이용해 어떤 용도로 사용한 규칙인지 표시해 두는 것이 좋습니다.

Do it! CSS 주석 처리하기 예제 05/css-comment.html

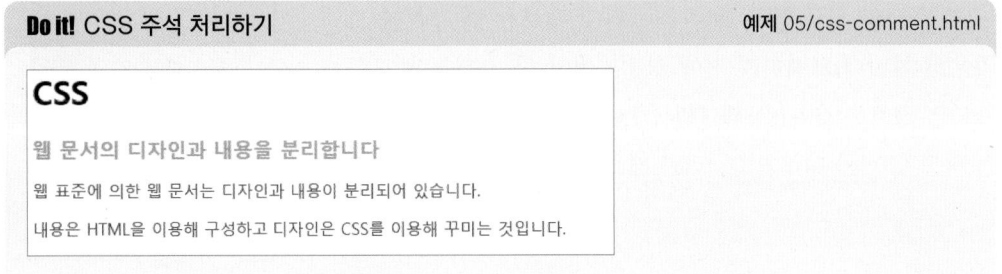

CSS

웹 문서의 디자인과 내용을 분리합니다

웹 표준에 의한 웹 문서는 디자인과 내용이 분리되어 있습니다.

내용은 HTML을 이용해 구성하고 디자인은 CSS를 이용해 꾸미는 것입니다.

```
<!doctype html>
<html lang="ko">
<head>
    <meta charset="utf-8">
    <title>CSS 적용해 보기</title>
    <style>
        /* h2 제목과
        텍스트 단락의
        스타일을 조절해 보자
        */                          ❶ 여러 줄짜리 주석
        h2{
            font-size:20px;  /* 글자 크기 */   ❷ 한 줄짜리 주석
            color:orange;   /* 글자 색 */
        }
        p {
            color:blue;    /* 글자 색 */
        }
    </style>
</head>
```

스타일과 스타일 시트

앞의 예제처럼 웹 문서 안에는 여러 개의 스타일 규칙이 사용되는 경우가 많습니다. 이런 스타일 규칙들을 한눈에 확인하고 필요할 때마다 수정하기도 쉽도록 한 군데 묶어 놓은 것을 '스타일 시트'라고 합니다.

스타일 시트는 문서 안에서 사용할 스타일 규칙들을 정의한 '내부 스타일 시트'와 별도의 스타일 파일을 만들어 연결해 사용하는 '외부 스타일 시트'로 나뉩니다.

내부 스타일 시트

먼저 웹 문서 안에서 사용할 스타일을 문서 안에 정리한 것을 '내부 스타일 시트'라고 합니다. 스타일 정보는 웹 문서를 브라우저 화면에 표시하기 전에 결정되어야 하기 때문에 모든 스타일 정보는 〈head〉 태그와 〈/head〉 태그 안에서 정의해야 하고 〈style〉 태그와 〈/style〉 태그 사이에 작성합니다.

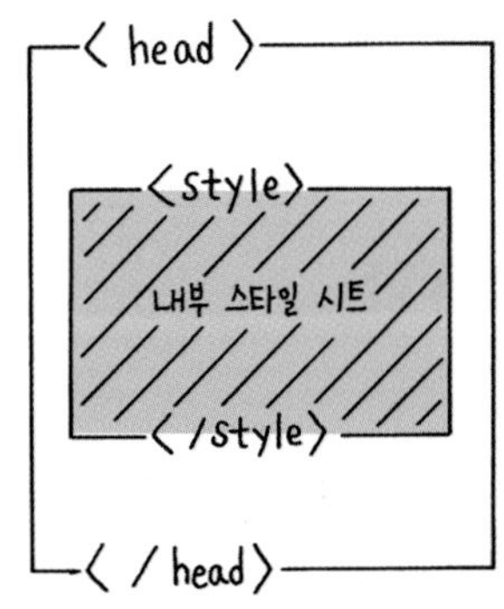

다음 예제는 내부 스타일 시트 예로서 〈section〉 태그 안에 있는 텍스트 주위에 테두리를 그리는 스타일을 문서 안에 삽입하였습니다.

▶ 스타일을 지정하는 속성과 속성 값은 앞으로 하나씩 배울 것이므로 여기서는 스타일 시트의 위치만 확인하세요.

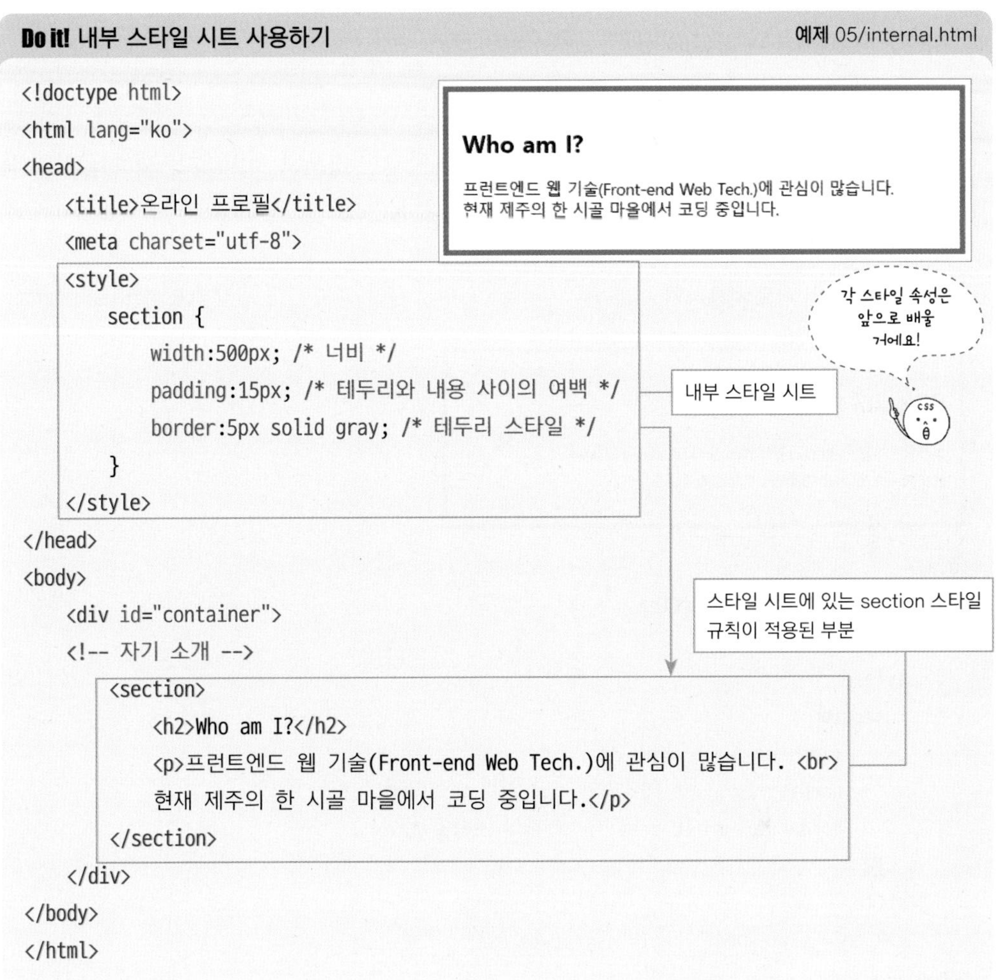

Do it! 내부 스타일 시트 사용하기 예제 05/internal.html

```
<!doctype html>
<html lang="ko">
<head>
    <title>온라인 프로필</title>
    <meta charset="utf-8">
    <style>
        section {
            width:500px; /* 너비 */
            padding:15px; /* 테두리와 내용 사이의 여백 */
            border:5px solid gray; /* 테두리 스타일 */
        }
    </style>
</head>
<body>
    <div id="container">
    <!-- 자기 소개 -->
        <section>
            <h2>Who am I?</h2>
            <p>프런트엔드 웹 기술(Front-end Web Tech.)에 관심이 많습니다. <br>
            현재 제주의 한 시골 마을에서 코딩 중입니다.</p>
        </section>
    </div>
</body>
</html>
```

Who am I?
프런트엔드 웹 기술(Front-end Web Tech.)에 관심이 많습니다.
현재 제주의 한 시골 마을에서 코딩 중입니다.
각 스타일 속성은 앞으로 배울 거예요!
내부 스타일 시트
스타일 시트에 있는 section 스타일 규칙이 적용된 부분

외부 스타일 시트

웹 사이트를 만들 때 하나의 웹 문서로 끝나는 경우는 거의 없습니다. 대부분의 경우, 디자인의 일관성을 위해 같은 스타일을 여러 웹 문서에 사용하죠. 그런데 그 때마다 각 웹 문서마다 똑같은 내부 스타일 시트를 만든다면 서버 공간은 물론 문서를 다운로드하는 시간까지 낭비될 것입니다. 따라서 사이트를 제작할 때는 여러 웹 문서에서 사용할 스타일을 별도 파일로 저장해 놓고 필요할 때마다 파일에서 가져와 사용하는 것이 일반적입니다. 이렇게 따로 저장해 놓은 스타일 정보를 '외부 스타일 시트'라고 하고 '.css'라는 파일 확장자를 사용합니다.

외부 스타일 시트를 연결할 때는 <style> 태그 없이 <link> 태그만 사용해 미리 만들어 놓은 외부 스타일 시트 파일을 연결합니다.

▶ 외부 스타일 시트를 연결할 때 <link> 태그 말고도 @import문을 사용할 수 있습니다. 자세한 설명은 14장을 참고하세요.

기본형 `<link rel="stylesheet" href="외부 스타일 파일 경로">`

다음 예제는 style.css라는 외부 스타일 시트 파일을 링크한 것으로 이 파일은 제목 글자의 색과 본문 글자 크기, 줄간격에 대한 정보를 담고 있습니다.

Do it! 외부 스타일 시트 사용하기 예제 05/external.html

Who am I?

프런트엔드 웹 기술(Front-end Web Tech.)에 관심이 많습니다.

현재 제주의 한 시골 마을에서 코딩 중입니다.

```
<head>
    <title>온라인 프로필</title>
    <meta charset="utf-8">
    <style>
        section {
            width:500px; /* 너비 */
            padding:15px; /* 테두리와 내용 사이의 여백 */
            border:5px solid gray; /* 테두리 스타일 */
        }
    </style>
    <link rel="stylesheet" href="css/style.css">
</head>
```

외부 스타일 시트 적용

Do it! 외부 스타일 시트 사용하기(CSS 파일) 예제 05/css/style.css

```
h2{
    color:blue; /* 글자 색 */
}
p {
    font-size:0.9em; /* 글자 크기 */
    line-height:2.0; /* 줄간격 */
}
```

인라인 스타일

간단한 스타일 정보라면 스타일 시트를 사용하지 않고 스타일을 적용할 대상에 직접 표시합니다. 이런 방법을 '인라인 스타일'이라고 합니다. 스타일을 적용하고 싶은 부분이 있다면 해당 태그에 style 속성을 사용해 style="속성: 속성 값;" 형태로 스타일을 바꿀 수 있습니다.

다음 예제는 두 개의 <p> 태그 중 첫 번째 <p> 태그에만 인라인 스타일을 사용해 글자 색을 바꾼 것입니다.

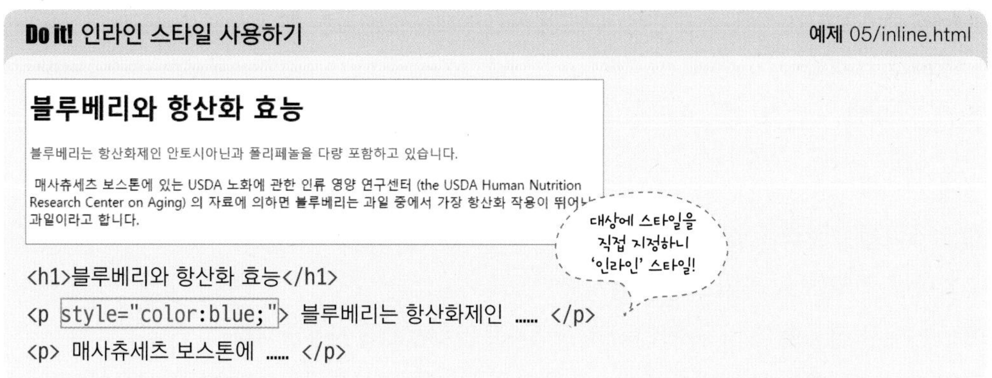

Do it! 인라인 스타일 사용하기
예제 05/inline.html
블루베리와 항산화 효능
블루베리는 항산화제인 안토시아닌과 폴리페놀을 다량 포함하고 있습니다.
매사츄세츠 보스톤에 있는 USDA 노화에 관한 인류 영양 연구센터 (the USDA Human Nutrition Research Center on Aging) 의 자료에 의하면 블루베리는 과일 중에서 가장 항산화 작용이 뛰어난 과일이라고 합니다.
대상에 스타일을 직접 지정하니 '인라인' 스타일!
<h1>블루베리와 항산화 효능</h1>
<p style="color:blue;"> 블루베리는 항산화제인 ...... </p>
<p> 매사츄세츠 보스톤에 ...... </p>

05-2 주요 선택자

앞에서 스타일 속성을 적용하는 요소를 '선택자(selector)'라고 부른다고 했습니다. 이 선택자는 태그 하나가 될 수도 있지만 여러 개의 요소를 묶어 별도의 선택자로 지정할 수도 있습니다. 이렇게 하면 일일이 스타일을 지정하지 않고도 스타일을 쉽게 지정할 수 있겠죠. 이런 선택자의 종류는 다양한데 이번 절에서는 자주 사용하는 몇 가지 중요 선택자만 먼저 살펴보고 나머지는 12장에서 자세히 알아보겠습니다.

▶ '선택자'를 영어 그대로 '셀렉터'라고 부르기도 하는데 이 책에서는 '선택자'라고 부르겠습니다.

전체 선택자 - 모든 요소에 스타일 적용하기

```
기본형   * {속성:속성 값; 속성:속성 값; ...}
```

전체 선택자(universal selector)는 말 그대로 스타일을 모든 요소에 적용할 때 사용합니다. 주로 모든 하위 요소에 한꺼번에 스타일을 적용할 때 사용하죠. 전체 선택자로는 *(별표)를 사용합니다.

또한 전체 선택자는 문서의 여백이나 글꼴 크기 등 기본 스타일을 초기화할 때 사용합니다. 예를 들어 웹 문서를 브라우저에 표시할 때 브라우저 창에 바짝 붙지 않도록 문서 내용 바깥 쪽에는 '마진'을 두고 문서 내용 안쪽에는 '패딩'이라는 여백을 두는데 이런 여백 때문에 디자인이 깔끔하지 않을 경우, 전체 선택자를 이용해 웹 문서 전체에 마진과 패딩 여백을 0으로 지정할 수 있습니다.

▶ 마진과 패딩은 쉽게 말해 웹 문서의 여백으로 '08장 CSS 박스 모델'에서 자세히 설명합니다.

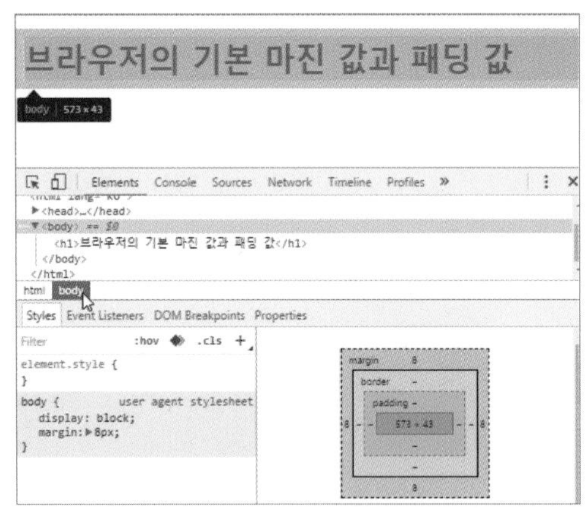

브라우저 기본 마진과 패딩

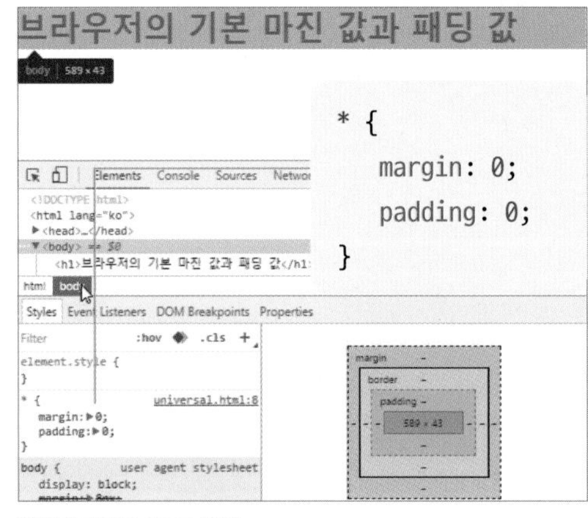

마진과 패딩을 0으로 지정

태그 선택자 - 특정 태그를 사용한 요소에 스타일 적용하기

전체 선택자 다음으로 많은 요소에 스타일을 적용하는 태그 선택자(tag selector)는 특정 태그가 쓰인 모든 요소에 스타일을 적용합니다.

예를 들어 p 선택자를 정의하면 웹 문서의 모든 p 요소들 즉 모든 문단에 스타일이 적용됩니다. 웹 문서의 모든 텍스트 단락의 글자 크기(font-size)를 12픽셀(px)로 하고 글꼴(font-family)을 '돋움'으로 하겠다면 p 태그 선택자를 다음과 같이 정의하면 됩니다.

기본형 태그 { 스타일 }

```
p {
    font-size: 12px; /* 글자 크기 */
    font-family: 돋움; /* 글꼴 */
}
```

다음 예제에서는 두 가지 태그 선택자가 정의되는데 하나는 〈h2〉 태그가 적용되는 텍스트의 색상을 파란색(blue)으로 지정하는 것이고 다른 하나는 〈p〉 태그가 적용되는 모든 텍스트의 크기를 12px로 지정하고 왼쪽에 20px 정도의 여백을 두는 것입니다. 태그 선택자로 정의했기 때문에 문서에 사용된 다른 〈h2〉 요소와 〈p〉 요소에 똑같이 적용됩니다.

Do it! 태그 선택자 사용하기 예제 05/tag-seclector.html

블루베리에 관한 연구

블루베리와 항산화 효능

블루베리는 항산화제인 안토시아닌과 폴리페놀을 다량 포함하고 있습니다.

매사츄세츠 보스톤에 있는 USDA 노화에 관한 인류 영양 연구센터 (the USDA Human Nutrition Research Center on Aging) 의 자료에 의하면 블루베리는 과일 중에서 가장 항산화 작용이 뛰어난 과일이라고 합니다.

블루베리와 노화

USDA 인류 영양 연구센터(the USDA Human Nutrition Research Center) 실험실에서 신경과학자들은 쥐들에게 블루베리를 먹임으로써 노화에 의한 인지능력의 손실을 예방해 준다는 사실을 발견하였습니다.

```
<!doctype html>
<html lang="ko">
<head>
    <title>블루베리(Blueberry)</title>
    <style>
```

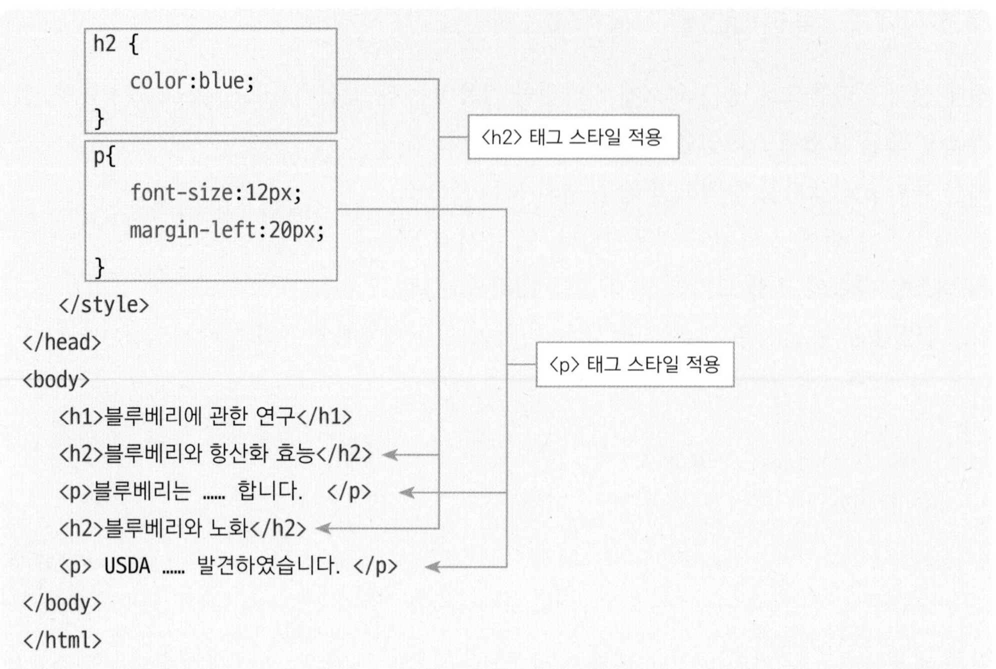

h2 {
color:blue;
}
p{
font-size:12px;
margin-left:20px;
}
</style>
</head>
<body>
<h1>블루베리에 관한 연구</h1>
<h2>블루베리와 항산화 효능</h2>
<p>블루베리는 ...... 합니다. </p>
<h2>블루베리와 노화</h2>
<p> USDA ...... 발견하였습니다. </p>
</body>
</html>
<h2> 태그 스타일 적용
<p> 태그 스타일 적용

알아두면 좋아요! 태그(tag)와 요소(element)는 어떻게 다른가요?

HTML 관련 서적이나 기사를 보면 '태그'나 '요소'라는 용어를 자주 만납니다. 비슷해 보이는 태그와 요소는 어떻게 다를까요? 태그는 말 그대로 태그 자체를 가리키는 반면, 요소는 태그가 적용된 것을 가리킵니다. 다음 소스를 예로 들어 설명해 보겠습니다.

```
<p> 텍스트 단락을 지정하는 태그는 p 태그 </p>
```

이 소스에서 <p> 태그와 </p> 태그가 '태그'이고 태그를 포함해 <p> 태그가 적용된 "텍스트 단락을 ~ p 태그"라는 부분이 p 요소입니다. 따라서 'p 태그에 적용되는 스타일'이라는 표현은 <p> 태그 자체에 적용되는 스타일이 아니므로 틀렸고 '(<p> 부터 </p>까지의) p 요소에 적용되는 스타일'로 표현하는 것이 맞습니다.

클래스 선택자 - 특정 부분에 스타일 적용하기

앞에서 살펴본 것처럼 태그 선택자를 지정하면 그 태그가 사용된 모든 요소에 적용됩니다. 그런데 같은 태그라도 어떤 곳에서는 다른 스타일을 사용하고 싶다면 어떻게 할까요? 예를 들어 일부 텍스트 단락에만 p 태그 선

기본형 `.클래스명 { 스타일 }`

▶ 클래스 선택자는 클래스 스타일(class style)이라고도 부릅니다.

택자가 아닌 다른 스타일을 적용하고 싶다면 다른 방법이 필요하겠죠? 이렇게 특정 부분에만 스타일을 적용할 때 사용하는 것이 클래스 선택자(class selector)입니다.

클래스 선택자는 태그 대신 클래스 이름을 사용하는데 클래스 이름은 나중에 기억하기 쉬운 이름을 임의로 지정하면 됩니다. 물론 태그 이름과 겹쳐서는 안 되겠죠. 또한 클래스 이름 앞에는 반드시 마침표(.)를 붙여야 합니다. 예를 들어 오른쪽 소스는 글자 색을 파란색으로 지정하는 .bluetext 라는 클래스 스타일입니다. 클래스 선택자는 class="bluetext"처럼 적용해 어느 태그에서나 사용할 수 있습니다.

```
.bluetext {
   color:blue; /* 글자 색 */
}
```

아래 예제는 <h2> 태그를 사용한 텍스트와 마지막 <p> 태그를 사용한 요소에 .bluetext 스타일을 적용한 것입니다.

Do it! 클래스 스타일 적용하기 예제 05/selector.html

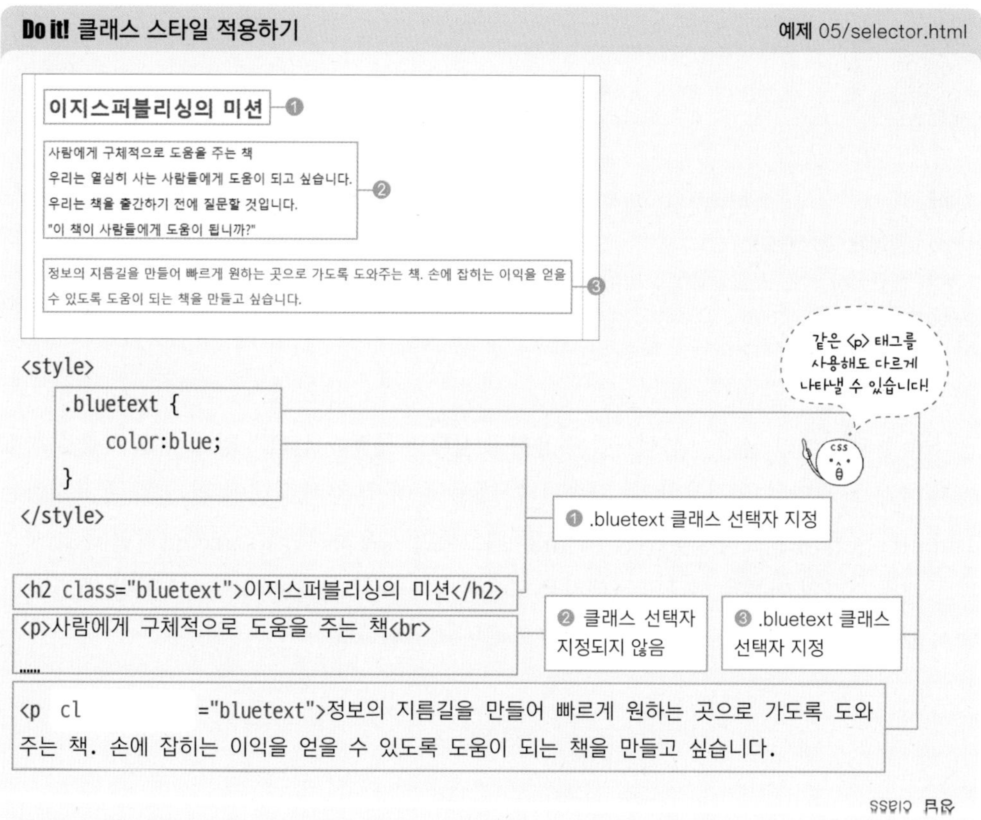
이지스퍼블리싱의 미션
사람에게 구체적으로 도움을 주는 책
우리는 열심히 사는 사람들에게 도움이 되고 싶습니다.
우리는 책을 출간하기 전에 질문할 것입니다.
"이 책이 사람들에게 도움이 됩니까?"
정보의 지름길을 만들어 빠르게 원하는 곳으로 가도록 도와주는 책. 손에 잡히는 이익을 얻을 수 있도록 도움이 되는 책을 만들고 싶습니다.
같은 <p> 태그를 사용해도 다르게 나타낼 수 있습니다!
<style>
.bluetext {
color:blue;
}
</style>
① .bluetext 클래스 선택자 지정
<h2 class="bluetext">이지스퍼블리싱의 미션</h2>
<p>사람에게 구체적으로 도움을 주는 책
......
② 클래스 선택자 지정되지 않음
③ .bluetext 클래스 선택자 지정
<p cl ="bluetext">정보의 지름길을 만들어 빠르게 원하는 곳으로 가도록 도와주는 책. 손에 잡히는 이익을 얻을 수 있도록 도움이 되는 책을 만들고 싶습니다.

텍스트 일부에만 클래스 스타일을 적용할 수도 있습니다. 이 때는 <span> 태그를 사용해서 스타일을 적용할 텍스트를 묶고 클래스 스타일을 지정합니다. 다음 예제는 첫번째 <p> 요소 중 '도움'이라는 글자에만 .bluetext 스타일을 적용한 것입니다.

Do it! 텍스트 일부에만 스타일 적용하기 예제 05/selector.html

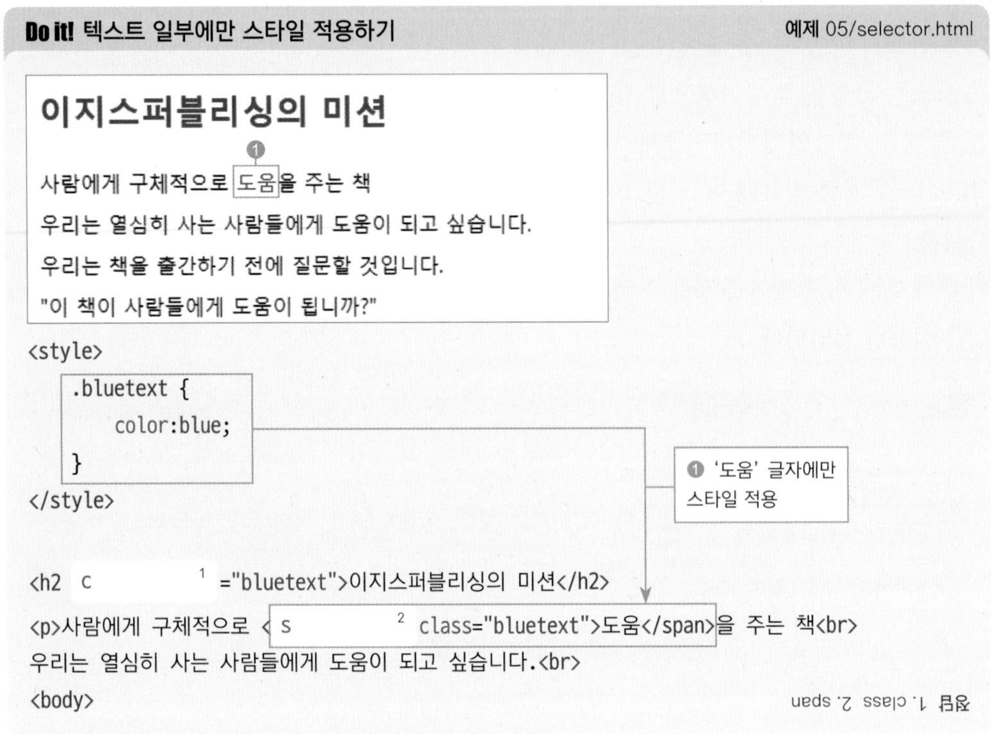
이지스퍼블리싱의 미션
사람에게 구체적으로 도움을 주는 책
우리는 열심히 사는 사람들에게 도움이 되고 싶습니다.
우리는 책을 출간하기 전에 질문할 것입니다.
"이 책이 사람들에게 도움이 됩니까?"
❶ '도움' 글자에만 스타일 적용

```
<style>
    .bluetext {
        color:blue;
    }
</style>

<h2 c      1 ="bluetext">이지스퍼블리싱의 미션</h2>
<p>사람에게 구체적으로 <s      2 class="bluetext">도움</span>을 주는 책<br>
우리는 열심히 사는 사람들에게 도움이 되고 싶습니다.<br>
<body>
```

정답 1. class 2. span

만약 특정 태그에만 클래스 선택자를 적용하고 싶다면 클래스 선택자 앞에 태그 이름을 함께 써서 클래스 스타일을 적용할 수 있습니다. 예를 들어 짙은 배경색에 흰 글자로 표시하는 accent라는 클래스 스타일을 만들 때 <h2> 태그에만 사용하려면 h2.accent처럼 태그 이름과 클래스 스타일 이름을 하나의 선택자로 사용합니다. 이 스타일은 다음 소스처럼 <h2> 태그에서 accent라는 클래스 스타일을 사용했을 때만 적용됩니다.

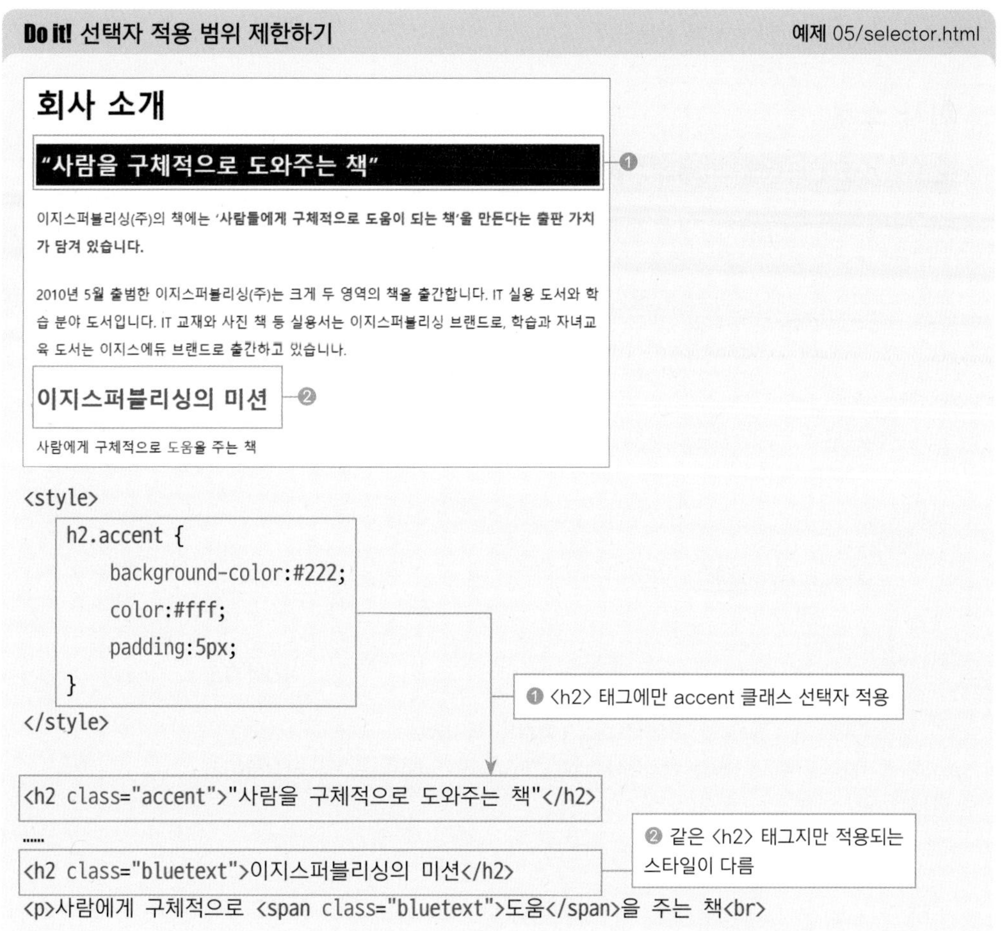

Do it! 선택자 적용 범위 제한하기
예제 05/selector.html
회사 소개
"사람을 구체적으로 도와주는 책"
이지스퍼블리싱(주)의 책에는 '사람들에게 구체적으로 도움이 되는 책'을 만든다는 출판 가치가 담겨 있습니다.
2010년 5월 출범한 이지스퍼블리싱(주)는 크게 두 영역의 책을 출간합니다. IT 실용 도서와 학습 분야 도서입니다. IT 교재와 사진 책 등 실용서는 이지스퍼블리싱 브랜드로, 학습과 자녀교육 도서는 이지스에듀 브랜드로 출간하고 있습니다.
이지스퍼블리싱의 미션
사람에게 구체적으로 도움을 주는 책
<style>
h2.accent {
background-color:#222;
color:#fff;
padding:5px;
}
</style>
❶ <h2> 태그에만 accent 클래스 선택자 적용
<h2 class="accent">"사람을 구체적으로 도와주는 책"</h2>
......
<h2 class="bluetext">이지스퍼블리싱의 미션</h2>
❷ 같은 <h2> 태그지만 적용되는 스타일이 다름
<p>사람에게 구체적으로 <span class="bluetext">도움</span>을 주는 책

한꺼번에 둘 이상의 클래스 스타일을 적용할 수도 있습니다. 이 경우에는 공백으로 구분해서 두 개의 스타일을 나란히 적습니다. 물론 두 가지 스타일을 하나의 클래스 선택자로 묶을 수도 있지만 두 개의 선택자를 따로 만들고 필요할 때만 함께 적용하는 것이 유리할 수도 있으므로 그럴 경우에 사용합니다.

다음 소스는 글자색을 갈색으로 지정하는 .browntext 스타일과 글자를 굵게 표시하는 .boldtext 스타일을 따로 만든 후, 필요한 텍스트에 .browntext 스타일과 .boldtext 스타일을 함께 지정한 예제입니다.

Do it! 둘 이상의 스타일 동시에 적용하기 예제 05/selector.html

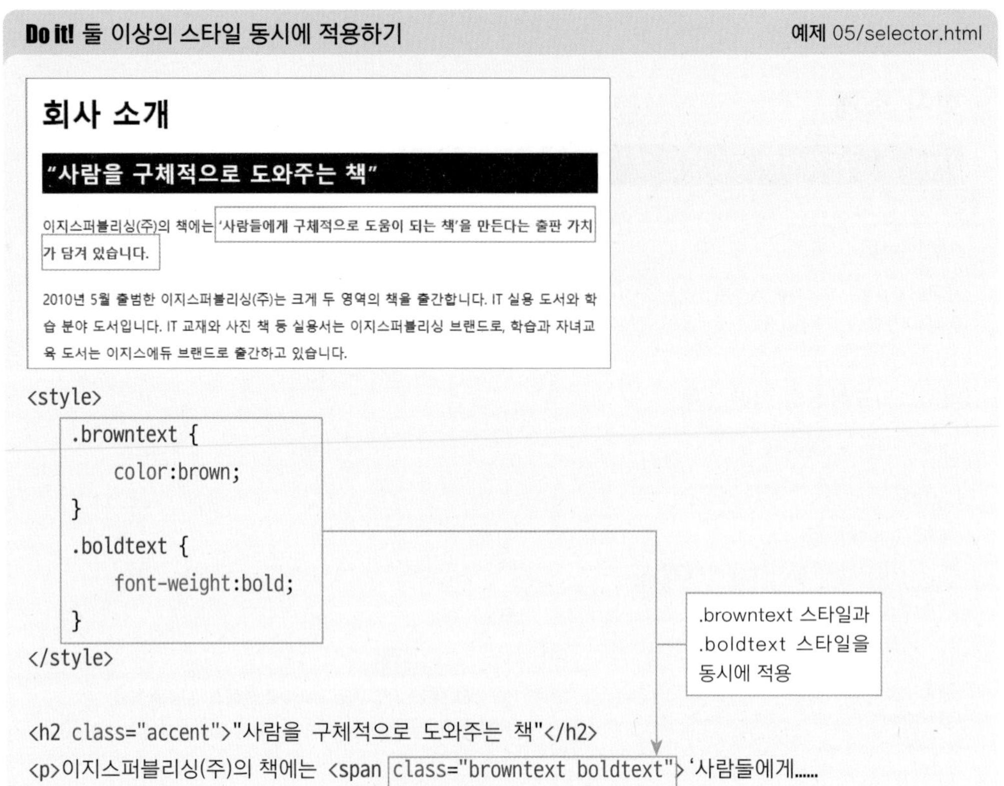


```
<style>
    .browntext {
        color:brown;
    }
    .boldtext {
        font-weight:bold;
    }
</style>

<h2 class="accent">"사람을 구체적으로 도와주는 책"</h2>
<p>이지스퍼블리싱(주)의 책에는 <span class="browntext boldtext"> '사람들에게......
```

id 선택자 - 특정 부분에 스타일 적용하기

id 선택자(id selector)도 클래스 선택자와 마찬가지로 웹 문서 안의 특정 부분에 스타일을 지정할 때 사용합니다. 마침표(.) 대신 # 기호를 사용한다는 점만 제외하면 클래스 선택자와 사용법이 같습니다. 클래스 선택자와 id 선택자의 가장 큰 차이는 클래스 선택자가 문서 안에서 여러 번 적용할 수 있는 스타일인 반면, id 선택자는 문서 안에서 한 번만 적용할 수 있다는 것입니다. id 선택자는 중복해서 사용할 수 없기 때문에 주로 문서의 레이아웃과 관련된 스타일을 지정하거나 자바스크립트 프로그램에서 웹 요소들을 구별하기 위해 자주 사용합니다.

기본형 #아이디명 { 스타일 }

다음 예제에서는 문서의 내용 부분을 화면 중앙에 배치하기 위해 내용 부분을 <div id="container"> 요소로 묶어 놓고, 스타일 시트에서 #container라는 id 선택자를 사용해 문서 중앙에 배치하고 점선 테두리를 그리도록 스타일을 정의하고 있습니다.

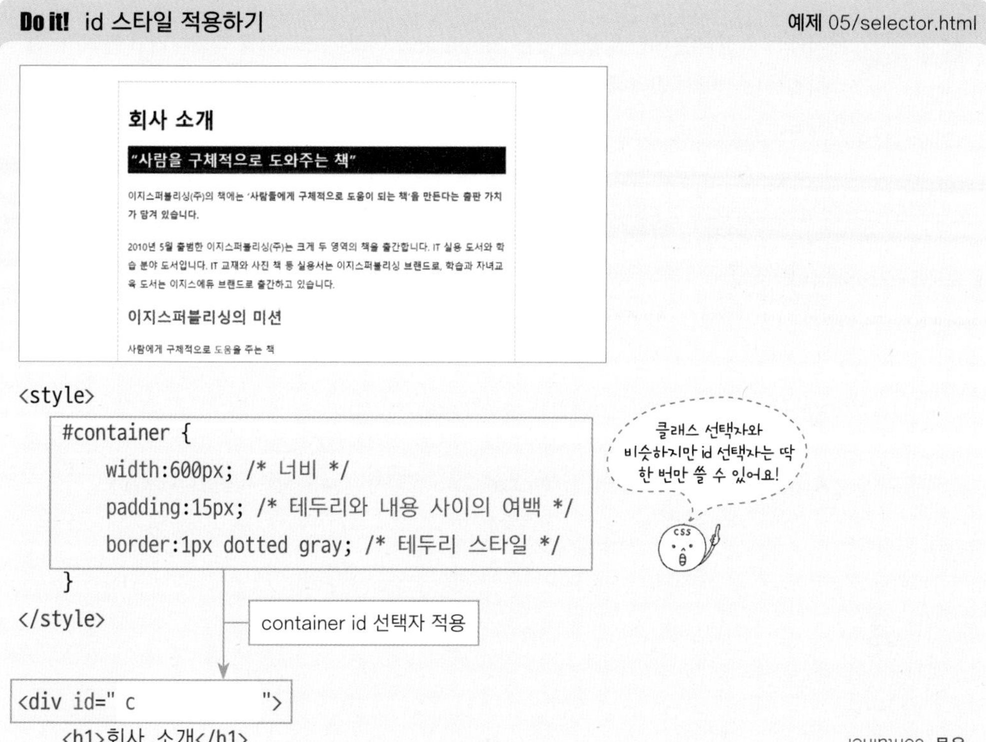

그룹 선택자 - 둘 이상 요소에 같은 스타일 적용하기

선택자를 이용해 스타일을 정의하다 보면 여러 선택자에 같은 스타일이 사용되는 경우가 있습니다. 이럴 때는 쉼표(,)로 구분해 여러 선택자를 나열한 후 스타일은 한 번만 정의하면 소스가 간단해집니다.

기본형　이름1, 이름2, …

예를 들어 <h1> 태그를 사용한 제목과 <h2> 태그를 사용한 제목을 화면 중앙에 정렬하고 싶다면 다음과 같이 스타일을 정의할 수 있습니다. 아래 소스처럼 같은 스타일을 사용하는 것을 오른쪽과 같이 그룹 선택자(,)를 사용해 한꺼번에 정의할 수 있습니다.

```
h1 {
    text-align:center; /* 가운데 정렬 */
}
h2 {
    text-align:center; /* 가운데 정렬 */
}
```

→

```
h1, h2 {
    text-align:center; /* 가운데 정렬 */
}
```

1분 복습 문서에서 특정 부분에만 밑줄을 긋는 'underline'이라는 스타일을 정의하려고 합니다. 이 스타일은 문서에서 반복해 적용할 수 있습니다. 어떤 선택자를 사용해야 할지 소스를 완성하세요.

문서의 특정 부분에 스타일을 적용할 때는
클래스 선택자와 id 선택자를 사용합니다.

```
<style>
  ____1____ { text-decoration:underline;}
</style>
<p>문서의 특정 부분에 스타일을 적용할 때는
<span ____2____ ="underline">클래스 선택자</span>와
<span ____2____ ="underline">id 선택자</span>를 사용합니다.</p>
```

정답 1. .underline 2. class

05-3 캐스케이딩 스타일 시트(CSS)

지금까지 살펴본 스타일 시트는 사실 CSS라는 명칭으로 더 많이 알려져 있습니다. CSS와 스타일 시트는 비슷해 보이지만 조금 차이가 있습니다. 쉽게 말해 '스타일 시트' 라는 용어 앞에 '캐스케이딩(cascading)' 이라는 용어가 하나 더 붙은 것이 CSS죠. 그렇다면 CSS에 담긴 캐스케이딩은 무슨 의미이며 어떤 역할을 할까요?

캐스케이딩(Cascading)의 의미

CSS에서 'C'는 캐스케이딩(Cascading)의 약자로 '위에서 아래로 흐르는 스타일 시트'라는 뜻입니다. 위에서 아래로 흐른다는 '캐스케이딩'은 선택자에 적용된 많은 스타일 중에 어떤 스타일을 나타낼지를 결정함을 뜻합니다.

예를 들어 텍스트 단락의 글자 색은 문서 전체의 글자 색을 정해 놓은 스타일 규칙을 따를 수도 있고 브라우저에서 기본적으로 정해 놓은 글자 색을 따를 수도 있고 웹 제작자가 정해 놓은 p 선택자의 글자 색을 따를 수도 있습니다. 만약 스타일이 동시에 적용된다면 텍스트 단락의 글자 색은 어느 스타일 규칙을 따라야 할까요?

이렇게 스타일 간의 충돌을 막기 위한 방법이 '위에서 아래로 흐르며 적용되는 방법'입니다. 이 방법에는 다음 두 가지 원칙이 있습니다.

① **스타일 우선순위** - 스타일 규칙의 중요도, 적용 범위에 따라 우선순위가 결정되고 그 우선순위에 따라 위에서 아래로 스타일이 적용됩니다.

② **스타일 상속** - 태그들의 포함 관계에 따라 부모 요소의 스타일을 자식 요소로, 위에서 아래로 전달합니다.

▶ 스타일 시트에서 '캐스케이딩' 은 가장 기본적인 개념이기 때문에 일반적으로 '스타일 시트' 는 '캐스케이딩 스타일 시트(CSS)' 와 같은 의미로 사용되고 있습니다.

이 두 가지 원칙을 하나씩 좀 더 자세히 알아보겠습니다.

스타일 우선순위

먼저 첫 번째 원칙인 '스타일 우선순위'는 캐스케이딩에서 가장 중요합니다. 이때 우선순위란 어떤 스타일을 먼저 적용할 것인지 결정하는 규칙을 말합니다. 그리고 우선순위는 다음의 세 가지 개념에 따라 지정됩니다.

얼마나 중요한가?(Importance)

CSS 선언의 중요성은 스타일이 어디서 선언되었는가에 따라 달라집니다. 아래 순서는 가장 중요한 것부터 차례로 나열한 것입니다.

❶ 사용자 스타일 시트가 최우선!

사용자 스타일 시트란 저시력자나 색약자 등과 같이 특별한 조건이 필요한 사용자가 그들에게 맞게 구성해 놓은 스타일 시트를 말합니다. 예를 들어 저시력자가 글자를 명확히 읽기 위해 윈도우의 '고대비' 설정 기능을 이용하면 검정 배경과 흰색 글자로 바뀌고 이것이 사용자 스타일 시트로 저장됩니다. 이 스타일 시트는 시스템을 통해 만들어진 것이기 때문에 제작자가 제어할 수는 없습니다.

❷ 제작자가 만든 스타일 중 !important가 붙은 스타일

제작자 스타일 시트는 사이트를 제작하면서 만든 스타일 시트를 말합니다. 제작자는 스타일을 정의할 때 다른 어느 스타일보다 최우선으로 적용해야 할 스타일에는 !important를 붙일 수 있습니다. 이런 중요 스타일은 다른 어떤 스타일보다 우선합니다.

❸ 제작자가 만든 일반 스타일

사이트를 제작하면서 만든 스타일들입니다. 우리가 이 책을 통해서 만들어 보는 여러 스타일들이 여기에 해당하고 가장 많이 사용하는 스타일입니다. 제작자가 만든 스타일 사이에서 우선순위는 바로 다음에 설명하는 적용 범위에 따라 달라집니다.

❹ 기본적인 브라우저 스타일 시트

브라우저의 스타일 시트란 브라우저들마다 기본적으로 지정하고 있는 스타일입니다. 예를 들어 스타일 시트에서 글자 색을 따로 지정하지 않으면 검은색으로 표시되는데 이것은 브라우저에서 기본적으로 글자 색을 검정으로 지정하고 있기 때문입니다.

적용 범위가 어디까지 인가?(Specificity)

하나의 요소에 여러 스타일이 적용될 경우 스타일이 충돌한다면 스타일 적용 범위에 따라 우선순위를 정할 수도 있습니다. 스타일 적용 범위가 좁을수록 즉, 정확히 필요한 요소에만 적용할 스타일일수록 우선순위가 높아집니다. 다음 순서는 가장 중요한 것부터 차례대로 나열한 것입니다.

❶ **인라인 스타일** - 태그 안에 style 속성을 사용해 해당 태그에만 스타일을 적용합니다.

❷ **id 스타일** - 지정한 부분에만 적용되는 스타일이지만 한 문서 안에 한 번만 적용할 수 있습니다(선택자 이름 앞에 # 기호 사용).

❸ **클래스 스타일** - 웹 문서에서 지정한 부분에만 적용되는 스타일로 한 문서 안에 여러 번 적용할 수 있습니다(선택자 이름 앞에 마침표(.) 기호 사용).

❹ **태그 스타일** - 웹 문서에 사용된 특정 태그에 똑같이 적용되는 스타일을 말합니다.

▶ 이 스타일들에 대해서는 '05-2 주요 선택자'에서 설명했습니다.

소스에서의 순서(Source Order)

스타일 시트에서 중요도와 적용 범위가 같다면 스타일 우선순위를 정하는 것은 소스의 순서입니다. 소스에서 나중에 온 스타일이 먼저 온 스타일을 덮어씁니다.

다음 예제는 글자 색을 지정하는 여러 스타일의 우선 순위가 어떻게 결정되는지 살펴본 것입니다. 문서 전체의 글자 색을 blue로 지정했지만 마지막 〈p〉 요소에는 인라인 스타일(글자 색을 빨강으로, 글자 스타일을 이탤릭체로)을 사용하고 있어서 인라인 스타일에서 정의한 빨간색의 이탤릭체로 표시됩니다. 왜냐하면 인라인 스타일의 우선순위가 높기 때문입니다.

〈h2〉의 요소인 '이지스퍼브리싱의 미션'이란 글자를 살펴볼까요? 이 경우에도 인라인 스타일(글자 색을 녹색으로)을 사용했지만 브라우저에서 확인해보면 갈색으로 나타나고 있습니다. 왜냐하면 〈h2〉 태그 스타일(글자 색을 갈색으로 지정)을 정의할 때 !important를 사용해 중요 스타일로 지정하여 인라인 스타일보다 우선순위가 높아졌기 때문입니다.

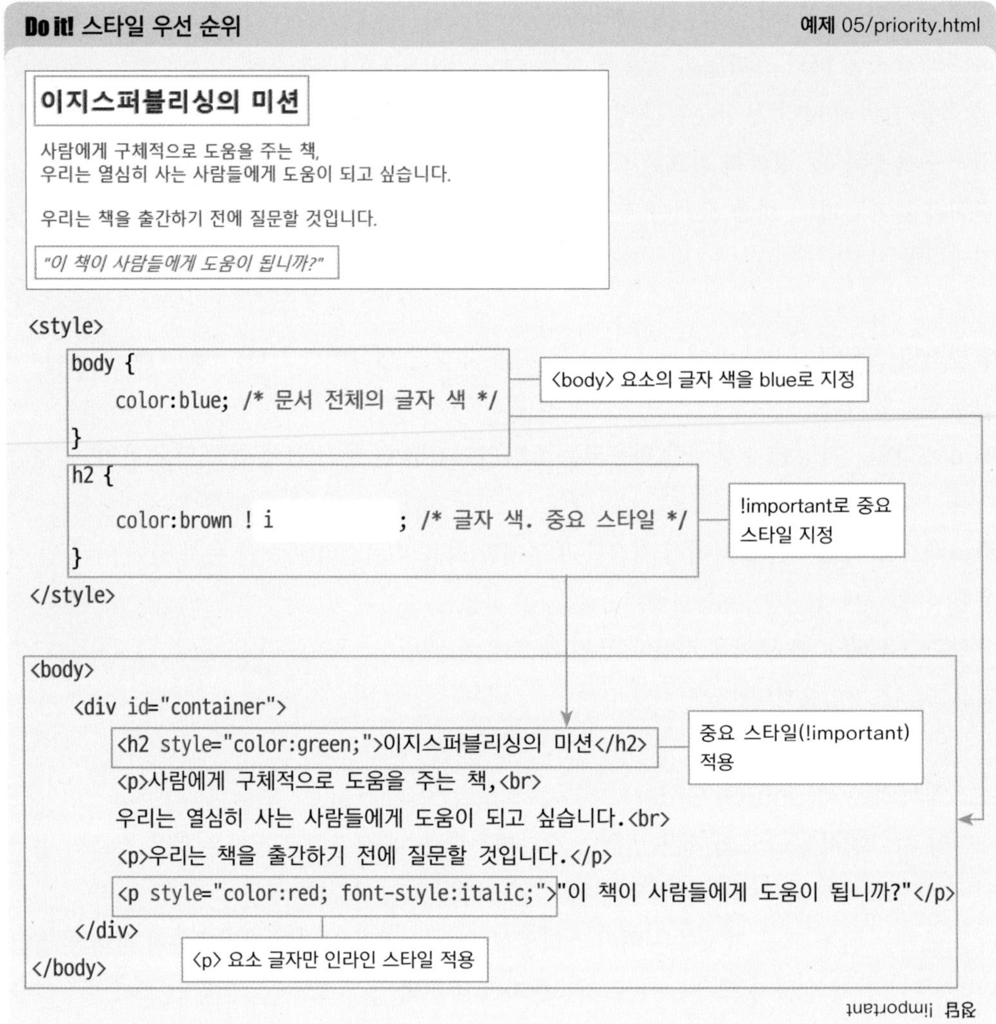

스타일 상속

그럼 이제 두 번째 원칙인 '스타일 상속'에 대해 알아보겠습니다. 웹 문서에서 사용하는 여러 태그들은 서로 포함 관계가 있는데 포함하는 태그를 부모 요소, 포함된 태그를 자식 요소라고 합니다. 스타일 시트에서는 자식 요소에서 별도로 스타일을 지정하지 않으면 부모 요소에 있는 스타일 속성들이 자식 요소로 전달되는데 이것을 '스타일 상속'이라고 합니다.

예를 들어 다음과 같은 문서 구조에서 <body> 태그는 <h1> 태그와 <h2> 태그, <p> 태그의 부모 요소입니다. 그래서 body 태그 스타일(글자 색이 파랑)이 그대로 <h1> 태그와 <h2> 태그, <p> 태그에도 적용됩니다. 하지만 <h2> 태그의 경우에는 스타일 시트 안에 h2 태그 스타일(글자 색이 갈색으로)이 정의되어 있기 때문에 우선순위에 따라 h2 태그에는 갈색이 적용됩니다.

Do it! 스타일 상속 살펴보기 예제 05/inherit.html

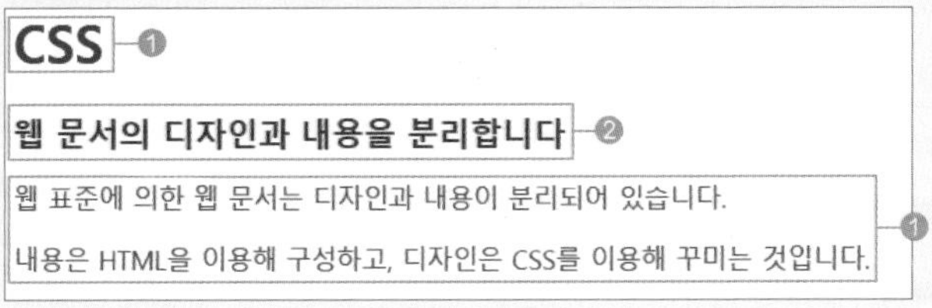

CSS ❶

웹 문서의 디자인과 내용을 분리합니다 ❷

웹 표준에 의한 웹 문서는 디자인과 내용이 분리되어 있습니다.

내용은 HTML을 이용해 구성하고, 디자인은 CSS를 이용해 꾸미는 것입니다. ❶

```
<style>
  body {
    color:blue; /* 글자 색 파랑 */
  }
  h2{
    font-size:20px; /* 글자 크기 20픽셀 */
    color:brown; /* 글자 색 갈색 */
  }
</style>

<body>
    <h1>CSS</h1>
    <h2>웹 문서의 디자인과 내용을 분리합니다</h2>
    <p>웹 표준에 의한 웹 문서는 디자인과 내용이 분리되어 있습니다.</p>
    <p>내용은 HTML을 이용해 구성하고, 디자인은 CSS를 이용해 꾸미는 것입니다.</p>
</body>
```

❶ <body> 태그 안 자식 요소인 <h1>, <h2>, <p> 태그에 body 태그 스타일이 적용됨

❷ <h2> 태그만 따로 h2 태그 스타일이 적용됨

이렇게 상속을 이용하면 스타일 시트를 효과적으로 만들 수 있습니다. 웹 문서의 모든 텍스트에 같은 글꼴을 사용하려고 할 때 각 요소마다 글꼴을 지정하지 않고 <body> 태그에 글꼴 스타일을 작성하면 <body> 이하의 자식 요소에 같은 글꼴이 적용되기 때문입니다.

다만, 스타일 상속에서 주의할 것은 스타일의 모든 속성이 부모 요소에서 자식 요소로 상속되는 것은 아니라는 점입니다. 위의 소스에서 보듯이 글자 색은 자식 요소로 상속되지만 부모 요소에 배경 이미지나 배경색이 있었다면 자식 요소에 상속되지 않습니다.

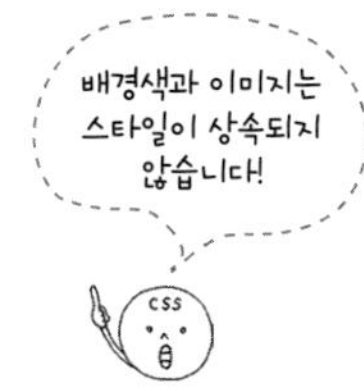

배경색과 이미지는
스타일이 상속되지
않습니다!
CSS

만약 <body> 태그에 배경 이미지가 사용되었을 때 자식 요소에도 배경 이미지가 상속된다면 배경 이미지가 수없이 반복해 표시될 것입니다. 즉 자식 요소의 배경 색이나 배경 이미지는 상속되지 않고 기본 값인 '투명'으로 지정됩니다.

하지만 스타일 상속으로 모든 스타일을 해결할 수 있는 것은 아닙니다. 부모 요소로부터 글꼴을 상속했지만 자식 요소에서 다른 글꼴을 사용하려면 어떻게 해야 할까요? 이렇게 스타일끼리 충돌이 생길 경우, 우선순위에서 설명했던 '명시도'나 '소스 순서' 등에 따라 해결해야 합니다.

05-4 CSS3와 CSS 모듈

CSS까지는 알겠는데 CSS3란 정확히 무엇을 말하는 걸까요? HTML5의 '5'처럼 CSS3의 '3'도 버전 표기를 넘어 웹 표준 기술의 핵심을 지칭하는 용어가 되었습니다. 하지만 웹 표준이 정해진 HTML5와 달리 CSS3는 계속 변하고 있습니다. CSS3는 작은 CSS 모듈들로 이루어져 있기 때문이죠. 이렇게 계속 변화하는 CSS3가 무엇이고 어떻게 사용하는지 알아보겠습니다.

CSS3란?

CSS가 스타일 시트의 기본이 되면서 CSS1을 거쳐 CSS2가 개발되어 스타일 시트가 많이 알려졌고 지금까지 사용되고 있습니다. 그리고 HTML5가 개발되면서 CSS3 기술도 함께 개발되고 있는데 CSS3는 이전 CSS2나 CSS1보다 정교하고 화려한 화면을 구성할 수 있고 애니메이션까지 지원합니다.

▶ CSS1은 CSS Level1을 줄여서 표현한 것이고 CSS2는 CSS Level2를 줄여서 표현한 것입니다.

CSS2 규약 안에는 스타일과 관련된 것들이 한꺼번에 담겨 있기 때문에 덩치가 크고 복잡해 한 번에 업데이트하기 쉽지 않다는 단점이 있었습니다. 그래서 CSS3부터는 배경이나 글꼴, 박스 모델 등 수십 개 기능을 주제별로 규약을 따로 만들었죠. 이것을 'CSS 모듈'이라고 합니다. 모듈 중 일부는 완성된 것도 있지만 아직 개발 중인 것도 있습니다. 이제 막 제안 단계인 것도 있고요. 그에 따라 브라우저에 따라 지원되는 기능도 있고 지원되지 않는 기능도 있습니다.

▶ 이 책뿐만 아니라 웹상에서 'CSS3'라고 하면 최신 CSS 모듈을 한꺼번에 묶은 것을 지칭합니다.

이처럼 모듈별로 진행 속도도 다르고 필요에 따라 새로운 모듈이 생기기 때문에 CSS3는 한 번에 표준 규약이 결정되지 않습니다. 다시 말해 CSS3는 'CSS3 표준'이라고 하나로 묶어 말할 수 없고 계속 새로운 CSS 모듈이 등장할 수 있습니다.

https://www.w3.org/Style/CSS/ 사이트에 접속하면 CSS와 관련된 뉴스를 비롯해 현재까지 완료되었거나 진행 중인 CSS 규약들을 볼 수 있습니다. [Completed work] 항목은 표준안이 정해진 것들이고 [Stable draft]도 거의 표준안에 가까운 초안들입니다.

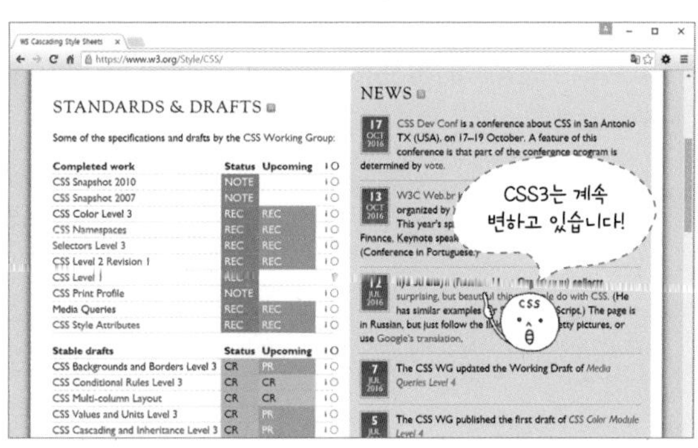

W3C CSS 사이트

목록 아래에 있는 [More] 버튼을 클릭하면 현재까지 완료되었거나 진행 중인 CSS 규약들, 새로 제안되는 CSS 규약들이 나열되어 있는데 초록색에 가까울수록 안정화된(표준에 가까운) 규약들이고 붉은색에 가까울수록 한창 논의 중인 규약들입니다. 각 모듈 이름을 클릭하면 해당 모듈에 대한 W3C 문서가 있는 페이지로 연결됩니다.

앞으로 이 책에서 소개할 CSS 속성들은 CSS2와 CSS3 표준 규약을 기본으로 하며 수십 개의 CSS 모듈 중에서 웹 사이트를 제작하고 화면 레이아웃을 만드는 데 필요한 주요 속성들입니다. 이 책에서 소개하지 않은 속성에 대해서는 앞에서 소개한 W3C 페이지를 참고하세요.

알아두면 좋아요! W3C 표준화 단계

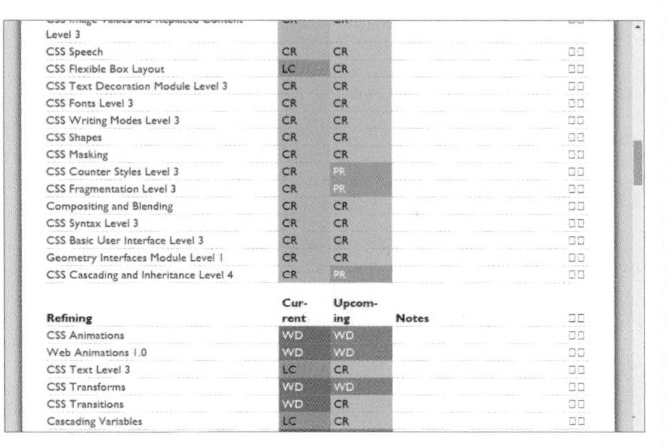

	Current	Upcoming	Notes
Level 3			
CSS Speech	CR	CR	
CSS Flexible Box Layout	LC	CR	
CSS Text Decoration Module Level 3	CR	CR	
CSS Fonts Level 3	CR	CR	
CSS Writing Modes Level 3	CR	CR	
CSS Shapes	CR	CR	
CSS Masking	CR	CR	
CSS Counter Styles Level 3	CR	PR	
CSS Fragmentation Level 3	CR	PR	
Compositing and Blending	CR	CR	
CSS Syntax Level 3	CR	CR	
CSS Basic User Interface Level 3	CR	CR	
Geometry Interfaces Module Level 1	CR	CR	
CSS Cascading and Inheritance Level 4	CR	PR	

Refining	Cur-rent	Upcom-ing	Notes
CSS Animations	WD	WD	
Web Animations 1.0	WD	WD	
CSS Text Level 3	LC	CR	
CSS Transforms	WD	WD	
CSS Transitions	WD	CR	
Cascading Variables	LC	CR	

W3C 문서를 보면 그 문서가 표준화 단계 중 어디까지 와 있는지 표시되어 있습니다. https://www.w3.org/Style/CSS/ 사이트의 표에 있는 REC나 CR 같은 약자들이 모두 표준화 단계를 나타냅니다.
표준화는 다음의 단계를 거칩니다. 진행 중이던 내용들은 끝까지 토론을 거쳐 권고안(REC)으로 발표되거나 중간에 중단되는데 중단될 경우, Note 상태로 공개됩니다. Note인 것들은 나중에 다시 초안부터 새로 시작할 수도 있고 완전히 폐기될 수도 있습니다.

① LC(Last Call Working Draft, **최종 검토**) - 초안을 최종 검토하는 단계입니다.

② WD(Working Draft, **초안**) - W3C가 그 멤버뿐만 아니라 대중, 다른 기술단체 등 여러 커뮤니티의 검토를 받기 위해 공개한 문서입니다.

③ CR(Candidate Recommendation, **후보 권고안**) - 광범위하게 검토받고 워킹그룹의 기술적 요구사항을 만족시킨 것이 검증된 문서로 W3C는 더 많은 구현 경험을 얻기 위해 이 문서를 대중에게 공개합니다.

④ PR(Proposed Recommendation, **제안 권고안**) - 광범위한 기술적 구현과 검토가 끝나 거의 완성된 문서로 최종 승인을 얻기 위해 자문위원회에 보내집니다.

⑤ REC(W3C Recommendation, **권고안**) - 모든 합의를 끝낸 후 W3C 멤버들과 감독의 승인을 받은 문서로 W3C에서 이 문서가 널리 쓰이길 권장하는 표준 권고안입니다.

이런 표준화 단계는 W3C 문서에서도 제목 바로 아래에 표시되며 문서 상태를 나타냅니다.

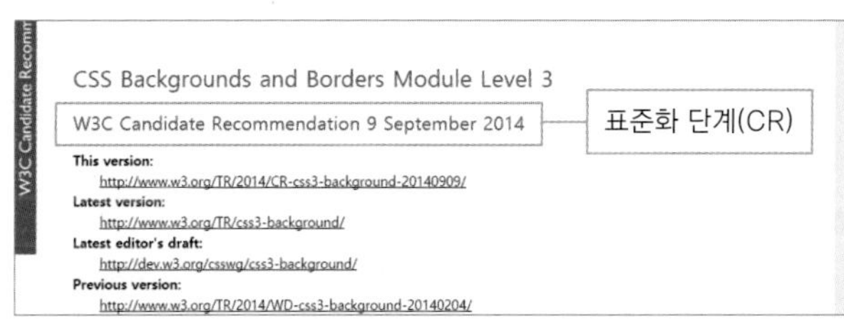

CSS3와 브라우저 접두사(prefix)

CSS3는 CSS 모듈들이 많고 표준 규약이 완성되지 않은 부분도 많지만 모던 브라우저에서 지원하기 위해 계속 개발되고 있습니다. 하지만 아직 표준 규약이 아닌 속성들은 브라우저에 따라 다른 방식으로 지원되기 때문에 속성 이름 앞에 접두사(prefix)를 붙여 브라우저별로 구분해야 합니다. 또한 표준 규약이 만들어졌더라도 이전 버전의 모던 브라우저 사용자를 고려해 계속 브라우저 접두사를 붙여 사용하기도 합니다. 주로 사용하는 브라우저 접두사는 다음과 같습니다.

▶ '모던 브라우저'란 인터넷 익스플로러를 제외한 크롬이나 파이어폭스, 오페라, 사파리 등의 브라우저를 말합니다.

접두사	설명
-webkit-	웹키트 방식 브라우저용(사파리, 크롬 등)
-moz-	게코 방식 브라우저용(모질라, 파이어폭스 등)
-o-	오페라 브라우저
-ms-	마이크로소프트 인터넷 익스플로러

브라우저 접두사를 붙여 사용할 때는 각 브라우저 접두사를 붙인 속성을 먼저 쓰고 표준이 정해진 후 사용할 속성을 맨 마지막에 사용합니다. 이렇게 하면 나중에 표준 속성이 결정된 후 앞에 썼던 브라우저 접두사가 붙은 속성들만 지우면 됩니다. 예를 들어 화면을 3단으로 편집할 때 사용하는 column-count라는 속성은 아직 브라우저마다 지원하는 방법이 다르기 때문에 다음과 같이 사용해야 합니다.

```
-webkit-column-count:3; /* 사파리와 크롬 브라우저용 속성 */
-moz-column-count:3; /* 파이어폭스 브라우저용 속성 */
column-count:3; /* 표준이 정해진 후 사용할 속성 */
```

이렇게 접두사를 사용하는 방법은 스타일 시트를 지저분하게 만들고 디자인을 일관성 없게 할 수 있지만 모든 브라우저에서 똑같은 결과를 만들어 내려면 현재로서는 최선의 방법입니다. 물론 해당 속성의 CSS3 최종 규약이 완성되고 모든 브라우저에서 지원되면 더이상 사용하지 않겠죠.

브라우저 접두사 자동으로 붙이기

다양한 CSS3 속성들을 사용할 때마다 번번이 여러 브라우저 접두사를 붙여 사용하는 것은 여간 번거로운 일이 아닙니다. 하지만 다행히 브라우저 접두사를 자동으로 붙여 이 번거로움을 줄이는 방법이 있습니다.

예시로 설명해 보겠습니다. CSS3의 transform 속성을 사용하면 사각형 위로 마우스 포인터를 올려 놓았을 때 사각형이 시계 방향으로 15˚ 회전하도록 만들 수 있습니다. 이 동작을 하기 위해 CSS3에서 정의한 속성은 transform: rotate(15deg)이지만 아직 각 브라우저별로 완벽히 지원되지 않기 때문에 -webkit- 과 -moz-, -o-, -ms- 같은 브라우저 접두사를 붙여야 합니다. 이렇게 접두사를 붙이면 다음과 같이 5줄의 소스가 작성됩니다.

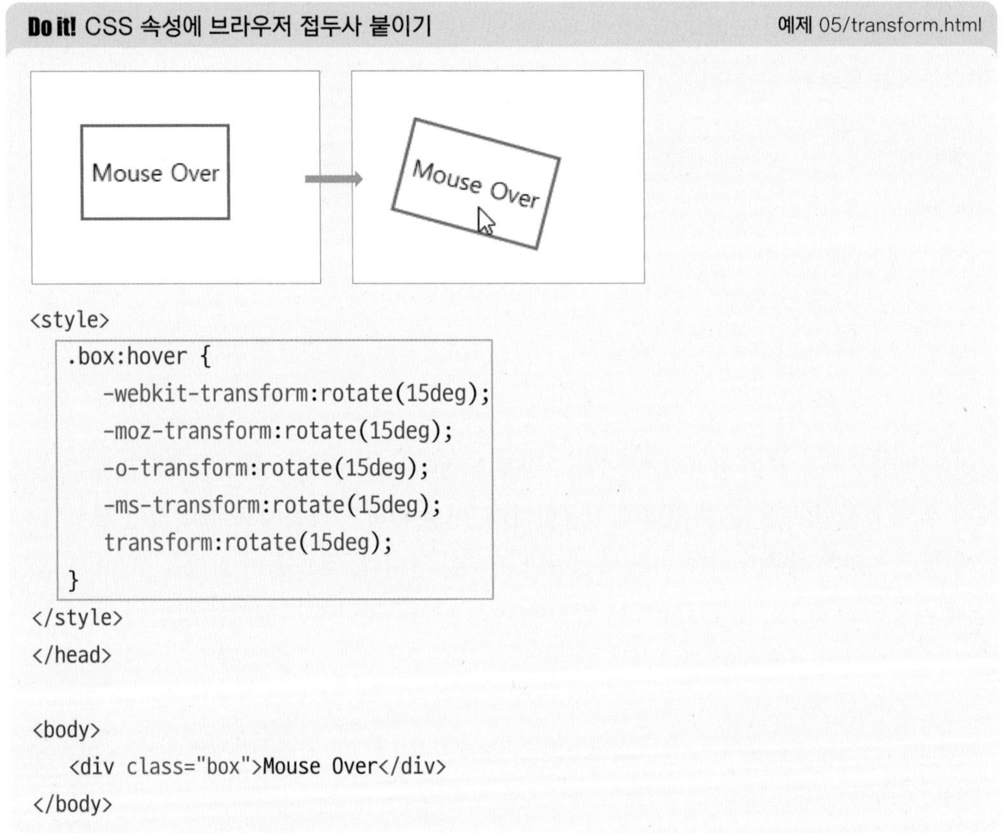

Do it! CSS 속성에 브라우저 접두사 붙이기 — 예제 05/transform.html


```
<style>
  .box:hover {
    -webkit-transform:rotate(15deg);
    -moz-transform:rotate(15deg);
    -o-transform:rotate(15deg);
    -ms-transform:rotate(15deg);
    transform:rotate(15deg);
  }
</style>
</head>

<body>
  <div class="box">Mouse Over</div>
</body>
```

여기서 '-prefix-free'라는 자바스크립트 파일을 이용하면 매번 브라우저 접두사를 붙이지 않고도 편리하게 CSS3 속성을 사용할 수 있습니다. http://leaverou.github.io/prefixfree/ 사이트에 접속한 후 화면 왼쪽 위에 있는 [Only 2KB gzipped] 부분을 클릭해 js 파일을 다운로드받으세요.

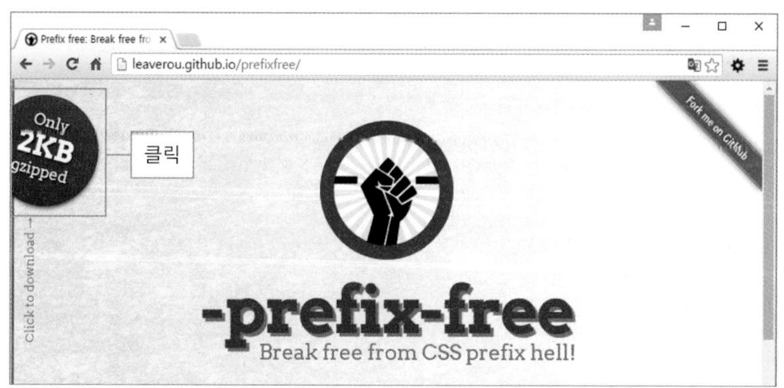

▶ 다운로드 링크를 클릭했을 때 웹 브라우저 창에 js 소스가 그대로 표시된다면, 다운로드 링크를 마우스 오른쪽 버튼으로 클릭하고 [다른 이름으로 링크 저장]을 선택한 후 저장할 폴더를 선택합니다.

prefixfree.min.js 파일을 다운로드할 때 원하는 폴더를 선택하면 되는데 여기서는 05장 예제 파일이 있는 [05] 폴더에 다운로드합니다. 그리고 다시 transform.html 파일로 돌아와 〈script〉 태그를 이용해 다음과 같이 웹 문서에 연결만 하면 브라우저 접두사를 붙이지 않고 CSS3 속성을 사용할 수 있습니다.

'-prefix-free'를 이용해 앞에서 살펴본 예제를 수정하면 다음과 같이 간단해집니다.

Do it! CSS 속성에 브라우저 접두사 자동으로 붙이기 　　예제 05/transform-prefix-free.html

```
<head>
  <script src="prefixfree.min.js"></script>
  <style>
    .box:hover {
      transform: rotate(15deg);
    }
  </style>
</head>
<body>
  <div class="box">Mouse Over</div>
</body>
```

지금까지 CSS의 전반적인 사항을 알아보았습니다. 이어서 웹 문서에서 가장 자주 사용하는 텍스트와 배경, 레이아웃과 관련된 스타일을 배워 보겠습니다.

06

텍스트 관련 스타일

CSS의 기본 개념에 대해 알아보았으니 이제 텍스트부터 하나씩 스타일을 지정하는 방법을 알아보겠습니다. 텍스트는 웹 문서에서 가장 많은 부분을 차지하는 요소로 텍스트 스타일에 따라 웹 문서의 디자인이 달라진다고 해도 과언이 아닙니다. 이번 장에서는 사용자가 내용을 쉽게 이해할 수 있도록 글자와 텍스트 스타일을 지정하는 방법을 알아봅니다.

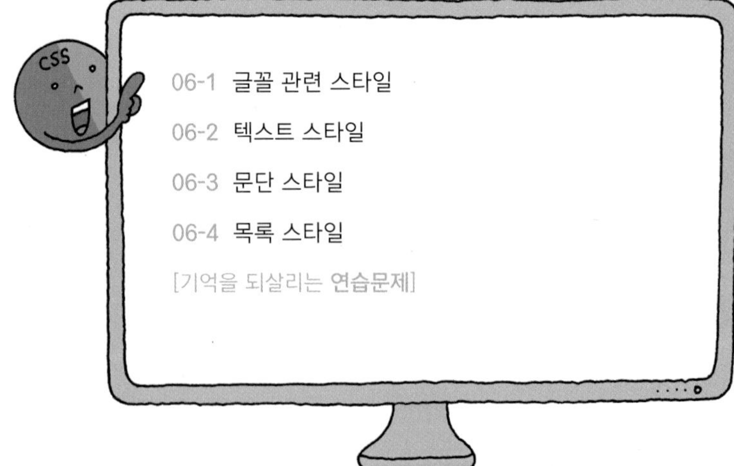

06-1 글꼴 관련 스타일

06-2 텍스트 스타일

06-3 문단 스타일

06-4 목록 스타일

[기억을 되살리는 연습문제]

06-1 글꼴 관련 스타일

텍스트 스타일 중에서도 '글꼴'과 관련된 스타일부터 살펴보겠습니다. 글자들이 모여 이루어진 '텍스트'가 아닌 '글자'의 모양새를 살펴보는 것이죠. 내용에 맞는 글꼴과 글자 크기, 굵기와 이탤릭체 여부 등 글자에서 바꿀 수 있는 글꼴 속성을 알아보고 선택할 수 있는 값을 살펴보겠습니다.

▶ 글꼴 관련 CSS 규약은 https://www.w3.org/TR/css-fonts-3/에서 볼 수 있습니다.

font-family 속성 - 글꼴 지정하기

글꼴부터 지정해 볼까요? 웹 문서에서 사용할 글꼴은 font-family 속성으로 지정합니다. 이 속성은 〈body〉 태그를 비롯해 〈p〉 태그나 〈h*n*〉 태그처럼 텍스트를 사용하는 요소들에서 주로 사용하죠.

```
기본형    font-family:<글꼴 이름>[,<글꼴 이름>, <글꼴 이름>]
```

▶ 기본형에 있는 대괄호([,])는 기본형의 옵션이라는 뜻입니다. 대괄호 안의 항목은 사용할 수도 있고 사용하지 않을 수도 있습니다.

예를 들어 텍스트 문단의 글꼴을 "굴림"으로 하고 싶다면 오른쪽과 같이 정의합니다.

```
p {font-family:굴림; }
```

▶ 속성 값은 주로 큰따옴표를 사용합니다. 예를 들어 텍스트 글꼴을 지정할 때 "맑은 고딕"처럼 두 단어 이상으로 된 글꼴 이름이라면 따옴표로 묶어 표시하죠.

웹 문서에 포함된 텍스트들은 사용자의 글꼴을 이용해 웹 브라우저 화면에 표시됩니다. 예를 들어 웹 문서에서 텍스트 글꼴을 "맑은 고딕"으로 지정할 경우, 윈도우 7 이상의 사용자라면 윈도우에 "맑은 고딕" 글꼴이 설치되어 있으므로 제작자가 처음 의도한 모습으로 텍스트가 표시되지만 "맑은 고딕" 글꼴이 설치되어 있지 않은 시스템인 경우, 브라우저 기본 값이 나타나 각각 다른 글꼴로 표시됩니다.
따라서 웹 문서에서 글꼴을 지정할 때는 한 가지 글꼴만 지정하기도 하지만 지정한 글꼴이 없을 경우에 대비해 두 번째, 세 번째 글꼴까지 지정해야 합니다. 두 개 이상의 글꼴 이름을 지정할 때는 글꼴 이름과 이름 사이의 쉼표(,)로 구분합니다.
오른쪽 예는 웹 문서 전체에 "맑은 고딕"이라는 글꼴을 적용할 때 만약 "맑은 고

```
body { font-family:"맑은 고딕", 돋움, 굴림 }
```

딕" 글꼴이 없다면 "돋움" 글꼴로 적용하고 그 글꼴마저 없다면 "굴림" 글꼴로 적용하라는 의미입니다.

스타일에서 여러 글꼴을 아무리 지정하더라도 사용자의 시스템에 설치되어 있지 않다면 화면에 표시할 수 없습니다. 글꼴 중에서 사용자 대부분의 시스템에 설치되어 있어서 웬만하면 제대로 표시되는 글꼴을 기본 글꼴(web-safe font)이라고 합니다. 예를 들어 윈도우(Windows) 시스템인 경우, 영문 기본 글꼴에는 sans-serif체와 serif체 등이 있고 한글 기본 글꼴에는 굴림, 궁서, 돋움, 바탕(체)이 있습니다.

▶ 윈도우 3.1부터 윈도우 10까지 윈도우의 기본 글꼴에 대해서는 https://en.wikipedia.org/wiki/List_of_typefaces_included_with_Microsoft_Windows를 참고하세요.

font-family 속성은 상속되기 때문에 <body> 태그 스타일에서 일단 한 번 정의하면 문서 전체에 적용되고 문서 안의 모든 자식 요소에 계속 같은 글꼴이 사용됩니다. 그 글꼴이 아닌 다른 글꼴을 사용하고 싶다면 태그 스타일이나 클래스 스타일을 이용해 해당 요소에서 다른 글꼴을 정의하면 됩니다.

상속에 대해 생각나지 않는다면 206쪽을 펴 보세요!
CSS

▶ CSS 속성 값에는 브라우저의 기본 값으로 맞추는 'initial' 속성과 부모 요소로부터 속성 값을 상속받는 'inherit' 속성이 거의 포함되어 있습니다. 이 속성 값들은 모든 CSS 속성마다 사용할 수 있는 속성 값이므로 앞으로는 반복해 설명하지 않고 두 가지 값을 제외한 속성 값에 대해서만 설명하겠습니다.

@font-face 속성 - 웹 폰트 사용하기

앞에서 웹 문서의 텍스트들이 사용자 시스템에 설치된 글꼴을 사용해 화면에 표시된다고 설명했습니다. 그런데 사용자 시스템에 없는 글꼴을 다른 글꼴로 대체하는 것이 아니라 그대로 보여 주려면 어떻게 해야 할까요? 이전에는 포토샵 같은 그래픽 프로그램에서 원하는 글꼴을 이용해 텍스트를 입력한 후 이미지로 저장해 웹 문서에 넣어 사용했습니다. 그래야만 모든 사용자의 브라우저에서 똑같은 글꼴로 표현할 수 있었죠. 하지만 CSS3가 '웹 폰트(web font)'를 표준으로 채택한 덕분에 이제 이런 번거로운 작업은 하지 않아도 됩니다.

웹 폰트란 웹 문서를 작성할 때 웹 문서 안에 글꼴 정보도 함께 저장했다가 사용자가 웹 문서에 접속하면 글꼴을 사용자 시스템으로 다운로드시키는 방식입니다. 결국 사용자 시스템에 없는 글꼴이더라도 웹 문서를 통해 필요한 글꼴들을 사용자 컴퓨터에 다운로드한 후 표시하기 때문에 웹 제작자가 의도한 대로 텍스트를 표시할 수 있습니다. 이제부터 웹 폰트를 넣는 @font-face 속성에 대해 알아보겠습니다.

구글 웹 폰트 사용하기

우선 웹 폰트를 준비해야겠죠? 웹 사이트에서 많이 사용하는 한글 글꼴인 '나눔고딕'을 예로 설명해 보겠습니다. 웹 사이트에서 사용할 '나눔고딕' 글꼴은 구글에서 제공하는 무료 웹 폰트를 사용하면 따로 다운로드하지 않고 직접 링크해 사용할 수 있습니다.

https://fonts.google.com에 접속하면 구글에서 제공하는 여러 웹 폰트가 나열되어 있습니다. Nanum Gothic 글꼴을 찾아 클릭하면 여러 스타일이 나타납니다. 이중 사용하고 싶은 스타일 오른쪽의 [Select this style]을 클릭합니다.

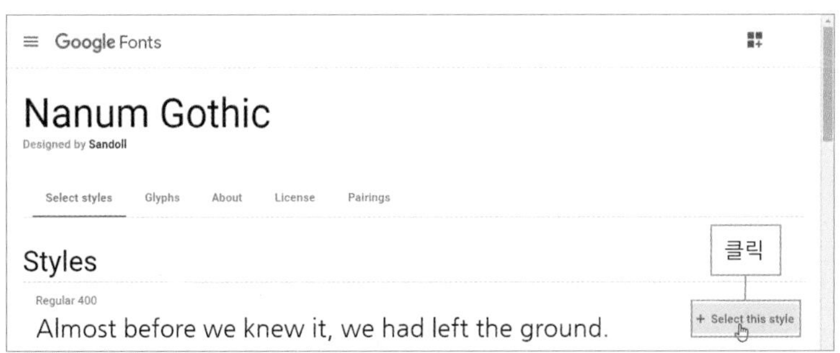

화면 오른쪽에 해당 웹 폰트에 대한 정보가 나타납니다. [Embed]를 클릭하고 이어서 [@import] 탭을 클릭한 다음 @import로 시작하는 소스를 복사하세요. 이때 @import 소스 아래 부분을 보면 글꼴 이름이 'Nanum Gothic'으로 되어 있을 것입니다. 이 글꼴 이름을 기억해 두세요.

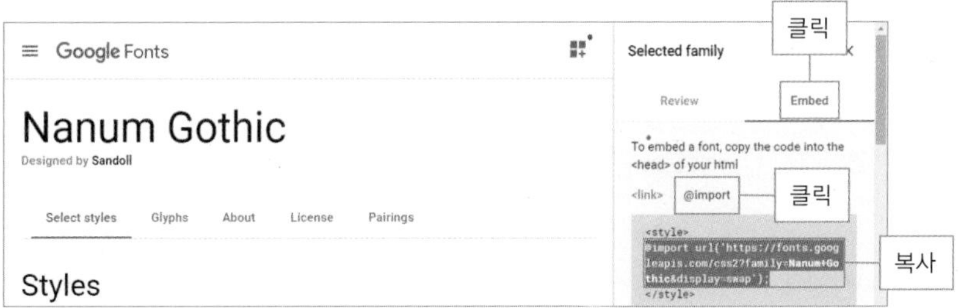

그런 다음 복사한 소스를 웹 문서의 〈style〉 태그에 붙여 넣습니다. 그리고 '나눔고딕'을 사용하고 싶은 요소에 'Nanum Gothic'이라는 글꼴 이름을 사용하면 됩니다.

Do it! 구글 웹 폰트 사용하기 **예제** 06/webfont2.html

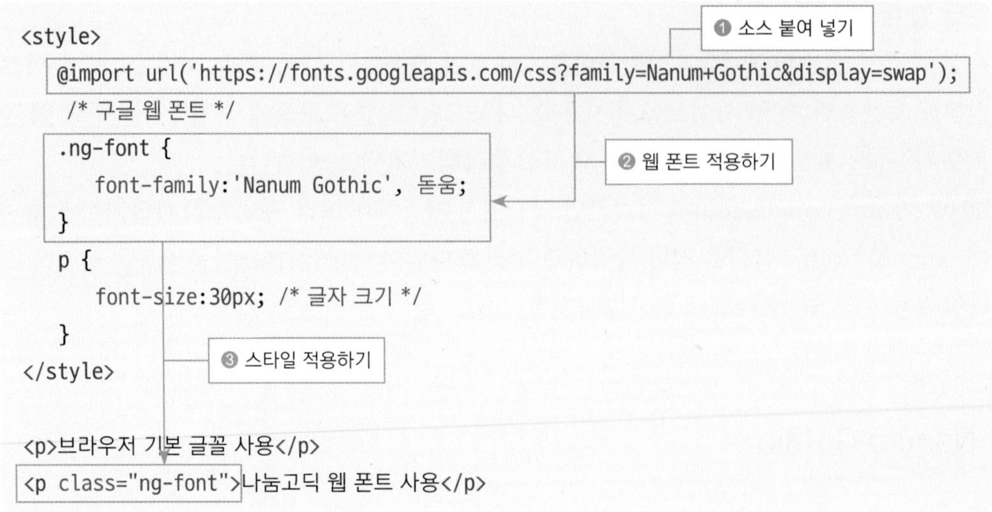

<style>
@import url('https://fonts.googleapis.com/css?family=Nanum+Gothic&display=swap');
/* 구글 웹 폰트 */
.ng-font {
font-family:'Nanum Gothic', 돋움;
}
p {
font-size:30px; /* 글자 크기 */
}
</style>
<p>브라우저 기본 글꼴 사용</p>
<p class="ng-font">나눔고딕 웹 폰트 사용</p>
❶ 소스 붙여 넣기
❷ 웹 폰트 적용하기
❸ 스타일 적용하기

직접 웹 폰트 업로드해 사용하기

요즘에는 앞에서 살펴본 구글 웹 폰트처럼 웹 폰트를 제공하는 인터넷 사이트가 있기 때문에 주로 링크해 사용하지만 사이트에서 제공하지 않는 폰트이거나 자신이 가지고 있는 ttf 폰트를 변환해 사용한다면 여기서 설명한 방법으로 직접 업로드해 사용해야 합니다.

컴퓨터에서 사용하는 글꼴은 트루타입(TrueType) 유형이고 파일 확장자는 *.ttf입니다. 하지만 트루타입 유형의 글꼴은 파일 크기가 너무 크기 때문에 다른 글꼴이 등장했습니다. 이렇게 등장한 웹에 적합한 여러 글꼴 유형 중에서 eot(Embedded Open Type)와 woff(Web Open Font Format) 파일이 가장 많이 사용됩니다. 웹 폰트 변환 사이트는 꽤 많은데 그중에서 Transfonter(https://transfonter.org/)에서 한글 폰트까지 변환할 수 있습니다.

▶ 웹에서 사용할 수 있는 폰트는 woff(*.woff)와 트루타입(.ttf), 오픈타입(*.ttf, *.otf), 임베디드 오픈타입(*.eot), svg 폰트(*.svg, *.svgz) 입니다.

알아두면 좋아요! 글꼴 저작권에 주의하세요!

ttf 파일을 eot나 woff로 변환해 웹 폰트로 사용하려면 허락을 받아야 합니다. ttf 글꼴을 구입했더라도 그것은 웹 폰트 사용까지 허락한 것은 아니므로 무조건 웹 폰트로 변환해 사용해서는 안됩니다. 글꼴 사용에 대해서는 사용권 범위가 까다롭기 때문에 반드시 사전에 확인해야 합니다.

웹 폰트 적용하기

글꼴 파일을 업로드해 웹 폰트가 준비되었다면 오른쪽과 같이 @font-face 속성을 사용해 웹 폰트를 정의할 수 있습니다.

```
기본형    @font-face {
              font-family:글꼴 이름;
              src:url(글꼴 파일 경로) format(파일 유형);
          }
```

▶ 글꼴 파일들은 웹 문서와 함께 서버에 업로드해야 합니다.

다음 예제에서는 'trana.ttf' 라는 영문 폰트를 eot 파일과 woff 파일로 변환한 후 'trana'라는 자신만의 글꼴 이름을 정의했습니다.

ttf 파일은 다른 형식의 파일보다 용량이 크기 때문에 대부분의 모던 브라우저에서 지원하는 woff 글꼴 파일을 먼저 선언하고 ttf 파일은 그 후 선언했습니다. 이렇게 하면 woff 형식을 지원하는 브라우저는 woff 파일을 다운로드하고 그 후 선언된 ttf 파일은 다운로드하지 않습니다. 그리고 인터넷 익스플로러 8 이하 버전에서는 eot 파일만 지원하므로 woff 파일보다 먼저 선언하는데 eot 파일에서는 포맷을 따로 지정하지 않습니다.

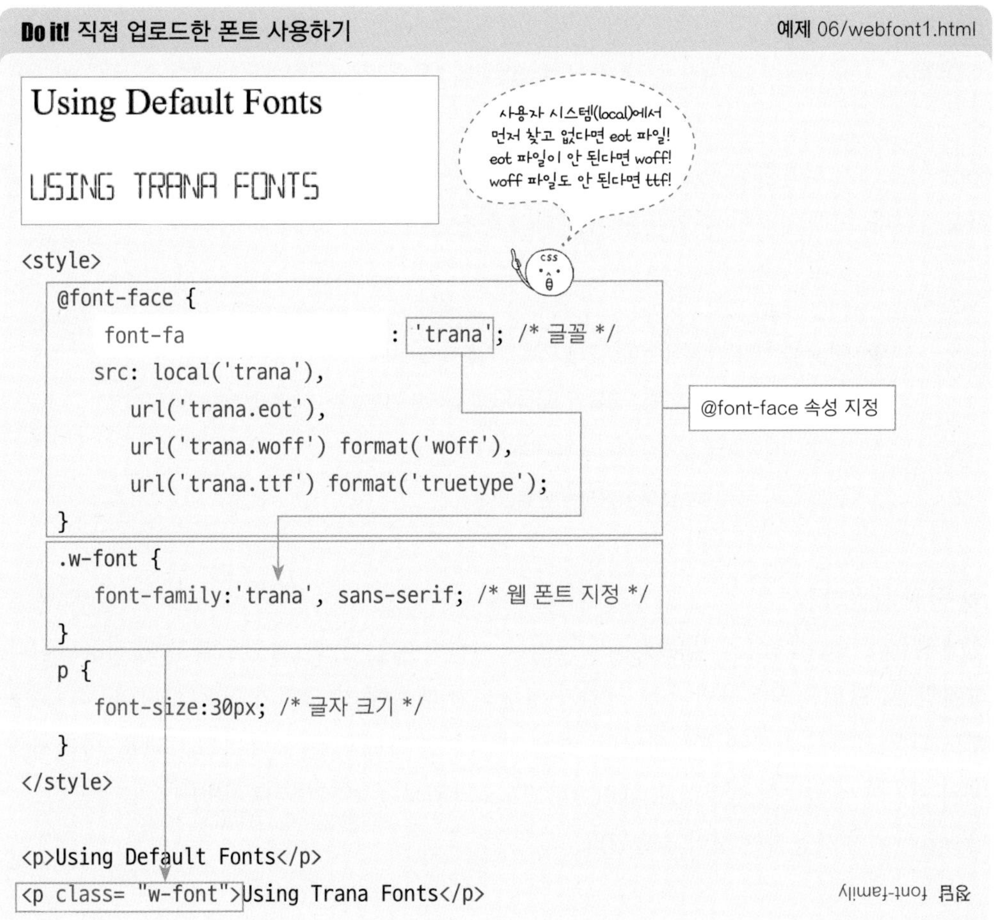

Do it! 직접 업로드한 폰트 사용하기
예제 06/webfont1.html
Using Default Fonts
USING TRANA FONTS
사용자 시스템(local)에서 먼저 찾고 없다면 eot 파일! eot 파일이 안 된다면 woff! woff 파일도 안 된다면 ttf!
CSS
<style>
@font-face {
font-fa : 'trana'; /* 글꼴 */
src: local('trana'),
url('trana.eot'),
url('trana.woff') format('woff'),
url('trana.ttf') format('truetype');
}
.w-font {
font-family:'trana', sans-serif; /* 웹 폰트 지정 */
}
p {
font-size:30px; /* 글자 크기 */
}
</style>
<p>Using Default Fonts</p>
<p class= "w-font">Using Trana Fonts</p>
@font-face 속성 지정
정답 font-family

font-size 속성 - 글자 크기 조절하기

이번에는 글자 크기를 조절해 보겠습니다. 글자 크기는 font-size 속성으로 조절합니다. 픽셀이나 포인트를 비롯해 크기를 여러 단위로 지정할 수 있고 백분율을 사용할 수도 있습니다.

```
기본형  font-size: <절대 크기> | <상대 크기> | <크기> | <백분율>
```

▶ 꺾쇠 괄호(<, >)로 묶인 부분은 입력 값이 아니라 유형입니다. 자세한 내용은 222쪽 [알아두면 좋아요!]를 참고하세요.

font-size 속성에서 사용하는 속성 값은 다음과 같습니다.

속성 값	설명
<절대 크기>	브라우저에서 지정한 글자 크기입니다. 사용할 수 있는 값은 xx-small | x-small | small | medium | large | x-large | xx-large입니다.
<상대 크기>	부모 요소의 글자 크기(font-size)를 기준으로 더 크게 표시하거나 더 작게 표시합니다. 사용할 수 있는 값은 larger | smaller입니다.
<크기>	브라우저와 상관없이 글자 크기를 직접 지정합니다.
<백분율>	부모 요소의 글자 크기를 기준으로 해당하는 %를 계산해 표시합니다(%와 함께 표기해야 합니다).

font-size에서 사용할 수 있는 값은 여러 형태이지만 주로 <크기> 값을 직접 지정하는 방법을 사용합니다. 이때 사용할 수 있는 단위는 다음과 같습니다.

단위	설명
em	해당 글꼴의 대문자 M의 너비를 기준으로 크기를 조절합니다.
ex	x-height(엑스 하이트). 해당 글꼴의 소문자 x의 높이를 기준으로 크기를 조절합니다.
px	픽셀. 모니터에 따라 상대적 크기가 됩니다.
pt	포인트. 일반 문서에서 많이 사용하는 단위입니다.

px 단위 사용하기

웹에서 font-size 속성을 사용해 폰트 크기를 지정할 때는 주로 px 단위를 많이 사용합니다. 하지만 px 단위를 사용하면 폰트 크기가 고정되기 때문에 창 크기가 작은 모바일 기기로 볼 때도 같은 크기로 화면에 표시됩니다. 결국 작은 화면 안에 작은 글씨로 표시되죠. 따라서 모바일 기기에서 접속할 경우까지 고려한다면 px 단위보다 em 단위를 사용하는 것이 좋습니다.

▶ 크기를 따로 지정하지 않으면 텍스트 문단의 크기는 16px로 표시됩니다.

em 단위 사용하기

em은 사용하는 글꼴의 대문자 M을 기준으로 하므로 그 발음을 따 em이라는 단위를 사용합니다. 부모 요소에서 지정한 폰트의 대문자 M의 너비를 1em으로 놓고 상대적 값을 계산해 다른 요소들의 글자 크기를 조절합니다. 만약 지정한 크기가 없다면 <body> 요소의 크기 16px이 기본 값 1em으로 지정됩니다.

▶ px을 em 단위로 변환하기 어렵다면 PxtoEM.com(www.pxtoem.com) 같은 사이트에서 단위를 자동으로 변환해 사용할 수도 있습니다.

다음 예제는 부모 요소의 크기를 지정하지 않은 상태에서 <h1>의 크기를 3em, <p>의 크기를 1em으로 지정한 것입니다.

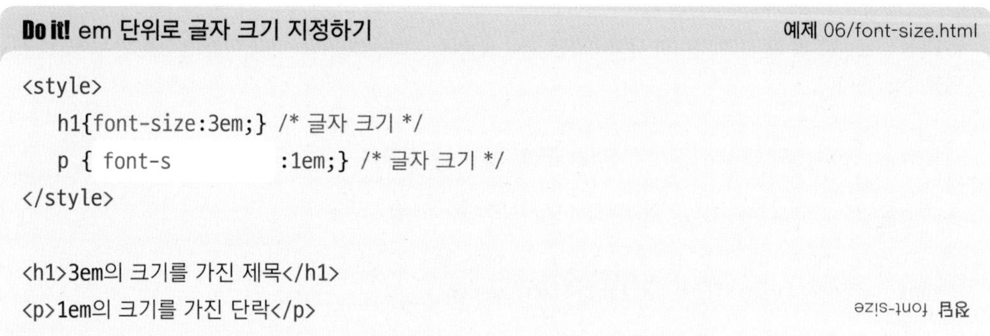

Do it! em 단위로 글자 크기 지정하기 예제 06/font-size.html

```
<style>
   h1{font-size:3em;} /* 글자 크기 */
   p { font-s          :1em;} /* 글자 크기 */
</style>

<h1>3em의 크기를 가진 제목</h1>
<p>1em의 크기를 가진 단락</p>
```

정답 font-size

웹 브라우저에서 결과를 표시한 후 F12를 눌러 개발자 도구 화면을 열어 보세요. 제목 텍스트를 클릭하고 [Computed]를 클릭하면 개발자 화면에 font-size: 48px이라고 표시된 것을 확인할 수 있을 것입니다. 물론 텍스트 문단 부분은 font-size: 16px로 되어 있을 것입니다.

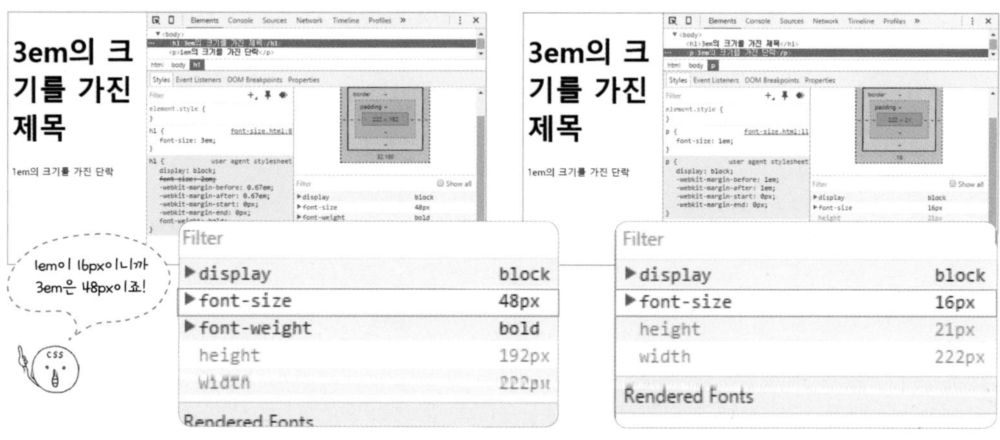

알아두면 좋아요! 기본형 기호 이해하기

[기본형] 표기 방식은 W3C 표준 규약에서도 사용하는 방식이므로 이해해 두면 나중에 표준 규약을 읽기도 쉽습니다.

① |는 나열한 옵션 중 하나가 값이 되어야 한다는 의미입니다.

```
font-size: 값1 | 값2 | 값3
```

▶ 값1이나 값2, 값3 중 하나가 font-size 속성 값이 됩니다.

② 속성 값을 나열할 때 키워드(약속한 값)는 그대로 나열합니다.

```
font-variant: normal | small-caps
```

▶ font-variant 속성은 normal이나 small-caps라는 값을 사용합니다.

③ 속성 값을 나열할 때 값이 아니라 유형이라면 꺾쇠 괄호(<, >)로 묶습니다. 이때 다른 속성을 유형처럼 사용할 수 있습니다.

```
font-size: <절대 크기> | <상대 크기> | <크기> | <백분율>
```

▶ <백분율>은 값이 아니라 유형입니다. 따라서 font-size: 30%라고 사용할 수 있습니다.

```
font: <font-style><font-variant><font-weight>
```

▶ font-style 속성 값을 font 속성 값으로 사용합니다(font-style이라는 키워드를 사용하는 것이 아닙니다).

font-weight 속성 - 글자 굵기 지정하기

글자 굵기도 조절해 볼까요? font-weight 속성은 글자 굵기를 지정합니다.

기본형
```
font-weight: normal | bold | bolder | lighter | 100 | 200 | 300 | 400 | 500 |
600 | 700 | 800 | 900
```

사용하는 속성 값은 다음과 같습니다.

속성 값	설명
normal	일반적인 형태로 기본 값입니다.★
bold | lighter | bolder	굵게 | 원래 굵기보다 더 가늘게 | 원래 굵기보다 더 굵게 나타냅니다.
100~900 사이의 수치	400은 normal, 700은 bold에 해당하며 숫자 값을 조절해 좀 더 세밀히 글꼴 두께를 조절할 수 있습니다.

font-variant 속성 - 작은 대문자로 표시하기

영어 글꼴에서는 '작은 대문자'라는 독특한 설정도 할 수 있습니다. 이때 작은 대문자란 대문자를 소문자 크기에 맞추어 작게 표시한 것인데요. font-variant 속성으로 작은 대문자를 지정할 수 있습니다.

기본형	font-variant: normal | small-caps

속성 값	설명
normal	일반적인 형태로 표시합니다.★
small-caps	작은 대문자로 표시합니다.

다음은 font-weight 속성을 사용해 글자를 굵게 표시하고 font-variant 속성을 사용해 소문자를 작은 대문자로 표시하는 .accent 클래스 스타일을 선언한 것입니다. 〈span〉 태그를 사용해 텍스트 문단 중 일부에만 .accent 클래스 스타일을 적용했습니다.

Do it! 글자 굵기 및 작은 대문자 지정하기 예제 06/font-vary.html

세계 3대 미항

시드니(Sydney), 호주

리우데자네이루(Rio de Janeiro), 브라질

나폴리(Naples), 이탈리아

```
<style>
  .accent {
    font-va    1    :small-caps; /* 작은 대문자 */
    font-we    2    :bold; /* 굵게 */
  }
</style>

<h1>세계 3대 미항</h1>
<p><span class="accent">시드니(Sydney)</span>, 호주</p>
<p><span class="accent">리우데자네이루(Rio de Janeiro)</span>, 브라질</p>
<p><span class="accent">나폴리(Naples)</span>, 이탈리아</p>
```

정답 1. font-variant 2. font-weight

font-style 속성 - 글자 스타일 지정하기

글자를 이탤릭체로도 표시할 수 있습니다. font-style 속성은 글자를 이탤릭체로 표현할지 여부를 결정합니다. 사용할 수 있는 속성 값은 오른쪽과 같습니다.

▶ italic은 기울어진 글꼴이 처음부터 디자인되어 있는 반면, oblique는 원래 글꼴을 단지 기울어지게 표시할 뿐입니다. 대부분 기울어진 형태에 맞게 글꼴이 다듬어져 있기 때문에 웹에서는 주로 italic을 사용합니다.

기본형 `font-style: normal | italic | oblique`

속성 값	설명
normal	일반적인 형태로 표시합니다.★
italic	이탤릭체로 표시합니다.
oblique	이탤릭체로 표시합니다.

다음 예제는 <p> 요소를 이탤릭체로 표시하는 스타일과 class가 txt인 <p> 요소를 기본 형태로 표시하는 스타일로 만든 웹 문서입니다.

Do it! 글자 스타일 지정하기 예제 06/font-style.html

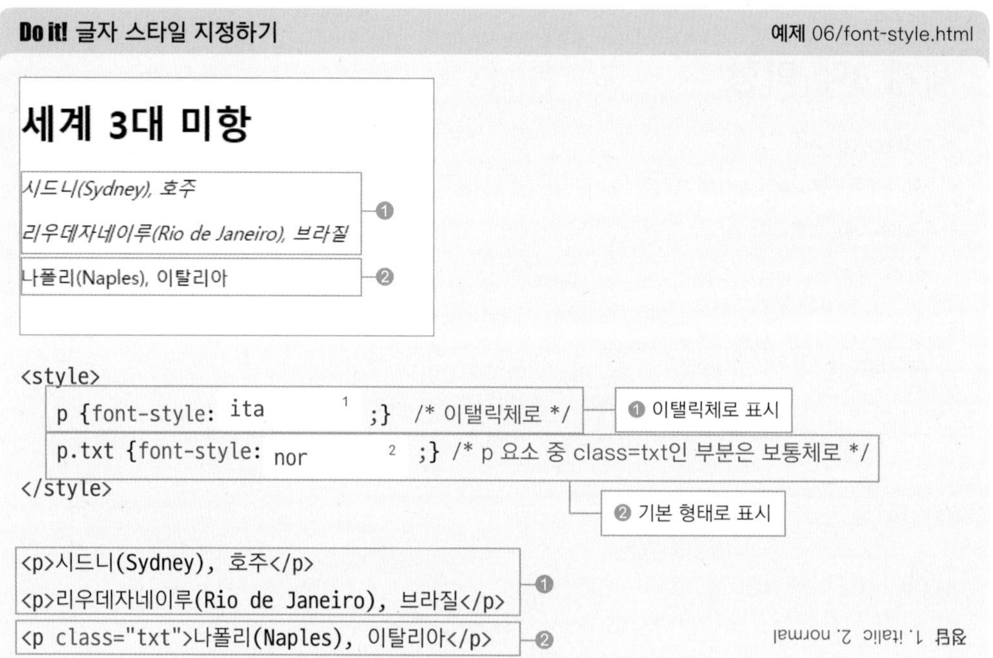


```
<style>
  p {font-style: ita    1   ;}  /* 이탤릭체로 */          ❶ 이탤릭체로 표시
  p.txt {font-style: nor    2   ;} /* p 요소 중 class=txt인 부분은 보통체로 */
</style>                                                   ❷ 기본 형태로 표시

<p>시드니(Sydney), 호주</p>
<p>리우데자네이루(Rio de Janeiro), 브라질</p>              ❶
<p class="txt">나폴리(Naples), 이탈리아</p>               ❷
```

정답 1. italic 2. normal

font 속성 - 글꼴 속성을 한꺼번에 묶어 표현하기

앞에서 배운 글꼴을 하나하나 소스 줄에 넣으면 소스가 너무 길어지겠죠? font 속성을 이용하면 font-style과 font-variant, font-weight, font-size/line-height, font-family 속성들을 한꺼번에 묶어 약식으로 표현할 수 있습니다.

기본형 `font: <font-style><font-variant><font-weight><font-size/line-height><font-family> | caption | icon | menu | message-box | small-caption | status-bar`

또한 특정 키워드를 입력해 그것에 어울리는 글꼴 스타일로 표시할 수도 있습니다. caption, icon, menu 등이 그 예입니다.

속성 값	설명
font-*	font-로 시작하는 글꼴 관련 속성을 한꺼번에 나열합니다.
caption	캡션에 어울리는 글꼴 스타일로 표시합니다.
icon	아이콘에 어울리는 글꼴 스타일로 표시합니다.
menu	드롭다운 메뉴에 어울리는 글꼴 스타일로 표시합니다.
message-box	대화상자에 어울리는 글꼴 스타일로 표시합니다.
small-caption	작은 캡션에 어울리는 글꼴 스타일로 표시합니다.
status-bar	상태 표시줄에 어울리는 글꼴 스타일로 표시합니다.

font-* 속성(font-로 시작하는 속성)은 사용하는 각 값들이 다르기 때문에 한꺼번에 사용할 수 있습니다. 이때 font-size와 line-height는 12px/24px처럼 슬래시(/)로 연결해 함께 표현합니다. line-height는 줄 간격을 조절하는 속성인데 font 속성은 아니지만 글자 크기와 줄 간격이 밀접한 관련이 있으므로 font-size/line-height처럼 하나의 속성처럼 사용하기도 합니다.

앞의 내용을 바탕으로 오른쪽과 같이 텍스트 문단의 글꼴 속성을 지정할 수 있습니다. 여기서 주의할 것은 font:120%/120%로 지정했을 때 글자 크기 120%는 부모 요소의 글자 크기를 기준으로 120%만큼 표시하고 뒤에 있는 줄 간격 120%는 현재 요소의 글자 크기를 기준으로 한다는 것입니다.

▶ line-height 속성에 대한 자세한 설명은 06-3을 참고하세요.

```
p {font:16px/25px "맑은 고딕"}
p {font:bold italic 12pt}
p {font:120%/120% bold}
```

다음 예제의 첫 번째 스타일 규칙에서는 텍스트 문단 중 클래스 이름이 txt인 부분을 '돋움' 글꼴을 사용하며 글꼴 크기가 12px, 줄 간격이 24px인 이탤릭체로 표시합니다. 두 번째 스타일부터 마지막까지는 키워드를 사용해 적절한 스타일로 표시되도록 합니다.

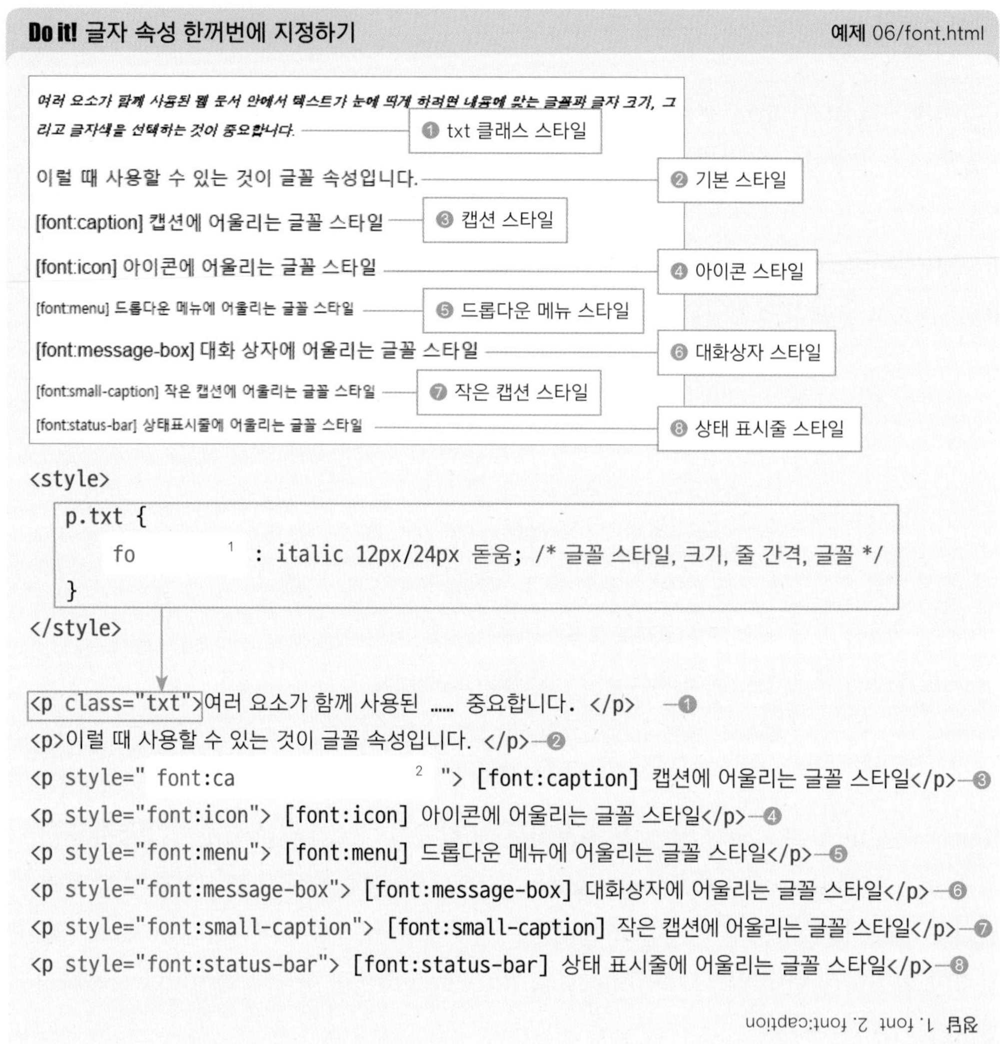

Do it! 글자 속성 한꺼번에 지정하기
예제 06/font.html
여러 요소가 함께 사용된 웹 문서 안에서 텍스트가 눈에 띄게 하려면 내용에 맞는 글꼴과 글자 크기, 그리고 글자색을 선택하는 것이 중요합니다.
❶ txt 클래스 스타일
이럴 때 사용할 수 있는 것이 글꼴 속성입니다.
❷ 기본 스타일
[font:caption] 캡션에 어울리는 글꼴 스타일
❸ 캡션 스타일
[font:icon] 아이콘에 어울리는 글꼴 스타일
❹ 아이콘 스타일
[font:menu] 드롭다운 메뉴에 어울리는 글꼴 스타일
❺ 드롭다운 메뉴 스타일
[font:message-box] 대화 상자에 어울리는 글꼴 스타일
❻ 대화상자 스타일
[font:small-caption] 작은 캡션에 어울리는 글꼴 스타일
❼ 작은 캡션 스타일
[font:status-bar] 상태표시줄에 어울리는 글꼴 스타일
❽ 상태 표시줄 스타일


```
<style>
  p.txt {
    fo      1  : italic 12px/24px 돋움; /* 글꼴 스타일, 크기, 줄 간격, 글꼴 */
  }
</style>

<p class="txt">여러 요소가 함께 사용된 ...... 중요합니다. </p> —❶
<p>이럴 때 사용할 수 있는 것이 글꼴 속성입니다. </p>—❷
<p style=" font:ca          2  "> [font:caption] 캡션에 어울리는 글꼴 스타일</p>—❸
<p style="font:icon"> [font:icon] 아이콘에 어울리는 글꼴 스타일</p>—❹
<p style="font:menu"> [font:menu] 드롭다운 메뉴에 어울리는 글꼴 스타일</p>—❺
<p style="font:message-box"> [font:message-box] 대화상자에 어울리는 글꼴 스타일</p>—❻
<p style="font:small-caption"> [font:small-caption] 작은 캡션에 어울리는 글꼴 스타일</p>—❼
<p style="font:status-bar"> [font:status-bar] 상태 표시줄에 어울리는 글꼴 스타일</p>—❽
```

정답 1. font 2. font:caption

알아두면 좋아요! CSS3의 font 관련 스타일

텍스트는 웹 문서의 가장 기본적인 요소이므로 CSS1과 CSS2를 거치면서 대부분의 글꼴 스타일 속성들이 완성되었고 지금까지도 거의 그대로 사용하고 있습니다. 하지만 최근 HTML5와 CSS3가 함께 사용되면서 텍스트를 다양한 형태로 표현해야 하기 때문에 추가된 속성들도 있습니다. CSS3에서 추가된 글꼴 속성들은 아직까지 일부 브라우저에서만 지원하고 있기 때문에 여기서는 어떤 속성들이 있는지만 이해하고 넘어가세요. 더 많은 정보가 필요하다면 https://www.w3.org/TR/css-fonts-3/를 참고하세요.

속성	설명
font-feature-settings	오픈 타입 글꼴의 세부 설정을 조절합니다.
font-language-override	lang 속성을 지정했던 언어를 덮어쓸 다른 언어를 지정합니다.
font-kerning	i 같은 글자를 위해 글꼴에서 각 글자 사이의 간격 조절을 지정합니다.
font-variant-alternates	기본 글꼴 외에 다른 형태로 표시하는 기능을 지정합니다.
font-variant-ligatures	글자를 더 보기 좋게 만드는 기능을 지정합니다.
font-variant-position	글꼴에 포함된 위 첨자, 아래 첨자를 사용합니다. 글꼴에 이런 첨자가 없다면 브라우저에서 합성해 표시합니다.
font-variant-caps	글자의 대문자 형태를 지정합니다.
font-variant-numeric	글자의 숫자 스타일을 지정합니다.
font-variant-east-asian	동아시아 문자의 표현 방식을 지정합니다.
font-synthesis	'굵게'와 '기울임'이 포함되지 않은 글꼴일 경우, 굵은 글꼴과 기울임 글꼴을 합성해 표시할지를 지정합니다.

1분 복습 그림에서 보는 것처럼 텍스트 단락에서 특정 부분의 글자 크기를 20픽셀로 하고 굵은 이탤릭체로 표시하려고 할 때 클래스 선택자 .accent에 대한 스타일을 어떻게 정의해야 할지 CSS 소스를 작성하세요.

웹 문서에 포함된 텍스트들은 ***사용자의 글꼴을 이용해***
웹 브라우저 화면에 표시됩니다.

```
<style>
  .accent {
                        1 :20px;
    font-weight:bold;
                              2 :italic;
  }
</style>
```

정답 1. font-size 2. font-style

06-2 텍스트 스타일

앞에서 글꼴과 관련된 스타일에 대해 배웠으니 이번에는 텍스트 스타일을 알아보겠습니다. 비슷해 보이는 글꼴과 텍스트 스타일은 다릅니다. 글꼴이 폰트와 관련된 내용이었다면 텍스트 스타일은 글자와 단어들, 그리고 글자들로 이루어진 문단에서 사용되는 스타일입니다. 텍스트 스타일 중에서 글자와 단어들에 사용하는 스타일을 먼저 살펴보겠습니다.

color 속성 - 글자 색 지정하기

먼저 글자 색을 지정하는 방법을 알아보겠습니다. 웹 문서에서 문단이나 제목 등의 텍스트에서 사용되는 글자 색을 바꿀 때는 color 속성을 사용합니다. 기본형은 오른쪽과 같으며 color 속성에서 사용할 수 있는 색상 값은 16진수나 rgb(또는 rgba), hsl(또는 hsla) 또는 색상 이름으로 표기할 수 있습니다.

```
기본형    color : <색상>
```

▶ 웹 문서에서 색상을 사용하는 방법은 07장을 참고하세요.

다음 예제는 rgb를 이용해 <h1> 제목을 녹색 계열(rgb(0,200,0)), 16진수를 사용해 <h2> 제목을 파란색(#0000ff), 강조할 부분을 빨간색(#ff0000)으로 지정한 것입니다.

Do it! 글자 색 지정하기 예제 06/color.html

세계 10대 슈퍼푸드 ❶

마늘(Garlic) ❷

일해백리(一害百利)는 마늘의 별명이다. 한가지 해가 있고 백가지 이로움이 있다는 뜻이다. 그 한 가지 해란, 아린 맛으로 인해 위에 부담을 준다는 것이다.

❸

마늘 특유의 아린 맛은 알리신이라는 성분 때문으로, 살균 및 항균 작용을 하며 마늘에 들어 있는 아연이 피로 회복에 도움을 준다.

```
<style>
  h1 {color:rgb(0,200,0);}  /* rgb 값 사용 - 녹색 계열 */—❶
  h2 {color:blue;} /* 색상 이름 사용 - 파랑 */—❷
  .accent { co          :#ff0000;} /* 16진수 사용 - 빨강, #f00으로도 사용 */—❸
</style>

<h1>세계 10대 슈퍼푸드</h1>
<img src="images/garlic.jpg">
<h2>마늘(Garlic)</h2><p>일해백리(一害百利)는 ...... </p>
<p>마늘 특유의 아린 맛은 <span class="accent">알리신</span>이라는 성분 때문으로 ...... </p>
```

text-decoration 속성 - 텍스트에 줄 표시하기/없애기

지금부터는 앞에 text-가 붙는 속성들에 대해 알아보겠습니다. text-decoration 속성을 이용하면 텍스트에 밑줄을 긋거나 취소 선을 표시할 수 있습니다.

```
기본형   text-decoration : none | underline | overline | line-through
```

속성 값	설명
none	밑줄을 표시하지 않습니다.*
underline	밑줄을 표시합니다.
overline	영역 위로 선을 그립니다.
line-through	영역을 가로지르는 선(취소 선)을 그립니다.

텍스트 링크에 기본 값으로 밑줄이 그어졌던 것을 기억하나요? text-decoration 속성은 텍스트 링크의 밑줄을 없앨 때 오른쪽과 같이 사용합니다.

```
a {text-decoration:none; }
```

▶ 텍스트 링크의 경우, text-decoration 속성의 기본 값은 underline입니다.

또한 웹 문서의 기존 내용을 취소하고 새로운 내용을 입력할 때 취소 선을 이용하면 기존 내용을 완전히 삭제하지 않고 새로운 내용과 비교하며 확인할 수 있습니다. 취소 선은 text-decoration: line-through;을 이용해 표시할 수 있습니다.

Do it! 링크 텍스트에 밑줄 없애기 예제 06/text-decoration.html

HTML5

다양한 기기로 인터넷에 접속할 수 있는 요즘,
~~HTML4~~ HTML5를 공부해야 할 때입니다.

HTML5 표준 규약 살펴보기

```
<style>
    p {line-height:e1.8;}
    a {text-decoration:none;} /* 밑줄 없앰 */
    .edited {text-decoration:line-through;} /* 취소선 */
</style>

<p>다양한 기기로 인터넷에 접속할 수 있는 요즘, <br>
<span class="edited">HTML4</span> HTML5를 공부해야 할 때입니다.</p>
<p><a href="https://html.spec.whatwg.org/" target="_blank"><b>HTML5 표준 규약 살펴보기
</b></a></p>
```

글자 위를 가로지르는 취소선 삽입

링크 텍스트에서 밑줄 없앰

text-transform 속성 - 텍스트 대·소문자 변환하기

영문자를 표기할 때 텍스트의 대·소문자를 원하는 대로 바꿀 수도 있습니다. text-transform 속성은 텍스트를 대·소문자 또는 전각 문자로 변환합니다.

기본형 `text-transform : none | capitalize | uppercase | lowercase | full-width`

▶ 이 속성은 한글에는 영향을 미치지 않고 영문자에만 적용됩니다.

속성 값	설명
none	변환하지 않습니다.*
capitalize	시작하는 첫 번째 글자를 대문자로 변환합니다.
uppercase	모든 글자를 대문자로 변환합니다.
lowercase	모든 글자를 소문자로 변환합니다.
full-width	가능한 모든 문자를 전각 문자로 변환합니다.

▶ '전각 문자'란 고정 폭 영문자 너비의 두 배 정도 너비의 문자이며 전각 문자 너비의 절반 정도 너비인 문자를 '반각 문자'라고 부릅니다.

다음 예제는 문서를 작성할 때 모두 소문자로 작성해 두었다가 필요할 때 스타일을 이용해 첫 글자만 대문자로 표시하거나 모두 대문자로 표시하는 방법을 보여 줍니다.

Do it! 글자 일부 또는 전체를 대문자로 바꾸기 예제 06/text-transform.html

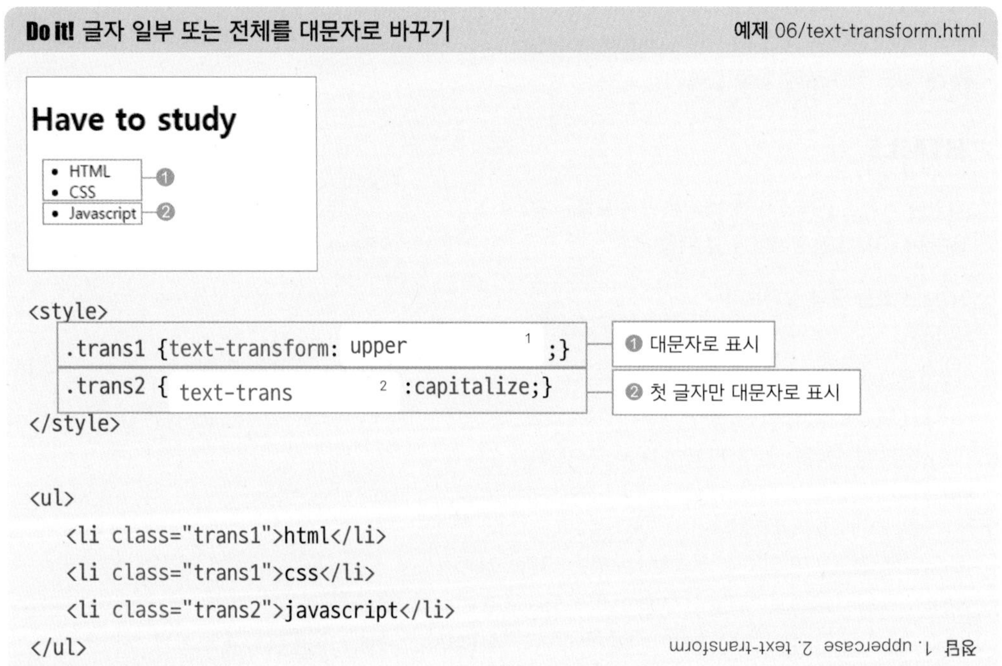


```
<style>
  .trans1 {text-transform: upper    1    ;}
  .trans2 { text-trans    2    :capitalize;}
</style>

<ul>
  <li class="trans1">html</li>
  <li class="trans1">css</li>
  <li class="trans2">javascript</li>
</ul>
```

정답 1. uppercase 2. text-transform

text-shadow 속성 - 텍스트에 그림자 효과 추가하기

텍스트에 그림자 효과도 줄 수 있습니다. 그림자 효과는 본문에서 자주 사용하면 지저분해 보이지만 사이트 제목이나 강조해야 할 글자에 사용하면 글자를 눈에 띄게 만들 수 있죠. text-shadow 속성은 텍스트에 그림자 효과를 추가해 텍스트를 좀 더 입체적으로 보이게 합니다. 속성 값으로 'none' 값이나 그림자 값을 사용할 수 있는데 그림자 값은 쉼표로 구분해 여러 값을 지정할 수 있습니다.

```
기본형   text-shadow : none | <가로 거리> <세로 거리> <번짐 정도> <색상>
```

▶ text-shadow 속성은 가로 거리와 세로 거리만 지정하면 나머지 값은 기본 값을 사용해 텍스트 그림자를 표시할 수 있습니다.

속성 값	설명
<가로 거리>	텍스트부터 그림자까지의 가로 거리를 입력합니다. 양수 값은 글자 오른쪽, 음수 값은 글자 왼쪽에 그림자를 만듭니다. 필수 속성입니다.
<세로 거리>	텍스트부터 그림자까지의 세로 거리를 입력합니다. 양수 값은 글자 아래쪽, 음수 값은 글자 위쪽에 그림자를 만듭니다. 필수 속성입니다.
<번짐 정도>	그림자가 번지는 정도를 나타냅니다. 양수 값을 사용하면 그림자가 모든 방향으로 퍼져 나가기 때문에 그림자가 크게 표시됩니다. 반대로 음수 값은 그림자가 모든 방향으로 축소되어 보입니다. 기본 값은 0입니다.
<색상>	그림자 색상을 지정합니다. 한 가지만 지정할 수도 있고 공백으로 구분해 여러 색상을 지정할 수도 있습니다. 기본 값은 현재 글자 색입니다.

▶ 인터넷 익스플로러 10에서는 그림자 색상을 rgba로 지정할 경우, 제대로 표시하지 못합니다.

다음 예제는 <h1> 태그를 사용한 제목에 그림자 효과를 추가한 것입니다. 첫 번째는 두 개의 숫자가 사용되었기 때문에 왼쪽부터 '가로 거리'와 '세로 거리'에 해당하고 그림자 색상을 지정하지 않았기 때문에 글자 색(orange)과 같은 그림자가 표시됩니다. 두 번째와 세 번째 그림자는 세 개의 숫자가 사용되었기 때문에 가로 거리와 세로 거리 값과 함께 그림자의 번짐 정도까지 지정합니다.

Do it! 텍스트에 그림자 효과 추가하기 예제 06/text-shadow1.html

```
<style>
  .shadow1{
    color:orange; /* 글자 색 */
    text-shadow:1px 1px; /* 텍스트 그림자 */
  }
  .shadow2 {
    text-shadow: 5px 5px 3px #f00; /* 텍스트 그림자 */
  }
  .shadow3 {
    color:#fff; /* 글자 색 */
    text-sh            :7px -7px 5px #000; /* 텍스트 그림자 */
  }
</style>

<h1 class="shadow1">HTML5</h1>
<h1 class="shadow2">HTML5</h1>
<h1 class="shadow3">HTML5</h1>
```

HTML5

HTML5

HTML5

정답 text-shadow

보통 그림자 값은 하나만 사용하지만 여러 개를 사용하면 마치 그래픽으로 처리한 듯한 텍스트를 만들 수도 있습니다. 이런 효과를 만들려면 그림자 값을 쉼표로 구분해 나열하면 됩니다. 이때 맨 먼저 지정한 그림자 값이 텍스트 가장 가까이 표시됩니다.

다음 예제는 여러 개의 그림자 효과를 추가해 글자가 불타는 듯한 효과를 만든 것입니다.

Do it! 텍스트에 여러 개의 그림자 효과 추가하기 예제 06/text-shadow2.html

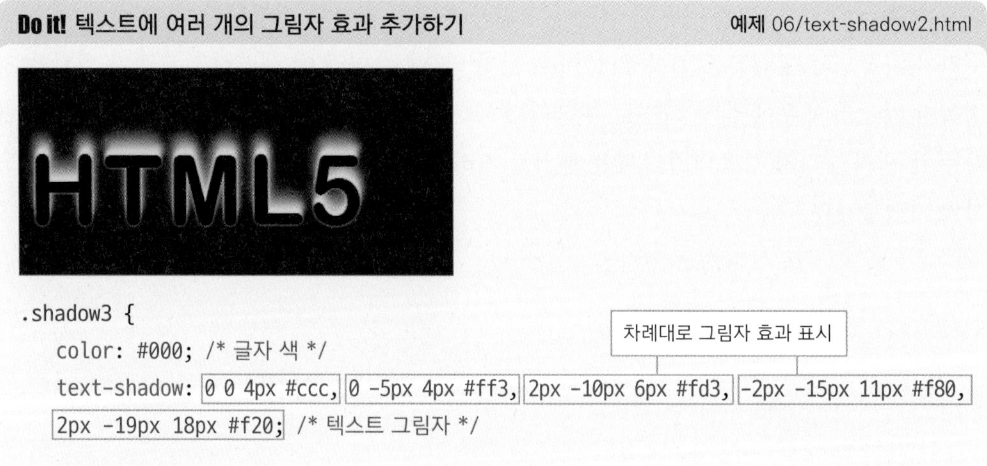


```
.shadow3 {
  color: #000; /* 글자 색 */
  text-shadow: 0 0 4px #ccc, 0 -5px 4px #ff3, 2px -10px 6px #fd3, -2px -15px 11px #f80,
  2px -19px 18px #f20; /* 텍스트 그림자 */
```

white-space 속성 - 공백 처리하기

텍스트에는 글자뿐만 아니라 공백도 있죠. 이 공백이 하나의 원칙으로 처리되지 않는다면 문서가 지저분해 보일 수도 있습니다. 이럴 때 white-space 속성을 사용하면 텍스트와 함께 연속해 입력된 여러 개의 공백을 어떻게 처리할지 지정할 수 있습니다.

기본형 `white-space : normal | nowrap | pre | pre-line | pre-wrap`

속성 값	설명
normal	여러 개의 공백을 하나로 표시합니다. 기본 값.★
nowrap	여러 개의 공백을 하나로 표시하고 영역 너비를 넘어가는 내용은 줄을 바꾸지 않고 계속 한 줄로 표시합니다.
pre	여러 개의 공백을 그대로 표시하고 영역 너비를 넘어가는 내용은 줄을 바꾸지 않고 계속 한 줄로 표시합니다.
pre-line	여러 개의 공백을 하나로 표시하고 영역 너비를 넘어가는 내용은 자동으로 줄을 바꿔 표시합니다.
pre-wrap	여러 개의 공백을 그대로 표시하고 영역 너비를 넘어가는 내용은 자동으로 줄을 바꿔 표시합니다.

예를 들어 텍스트 안에 공백이 불규칙하게 포함된 내용을 편집할 때 모든 공백을 공백 한 칸으로 인식하고 줄을 바꾸지 않으려면 오른쪽과 같이 작성하면 됩니다.

```
td { white-space:nowrap; }   /* 줄 바꿈 없음 */
```

letter-spacing과 word-spacing 속성 - 텍스트 간격 조절하기

텍스트 공백을 조절해 보았으니 이번에는 텍스트 자간을 조절해 보겠습니다. 강조하고 싶은 글자나 〈h*n*〉 태그를 이용해 크게 표시한 글자들은 글자 사이 간격을 조절해 좀 더 여유 있게 표시하면 읽기 편합니다.

letter-spacing 속성은 낱 글자 사이 간격을 조절하고 word-spacing 속성은 단어와 단어 사이 간격을 조절하는데 주로 단어 사이 간격은 수정하지 않고 letter-spacing 속성을 사용해 자간을 조절합니다.

기본형
```
letter-spacing : normal | <크기>
word-spacing : normal | <크기>
```

다음 예제는 자간, 즉 letter-spacing을 0.2em으로 했을 경우와 0.5em으로 했을 경우를 비교한 것입니다. 자간은 가능하면 em 단위로 지정하는 것이 좋습니다. 그래야만 바뀌는 글꼴에 맞추어 자간이 유지되기 때문입니다.

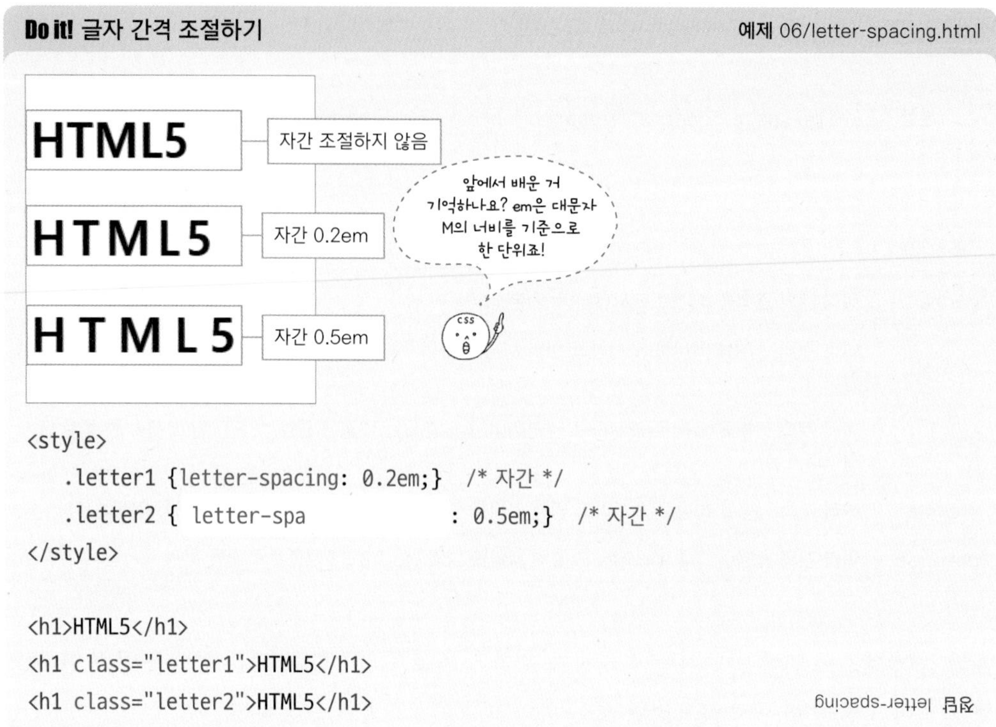

Do it! 글자 간격 조절하기 예제 06/letter-spacing.html


```
<style>
   .letter1 {letter-spacing: 0.2em;}  /* 자간 */
   .letter2 { letter-spa              : 0.5em;}  /* 자간 */
</style>

<h1>HTML5</h1>
<h1 class="letter1">HTML5</h1>
<h1 class="letter2">HTML5</h1>
```

정답 letter-spacing

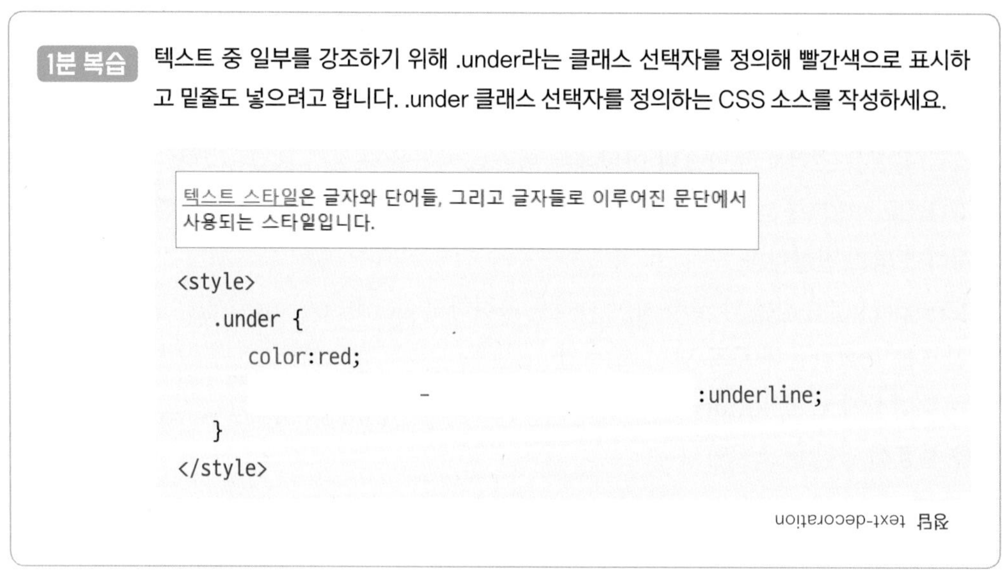

1분 복습 텍스트 중 일부를 강조하기 위해 .under라는 클래스 선택자를 정의해 빨간색으로 표시하고 밑줄도 넣으려고 합니다. .under 클래스 선택자를 정의하는 CSS 소스를 작성하세요.

텍스트 스타일은 글자와 단어들, 그리고 글자들로 이루어진 문단에서 사용되는 스타일입니다.


```
<style>
   .under {
      color:red;
                   -                      :underline;
   }
</style>
```

정답 text-decoration

06-3 문단 스타일

글꼴과 텍스트의 스타일을 배웠으니 이제 문단 스타일을 배워 보겠습니다. 텍스트는 웹 문서에서 주로 문단 형태로 많이 쓰이죠. 문단 스타일에서 조절하는 부분은 텍스트 정렬이나 들여쓰기, 줄 간격 등입니다. 웹 문서에서 텍스트를 많이 사용한다면 반드시 익혀 두어야 하는 문단 스타일에 대해 알아보겠습니다.

direction 속성 - 글자 쓰기 방향 지정하기

먼저 텍스트 방향 지정부터 시작해 보겠습니다. direction 속성은 텍스트를 어느 방향부터 쓰기 시작해 화면에 표시할지를 결정합니다.

```
기본형  direction : ltr | rtl
```

속성 값	설명
ltr	**왼쪽에서 오른쪽으로(left-to-right) 텍스트를 표시합니다. 기본 값입니다.★**
rtl	오른쪽에서 왼쪽으로(right-to-left) 텍스트를 표시합니다.

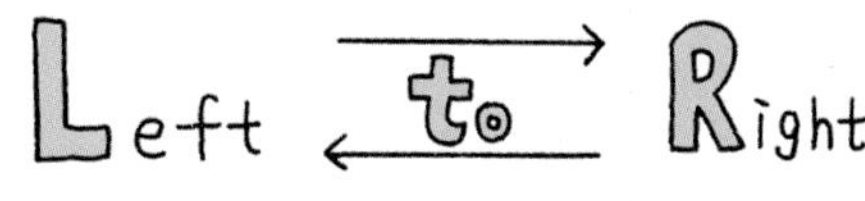

한글과 영어를 비롯해 대부분의 언어는 왼쪽에서 오른쪽으로 쓰기 때문에 ltr 속성이 기본값으로 설정되어 있습니다. 하지만 아랍어는 오른쪽에서 왼쪽으로 쓰죠. direction 속성을 사용하면 이런 언어들에 맞게 글자를 오른쪽에서 왼쪽으로 표시할 수 있습니다. 다만, 한글이나 영어처럼 왼쪽에서 오른쪽으로 쓰는 언어일 경우, 속성 값으로 rtl을 입력하더라도 텍스트 표시 순서는 바뀌지 않고 왼쪽에서 오른쪽으로 정렬되어 나타납니다.

text-align 속성 - 텍스트 정렬하기

텍스트 방향을 정했으니 이번에는 텍스트를 정렬해 보겠습니다. text-align 속성은 문단의 텍스트 정렬 방법을 지정합니다.

```
기본형  text-align : start | end | left | right | center | justify | match-parent
```

속성 값으로 워드나 한글 문서에서 흔히 사용하던 '왼쪽 정렬', '오른쪽 정렬', '양쪽 정렬', '가운데 정렬' 등을 지정할 수 있습니다.

속성 값	설명
start	현재 텍스트 줄의 시작 위치에 맞추어 문단을 정렬합니다. left-to-right 언어라면 왼쪽으로, right-to-left 언어라면 오른쪽으로 맞추어 정렬합니다.
end	현재 텍스트 줄의 끝 위치에 맞추어 문단을 정렬합니다. left-to-right 언어라면 오른쪽으로, right-to-left 언어라면 왼쪽으로 맞추어 정렬합니다.
left	왼쪽에 맞추어 문단을 정렬합니다.
right	오른쪽에 맞추어 문단을 정렬합니다.
center	가운데에 맞추어 문단을 정렬합니다.
justify	양쪽에 맞추어 문단을 정렬합니다.
match-parent	부모 요소를 따라 문단을 정렬합니다. 다만, 부모 요소의 속성 값이 start나 end일 경우, 부모 요소가 left-to-right인지, right-to-left인지에 따라 left나 right 값으로 계산해 적용합니다.

다음 예제는 주로 사용하는 text-align 속성의 네 가지 값을 비교해 본 것입니다.

▶ 텍스트 문단 주변에 그려진 테두리는 border 속성을 이용한 것으로 08장에서 자세히 설명할 것입니다.

Do it! 텍스트 정렬하기 예제 06/text-align.html

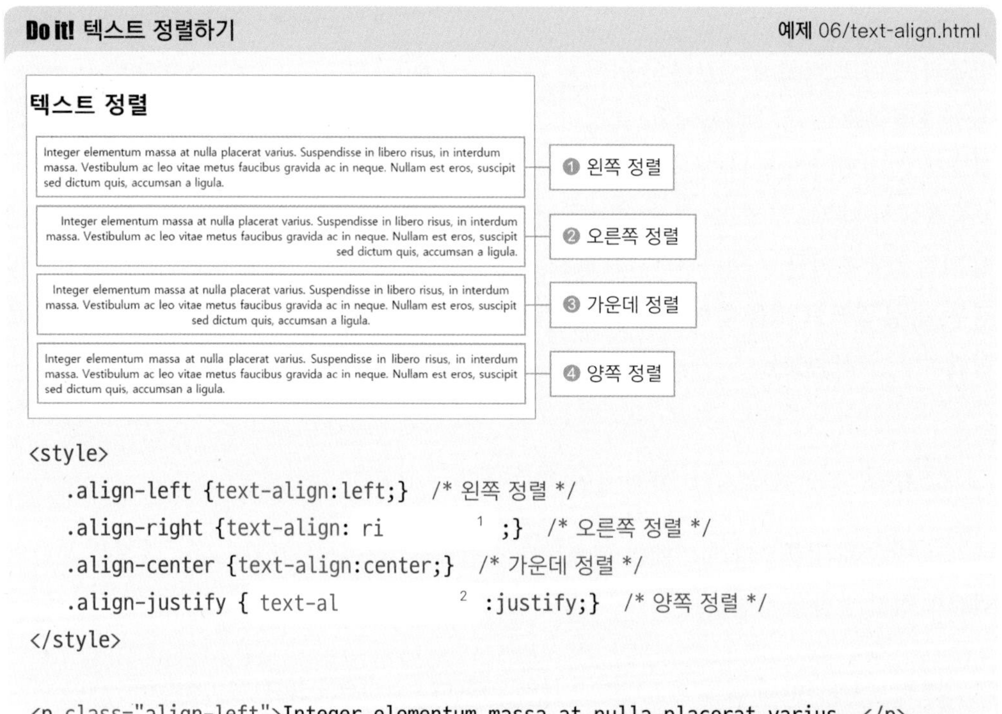


```
<style>
    .align-left {text-align:left;}  /* 왼쪽 정렬 */
    .align-right {text-align: ri          1  ;}  /* 오른쪽 정렬 */
    .align-center {text-align:center;}  /* 가운데 정렬 */
    .align-justify { text-al          2  :justify;}  /* 양쪽 정렬 */
</style>

<p class="align-left">Integer elementum massa at nulla placerat varius….</p>
<p class="align-right"> Integer elementum massa at nulla placerat varius….</p>
```

```
<p class="align-center"> Integer elementum massa at nulla placerat varius….</p>
<p class="align-justify"> Integer elementum massa at nulla placerat varius….</p>
```

정답 1. right 2. text-align

text-justify 속성 - 정렬 시 공백 조절하기

바로 앞에서 배운 text-align 속성 값이 justify일 경우, 양쪽 끝에 맞추기 때문에 글자와 단어 사이 간격이 어색하게 벌어질 수 있습니다. 이때 간격을 어떻게 조절해 정렬할 것인지 지정하기 위해 사용하는 것이 text-justify 속성입니다.

```
기본형  text-justify : auto | none | inter-word | distribute
```

속성 값	설명	예시
auto	웹 브라우저에서 자동으로 지정합니다.	|日 本 語 Latin แ ล ะ|
none	정렬하지 않습니다.	
inter-word	단어 사이의 공백을 조절해 정렬합니다.	|日本語 Latin และ|
distribute	인접한 글자 사이의 공백을 똑같이 맞추어 정렬합니다.	|日 本 語 L a t i n แ ล ะ|

text-indent 속성 - 텍스트 들여 쓰기

```
기본형  text-indent : <크기> | <백분율>
```

텍스트 정렬까지 마쳤으니 이제 시야를 좁혀 텍스트 앞부분을 보겠습니다. 텍스트가 많은 문서일 경우, 문단의 첫 글자를 조금씩 들여 쓰면 문단의 시작을 쉽게 알아볼 수 있죠. text-indent 속성은 문단의 첫 글자를 얼마나 들여 쓸지를 지정합니다.

속성 값	설명
<크기>	단위와 함께 들여 쓸 크기를 지정합니다. 음수 값도 사용할 수 있습니다.
<백분율>	부모 요소의 너비를 기준으로 상대적 크기를 지정합니다.

다음 예제는 첫 글자를 들여 쓰지 않았을 경우와 15px만큼 그리고 5%만큼 들여 썼을 경우를 비교한 것입니다. .indent2 스타일은 부모 요소를 기준으로 5%만큼 들여 쓰기 때문에 부모 요소의 너비 값이 달라지면 들여 쓰기 값도 달라집니다. 즉, 〈p〉 요소의 부모 요소가 〈body〉 이므로 웹 문서 화면의 너비가 달라지면 들여 쓰기 양도 달라집니다.

Do it! 텍스트 들여 쓰기 예제 06/text-indent.html

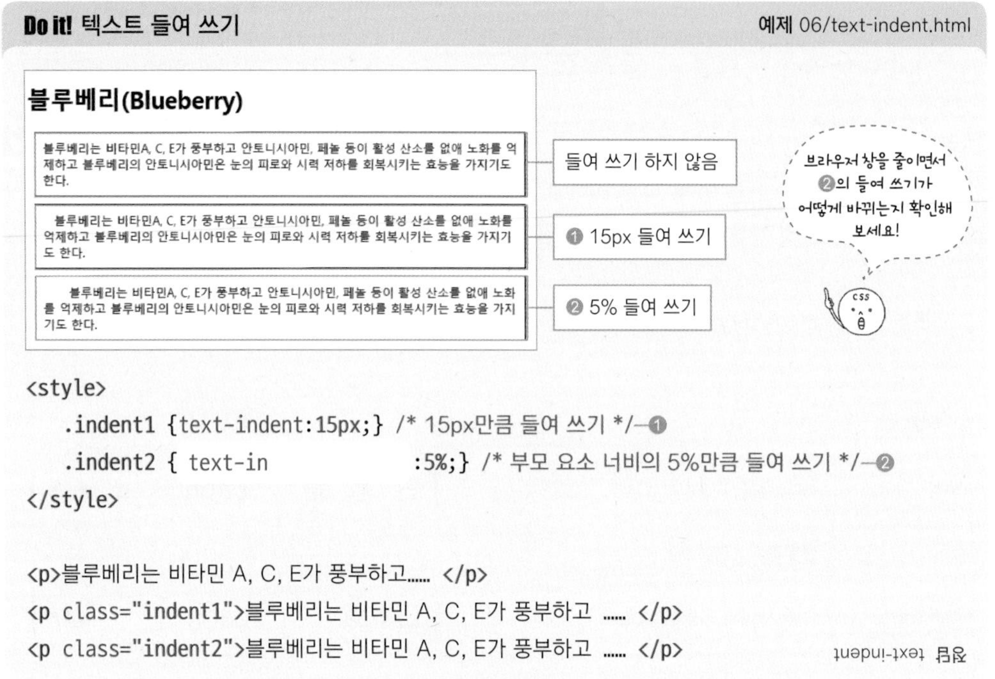
블루베리(Blueberry)
블루베리는 비타민A, C, E가 풍부하고 안토니시아민, 페놀 등이 활성 산소를 없애 노화를 억제하고 블루베리의 안토니시아민은 눈의 피로와 시력 저하를 회복시키는 효능을 가지기도 한다.
들여 쓰기 하지 않음
블루베리는 비타민A, C, E가 풍부하고 안토니시아민, 페놀 등이 활성 산소를 없애 노화를 억제하고 블루베리의 안토니시아민은 눈의 피로와 시력 저하를 회복시키는 효능을 가지기도 한다.
❶ 15px 들여 쓰기
블루베리는 비타민A, C, E가 풍부하고 안토니시아민, 페놀 등이 활성 산소를 없애 노화를 억제하고 블루베리의 안토니시아민은 눈의 피로와 시력 저하를 회복시키는 효능을 가지기도 한다.
❷ 5% 들여 쓰기
브라우저 창을 줄이면서 ❷의 들여 쓰기가 어떻게 바뀌는지 확인해 보세요!
CSS

```
<style>
    .indent1 {text-indent:15px;} /* 15px만큼 들여 쓰기 */—❶
    .indent2 { text-in            :5%;} /* 부모 요소 너비의 5%만큼 들여 쓰기 */—❷
</style>

<p>블루베리는 비타민 A, C, E가 풍부하고...... </p>
<p class="indent1">블루베리는 비타민 A, C, E가 풍부하고 ...... </p>
<p class="indent2">블루베리는 비타민 A, C, E가 풍부하고 ...... </p>
```

정답 text-indent

line-height 속성 - 줄 간격 조절하기

문단의 첫 줄을 넘어 두 줄 이상이 되면 '줄 간격'이 생깁니다. 그런데 줄 간격은 너무 좁으면 내용이 눈에 잘 들어오지 않습니다. 이때 line-height 속성을 이용하면 원하는 만큼 줄 간격을 조절할 수 있습니다.

```
기본형    line-height : normal | <숫자> | <크기> | <백분율> | inherit
```

[기본형]에서도 알 수 있듯이 줄 간격은 정확한 단위와 함께 크기 값을 직접 지정하거나 글자 크기를 기준으로 숫자, 실제 크기, 백분율로 표시합니다(이때 숫자는 줄 간격 값이 아니라 '몇 배수' 인지를 뜻합니다). 〈숫자〉나 〈백분율〉로 지정했을 때는 글자 크기를 기준으로 지정하는데요. 예를 들어 글자 크기를 12px로 지정했을 때 줄 간격을 2.0으로 했다면 실제 줄 간격은 글자 크

기의 2.0배인 24px가 되고 백분율도 같은 식으로 계산합니다. 보통 줄 간격은 글자 크기의 1.5~2배면 적당합니다.
오른쪽 예들은 모두 줄 간격 30px를 나타냅니다.

```
p { font-size:15px; line-height:30px; }
p { font-size:15px; line-height:2.0; }
p { font-size:15px; line-height:200%; }
```

다음 예제는 줄 간격을 지정하지 않았을 경우와 0.7로 좁게 지정했을 경우 그리고 2.0으로 넓게 지정했을 경우를 비교한 것입니다.

Do it! 줄 간격 지정하기 예제 06/line-height.html

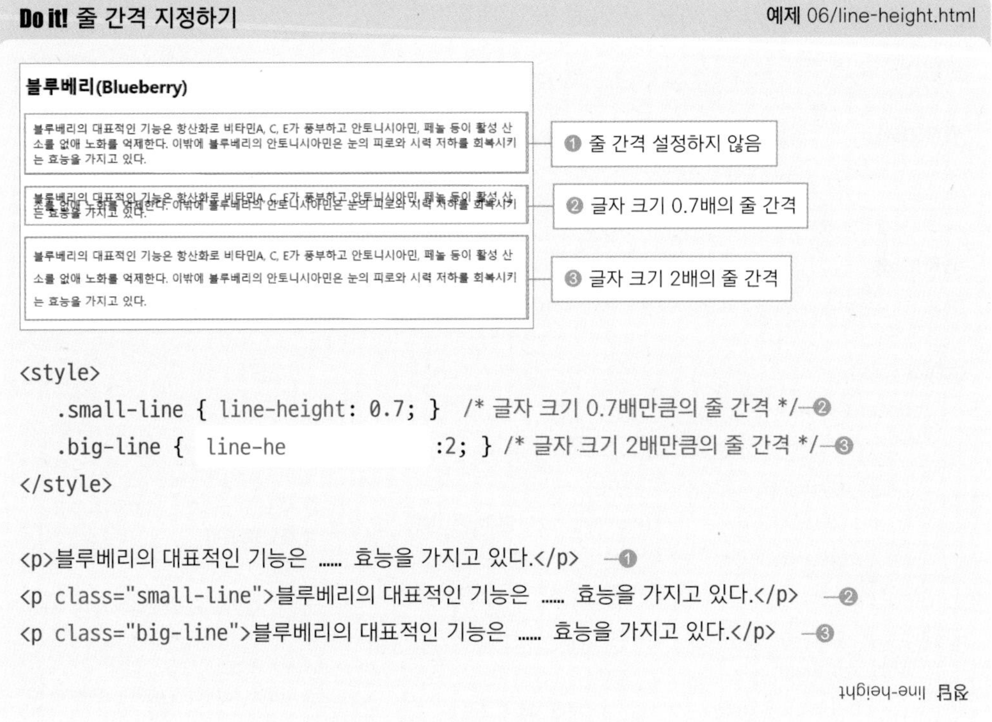


```
<style>
  .small-line { line-height: 0.7; }  /* 글자 크기 0.7배만큼의 줄 간격 */—②
  .big-line { line-he             :2; } /* 글자 크기 2배만큼의 줄 간격 */—③
</style>

<p>블루베리의 대표적인 기능은 ...... 효능을 가지고 있다.</p>  —①
<p class="small-line">블루베리의 대표적인 기능은 ...... 효능을 가지고 있다.</p>  —②
<p class="big-line">블루베리의 대표적인 기능은 ...... 효능을 가지고 있다.</p>  —③
```

정답 line-height

text-overflow 속성 - 넘치는 텍스트 표기하기

한편 white-space: nowrap으로 지정해 줄 바꿈을 하지 않을 때는 텍스트가 기준선을 벗어나 넘칠 수도 있습니다. 이렇게 넘치는 텍스트를 어떻게 처리할지 지정하는 것이 text-overflow 속성입니다. 텍스트가 잘린 상태로 그대로 둘 수도 있고 잘린 텍스트가 있다고 표시할 수도 있습니다. 사용할 수 있는 값은 clip과 ellipsis가 있습니다.

white-space가
기억나지 않는다면
233쪽을 펴 보세요!

다만, text-overflow 속성은 해당 요소에서 overflow 속성 값이 hidden이거나 scroll, auto이면서 white-space: nowrap 속성을 함께 사용했을 경우에만 적용됩니다.

```
기본형  text-overflow: clip | ellipsis
```

속성 값	설명
clip	넘치는 텍스트를 자릅니다.★
ellipsis	말 줄임표(…)로 잘린 텍스트가 있다고 표시합니다.

다음 예시에서는 content라는 클래스 이름을 가진 요소에서 텍스트 내용이 넘치면 말 줄임표(...)로 표시되고 그 위로 마우스 오버하면 감추어져 있던 내용이 표시됩니다.

Do it! 넘치는 텍스트 표시하기 예제 06/text-overflow.html

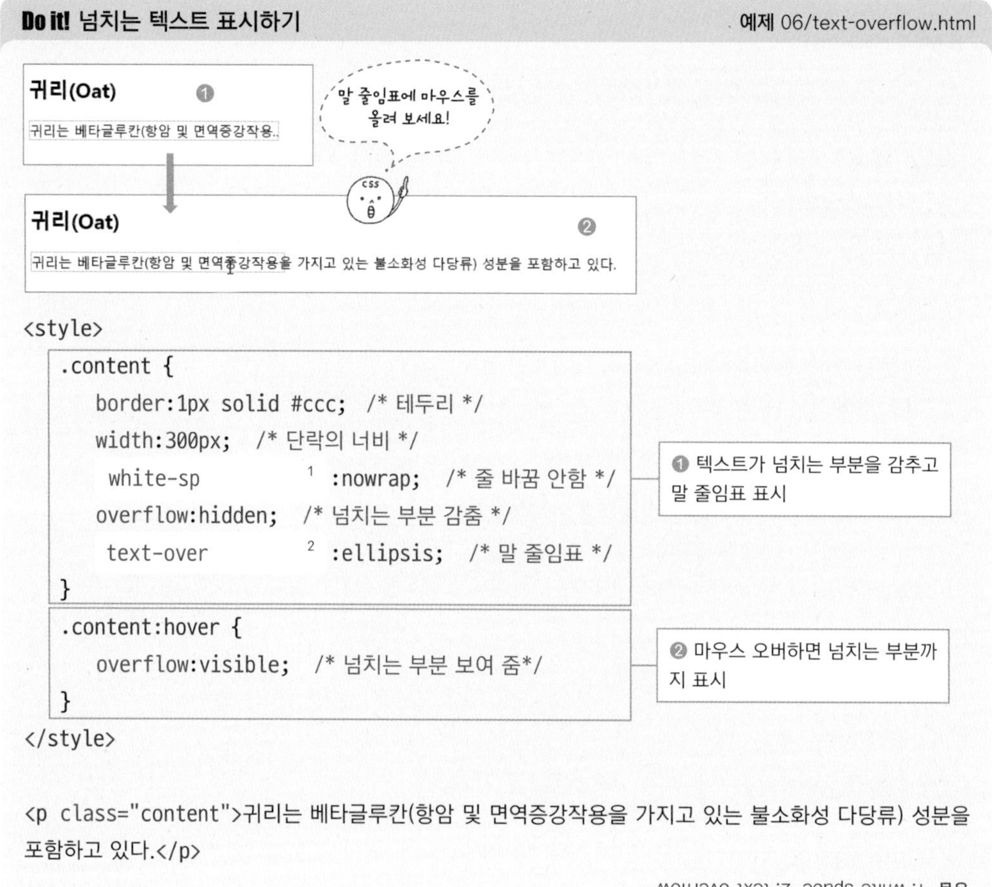


```
<style>
  .content {
    border:1px solid #ccc;  /* 테두리 */
    width:300px;  /* 단락의 너비 */
    white-sp      1  :nowrap;  /* 줄 바꿈 안함 */
    overflow:hidden;  /* 넘치는 부분 감춤 */
    text-over     2  :ellipsis;  /* 말 줄임표 */
  }
  .content:hover {
    overflow:visible;  /* 넘치는 부분 보여 줌*/
  }
</style>

<p class="content">귀리는 베타글루칸(항암 및 면역증강작용을 가지고 있는 불소화성 다당류) 성분을 포함하고 있다.</p>
```

❶ 텍스트가 넘치는 부분을 감추고 말 줄임표 표시

❷ 마우스 오버하면 넘치는 부분까지 표시

정답 1. white-space 2. text-overflow

1분 복습 텍스트 단락의 글자 크기를 20px로 지정했습니다. 단락을 읽기 쉽도록 줄 간격을 30px로 지정하고 정렬 방법을 '가운데'로 지정하려고 합니다. 아래 소스를 완성하세요.

> 웹 문서에서 가장 많이 사용하는 요소인 텍스트는 문단 형태로 많이 쓰이므로 텍스트 정렬이나 들여쓰기, 줄 간격처럼 문단에 영향을 주는 스타일들이 많이 사용됩니다.

```
<style>
  p {
                        1  :30px;
    font-size:20px;
                        2  :center;
  }
</style>
```

정답 1. line-height 2. text-align

상품 소개 페이지 - 텍스트 스타일 활용하기

[준비] 06/market.html　　**[완성]** 06/market-result.html

블로그나 카페, 오픈 마켓 등을 통해 상품을 판매할 때는 가능하면 방문자의 시선을 끌어야겠죠? CSS의 텍스트 스타일을 이용해 중요한 내용을 강조하고 눈에 잘 띄게 만드는 방법을 알아보겠습니다.

1. 기존 문서 확인하기

탐색기에서 06/market.html을 더블 클릭해 현재 모습을 확인해 보세요. 화면 위쪽에 이미지가 있고 그 아래에 텍스트가 있을 것입니다.

2. 편집기인 비주얼 스튜디오 코드에서 market.html 문서를 불러 오면 준비된 소스를 볼 수 있습니다. 문서 전체를 감싸는 #container와 텍스트 부분을 감싸는 #check에 대한 스타일은 미리 만들어 두었습니다.

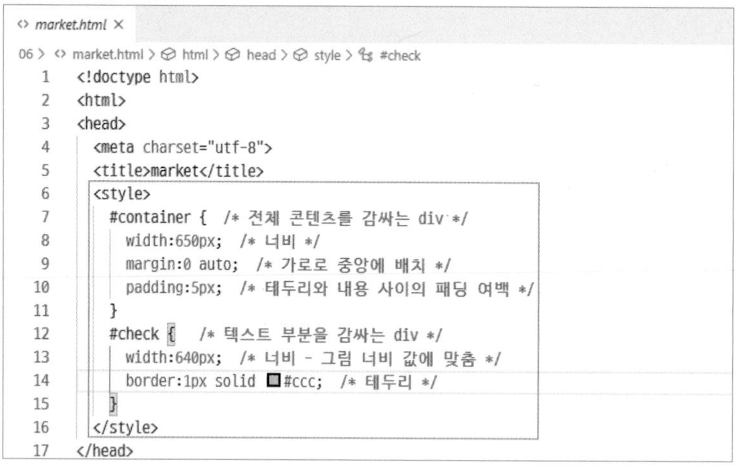

```
<> market.html ×
06 > <> market.html > html > head > style > #check
<!doctype html>
<html>
<head>
  <meta charset="utf-8">
  <title>market</title>
  <style>
    #container {  /* 전체 콘텐츠를 감싸는 div */
      width:650px;  /* 너비 */
      margin:0 auto;  /* 가로로 중앙에 배치 */
      padding:5px;  /* 테두리와 내용 사이의 패딩 여백 */
    }
    #check {  /* 텍스트 부분을 감싸는 div */
      width:640px;  /* 너비 - 그림 너비 값에 맞춤 */
      border:1px solid #ccc;  /* 테두리 */
    }
  </style>
</head>
```

3. 글자 색, 글자 크기 지정하기

우선 텍스트의 글자 색과 글자 크기를 지정해 보겠습니다. 문서의 <h2> 요소와 <p> 요소들에는 각각 일정한 스타일을 적용할 것이므로 h2 태그 선택자와 p 태그 선택자를 정의하겠습니다. 그리고 <h1> 태그를 사용한 제목은 짙은 배경에 흰색 글씨로 표시할 것입니다. 아래 소스를 </style> 태그 직전에 추가하세요.

▶ background 속성과 margin, padding 속성은 차차 배울 것이므로 여기서는 책의 내용 그대로 입력하세요.

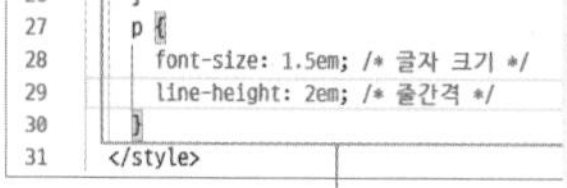

```
    #check {  /* 텍스트 부분을 감싸는 div
      width:640px;  /* 너비 - 그림 너비 값
      border:1px solid #ccc;  /* 테두리
    }
    h1 {
      color: white; /* 글자색 */
      font-size: 1em; /* 글자 크기 */
      background: #222; /* 배경색 */
      margin: 0; /* 제목과 다른 요소 간의
      padding: 10px; /* 테두리와 제목 텍스
    }
    h2 {
      color: #ff0000; /* 글자색 */
      font-size: 1.2em; /* 글자 크기 */
    }
    p {
      font-size: 1.5em; /* 글자 크기 */
      line-height: 2em; /* 줄간격 */
    }
  </style>
```

```
h1 {
    color: white; /* 글자 색 */
    font-size: 1em; /* 글자 크기 */
    background: #222; /* 배경 색 */
    margin: 0; /* 제목과 다른 요소 사이의 마진 여백 */
    padding: 10px; /* 테두리와 제목 텍스트 사이의 패딩 여백 */
}
h2 {
    color: #ff0000; /* 글자 색 */
    font-size: 1.2em; /* 글자 크기 */
}
p {
    font-size:1.5em;   /* 글자 크기 */
    line-height:2em;   /* 줄 간격 */
}
```

4. 브라우저에서 확인하기

여기까지 저장한 후 웹 브라우저에서 확인해 보세요. <h2> 태그를 사용한 제목은 모두 작은 빨간색 글씨로 표시되고 <p> 태그를 사용한 본문 내용은 모두 큰 글씨로 표시될 것입니다.

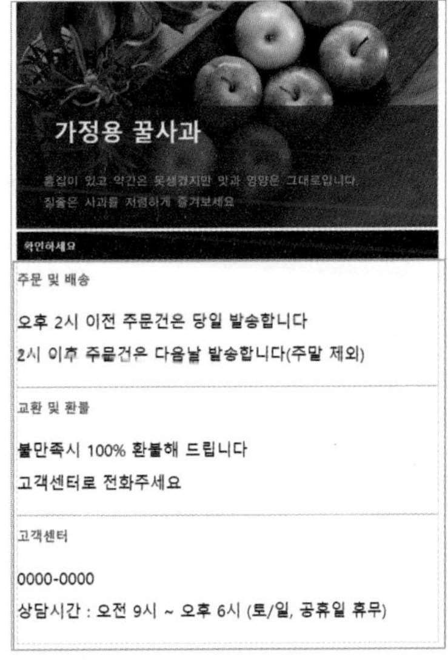

5. 글자 굵기, 문단 정렬 지정하기

제목과 본문 내용을 가운데 정렬하고 본문 텍스트는 좀 더 진하게 표시해 보겠습니다. 다음과 같이 h2 태그 선택자와 p 태그 선택자를 수정하세요.

```
h1 {
  color: white; /* 글자색 */
  font-size: 1em; /* 글자 크기 */
  background: #222; /* 배경색 */
  margin: 0; /* 제목과 다른 요소 간의 마진 여백 */
  padding: 10px; /* 테두리와 제목 텍스트 사이의 패딩 여백 */
}
h2 {
  color: #ff0000; /* 글자색 */
  font-size: 1.2em; /* 글자 크기 */
  text-align: center;  /* 가운데 정렬 */
}
p {
  font-size: 1.5em; /* 글자 크기 */
  line-height: 2em; /* 줄간격 */
  font-weight: bold; /* 굵게 */
  text-align: center;  /* 가운데 정렬 */
}
```


```
h2 {
    color: #ff0000; /* 글자 색 */
    font-size: 1.2em; /* 글자 크기 */
    text-align: center;  /* 가운데 정렬 */
}
p {
    font-size: 1.5em; /* 글자 크기 */
    line-height: 2em; /* 줄 간격 */
    font-weight: bold; /* 굵게 */
    text-align: center;  /* 가운데 정렬 */
}
```

6. 브라우저에서 확인하기

수정한 내용을 저장한 후 웹 브라우저로 다시 확인해 보면 처음 입력했던 텍스트보다 좀 더 보기 쉽게 수정되었을 것입니다.

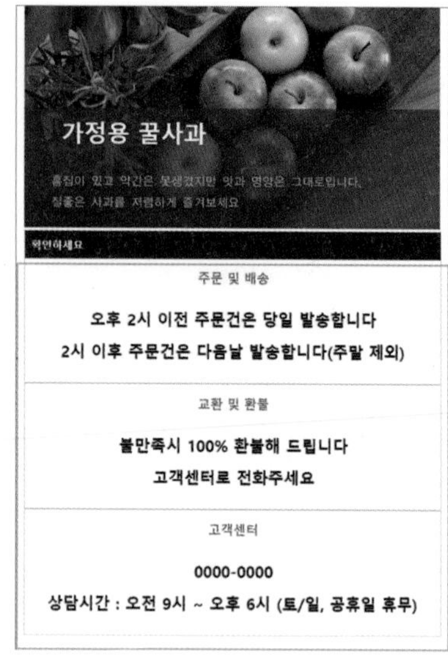

7. 일부에만 다른 스타일 적용하기

텍스트 중 일부에만 다른 스타일을 적용하고 싶다면 클래스 선택자나 id 선택자를 이용하면 됩니다. 여기서는 글자를 파란색으로 바꾸는 .accent 클래스 선택자와 글자 크기를 줄여 표시하는 .smalltext 클래스 선택자를 정의해 보겠습니다. 다음과 같은 소스를 </style> 태그 앞에 추가하세요.

```
  p {
    font-size: 1.5em; /* 글자 크기 */
    line-height: 2em; /* 줄간격 */
    font-weight: bold; /* 굵게 */
    text-align: center;  /* 가운데 정렬 */
  }
  .accent {
    color: blue; /* 글자색 */
  }
  .smalltext {
    font-size: 0.7em; /* 글자 크기 */
  }
</style>
```

```
.accent {
   color: blue; /* 글자 색 */
}
.smalltext {
   font-size: 0.7em; /* 글자 크기 */
}
```

8. 클래스 선택자 적용하기

이제 정의한 클래스 선택자를 적용해야겠죠? 첫 번째 p 요소의 '오후 2시 이전' 부분과 두 번째 p 요소의 '100% 환불' 텍스트에 다음과 같이 <span> 태그를 사용해 .accent 클래스 선택자를 적용하세요. 그리고 세 번째 p 요소의 '상담 시간' 텍스트에는 .smalltext 선택자를 적용하세요.

```
<h1>확인하세요</h1>
<h2>주문 및 배송</h2>
<p><span class="accent">오후 2시 이전</span> 주문건은 당일 발송합니다<br>
2시 이후 주문건은 다음날 발송합니다(주말 제외)</p>
<hr>
<h2>교환 및 환불</h2>
<p>불만족시 <span class="accent">100% 환불</span>해 드립니다<br>
고객센터로 전화주세요</p>
<hr>
<h2>고객센터 </h2>
<p>0000-0000<br>
<span class="smalltext">상담시간 : 오전 9시 ~ 오후 6시 (토/일, 공휴일 휴무)</span></p>
</div>
```

```
<p><span class="accent">오후 2시 이전</span> 주문건은 당일 발송합니다<br>
......
<p>불만족시 <span class="accent">100% 환불</span>해 드립니다<br>
......
<span class="smalltext">상담시간 : 오전 9시 ~ 오후 6시 (토/일, 공휴일 휴무)</span></p>
```

9. 브라우저에서 확인하기

수정 내용을 저장한 후 웹 브라우저에서 다시 확인해 보세요. 글자 크기와 색상, 정렬 방법을 수정해 상품 소개 페이지에서 강조하는 것들이 더욱 뚜렷해졌습니다.

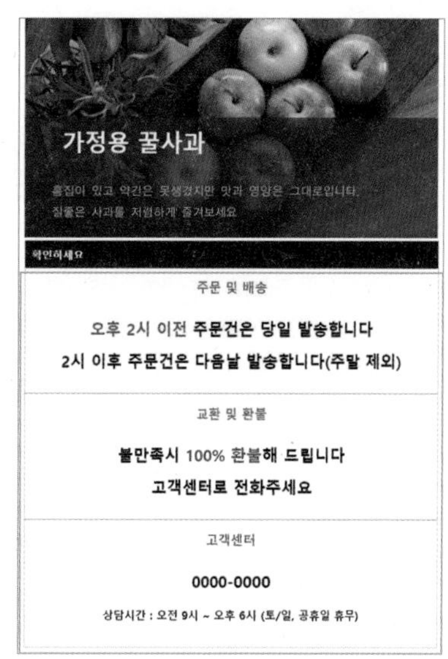

알아두면 좋아요! W3C CSS 검사기

W3C에서는 HTML 소스뿐만 아니라 CSS 소스도 검사해 주는데 HTML 소스와 CSS를 따로 체크해야 합니다. 먼저 HTML을 검사한 후 CSS를 검사하는 것이 좋습니다.

W3C에서 제공하는 CSS 검사기는 https://jigsaw.w3.org/css-validator/에 접속하면 CSS 소스를 검사할 수 있습니다. CSS 검사기에서 [파일 업로드] 탭을 선택한 후 사용자 컴퓨터에 있는 파일을 선택하고 [검사]를 클릭합니다.

▶ 웹상에 있는 문서의 CSS를 검사하려면 [URI] 탭을 클릭한 후 문서 주소를 입력합니다.

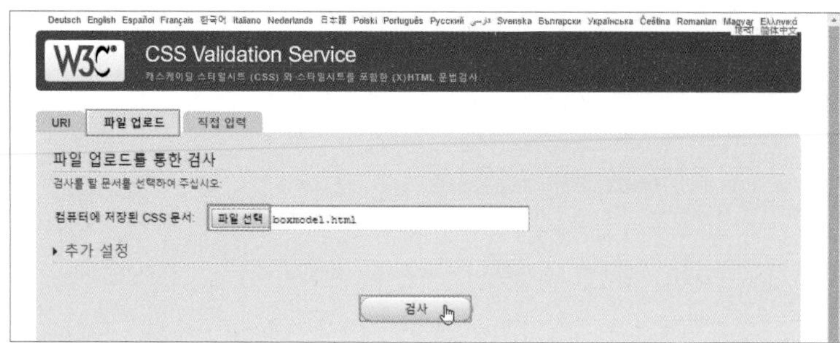

오류가 없다면 '축하합니다'라는 메시지가 표시되고 오류가 있을 경우, 어느 부분에 어떤 오류가 있는지 알려주는 보고서가 표시됩니다.

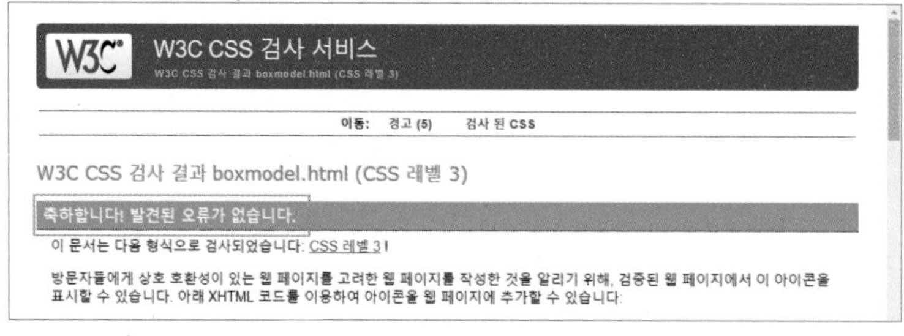

06-4 목록 스타일

텍스트로 단순한 문단뿐만 아니라 목록과 링크도 만들 수 있습니다. 물론 두 가지를 합칠 수도 있죠. 웹 문서에서 자주 등장하는 메뉴 항목이 바로 목록과 링크를 결합한 형태라고 할 수 있습니다. 여기에 CSS를 적용하면 훨씬 멋진 사이트 메뉴가 되겠죠? 이번 절에서는 목록을 만드는 스타일 속성에 대해 알아보겠습니다.

list-style-type 속성 - 목록의 불릿과 번호 스타일 지정하기

먼저 기본적인 목록 형태에서 스타일을 지정해 보겠습니다. 순서 없는 목록의 경우, 목록 앞에 다양한 불릿(bullet)을 넣을 수 있고 순서 목록에서는 번호 스타일을 지정할 수 있습니다. 이때 list-style-type 속성을 이용합니다.

▶ 불릿(bullet)은 순서 없는 목록에서 각 항목 앞에 붙이는 그래픽 문자나 이미지를 말합니다. 목록에 대한 자세한 설명은 02-3절을 참고하세요.

기본형 `list-style-type : none | <순서 없는 목록의 불릿> | <순서 목록의 번호>`

순서 없는 목록에서 불릿 모양 바꾸기

순서 없는 목록에 들어가는 불릿부터 살펴보겠습니다. 순서 없는 목록은 기본적으로 채운 원 disc(●)을 불릿으로 사용하는데 list-style-type 속성의 여러 속성 값을 이용해 불릿을 바꿀 수 있습니다. 표를 참고해 속성 값을 기억해 두세요.

속성 값	설명
disc (●)	채운 원★
circle (○)	빈 원
square (■)	채운 사각형
none	불릿 없애기

순서 없는 목록에서 불릿 없애기

위의 표에서도 알 수 있듯이 불릿을 없앨 수도 있습니다. 주로 내비게이션(메뉴)을 만들 때 불릿이 화면에 보이지 않아야 깔끔하겠죠? 이럴 경우, list-style-type의 속성 값을 오른쪽과 같이 none으로 지정해 항목 앞에 붙는 불릿을 없앨 수 있습니다.

```
ul { list-style-type:none; }
```

다음은 순서 없는 목록의 불릿 유형을 square로 바꾼 것과 불릿을 아예 화면에 표시하지 않은 예제입니다.

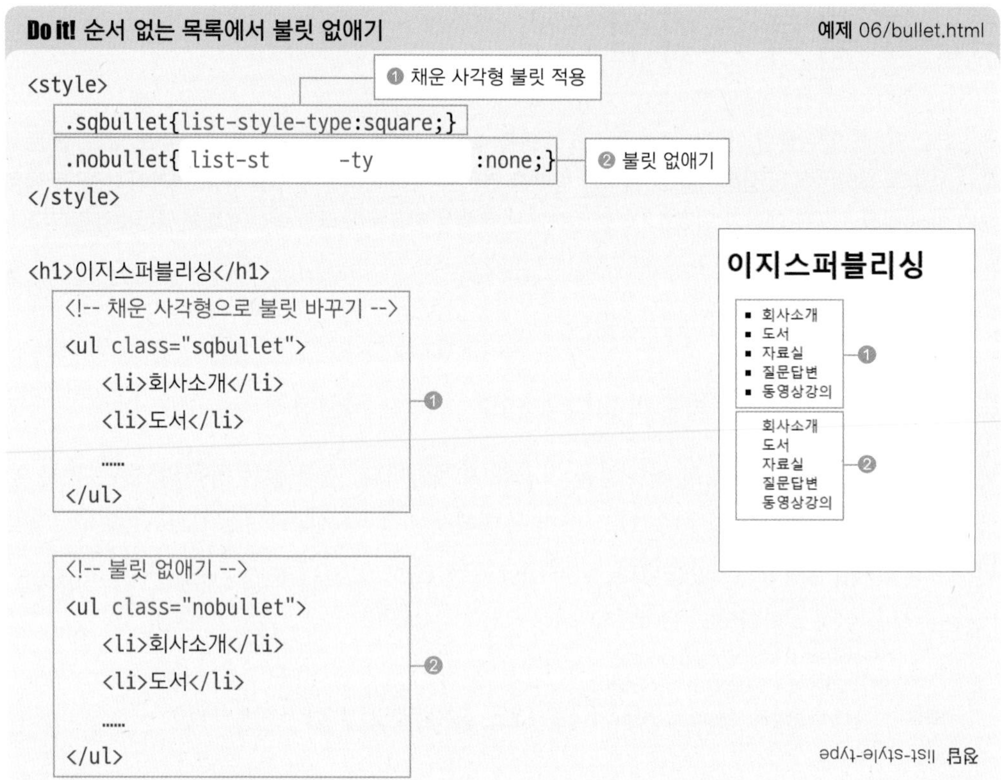

순서 목록에서 숫자 바꾸기

이번에는 순서 목록의 경우를 살펴볼까요? 순서 목록에는 항목 앞에 숫자가 붙습니다. list-style-type 속성을 이용하면 이 숫자의 스타일도 바꿀 수 있습니다. 아래 표에서 기본 값으로 표시된 'decimal'은 아라비아 숫자로 순서 목록을 만들었을 때 기본으로 지정되는 스타일입니다. 아라비아 숫자 대신 다른 숫자를 붙이는 순서 목록을 만들려면 list-style-type 속성에 다음 속성 값들 중 원하는 것을 지정하면 됩니다.

속성 값	설명	예시
decimal	1로 시작하는 십진수★	1, 2, 3, ..., 10, 11
decimal-leading-zero	앞에 0이 붙는 십진수	01, 02, 03, ..., 10, 11
lower-roman	소문자 로마 숫자	i, ii, iii, iv
upper-roman	대문자 로마 숫자	Ⅰ, Ⅱ, Ⅲ, Ⅳ
lower-alpha 또는 lower-latin	소문자 알파벳	a, b, c, d, e
upper-alpha 또는 upper-latin	대문자 알파벳	A, B, C, D, E
armenian	아르메니아 숫자	
georgian	조지 왕조시대의 숫자	an, ban, gan

다음 예제는 두 개의 순서 목록에서 하나는 불릿의 유형을 lower-alpha로 지정하고 다른 하나는 upper-roman으로 지정한 것입니다.

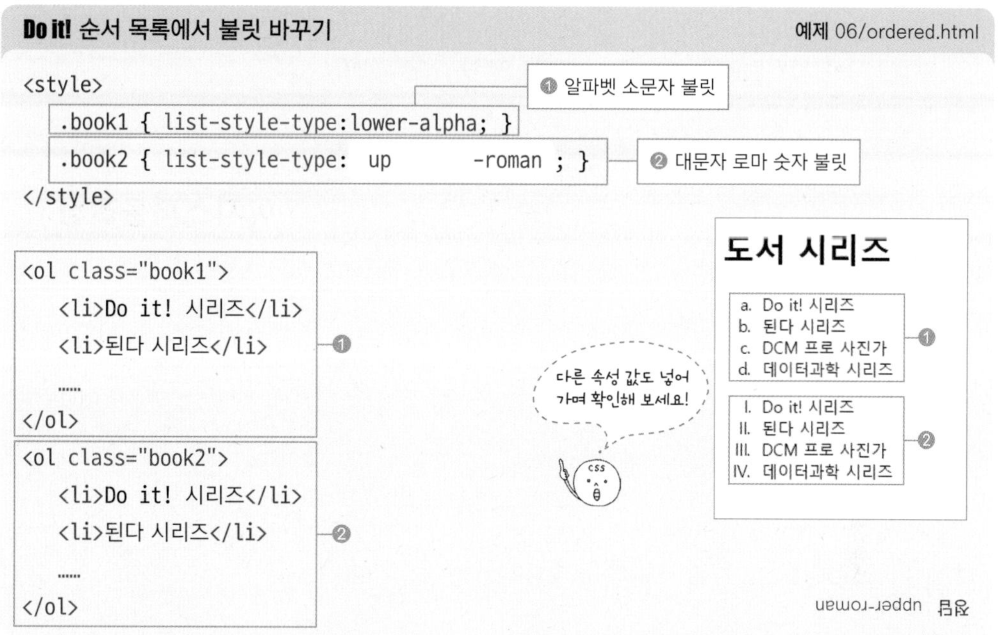

list-style-image 속성 - 불릿 대신 이미지 넣기

앞에서 배운 list-style-type 속성에서 순서 없는 목록 앞에 붙는 불릿의 유형이 세 가지뿐이어서 단조로운 편이죠. 불릿을 더 다양하게 사용하고 싶다면 list-style-image 속성을 이용해 불릿을 원하는 이미지로 바꿀 수 있습니다.

```
기본형  list-style-image : <이미지> | none
        <이미지> = url(이미지 파일 경로)
```

속성 값	설명
none	이미지를 사용하지 않고 list-style-type 속성에서 지정한 형태로 표시합니다. ★
<이미지>	url("images.jpg") 처럼 url( ) 키워드 안에 이미지 파일 경로를 지정합니다.

다음은 순서 없는 목록에서 항목의 불릿을 dot.png 이미지로 바꾼 예제입니다.

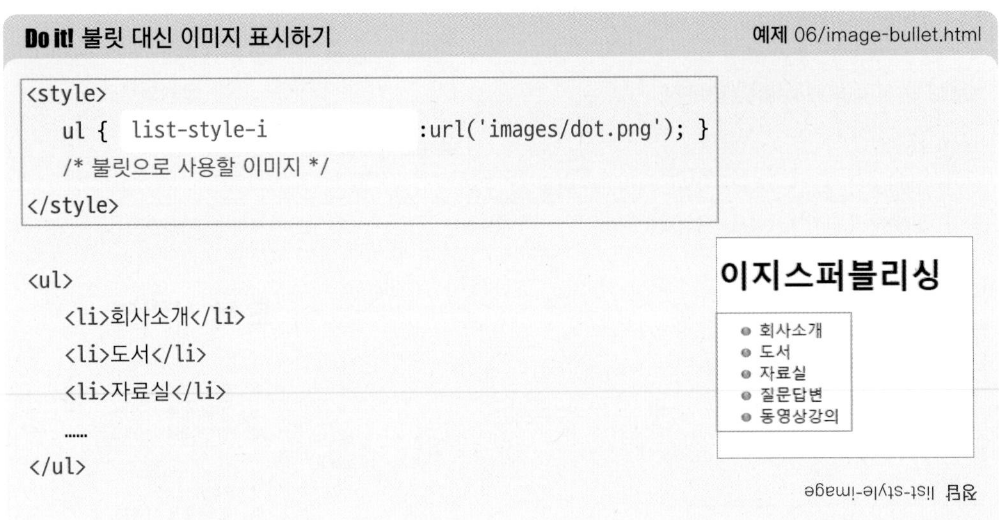
Do it! 불릿 대신 이미지 표시하기 예제 06/image-bullet.html

```
<style>
   ul {  list-style-i          :url('images/dot.png'); }
   /* 불릿으로 사용할 이미지 */
</style>

<ul>
   <li>회사소개</li>
   <li>도서</li>
   <li>자료실</li>
   ......
</ul>
```


정답 list-style-image

list-style-position 속성 - 목록에 들여 쓰는 효과 내기

앞에서 배운 것들로만 목록을 만들 경우, 불릿이나 번호는 실제 내용의 바깥쪽에 표시됩니다. 하지만 list-style-position 속성을 이용하면 실제 내용이 시작되는 위치에 불릿이나 번호를 표시하기 때문에 결과 화면에는 불릿이나 번호가 좀 더 안쪽으로 들여 써진 듯한 효과가 나타납니다. 이렇게 하면 텍스트 문단들 사이의 목록을 더 쉽게 구분할 수 있겠죠? 속성 값은 간단히 inside와 outside가 있습니다. 바로 예제로 살펴보겠습니다.

기본형 `list-style-position : inside | outside;`

속성 값	설명
inside	불릿이나 숫자를 안쪽으로 들여 씁니다.
outside	기본 값으로 불릿이나 숫자를 밖으로 내어 씁니다.★

다음은 목록에서 list-style-position을 지정하지 않았을 경우와 list-style-position: inside로 지정했을 경우를 비교한 것입니다. inside로 지정할 경우, 불릿만큼 안쪽으로 들여 써집니다.

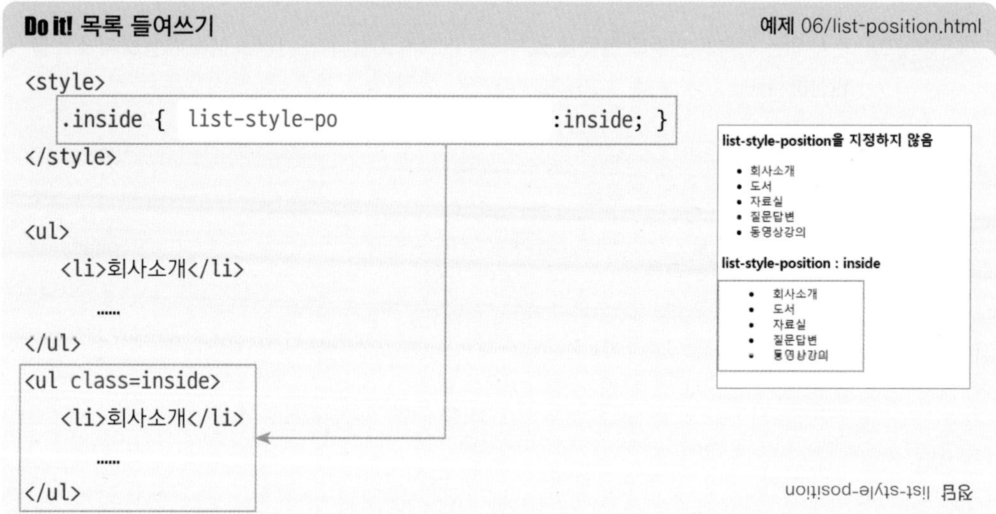

list-style 속성 - 목록 속성 한꺼번에 표시하기

font 속성과 비슷하게 list-style 속성으로 앞에서 설명한 list-style-type과 list-style-position, list-style-image 속성을 한꺼번에 표시할 수 있습니다. 그래서 소스를 다음과 같이 간단히 줄여 사용할 수 있죠.

```
ol {list-style-type:none;}
```

속성을 대체해 사용

```
ol {list-style:none;}
```

```
ol {
    list-style-type:lower-alpha;
    list-style-position:inside;
}
```

속성 값을 나열

```
ol {
    list-style: lower-alpha, inside ;
}
```

1분 복습 순서 없는 목록을 만들되 불릿을 표시하지 않으려고 합니다. 어떤 속성을 사용할지 소스를 완성하세요.

웹에서 사용하는 목록들

순서 목록
순서 없는 목록
설명 목록

```
<style>
ul {
    l                    :none;
}
</style>
```

정답 list-style-type 또는 list-style

기억을 되살리는

연습문제

Q1 난이도 ★☆☆

quiz-1.html에는 제목 아래에 여섯 개의 텍스트 문단이 있습니다. 각 문단의 하이픈(-) 앞에 있는 텍스트에 다음 조건을 따라 텍스트 스타일을 정의하고 적용하세요.

[문제] 06/quiz-1.html

최신 웹 디자인 트렌드

반응형 웹 디자인 - 다양한 화면 크기에 최적화하다

플랫 디자인 - 입체에서 평면으로

풀스크린 배경 - 콘텐츠에 집중

원 페이지 사이트 - 한 페이지에 모든 내용을 담다

패럴랙스 스크롤링 - 동적인 효과로 강한 인상을!

웹 폰트 - 웹 타이포그래피를 받쳐주는 기술

[해답] 06/sol-1.html

최신 웹 디자인 트렌드

반응형 웹 디자인 - 다양한 화면 크기에 최적화하다

플랫 디자인 - 입체에서 평면으로

풀스크린 배경 - 콘텐츠에 집중

원 페이지 사이트 - 한 페이지에 모든 내용을 담다

패럴랙스 스크롤링 - 동적인 효과로 강한 인상을!

웹 폰트 - 웹 타이포그래피를 받쳐주는 기술

조건

① 여러 텍스트에 적용하기 위해 class 선택자를 사용합니다.
② 하이픈 앞에 있는 텍스트의 굵기를 '700'으로 설정합니다.
③ 하이픈 앞에 있는 텍스트의 크기는 상속한 글자 크기보다 한 단계 크게 지정합니다.

Q2 난이도 ★★☆

quiz-2.html에는 순서 없는 목록이 포함되어 있습니다. 다음 조건에 맞게 목록 스타일을 정의하고 적용하세요.

[문제] 06/quiz-2.html

최신 웹 디자인 트렌드

- **반응형 웹 디자인** - 다양한 화면 크기에 최적화하다
- **플랫 디자인** - 입체에서 평면으로
- **풀스크린 배경** - 콘텐츠에 집중
- **원 페이지 사이트** - 한 페이지에 모든 내용을 담다
- **패럴랙스 스크롤링** - 동적인 효과로 강한 인상을!
- **웹 폰트** - 웹 타이포그래피를 받쳐주는 기술

[해답] 06/sol-2.html

최신 웹 디자인 트렌드

반응형 웹 디자인 - 다양한 화면 크기에 최적화하다

플랫 디자인 - 입체에서 평면으로

풀스크린 배경 - 콘텐츠에 집중

원 페이지 사이트 - 한 페이지에 모든 내용을 담다

패럴랙스 스크롤링 - 동적인 효과로 강한 인상을!

웹 폰트 - 웹 타이포그래피를 받쳐주는 기술

조건

① 순서 없는 목록의 불릿을 없앱니다.
② 각 항목의 줄 간격을 글자 크기의 두 배로 지정합니다.
③ 각 항목에서 진하게 표시되는 부분의 글자 색을 #ad3000으로 수정합니다.

quiz-3.html에는 문서의 제목으로 사용할 '최신 웹 디자인 트렌드'라는 텍스트가 표시됩니다. 배경색이 짙기 때문에 제목 텍스트가 제대로 보이지 않는데 다음과 같은 조건에 만족하도록 제목 텍스트의 스타일을 정의하고 적용하세요.

[해답] 06/sol-3.html

최신 웹 디자인 트렌드

조건

① 이미 만들어져 있는 .container 스타일에 제목 텍스트를 중앙으로 정렬하는 속성을 추가합니다.

② 제목 텍스트의 스타일을 정의하기 위해 h1 태그 스타일을 새로 만듭니다.

③ 글자색을 흰색(#fff 또는 white)으로 지정합니다.

④ 텍스트를 기준으로 오른쪽 아래, 가로 거리 3px, 세로 거리 2px 되는 위치에 5px 정도 번지는 그림자 효과를 추가합니다. 그림자 색은 검정(#000 또는 black)으로 지정합니다.

quiz-4.html에는 <h1> 태그를 사용한 제목과 두 개의 텍스트 문단이 있습니다. 다음 조건에 맞게 텍스트 스타일을 정의하고 적용하세요.

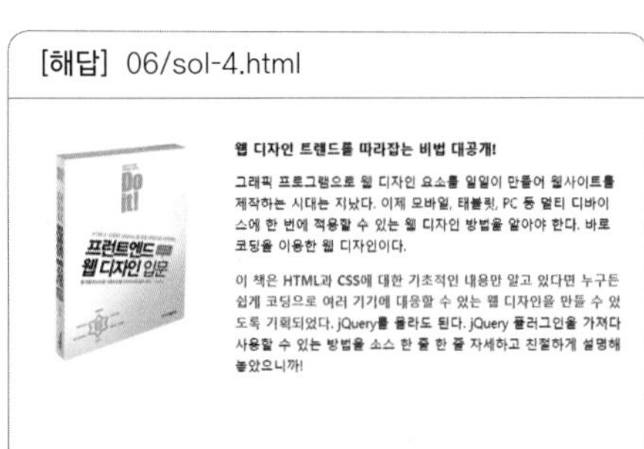

조건

① 문서 전체의 글꼴은 "맑은 고딕"으로 하고 "맑은 고딕"이 없을 경우, "돋움"을 사용합니다.

② h1 제목의 글자 크기는 17px로 합니다.

③ p 텍스트 문단의 글자 크기는 16px로 하고 줄 간격은 25px로 지정합니다.

④ .accent라는 클래스 선택자를 만들어 '글자를 굵게, 색상은 red'로 지정합니다.

⑤ 두 번째 텍스트 문단의 첫 번째 문장("이 책은 ~ 기획되었다.")에 .accent 클래스 스타일을 적용합니다.

07

색상과 배경을 위한 스타일

웹 문서의 내용을 이루는 텍스트 관련 스타일을 알아보았으니 이번에는 웹 문서의 배경을 넣어 보겠습니다. 웹 문서에서는 문서 전체뿐만 아니라 특정 부분이나 글자 등 여러 요소에 배경을 넣을 수 있는데요. 배경에는 단순한 색상이나 이미지를 사용할 수 있습니다. 또한 그러데이션을 넣거나 색의 투명도도 조절할 수 있죠. 웹의 바탕을 꾸며 주는 배경을 위한 스타일을 알아봅시다.

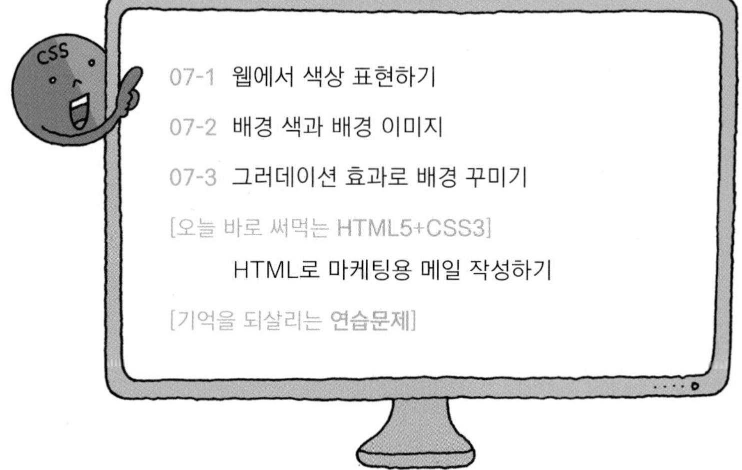

CSS
07-1 웹에서 색상 표현하기
07-2 배경 색과 배경 이미지
07-3 그러데이션 효과로 배경 꾸미기
[오늘 바로 써먹는 HTML5+CSS3]
HTML로 마케팅용 메일 작성하기
[기억을 되살리는 연습문제]

07-1 웹에서 색상 표현하기

웹을 디자인할 때 맨 먼저 떠올리기 쉬운 것이 바로 색상을 바꾸는 것입니다. 그만큼 색상은 쉽게 자주 변하는 속성 중 하나죠. 그런데 웹에서 어떻게 색상을 넣을까요? 웹에서는 색상도 소스로 입력하는데요. 네 가지 대표적인 방법이 있습니다. 하나씩 살펴보겠습니다.

16진수 표기법

웹 문서에서 색상을 표현하는 첫 번째 방법은 #ffff00처럼 # 기호 다음에 6자리의 16진수로 표시하는 것으로 가장 기본적인 방법입니다. 이 6자리는 앞에서부터 두 자리씩 묶어 #RRGGBB 형식으로 표시합니다. 여기서 RR 자리에는 빨간색(Red), GG 자리에는 초록색(Green), BB 자리에는 파란색(Blue)의 양을 표시합니다. 각 색상마다 하나도 섞이지 않았음을 표시하는 00부터 해당 색이 가득 섞였음을 표시하는 ff까지 사용할 수 있는 값은 #000000(검은색)부터 #ffffff(흰색)까지입니다. 예를 들어 #ffff00은 빨간색과 초록색이 가득하고 파란색은 전혀 섞이지 않은 색입니다. #ffff00처럼 두 자리씩 중복될 경우 #ff0으로 줄여서 표기할 수 있습니다.

▶ 16진수 표기에 왜 f가 들어가느냐고요? 다음 십진수 환산표를 보면 이해될 것입니다.

십진수	0	1	2	3	4	5	6	7	8	9	10	11	12	13	14	15
16진수	0	1	2	3	4	5	6	7	8	9	a	b	c	d	e	f

rgb와 rgba 표기법

색상을 표현하는 두 번째 방법은 rgb(255,0,0)나 rgba(255,0,0,0.5)처럼 rgb나 rgba로 표기하는 것입니다. rgb 표기법은 16진수 표기법처럼 앞에서부터 차례대로 빨간색과 초록색, 파란색의 양을 나타내는데 여기선 16진수가 아닌 십진수로 표현합니다. 하나도 섞이지 않았을 때는 0으로 표시하고 가득 섞였을 때는 255로 표시하며 그 사이 값으로 각 색상의 양을 조절합니다. 예를 들어 글자를 빨간색으로 표시하고 싶다면 오른쪽과 같이 지정합니다.

기본형
```
rgb(red 값, green 값, blue 값);
rgba(red 값, green 값, blue 값, alpha 값);
```

```
color:rgb(255,0,0);
```

rgba에서 맨 끝의 a, 즉 α(alpha)는 불투명도 값을 나타내는 것으로 0부터 1까지의 값 중에서 사용할 수 있습니다. 1은 완전히 불투명한 것이고 0.9나 0.8처럼 숫자가 작아질수록 조금씩 투명해지다가 0이 되면 완전히 투명해집니다. 투명도를 표기할 때는 0.5 대신 소수점 앞의 0을 빼고 .5라고 표기해도 됩니다.

오른쪽은 반투명한 빨간색 계열 색상을 글자 색으로 지정한 것입니다.

```
color:rgba(255,0,0,0.5);
```

hsl과 hsla 표기법

CSS3에서는 색상을 표기하는 rgb 외에도 세 번째 방법으로 hsl을 이용합니다. hsl은 차례대로 hue(색상), saturation(채도), lightness(밝기)를 나타냅니다.

```
기본형  hsl(<hue 값>, <saturation 값>, <lightness 값>);
        hsla(<hue 값>, <saturation 값>, <lightness 값>, <alpha 값>);
```

색상(hue)은 색의 3요소 중 하나로 각도를 기준으로 색상을 둥글게 배치한 색상환으로 표시합니다. 0°와 360°에는 빨간색, 120°에는 초록색, 240°에는 파란색이 배치되고 그 사이사이에 나머지 색들이 배치됩니다. 채도(saturation)도 색의 3요소 중 하나로 '%'로 표시하는데 아무 것도 섞이지 않은 상태가 채도가 가장 높은 상태입니다. 채도가 0%면 회색 톤, 100%면 순색으로 표시됩니다. 밝기(lightness)도 %로 표시하는데 0%가 가장 어둡고 100%가 가장 밝습니다.

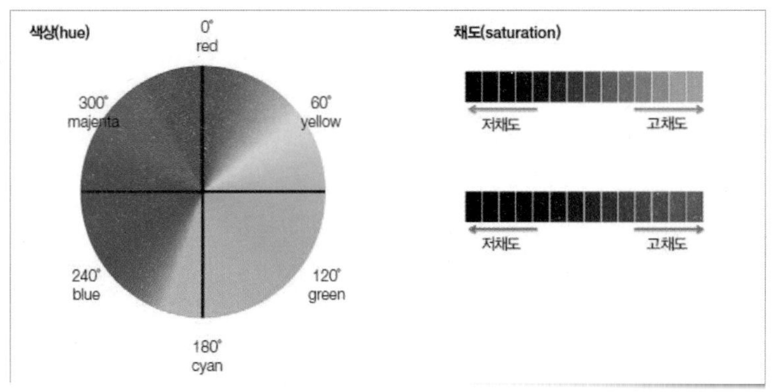

예를 들어 빨간색은 hsl(360, 100%, 0%)로 표현할 수 있는데 여기에 알파값을 더해 hsla(360,100%, 0%, 0.5)라고 하면 같은 색상이면서 절반쯤 투명하게 만들 수 있습니다.

색상 이름 표기법

색상을 표기하는 네 번째 방법으로 red나 yellow, black처럼 잘 알려진 색상 이름으로 표시할 수도 있습니다. 모든 브라우저에서 표현할 수 있는 색상을 웹 안전 색상(web-safe color)라고 하는데 기본 16가지 색상을 포함해 모두 216가지입니다.

▶ 16가지 기본 색상은 aqua, black, blue, fuchsia, gray, green, lime, maroon, navy, olive, purple, red, silver, teal, white, yellow입니다.

앞에서 배운 방법으로 글자 색을 직접 바꾸어 볼까요? 다음 예제는 16진수를 사용해 문서 배경 색을 지정하고 rgb와 rgba를 사용해 글자 색을 지정한 것입니다. 글자 색을 지정할 때 rgba의 알파값에 따라 배경 색의 불투명도가 조절됩니다.

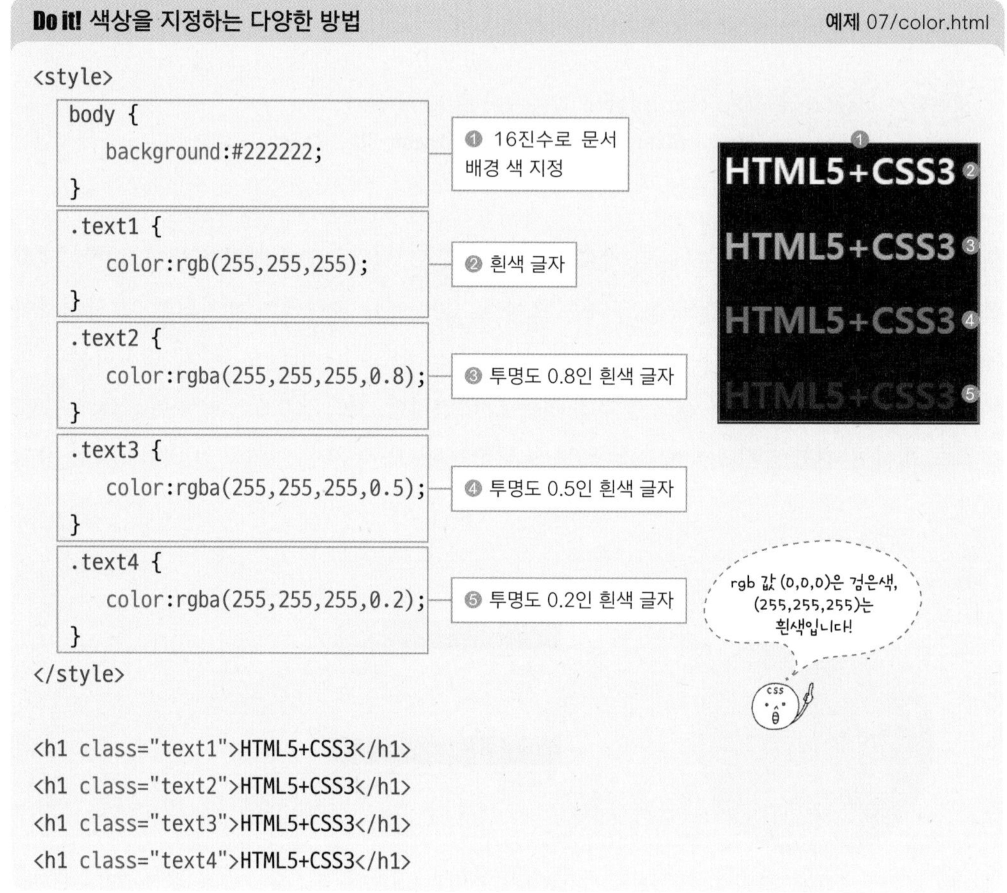

Do it! 색상을 지정하는 다양한 방법 예제 07/color.html

```
<style>
  body {
    background:#222222;
  }
  .text1 {
    color:rgb(255,255,255);
  }
  .text2 {
    color:rgba(255,255,255,0.8);
  }
  .text3 {
    color:rgba(255,255,255,0.5);
  }
  .text4 {
    color:rgba(255,255,255,0.2);
  }
</style>

<h1 class="text1">HTML5+CSS3</h1>
<h1 class="text2">HTML5+CSS3</h1>
<h1 class="text3">HTML5+CSS3</h1>
<h1 class="text4">HTML5+CSS3</h1>
```

❶ 16진수로 문서 배경 색 지정
❷ 흰색 글자
❸ 투명도 0.8인 흰색 글자
❹ 투명도 0.5인 흰색 글자
❺ 투명도 0.2인 흰색 글자
HTML5+CSS3
HTML5+CSS3
HTML5+CSS3
HTML5+CSS3
rgb 값 (0,0,0)은 검은색, (255,255,255)는 흰색입니다!
CSS

색상 추출 사이트 이용하기

색상을 표현하는 여러 방법을 배웠지만 각 색상에 해당하는 색상 이름이나 색상 값을 기억하기는 너무 어렵겠죠? 이럴 때 색상을 추출할 수 있는 유틸리티나 온라인 툴을 이용하면 편리합니다. 색상을 클릭하면 16진수 색상 값이나 rgb 값 등 색상 값을 원하는 형태로 추출할 수 있기 때문입니다. 대표적인 색상 추출 사이트인 Color Picker(www.colorpicker.com)로 색상을 추출하는 방법을 알아보겠습니다. 사용법은 다음과 같습니다.

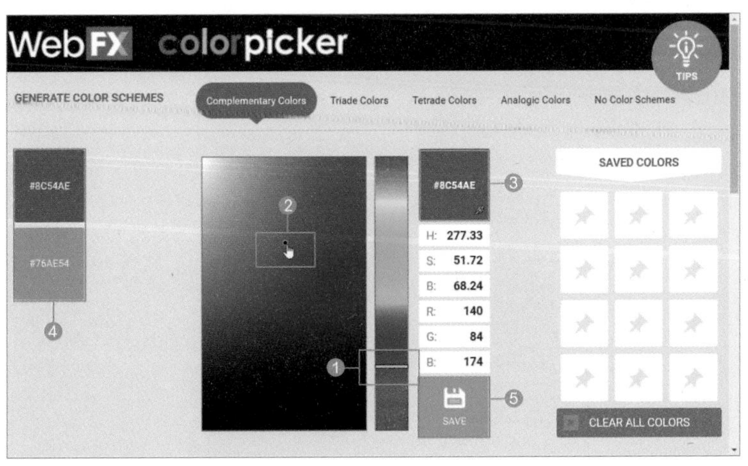

Color Picker(www.colorpicker.com)

❶ 중앙의 가늘고 긴 막대에서 주 색상을 선택합니다.

❷ 넓은 색상표에서 원하는 색상을 선택합니다.

❸ 선택한 색상의 미리보기와 색상 값이 표시됩니다.

▶ 미리보기 아래쪽에 RGB 값과 HSB 값이 표시되는데 HSB 값은 색조(hue)와 채도(saturation), 명도(brightness)로 색상을 나타내는 것입니다.

❹ 현재 선택한 색상과 어울리는 색상이 함께 표시됩니다.

❺ 클릭하면 선택한 색상을 오른쪽의 'SAVED COLORS' 목록에 추가할 수 있습니다.

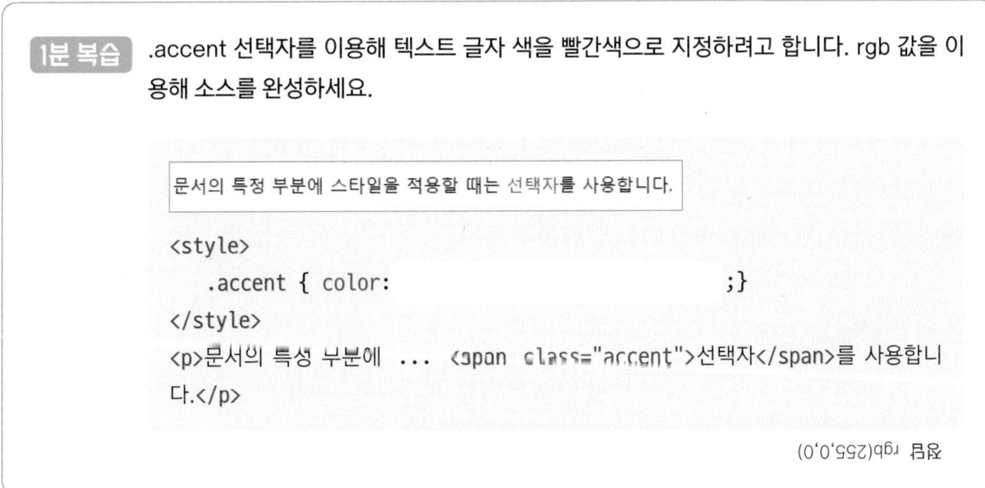

1분 복습 .accent 선택자를 이용해 텍스트 글자 색을 빨간색으로 지정하려고 합니다. rgb 값을 이용해 소스를 완성하세요.

문서의 특정 부분에 스타일을 적용할 때는 선택자를 사용합니다.

```
<style>
  .accent { color:                         ;}
</style>
<p>문서의 특정 부분에 ... <span class="accent">선택자</span>를 사용합니
다.</p>
```

정답 rgb(255,0,0)

07-2 배경 색과 배경 이미지

웹에서의 색상을 알아보았으니 이제 본격적으로 배경 색을 넣어 보겠습니다. 앞에서도 말했듯이 웹 문서 전체 배경뿐만 아니라 텍스트, 목록 등 원하는 부분에도 배경을 지정할 수 있습니다. 물론 배경 색 대신 배경 이미지를 넣을 수도 있죠. 그럼 배경에 색과 이미지를 넣는 방법을 알아보겠습니다.

background-color 속성 - 배경 색 지정하기

먼저 배경 색을 지정하는 방법부터 알아보겠습니다. 배경 색을 지정하려면 배경을 넣고 싶은 요소의 속성에 background-color 속성을 넣으면 됩니다. 예를 들어 웹 문서 전체의 배경 색을 지정하려면 body 요소의 background-color 속성을 조절하면 됩니다.

기본형 `background-color: <색상>`

background-color도 앞에서 설명한 16진수나 rgb 값 또는 색상 이름을 사용해 지정합니다. 예를 들어 배경 색을 초록색으로 지정하고 싶다면 다음과 같이 16진수 값이나 rgb 값, 색상 이름 등을 이용해 지정하면 됩니다.

```
background-color:#00ff00;
background-color:rgb(0,255,0);
background-color:green;
```

❶ 16진수: 세밀히 색상 조절
❷ rgba: 필요하면 투명도도 함께 조절 가능
❸ 색상 이름: 원색 사용

어떤 방법을 사용할지는 사용자가 선택하기 나름인데 색상을 세밀히 조절하고 싶다면 16진수 값을 사용하고 투명도도 함께 조절하고 싶다면 rgba 표기법을 사용하면 됩니다. 빨간색이나 파란색, 초록색 등 알고 있는 몇 가지 원색만 사용하겠다면 기억할 수 있는 색상 이름을 사용하는 것이 편리합니다. 세 가지 중 어느 방법을 선택하든 브라우저에는 동일한 색이 나옵니다.

배경 색 스타일과 상속

앞에서 배웠던 스타일 상속 기억하나요? 글꼴이나 글자 크기 등은 〈body〉 태그 선택자에서 지정하면 문서 전체에 상속되므로 하위 요소에서 스타일을 수정하지 않는 한, 문서 전체에 똑같이 적용되었죠. 하지만 예외적으로 background-color 값은 상속되지 않습니다.

예를 들어 <body> 태그 선택자에서 background-color 속성을 이용해 웹 문서의 배경을 초록색으로 지정하면 문서에 삽입하는 표나 목록, 기타 요소들에도 문서 배경인 초록색이 그대로 비칩니다. 하지만 이것은 기본적으로 모든 웹 문서 요소의 배경이 투명하기 때문에 초록색으로 지정한 문서 배경이 그대로 비치는 것일 뿐이지 각 요소(표나 목록 등) 스타일에 상속된 것은 아닙니다. 따라서 표나 목록 등에서 배경 색을 지정하고 싶다면 각 요소에서 직접 background-color 속성을 이용해 배경 색 값을 지정해야 합니다.

예를 들어 다음과 같은 CSS를 이용해 문서를 작성하면 <div> 영역에도 문서 전체의 배경 색이 똑같이 표시됩니다.

```
<style>
  body {
    background-color:#0094ff;
  }
</style>
```

여기서 <div> 태그 스타일에 배경 색을 지정하면 문서의 배경 색과 구별할 수 있습니다.

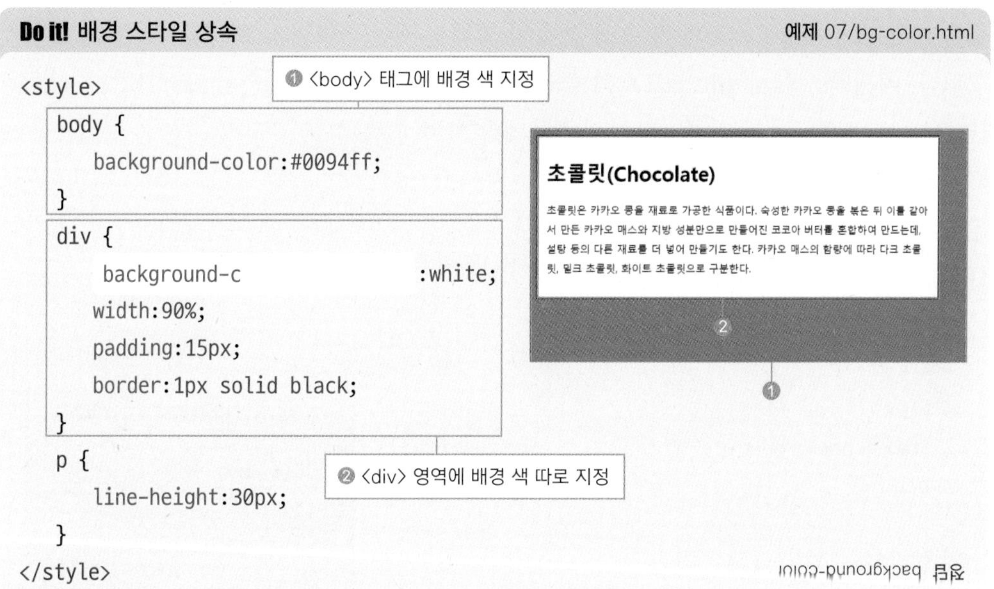

background-clip 속성 - 배경 적용 범위 조절하기

앞에서 본 것처럼 배경을 넣고 싶은 요소들마다 속성을 입력하면 배경을 넣을 수 있지만 박스 모델 관점에서 배경 적용 범위를 조절할 수도 있습니다. 즉 박스 모델의 가장 외곽인 테두리(border)까지 적용할지, 테두리를 빼고 패딩(padding) 범위까지 적용할지, 아니면 내용 부분에만 적용할지 선택할 수 있습니다.

▶ 박스 모델이란 웹 요소 형태를 박스(box)로 인식하고 테두리와 여백, 요소 사이의 간격 등을 계산하고 배치하는 방법을 말합니다. border는 테두리, padding은 테두리와 실제 내용 사이의 여백입니다. 자세한 내용은 08장을 참고하세요.

기본형 `background-clip: border-box | padding-box | content-box`

이 속성에서 사용할 수 있는 속성 값은 다음과 같습니다.

속성 값	설명
border-box	박스 모델의 가장 외곽인 테두리(border)까지 적용합니다. ★
padding-box	박스 모델에서 테두리를 뺀 패딩(padding) 범위까지 적용합니다.
content-box	박스 모델에서 내용 부분에만 적용합니다.

다음 예제는 너비 400px인 박스 모델에서 테두리를 5px짜리 점선으로 하고 패딩을 35px로 했을 때 background-clip의 각 속성 값에 따라 배경 색이 어디까지 표시되는지를 비교한 것입니다. 예제 파일에서 <div> 요소의 클래스 스타일을 class="bg1", class="bg2", class="bg3"으로 바꾸어 가면서 비교해 보면 쉽게 확인할 수 있습니다.

① background-clip:border-box;
테두리 부분까지 배경 색이 채워집니다.

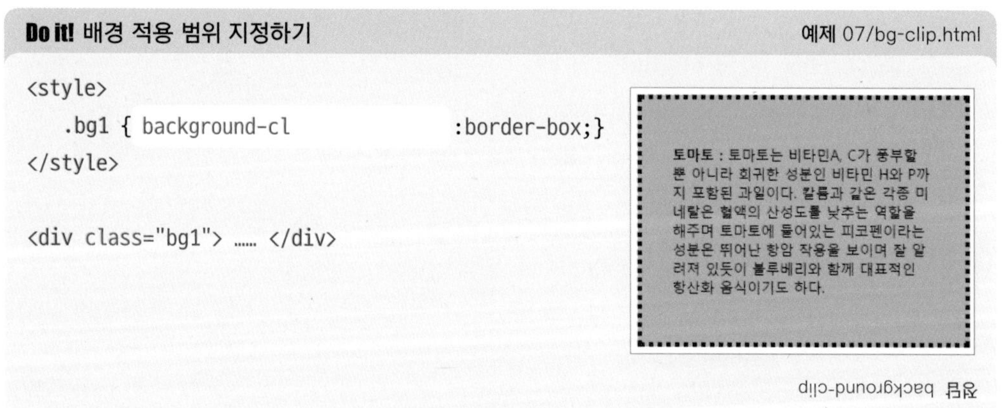

② background-clip:padding-box;
패딩 부분까지 배경이 채워집니다.

토마토 : 토마토는 비타민A, C가 풍부할 뿐 아니라 희귀한 성분인 비타민 H와 P까지 포함된 과일이다. 칼륨과 같은 각종 미네랄은 혈액의 산성도를 낮추는 역할을 해주며 토마토에 들어있는 피코펜이라는 성분은 뛰어난 항암 작용을 보이며 잘 알려져 있듯이 블루베리와 함께 대표적인 항산화 음식이기도 하다.

③ background-clip:content-box;
콘텐츠 부분만 배경이 채워집니다.

토마토 : 토마토는 비타민A, C가 풍부할 뿐 아니라 희귀한 성분인 비타민 H와 P까지 포함된 과일이다. 칼륨과 같은 각종 미네랄은 혈액의 산성도를 낮추는 역할을 해주며 토마토에 들어있는 피코펜이라는 성분은 뛰어난 항암 작용을 보이며 잘 알려져 있듯이 블루베리와 함께 대표적인 항산화 음식이기도 하다.

background-image 속성 - 웹 요소에 배경 이미지 넣기

이번에는 배경 이미지를 넣어 봅시다. 배경 이미지를 넣을 때는 background-image 속성을 사용합니다. 이때 배경 이미지에는 웹에서 사용 가능한 파일인 jpg나 gif, png 파일을 사용하며 이것을 'url(파일 경로)' 형식으로 사용합니다. 또한 배경 색과 마찬가지로 문서 전체의 배경 이미지를 지정하려면 〈body〉 태그에 지정하고 특정 영역에 배경 이미지를 만들고 싶다면 클래스 선택자나 id 선택자를 이용해 태그에 배경 이미지를 지정하면 됩니다.

```
기본형    background-image: url(파일 경로)
```

▶ 파일 경로를 표기하는 방법은 96쪽을 참고하세요.

파일 경로는 현재 웹 문서를 기준으로 상대 경로를 지정할 수도 있고 'http://'로 시작하는 절대 경로를 사용할 수도 있습니다. 이때 파일 경로에는 작은따옴표(또는 큰따옴표)를 붙여도 되고 안 붙여도 됩니다.

```
body {background-image: url('bg1.png');}
#area {background-image: url('bg2.png');}
```

배경 이미지는 여러 개를 사용할 수 있는데 이럴 경우, 첫 번째 이미지부터 순서대로 표시합니다.

다음 예제는 bg1.png를 문서 전체의 배경 이미지로 사용한 것입니다. bg1.png 이미지가 채우려는 요소 크기보다 작을 경우, 해당 요소를 가득 채울 정도로 가로와 세로로 반복됩니다.

Do it! 배경 이미지 반복하기 예제 07/bg-img.html

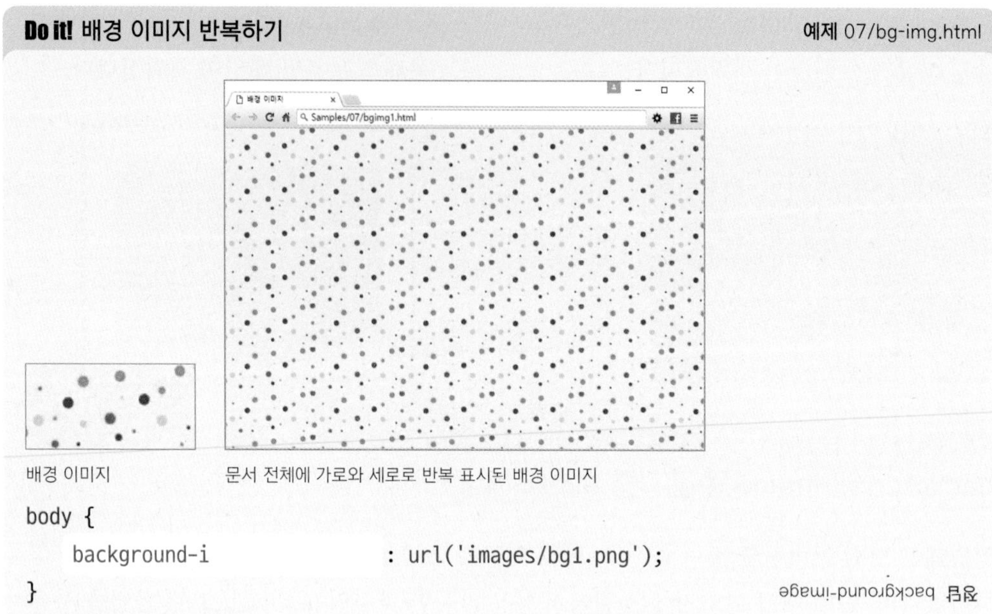

배경 이미지

문서 전체에 가로와 세로로 반복 표시된 배경 이미지

```
body {
    background-i                : url('images/bg1.png');
}
```

정답 background-image

background-repeat 속성 - 배경 이미지 반복 방법 지정하기

앞의 예제에서도 보았듯이 배경 이미지의 크기가 배경을 채우려는 요소보다 작을 경우, 기본적으로 반복해 표시됩니다. 이때 background-repeat 속성을 사용하면 배경 이미지를 반복하지 않게 할 수도 있고 반복하더라도 가로 반복이나 세로 반복 등 반복 방향을 지정할 수도 있습니다.

기본형 `background-repeat : repeat | repeat-x | repeat-y | no-repeat`

background-repeat에서 사용할 수 있는 속성 값은 다음과 같습니다.

속성 값	설명
repeat	**브라우저 화면에 가득 찰 때까지 배경 이미지를 가로와 세로로 반복합니다.** ★
repeat-x	브라우저 창 너비와 같아질 때까지 배경 이미지를 가로로 반복합니다.
repeat-y	브라우저 창 높이와 같아질 때까지 배경 이미지를 세로로 반복합니다.
no-repeat	배경 이미지를 한 번만 표시하고 반복하지 않습니다.

background-size 속성 - 배경 이미지 크기 조절하기

앞에서는 배경 이미지가 채우려는 요소보다 작은 경우만 살펴보았습니다. 그런데 background-size 속성을 사용하면 배경 이미지를 여러 크기로 조절할 수 있습니다.

```
기본형  background-size: auto | contain | cover | <크기 값> | <백분율>
```

background-size 속성에서 사용할 수 있는 속성 값은 다음과 같습니다.

속성 값	설명
auto	원래 배경 이미지 크기만큼 표시됩니다. ★
contain	요소 안에 배경 이미지가 다 들어오도록 이미지를 확대/축소합니다.
cover	배경 이미지로 요소를 모두 덮도록 이미지를 확대/축소합니다.
<크기 값>	너비 값과 높이 값을 지정합니다. 너비 값만 지정할 경우, 원래 배경 이미지 크기를 기준으로 축소/확대 비율을 자동으로 계산해 높이 값을 지정합니다.
<백분율>	배경 이미지가 들어갈 요소의 크기를 기준으로 백분율 값을 지정하고 그 크기에 맞도록 배경 이미지를 확대하거나 축소합니다.

이제 다양한 예제를 보면서 위의 속성 값으로 배경 이미지의 크기를 조절하는 방법을 알아보겠습니다. 다음과 같은 여러 background-size 속성을 이용해 너비 1280px, 높이 853px인 배경 이미지를 너비 500px, 높이 500px인 <div> 요소에 삽입해 보겠습니다.

① background-size: auto;

background-size 속성 값이 모두 auto일 경우, 원래 배경 이미지 크기 그대로 표시됩니다.

Do it! 배경 이미지 크기 지정하기 예제 07/bg-size.html

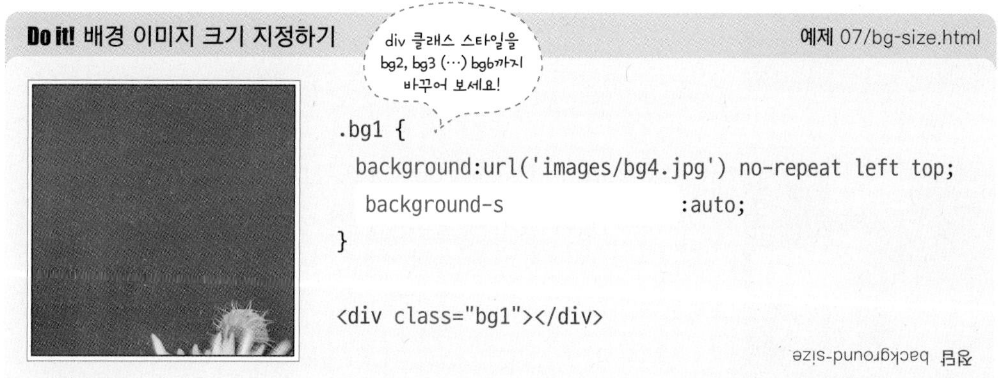

div 클래스 스타일을 bg2, bg3 (…) bg6까지 바꾸어 보세요!


```
.bg1 {
  background:url('images/bg4.jpg') no-repeat left top;
  background-s                :auto;
}

<div class="bg1"></div>
```

정답 background-size

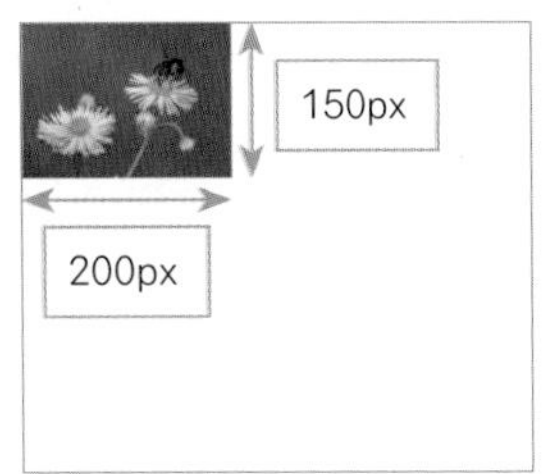

② background-size:200px 150px;

background-size 속성에 너비와 높이가 모두 지정되었으므로 배경 이미지는 너비 200px, 높이 150px 크기로 표시됩니다. 크기 값이 하나만 주어질 경우, 그 값을 너비 값으로 인식하고 이미지의 너비/높이 비율에 맞추어 높이 값도 자동 계산합니다.

③ background-size:60% 40%;

속성으로 입력된 백분율 값은 채워질 요소의 크기입니다. 예를 들어 60% 40%라면 가로 60%, 세로 40%만큼 배경 이미지를 채우라는 뜻입니다. 속성 값이 하나라면 주어진 값은 너비 값으로 인식하고 높이 값은 자동으로 계산합니다. 예를 들어 주어진 값이 60%라면 요소의 60%만큼 너비를 채우고 높이 값도 60%만큼 채우라는 뜻입니다.

▶ 요소 안에 배경 이미지를 딱 맞게 채우려면 background-size를 100%로 지정합니다.

④ background-size:contain;

요소 안에 모든 배경 이미지가 표시되도록 확대하거나 축소합니다.

⑤ background-size:cover;

요소 전체를 모두 덮도록 배경 이미지를 확대하거나 축소합니다.

⑥ background-size:100% 100%;

요소의 너비와 높이에 맞도록 배경 이미지를 확대하거나 축소합니다.

background-position 속성 - 배경 이미지 위치 조절하기

배경 이미지는 제목이나 본문에서 한쪽에 이미지를 표시할 때도 이용할 수 있습니다. 이때 background-position 속성을 이용해 배경 이미지가 표시되는 위치를 조절합니다.

▶ 박스 모델에 배경 이미지를 지정할 때도 background-position 속성을 이용해 배경 이미지의 위치를 조절합니다.

기본형

```
background-position: <수평 위치> <수직 위치>;
수평 위치 : left | center | right | <백분율> | <길이 값>
수직 위치 : top | center | bottom | <백분율> | <길이 값>
```

background-position 속성에서는 수평 위치 값과 수직 위치 값을 함께 표시하는데 값을 하나만 지정할 경우, 그 값은 수평 위치 값으로 간주하고 수직 위치 값은 50%나 center로 간주합니다. background-position 속성 값을 두 개 지정한다면 앞의 값은 수평 위치 값이 되고 뒤의 값은 수직 위치 값이 됩니다. 색상을 표현하는 방법이 다르듯이 위치를 나타내는 표시법도 다양합니다. 그럼 하나씩 살펴볼까요?

키워드 표시법

배경 이미지의 위치를 지정할 때 가장 많이 사용하는 속성 값은 키워드입니다. 수평 위치는 left와 center, right 중에서 선택할 수 있고 수직 위치는 top과 bottom, center 중에서 선택합니다. 예를 들어 background-position: center bottom;이라면 배경 이미지를 브라우저 창의 중앙 하단에 배치합니다. 참고로 background-position: center center;일 경우, 간단히 background-position: center;라고 줄여 쓸 수 있습니다.

백분율(%) 표시법

위치 속성 값을 백분율로 표시한다는 것은 주어진 요소의 해당 위치에 배경 이미지의 위치를 백분율로 맞춘다는 뜻입니다. 예를 들어 background-position: 0% 0%;라면 배경 이미지를 넣으려는 요소의 왼쪽 모서리에 배경 이미지의 왼쪽 모서리를 맞춥니다. 또 다른 예로 background-position: 30% 60%;라면 배경 이미지를 넣으려는 요소의 왼쪽 모서리로부터 가로 30%, 세로 60%의 위치에 배경 이미지의 가로, 세로가 30%, 60%인 위치를 맞춥니다.

길이(px) 표시법

배경 이미지의 위치를 길이로 직접 지정할 수도 있습니다. 예를 들어 background-image: 30px 20px;이라고 지정하면 가로 30픽셀, 세로 20픽셀의 위치에 배경 이미지의 왼쪽 상단 모서리를 맞춥니다.

설명만으로는 이해하기 어렵지요? 배경 이미지 위치를 지정하는 실제 예제를 살펴보겠습니다. 아래 예제에서는 버튼에 이미지를 함께 표시하기 위해 배경 이미지를 사용하고 있는데 첫 번째 버튼에는 배경 이미지 위치를 px 값으로 지정했고, 두번째 버튼에는 right와 center 키워드를 사용해서 오른쪽에 표시합니다.

Do it! 배경 이미지 위치 지정하기 예제 07/bg-position.html

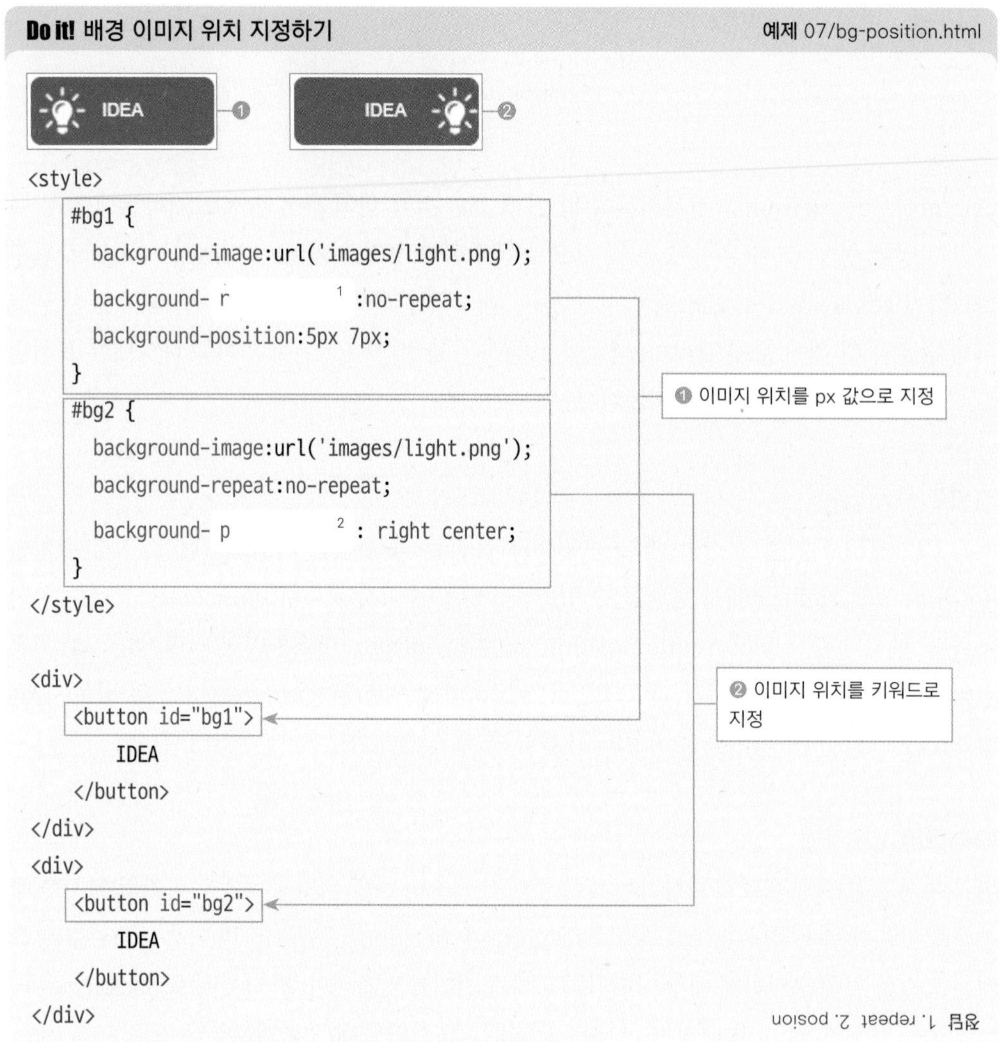

IDEA ❶
IDEA ❷
❶ 이미지 위치를 px 값으로 지정
❷ 이미지 위치를 키워드로 지정

```
<style>
  #bg1 {
    background-image:url('images/light.png');
    background- r          1 :no-repeat;
    background-position:5px 7px;
  }
  #bg2 {
    background-image:url('images/light.png');
    background-repeat:no-repeat;
    background- p          2 : right center;
  }
</style>

<div>
  <button id="bg1">
      IDEA
  </button>
</div>
<div>
  <button id="bg2">
      IDEA
  </button>
</div>
```

정답 1. repeat 2. posion

background-origin 속성 - 배경 이미지 배치할 기준 조절하기

background-position 속성을 이용해 배경 이미지를 배치할 때 기준이 필요하겠죠? 이렇게 배경 이미지를 배치할 기준은 background-origin 속성으로 지정합니다.

기본형 `background-origin: border-box | padding-box | content-box`

이 속성에서 사용할 수 있는 값은 background-clip에서와 마찬가지로 border-box와 padding-box, content-box입니다.

▶ 박스 모델에 대한 자세한 설명은 08장을 참고하세요.

속성 값	설명
border-box	박스 모델의 가장 외곽인 테두리(border)가 기준이 됩니다.
padding-box	**박스 모델에서 테두리를 뺀 패딩(padding)이 기준이 됩니다.** ★
content-box	박스 모델에서 내용 부분이 기준이 됩니다.

다음 예제는 너비 400px인 박스 모델에서 테두리를 15px로 하고 패딩을 35px로 했을 때 background-origin 속성 값에 따라 배경 이미지가 어디서부터 시작되는지를 비교한 것입니다.

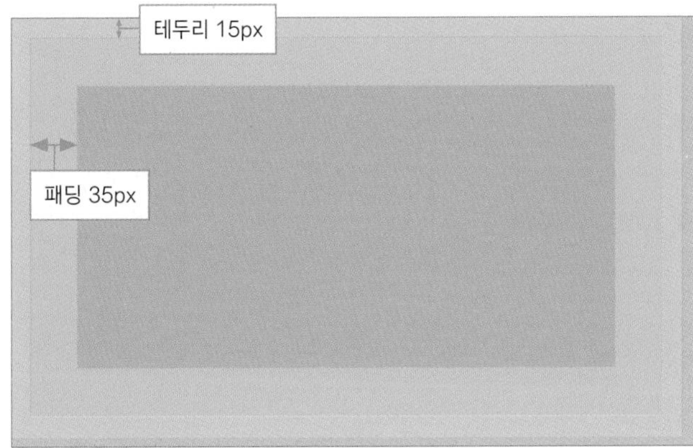

① background-origin:padding-box;
배경 이미지가 패딩 영역부터 시작됩니다.

Do it! 배경 이미지 배치 기준 지정하기 예제 07/bg-origin.html

```
<style>
.bg1 {
    background:url('images/bg3.jpg') no-repeat;
    background- or          :padding-box;
}
</style>

<div class="bg1"></div>
```

정답 1. background-origin

② background-origin:border-box;
배경 이미지가 테두리부터 시작됩니다.

```
<style>
.bg2 {
    background:url('images/bg3.jpg') no-repeat;
    background-origin:border-box;
}
</style>

<div class="bg2"></div>
```

③ background-origin:content-box;
배경 이미지가 콘텐츠 영역부터 시작됩니다.

```
<style>
.bg3 {
    background:url('images/bg3.jpg') no-repeat;
    background-origin:content-box;
}
</style>

<div class="bg3"></div>
```

background-attachment 속성 - 배경 이미지 고정하기

지금까지 배운 것으로는 스크롤을 내렸을 때 배경 이미지도 함께 이동합니다. 하지만 background-attachment 속성을 이용하면 배경 이미지를 고정할 수 있습니다. 사용할 수 있는 속성 값은 오른쪽과 같습니다.

기본형 `background-attachment: scroll | fixed`

속성	설명
scroll	**화면 스크롤과 함께 배경 이미지도 스크롤됩니다. 기본 값입니다.★**
fixed	화면이 스크롤되더라도 배경 이미지는 고정됩니다.

background-attachment: fixed;로 설정하면 웹 문서 화면을 아래로 스크롤하더라도 배경 이미지는 고정되고 내용이 이미지 위에 떠 있는 것처럼 보입니다. 다음 예제에서는 bottom-bg.jpg 이미지를 문서 아래쪽에 배경으로 고정한 것입니다. 스크롤 막대를 움직이면 문서 내용만 스크롤되고 배경 이미지는 그대로 유지됩니다.

Do it! 배경 이미지 고정하기 예제 07/bg-attachment.html

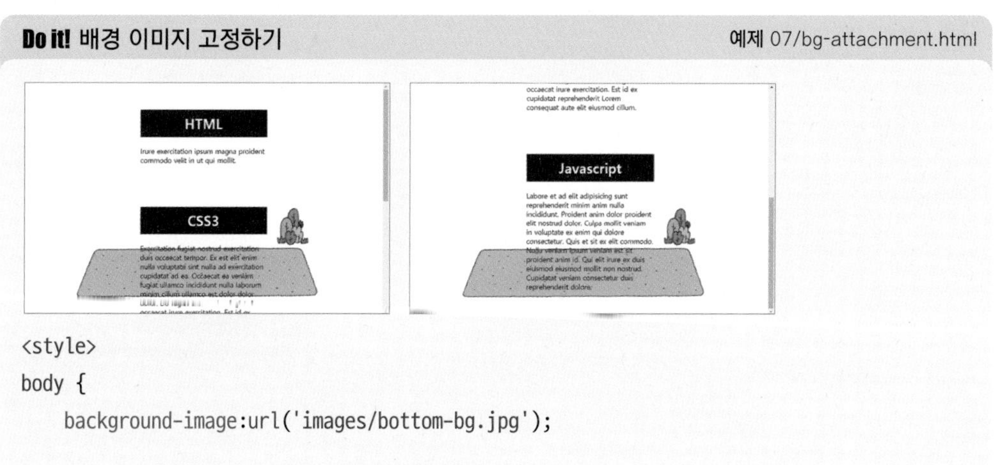


```
<style>
body {
    background-image:url('images/bottom-bg.jpg');
```

```
    background-repeat:no-repeat;
    background-position:center bottom;
    background-at                          :fixed;
}
</style>
```

정답 background-attachment

background 속성 - 속성 하나로 배경 이미지 제어하기

지금까지 설명한 배경 이미지 관련 속성을 background라는 하나의 속성으로 줄여 사용할 수 있습니다. 예를 들어 배경 이미지를 다음과 같이 정의했다면 다음의 표로 생각하면 됩니다.

```
background:url('images/bg3.jpg') no-repeat fixed right bottom;
```

속성	속성 값
background-image	url('images/bg3.jpg')
background-repeat	no-repeat
background-attachment	fixed
background-position	right bottom
background-clip	border-box
background-origin	padding-box
background-size	auto

별다른 속성 값을 지정하지 않으면 기본 값으로 읽어요!
CSS

▶ 축약형 background 속성의 다양한 사용법은 https://www.w3.org/TR/css3-background/#background를 참고하세요.
▶ 속성 값이 다르므로 입력 순서는 상관없습니다.

1분 복습 images 폴더에 있는 bulb.jpg 파일을 div 요소의 배경 이미지로 사용하려고 합니다. 배경 이미지는 반복하지 않고 오른쪽 하단에 맞추어 배치하되 배경 이미지가 요소를 가득 채우도록 소스를 완성하세요.

```
div {
    background:url('images/bulb.jpg') n     -          1
    r            2  b            3  ;
    b                  -s              4  :cover;
}
```

정답 1. no-repeat 2. right 3. bottom 4. background-size

07-3 그러데이션 효과로 배경 꾸미기

지금까지 웹 요소에 배경 색이나 이미지를 지정하는 방법과 배경 이미지로 다양하게 활용하는 방법에 대해 살펴보았습니다. CSS3에서는 이 외에도 색상 그러데이션(gradation)을 사용해 배경을 꾸밀 수도 있습니다. 선형이나 원형 그러데이션을 사용할 때 아직 브라우저를 고려해야 할 부분이 많지만 여러 모로 편리하게 사용할 수 있는 기능입니다.

그러데이션과 브라우저 접두사

선형 그러데이션과 원형 그러데이션은 CSS3에 처음 소개된 기능으로 웹 브라우저 업체에서 발빠르게 도입해 사용하기 시작했습니다. 하지만 초기에는 그러데이션 구문이 복잡했고 브라우저 사이의 지원 방법이 달랐기 때문에 사용하기 쉽지 않았습니다. 모던 브라우저 초기 버전에서는 그러데이션을 사용하기 위해 -webkit-이나 -moz-, -o- 같이 브라우저 제조업체를 표시하는 접두사를 붙여 사용해야만 했죠. 이후 몇 단계를 거쳐 현재의 표준화된 구문이 완성되었지만 아직 웹상에는 이전 브라우저가 남아 있습니다. 따라서 현재의 표준화된 구문 외에도 그러데이션을 지원하지 않는 브라우저와 접두사를 붙여 사용하는 브라우저까지 고려해 함께 입력해야 합니다.

접두사	브라우저 버전
-webkit-	사파리 5.1 ~ 6.0
-moz-	파이어폭스 3.6 ~ 15
-o-	오페라 11.1 ~ 12.0

그러데이션 소스를 완성하면 다음 형태가 됩니다. 이때 선형 그러데이션 함수나 원형 그러데이션 함수를 이용해 만드는 배경은 크기가 없는 배경 이미지이므로 그러데이션 값을 background-image 속성 값이나 background 속성 값으로 지정합니다.

```
<style>
   .grad {
      background : blue; /* 그러데이션을 지원하지 않는 브라우저용 */
      background : -webkit-linear-gradient(left top, blue, white);
      background : -moz-linear-gradient(right bottom, blue, white);
      background : -o-linear-gradient(right bottom, blue, white);
      background : linear-gradient(to right bottom, blue, white); /* 표준 구문 */
   }
</style>
```

선형 그러데이션

선형 그러데이션이란 색상이 수직이나 수평 또는 대각선 방향으로 일정하게 변하는 것을 말합니다. 이것을 만들어 주는 함수는 linear-gradient인데 색상이 어느 방향으로 바뀌고 어떤 색상으로 바뀌는지 알려 주어야 합니다.
선형 그러데이션 구문에서 사용하는 옵션을 하나씩 살펴보겠습니다.

기본형
```
linear-gradient( <각도> to <방향>, color-stop, [color-stop,..]);
```

▶ 현재 구문이 표준 구문이지만 '위치'와 '각도'를 표시하는 방법이 도중에 몇 번 바뀌다 보니 브라우저별, 버전별 사용법이 조금씩 다르므로 구분해 사용하세요.

방향

그러데이션 방향을 지시할 때는 끝 지점을 기준으로 'to' 키워드와 함께 사용합니다. 예를 들어 색상이 왼쪽에서 오른쪽으로 변하는 그러데이션이라면 'to right'처럼 말이죠. 선형 그러데이션의 위치나 각도 옵션을 생략하면 'to bottom'으로 인식합니다.

속성 값	설명
to top	아래에서 시작해 위로 그러데이션이 만들어집니다.
to left	오른쪽에서 시작해 왼쪽으로 그러데이션이 만들어집니다.
to right	왼쪽에서 시작해 오른쪽으로 그러데이션이 만들어집니다.
to bottom	위에서 시작해 아래로 그러데이션이 만들어집니다.

또한 선형 그러데이션은 CSS3 속성이기 때문에 HTML5와 CSS3 지원이 가능한 모던 브라우저에서만 사용할 수 있습니다. 그러므로 브라우저 접두사를 붙여 사용해야 하는데 접두사와 함께 선형 그러데이션을 사용할 때는 붙이는 기준이 약간씩 다르므로 때문에 구분해 사용해야 합니다.

접두사	브라우저 버전	'위치' 속성 값
-webkit-	사파리 5.1 ~ 6.0	그러데이션 시작 위치 기준
-moz-	파이어폭스 3.6 ~ 15	그러데이션 끝 위치 기준. 키워드 to 사용하지 않음
-o-	오페라 11.1 ~ 12.0	그러데이션 끝 위치 기준. 키워드 to 사용하지 않음

예제로 살펴봅시다. 다음 예는 왼쪽 위에서 파란색으로 시작해 오른쪽 아래에서 흰색으로 변하는 그러데이션을 정의한 것입니다. CSS3를 지원하지 않는 브라우저를 위해 파란색을 배경색으로 사용하고 초기 모던 브라우저에 맞도록 접두사를 사용한 구문도 함께 입력합니다.

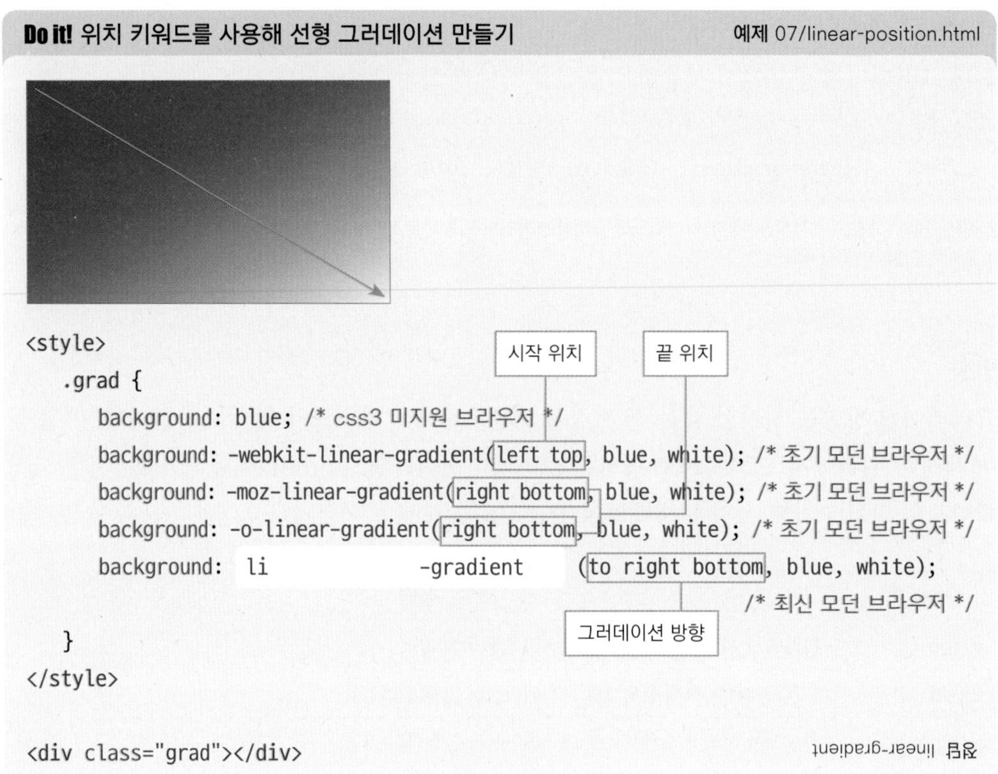
Do it! 위치 키워드를 사용해 선형 그러데이션 만들기
예제 07/linear-position.html
<style>
.grad {
background: blue; /* css3 미지원 브라우저 */
background: -webkit-linear-gradient(left top, blue, white); /* 초기 모던 브라우저 */
background: -moz-linear-gradient(right bottom, blue, white); /* 초기 모던 브라우저 */
background: -o-linear-gradient(right bottom, blue, white); /* 초기 모던 브라우저 */
background: li -gradient (to right bottom, blue, white);
/* 최신 모던 브라우저 */
}
</style>
<div class="grad"></div>
시작 위치
끝 위치
그러데이션 방향
정답 linear-gradient

각도

선형 그러데이션에서 색상이 바뀌는 방향을 알려 주는 또 다른 방법은 각도입니다. 이때의 각도는 그러데이션이 끝나는 각도이고 그 값은 'deg'로 표기합니다. CSS에서 각도는 맨 윗부분이 0deg이고 시계 방향으로 회전하면서 90deg, 180deg가 됩니다. 브라우저 접두사를 붙여야 하는 이전 버전의 모던 브라우저에서도 각도는 똑같이 사용합니다.

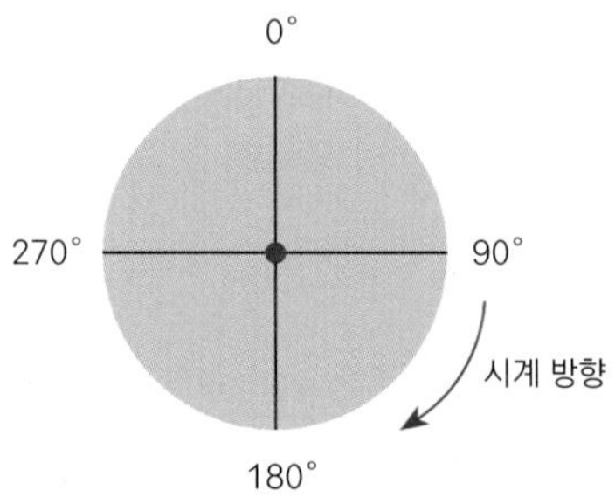
0°
270°
90°
시계 방향
180°

그럼 각도를 사용한 예제를 만나 볼까요? 다음은 왼쪽 아래에서 오른쪽 위로 변하고 빨간색에서 흰색으로 변하는 선형 그러데이션을 지정한 예제입니다. 왼쪽 아래에서 오른쪽 위로 지정할 때 그러데이션이 끝나는 부분의 각도, 즉 오른쪽 위 방향이므로 0˚와 90˚ 사이의 중간 각도인 45˚ 정도의 값을 지정합니다.

Do it! 각도를 사용해 선형 그러데이션 만들기 **예제** 07/linear-degree.html

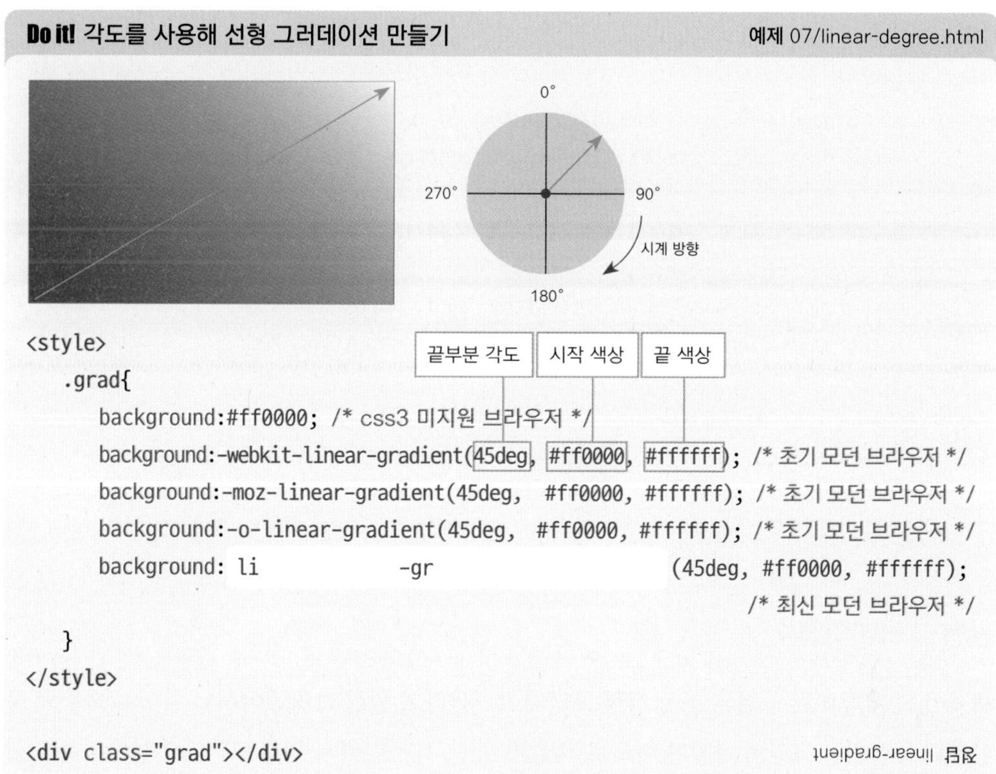


```
<style>
  .grad{
    background:#ff0000; /* css3 미지원 브라우저 */
    background:-webkit-linear-gradient(45deg, #ff0000, #ffffff); /* 초기 모던 브라우저 */
    background:-moz-linear-gradient(45deg,  #ff0000, #ffffff); /* 초기 모던 브라우저 */
    background:-o-linear-gradient(45deg,  #ff0000, #ffffff); /* 초기 모던 브라우저 */
    background: li          -gr                    (45deg, #ff0000, #ffffff);
                                                        /* 최신 모던 브라우저 */
  }
</style>

<div class="grad"></div>
```

정답 linear-gradient

색상 중지 점(color-stop)

선형 그러데이션을 만들기 위해서는 바뀌는 부분의 색을 지정해 주어야 하는데 바뀌는 지점을 색상 중지 점(color-stop)이라고 합니다. 색상 중지 점을 지정할 때는 색상만 지정할 수도 있고 색상과 함께 중지 점의 위치도 함께 지정할 수도 있습니다.

▶ 색상을 지정할 때 rgba 표기법을 이용해 투명도를 함께 사용한 색상도 사용할 수 있습니다.

다음 예는 시작 색상과 끝 색상을 #06f로 하고 시작 위치에서 30% 지점에 흰색을 두어 위에서 아래로 부드럽게 연결되는 그러데이션을 정의한 것입니다.

Do it! 선형 그러데이션의 색상 중지점 지정하기 **예제** 07/colorstop.html

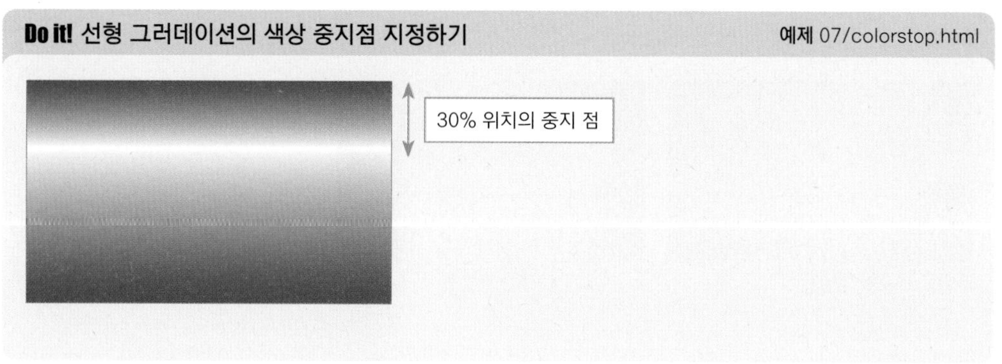

```
<style>
    .grad {
        background: #06f; /* css3 미지원 브라우저 */
        background-image: -webkit-linear-gradient(top, #06f, white 30%, #06f);
                                                                /* 초기 브라우저 */
        background-image: -moz-linear-gradient(bottom, #06f, white 30%, #06f);
                                                                /* 초기 브라우저 */
        background: -o-linear-gradient(bottom, #06f, white 30%, #06f); /* 초기 브라우저 */
        background: linear-gradient(to bottom, #06f, white 30%, #06f); /* 최신 브라우저 */
    }
</style>
```

(시작 색상: #06f / 중지 점 색상과 위치: white 30% / 끝 색상: #06f)

```
<div class="grad"></div>
```

원형 그러데이션

색상이 직선 형태로 바뀌는 것이 선형 그러데이션이라면 원형 그러데이션은 원이나 타원의 중심부터 동심원을 그리며 바깥 방향으로 색상이 바뀝니다. 따라서 원형 그러데이션에서는 색상이 바뀌기 시작하는 원의 중심과 크기를 지정하고 그러데이션의 모양을 지정해야 합니다.

기본형 `radial-gradient( <최종 모양> <크기> at <위치>, color-stop, [color-stop...])`

원형 그러데이션 구문에서 사용하는 옵션들에 대해 하나씩 살펴보겠습니다.

모양

원형 그러데이션에서 만들어지는 모양은 circle(원형)과 ellipse(타원형)입니다. 따로 지정하지 않으면 ellipse로 인식합니다.

Do it! 원형 그러데이션의 모양 살펴보기 예제 07/radial-default.html

1 모양을 지정하지 않았을 때 2 모양을 circle로 지정했을 때

```
<style>                                                                      ❶
    .grad1{
        background:red; /* css3 미지원 브라우저 */
        background:-webkit-radial-gradient(white, yellow, red); /* 초기 모던 브라우저 */
        background:-moz-radial-gradient(white, yellow, red); /* 초기 모던 브라우저 */
        background:-o-radial-gradient(white, yellow, red); /* 초기 모던 브라우저 */
        background: ra          -gradient     1 (white, yellow, red); /* 최신 모던 브라우저 */
    }                                         모양을 지정하지 않아 타원으로 나타남
</style>
```

```
<style>                                                                      ❷
    .grad2{
        background:red; /* css3 미지원 브라우저 */
        background:-webkit-radial-gradient(circle, white, yellow, red); /* 초기 모던 브라우저 */
        background:-moz-radial-gradient(circle, white, yellow, red); /* 초기 모던 브라우저 */
        background:-o-radial-gradient(circle, white, yellow, red); /* 초기 모던 브라우저 */
        background:radial-gradient( ci        2 , white, yellow, red); /* 최신 모던 브라우저 */
    }
</style>                              모양을 원으로 지정함
```

정답 1. radial-gradient 2. circle

위치

그러데이션이 시작하는 원의 중심도 지정할 수 있습니다. 선형 그러데이션과 마찬가지로 '위치' 속성 부분은 표준 구문과 이전 구문 사이에 큰 차이가 있기 때문에 주의해야 합니다. 표준 구문에서는 '모양'과 '크기' 속성 다음에 at 키워드와 함께 위치 값을 지정하는데 브라우저 접두사를 붙이는 구문에서는 at 키워드 없이 구문의 맨 앞부분에 위치를 표시합니다.

사용할 수 있는 위치 값은 키워드(left, center, right 중 하나, top, center, bottom 중 하나)나 30%, 20% 같은 백분율입니다. 생략하면 가로와 세로 모두 중앙인 center로 인식합니다. 예를 들어 10% 10% 위치에서 흰색에서 파란색으로 변하는 원형 그러데이션은 다음과 같이 작성할 수 있습니다.

Do it! 위치 키워드를 사용해 원형 그러데이션 만들기 예제 07/radial-position.html

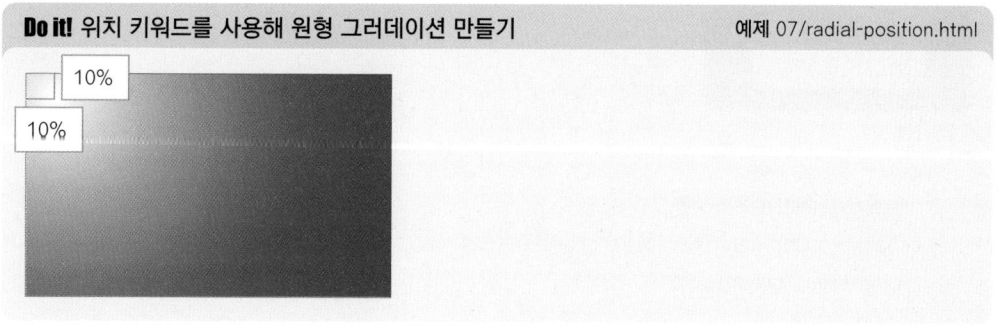

```
<style>
    .grad{
        background:blue; /* css3 미지원 브라우저 */
        background:-webkit-radial-gradient(10% 10%, circle, white,blue);
                                                            /* 초기 모던 브라우저 */
        background:-moz-radial-gradient(10% 10%, circle,white,blue); /* 초기 모던 브라우저 */
        background:-o-radial-gradient(10% 10%, circle, white,blue); /* 초기 모던 브라우저 */
        background:radial-gradient(circle at 10% 10%, white,blue); /* 최신 모던 브라우저 */
    }
</style>
```

위치를 입력하는 순서가 최신 모던 브라우저와 다르니 조심하세요!

크기

그러데이션을 지정할 때 원의 크기도 지정할 수 있습니다. 원의 모양을 나타내는 키워드 값(circle 또는 ellipse)과 크기를 나타내는 키워드 값을 함께 쓰면 되는데 크기에서 사용할 수 있는 값은 다음과 같습니다.

① closest-side 속성 값

이 속성 값을 사용하면 원의 경우, 그러데이션 가장자리가 그러데이션 중심에서 가장 가까운 요소의 모서리와 만나고 타원의 경우, 그러데이션 중심에서 가장 가까운 요소의 수평축이나 수직축과 만납니다. 예제 그림에서는 그러데이션을 적용하는 요소가 사각형이고 그 사각형에는 4개의 변이 있습니다. 여기서 closest-side 속성을 적용하면 왼쪽 모서리에 그러데이션 가장자리가 닿을 때까지 그러데이션을 그립니다.

Do it! 원형 그러데이션 크기 지정하기 예제 07/radial-size.html

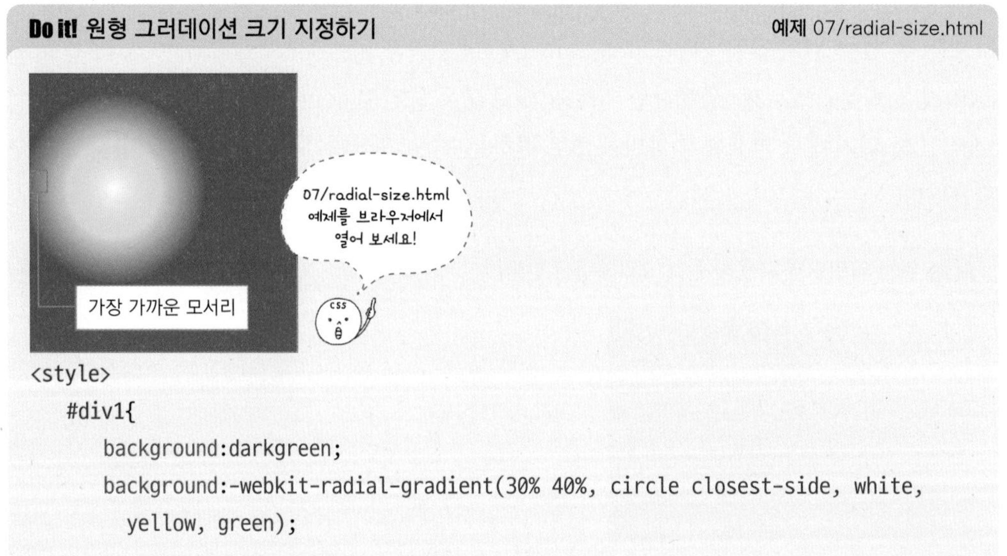
가장 가까운 모서리
07/radial-size.html 예제를 브라우저에서 열어 보세요!
CSS

```
<style>
    #div1{
        background:darkgreen;
        background:-webkit-radial-gradient(30% 40%, circle closest-side, white,
          yellow, green);
```

```
        background:-moz-radial-gradient(30% 40%, circle closest-side, white, yellow,
          green);
        background:-o-radial-gradient(30% 40%, circle closest-side, white, yellow,
          green);
        background:radial-gradient(circle  clo            -side   at 30% 40%, white,
          yellow, green);
    }
</style>

<ul>
    <li id="div1"></li>
    ......
</ul>
```

정답 closest-side

② closest-corner 속성 값

그러데이션 가장자리가 그러데이션 중심에서 가장 가까운 요소의 코너에 닿도록 합니다. 그림에서는 그러데이션이 적용되는 요소(사각형)에 4개의 꼭짓점(corner)이 있는데 그러데이션 중심에서 가장 가까운 꼭짓점에 닿을 때까지 그러데이션을 그립니다.

③ farthest-side 속성 값

원의 경우, 그러데이션 가장자리가 그러데이션 중심에서 가장 먼 모서리와 만나거나 타원의 경우, 그러데이션 가장자리가 그러데이션 중심에서 가장 먼 모서리와 만나도록 합니다.

④ farthest-corner 속성 값

그러데이션 가장자리가 그러데이션 중심에서 가장 먼 코너에 닿도록 합니다. 기본 값입니다.

색상 중지 점(color-stop)

선형 그러데이션처럼 원형 그러데이션에서 색상이 바뀌는 부분을 색상 중지 점(color-stop)이라고 하는데 그러데이션 색상뿐만 아니라 색상이 바뀌는 위치도 함께 지정할 수 있습니다. 다음 예제는 중앙에서 시작해 시작 색상은 빨간색이고 노란색을 거쳐 하늘색으로 끝나는 원형 그러데이션입니다. 모양을 지정하지 않았으므로 타원형으로 표시되고 시작 색상의 위치 값을 지정하지 않았으므로 중간 위치에서 시작해 크기는 기본 값인 farthest-corner로 표시됩니다.

▶ 지정된 색상이 2개면 시작과 끝, 3개면 시작과 끝과 중앙, 4개면 시작과 끝, 2/4 지점, 3/4 지점 식으로 자동 계산됩니다.

Do it! 원형 그러데이션의 색상 중지점 지정하기 예제 07/radial-color.html

색상 중지 점의 위치를 지정하지 않았을 때

색상 중지 점의 위치를 지정했을 때

중지 점 위치를 지정했을 때와 지정하지 않았을 때를 비교해 보세요!

```
<style>
    .grad1{
        background:skyblue; /* css3 미지원 브라우저 */
        background:-webkit-radial-gradient(red, yellow, skyblue); /* 초기 모던 브라우저 */
        background:-moz-radial-gradient(red, yellow, skyblue); /* 초기 모던 브라우저 */
        background:-o-radial-gradient(red, yellow, skyblue); /* 초기 모던 브라우저 */
        background:radial-gradient(red, yellow, skyblue); /* 최신 모던 브라우저 */
    }
    .grad2{
        background:skyblue; /* css3 미지원 브라우저 */
        background:-webkit-radial-gradient(red, yellow 20%, skyblue); /* 초기 모던 브라우저 */
        background:-moz-radial-gradient(red, yellow 20%, skyblue); /* 초기 모던 브라우저 */
        background:-o-radial-gradient(red, yellow 20%, skyblue); /* 초기 모던 브라우저 */
        background:radial-gradient(red, yellow 20%, skyblue); /* 최신 모던 브라우저 */
    }
</style>
```

red 0%, yellow 50%, skyblue 100%

red 0%, yellow 20%, skyblue 100%

그러데이션을 사용해 패턴 만들기

선형 그러데이션과 원형 그러데이션은 패턴을 한 번 만든 후 요소를 채울 만큼 반복해 표시할 수 있습니다. 선형 그러데이션을 반복할 때는 repeating-linear-gradient를 사용하며 원형 그러데이션의 반복은 repeating-radial-gradient를 사용합니다.

예를 들어 노란색과 빨간색이 반복되는 선형 그러데이션을 만들려면 다음과 같은 스타일로 정의할 수 있습니다.

Do it! 그러데이션 반복하기 - 기본 **예제** 07/repeat-gradient1.html

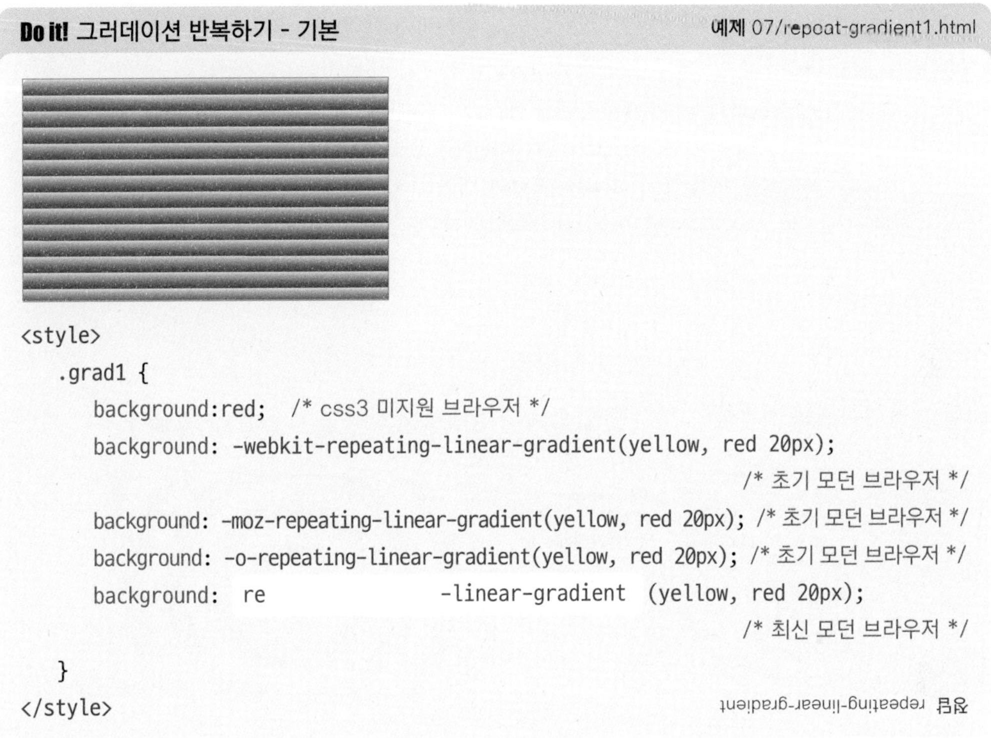

```
<style>
    .grad1 {
        background:red;   /* css3 미지원 브라우저 */
        background: -webkit-repeating-linear-gradient(yellow, red 20px);
                                                        /* 초기 모던 브라우저 */
        background: -moz-repeating-linear-gradient(yellow, red 20px); /* 초기 모던 브라우저 */
        background: -o-repeating-linear-gradient(yellow, red 20px); /* 초기 모던 브라우저 */
        background:  re              -linear-gradient  (yellow, red 20px);
                                                        /* 최신 모던 브라우저 */
    }
</style>
```

정답 repeating-linear-gradient

선형 그러데이션 반복 기능은 위의 예제처럼 그러데이션을 반복하는 목적보다 문서 배경에 두 개 이상의 색상을 반복해 표시할 때 유용하게 사용합니다. 그러기 위해서는 '패턴'을 만들어야 합니다.

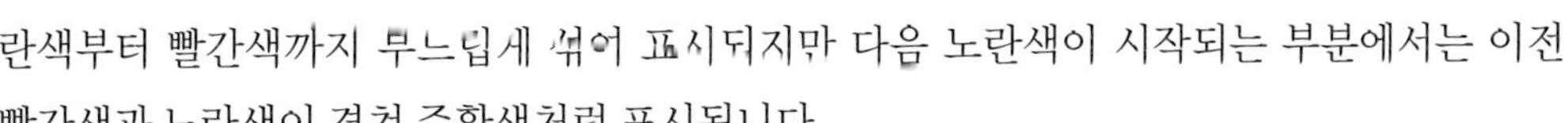

위의 예제에서는 'yellow, red 20px' 옵션을 사용했기 때문에 노란색부터 빨간색까지 부드럽게 섞여 표시되지만 다음 노란색이 시작되는 부분에서는 이전 빨간색과 노란색이 겹쳐 주황색처럼 표시됩니다.

다음 소스는 이렇게 만든 패턴을 이용해 선형 그러데이션을 반복한 예제입니다. 반복되는 선형 그러데이션을 만들 때 다음과 같이 시작 색상과 끝 색상을 명확히 구분해 주면 색상이 중간에 섞이지 않고 두 개 이상의 색상을 반복적으로 표시할 수 있습니다.

Do it! 그러데이션 반복하기 - 패턴 예제 07/repeat-gradient2.html

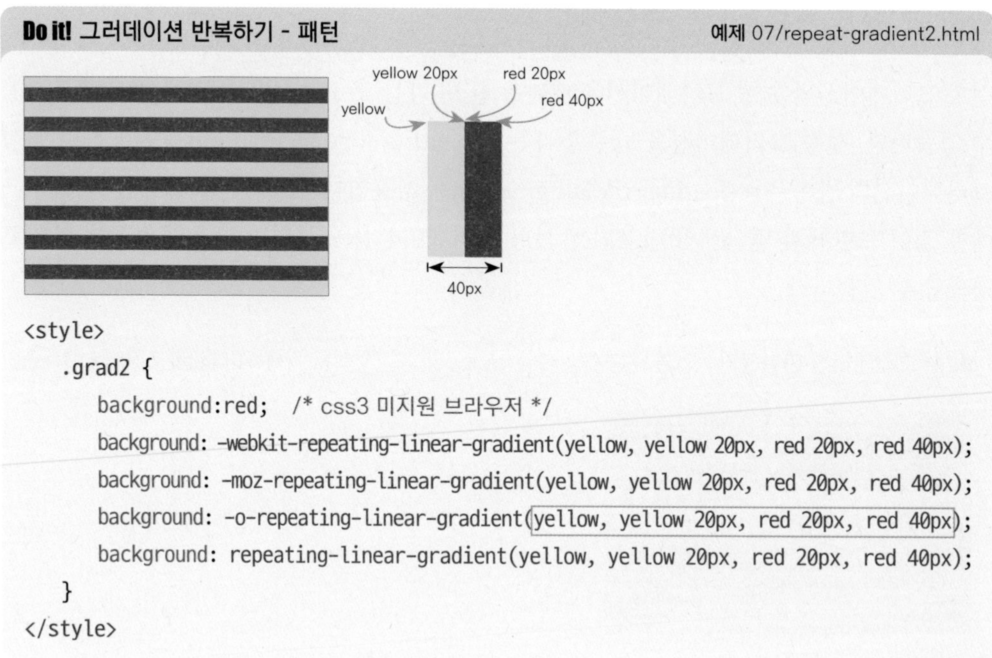


```
<style>
    .grad2 {
        background:red;   /* css3 미지원 브라우저 */
        background: -webkit-repeating-linear-gradient(yellow, yellow 20px, red 20px, red 40px);
        background: -moz-repeating-linear-gradient(yellow, yellow 20px, red 20px, red 40px);
        background: -o-repeating-linear-gradient(yellow, yellow 20px, red 20px, red 40px);
        background: repeating-linear-gradient(yellow, yellow 20px, red 20px, red 40px);
    }
</style>
```

원형 그러데이션의 경우에도 같은 방법으로 그러데이션 반복을 활용할 수 있습니다.

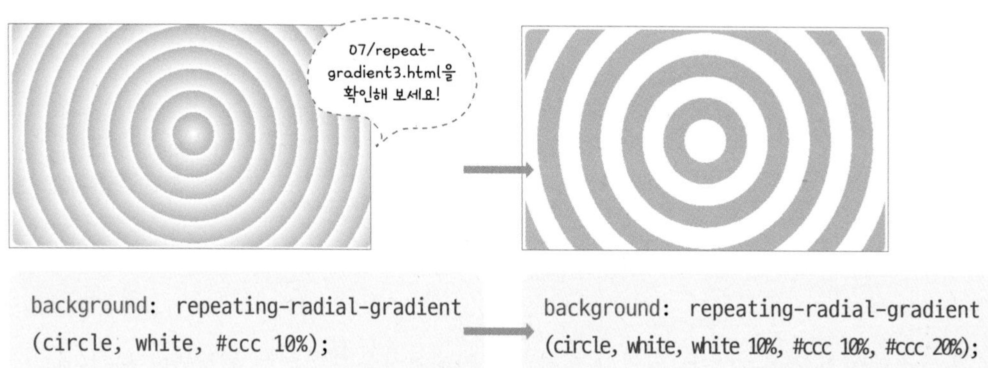


```
background: repeating-radial-gradient
(circle, white, #ccc 10%);
```

```
background: repeating-radial-gradient
(circle, white, white 10%, #ccc 10%, #ccc 20%);
```

1분 복습 최신 모던 브라우저에 맞게 위쪽에서 아래쪽으로 녹색에서 흰색으로 변하는 선형 그러데이션 스타일 소스를 완성하세요.

```
<style>
    div{
    background: li          -gradient 1 (to b          2 , green,
    w          3 );
    }
</style>

<div style="height:500px"></div>
```

정답 1. linear-gradient 2. bottom 3. white

HTML5 오늘 바로 써먹는 CSS3

HTML로 마케팅용 메일 작성하기

최근 자주 사용하는 마케팅 방법 중 하나가 '메일링'입니다. 그런데 메일 문서에 이미지와 텍스트, 비디오 등 여러 요소를 넣고 웹 문서처럼 깔끔히 꾸미는 것이 쉽지 않습니다. 마케팅 메일을 똑똑하게 보내는 방법은 없을까요?

기억해 두세요

메일 내용을 한 번 더 보도록 만들기 위해 이미지도 사용하고 메일 화면을 더 멋지게 꾸며 보고 싶은데 HTML 메일이 생각보다 만만치 않죠? 사용자들마다 메일을 열어 보는 방법이 너무 다양해 메일 프로그램이나 메일 서버에 제약이 많기 때문입니다. 그렇다면 무엇을 염두에 두고 메일 문서를 작성해야 할까요?

최신 웹 표준 기술보다 안정적인 웹 기술

HTML5를 이용하면 더 화려하고 동적인 페이지를 만들 수 있지만 메일 문서는 사이트 문서보다 제약이 많기 때문에 HTML4 정도의 표준에 맞추어 작성하는 것이 좋습니다. 또한 메일 문서라면 CSS3를 이용해 이미지를 꾸미기보다 이미지 자체를 편집하는 것이 낫습니다. 하지만 가능하면 이런 장식 효과는 사용하지 않는 것이 낫죠.

레이아웃은 표를 이용합니다

웹 표준에서는 CSS를 이용해 문서 레이아웃을 만들지만 메일의 경우, 레이아웃을 만들 때는 표를 이용하는 것이 좋습니다. 화면에 여러 요소를 복잡하게 배치해야 한다면 〈table〉 태그 안에 또 다른 〈table〉 태그를 넣어 사용할 수도 있습니다.

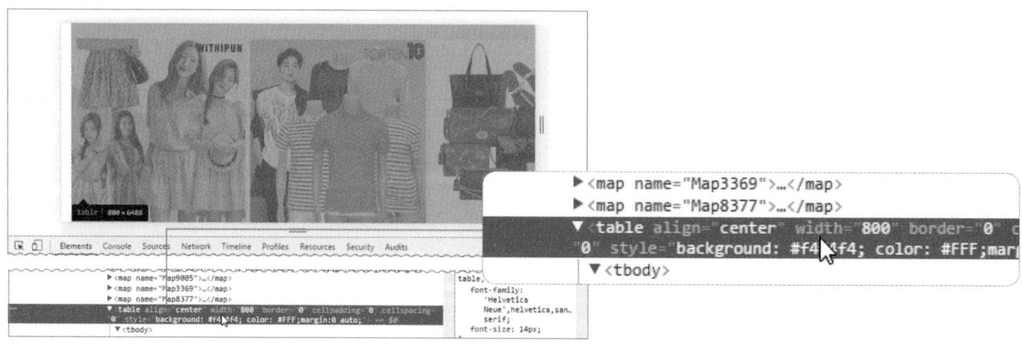

표를 이용한 레이아웃

이미지는 웹상에 있어야 합니다

메일 문서 안에는 여러 이미지들이 포함되는데 이 이미지들은 모두 웹 서버상에 업로드해 놓고 그 주소를 가져와 사용해야 합니다. 웹 상의 이미지 주소를 사용해야만 메일을 보는 모든 사람에게 이미지가 보이기 때문이죠. 만약 메일 안에 포함된 이미지가 보이지 않는다면 이미지 파일 경로를 확인하고 로컬 경로(컴퓨터 상의 경로)가 아닌지 확인해 보아야 합니다.
메일 내용 중 이미지 부분을 마우스 오른쪽 버튼으로 클릭하고 [검사]를 선택해 보면 이미지 파일 경로가 전체 경로로 되어 있는 것을 알 수 있습니다.

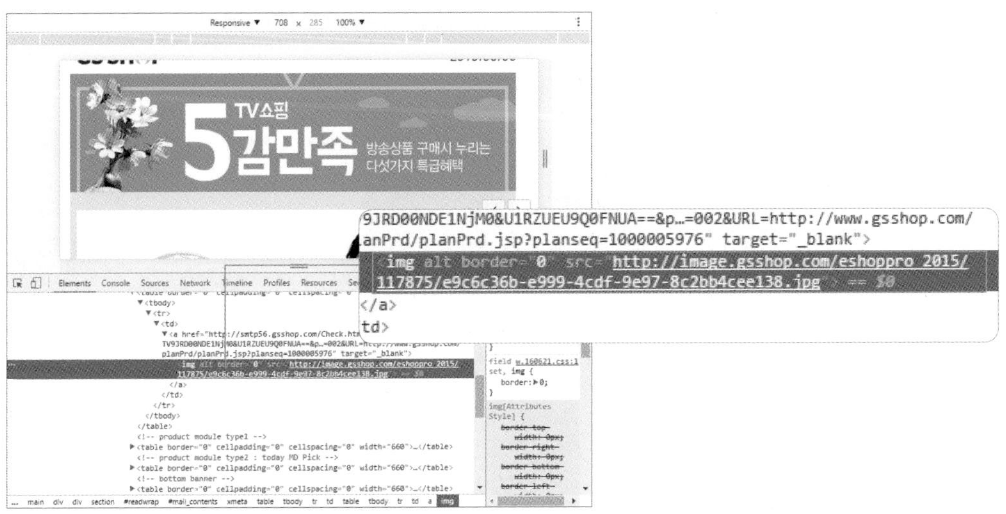

이미지는 전체 경로로 넣습니다.

스타일 정보는 인라인 스타일로 적용합니다

메일 프로그램 중에는 안전상 이유로 스타일 시트를 사용하지 못하는 경우가 있습니다. 따라서 이미지나 텍스트, 표 등에 스타일을 적용하고 싶다면 스타일 정보를 한꺼번에 모아 놓은 스타일 시트 대신 각 태그들마다 스타일을 따로 적용하는 인라인 스타일을 사용하는 것이 좋습니다.
인라인 스타일을 사용하려면 style="" 속성을 이용해 따옴표 안에 원하는 스타일을 넣어 주면 됩니다. 예를 들어 다음 메일 문서에서는 〈div style="width:650px; margin:0 auto;"〉처럼 사용하고 있습니다.

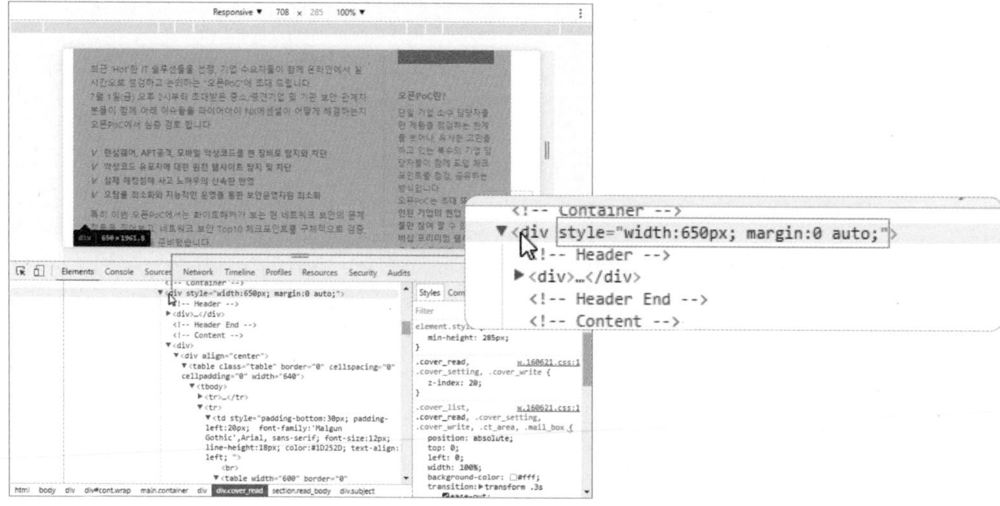

인라인 스타일로 적용한 스타일

이외에도 메일 문서에는 여러 제약들이 있지만 일일이 기억하기도 쉽지 않습니다. 마케팅 메일은 회원을 웹 사이트나 상세 페이지로 연결하는 것이 목적이기 때문에 메일 문서 안에 많은 것을 담으려기보다 가능하면 최소한의 기능만 사용해 핵심 내용만 전달하는 것이 좋습니다.

CSS로 만든 문서와 표로 만든 문서

앞에서 설명한 것처럼 메일 레이아웃은 표로 만드는 것이 좋습니다. CSS로 만든 문서와 표로 만든 문서 두 가지 경우를 비교해 설명하겠습니다. 먼저 <div> 태그와 CSS를 사용해 레이아웃을 만든 문서인 07/event-mail.html 문서를 웹 브라우저에서 열어 보세요. 간단한 홍보 메일을 볼 수 있습니다.

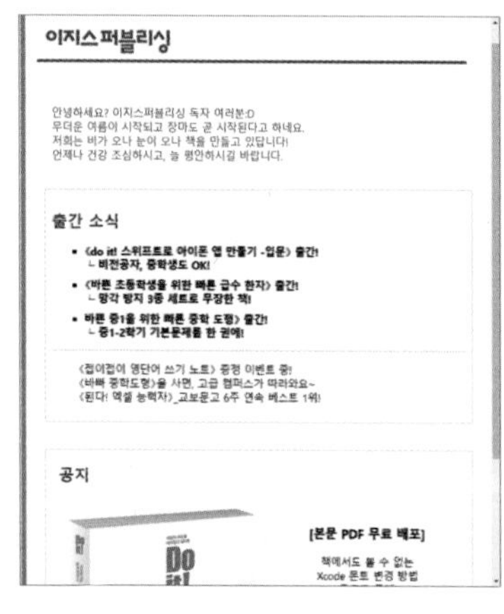

CSS로 만든 레이아웃

event-mail.html ×

07 > event-mail.html > ...

```
<!DOCTYPE html>
<html lang="ko">
<head>
    <meta charset="utf-8">
    <title>이벤트 메일</title>
    <link rel="stylesheet" href="css/mail.css">
</head>
<body>
  <div id="container">
    <div class="intro">
      <h1><img src="images/logo.png"></h1>
      <p> 안녕하세요? 이지스퍼블리싱 독자 여러분:D <br>
      무더운 여름이 시작되고 장마도 곧 시작된다고 하네요.<br>
      저희는 비가 오나 눈이 오나 책을 만들고 있답니다! <br>
      언제나 건강 조심하시고, 늘 평안하시길 바랍니다.
      </p>
    </div>
    <div class="top">⋯
    </div>
    <div class="notice">⋯
    </div>
  </div>
</body>
</html>
```

반면, 07/event-mail-table.html 문서는 표를 이용해 레이아웃을 만들었습니다. 스타일 시트를 따로 만들지 않고 각 태그에서 style 속성을 사용해 스타일을 적용한 것이죠.

▶ 이 문서의 소스에 있는 이미지 파일은 [07] 폴더에 있으며 여러분의 웹 서버에 올린 후 그 경로를 사용해 테스트하세요.

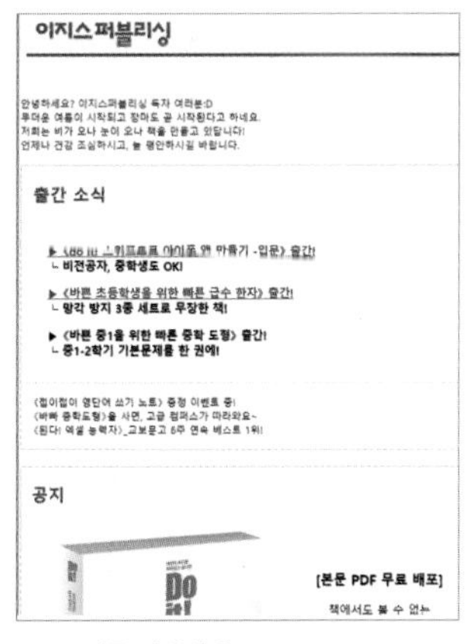

표로 만든 레이아웃

```
<!DOCTYPE html>
<html lang="ko">
<head>
    <meta charset="utf-8">
    <title>이벤트 메일</title>
</head>
<body style="background: #808080">
  <div style="background: #fff; margin:0 auto;">
    <table>
      <tr>…
      </tr>
      <tr>
        <td>
          <p style="font-size:14px; color: #222;">
            안녕하세요? 이지스퍼블리싱 독자 여러분:D <br>
            무더운 여름이 시작되고 장마도 곧 시작된다고 하네요.<br>
            저희는 비가 오나 눈이 오나 책을 만들고 있답니다! <br>
            언제나 건강 조심하시고, 늘 평안하시길 바랍니다.
          </p>
        </td>
      </tr>
      <tr>…
      </tr>
      <tr>…
      </tr>
    </table>
  </div>
```

앞에서 표를 이용해 만든 메일 문서의 소스를 복사하면 아무 문제 없이 메일을 발송할 수 있습니다. 예를 들어 네이버 메일이라면 메일 내용 입력 창 아래쪽의 [html] 탭을 클릭한 후 복사한 소스를 붙여 넣으면 되죠.

▶ G메일에는 HTML 메일 편집 기능이 없습니다.

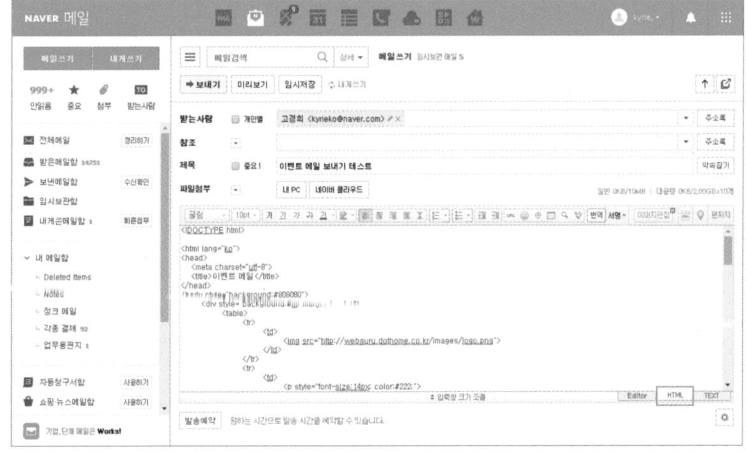

HTML 이벤트 메일 보내기

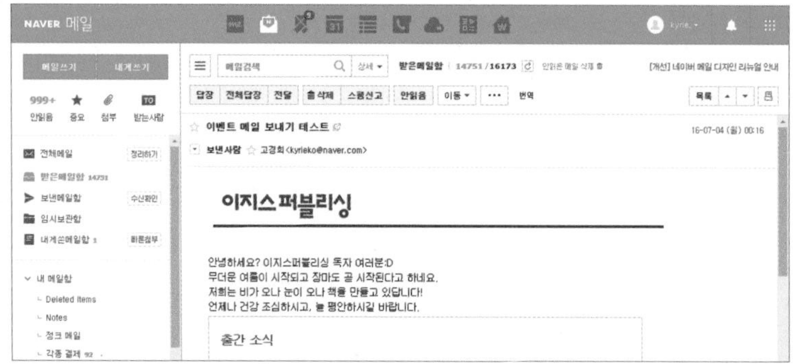

네이버에서 수신한 HTML 메일

하지만 표로 만들지 않고 CSS를 사용할 경우, CSS가 적용되지 않고 텍스트만 나올 수 있습니다. 인터넷 접속 환경이 천차만별이기 때문이죠. 그러므로 가능하면 메일은 하위 단계의 표준을 사용하는 것이 좋습니다.

기억을 되살리는

연습문제

Q1 난이도 ★☆☆

quiz-1.html에는 <div> 영역 안에 텍스트가 표시되어 있습니다. 다음 조건에 맞는 스타일 속성을 <div> 영역의 스타일에 추가하세요.

[문제] 07/quiz-1.html

웹 디자인 트렌드를 따라잡는 비법 대공개!

그래픽 프로그램으로 웹 디자인 요소를 일일이 만들어 웹사이트를 제작하는 시대는 지났다. 이제 모바일, 태블릿, PC 등 멀티 디바이스에 한 번에 적용할 수 있는 웹 디자인 방법을 알아야 한다. 바로 **코딩을 이용한 웹 디자인**이다.

[해답] 07/sol-1.html

웹 디자인 트렌드를 따라잡는 비법 대공개!

그래픽 프로그램으로 웹 디자인 요소를 일일이 만들어 웹사이트를 제작하는 시대는 지났다. 이제 모바일, 태블릿, PC 등 멀티 디바이스에 한 번에 적용할 수 있는 웹 디자인 방법을 알아야 한다. 바로 **코딩을 이용한 웹 디자인**이다.

조건

① <div> 영역에 적용한 .container 스타일을 수정합니다.

② 배경 색은 rgba 표기법을 사용하고 파란색에 불투명도를 0.2로 합니다.

③ 기존 테두리 색(#ccc)을 파란색(blue)으로 바꿉니다.

Q2 난이도 ★★☆

quiz-2.html에는 <div> 영역에 연한 파란색의 배경 색이 적용되어 있습니다. 이 영역 위에 마우스 커서를 올려 놓았을 때의 스타일을 바꾸려고 합니다. 다음 조건에 맞게 스타일을 추가하세요.

[문제] 07/quiz-2.html

웹 디자인 트렌드를 따라잡는 비법 대공개!

그래픽 프로그램으로 웹 디자인 요소를 일일이 만들어 웹사이트를 제작하는 시대는 지났다. 이제 모바일, 태블릿, PC 등 멀티 디바이스에 한 번에 적용할 수 있는 웹 디자인 방법을 알아야 한다. 바로 **코딩을 이용한 웹 디자인**이다.

[해답] 07/sol-2.html

웹 디자인 트렌드를 따라잡는 비법 대공개!

그래픽 프로그램으로 웹 디자인 요소를 일일이 만들어 웹사이트를 제작하는 시대는 지났다. 이제 모바일, 태블릿, PC 등 멀티 디바이스에 한 번에 적용할 수 있는 웹 디자인 방법을 알아야 한다. 바로 **코딩을 이용한 웹 디자인**이다.

조건

① <div> 영역에 마우스 커서를 올려 놓았을 때의 색상이므로 .container:hover 스타일을 추가합니다.

② 배경 색은 파란색(blue)으로 바꿉니다.

③ 글자 색은 흰색으로 바꿉니다.

Q3 난이도 ★★★

quiz-3.html에는 텍스트 한 줄이 표시되어 있습니다. 사각 영역에 배경 이미지를 채우고 텍스트 부분에도 배경 색을 넣어 결과 화면처럼 만들어 보세요.

[문제] 07/quiz-3.html

하루 한 알의 사과는 의사를 멀리 한다

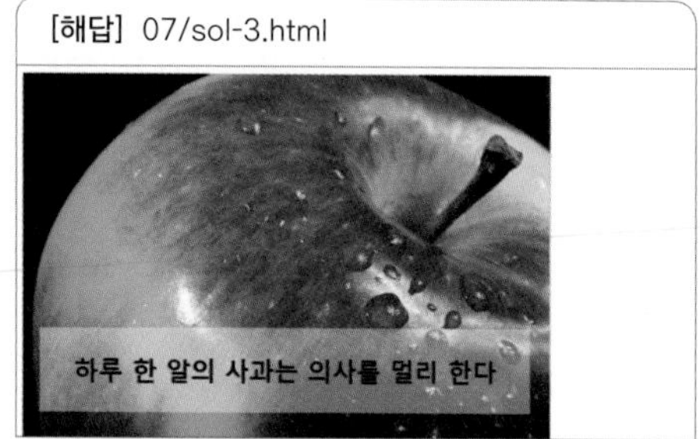
[해답] 07/sol-3.html
하루 한 알의 사과는 의사를 멀리 한다

조건

① 영역 전체를 감싸는 스타일은 .container이고 텍스트 영역을 감싸는 스타일은 .content입니다.

② 영역 전체에 배경 이미지(images/apple-bg.jpg)를 삽입하는데 반복하지 않고 영역 전체를 덮을 수 있도록 합니다(.container 스타일에 속성 추가).

③ 배경 이미지를 추가하면 텍스트가 눈에 잘 띄지 않습니다. 텍스트 영역에 흰색 배경을 깔되 너무 진하지 않게 불투명도(alpha 값)를 0.5로 지정합니다(.content 스타일에 속성 추가).

08

CSS 박스 모델

다른 분야와 마찬가지로 웹 문서도 내용을 어떻게 배치하는가에 따라 디자인이 완성됩니다. 웹 문서에서 내용을 배치할 때는 각 요소를 박스 형태로 구성합니다. 이것을 'CSS 박스 모델'이라고 하는데 각 박스 모델은 실제 내용이 들어가는 콘텐츠 영역과 테두리, 여백들로 구성됩니다. 이번 장에서 배우는 박스 모델은 CSS를 사용한 레이아웃의 기본이 되므로 반드시 이해하고 넘어가야 합니다.

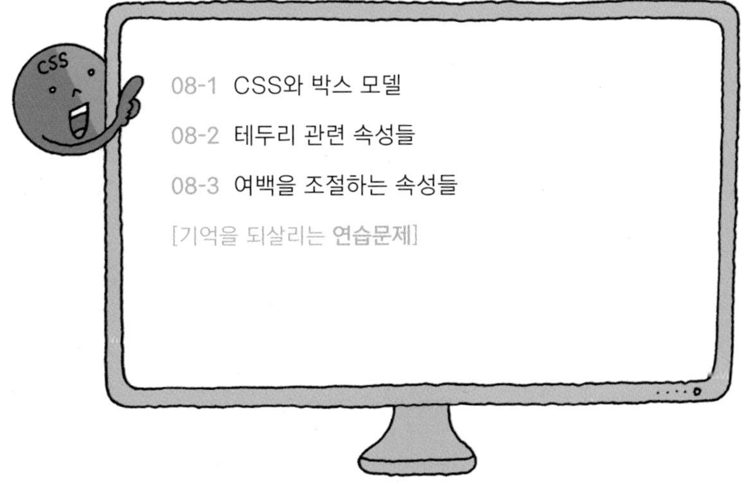

08-1 CSS와 박스 모델
08-2 테두리 관련 속성들
08-3 여백을 조절하는 속성들
[기억을 되살리는 연습문제]

08-1 CSS와 박스 모델

CSS 박스 모델이란 웹 문서의 내용을 박스 형태로 정의하는 방법을 가리킵니다. 이 박스 모델들이 모여 웹 문서를 이루죠. 또한 그 안에는 마진과 패딩, 테두리 등 여러 겹의 박스가 들어 있습니다. 이 개념은 CSS에서 자주 사용되는 개념이므로 잘 기억해 두어야 합니다.

블록 레벨 요소와 인라인 레벨 요소

박스 모델은 블록 레벨 요소인지 인라인 레벨 요소인지에 따라 나열 방법이 달라집니다. 그러므로 먼저 블록 레벨 요소와 인라인 레벨 요소에 대해 알아보겠습니다.

블록 레벨(block-level) 요소는 태그를 사용해 요소를 삽입했을 때 혼자 한 줄을 차지하는 요소입니다. 한 줄을 차지한다는 것은 해당 요소의 너비가 100%라는 의미죠. 따라서 그 요소의 왼쪽이나 오른쪽에 다른 요소가 올 수 없습니다. 너비나 마진, 패딩 등을 이용해 크기나 위치를 지정하려면 블록 레벨 요소여야 합니다. 〈div〉 태그나 〈p〉 태그 등이 블록 레벨 요소를 만드는 대표적인 태그입니다.

▶ 마진은 요소들 사이의 여백이고 패딩은 테두리와 내용 사이의 여백입니다. 자세한 설명은 뒤이어 나옵니다.

반면, 인라인 레벨(inline-level) 요소는 줄을 차지하지 않는 요소입니다. 즉 화면에 표시되는 콘텐츠만큼만 영역을 차지하고 나머지 공간에는 다른 요소가 올 수 있습니다. 따라서 한 줄에 여러 개의 인라인 레벨 요소를 표시할 수 있습니다. 〈img〉 태그나 〈strong〉 태그 등이 인라인 레벨 요소를 만드는 태그입니다.

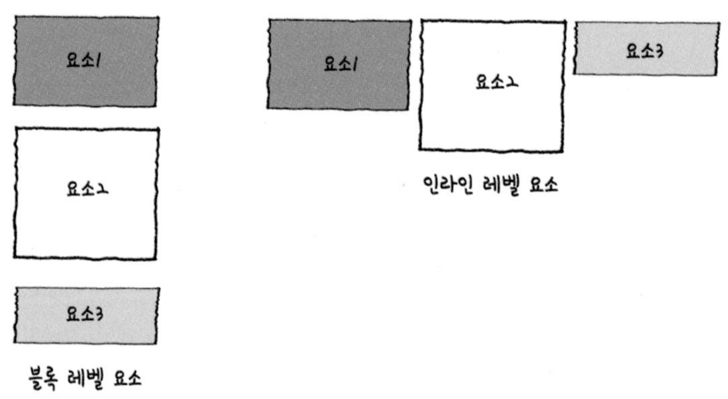

그렇다면 어떤 태그가 블록 레벨 요소이고 인라인 레벨 요소일까요? 다음은 블록 레벨 요소와 인라인 레벨 요소를 만드는 대표적인 태그들입니다.

종류	해당 태그
블록 레벨 태그	<p>, <h1>~<h6>, <ul>, <ol>, <div>, <blockquote>, <form>, <hr>, <table>, <fieldset>, <address>
인라인 레벨 태그	<img>, <object>, , <sub>, <sup>, <span>, <input>, <textarea>, <label>, <button>

설명만으로는 감이 잘 안 오죠? 블록 레벨과 인라인 레벨이 어떻게 나타나는지 예제로 살펴보겠습니다. 다음 예제를 보면 <h1> 태그와 <p> 태그는 블록 레벨 요소이므로 새로운 줄에서 시작되지만 <span> 태그를 사용한 부분은 인라인 레벨 요소이므로 <p> 태그와 같은 줄에 섞여 표시됩니다.

Do it! 인라인 레벨과 블록 레벨 예제 08/inline-block.html

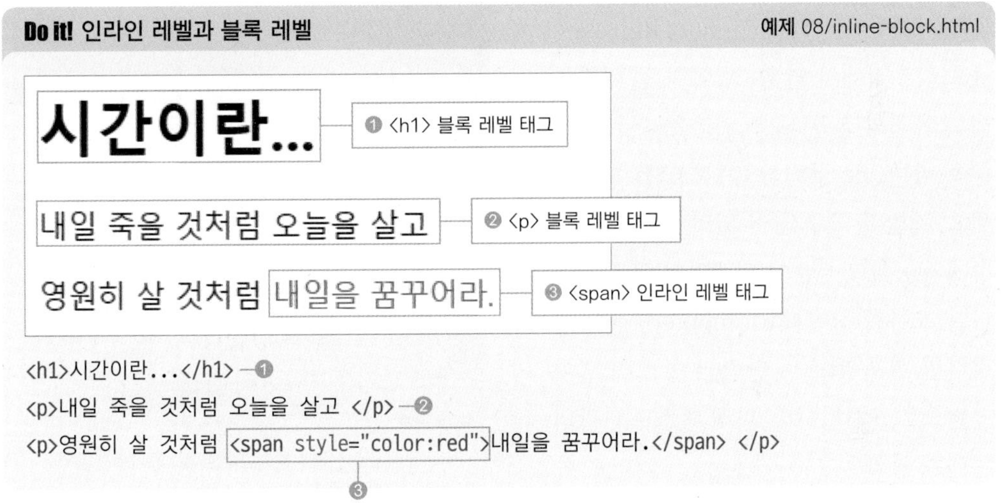


```
<h1>시간이란...</h1> ❶
<p>내일 죽을 것처럼 오늘을 살고 </p> ❷
<p>영원히 살 것처럼 <span style="color:red">내일을 꿈꾸어라.</span> </p>
                    ❸
```

박스 모델(box model) - 박스 형태의 콘텐츠

이제 본격적으로 박스 모델에 대해 알아보죠. 앞에서 배운 웹 문서의 블록 레벨 요소들은 모두 박스 형태입니다. 예를 들어 <p> 태그를 사용하는 텍스트 단락은 블록 레벨 요소인데 텍스트 단락 앞뒤에 빈 줄이 생기면서 텍스트 단락이 하나의 박스 형태를 가집니다. 스타일 시트에서는 이렇게 박스 형태인 요소를 '박스 모델(box model) 요소'라고 부릅니다.

웹 문서 안에서 여러 요소들을 원하는 위치에 배치하려면 CSS 박스 모델에 대해 잘 알고 있어야 합니다. 그래야만 한 줄에 배치할지, 줄을 바꾸어 배치할지, 요소와 요소 사이의 간격을 어떻게 조절할지 결정할 수 있기 때문입니다.

박스 모델은 실제 콘텐츠 영역, 박스와 콘텐츠 영역 사이의 여백인 패딩(padding), 박스의 테두리(border), 그리고 여러 박스 모델 사이의 여백인 마진(margin) 등의 요소로 구성됩니다. 이때 마진이나 패딩은 웹 문서에 하나의 콘텐츠만 표시한다면 반드시 필요하지 않을 수도 있지만 다른 콘텐츠들과의 간격이나 배치 등을 고려하면 필요한 박스 모델의 중요한 개념입니다.

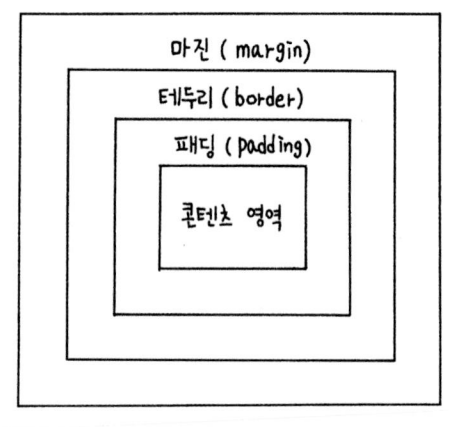

그림에서 보는 것처럼 패딩과 테두리, 마진은 각

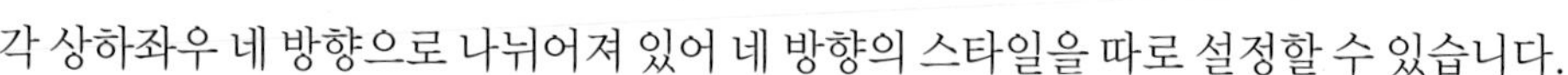

각 상하좌우 네 방향으로 나뉘어져 있어 네 방향의 스타일을 따로 설정할 수 있습니다.

실제로 문서에서는 어떻게 사용되는지 잠깐 살펴볼까요? 08/boxmodel.html 문서를 브라우저에서 연 후 '강아지 집'이라는 제목 아래의 본문 내용 부분을 마우스 오른쪽 버튼으로 클릭하고 [검사]를 선택하세요. 개발자 도구 창이 열리면 왼쪽 소스 창에 〈p〉 태그 부분이 선택되어 있을 것입니다. 오른쪽 창에서 [Computed] 탭을 클릭하면 현재 텍스트 단락의 박스 모델이 그림으로 표시됩니다. 현재 텍스트 단락의 콘텐츠 영역은 250×120px 크기이고 마진은 12px이라는 것을 알 수 있습니다.

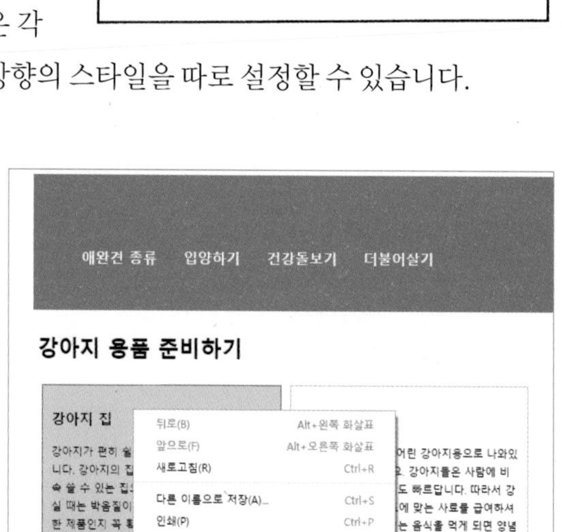

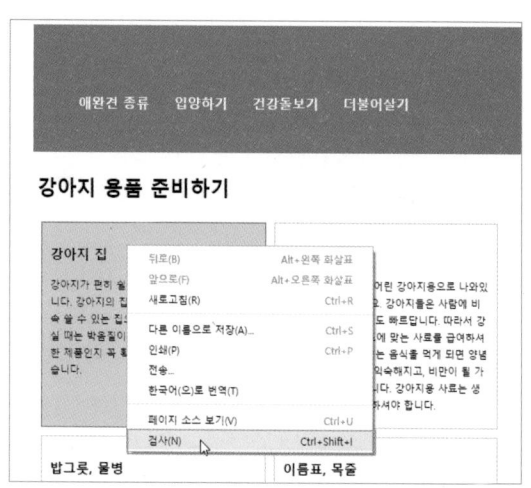

▶ 개발자 도구 창은 이전에 사용했던 환경대로 브라우저 창의 오른쪽이나 아래쪽에 표시됩니다.

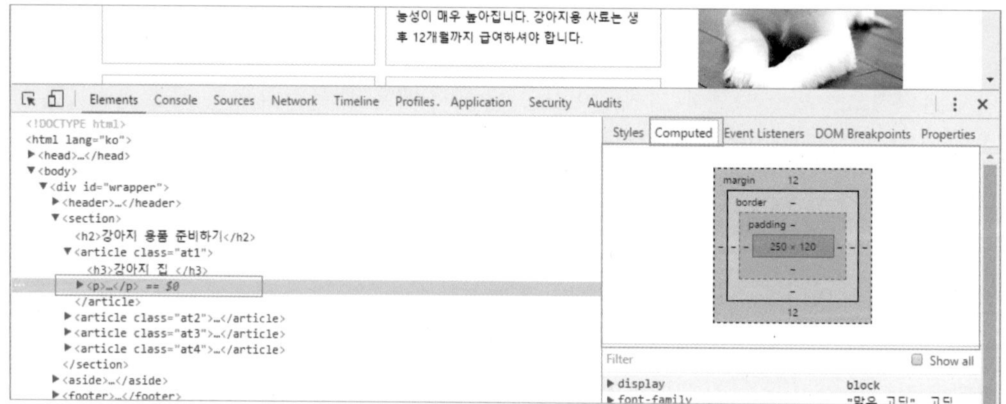

그 상태에서 왼쪽 창의 〈article〉 태그를 선택해 보세요. 브라우저 창에서 〈article〉 영역이 어디인지 표시되면서 개발자 도구 창에서도 박스 모델 그림이 바뀔 것입니다. 〈article〉 영역의 크기는 250×220px이고 패딩은 10px, 테두리(border)는 1px, 마진은 5px이라는 것을 알 수 있습니다.

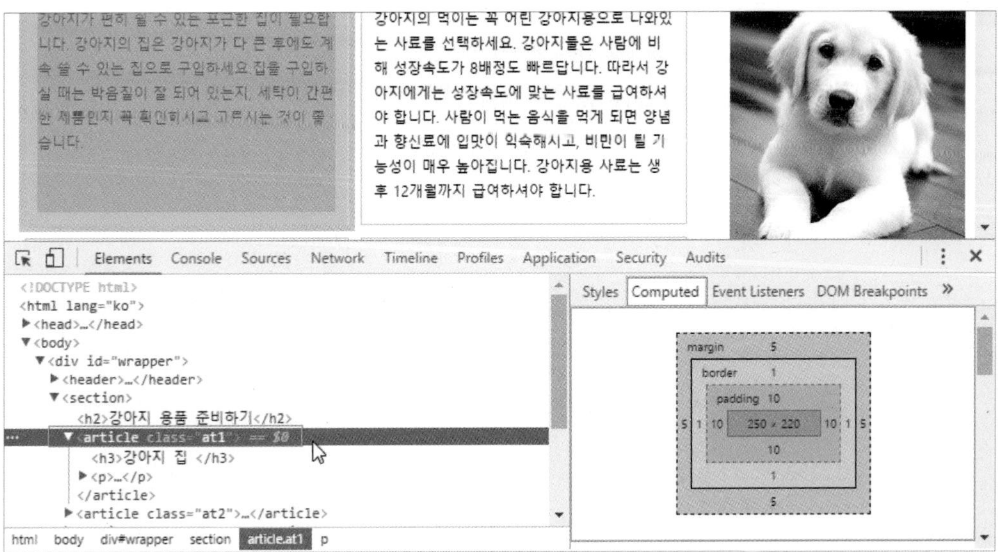

지금부터 박스 모델의 크기를 결정하는 width, height 속성을 먼저 살펴보고 padding과 border, margin 등 박스 모델의 주요 속성들을 하나씩 알아보겠습니다.

width, height 속성 - 콘텐츠 영역의 크기

박스 모델에서 콘텐츠 영역의 크기를 지정할 때는 너비를 지정하는 width 속성과 높이를 지정하는 height 속성을 사용합니다.

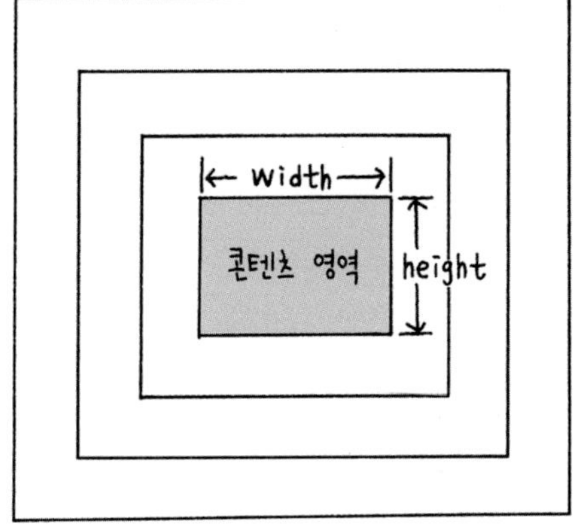

기본형

```
width: <크기> | <백분율> | auto
height: <크기> | <백분율> | auto
```

용어에서도 알 수 있듯이 width 속성은 콘텐츠 영역의 너비를 결정하고 height 속성은 콘텐츠 영역의 높이를 결정합니다. 두 속성의 속성 값은 다음과 같습니다.

속성 값	설명
<크기>	너비나 높이 값을 px(픽셀)이나 cm(센티미터) 같은 단위와 함께 수치로 지정합니다.
<백분율>	박스 모델을 포함하는 부모 요소를 기준으로 너비나 높이 값을 백분율(%)로 지정합니다.
auto	**박스 모델의 너비와 높이 값이 콘텐츠 양에 따라 자동으로 결정됩니다. 기본 값입니다.★**

다음 예는 width 속성과 height 속성으로 너비와 높이를 직접 400px과 100px로 지정한 박스와 너비를 50%, 높이를 100px로 지정한 박스 두 가지를 비교한 것입니다. 첫 번째 박스는 브라우저 창의 크기와 상관없이 크기가 유지되지만 두 번째 박스는 부모 요소 <body>, 즉 웹 문서 창의 크기에 따라 달라집니다.

Do it! 박스 모델의 너비와 높이 지정하기 예제 08/width-height.html

```
<style>
  .box1{
     width:400px; /* 고정 너비 */
     height:100px; /* 높이 */
     background:#ff6a00;
  }
  .box2{
     width:50%; /* 가변 너비 - 브라우저 창 너비의 50% */
     height:100px; /* 높이 */
     background:#0094ff;
  }
  div {
     margin:10px; /* div 영역 사이의 여백 */
  }
</style>
```

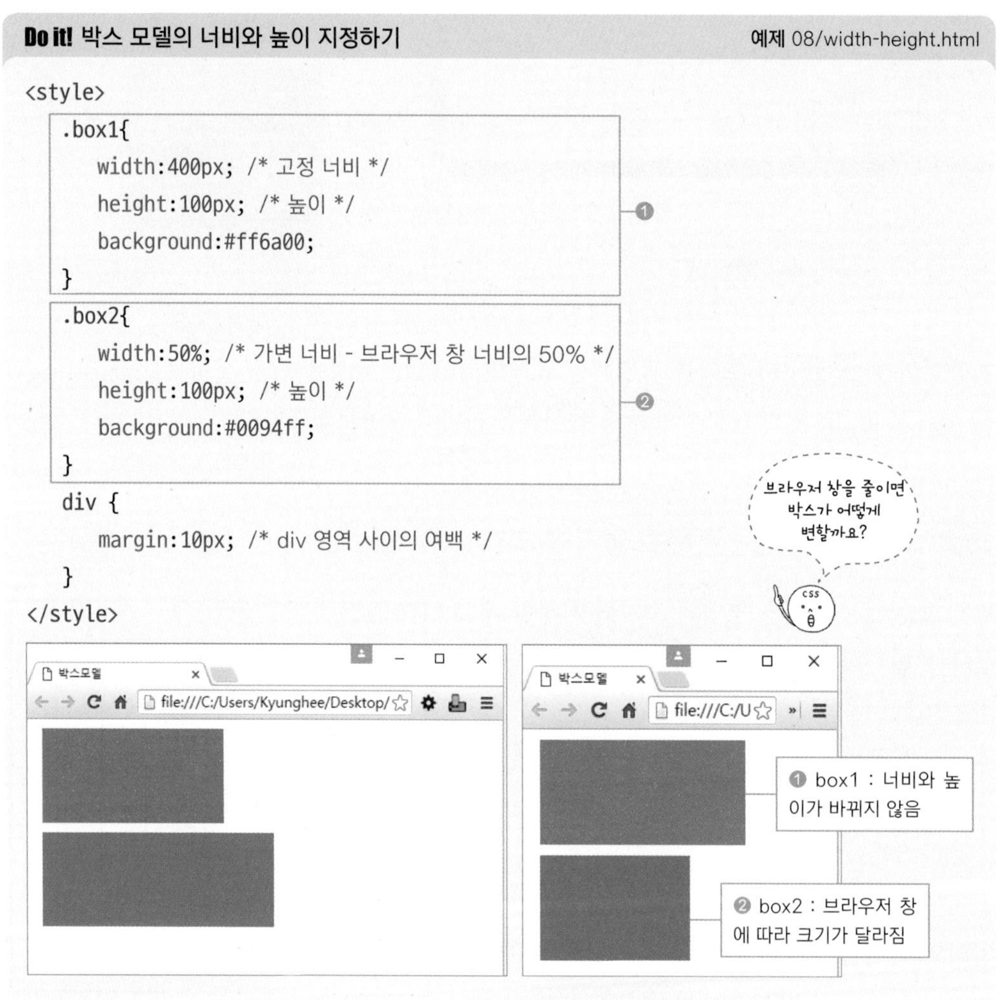

실제 콘텐츠 크기 계산하기

CSS 박스 모델의 width 속성은 콘텐츠 영역의 너비를 말하기 때문에 여러 요소를 웹 문서에 배치할 때 실제 박스가 차지하는 너비는 width 값에 좌우 패딩 두께와 좌우 테두리 두께를 합쳐 계산합니다.

하지만 인터넷 익스플로러 6에서 CSS를 처리할 때는 width 속성을 콘텐츠 영역의 너비 값이 아니라 패딩과 마진, 테두리까지 모두 포함된 박스의 너비로 인식합니다. 오른쪽 소스를 예로 들어 설명해 보겠습니다.

```
.box{
    width:200px; /* 너비 */
    height:auto; /* 높이 */
    padding:10px; /* 패딩 - 테두리와 콘텐츠 사이의 여백 */
    border:5px #ccc solid; /* 테두리*/
}
```

모던 브라우저에서는 콘텐츠의 너비 200px에 좌우 패딩 20px, 좌우 테두리 10px을 더해 전체 박스의 너비는 230px이 됩니다. 하지만 인터넷 익스플로러 6의 경우, 200px 안에 패딩과 테두리가 모두 포함된 값이기 때문에 콘텐츠 영역의 너비는 200px-20px-10px=170px이 됩니다. 따라서 인터넷 익스플로러 6을 고려한 사이트를 기획한다면 박스 모델의 width 값을 지정할 때 주의해야 합니다.

```
모던 브라우저에서 박스 모델의 전체 너비 = width 값 + 좌우 패딩 + 좌우 테두리
인터넷 익스플로러 6에서 박스 모델의 width 값 = 콘텐츠 너비 + 좌우 패딩 + 좌우 테두리
```

display 속성 - 화면 배치 방법 결정하기

블록 레벨 요소와 인라인 레벨 요소는 변할 수 없는 성격일까요? 그렇지 않습니다. display 속성을 사용하면 블록 레벨 요소를 인라인 레벨 요소로 바꾸거나 인라인 레벨 요소를 블록 레벨 요소로 바꿀 수 있습니다. 이 방법은 언제 필요할까요?

세로로 표시되는 목록을 가로 내비게이션으로 바꿀 때, 한 줄로 표시되는 이미지에 여백과 테두리를 추가해 갤러리로 표시할 때 이 방법을 사용합니다.

```
기본형    display: none | contents | block | inline | inline-block | table | table-cell 등
```

블록 레벨 요소와 인라인 레벨 요소를 지정할 때 display 속성을 이용하지만 원래 display 속성은 해당 요소가 화면에 어떻게 보일지를 지정할 때 사용합니다.

display 속성에서 사용할 수 있는 값이 상당히 많은데 이 값들 중 문서 레이아웃을 만들 때 자주 사용하는 몇 가지에 대해 알아보겠습니다.

① block 속성 값

display:block;으로 지정하면 해당 요소를 블록 레벨로 지정합니다. <p> 태그나 <div> 태그들은 처음부터 블록 레벨 요소였지만 <img> 태그 같은 인라인 레벨 요소도 블록 레벨 요소로 바꿀 수 있습니다.

Do it! 이미지를 인라인으로 혹은 블록 레벨로 배치하기 예제 08/display-1.html

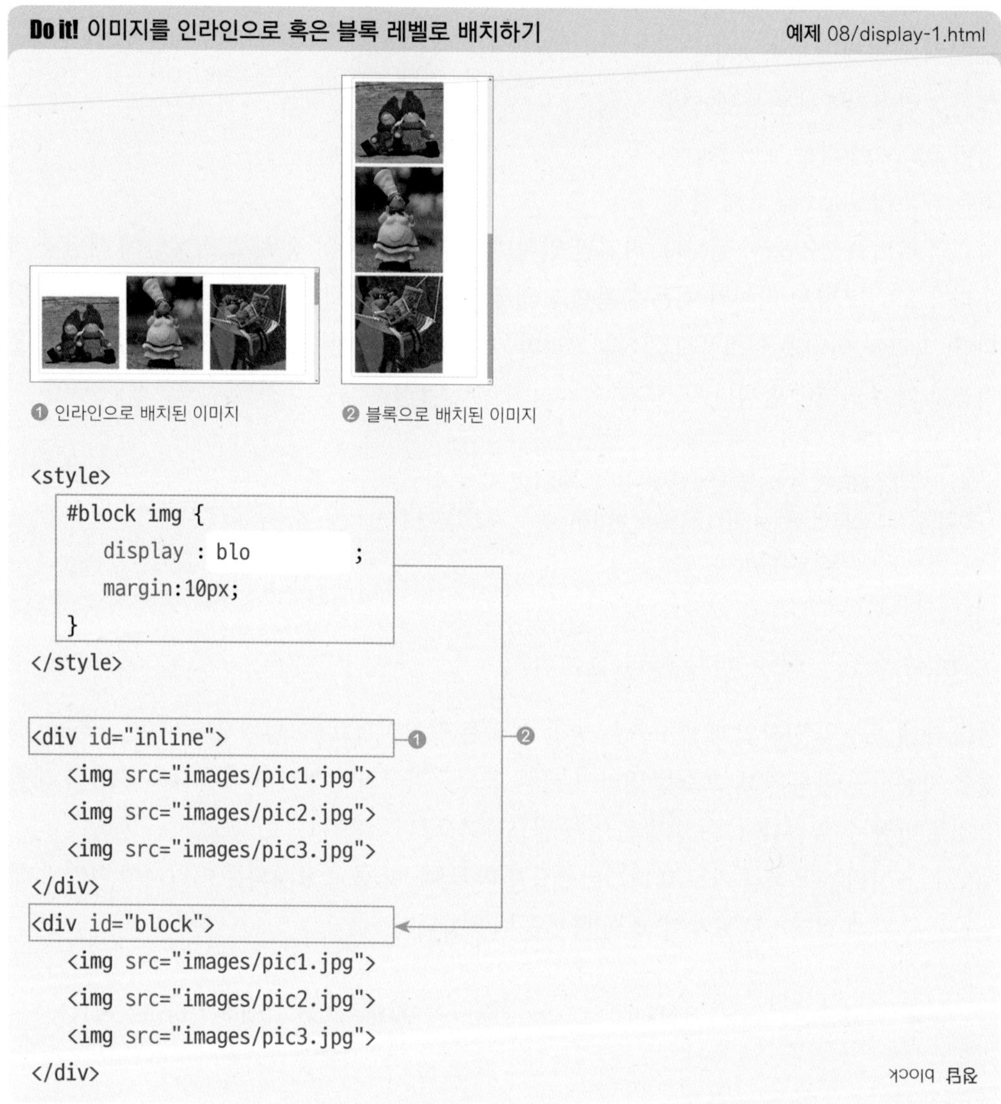

❶ 인라인으로 배치된 이미지
❷ 블록으로 배치된 이미지


```
<style>
  #block img {
    display : blo          ;
    margin:10px;
  }
</style>

<div id="inline">                          ❶
  <img src="images/pic1.jpg">
  <img src="images/pic2.jpg">
  <img src="images/pic3.jpg">
</div>
<div id="block">                           ❷
  <img src="images/pic1.jpg">
  <img src="images/pic2.jpg">
  <img src="images/pic3.jpg">
</div>
```

정답 block

❶ 첫 번째 <div>에는 <img> 태그에 display 속성을 따로 지정하지 않았기 때문에 이미지 3개가 인라인으로 배치됩니다.

❷ 두 번째 <div>의 <img> 태그에는 display: block; 을 지정했기 때문에 블록 레벨 요소처럼 한 줄에 이미지 하나씩 즉 세로로 배치됩니다.

② inline 속성 값

display 속성을 inline으로 지정하면 블록 레벨 요소를 인라인 레벨로 바꿀 수 있습니다. 서로 다른 줄에 배치되는 요소들을 한 줄로 함께 표시하기 위해 사용되는데 주로 목록에서 사용됩니다. 오른쪽과 같이 목록에서 사용하는 〈li〉 태그는 블록 레벨 요소이기 때문에 각 항목은 수직으로 배치됩니다.

- 애완견 종류
- 입양하기
- 건강돌보기
- 더불어살기

하지만 다음 예제에서처럼 목록 항목에 display:inline;을 지정하면 항목을 한 줄로 배치할 수 있고 목록을 수평 내비게이션용으로 사용할 수 있습니다.

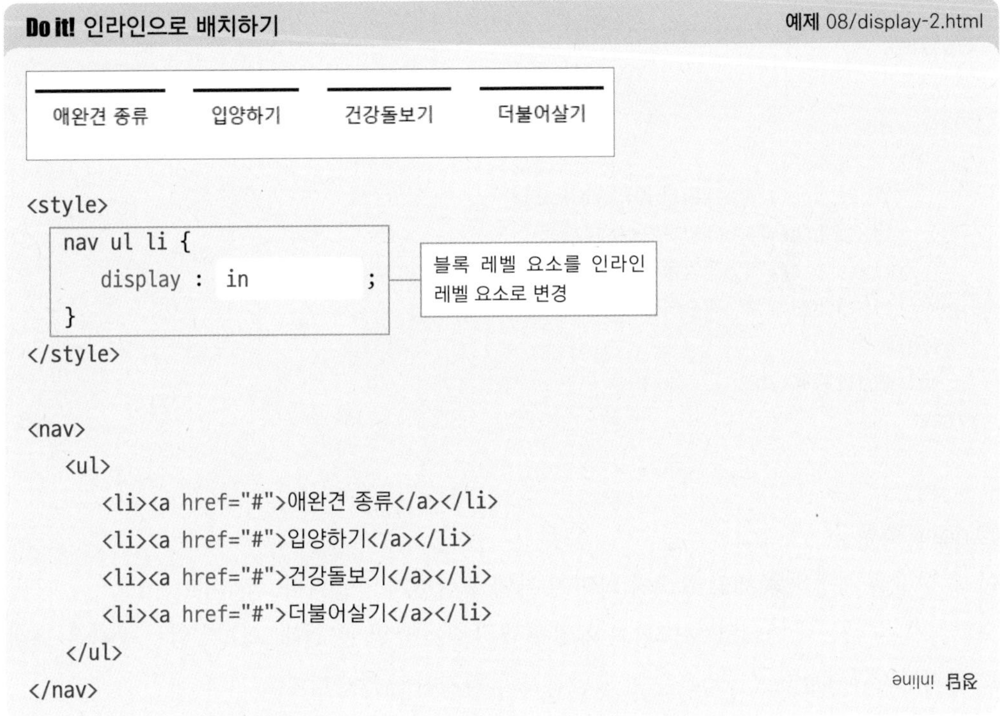
Do it! 인라인으로 배치하기
예제 08/display-2.html
애완견 종류
입양하기
건강돌보기
더불어살기
<style>
nav ul li {
display : in ;
}
</style>
블록 레벨 요소를 인라인 레벨 요소로 변경
<nav>
<ul>
<li><a href="#">애완견 종류</a></li>
<li><a href="#">입양하기</a></li>
<li><a href="#">건강돌보기</a></li>
<li><a href="#">더불어살기</a></li>
</ul>
</nav>
정답 inline

③ inline-block 속성 값

웹 요소를 display:inline;으로 지정하면 한 줄로 배치할 수는 있지만 너비나 높이, 위 아래 마진, float 같은 값이 정확히 적용되지 않습니다. 요소를 인라인 레벨로 배치하면서 내용에는 블록 레벨 속성을 지정하고 싶다면 display 속성 값 중 inline-block을 사용하면 됩니다. 이 속성은 블록 레벨 요소와 인라인 레벨 요소 두 가지 특성을 모두 가집니다.

다음 예제는 목록의 각 항목을 인라인 레벨 요소이면서 블록 레벨 속성을 갖도록 지정한 후 마진 값을 준 것입니다.

Do it! 블록 레벨 속성을 가지면서 인라인으로 배치하기 　　　　예제 08/display-3.html

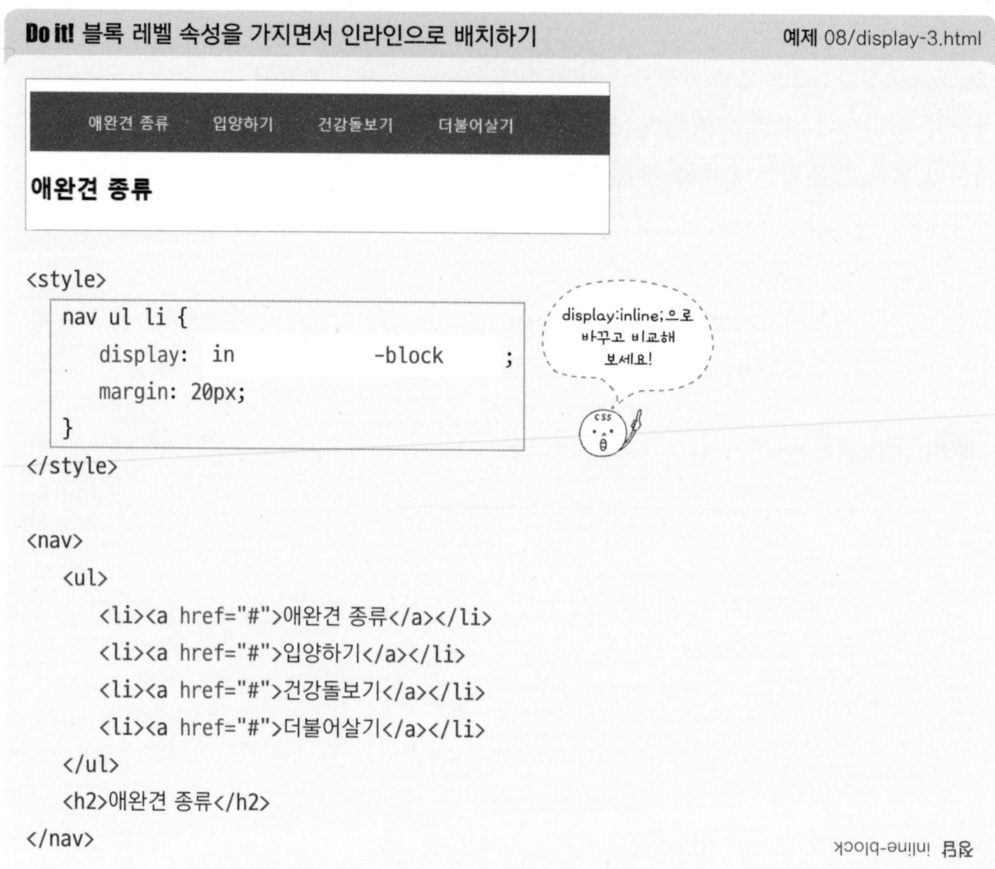


```
<style>
  nav ul li {
    display: in            -block    ;
    margin: 20px;
  }
</style>

<nav>
  <ul>
    <li><a href="#">애완견 종류</a></li>
    <li><a href="#">입양하기</a></li>
    <li><a href="#">건강돌보기</a></li>
    <li><a href="#">더불어살기</a></li>
  </ul>
  <h2>애완견 종류</h2>
</nav>
```

④ none 속성 값

이 속성 값을 지정하면 해당 요소를 화면에 아예 표시하지 않습니다. visibility: hidden;도 비슷한 역할을 하는데 visibility 속성은 화면에서 감추기만 할 뿐 원래 요소가 있는 공간은 그대로 차지하지만 display: none;은 아예 공간조차 차지하지 않습니다.

웹 사이트를 반응형 웹 디자인 기법으로 작성할 때 PC용 화면에서는 표시하지만 모바일 화면에서는 보이지 않도록 하고 싶은 부분이 있다면 그 부분을 display: none;으로 처리하면 됩니다.

▶ '반응형 웹 디자인 기법'이란 사용자가 접속하는 브라우저 화면 크기에 따라 PC용 웹 사이트를 보여 주거나 모바일용 웹 사이트를 보여 주도록 작성하는 방법을 말합니다. 자세한 내용은 넷째 마당에서 배웁니다.

⑤ 기타 display 속성 값들

속성 값	설명
inherit	상위 요소의 display 속성을 상속받습니다.
table	블록 레벨의 표로 만듭니다.

inline-table	인라인 레벨의 표로 만듭니다(<table> 태그 사용한 것처럼).
table-row	표의 행으로 만듭니다(<tr> 태그 사용한 것처럼).
table-row-group	표의 행 그룹으로 만듭니다(<tbody> 태그 사용한 것처럼).
table-header-group	표의 제목 영역(header) 그룹으로 만듭니다(<thead> 태그 사용한 것처럼).
table-footer-group	표의 요약 영역(footer) 그룹으로 만듭니다(<tfoot> 태그 사용한 것처럼).
table-column	표의 열로 만듭니다(<col> 태그 사용한 것처럼).
table-column-group	표의 열 그룹으로 만듭니다(<colgroup> 태그 사용한 것처럼).
table-cell	표에서 하나의 셀로 만듭니다(<td>나 <th> 태그 사용한 것처럼).
table-caption	표의 캡션을 만듭니다(<caption> 태그 사용한 것처럼).
list-item	목록의 항목을 표시할 수 있도록 기본적인 블록 박스와 표시자 박스를 만듭니다(<li> 태그 사용한 것처럼). ▶ '기본적인 블록 박스'란 항목의 내용이 표시되는 부분이며 '표시자 박스'란 불릿이 표시되는 부분입니다.

1분 복습 세 개의 <div> 영역을 한 줄로 배치하면서 그 내용에는 블록 레벨 속성을 사용하려고 합니다. display 속성 값을 어떻게 지정해야 할지 빈칸을 채우세요.

```
<style>
  div {
    width:100px;
    height:100px;
    margin:30px;
    display:                        ;
  }
</style>

<div style="background:green"></div>
<div style="background:orange"></div>
<div style="background:blue"></div>
```

정답 inline-block

08-2 테두리 관련 속성들

테두리는 텍스트 단락뿐만 아니라 그림이나 표, 양식 등 사각 형태를 가진 어떤 요소에나 다양하게 적용할 수 있습니다. 테두리와 관련된 속성에는 테두리 두께, 테두리 스타일, 테두리 색상 등이 있습니다. 하나씩 살펴보면서 박스 모델의 테두리를 꾸며 보겠습니다.

이제 박스 모델의
테두리를 꾸며
봅시다!
CSS

border-style 속성 - 테두리 스타일 지정하기

우선 테두리 선 스타일을 지정해 볼까요? 테두리 스타일을 지정하는 border-style 속성은 기본 값이 none이기 때문에 테두리 스타일을 지정하지 않으면 테두리 색상이나 두께를 지정하더라도 화면에 표시되지 않습니다. 따라서 테두리를 그리기 위해서는 맨 먼저 테두리 스타일을 지정해야 합니다.

기본형

```
border-style: none | hidden | dashed | dotted | double | groove | inset |
outset | ridge | solid
```

border-style 속성은 실선이나 점선, 이중선 등 테두리의 스타일(형태)을 지정합니다. 다음 표를 보고 각 속성 값에 따라 어떤 테두리가 나타나는지 확인해 보세요.

속성 값	설명	예시
none	**테두리가 나타나지 않습니다. 기본 값입니다.★**	
hidden	테두리가 나타나지 않습니다. border-collapse:collapse일 경우, 다른 테두리도 표시되지 않습니다.	
dashed	테두리를 짧은 선(직선으로 된 점선)으로 표시합니다.	
dotted	테두리를 점선으로 표시합니다.	
double	테두리를 이중선(겹선)으로 표시합니다. 두 선 사이의 간격은 border-width 값으로 지정합니다.	
groove	테두리를 창에 조각한 것처럼 표시합니다. 홈이 파인 듯 입체적으로 보입니다.	
inset	border-collapse:separate일 경우, 전체 박스 테두리가 창에 박혀 있는 것처럼 표시되고 border-collapse:collapse일 경우, groove와 똑같이 표시됩니다.	

outset	border-collapse:separate일 경우, 전체 박스 테두리가 창에서 튀어나온 것처럼 표시되고 border-collapse:collapse일 경우, ridge와 똑같이 표시됩니다	
ridge	테두리를 창에서 튀어나온 것처럼 표시합니다.	
solid	테두리를 실선으로 표시합니다.	

▶ border-collapse 속성은 표에서 셀과 셀 사이의 테두리가 두 번 그려지는 것을 겹쳐 하나로 표시할 것인지(border-collapse:collapse), 두 개로 표시할 것인지(border-collapse:separate)를 지정하는 것입니다. border-collapse 속성에 대해서는 09-3에서 자세히 설명합니다.

이번에는 실제 예제에서 세 가지 테두리 스타일을 지정한 후 비교해 보겠습니다. border-style 속성에 따라 달라지는 결과를 확인해 보세요. 참고로 〈div〉 태그 스타일을 지정할 때 테두리 두께를 5px로 미리 지정해 두었습니다.

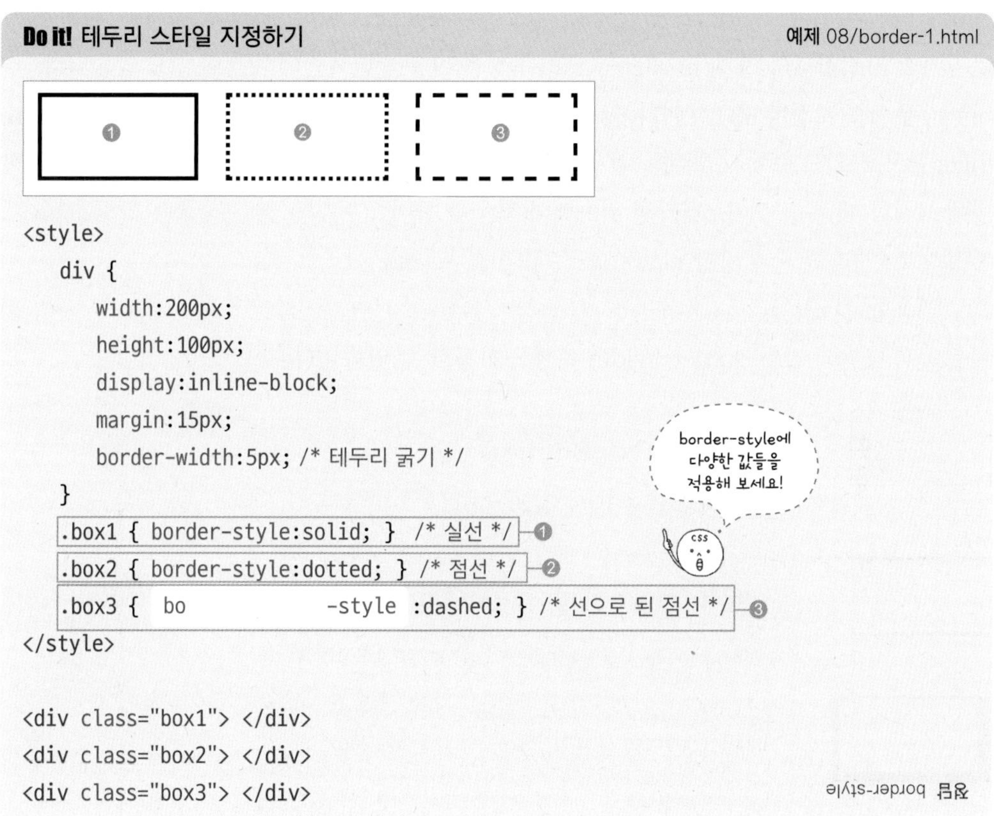

Do it! 테두리 스타일 지정하기 예제 08/border-1.html

```
<style>
  div {
    width:200px;
    height:100px;
    display:inline-block;
    margin:15px;
    border-width:5px; /* 테두리 굵기 */
  }
  .box1 { border-style:solid; }  /* 실선 */ ❶
  .box2 { border-style:dotted; }  /* 점선 */ ❷
  .box3 {  bo            -style  :dashed; } /* 선으로 된 점선 */ ❸
</style>

<div class="box1"> </div>
<div class="box2"> </div>
<div class="box3"> </div>
```

❶
❷
❸
border-style에 다양한 값들을 적용해 보세요!
CSS
정답 border-style

border-width 속성 - 테두리 두께 지정하기

테두리 스타일과 마찬가지로 두께가 있어야만 화면에 테두리가 나타나겠죠? 이제 테두리 두께를 지정해 봅시다. border-width 속성의 이름에서 알 수 있듯이 이 속성을 이용하면 테두리 두께를 지정할 수 있습니다.

기본형
```
border-top-width: <크기> | thin | medium | thick
border-right-width: <크기> | thin | medium | thick
border-bottom-width: <크기> | thin | medium | thick
border-left-width: <크기> | thin | medium | thick
border-width: <크기> | thin | medium | thick
```

border-width 속성에는 border-top-width, border-right-width, border-bottom-width, border-left-width가 있는데 이 속성들은 차례대로 위쪽, 오른쪽, 아래쪽, 왼쪽 테두리 두께를 지정합니다. 또한 border-width 속성을 이용해 한꺼번에 지정할 수도 있습니다. 테두리 두께를 지정할 때 1px이나 5px처럼 크기를 직접 입력할 수도 있고 thin이나 medium, thick 같은 키워드 중에서 하나를 선택할 수도 있습니다. border-width 속성을 이용해 한꺼번에 표시할 때 속성 값이 2개라면 위아래와 좌우를 묶어 지정하고 4개라면 시계 방향(top → right → bottom → left)으로 적용합니다.

▶ 두께는 thin < medium < thick 순서입니다.

예를 들어 다음과 같이 border-width 속성을 사용할 수 있습니다.

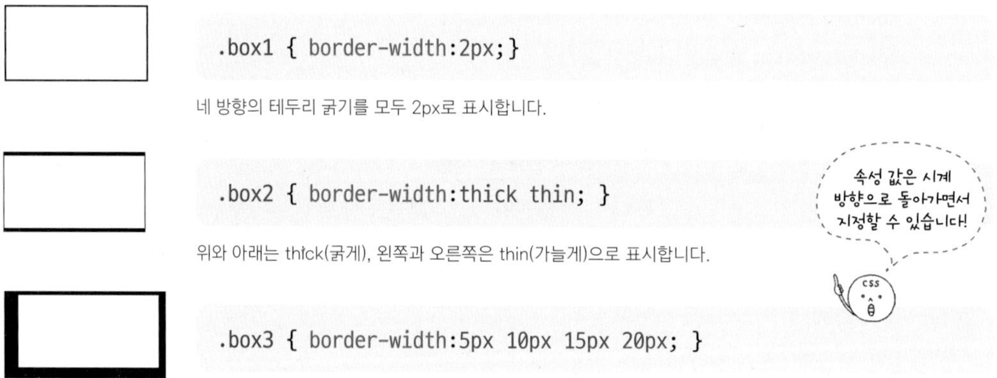

속성 값은 시계
방향으로 돌아가면서
지정할 수 있습니다!
CSS


```
.box1 { border-width:2px;}
```

네 방향의 테두리 굵기를 모두 2px로 표시합니다.

```
.box2 { border-width:thick thin; }
```

위와 아래는 thick(굵게), 왼쪽과 오른쪽은 thin(가늘게)으로 표시합니다.

```
.box3 { border-width:5px 10px 15px 20px; }
```

네 방향의 테두리 굵기를 모두 다르게 해 차례대로 top, right, bottom, left의 두께를 지정합니다.

border-color 속성 - 테두리 색상 지정하기

이제 테두리가 보이도록 기본 준비를 마쳤으니 테두리를 꾸며 보겠습니다. border-color 속성은 박스 모델에서 테두리 색상을 지정할 수 있습니다.

border-color 속성에는 border-top-color, border-right-color, border-bottom-color, border-left-color가 있습니다. 이 속성들은 차례대로 위쪽, 오른쪽, 아래쪽, 왼쪽 테두리의 색상을 지정합니다. border-color 속성을 이용하면 네 방향 테두리의 색상을 한꺼번에 지정할 수 있습니다.

기본형
```
border-top-color: <색상>
border-right-color: <색상>
border-bottom-color: <색상>
border-left-color: <색상>
border-color: <색상>
```

▶ 박스 모델의 테두리를 지정할 때 border-color 속성만 사용해서는 화면에서 결과를 확인할 수 없고 border-width 속성과 border-style 속성을 이용해 미리 테두리 두께와 스타일을 결정해야 합니다.

다음 예제는 div 태그의 기본 테두리 스타일로 border-style:dashed;와 border-width:2px;을 정의해 놓고 .box1 클래스 선택자와 .box2 클래스 선택자에서 테두리 색상만 빨간색과 파란색으로 바꾸어 비교한 것입니다.

Do it! 테두리 색상 지정하기 예제 08/border-2.html

```
<style>
  div {
    width:200px;
    height:100px;
    display:inline-block;
    margin:15px;
    border-st        1  :dashed; /* 테두리 스타일 - 선으로 된 점선 */
    border-width:2px; /* 테두리 굵기 - 2px */
  }
  .box1 { border-color:red;} /* 색상 - 빨강 */ ─❶
  .box2 { border-co        2  :blue; } /* 색상 - 파랑 */ ─❷
</style>

<div class="box1"> </div>
<div class="box2"> </div>
```

정답 1. border-style 2. border-color

border 속성 - 테두리 스타일 묶어 지정하기

지금까지 테두리 스타일과 두께, 색상 등 테두리의 여러 속성들을 살펴보았는데요. 이 속성들을 묶어 표현할 수도 있습니다.

네 방향의 테두리 스타일을 다르게 지정하고 싶다면 border-top이나 border-right처럼 속성 이름에 방향을 함께 써 따로 지정하고 네 방향의 테두리 스타일이 같다면 간단히 border 속성을 이용할 수 있습니다. 이때 두께와 색상, 스타일 순서는 상관없습니다.

기본형

```
border-top: <두께> <색상> <스타일>
border-right: <두께> <색상> <스타일>
border-bottom: <두께> <색상> <스타일>
border-left: <두께> <색상> <스타일>
border: <두께> <색상> <스타일>
```

다음은 <h1> 태그 제목 '아랫부분에 3px짜리 회색(#ccc) 실선'을 표시하고 <p> 텍스트 단락에는 '모든 방향에 3px짜리 검정 점선'을 그린 예제입니다.

Do it! 테두리 스타일 한꺼번에 지정하기 예제 08/border-3.html

박스 모델 ❶

박스 모델은 실제 콘텐츠 영역, 박스와 콘텐츠 영역 사이의 여백인 패딩(padding), 박스의 테두리(border), 그리고 여러 박스 모델 간의 여백인 마진(margin) 등의 요소로 구성되어 있습니다. ❷

```
<style>
  h1{
    padding-bottom:5px;
    border-b           :3px solid #ccc; /* 아랫부분 - 3px짜리 회색 실선*/   ❶
  }
  p {
    padding:10px;
    border:3px dotted black; /* 모든 방향 - 3px짜리 검정 점선 */   ❷
  }
</style>

<h1>박스 모델</h1>
<p>박스 모델은 실제 콘텐츠 영역 ...... </p>
```

정답 border-bottom

border-radius 속성 - 박스 모서리 둥글게 만들기

박스 테두리를 꾸미긴 했는데 여전히 심심하군요. 박스 모서리를 둥글게 만들어 박스 형태를 바꾸어 볼까요? border-radius 속성을 이용하면 박스 모서리 부분을 손쉽게 다양한 형태로 처리할 수 있습니다.

이때 둥글게 만들고 싶은 박스 모서리의 두 방향과 반지름을 뜻하는 radius를 사용해 속성을 표기합니다. 예를 들어 다음 그림처럼 테두리의 모서리 부분에 원이 하나 있는 것처럼 원의 반지름(radius) 값을 지정하면 곡선을 그릴 수 있는데 각각의 이름은 border-top-right-radius, border-bottom-left-radius 등으로 나타낼 수 있습니다.

기본형

```
border-top-left-radius: <크기> | <백분율>
border-top-right-radius: <크기> | <백분율>
border-bottom-right-radius: <크기> | <백분율>
border-bottom-left-radius: <크기> | <백분율>
border-radius: <크기> | <백분율>
```

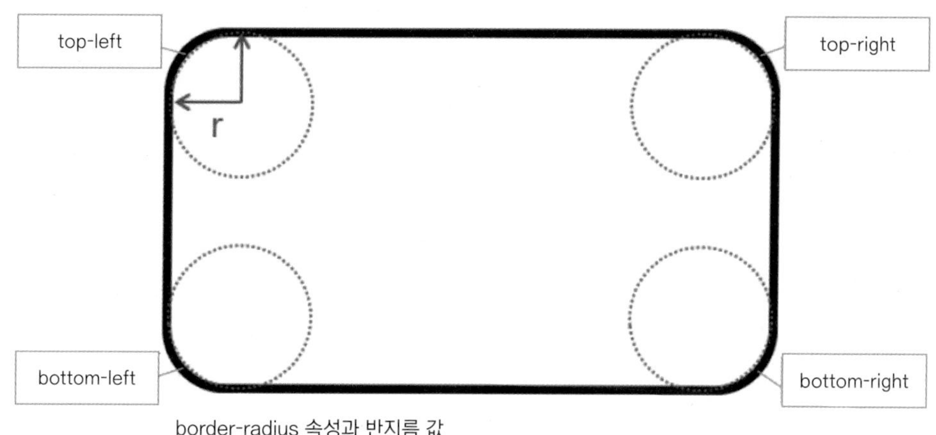

border-radius 속성과 반지름 값

이때 각 모서리 원의 반지름이 border-radius 속성 값이 됩니다. 이 값은 크기를 직접 지정하거나 백분율로 지정할 수 있습니다.

속성 값	설명
<크기>	둥글게 처리할 반지름 크기를 px이나 em 같은 단위와 함께 수치로 표시합니다.
<백분율>	현재 요소의 크기를 기준으로 둥글게 처리할 반지름 크기를 %로 지정합니다.

예를 들어 모서리 부분을 반지름 20px의 원이 겹친 것처럼 둥글게 처리하려면 다음과 같이 작성합니다.

Do it! 테두리 모서리를 둥글게 처리하기 **예제** 08/radius-1.html

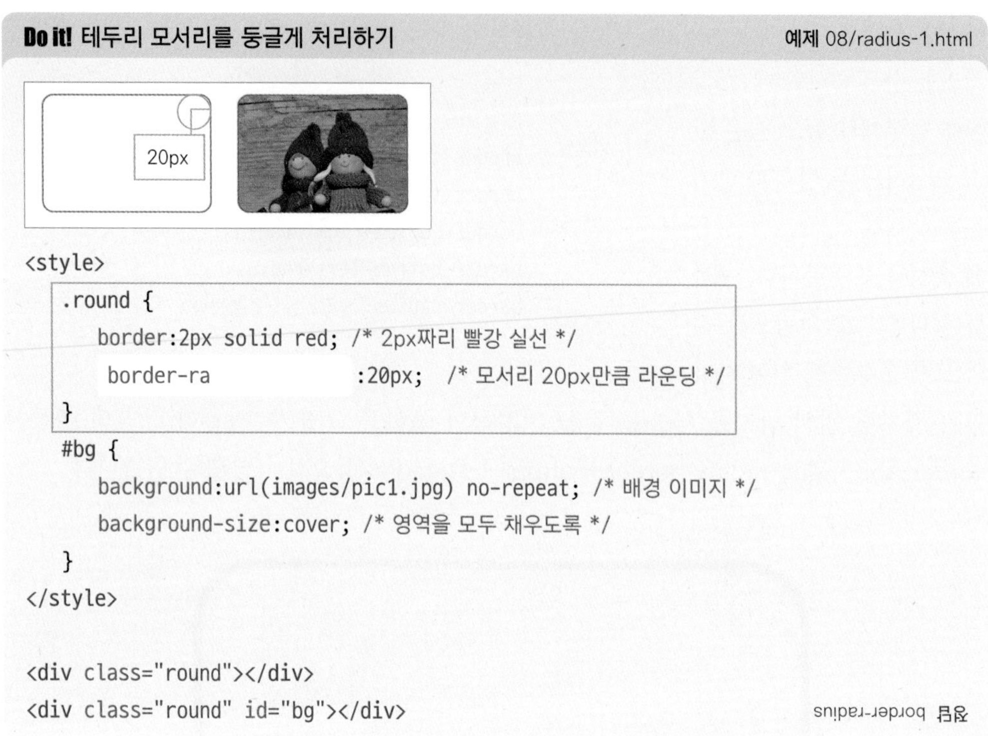


```
<style>
    .round {
        border:2px solid red; /* 2px짜리 빨강 실선 */
        border-ra               :20px;  /* 모서리 20px만큼 라운딩 */
    }
    #bg {
        background:url(images/pic1.jpg) no-repeat; /* 배경 이미지 */
        background-size:cover; /* 영역을 모두 채우도록 */
    }
</style>

<div class="round"></div>
<div class="round" id="bg"></div>
```

정답 border-radius

앞의 예제에서는 모두 같은 크기로 둥글게 처리했지만 네 모서리를 다르게 조절하고 싶다면 border-top-left-radius(왼쪽 위), border-top-right-radius(오른쪽 위), border-bottom-left-radius(왼쪽 아래), border-bottom-right-radius(오른쪽 아래) 속성을 사용해 각 모서리의 반지름 값을 따로 지정할 수도 있습니다.

예를 들어 top-left와 top-right의 모서리 부분만 둥글게 처리하려면 다음과 같이 지정합니다.

```
.round1 {
    border: 2px solid blue; /* 2px짜리 파랑 실선 */
    border-top-left-radius: 20px; /* 왼쪽 위 라운딩 - 20px */
    border-top-right-radius: 20px; /* 오른쪽 위 라운딩 - 20px */
}
```

top-left top-right

또한 border-raidus 속성을 이용하면 네 방향의 모서리를 한꺼번에 지정할 수 있다는 것 기억하시죠?

```
.round2 {
    background:#0c78c8; /* 배경 색 */
    border-radius:20px 70px;
    /* 라운딩 - 20px 70px 20px 70px */
}
```

왼쪽 위부터 시계 방향으로 돌아가는 것 기억하세요!

20px 70px 70px 20px

타원 형태로 둥글게 만들기

앞에서는 원의 반지름 값을 지정해 둥글게 만들었습니다. 그런데 타원 형태로 둥글게 만들고 싶다면 어떻게 해야 할까요? 그럴 때는 가로 반지름 크기와 세로 반지름 크기를 함께 지정하면 됩니다.

```
기본형  border-top-left-radius: <가로 크기> <세로 크기>
        border-top-right-radius: <가로 크기> <세로 크기>
        border-bottom-right-radius: <가로 크기> <세로 크기>
        border-bottom-left-radius: <가로 크기> <세로 크기>
        border-radius: <가로 크기> <세로 크기>
```

이때 각 모서리마다 따로 지정한다면 가로 반지름과 세로 반지름을 차례로 입력하면 되지만 네 방향을 한꺼번에 지정하기 위해 border-radius 속성을 이용할 경우, 가로 반지름과 세로 반지름 사이에 슬래시(/)를 넣어 구분합니다. 사용할 수 있는 속성 값은 border-radius 속성에서와 같이 백분율이나 크기 값입니다.

다음 예제에서는 모서리를 둥글게 만드는 방법을 다양하게 적용했습니다. 각 사각형에서 모서리를 어떤 방법으로 둥글게 처리했는지 살펴보세요.

Do it! 모서리의 가로와 세로를 각각 둥글게 처리하기 예제 08/radius-3.html

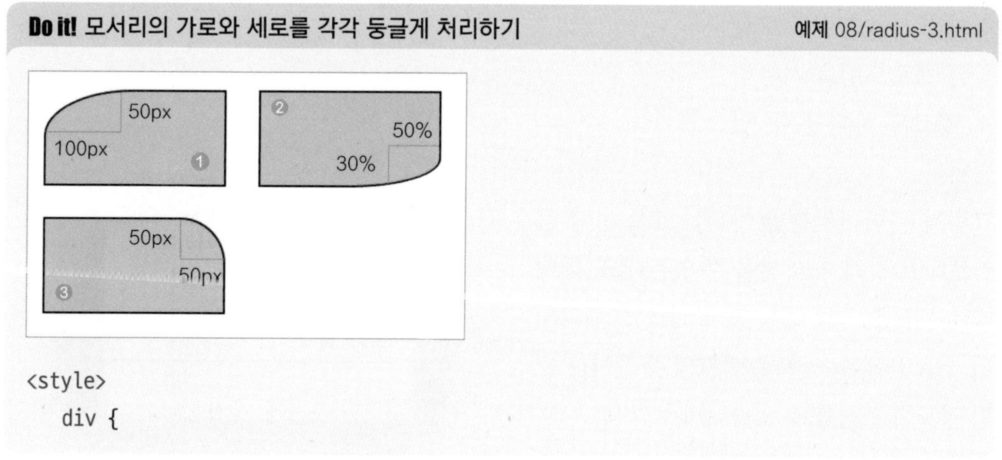


```
<style>
  div {
```

```
    width:200px;
    height:100px;
    display:inline-block;
    margin:15px;
    background:#ffd800;
    border:2px solid;
  }
  .round1 { border-top-left-radius:100px 50px; }  ❶
  .round2 { border-bo          -ri          -radius :50% 30%; }  ❷
  .round3 { border-top-right-radius:50px; }  ❸
</style>

<div class="round1"></div>
<div class="round2"></div>
<div class="round3"></div>
```

정답 border-bottom-right-radius

❶ 왼쪽 윗부분에만 가로 100px, 세로 50px로 모서리를 둥글게 처리합니다. radius 값이 두 개이기 때문에 타원 모양으로 표시됩니다.

❷ 오른쪽 아랫부분에만 가로 50%, 세로 30%로 모서리를 둥글게 처리합니다. radius 값이 두 개이기 때문에 타원 모양으로 표시됩니다.

❸ 오른쪽 윗부분만 50px로 모서리를 둥글게 처리합니다. 또한 radius 값을 한 개만 지정했기 때문에 원 모양으로 표시됩니다.

box-shadow 속성 - 선택한 요소에 그림자 효과 내기

포토 앨범 등에서 사진 주변에 그림자를 추가하면 멋진 효과를 만들 수 있겠죠? 이런 그림자 효과도 box-shadow 속성을 사용하면 포토샵 같은 프로그램을 사용하지 않고도 나타낼 수 있습니다.

기본형

```
box-shadow : none | <그림자 값> [, <그림자 값>]*;
<그림자 값> = <수평 거리> <수직 거리> <흐림 정도>
<번짐 정도> <색상> inset
```

그림자는 이미지뿐만 아니라 div 전체 등 지정하는 것에 따라 넣을 수 있는데요. 이때 box-shadow의 속성 값에 따라 그림자의 위치를 바꿀 수 있고 그림자의 색상이나 흐림 정도를 조절할 수 있습니다.

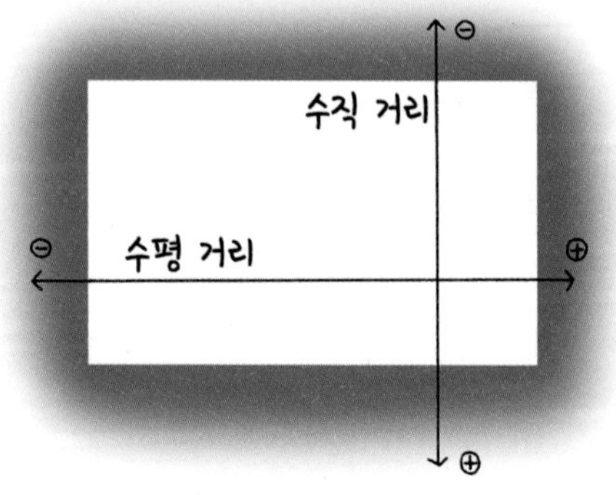

box-shadow 속성에서 수평 거리와 수직 거리는 반드시 지정해야 하며(필수) 기타 속성 값은 옵션이므로 필요할 때만 사용하면 됩니다.

속성 값	설명
<수평 거리>	그림자의 수평 옵셋 거리(수평으로 얼마나 떨어져 있는지)입니다. 양수 값은 요소의 오른쪽, 음수 값은 요소의 왼쪽에 그림자를 만듭니다. 필수 속성입니다.
<수직 거리>	그림자의 수직 옵셋 거리(세로로 얼마나 떨어져 있는지)입니다. 양수 값은 요소의 아래쪽, 음수 값은 요소의 위쪽에 그림자를 만듭니다. 필수 속성입니다.
<흐림 정도>	그림자의 흐림 정도(blur radius)를 지정합니다. 이 값을 생략하면 0을 기본 값으로 해 진한 그림자를 표시합니다. 이 값이 커질수록 부드러운 그림자를 표시하며 음수 값은 사용할 수 없습니다.
<번짐 정도>	그림자의 번지는 정도를 나타냅니다. 양수 값을 사용하면 그림자가 모든 방향으로 퍼져 나가기 때문에 그림자가 박스보다 크게 표시됩니다. 반대로 음수 값은 그림자가 모든 방향으로 축소되어 보입니다. 기본 값은 0입니다.
<색상>	그림자의 색상을 지정합니다. 한 가지만 지정할 수도 있고 공백으로 구분해 여러 개의 색상을 지정할 수도 있습니다. 필요한 경우에만 사용하는 옵션 값이며 기본 값은 현재 글자 색입니다.
inset	이 키워드를 함께 표시하면 안쪽 그림자로 그립니다. 필요한 경우에만 사용하는 옵션 값입니다.

그림자 효과는 포토 앨범뿐만 아니라 메뉴 등에 마우스를 올려놓으면 그 부분에만 그림자가 표시되도록 하고 싶을 때도 사용할 수 있습니다. 두 개 이상의 그림자를 사용할 경우, 쉼표로 그림자 속성 값을 구분해 나열하며 앞의 그림자부터 차례로 적용됩니다.
다음 예제는 박스에 약간 번지는 검은색 그림자를 추가한 예입니다.

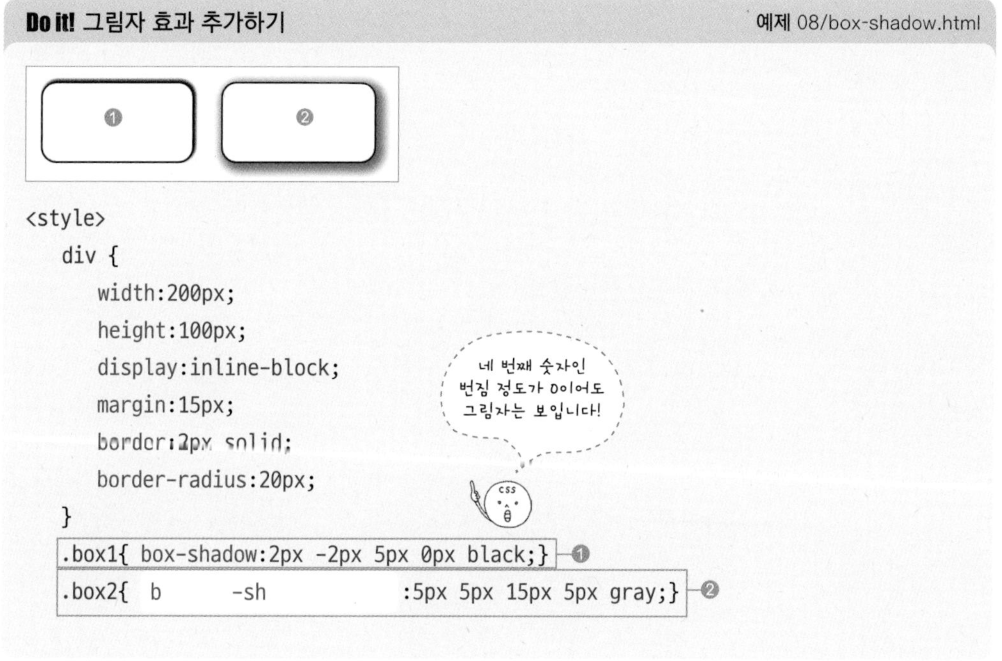

Do it! 그림자 효과 추가하기
예제 08/box-shadow.html
❶
❷
네 번째 숫자인
번짐 정도가 0이어도
그림자는 보입니다!
CSS


```
<style>
  div {
    width:200px;
    height:100px;
    display:inline-block;
    margin:15px;
    border:2px solid;
    border-radius:20px;
  }
  .box1{ box-shadow:2px -2px 5px 0px black;} ❶
  .box2{ b      -sh              :5px 5px 15px 5px gray;} ❷
```

```
</style>

<div class="box1"></div>
<div class="box2"></div>
```

정답 box-shadow

❶ 오른쪽 윗부분(수평 거리가 양수이고 수직 거리가 음수)에 5px만큼 흐린 검정색 그림자를 만듭니다.

❷ 오른쪽 아랫부분(수평 거리와 수직 거리 모두 양수)에 15px만큼 흐린 5px 크기의 회색 그림자를 만듭니다.

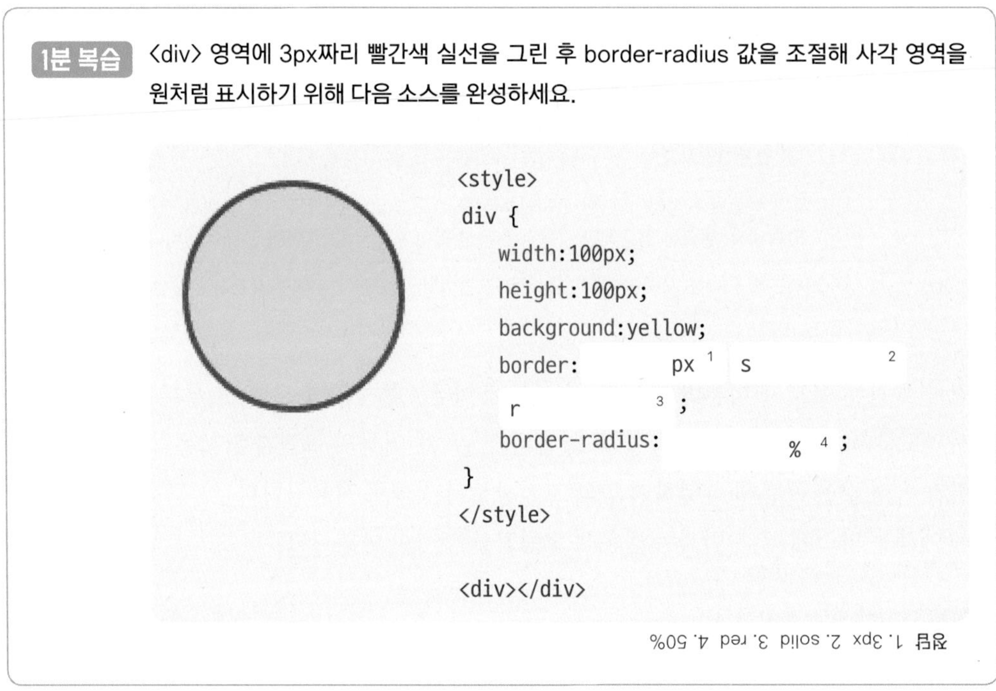

1분 복습 <div> 영역에 3px짜리 빨간색 실선을 그린 후 border-radius 값을 조절해 사각 영역을 원처럼 표시하기 위해 다음 소스를 완성하세요.

```
<style>
div {
    width:100px;
    height:100px;
    background:yellow;
    border:      px 1  s        2
    r        3 ;
    border-radius:      % 4 ;
}
</style>

<div></div>
```

정답 1. 3px 2. solid 3. red 4. 50%

08-3 여백을 조절하는 속성들

박스 모델의 테두리(border)를 조절해 꾸며 보았으니 이번에는 박스 모델의 여백인 마진과 패딩을 조절해 디자인해 보겠습니다. 마진과 패딩은 박스 모델에서 활용도가 높으며 웹 문서에서 이미지나 텍스트 등 여러 요소를 자유롭게 배치할 때 유용합니다. 하나씩 알아볼까요?

margin 속성 - 요소 주변 여백 설정하기

먼저 마진을 살펴보겠습니다. 마진(margin)은 현재 요소 주변의 여백입니다. 따라서 마진을 이용하면 한 요소와 다른 요소 사이의 간격을 조절할 수 있죠.

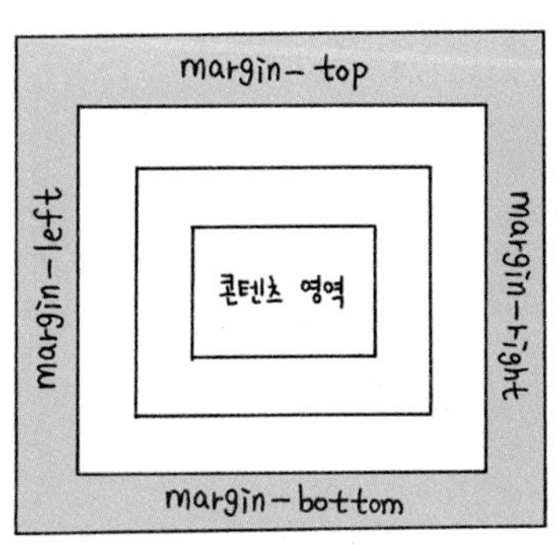

마진의 속성에는 margin-top, margin-right, margin-bottom, margin-left가 있습니다. 이 속성은 나열한 순서대로 요소의 바깥 위쪽 마진, 오른쪽 마진, 아래쪽 마진, 왼쪽 마진을 설정할 수 있고 margin 속성을 사용해 네 가지 속성을 한꺼번에 지정할 수도 있습니다. 이 속성들은 크기나 백분율 등으로 값을 지정할 수 있습니다.

기본형

```
margin-top: <크기> | <백분율> | auto
margin-right: <크기> | <백분율> | auto
margin-bottom: <크기> | <백분율> | auto
margin-left: <크기> | <백분율> | auto
margin: <크기> | <백분율> | auto
```

속성 값	설명
<크기>	너비나 높이 값을 px(픽셀)이나 cm(센티미터) 같은 단위와 함께 수치로 지정합니다. 예 margin:10px;
<백분율>	박스 모델을 포함하고 있는 부모 요소를 기준으로 너비나 높이 값을 %로 지정합니다. 예 margin:0.1%;
auto	display 속성에서 지정한 값에 맞게 적절한 값을 자동으로 지정합니다.

margin 속성을 이용해 마진 값을 한꺼번에 설정할 때는 값의 개수에 따라 어느 방향에 적용될지 결정됩니다. margin 속성에 값이 하나만 있다면 그 값은 네 방향에 모두 적용됩니다. 또한 값이 2개라면 첫 번째 값은 서로 마주보는 margin-top과 margin-bottom 값이고 두 번째 값은 margin-right와 margin-left 값입니다. 예시로 보면 다음과 같습니다.

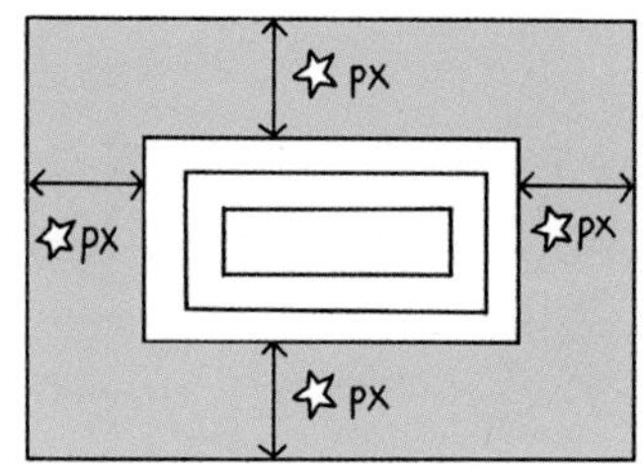

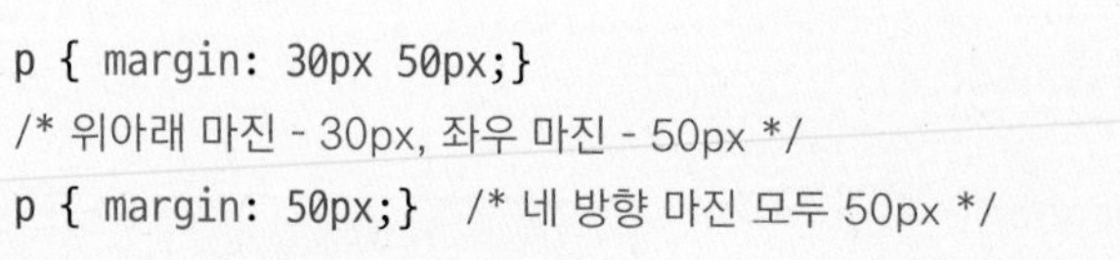

```
p { margin: 30px 50px;}
/* 위아래 마진 - 30px, 좌우 마진 - 50px */
p { margin: 50px;}  /* 네 방향 마진 모두 50px */
```

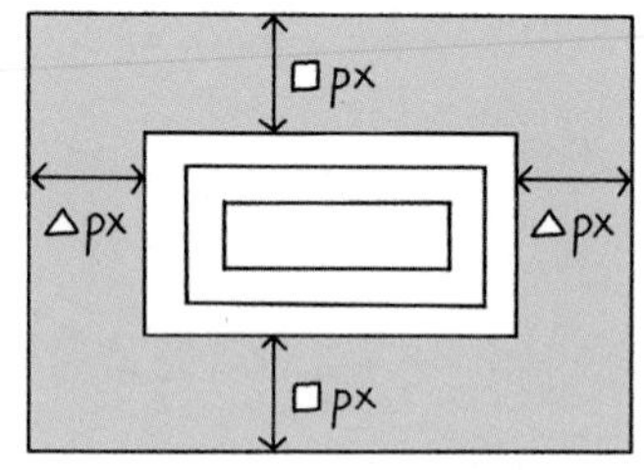

그리고 margin 값이 4개라면 그 순서는 top → right → bottom → left(시계 방향)입니다.

```
p { margin:30px 50px 30px 50px;}
/* 위아래 마진 - 30px, 좌우 마진 - 50px */
```

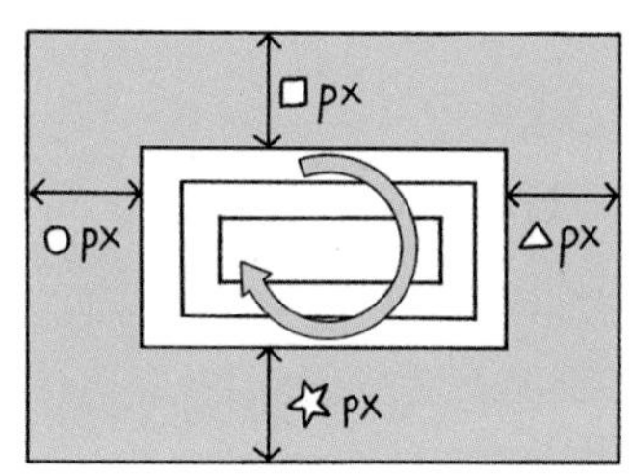

만약 값을 3개만 지정했다면 빠진 값은 마주보는 방향의 스타일 속성 값을 함께 사용합니다.
다음 예시처럼 위쪽 마진, 오른쪽 마진, 아래쪽 마진 3개 방향의 마진 값만 주어졌을 경우, 값이 주어지지 않은 왼쪽 방향의 마진 값은 맞은 편 오른쪽 마진 값, 즉 20px을 사용합니다.

```
p { margin: 30px 20px 50px;}  /* 위 마진 - 30px, 좌우 마진 - 20px, 아래 마진 - 50px */
```

다음 예제는 파란색 사각형 주변에 마진 값을 각각 다르게 적용한 것입니다.

Do it! 다양하게 마진 값 지정하기 예제 08/margin.html

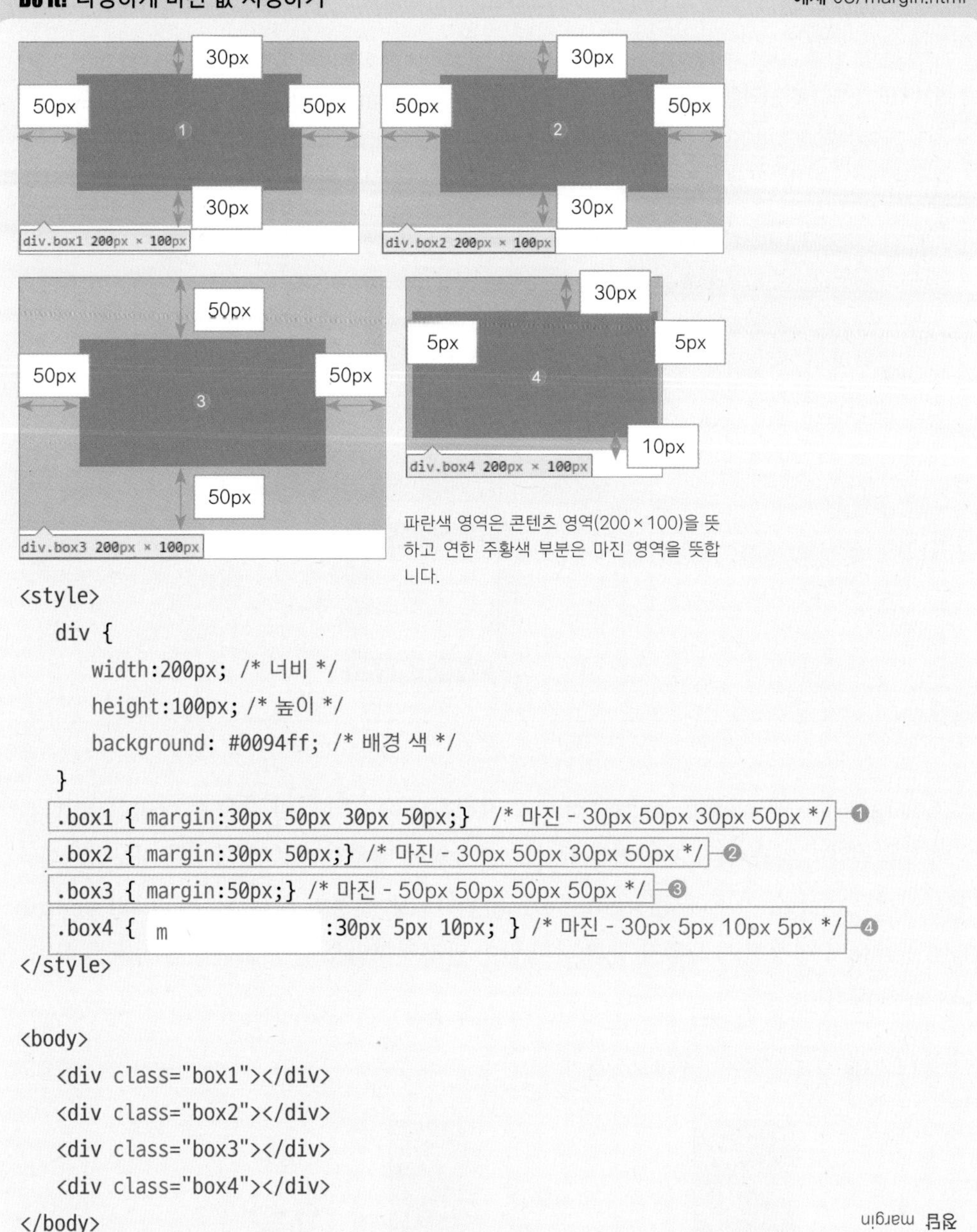

파란색 영역은 콘텐츠 영역(200×100)을 뜻하고 연한 주황색 부분은 마진 영역을 뜻합니다.

```
<style>
  div {
    width:200px; /* 너비 */
    height:100px; /* 높이 */
    background: #0094ff; /* 배경 색 */
  }
  .box1 { margin:30px 50px 30px 50px;}  /* 마진 - 30px 50px 30px 50px */ ❶
  .box2 { margin:30px 50px;} /* 마진 - 30px 50px 30px 50px */ ❷
  .box3 { margin:50px;} /* 마진 - 50px 50px 50px 50px */ ❸
  .box4 { m              :30px 5px 10px; } /* 마진 - 30px 5px 10px 5px */ ❹
</style>

<body>
  <div class="box1"></div>
  <div class="box2"></div>
  <div class="box3"></div>
  <div class="box4"></div>
</body>
```

정답 margin

❶ box1 클래스 선택자는 margin 속성을 이용해 마진 값을 한꺼번에 설정한 것으로 네 값의 순서는 top → right → bottom → left(시계 방향)입니다.

❷ box2 클래스 선택자는 값이 두 개인데 첫 번째 값은 맞은 편의 margin-top과 margin-bottom 값이고 두 번째 값은 margin-right와 margin-left 값입니다.

❸ box3 클래스 선택자에는 margin 속성에 값이 하나뿐이므로 네 방향에 모두 같은 값이 적용됩니다.

❹ box4 클래스 선택자에서 빠진 네 번째 값(margin-left)은 마주보는 방향의 값, 즉 margin-right의 값을 동일하게 사용합니다.

개발자 도구 창에서 마진 확인

개발자 도구 창을 이용하면 마진을 쉽게 확인할 수 있습니다. 예제 화면에서 개발자 도구 창을 열고 소스 창에서 <div> 태그를 선택한 후 [Computed] 탭을 클릭합니다. Computed 창에는 선택한 영역(파란색 상자)의 박스 모델에서 margin 부분의 크기가 작게 표시되어 있을 것입니다. 박스 모델 그림에서 margin 부분을 클릭하면 브라우저 창에도 마진 영역이 연한 주황색으로 표시되어 쉽게 구별할 수 있습니다.

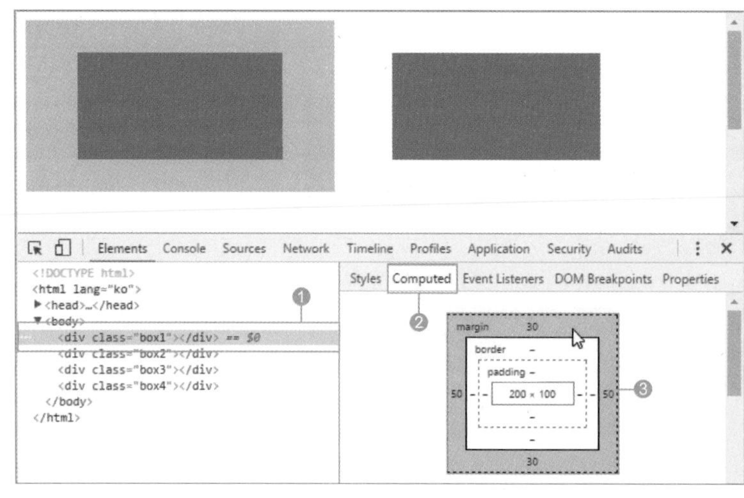

만약 margin-left와 margin-right를 auto로 지정하면 요소의 너비 값을 뺀 나머지 공간의 좌우 마진을 똑같이 맞춥니다. 이 방법은 웹 요소를 중앙에 배치하려고 할 때 자주 사용합니다. 다음 예제는 margin-top과 margin-bottom을 0으로 설정하고 margin-left와 margin-right을 auto로 설정해 브라우저 창의 너비 값이 달라지더라도 항상 오렌지색 상자를 화면 중앙에 배치한 것입니다.

Do it! 마진을 사용해 화면 가운데 배치하기 예제 08/margin-center.html

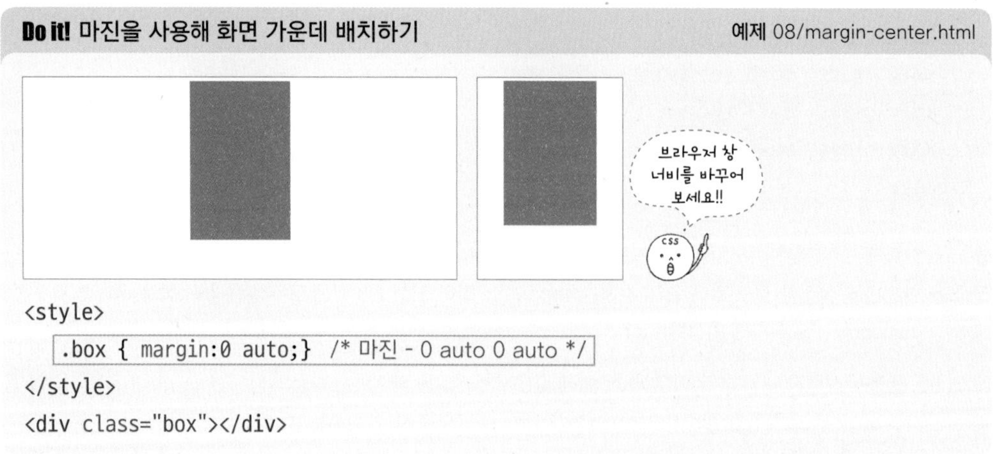


```
<style>
  .box { margin:0 auto;}  /* 마진 - 0 auto 0 auto */
</style>
<div class="box"></div>
```

마진 중첩(margin overlap) 현상

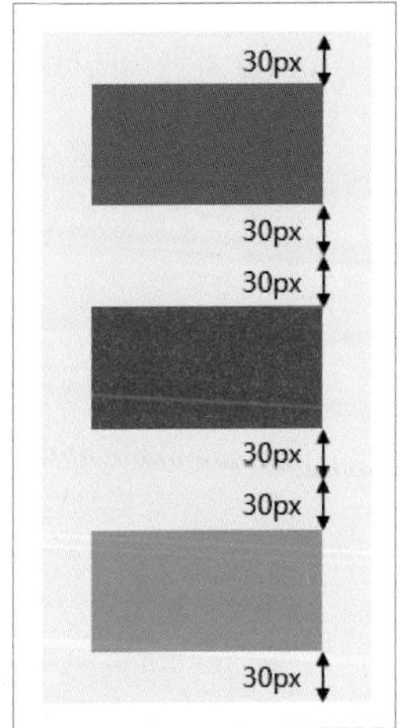

박스 모델의 마진 속성을 사용할 때 주의해야 할 것이 있습니다. 그것은 바로 요소를 세로로 배치할 경우, 마진과 마진이 만날 때 마진 값이 큰 쪽으로 겹쳐지는 것입니다. 이런 현상을 마진 중첩(margin overlap) 또는 마진 상쇄(margin collapse)라고 합니다.

예를 들어 〈div〉 태그를 사용해 영역을 만들고 그 영역의 네 방향 margin 값을 30px로 지정해 보겠습니다. 아마도 우리가 예상하는 모습은 오른쪽 그림과 같은 형태일 것입니다.

그럼 우리가 예상하고 있는 형태로 나오는지 예제를 통해서 확인해 볼까요?

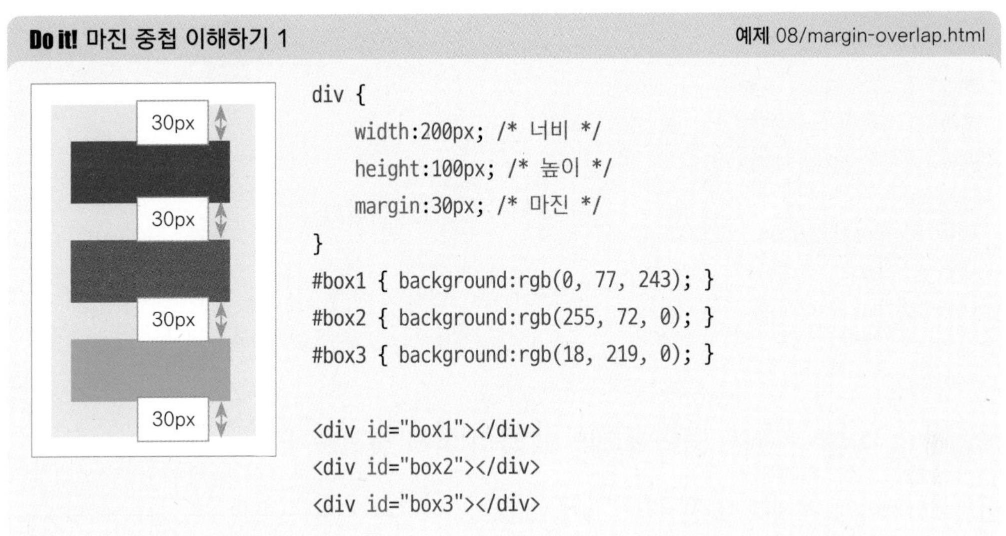

Do it! 마진 중첩 이해하기 1 — 예제 08/margin-overlap.html

```
div {
    width:200px; /* 너비 */
    height:100px; /* 높이 */
    margin:30px; /* 마진 */
}
#box1 { background:rgb(0, 77, 243); }
#box2 { background:rgb(255, 72, 0); }
#box3 { background:rgb(18, 219, 0); }

<div id="box1"></div>
<div id="box2"></div>
<div id="box3"></div>
```

실제로 소스 코드를 실행한 결과를 살펴보니 우리의 예상과 다릅니다. 첫번째 사각형과 두번째 사각형 사이 그리고 두번째 사각형과 세번째 사각형 사이에는 60px만큼의 여백이 생길 것이라고 예상했지만 실제로는 두 개의 30px이 겹쳐져 최종적으로 30px만큼의 마진만 만들어졌습니다.

이렇게 된 이유는 여러 요소를 세로로 배치할 때 맨 위의 마진과 맨 아래 마진에 비해 중간에 있는 마진들이 너무 커지는 것을 방지하기 위한 것입니다. 마진 중첩은 아래 마진과 위 마진이 서로 만날 때 큰 마진 값으로 합쳐지는 것이고 오른쪽 마진과 왼쪽 마진이 만날 경우에는 중첩되지 않습니다.

다음 예제는 display:inline-block을 사용해서 div 요소를 가로로 배치한 것입니다. 이 경우에는 각 요소의 오른쪽 마진과 왼쪽 마진이 그대로 유지되어 각 사각형 사이에는 총 60px의 마진이 생기게 됩니다.

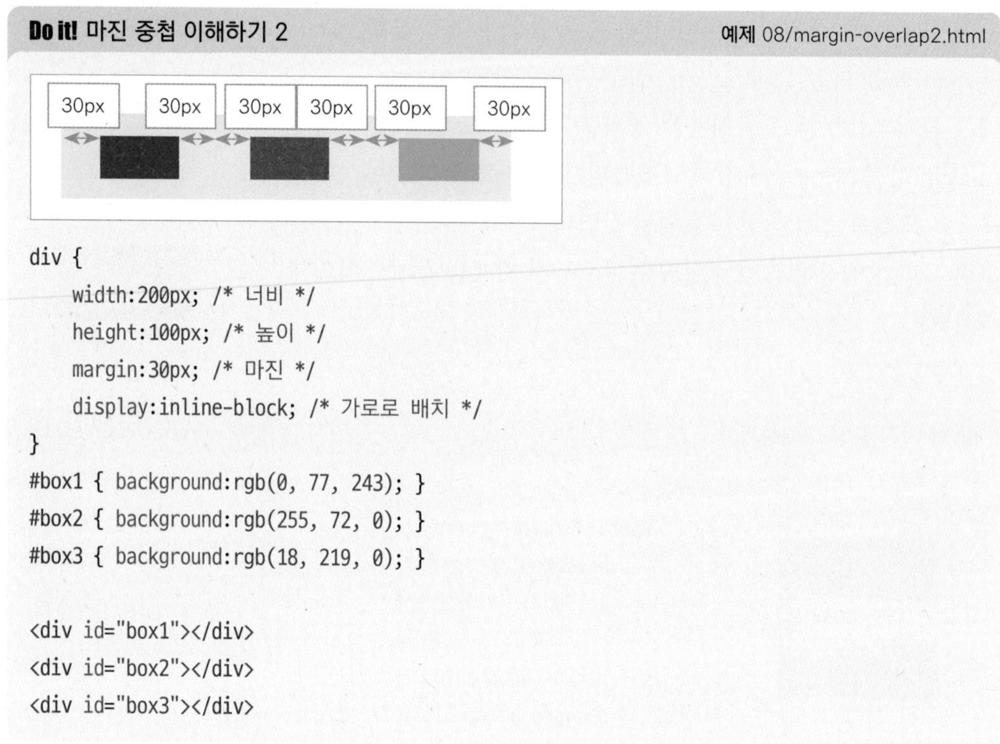

Do it! 마진 중첩 이해하기 2 예제 08/margin-overlap2.html

```
div {
    width:200px; /* 너비 */
    height:100px; /* 높이 */
    margin:30px; /* 마진 */
    display:inline-block; /* 가로로 배치 */
}
#box1 { background:rgb(0, 77, 243); }
#box2 { background:rgb(255, 72, 0); }
#box3 { background:rgb(18, 219, 0); }

<div id="box1"></div>
<div id="box2"></div>
<div id="box3"></div>
```

padding 속성 - 콘텐츠 영역과 테두리 사이 여백 설정하기

이번에는 패딩을 설정해 보겠습니다. 패딩(padding)이란 콘텐츠 영역과 테두리 사이의 여백을 말합니다. 다시 말해 테두리 안쪽의 여백이라고 생각하면 됩니다.

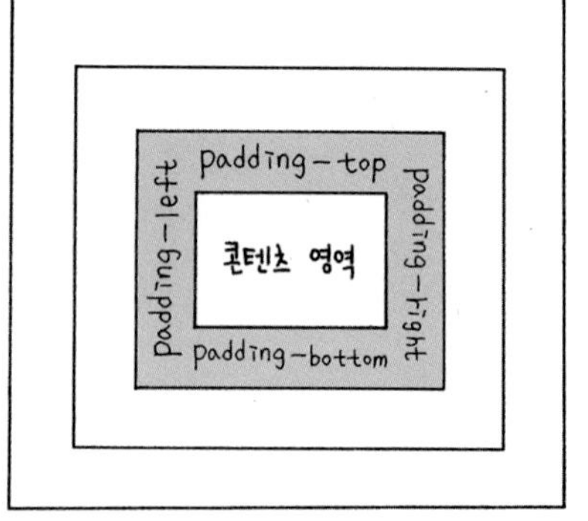

패딩의 속성에는 padding-top, padding-right, padding-bottom, padding-left, padding이 있는데요. 이 속성들은 나열한 순서대로 박스의 위쪽 패딩, 오른쪽 패딩, 아래쪽 패딩, 왼쪽 패딩, 그리고 네 방향의 패딩을 한꺼번에 지정합니다.

padding 속성은 margin 속성과 사용법이 비슷합니다. 바로 예제로 알아보겠습니다. 다음 예는 텍스트 단락을 만드는 <p> 태그에 패딩 여백을 다양한 방법으로 준 것입니다.

기본형
```
padding-top: <크기> | <백분율> | auto
padding-right: <크기> | <백분율> | auto
padding-bottom: <크기> | <백분율> | auto
padding-left: <크기> | <백분율> | auto
padding: <크기> | <백분율> | auto
```

▶ padding의 속성 값은 margin의 속성 값과 동일하게 크기 값(px 또는 cm), 백분율, auto를 사용합니다.

Do it! 다양하게 패딩 값 지정하기 예제 08/padding.html

패딩(padding)이란 콘텐츠 영역과 테두리 사이의 여백을 말합니다.
패딩(padding)이란 콘텐츠 영역과 테두리 사이의 여백을 말합니다.
패딩(padding)이란 콘텐츠 영역과 테두리 사이의 여백을 말합니다.

파란색 부분은 콘텐츠 영역이고 초록색 부분은 패딩 영역입니다.

```
<style>
  div {
    width:200px; /* 너비 */
    height:auto; /* 높이 */
    background:#0094ff; /* 배경 색 */
    display:inline-block; /* 가로로 배치 */
    margin:15px; /* 마진 - 15px 15px 15px 15px */
    color:white; /* 글자 색 */
  }
  .box1 { padding:10px 30px 10px 30px;} /* 패딩 - 10px 30px 10px 30px */
  .box2 { padding:10px 30px;} /* 패딩 - 10px 30px 10px 30px */
  .box3 { p          :10px;} /* 패딩 - 10px 10px 10px 10px */
</style>

<div class="box1">패딩(padding)이란 콘텐츠 영역과 테두리 사이의 여백을 말합니다. </div>
<div class="box2">패딩(padding)이란 콘텐츠 영역과 테두리 사이의 여백을 말합니다. </div>
<div class="box3">패딩(padding)이란 콘텐츠 영역과 테두리 사이의 여백을 말합니다. </div>
```

top → right → bottom → left 순으로 패딩 지정

위아래 10px, 좌우 30px 패딩

모든 방향 10px 패딩

결과 padding

마진을 개발자 도구 창으로 살펴보았던 것처럼 패딩도 살펴보겠습니다. 예제 화면에서 개발자 도구 창을 열고 소스 창에서 <div> 태그를 선택하고 [Computed] 탭을 클릭합니다. Computed 창에 있는 박스 모델을 보면 패딩 수치를 확인할 수 있습니다. 적용된 모습을 보려면 박스 모델 그림에서 [padding] 부분을 클릭하면 됩니다. 패딩 영역은 청록색(cyan)으로 표시됩니다.

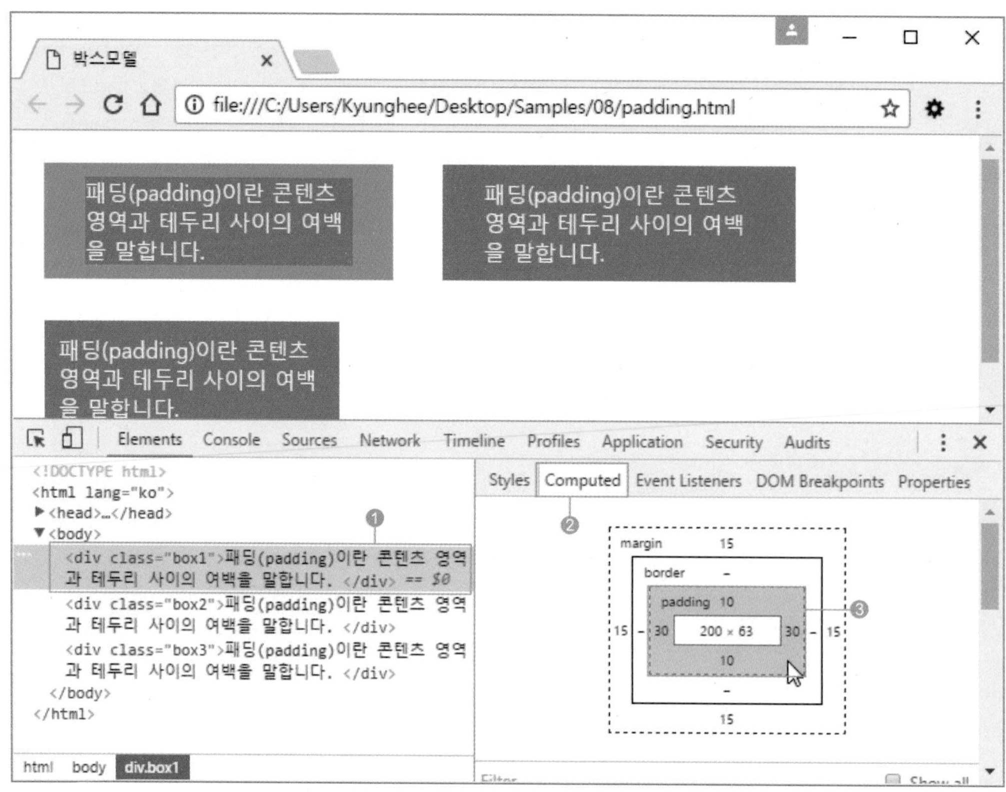

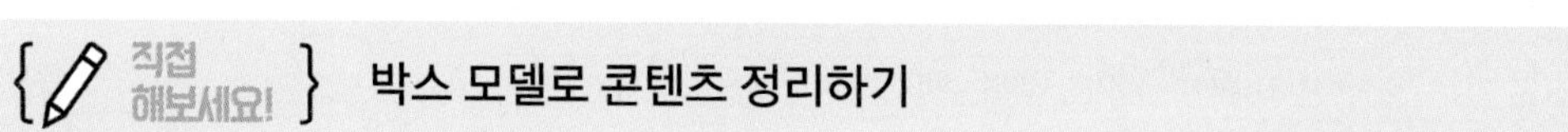

직접 해보세요!
박스 모델로 콘텐츠 정리하기

[준비] 08/box.html **[완성]** 08/box-result.html

박스 모델은 웹 문서에서 콘텐츠를 정리할 때 가장 중요하게 사용하는 개념입니다. 관련 있는 콘텐츠끼리 묶고 서로 구분되도록 테두리를 그리거나 여백을 두는 등 여러 모로 유용하게 활용할 수 있기 때문입니다. 여기서는 내용을 표시하는 3개 영역에 각각 테두리를 그리고 적절한 여백을 두어 내용을 좀 더 돋보이게 만드는 방법을 알아보겠습니다.

1. 준비 문서 살펴보기

우선 웹 브라우저에서 실습 문서 box.html를 열어 보세요. 소제목 3개 아래에 간단한 텍스트가 있는 문서가 보일 것입니다. 이제부터 소제목과 내용을 묶어 하나의 단락을 만들고 단락의 테두리를 만들어 보겠습니다.

2. 편집기에서 box.html 문서를 열고 문서 구조를 살펴보면 박스를 만들려는 부분은 각각 별도의 <article> 태그로 이루어져 있고 서로 다른 id를 가지고 있다는 것을 알 수 있습니다.

▶ 21번 줄과 34번, 45번 줄 번호 오른쪽의 ☑를 클릭하면 <article> 태그의 id를 한꺼번에 볼 수 있습니다.

```
21 >   <article id="pet1">
33     </article>
34 v   <article id="pet2">
35       <h3>온순한강아지</h3>
36 v     <dl>
```

3. 콘텐츠 영역 너비와 높이 지정하기

3개 영역에 공통적으로 적용될 스타일은 article 태그 선택자를 이용하면 됩니다. </head> 태그 앞에 스타일 시트를 선언할 공간을 만들고 다음과 같은 소스를 추가해 article 영역의 너비를 부모 요소 너비의 90%로 지정하고 높이는 자동으로 지정합니다.

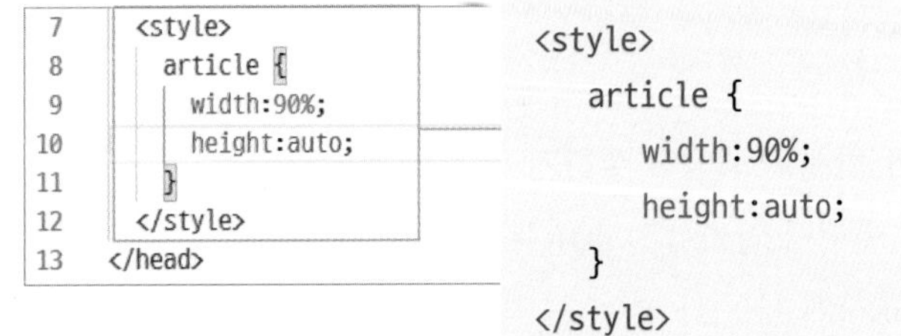

```
<style>
  article {
    width:90%;
    height:auto;
  }
</style>
```

4. 테두리 스타일 적용하기

3개 영역에는 테두리 스타일과 모서리를 둥글게 처리할 border-radius 속성을 각각 다르게 적용할 것입니다. 3번에서 입력한 </style> 태그 바로 앞에 다음과 같은 소스를 추가한 후 단축키 Ctrl + S를 눌러 문서를 저장합니다.

```
#pet1{
  border:1px solid black;
  border-radius:10px;
}
#pet2 {
  border:1px dotted blue;
  border-radius:20px;
}
#pet3 {
  border:2px double green;
  border-top-left-radius:30px;
  border-bottom-right-radius:30px;
}
```

5. 브라우저에서 확인하기

브라우저에서 F5 키를 눌러 수정한 내용을 반영해 보겠습니다. 소제목과 텍스트 주변으로 여러 종류의 테두리가 그려집니다. 그런데 단락과 단락 사이에 여백이 너무 없고 테두리와 내용 사이도 너무 바짝 붙어 있어 마진과 패딩을 조절해야겠군요.

6. 마진과 패딩 조절하기

3번에서 입력했던 article 선택자의 스타일 규칙에 다음과 같은 규칙을 추가하겠습니다. 이 스타일은 margin 속성을 사용해 테두리가 그려진 각 영역 사이에 여백을 두고 padding 속성을 사용해 테두리와 내용 사이에도 적당한 여백을 두는 것입니다. 단축키 Ctrl + S를 눌러 수정 내용을 저장하세요.

```
article {
   width:90%;
   height:auto;
   margin:20px 10px;
   padding:20px;
}
```

7. 브라우저에서 확인하기

브라우저로 돌아와 F5를 다시 한번 누르면 마진과 패딩이 추가되어 좀 더 보기 좋은 모습으로 바뀝니다. 또한 각 블록마다 테두리와 border-radius가 다양하게 적용된 것을 확인할 수 있습니다.

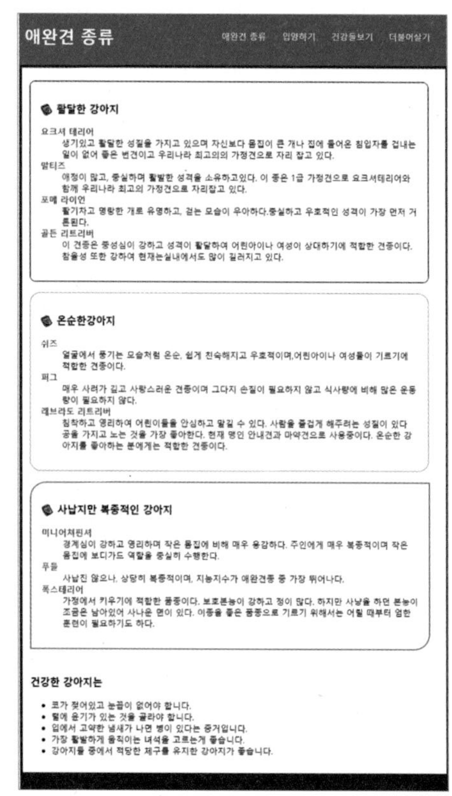

기억을 되살리는

연습문제

박스 모델의 네 방향 테두리 두께를 다르게 지정하기 위해 다음과 같은 CSS 소스를 사용했습니다. 이것을 border-width 속성 하나로 묶어 지정하려면 기존 4개의 값을 어떻게 나열해야 할지 작성하세요.

```
border-top-width: 5px
border-bottom-width : 10px
border-left-width : 15px
border-right-width : 20px
```

정답 border-width : 5px 20px 10px 15px;

Q2 난이도 ★★★

08/quiz-2.html에는 4개 항목이 있는 순서 없는 목록이 삽입되어 있습니다. 여기에 다음 조건에 맞는 CSS를 적용해 가로 내비게이션 메뉴를 만드세요.

[문제] 08/quiz-2.html

- 메뉴1
- 메뉴2
- 메뉴3
- 메뉴4

[해답] 08/sol-2.html

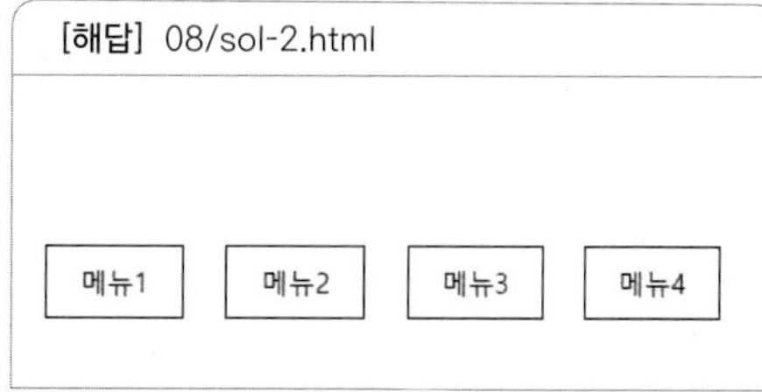

조건

① 목록의 불릿을 없앱니다.

② 목록의 항목을 가로로 배치합니다.

③ 각 항목에 1픽셀짜리 검은색 실선을 표시합니다.

④ 각 항목의 상하 패딩은 10px, 좌우 패딩은 20px로 지정합니다.

⑤ 각 항목의 네 방향 마진은 10px로 지정합니다.

09

CSS 레이아웃

구슬도 꿰어야 보배죠. 08장에서 배웠던 CSS 박스 모델을 사용하면 웹 문서의 레이아웃을 다양하게 만들 수 있습니다. 웹 문서에 박스 모델을 배치하는 것을 포지셔닝(positioning)이라고 부르는데 이번 장에서는 포지셔닝과 관련된 여러 속성을 살펴보고 다양한 레이아웃 예제도 만들어 보겠습니다.

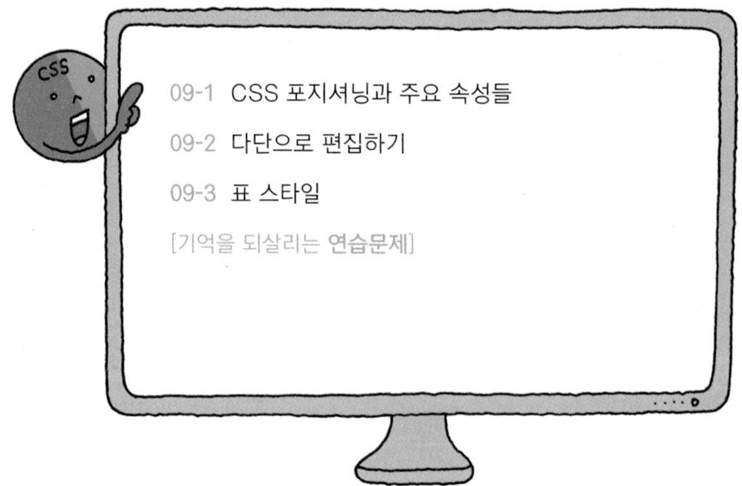

09-1 CSS 포지셔닝과 주요 속성들

09-2 다단으로 편집하기

09-3 표 스타일

[기억을 되살리는 연습문제]

09-1 CSS 포지셔닝과 주요 속성들

CSS의 여러 속성들 중에서 가장 중요한 내용을 꼽으라면 지금부터 살펴볼 포지셔닝 관련 내용일 것입니다. 단순한 사이트부터 여러 단으로 구성된 사이트까지 CSS 포지셔닝을 이용해 웹 문서의 레이아웃이 만들어지기 때문입니다. 우선 포지셔닝이 무엇인지 알아보고 주요 속성들을 살펴보겠습니다.

CSS 포지셔닝이란?

우리가 자주 방문하는 포털 사이트도 CSS를 제거하면 오른쪽과 같이 구성되어 있습니다. 여기에 CSS를 이용해 꾸미고 CSS 포지셔닝을 이용해 검색 창, 로그인 창, 광고, 뉴스, 실시간 검색 순위 등 여러 요소를 적절히 배치하면 지금 우리가 보고 있는 형태로 바뀝니다.

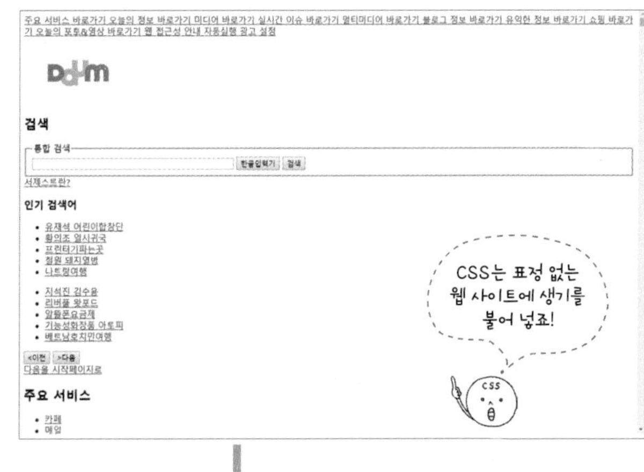

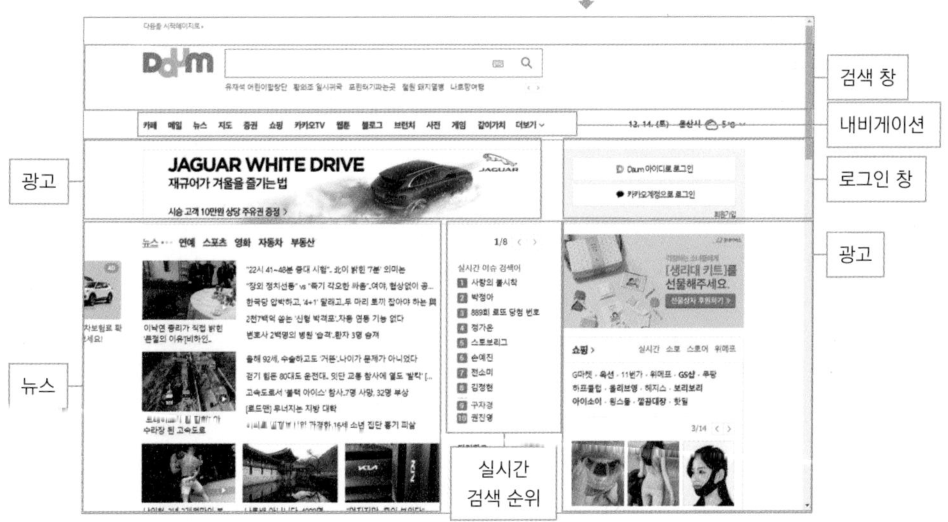

브라우저 화면 안에 각 콘텐츠 영역을 어떻게 배치할지를 결정하는 것이 지금부터 배울 float 속성과 position 속성입니다. 그리고 여기에 08장에서 살펴본 박스 모델의 패딩이나 마진, 테두리 속성까지 포함해 전체적인 레이아웃이 완성됩니다. 같은 내용이더라도 배치를 어떻게 하고 어떤 배경과 색상을 사용할지에 따라 완전히 다른 사이트처럼 보이게 할 수 있는 것이죠.

box-sizing 속성 - 박스 너비 기준 정하기

웹 문서에서 여러 요소를 배치하려면 각 요소의 너비를 계산해야 합니다. CSS의 width 속성은 콘텐츠 영역의 너비를 나타내기 때문에 해당 요소에 적용한 패딩이나 테두리 크기는 따로 계산해서 배치해야 합니다. 이럴 때 box-sizing 속성을 사용하면 콘텐츠 영역의 너비에 패딩과 테두리 크기까지 합쳐서 width 속성을 지정할 수 있습니다.

기본형 `box-sizing: content-box | border-box`

▶ 박스 모델의 마진은 width 속성에 포함되지 않습니다.

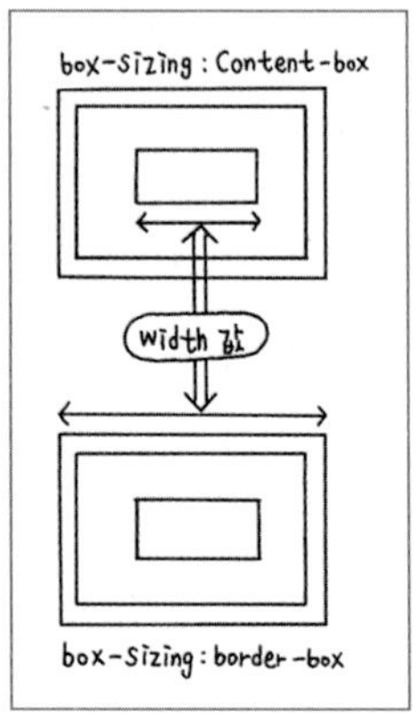

속성 값	설명
content-box	**width 속성 값을 콘텐츠 영역 너비 값으로 사용합니다. 기본 값입니다.**★
border-box	width 속성 값을 콘텐츠 영역에 테두리까지 포함한 박스 모델 전체 너비 값으로 사용합니다.

두 가지 속성에 따라 박스 너비가 어떻게 달라지는지 예제로 확인해 보겠습니다.

Do it! 박스 모델의 너비 결정하기 — 예제 09/box-sizing.html

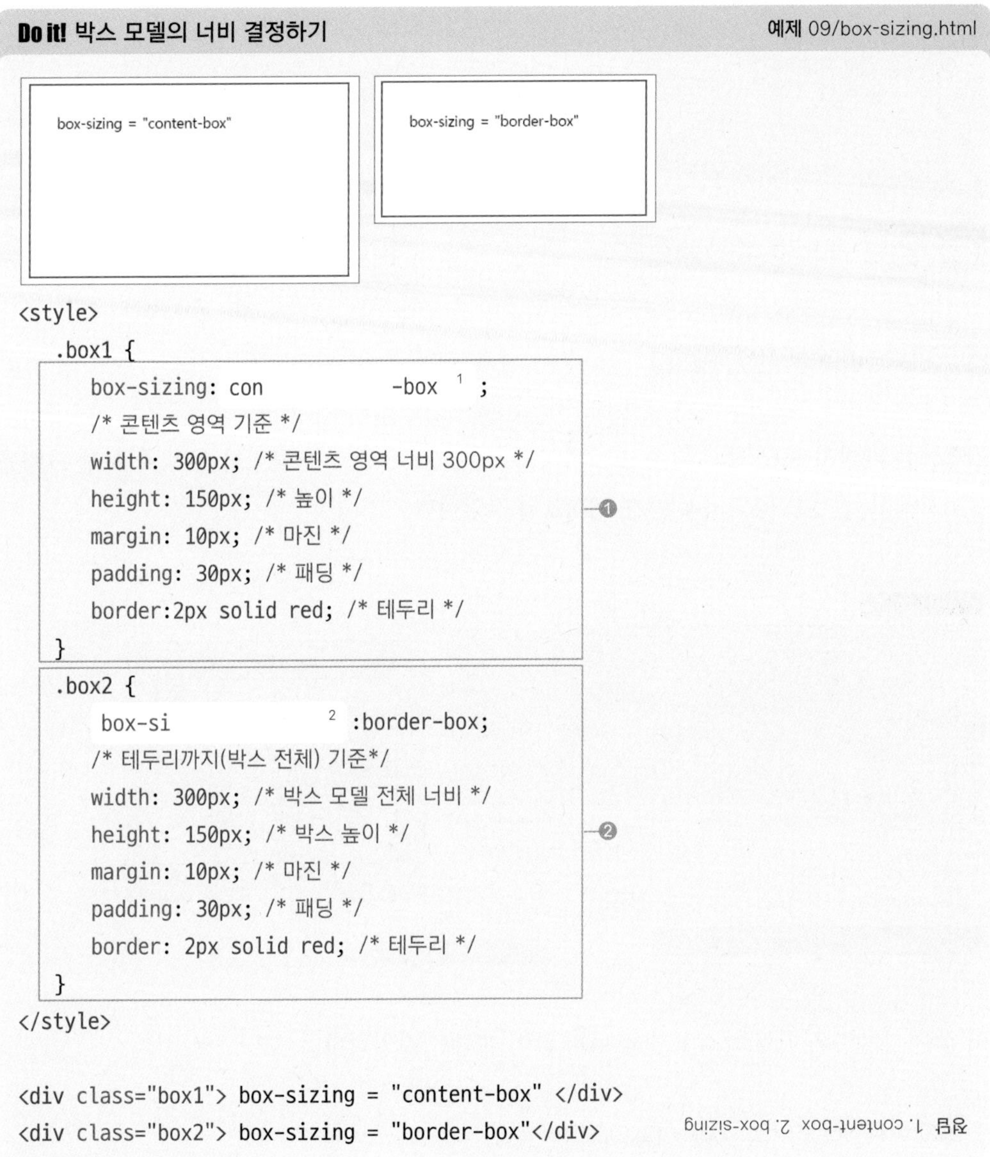


```
<style>
  .box1 {
     box-sizing: con          -box 1 ;
     /* 콘텐츠 영역 기준 */
     width: 300px; /* 콘텐츠 영역 너비 300px */
     height: 150px; /* 높이 */
     margin: 10px; /* 마진 */
     padding: 30px; /* 패딩 */
     border:2px solid red; /* 테두리 */
  }
  .box2 {
     box-si          2 :border-box;
     /* 테두리까지(박스 전체) 기준*/
     width: 300px; /* 박스 모델 전체 너비 */
     height: 150px; /* 박스 높이 */
     margin: 10px; /* 마진 */
     padding: 30px; /* 패딩 */
     border: 2px solid red; /* 테두리 */
  }
</style>

<div class="box1"> box-sizing = "content-box" </div>
<div class="box2"> box-sizing = "border-box"</div>
```

정답 1. content-box 2. box-sizing

❶ 박스 모델의 좌우 패딩 각 30px과 좌우 테두리 각 2px, 콘텐츠 영역 너비는 300px입니다. 실제 화면에서 차지하는 너비는 364px이 됩니다.

❷ width:300px;에 맞추어 좌우 패딩 각 30px, 좌우 테두리 각 2px씩 할당하고 콘텐츠 영역은 236px가 됩니다. 화면에서 차지하는 너비는 300px입니다.

결과 화면으로 각 너비가 어떻게 나누어졌는지 확인해 볼까요? 브라우저에서 09/box-sizing.html을 연 후 첫 번째 박스를 마우스 오른쪽 버튼으로 클릭하고 [검사]를 선택해 보세요. 개발자 도구 창에서 콘텐츠 영역의 너비가 width 값으로 지정한 300px인 것을 볼 수 있습니다.

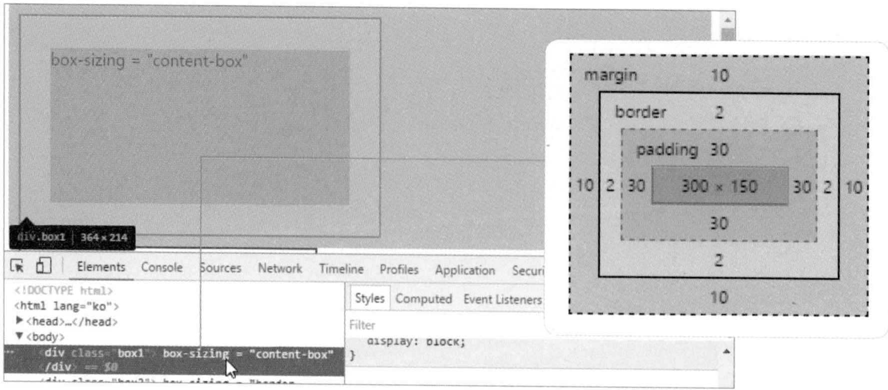

이번에는 개발자 도구 창의 왼쪽 소스에서 두 번째 <div> 소스를 클릭한 후 박스 모델 그림을 살펴보세요. 콘텐츠 영역의 너비가 236px일 것입니다.

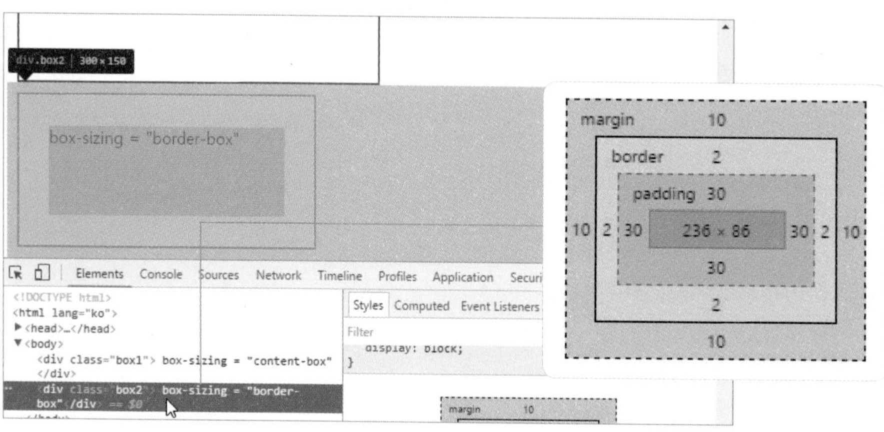

이 값은 다음 수식처럼 박스 모델의 너비 값이 계산된 것입니다.

```
300px = 236px + (30x2)px + (2x2)px
      = 콘텐츠 영역 + 좌우 패딩 + 좌우 테두리
```

이렇게 CSS를 이용해 여러 박스 모델을 화면상에 배치하려면 박스 모델의 너비 값을 정확히 계산해야 합니다. 만약 width 값을 계산하기 어렵다면 box-sizing:border-box;로 지정해 박스 모델 너비를 알기 쉽게 바꾸어 놓는 것도 좋은 방법입니다.

float 속성 - 왼쪽이나 오른쪽으로 배치하기

float 속성은 웹 요소를 문서 위에 떠 있게 만듭니다. 여기서 '떠 있다'라는 의미는 왼쪽 구석이나 오른쪽 구석에 요소가 배치된다는 뜻입니다. float 속성에서 사용할 수 있는 값에는 왼쪽(left)과 오른쪽(right), 그리고 좌우 어느 쪽도 아닌 것(none)이 있습니다.

기본형 `float: left | right | none`

속성 값	설명
left	해당 요소를 문서의 왼쪽으로 배치합니다.
right	해당 요소를 문서의 오른쪽으로 배치합니다.
none	좌우 어느 쪽으로도 배치하지 않습니다.

다음 예는 이미지를 왼쪽에 떠 있게 하는 것으로 float 속성을 사용하면 그 주변을 다른 요소가 감쌉니다. 따라서 이미지와 텍스트를 나란히 표시하려고 할 때는 이미지에 float 속성을 사용합니다. 이미지를 왼쪽에 배치한 후 오른쪽에 오는 텍스트와 적당한 간격을 유지하기 위해 margin-right 속성도 함께 사용합니다.

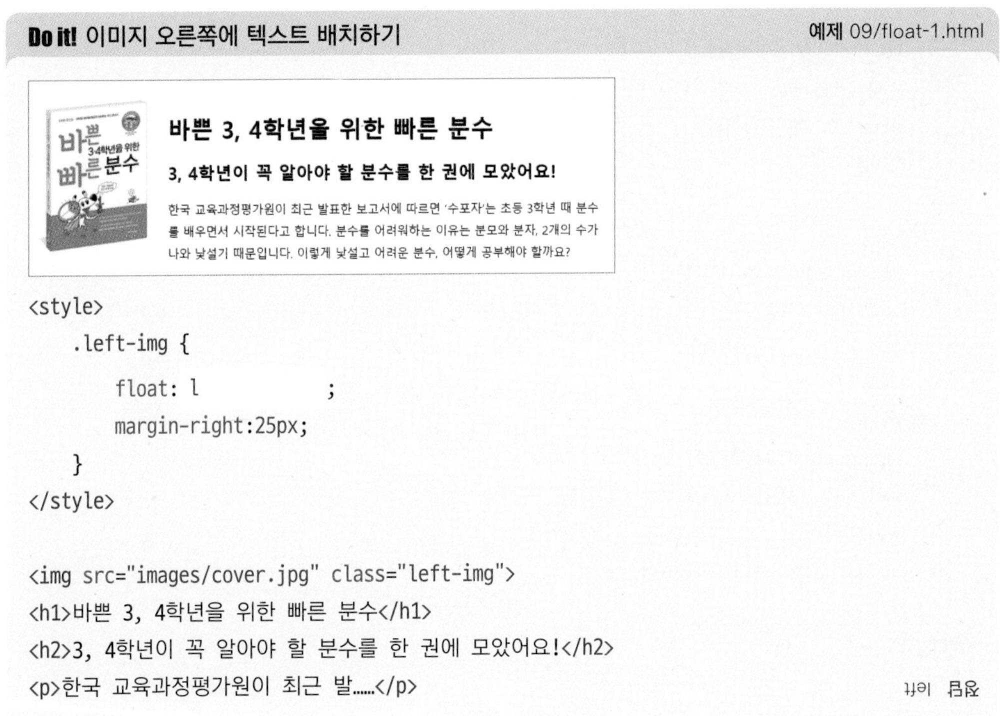

Do it! 이미지 오른쪽에 텍스트 배치하기 예제 09/float-1.html


```
<style>
    .left-img {
        float: l          ;
        margin-right:25px;
    }
</style>

<img src="images/cover.jpg" class="left-img">
<h1>바쁜 3, 4학년을 위한 빠른 분수</h1>
<h2>3, 4학년이 꼭 알아야 할 분수를 한 권에 모았어요!</h2>
<p>한국 교육과정평가원이 최근 발……</p>
```

정답 left

float:left나 float:right를 지정하면 너비 값은 콘텐츠를 표시할 때 필요한 만큼만 차지하고 다른 요소가 들어올 만큼의 공간을 비워 둡니다. 그럼 실제로 어떻게 구현되는지 박스를 연이어 배치해 볼까요?

다음 예제에서 box1 선택자가 적용된 요소가 표시된 후 오른쪽 공간에 box2 선택자를 사용한 요소가 옵니다. 다른 요소가 그 옆으로 계속 올 수 있죠. 그리고 box4 선택자는 float:right를 사용해 오른쪽으로 붙여 놓았습니다.

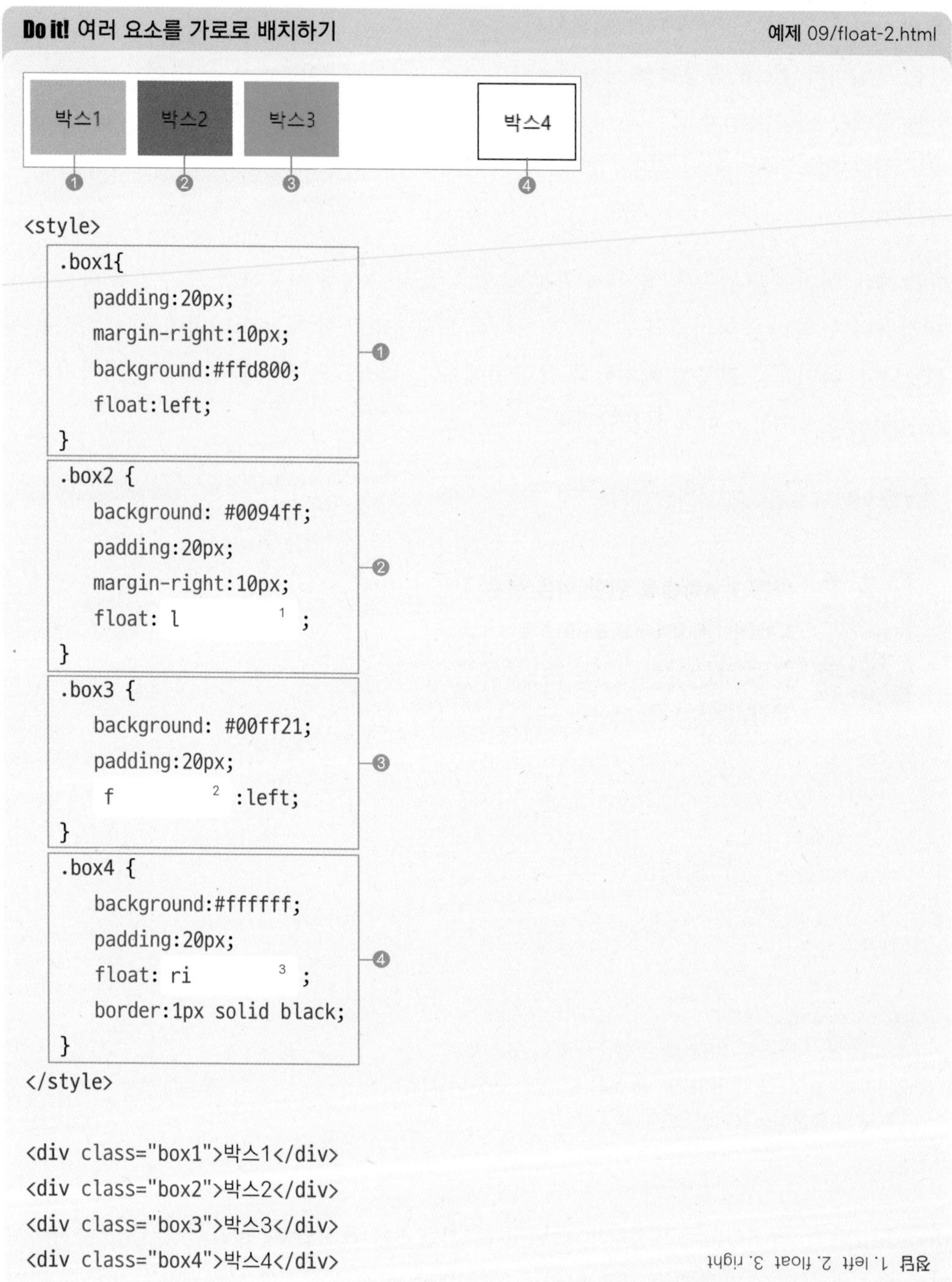


```
<style>
  .box1{
     padding:20px;
     margin-right:10px;
     background:#ffd800;
     float:left;
  }
  .box2 {
     background: #0094ff;
     padding:20px;
     margin-right:10px;
     float: l______1______;
  }
  .box3 {
     background: #00ff21;
     padding:20px;
     f______2______:left;
  }
  .box4 {
     background:#ffffff;
     padding:20px;
     float: ri______3______;
     border:1px solid black;
  }
</style>

<div class="box1">박스1</div>
<div class="box2">박스2</div>
<div class="box3">박스3</div>
<div class="box4">박스4</div>
```

정답 1. left 2. float 3. right

clear 속성 - float 속성 해제하기

float 속성을 이용해 웹 페이지 요소를 왼쪽이나 오른쪽에 배치하면 그 다음에 넣는 다른 요소들에도 똑같은 속성이 전달됩니다. 따라서 float 속성이 더 이상 유용하지 않다고 알려 주는 속성이 필요한데 그것이 바로 clear 속성입니다.

float:left를 이용해 왼쪽으로 배치했다면 clear:left로 종료하고 float:right를 사용했다면 clear:right를 사용해 무효화시킵니다. float 속성 값이 left인지 right인지와 상관없이 무조건 기본 상태로 되돌리고 싶다면 clear:both라고 하면 됩니다.

기본형	`clear: none	left	right	both`

▶ float:left를 해제하기 위해 clear:left라고 지정하면 되지만 float 속성 값을 일일이 기억하기 번거롭다면 다음 예제에서처럼 clear:both라고 한꺼번에 지정하기도 합니다.

다음 예제에서 box1과 box2 요소는 float:left를 적용해 왼쪽부터 차례대로 배치하고 box3 요소는 float 속성을 지정하지 않았기 때문에 앞의 두 박스와 겹쳐 표시됩니다. 마지막 box4 선택자에는 clear:both 속성을 추가했기 때문에 앞에서 사용한 float:left가 해제되었습니다.

Do it! float 속성 해제하기 　　　　예제 09/float-3.html

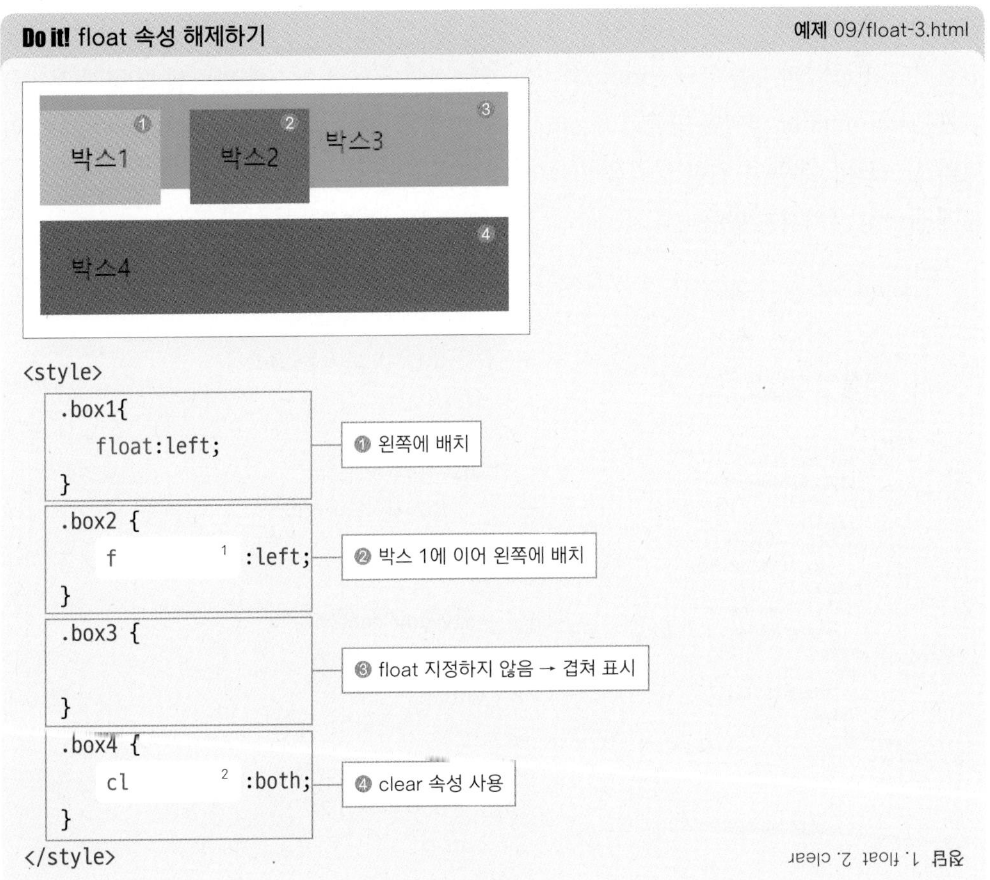


```
<style>
  .box1{
    float:left;
  }
  .box2 {
    f    1    :left;
  }
  .box3 {

  }
  .box4 {
    cl    2    :both;
  }
</style>
```

❶ 왼쪽에 배치
❷ 박스 1에 이어 왼쪽에 배치
❸ float 지정하지 않음 → 겹쳐 표시
❹ clear 속성 사용

정답 1. float 2. clear

2단 레이아웃 만들기 1 - 구조 마크업하기

[준비] 09/2-layout.html [완성] 09/2-layout-markup.html

어느 정도 CSS를 공부해도 웹 사이트 레이아웃을 만드는 것은 쉽지 않습니다. 하지만 이 실습을 차근차근 따라 하며 스스로 생각하는 연습을 한다면 레이아웃을 만들 수 있을 것입니다.

2-layout.html에는 기본적인 문서 구조만 들어 있는데 여기에 우선 사이트 제목이 표시될 '헤더(header)'와 메뉴나 기타 부가 내용이 들어갈 '사이드바(sidebar)', 본문 내용이 들어갈 '본문(contents)', 그리고 저작권 정보나 연락처 등이 들어갈 '푸터(footer)'를 작성해 보겠습니다.

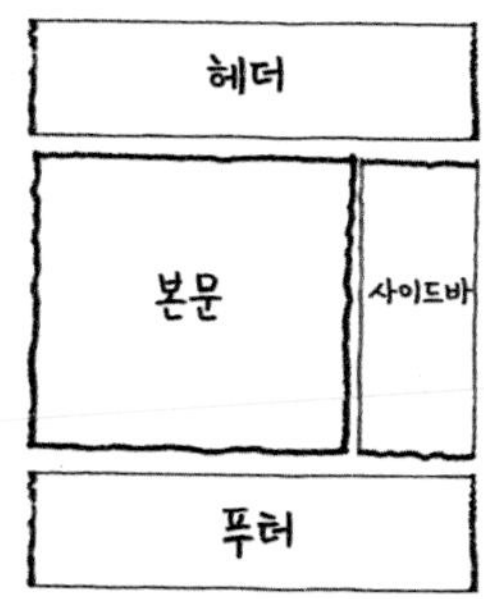

▶ 문서 구조인 헤더, 본문, 사이드바, 푸터에 대한 자세한 설명은 10장에서 배웁니다.

1. 문서 구조 만들기

편집기에서 준비 파일을 열고 <body>와 </body> 사이에 다음 소스를 입력해 웹 문서 전체를 감싸는 #container 영역을 만들고 #container 안에 헤더와 사이드바, 본문을 위한 영역을 만들고 맨 아래 부분에 들어갈 푸터까지 만듭니다.

▶ #container 영역이란 id 선택자가 container(id="container")인 영역을 말합니다.

```
<!DOCTYPE html>

<html lang="ko">
<head>
    <meta charset="utf-8">
    <title>2단 레이아웃</title>
</head>
<body>
    <div id="container">
        <div id="header">
            <h1>사이트 제목</h1>
        </div>
        <div id="sidebar">
            <h2>사이드 바</h2>
        </div>
        <div id="contents">
            <h2>본문</h2>
        </div>
        <div id="footer">
            <h2>푸터</h2>
        </div>
    </div>
</body>
</html>
```

```
<div id="container">
    <div id="header">
        <h1>사이트 제목</h1>
    </div>

    <div id="sidebar">
        <h2>사이드바</h2>
    </div>

    <div id="contents">
        <h2>본문</h2>
    </div>

    <div id="footer">
        <h2>푸터</h2>
    </div>
</div>
```

2. 임의로 본문 내용 넣기 - 로렘 입숨(Lorem Ipsum)

사이드바와 본문, 푸터에 내용을 어느 정도 채워야만 전체적인 레이아웃을 테스트해 볼 수 있겠죠? 이럴 때 의미 없이 내용을 채워주는 것을 '로렘 입숨(Lorem Ipsum)'이라고 합니다. http://guny.kr/stuff/klorem/로 접속하면 한글로 된 로렘 입숨을 사용할 수 있습니다. 적당한 문단 수와 문단 길이를 지정한 후 [문단]을 클릭하면 '미리보기'란에 텍스트가 표시됩니다. 여기서는 [문단수]에 [2], [문단 길이]에 [길게]를 선택하고 [타입]에서 [문단]을 클릭합니다.

▶ http://hangul.thefron.me/에서도 한글 로렘 입숨을 사용할 수 있습니다.

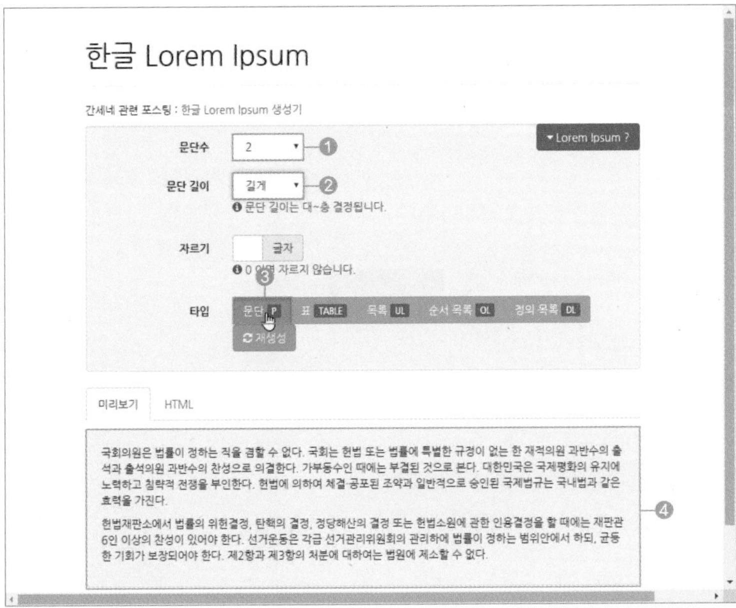

3. [HTML] 탭을 클릭한 후 그 안에 있는 내용을 모두 선택해 복사합니다.

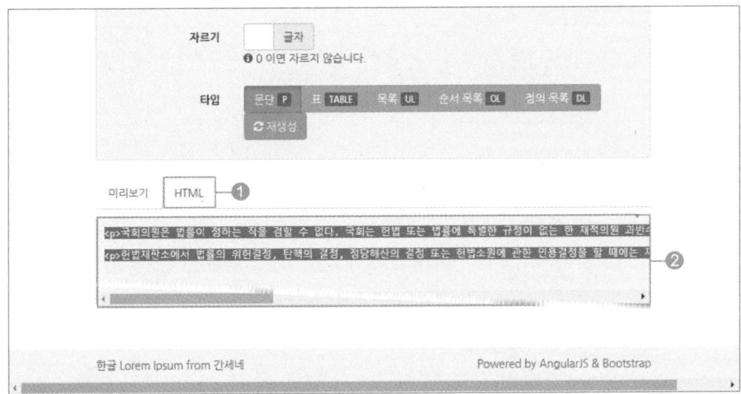

4. 편집기 창으로 돌아와 <div id="contents">에 있는 <h2> 태그 아래에 붙여 넣습니다.

```
<div id="contents">
    <h2>본문</h2>
    <p>재산권의 행사는 공공복리에 적합하도록 하여야 한다. 정부는 회계연도마다 예산안을
    편성하여 회계연도 개시 90일전까지 국회에 제출하고, 국회는 회계연도 개시 30일전까지
    이를 의결하여야 한다.</p>

    <p>대통령의 임기가 만료되는 때에는 임기만료 70일 내지 40일전에 후임자를 선거한다.
    제2항과 제3항의 처분에 대하여는 법원에 제소할 수 없다. 언론·출판에 대한 허가나
    검열과 집회·결사에 대한 허가는 인정되지 아니한다.</p>
</div>
<div id="footer">
    <h2>푸터</h2>
```

5. 같은 방법으로 사이드바와 푸터에도 로렘 입숨 텍스트를 채우세요. 여기서는 사이드바에 '1문단의 짧은 목록'을 채우고 푸터에는 '1문단 짧은 문단'을 채웠습니다.

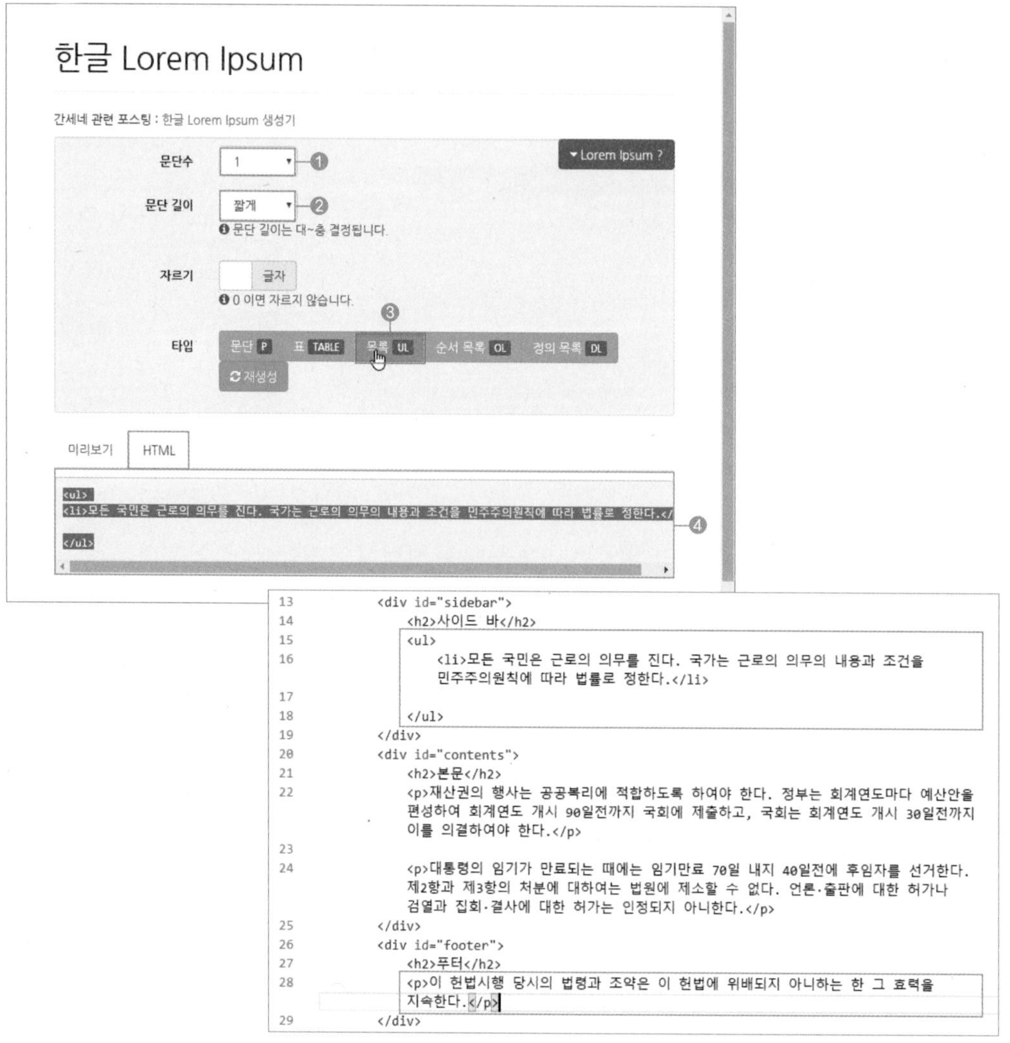


```
<ul>
<li>모든 국민은 근로의 의무를 진다. 국가는 근로의 의무의 내용과 조건을 민주주의원칙에 따라 법률로 정한다.</
</ul>
```

```
<div id="sidebar">
    <h2>사이드 바</h2>
    <ul>
        <li>모든 국민은 근로의 의무를 진다. 국가는 근로의 의무의 내용과 조건을
        민주주의원칙에 따라 법률로 정한다.</li>

    </ul>
</div>
<div id="contents">
    <h2>본문</h2>
    <p>재산권의 행사는 공공복리에 적합하도록 하여야 한다. 정부는 회계연도마다 예산안을
    편성하여 회계연도 개시 90일전까지 국회에 제출하고, 국회는 회계연도 개시 30일전까지
    이를 의결하여야 한다.</p>

    <p>대통령의 임기가 만료되는 때에는 임기만료 70일 내지 40일전에 후임자를 선거한다.
    제2항과 제3항의 처분에 대하여는 법원에 제소할 수 없다. 언론·출판에 대한 허가나
    검열과 집회·결사에 대한 허가는 인정되지 아니한다.</p>
</div>
<div id="footer">
    <h2>푸터</h2>
    <p>이 헌법시행 당시의 법령과 조약은 이 헌법에 위배되지 아니하는 한 그 효력을
    지속한다.</p>
</div>
```

6. 브라우저에서 확인하기

여기까지 저장한 후 웹 브라우저로 확인하면 헤더와 사이드바, 본문, 푸터가 일렬로 배치된 것을 볼 수 있습니다.

사이트 제목

사이드 바

- 모든 국민은 근로의 의무를 진다. 국가는 근로의 의무의 내용과 조건을 민주주의원칙에 따라 법률로 정한다.

본문

재산권의 행사는 공공복리에 적합하도록 하여야 한다. 정부는 회계연도마다 예산안을 편성하여 회계연도 개시 90일전까지 국회에 제출하고, 국회는 회계연도 개시 30일전까지 이를 의결하여야 한다.

대통령의 임기가 만료되는 때에는 임기만료 70일 내지 40일전에 후임자를 선거한다. 제2항과 제3항의 처분에 대하여는 법원에 제소할 수 없다. 언론·출판에 대한 허가나 검열과 집회·결사에 대한 허가는 인정되지 아니한다.

푸터

이 헌법시행 당시의 법령과 조약은 이 헌법에 위배되지 아니하는 한 그 효력을 지속한다.

{직접 해보세요!} 2단 레이아웃 만들기 2 - CSS 작성하기

[준비] 앞에서 저장한 2-layout.html [완성] 09/2-layout-css.html

2단 레이아웃은 맨 위에는 '헤더', 맨 아래에는 '푸터'를 표시하고 중앙 영역의 오른쪽에는 '사이드바', 왼쪽에는 '본문'을 표시하는 형태입니다. 블로그나 웹 사이트 등에서 자주 사용하는 형태죠. CSS를 이용해 2단 레이아웃을 만드는 방법을 알아보겠습니다.

1. 영역에 테두리 넣기

우선 레이아웃을 쉽게 알아볼 수 있도록 모든 영역에 테두리를 그려 보겠습니다. 준비 파일을 열고 다음 소스를 <head>와 </head> 태그 사이에 추가하세요. 이 소스는 각 영역의 크기를 지정하기 위한 CSS 소스입니다.

```
<head>
    <meta charset="utf-8">
    <title>2단 레이아웃</title>
    <style>
        div {
            border:
        }
    </style>
```

```
<style>
    div {
        border: 1px solid #ccc; /* <div> 요소에 테두리 표시 */
    }
</style>
```

2. 컨테이너 스타일 지정하기

콘텐츠 전체를 감싸는 #container 요소는 콘텐츠 전체 너비를 지정하고 화면 중앙에 배치하도록 설정할 때 편리합니다. 다음 소스를 </style> 태그 앞에 추가하세요.

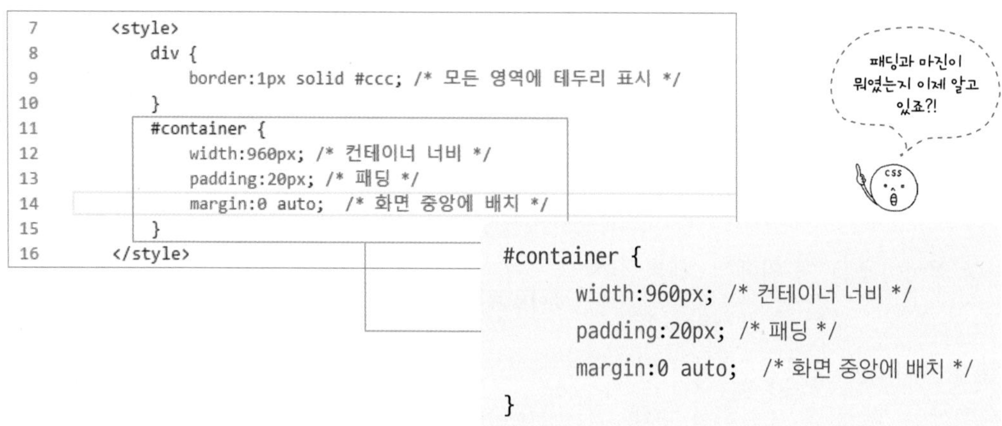

```
    <style>
        div {
            border:1px solid #ccc; /* 모든 영역에 테두리 표시 */
        }
        #container {
            width:960px; /* 컨테이너 너비 */
            padding:20px; /* 패딩 */
            margin:0 auto;  /* 화면 중앙에 배치 */
        }
    </style>
```

```
#container {
    width:960px; /* 컨테이너 너비 */
    padding:20px; /* 패딩 */
    margin:0 auto;   /* 화면 중앙에 배치 */
}
```


3. 헤더에 패딩과 마진 지정하기

#container 안에 들어가는 요소를 차례대로 만들어 보겠습니다. 헤더에도 패딩을 20px로 지정하고 다음에 오는 요소들과의 간격을 유지하기 위해 margin-bottom 값도 20px로 지정합니다. 다음 소스를 #container 스타일 다음에 추가합니다.

▶ width 값을 지정하지 않으면 auto가 기본 값이 되어 부모 요소 안에 (패딩, 테두리 포함해) 가득 차게 표시됩니다.

```
        }
        #header {
            padding:20px;  /* 패딩 */
            margin-bottom:20px;  /* 아래 요소들과의 간격(마진) */
        }
    </style>
```

```
#header {
    padding:20px;   /* 패딩 */
    margin-bottom:20px;   /* 아래 요소들과의 간격(마진) */
}
```

4. 본문과 사이드바 배치하기

이제 본문과 사이드바를 배치해야 하는데 본문을 왼쪽에 배치하기 위해 float:left로 지정하고 사이드바는 float:right로 지정합니다. 그 외 너비와 패딩 값은 적절히 조절합니다. 다음 소스를 #header 스타일 다음에 추가합니다.

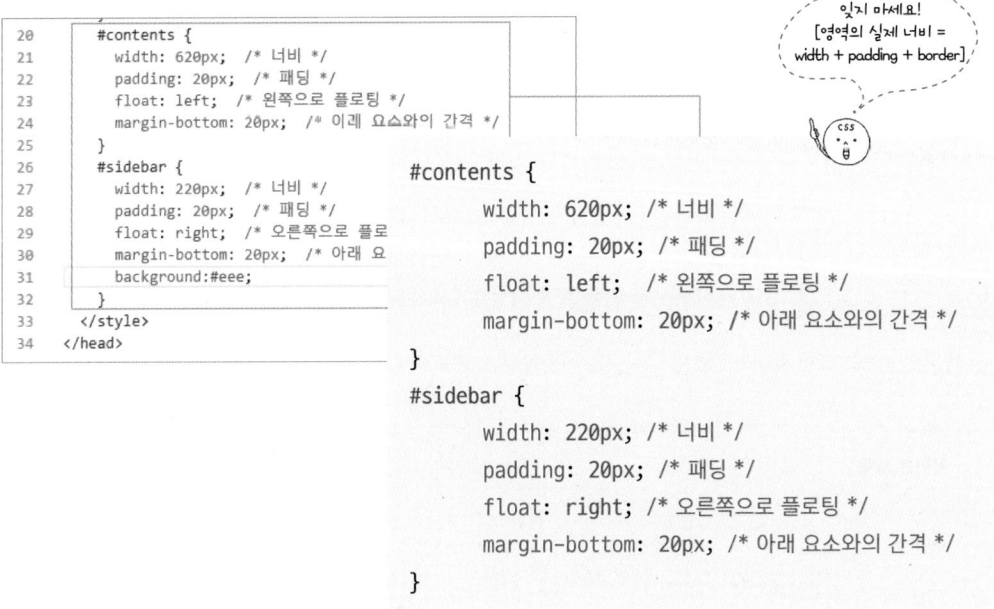

잊지 마세요!
[영역의 실제 너비 = width + padding + border]
CSS


```
    #contents {
      width: 620px;  /* 너비 */
      padding: 20px;  /* 패딩 */
      float: left;  /* 왼쪽으로 플로팅 */
      margin-bottom: 20px;  /* 아래 요소와의 간격 */
    }
    #sidebar {
      width: 220px;  /* 너비 */
      padding: 20px;  /* 패딩 */
      float: right;  /* 오른쪽으로 플로
      margin-bottom: 20px;  /* 아래 요
      background:#eee;
    }
  </style>
</head>
```

```
#contents {
        width: 620px; /* 너비 */
        padding: 20px; /* 패딩 */
        float: left;  /* 왼쪽으로 플로팅 */
        margin-bottom: 20px; /* 아래 요소와의 간격 */
}
#sidebar {
        width: 220px; /* 너비 */
        padding: 20px; /* 패딩 */
        float: right; /* 오른쪽으로 플로팅 */
        margin-bottom: 20px; /* 아래 요소와의 간격 */
}
```

5. 푸터 배치하기

마지막으로 푸터가 남았군요. 본문과 사이드바에 적용했던 'float'를 푸터에서는 해제해야 하는데 좌우 모두 해제해야 하므로 clear:both로 지정합니다. 다음 소스를 #sidebar 스타일 다음에 추가합니다.

```
    #footer {
      clear:both;  /* 양쪽 플로팅 해제 */
      padding:20px;  /* 패딩 */
    }
  </style>
```

```
#footer {
        clear:both; /* 양쪽 플로팅 해제 */
        padding:20px; /* 패딩 */
}
```

6. 브라우저에서 확인하기

여기까지 저장한 후 웹 브라우저로 확인해 보세요. 헤더와 푸터가 화면 위아래에 배치되고 그 사이의 공간에 본문은 왼쪽, 사이드바는 오른쪽에 배치될 것입니다.

▶ CSS 소스 중 #contents를 float:right로 하고 #sidebar를 float:left로 수정하면 본문과 사이드바의 위치를 뒤바꿀 수 있습니다.

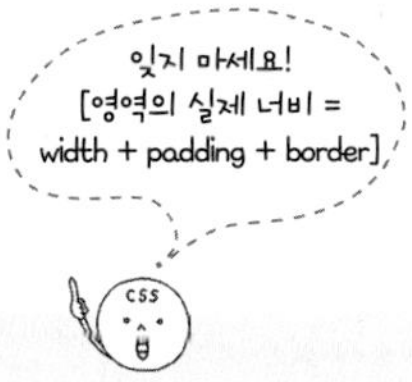

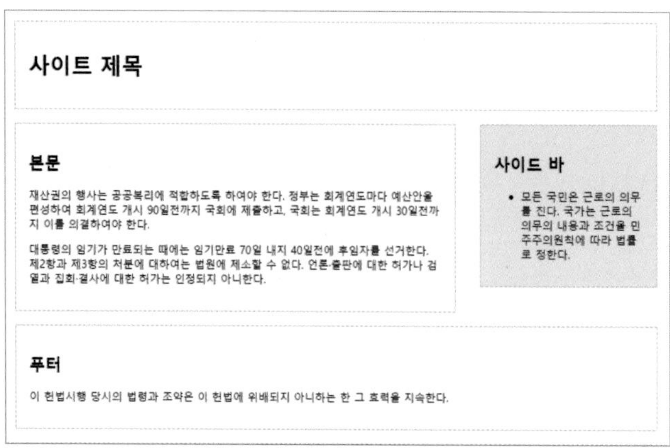

알아두면 좋아요! 3단 레이아웃을 만들려면 어떻게 하나요?

3단 레이아웃은 2단 레이아웃을 만드는 것과 비슷합니다. 예로 다음과 같은 레이아웃을 만들어 볼까요?

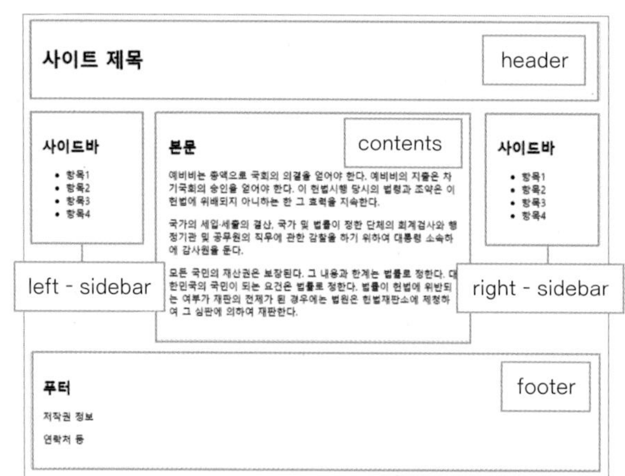

왼쪽 사이드바를 left-sidebar, 오른쪽 사이드바를 right-sidebar라고 한다면 헤더와 푸터는 2단 레이아웃에서처럼 지정하면 되고 #left-sidebar와 #contents는 float:left로 지정하고 #right-sidebar는 float:right로 지정합니다. 2개 이상의 요소를 옆으로 나란히 배치할 때는 마진과 패딩, 테두리를 고려해 너비 값을 잘 계산해야 합니다.

3단 레이아웃 문서를 직접 만들어 보세요. 완성된 3단 레이아웃 문서는 09/3-layout.html에 있으니 참고하세요.

```
##contents {
   width: 490px;
   float: left;
   margin-bottom: 20px;
}
#left-sidebar {
   width: 150px;
   float: left;
   margin-bottom: 20px;
   margin-right: 20px;
}
#right-sidebar {
   width: 150px;
   float: right;
   margin-bottom: 20px;
}
#footer {
   clear:both;
}
```

position 속성 - 배치 방법 지정하기

position 속성은 웹 문서 안의 요소들을 자유자재로 배치해 주는 속성으로 HTML과 CSS를 이용해 웹 문서를 만들 때 중요하게 사용하는 속성 중 하나입니다.

```
기본형    position: static | relative | absolute | fixed
```

position 속성을 이용하면 텍스트나 이미지를 나란히 배치할 수 있고 여러 개의 요소를 가로나 세로로 원하는 위치에 배치할 수도 있습니다. 이렇게 요소를 다양하게 배치하려면 position 속성에서 사용하는 속성 값의 특성을 이해하고 필요에 따라 적절한 속성 값을 선택해야 합니다.

속성 값	설명
static	**요소를 문서의 흐름에 맞추어 배치합니다.**★
relative	이전 요소에 자연스럽게 연결해 배치하되 위치를 지정할 수 있습니다.
absolute	원하는 위치를 지정해 배치합니다.
fixed	지정한 위치에 고정해 배치합니다. 화면에서 요소가 잘릴 수도 있습니다.

position 속성 중 static을 제외한 나머지 속성 값에서는 좌표를 이용해 각 요소의 위치를 조절할 수 있습니다. 이때 위치는 top과 bottom, left, right로 지정합니다. top이란 위쪽에서 얼마나 떨어져 있는지, bottom은 아래에서 얼마나 떨어져 있는지를 나타냅니다. 마찬가지로 left는 왼쪽에서 얼마나 떨어져 있는지, right는 오른쪽에서 얼마나 떨어져 있는지를 나타냅니다. 좌푯값은 양수와 음수 모두 사용할 수 있습니다.

```
top:0;
left:0;
```

```
top:0;
right:0;
```

예를 들어 왼쪽 윗부분 구석에 표시하려면 위로부터 떨어지지 않고 왼쪽에서도 떨어지지 않아야 하므로 왼쪽 소스처럼 지정하고 오른쪽 윗부분 구석에 표시하려면 위로부터 떨어지지 않고 오른쪽으로부터도 떨어지지 않아야 하므로 오른쪽 소스처럼 지정해야 합니다. 좀 더 자세한 예제는 이어서 설명하겠습니다.

1. static 속성 값 - 문서의 흐름대로 배치하기

static은 position 속성의 기본 값으로 요소를 나열한 순서대로 배치하며 top이나 right, bottom, left 같은 속성을 사용할 수 없습니다. 단지 float 속성을 이용해 좌우로 배치할 수 있습니다.

박스1
박스2

2. relative 속성 값 - 문서 흐름 따라 위치 지정하기

position:relative도 static에서처럼 나열한 순서대로 배치되지만 top이나 right, bottom, left 속성을 사용할 수 있으며 좌푯값을 사용해 위치를 지정할 수 있습니다.

다음 예제에 노란색 사각형과 파란색 사각형이 있는데 만약 파란색 사각형을 정의하는 .box2의 position을 지정하지 않았다면(또는 position:static으로 지정했다면) 오른쪽과 같이 두 개의 사각형이 나란히 표시됩니다.

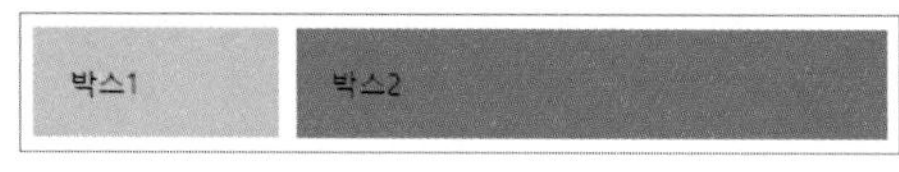

하지만 .box2를 position:relative로 지정한다면 다음 예제처럼 좌표를 지정할 수 있습니다. 이렇게 하면 원래 표시되었어야 할 위치를 기준으로 왼쪽으로 50px, 아래로 30px 이동해 표시되죠.

▶ 좌표의 left값은 오른쪽으로 갈수록 커지고 top값은 아래로 갈수록 커집니다. 예제에서 left:-50px이므로 왼쪽으로 50px만큼 이동합니다.

Do it! relative 값으로 요소 배치하기 예제 09/relative.html

```
<style>
    .box1{
        float:left;
        width:100px;
        background:#ffd800;
        margin-right:10px;
        padding:20px;
    }
    .box2 {
        position: rela          ;
        left:-50px;
        top:30px;
        width:300px;
        background:#0094ff;
        float:left;
        padding:20px;
    }
</style>

<div class="box1">박스1</div>
<div class="box2">박스2</div>
```

좌푯값을 지정해 자연스럽게 배치

정답 relative

3. absolute 속성 값 - 원하는 위치에 배치하기

position:absolute 속성을 사용하면 문서의 흐름과 상관없이 left와 right, top, bottom 속성 값을 이용해 요소를 원하는 위치에 배치할 수 있습니다. 이때 기준이 되는 위치는 가장 가까운 부모 요소나 조상 요소 중 position 속성이 relative인 요소입니다. 그래서 absolute를 사용하려면 그 요소를 감싸는 <div> 를 만들고 position을 relative로 지정해 놓고 사용해야 합니다. 실제로 소스를 어떻게 입력해야 하는지 다음 예제로 알아봅시다.

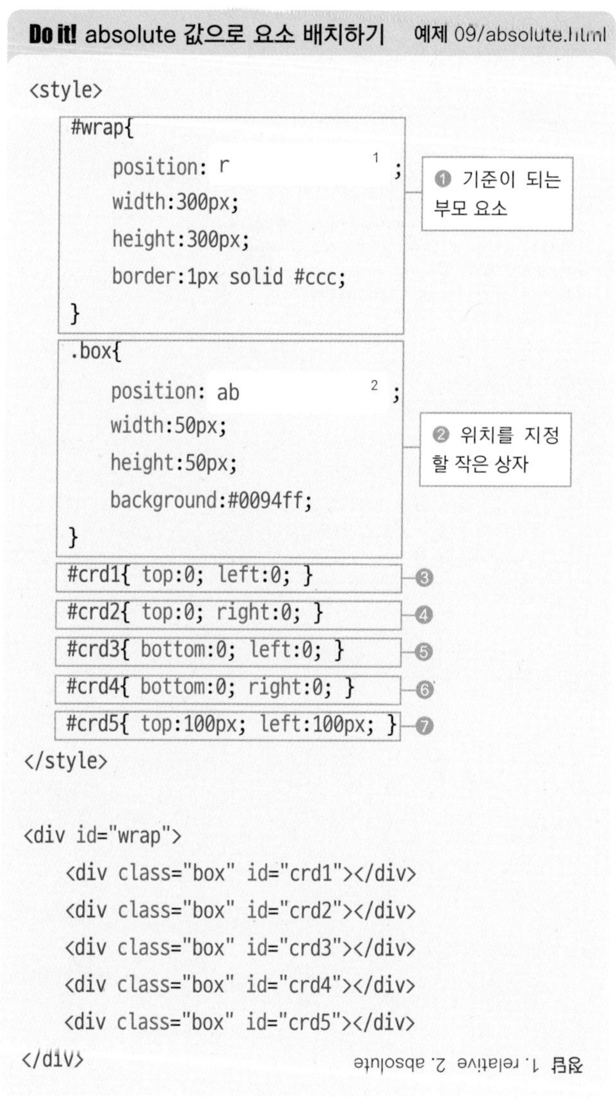

Do it! absolute 값으로 요소 배치하기 예제 09/absolute.html

```
<style>
  #wrap{
      position: r          1 ;
      width:300px;
      height:300px;
      border:1px solid #ccc;
  }
  .box{
      position: ab         2 ;
      width:50px;
      height:50px;
      background:#0094ff;
  }
  #crd1{ top:0; left:0; }
  #crd2{ top:0; right:0; }
  #crd3{ bottom:0; left:0; }
  #crd4{ bottom:0; right:0; }
  #crd5{ top:100px; left:100px; }
</style>

<div id="wrap">
    <div class="box" id="crd1"></div>
    <div class="box" id="crd2"></div>
    <div class="box" id="crd3"></div>
    <div class="box" id="crd4"></div>
    <div class="box" id="crd5"></div>
</div>
```


정답 1. relative 2. absolute

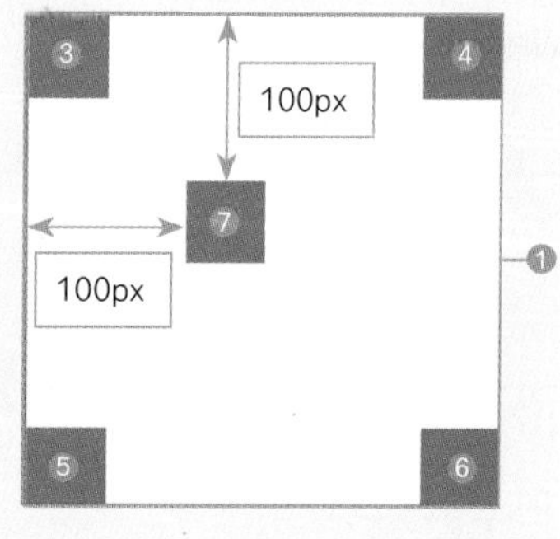

① 작은 상자를 감싸는 영역은 #wrap이라는 id 선택자를 이용해 position:relative로 지정합니다.

② 위치를 지정할 작은 상자는 .box라는 선택자를 이용해 position:absolute, 크기는 50px×50px, 색상은 #0094ff로 지정합니다.

③~⑥ #crd1부터 #crd4까지는 왼쪽 위 모서리에서 오른쪽 아래 모서리까지 상자를 배치합니다.

⑦ #crd5는 왼쪽에서 100px만큼 떨어지고 위쪽에서 100px만큼 떨어져 배치합니다.

이렇게 absolute 속성 값을 이용해 자유자재로 요소를 배치하기 위해서는 반드시 부모 요소가 relative로 지정되어 있어야 합니다.

4. fixed 속성 값 - 브라우저 창 기준으로 배치하기

fixed 속성 값도 absolute 속성 값처럼 문서의 흐름과 상관없이 위치를 좌표로 결정하지만 부모 요소가 아닌 브라우저 창이 기준이 됩니다. 브라우저 창의 왼쪽 위 꼭지점을 원점으로 두고 좌표가 계산되며 한 번 배치되면 fixed라는 이름처럼 브라우저 창을 스크롤하더라도 계속 고정되어 표시됩니다.

다음 예에서는 #fx 선택자를 이용해 주황색 작은 상자를 position:fixed로 지정한 후 오른쪽 상단에 고정했습니다. 확실히 확인하기 위해 브라우저 창 높이를 조금 줄인 후 화면을 스크롤해 보면 주황색 상자는 계속 같은 자리에 표시되는 것을 볼 수 있습니다.

Do it! fixed 값으로 요소 배치하기 — 예제 09/fixed.html

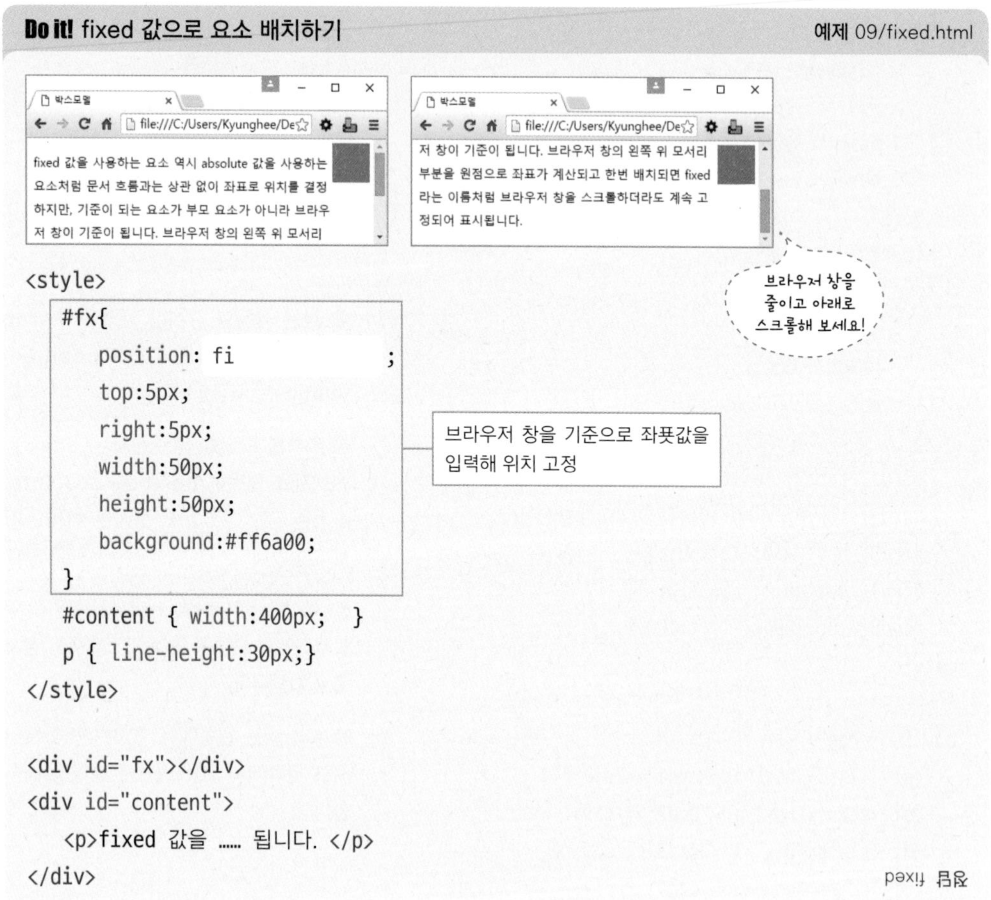
브라우저 창을 줄이고 아래로 스크롤해 보세요!
브라우저 창을 기준으로 좌푯값을 입력해 위치 고정

```
<style>
  #fx{
    position: fi          ;
    top:5px;
    right:5px;
    width:50px;
    height:50px;
    background:#ff6a00;
  }
  #content { width:400px;  }
  p { line-height:30px;}
</style>

<div id="fx"></div>
<div id="content">
  <p>fixed 값을 ...... 됩니다. </p>
</div>
```

정답 fixed

visibility 속성 - 요소를 보이게 하거나 보이지 않게 하기

visibility 속성은 특정 요소를 화면에 보이게 하거나 보이지 않게 또는 겹치게 설정하는 속성입니다.

```
기본형  visibility: visible | hidden | collapse
```

속성 값	설명
visible	화면에 요소를 표시합니다. 기본 값입니다.★
hidden	화면에서 요소를 감춥니다. 하지만 크기는 그대로 유지하기 때문에 배치에 영향을 미칩니다.
collapse	표의 행, 열, 행 그룹, 열 그룹 등에서 지정하면 서로 겹치도록 조절합니다. 그 외의 영역에서 사용하면 'hidden'처럼 처리합니다.

▶ 표에서 collapse를 사용해 visibility를 조절하는 자세한 내용은 09-3을 참고하세요.

예를 들어 오른쪽과 같이 지정하면 div 영역은 화면에 보이지 않습니다. 이렇게 visibility를 hidden으로 지정하면 화면에서 감춘 요소들은 눈에 보이지는 않지만 실제로는 공간을 차지합니다. 따라서 화면에 다른 요소들을 배치할 때는 화면에 보이지 않는 요소들(visibility:hidden)도 고려해야 합니다.

```
div { visibility:hidden; }
```

▶ display:none을 이용해 화면에서 요소를 감추었을 경우, 실제 공간을 차지하지 않으므로 마치 없는 요소처럼 생각하고 다른 요소를 배치할 수 있습니다.

다음 예제는 3개의 이미지 중 두 번째 이미지를 visibility:hidden으로 설정해 화면에서 감춘 것입니다. 화면에는 보이지 않지만 두 번째 이미지가 웹 문서에 존재하기 때문에 세 번째 이미지는 두 번째 이미지의 위치를 고려해 그 다음에 배치됩니다.

Do it! 특정 요소 화면에서 감추기 예제 09/visibility.html

```
<style>
  img {
    margin:10px;
    padding:5px;
    border:1px solid black;
```

```
  }
  .invisible {
     visibility: hid            ;
  }
</style>

<img src="images/pic1.jpg">
<img src="images/pic2.jpg" class="invisible">
<img src="images/pic3.jpg">
```

보이지는 않지만 공간은 차지함

정답 hidden

두 번째 이미지가 정말 공간을 차지하는지 확인해 볼까요? 브라우저에서 09/visibility.html 파일을 열어 두 이미지 사이의 빈 공간을 마우스 오른쪽 버튼으로 클릭한 후 [검사]나 [요소 검사]를 선택하면 브라우저 개발자 도구 창이 나타나는데 소스 창에서 〈body〉 태그 아래에 있는 두 번째 〈img〉 태그로 마우스 포인터를 가져가면 두 이미지 사이의 중간 부분에도 화면에는 보이지 않지만 이미지 요소가 차지하고 있음을 알 수 있습니다.

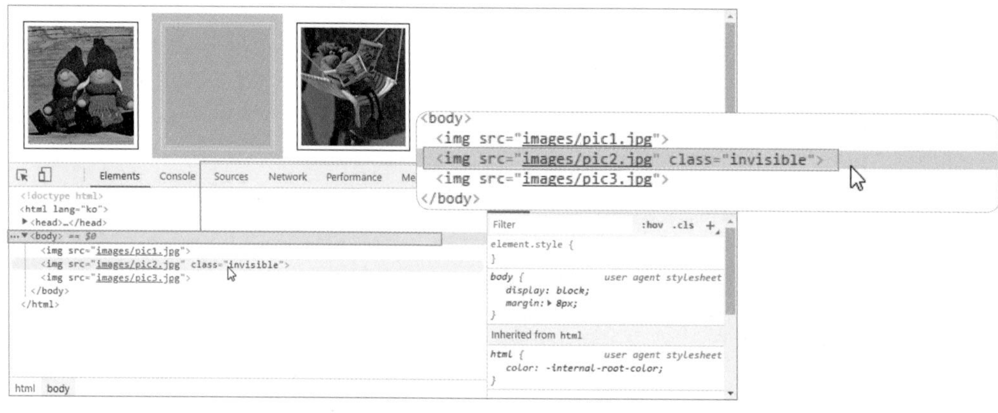

z-index 속성 - 요소 쌓는 순서 정하기

CSS에서 각 요소는 수평이나 수직으로 이동할 뿐만 아니라 한 요소 위에 다른 요소를 쌓을 수도 있습니다. 요소 위에 요소를 쌓을 때 쌓는 순서를 지정하는 것이 z-index 속성입니다.

기본형	z-index: <숫자>

z-index 값이 작을수록 아래에 쌓이고 z-index 값이 클수록 z-index 값이 작은 요소보다 위에 쌓입니다. z-index 값을 명시하지 않을 경우, 웹 문서에 맨 먼저 삽입하는 요소가 z-index:1 값을 가지며 그 후 삽입하는 요소들은 z-index

값이 점점 커집니다. 다시 말해 각 <div>에 숫자를 적고 z-index 값을 지정하지 않으면 문서에 넣은 순서대로 1 → 2 → 3 순으로 쌓여 맨 위에 3번 사각형이 표시됩니다.

▶ 웹 페이지에 있는 다른 요소들과 겹쳐 표시할 때 무조건 맨 앞에 표시해야 한다면 z-index:999;나 z-index:1000;처럼 매우 큰 값을 사용하기도 합니다.

```
<div id="wrapper">
    <div id="box" class="b1">1</div>
    <div id="box" class="b2">2</div>
    <div id="box" class="b3">3</div>
</div>
```

하지만 다음 예제처럼 2번 사각형의 <div>에 가장 큰 z-index 값을 지정하면 두 번째 <div>가 맨 위에 표시됩니다.

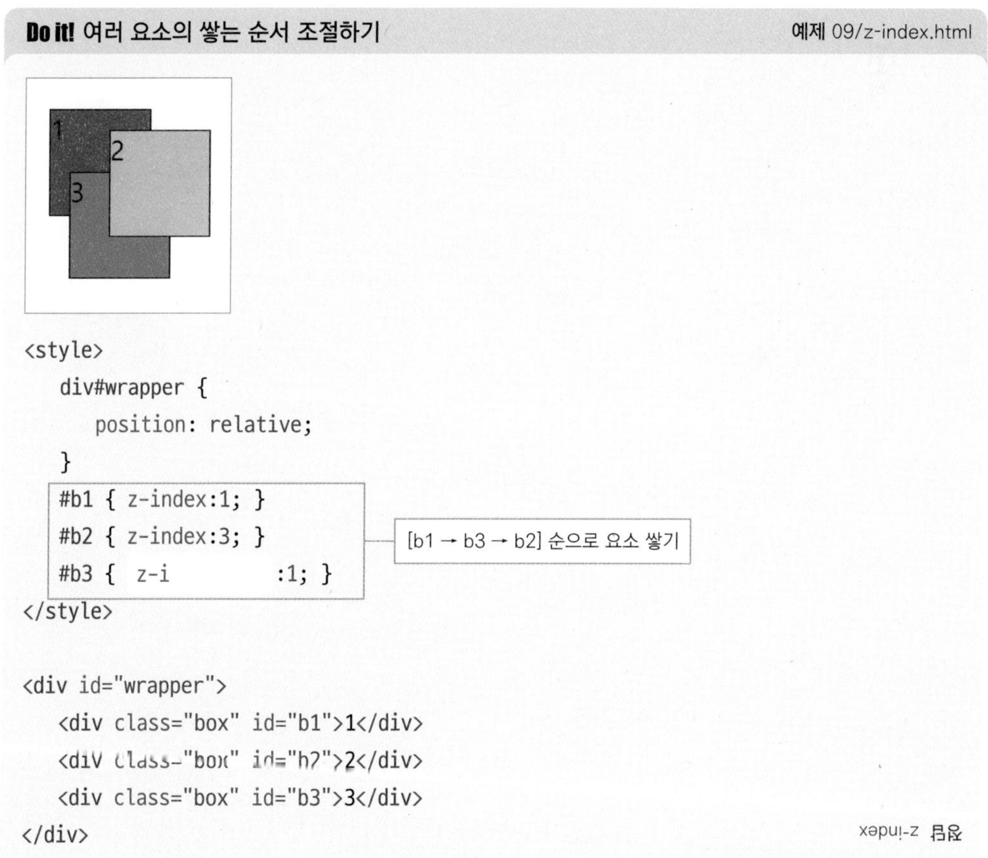

Do it! 여러 요소의 쌓는 순서 조절하기 예제 09/z-index.html

```
<style>
   div#wrapper {
      position: relative;
   }
   #b1 { z-index:1; }
   #b2 { z-index:3; }
   #b3 {  z-i          :1; }
</style>

<div id="wrapper">
   <div class="box" id="b1">1</div>
   <div class="box" id="b2">2</div>
   <div class="box" id="b3">3</div>
</div>
```

[b1 → b3 → b2] 순으로 요소 쌓기

정답 z-index

1분 복습 <div> 태그를 이용해 3개의 영역을 만들었습니다. 그림에서 보는 것처럼 첫 번째와 두 번째 영역은 한 줄로 배치하고 세 번째 영역은 다음 줄에 배치하려고 합니다. float 속성과 clear 속성을 이용해 다음 소스를 완성하세요.

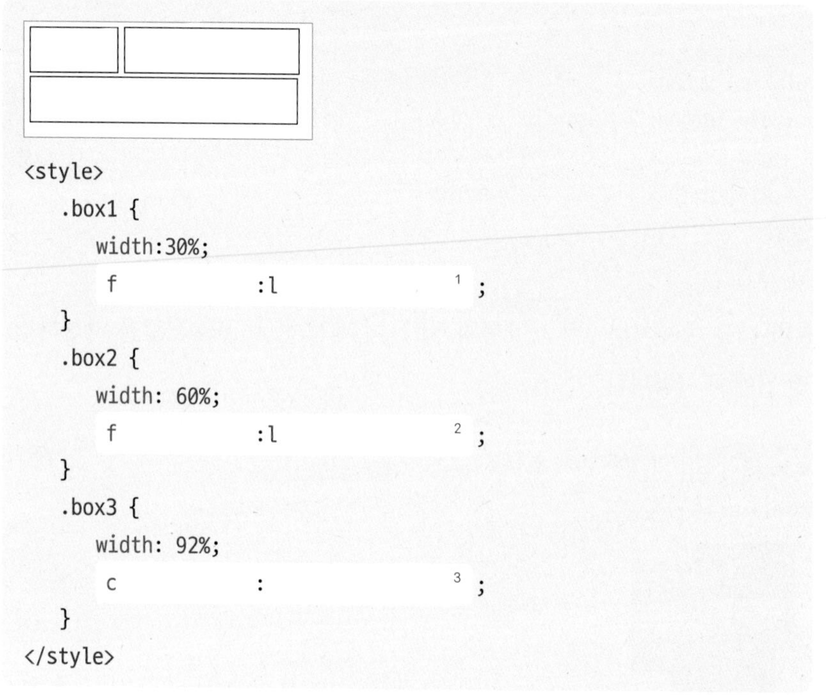

```
<style>
    .box1 {
        width:30%;
        f         :l          1 ;
    }
    .box2 {
        width: 60%;
        f         :l          2 ;
    }
    .box3 {
        width: 92%;
        c         :           3 ;
    }
</style>
```

정답 1. float:left 2. float:left 3. clear:left(또는 clear:both)

09-2 다단으로 편집하기

일반적으로 신문을 보면 텍스트 단(column)이 여러 개로 나누어져 있습니다. 웹 문서에서도 이렇게 다단으로 편집할 수 있는데요. column과 관련된 여러 속성으로 쉽게 다단을 편집할 수 있습니다. 다만, 다단 관련 속성은 브라우저별 접두사를 붙여 사용해야 합니다.

브라우저별 접두사 기억하나요? 05-4에서 배웠지요!
CSS

▶ 브라우저별 접두사(browser vendor prefix)란 브라우저별로 다르게 지원되는 일부 CSS3 속성 앞에 브라우저를 구별할 수 있도록 붙이는 접두사를 말합니다. 크롬, 사파리는 -webkit-, 파이어폭스는 -moz-, 오페라는 -o-, 인터넷 익스플로러는 -ms- 접두사를 사용합니다.

column-width - 단의 너비 고정하고 다단 구성하기

먼저 단을 나누는 방법을 알아보겠습니다. 한 화면을 여러 단으로 구성할 때 단의 너비를 고정해 놓고 화면을 분할할 수도 있고 단의 개수를 고정해 놓고 화면을 분할할 수도 있습니다.

단의 너비를 고정해 놓고 구성하는 방법은 화면이 커지면 단의 개수가 많아지고 화면이 좁아지면 단의 개수가 줄어듭니다. 다단으로 편집할 때 단의 너비를 고정해 놓으려면 column-width 속성을 이용합니다.

기본형 `column-width: <크기> | auto`

속성 값	설명
<크기>	단 너비를 직접 지정합니다.
auto	단의 개수(column-count) 같은 다른 속성에 따라 단의 너비가 자동 계산됩니다.

▶ 단의 너비를 고정하는 것이 기본이지만 여러 단을 표시하고도 공간이 남는다면 지정한 너비보다 더 넓게 표시될 수 있고 한 개의 단 너비보다 공간이 좁다면 지정한 너비보다 좁게 표시될 수 있습니다.

다음 예제는 각 단의 너비를 120px로 고정한 것입니다. 단의 너비가 고정되기 때문에 화면의 너비가 달라지면 단의 개수도 달라집니다.

Do it! 단의 너비를 지정해서 다단 편집하기 예제 09/col-width.html

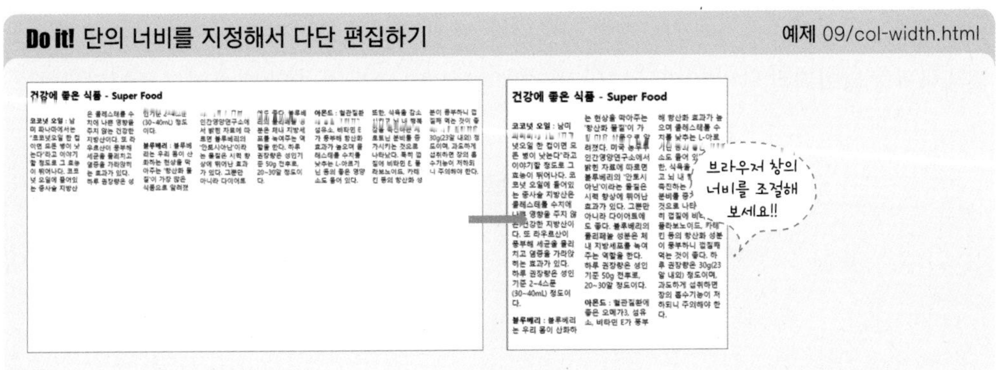

```
<style>
  .multi {
    -webkit-column-width:120px;
    -moz-column-width:120px;
     column-wi              :120px;
  }
</style>

<div class="multi">
  <p><b>코코넛 오일 ...... 정도이다.</p>
  <p><b>블루베리 ...... 정도이다.</p>
  <p><b>아몬드 ...... 주의해야 한다.</p>
</div>
```

단 너비를 120px로 고정

정답 column-width

▶ 예제에서는 주로 국내에서 사용하는 크롬과 파이어폭스 브라우저의 접두사만 사용했지만 더 다양한 브라우저 사용자까지 고려한다면 -o- 접두사도 함께 작성하는 것이 좋습니다. 인터넷 익스플로러 11 이상과 마이크로소프트 엣지 브라우저에서는 다단 속성을 모두 지원하므로 접두사를 따로 붙이지 않아도 됩니다.

column-count 속성 - 단의 개수 고정하고 다단 구성하기

기본형	column-count: <숫자> | auto

▶ 이 속성도 브라우저 접두사를 함께 사용해야 합니다.

다단 화면을 만들 때 단의 개수를 고정해 놓을 수도 있습니다. 이렇게 하면 브라우저 창의 너비와 상관없이 단의 개수를 항상 일정하게 유지해야 하기 때문에 창의 너비가 커지면 단의 너비도 커집니다. 이렇게 단의 개수를 고정하려면 column-count 속성을 사용합니다.

속성 값	설명
<숫자>	콘텐츠가 들어갈 단의 개수를 지정합니다. 0보다 큰 수를 사용합니다.
auto	단의 너비(column-width) 같은 다른 속성에 따라 단의 개수가 자동 계산됩니다.

다음 예제는 단의 개수를 3개로 고정한 것입니다. 단의 개수가 고정되어 있기 때문에 브라우저 창의 너비가 넓어지면 단의 너비도 넓어지고 창의 너비가 좁아지면 단의 너비도 좁아집니다.

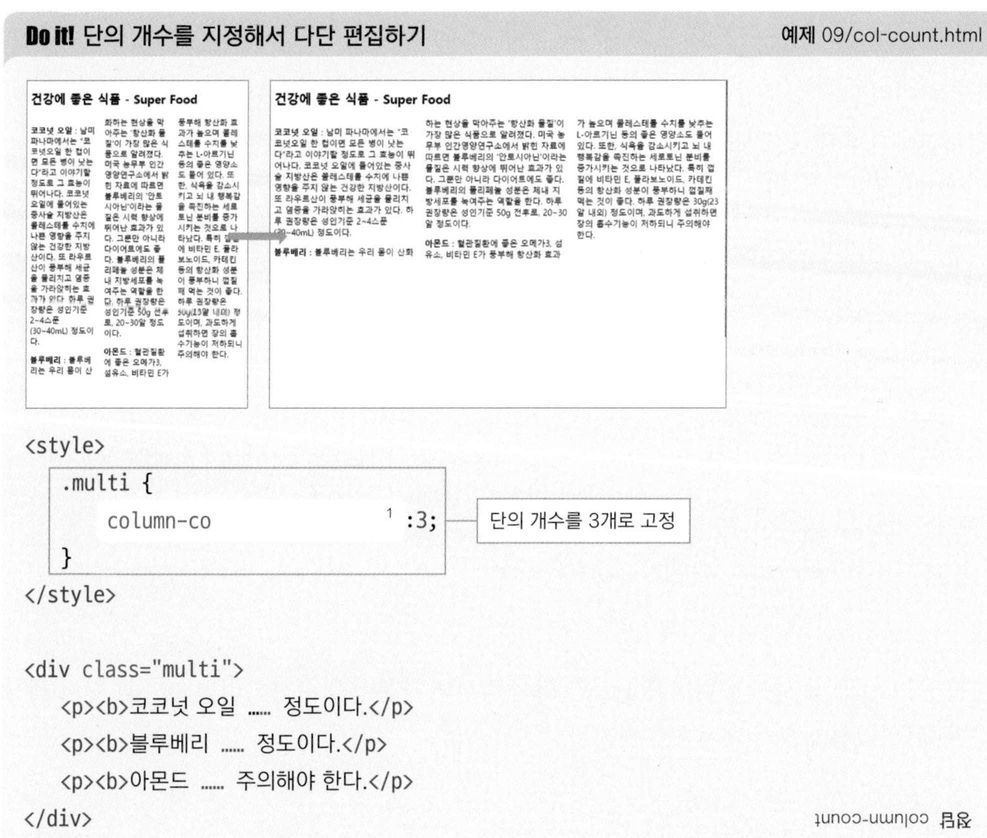

Do it! 단의 개수를 지정해서 다단 편집하기
예제 09/col-count.html
건강에 좋은 식품 - Super Food
건강에 좋은 식품 - Super Food
<style>
.multi {
column-co 1 :3;
}
</style>
단의 개수를 3개로 고정
<div class="multi">
<p><b>코코넛 오일 ...... 정도이다.</p>
<p><b>블루베리 ...... 정도이다.</p>
<p><b>아몬드 ...... 주의해야 한다.</p>
</div>
정답 column-count

▶ 책에서는 브라우저 접두사가 붙은 속성은 생략합니다. 전체 소스는 예제 소스 파일에서 확인할 수 있습니다.

column-gap 속성 - 단과 단 사이 여백 지정하기

column-gap 속성은 단과 단 사이의 여백을 지정하는 속성입니다. 단과 단 사이에 구분선을 넣는다면 구분선도 이 여백 안에 들어갑니다.

기본형 `column-gap: <크기> | normal`

▶ 단과 단 사이에 구분선을 넣는 방법은 이어서 나옵니다.

속성 값	설명
<크기>	단과 단 사이의 여백을 숫자로 지정합니다.
normal	여백을 자동으로 지정합니다. W3C에서 권장하는 여백은 1em입니다.

column-rule 속성 - 구분선의 색상, 스타일, 너비 지정하기

화면을 여러 단으로 구성할 때 단과 단 사이에 여백을 두는 것만으로도 구분하지만 좀 더 확실히 구분하기 위해 수직선을 넣기도 합니다. 이때 column-rule 속성을 이용해 선의 스타일을 지정하는데 색상과 형태, 너비를 따로 지정하고 싶다면 column-rule-color, column-rule-style, column-rule-width 속성을 사용합니다.

▶ column-rule-style에서 사용할 수 있는 값들은 border-style에서 사용할 수 있는 값과 같습니다. 자세한 설명은 08-2를 참고하세요.

기본형

```
column-rule-color: <색상>
column-rule-style: none | hidden | dotted | dashed | solid | double |
                   groove | ridge | inset | outset
column-rule-width: <크기> | thin | medium | thick
column-rule: <너비> <스타일> <색상>
```

예를 들어 단과 단 사이에 너비가 1px인 회색 점선의 구분선을 추가하려면 다음과 같이 색상과 형태, 너비를 별도의 속성으로 지정할 수 있습니다.

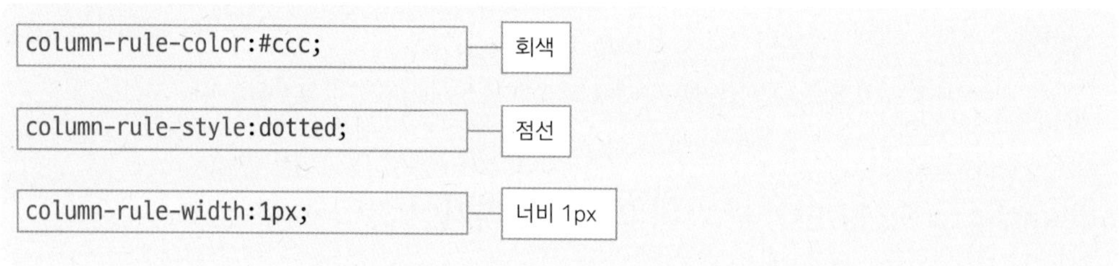

하지만 모든 속성마다 웹 접두사를 붙여 사용해야 하기 때문에 이 방법보다는 column-rule 속성 하나로 묶어 지정하는 것이 편리합니다. 다음 예제는 column-rule 속성을 이용해 2px짜리 검은색 점선을 구분선으로 지정한 것입니다.

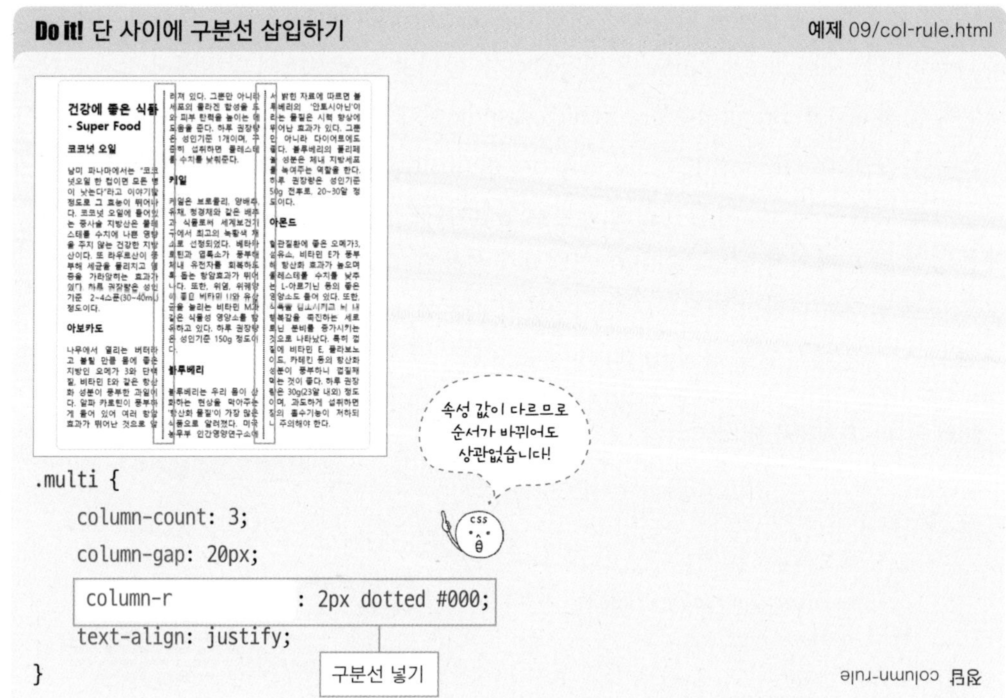

Do it! 단 사이에 구분선 삽입하기
예제 09/col-rule.html
건강에 좋은 식품 - Super Food
.multi {
column-count: 3;
column-gap: 20px;
column-r : 2px dotted #000;
text-align: justify;
}
구분선 넣기
속성 값이 다르므로 순서가 바뀌어도 상관없습니다!
정답 column-rule

break-after 속성 - 다단 위치 지정하기

```
기본형  break-after : column | avoid-column
        break-before : column | avoid-column
        break-inside : column | avoid-column
```

웹 문서의 경우, 문서 전체에서 내비게이션이나 사이드바, 푸터 등의 영역은 제외하고 대부분 실제 콘텐츠 부분만 다단으로 구성합니다. 따라서 다단을 어디부터 시작할지 지정하는 속성도 필요합니다. 페이지나 단을 나눌 때 위치를 지정하는 속성으로는 break-before, break-after, break-inside가 있습니다. 각 속성에서 사용할 수 있는 값은 column과 avoid-column입니다.

속성	단 나눌 위치	동작	
		단 나눔	단 나누지 않음
break-before	특정 요소 앞		
break-after	특정 요소 뒤	column	avoid-column
break-inside	특정 요소 안		

즉, 특정 요소의 앞부분에서 단을 나누려면 break-before:column, 특정 요소의 뒤에서 단을 나누려면 break-after:column을 사용합니다. 반대로 특정 요소의 앞뒤에서 강제로 단을 나누지 않게 하려면 break-before:avoid-column이나 break-after:avoid-column을 사용합니다. 또한 break-inside:column과 break-inside:avoid-column은 해당 요소 안에서 강제로 단을 나누거나 나뉘지 않게 하는 속성입니다.

예를 들어 다음 예제에서는 .multi h3 선택자가 사용된 부분 바로 앞에서 다단이 적용되도록 지정했기 때문에 각 제목(<h3>) 앞에서 단이 나뉘집니다.

▶ 크롬과 파이어폭스 브라우저의 경우, 아직 완벽히 지원되지 않습니다. 하지만 지원 상황은 계속 바뀌므로 자세한 브라우저별 지원 사항이 나타나는 http://caniuse.com/#feat=multicolumn을 참고하세요.

Do it! 원하는 위치에서 단 나누기 예제 09/col-break.html

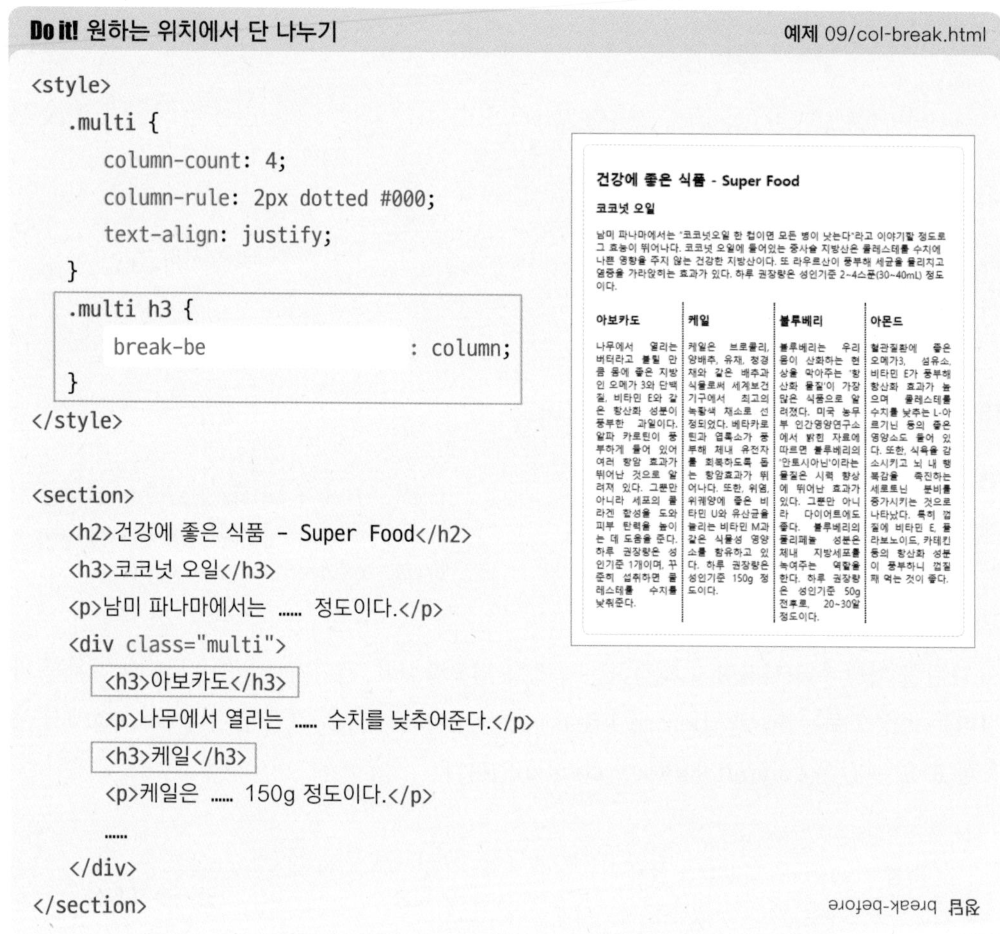

```
<style>
  .multi {
    column-count: 4;
    column-rule: 2px dotted #000;
    text-align: justify;
  }
  .multi h3 {
    break-be             : column;
  }
</style>

<section>
  <h2>건강에 좋은 식품 - Super Food</h2>
  <h3>코코넛 오일</h3>
  <p>남미 파나마에서는 ...... 정도이다.</p>
  <div class="multi">
    <h3>아보카도</h3>
    <p>나무에서 열리는 ...... 수치를 낮추어준다.</p>
    <h3>케일</h3>
    <p>케일은 ...... 150g 정도이다.</p>
    ......
  </div>
</section>
```


정답 break-before

column-span 속성 - 여러 단을 하나로 합치기

여러 개로 나뉜 단의 흐름을 따라가다가 중간에 단을 합쳐 내용을 표시해야 할 경우가 있습니다. 이런 경우, column-span 속성으로 단을 합칠 수 있습니다.

기본형 `column-span: 1 | all`

속성 값	설명
1	단을 하나만 합치는 것이므로 합치지 않는 것과 같습니다. 기본 값입니다.★
all	전체 단을 하나로 합쳐 표현합니다. 단의 일부만 합칠 수는 없습니다.

다음 예제는 3개의 단으로 표시하다가 no-col이라는 선택자가 적용된 영역에서 3개 단을 하나로 합친 것입니다.

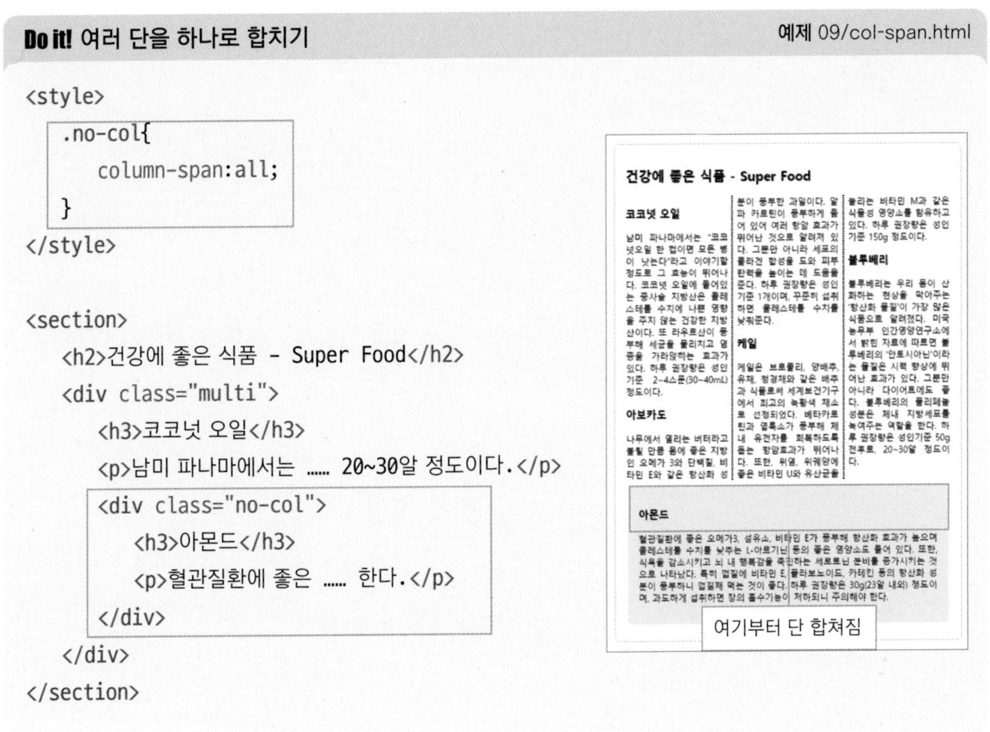

Do it! 여러 단을 하나로 합치기 예제 09/col-span.html

```
<style>
  .no-col{
     column-span:all;
  }
</style>

<section>
  <h2>건강에 좋은 식품 - Super Food</h2>
  <div class="multi">
     <h3>코코넛 오일</h3>
     <p>남미 파나마에서는 ...... 20~30알 정도이다.</p>
     <div class="no-col">
        <h3>아몬드</h3>
        <p>혈관질환에 좋은 ...... 한다.</p>
     </div>
  </div>
</section>
```

1분 복습 텍스트를 화면상에 3개 단(column)으로 나누어 표시하려고 합니다. 브라우저 창의 너비와 상관없이 .wrapper 영역을 항상 3단으로 표시하기 위한 CSS 소스를 작성하세요. 브라우저 접두사도 함께 사용해야 합니다.

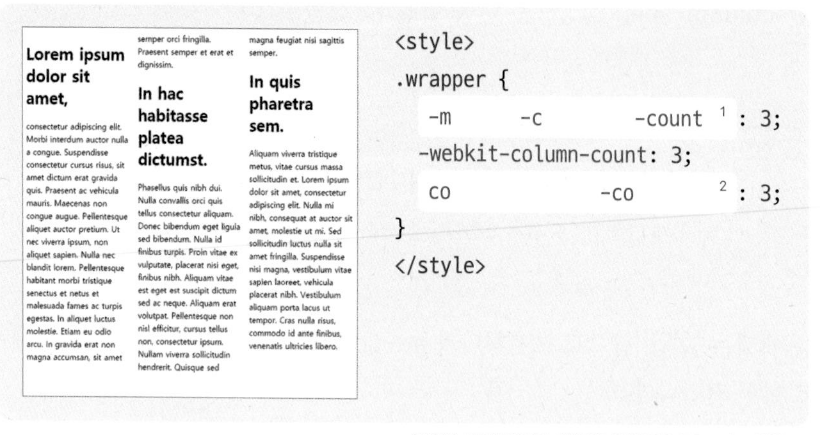

정답 1. -moz-column-count 2. column-count

09-3 표 스타일

웹 문서에서의 표 디자인도 천편일률적이라면 개성이 없겠죠? CSS를 이용하면 표의 크기뿐만 아니라 테두리, 셀의 테두리, 여러 가지 여백 등의 표 스타일을 지정할 수 있습니다. 표와 관련된 여러 속성들을 하나씩 살펴보겠습니다.

caption-side 속성 - 표 제목 위치 정하기

표 제목은 <caption> 태그를 이용해 캡션으로 표시합니다. 기본적으로 캡션은 표의 위쪽에 표시되지만 caption-side 속성을 이용하면 캡션의 위치를 표 아래쪽으로 옮길 수 있습니다.

기본형 `caption-side: top | bottom`

속성 값	설명
top	캡션을 표의 윗부분에 표시합니다. 기본 값입니다.*
bottom	캡션을 표의 아랫부분에 표시합니다.

border 속성 - 표 테두리 스타일 결정하기

표를 삽입할 때 기본적으로 <table> 태그의 border 속성을 이용해 <table border="1"> 처럼 사용하면 표에 테두리를 그릴 수 있습니다.

▶ <table> 태그의 border 속성을 사용하지 않으면 테두리가 표시되지 않아 표의 전체 형태를 알 수 없기 때문에 표를 완성하기 전까지 표라는 것을 표시해 둘 수 있는 쉬운 방법입니다. border 속성에 대한 자세한 설명은 08-2를 참고하세요.

여기에 CSS의 border 속성을 이용해 테두리의 색상이나 형태, 너비 등을 지정할 수 있습니다. 이때 <table> 태그에서 border 속성을 이용해 <table border="1">처럼 테두리를 표시했을 경우, 표의 바깥 테두리뿐만 아니라 셀의 테두리까지 모두 표시되지만 CSS를 이용해 테두리를 표시할 때는 표의 바깥 테두리와 셀의 테두리를 따로 지정해야 합니다.

다음 예제는 CSS의 border 속성을 이용해 표의 바깥 테두리는 1px짜리 검은색 실선, 셀 테두리는 1px짜리 검은색 점선으로 표시한 것입니다. 표 전체의 바깥 테두리와 각 셀의 테두리가 모두 표시되어 화면에서는 두 줄짜리 테두리가 그려진 것처럼 보입니다.

Do it! 표 테두리 스타일 지정하기 예제 09/table-css1.html

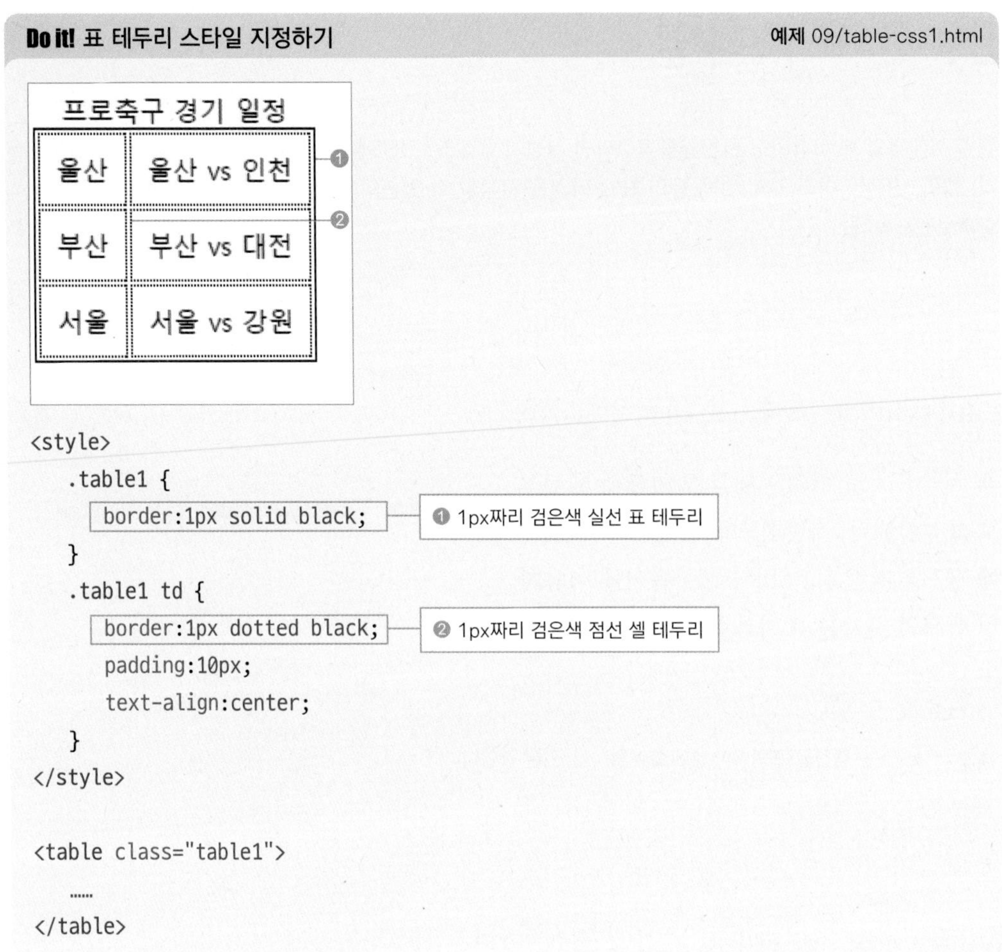


```
<style>
  .table1 {
    border:1px solid black;
  }
  .table1 td {
    border:1px dotted black;
    padding:10px;
    text-align:center;
  }
</style>

<table class="table1">
  ……
</table>
```

border-collapse 속성 - 테두리 통합, 분리하기

기본형	border-collapse: collapse | separate

앞에서 살펴본 것처럼 <table> 태그와 <td> 태그에서 border 속성을 사용하면 두 줄로 표시되는데 이때 border-collapse 속성을 이용하면 표의 바깥 테두리와 셀의 각 테두리가 떨어져 있는 것을 그대로 둘 것인지, 두 테두리를 하나로 합칠 것인지 결정할 수 있습니다.

속성 값	설명
collapse	테두리를 하나로 합쳐 표시합니다.
separate	테두리를 따로 표시합니다. 기본 값입니다.★

표의 바깥 테두리와 안쪽 테두리에 서로 다른 테두리 스타일을 사용할 수 있는데 여기에 border-collapse 속성을 사용하면 두 가지 스타일을 하나로 합칠 수 있습니다.
다음 예제는 표의 바깥 테두리는 검은색 실선, 셀의 테두리는 검은색 점선으로 지정한 후 border-collapse를 이용해 합친 것입니다.

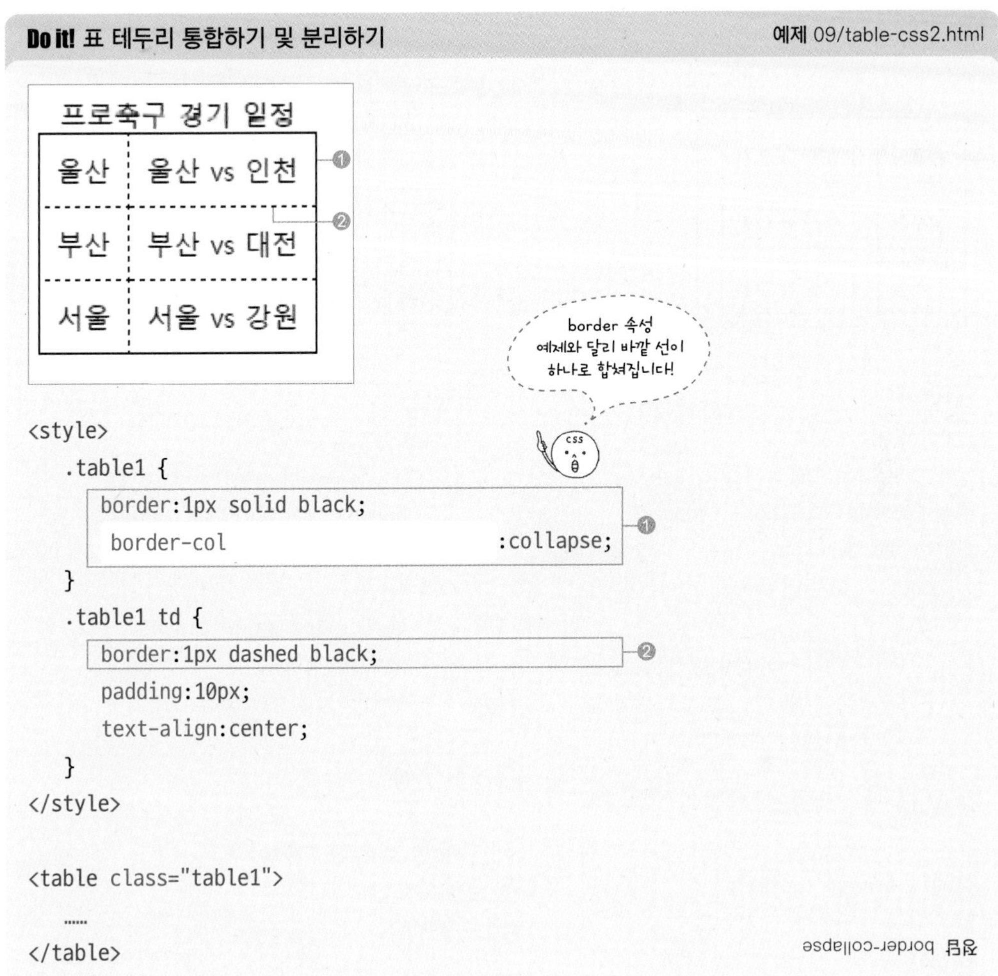


```
<style>
  .table1 {
    border:1px solid black;
    border-col          :collapse;
  }
  .table1 td {
    border:1px dashed black;
    padding:10px;
    text-align:center;
  }
</style>

<table class="table1">
  ......
</table>
```

정답 border-collapse

border-spacing 속성 - 인접한 셀 테두리 사이 거리 지정하기

border-spacing 속성은 border-collapse: separate를 사용해 셀들을 분리했을 경우, 인접한 셀 테두리 사이의 거리를 지정합니다.

기본형 `border-spacing: <크기>`

속성 값	설명
<크기>	px이나 em 등 크기와 단위를 직접 지정합니다.

border-spacing 속성 값은 1~2개를 지정할 수 있는데 값이 하나라면 수평 거리와 수직 거리를 한꺼번에 지정한 것이고 값이 2개라면 첫 번째 값은 수평 거리 값이고 두 번째 값은 수직 거리 값입니다. 다음 예는 표에서 테두리를 하나로 합치지 않았을 때 셀과 셀 사이의 테두리 간격을 지정하는 소스입니다.

Do it! 셀 사이에 여백 지정하기 예제 09/table-css3.html

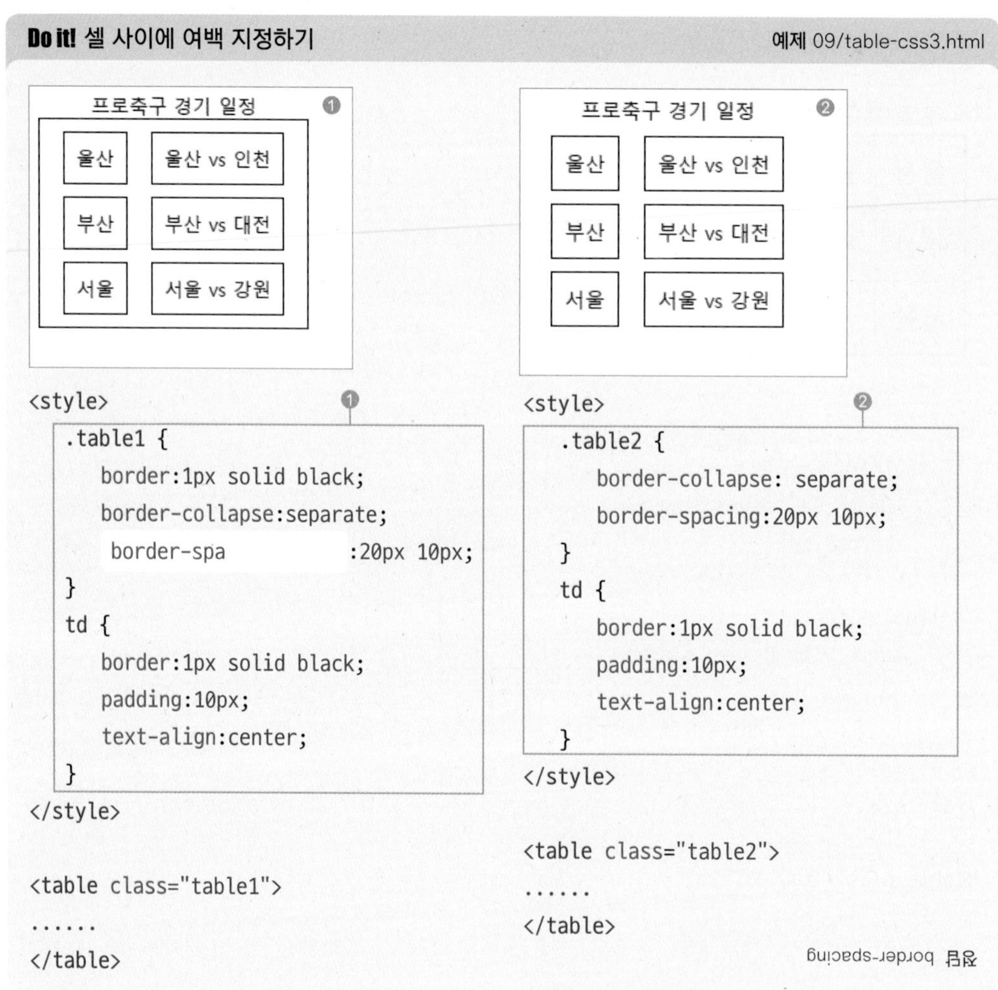


```
<style>
  .table1 {                          ❶
    border:1px solid black;
    border-collapse:separate;
    border-spa          :20px 10px;
  }
  td {
    border:1px solid black;
    padding:10px;
    text-align:center;
  }
</style>

<table class="table1">
......
</table>
```

```
<style>
  .table2 {                          ❷
    border-collapse: separate;
    border-spacing:20px 10px;
  }
  td {
    border:1px solid black;
    padding:10px;
    text-align:center;
  }
</style>

<table class="table2">
......
</table>
```

정답 border-spacing

❶ 표에서 테두리를 하나로 합치지 않고 셀의 테두리 사이 간격을 좌우 20px, 상하 10px로 지정합니다.

❷ 만약 바깥 테두리를 따로 지정하지 않는다면 셀의 테두리만 표시됩니다.

empty-cells 속성 - 빈 셀의 표시 여부 지정하기

border-collapse:separate를 사용해 셀들을 분리했을 경우, empty-cells 속성을 사용해 내용이 없는 빈 셀들의 표시 여부를 지정합니다.

기본형 `empty-cells: show | hide`

속성 값	설명
show	**빈 셀 주위에 테두리를 그려 빈 셀을 표시합니다. 기본 값입니다.***
hide	빈 셀에 테두리를 그리지 않고 비워 둡니다.

다음 예제는 빈 셀이 있을 경우, empty-cells 속성 값을 show로 했을 경우와 hide로 했을 경우를 비교한 것입니다.

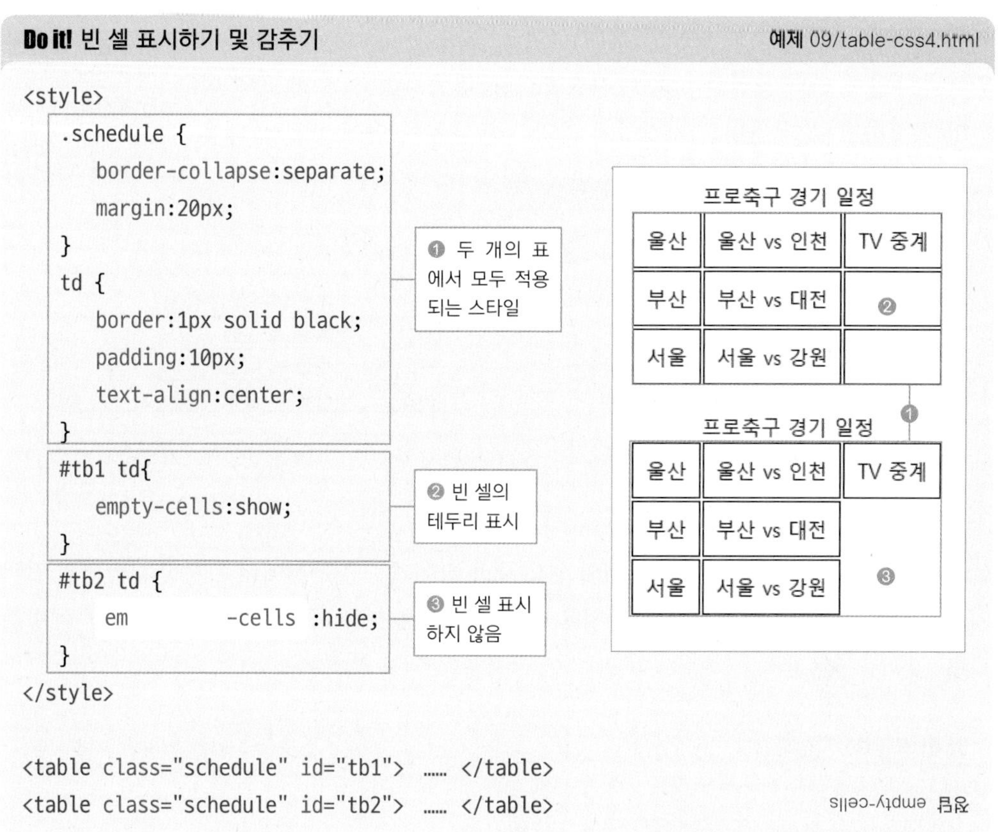

Do it! 빈 셀 표시하기 및 감추기
예제 09/table-css4.html
<style>
.schedule {
border-collapse:separate;
margin:20px;
}
td {
border:1px solid black;
padding:10px;
text-align:center;
}
#tb1 td{
empty-cells:show;
}
#tb2 td {
em -cells :hide;
}
</style>
<table class="schedule" id="tb1"> ...... </table>
<table class="schedule" id="tb2"> ...... </table>
❶ 두 개의 표에서 모두 적용되는 스타일
❷ 빈 셀의 테두리 표시
❸ 빈 셀 표시하지 않음
프로축구 경기 일정
울산
울산 vs 인천
TV 중계
부산
부산 vs 대전
서울
서울 vs 강원
정답 empty-cells

❶ 두 개의 표에 모두 적용되는 스타일은 .schedule 선택자에서 정의합니다.

❷ #tb1 td 선택자에서 empty-cells:show를 지정한 표에서는 빈 셀이 테두리와 함께 표시됩니다.

❸ #tb2 td 선택자에서 empty-cells:hide를 지정한 표에서는 테두리가 없기 때문에 빈 셀 부분의 영역이 아예 표시되지 않습니다.

width, height 속성 - 표 너비와 높이 지정하기

표의 셀들은 <th> 태그나 <td> 태그를 사용해 구성되는데 이 태그들은 셀을 만들 뿐, 표와 셀의 형태를 꾸미려면 CSS를 이용해야 합니다. 맨 먼저 살펴봐야 하는 것은 표와 셀의 너비입니다. 너비나 높이를 특별히 지정하지 않는다면 셀 안의 내용이 표시될 만큼만 표시됩니다. 특정한 크기로 표시하고 싶다면 다른 웹 요소들의 너비를 지정할 때처럼 width 속성을 이용해 표와 셀의 너비를 지정하면 됩니다. 마찬가지로 height 속성을 이용해 높이도 지정할 수 있습니다. 이때 사용할 수 있는 값은 실제 크기를 나타내는 px이나 부모 요소를 기준으로 한 %입니다.

표의 너비를 지정하고 셀의 너비를 지정하지 않는다면 내용이 없을 경우의 표의 너비를 셀의 개수로 나누어 셀의 너비를 일정하게 지정하고 내용이 있다면 내용에 따라 동일한 비율로 지정합니다. 다음 예시를 보면 표의 너비만 지정하고 셀의 너비를 지정하지 않았는데 내용이 있기 때문에 내용 비율에 따라 셀의 너비가 지정된 것을 알 수 있습니다.

프로축구 경기 일정	
울산	울산 vs 인천
부산	부산 vs 대전
서울	서울 vs 강원

표의 너비를 지정하지 않았을 때

```
<style>
  table {
    border-collapse:collapse;
    width:300px;
  }
</style>
```

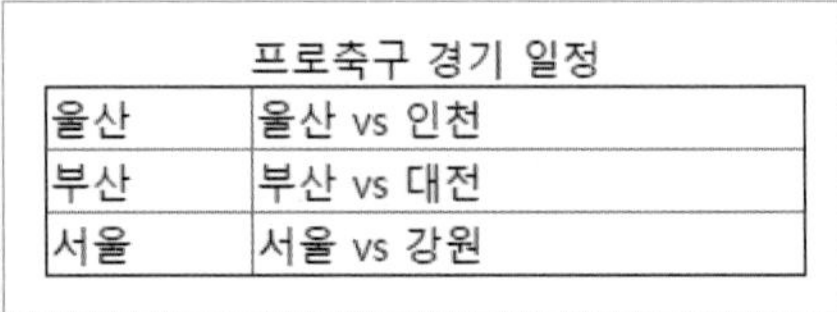

프로축구 경기 일정	
울산	울산 vs 인천
부산	부산 vs 대전
서울	서울 vs 강원

width 값만 지정할 경우, 셀의 테두리와 셀의 내용 사이가 브라우저에서 지정한 값만큼만 떨어지기 때문에 필요하다면 padding 속성을 이용해 여백을 조금 더 넣어 보기 좋게 꾸밀 수 있습니다.

Do it! 표 너비 지정하기 예제 09/table-width.html

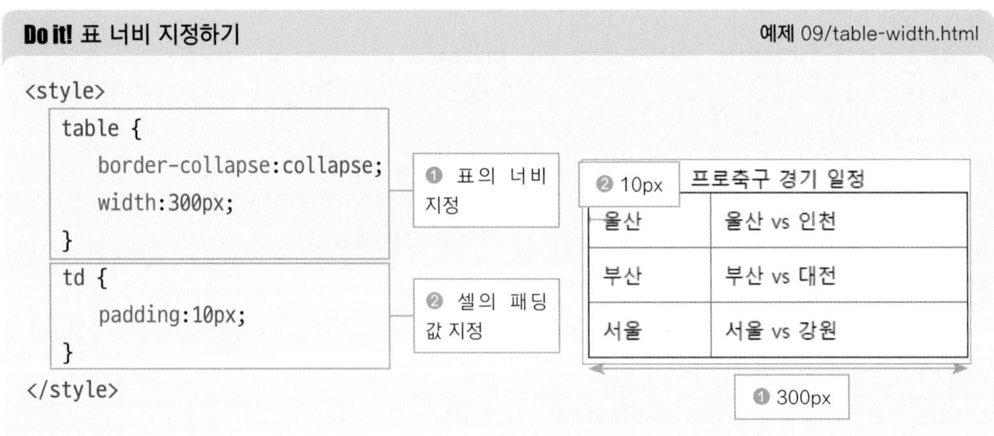


```
<style>
  table {
    border-collapse:collapse;
    width:300px;
  }
  td {
    padding:10px;
  }
</style>
```

table-layout 속성 - 콘텐츠에 맞게 셀 너비 지정하기

앞에서 배운 것처럼 <table> 태그와 <td> 태그에서 width 속성을 이용해 너비를 지정하면 그 크기에 맞춰 화면에 표시됩니다.

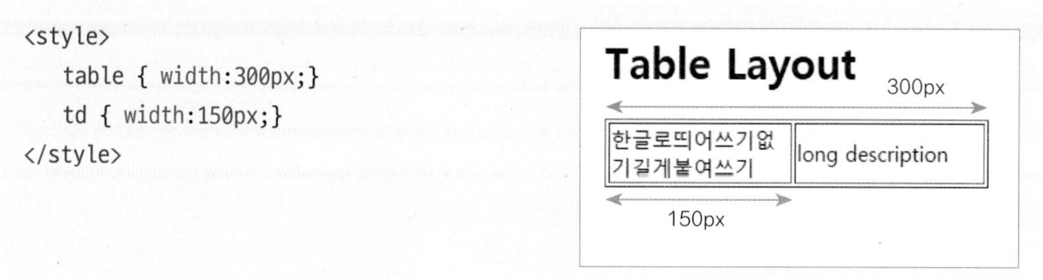

```
<style>
    table { width:300px;}
    td { width:150px;}
</style>
```


하지만 영문 내용을 여백 없이 길게 입력할 경우, <td>의 width 속성은 무시되고 영문 내용은 모두 한 줄로 표시됩니다. 그리고 표의 전체 너비에 맞추기 위해 옆에 있는 셀의 너비가 그만큼 줄어들게 됩니다. 이것은 처음 의도했던 표의 형태가 아니기 때문에 여백 없이 긴 영문 글자가 입력되더라도 CSS에서 지정한 width 값을 지켜야 합니다.

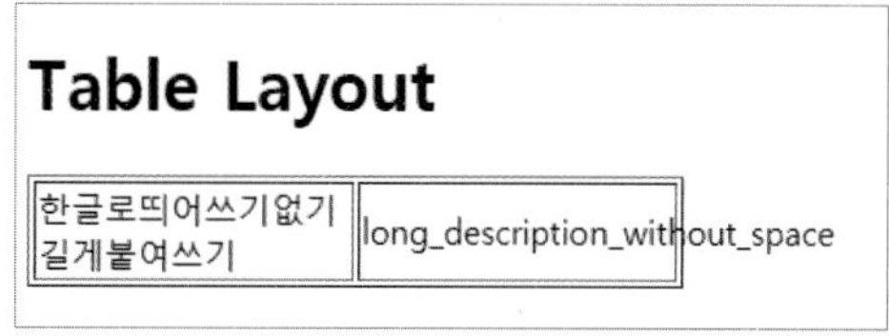

▶ 09/table-layout1.html 참고

이때 table-layout 속성을 이용하면 셀 안의 내용 양에 따라 셀 너비를 변하게 할지, 고정시킬지를 결정할 수 있습니다.

```
기본형    table-layout: fixed | auto
```

속성 값	설명
fixed	셀 너비를 고정합니다. 즉, 셀 내용에 따라 셀의 너비가 달라지지 않습니다.
auto	셀 내용에 따라 셀의 너비가 달라집니다. 기본 값입니다.★

오른쪽 소스처럼 table-layout 속성을 fixed로 지정하면 다른 셀의 너비 때문에 셀이 한쪽으로 몰리는 것을 방지할 수 있습니다.

```
table {
    width:300px;
    table-layout:fixed;
}
```

그런데 table-layout:fixed로 설정해 너비를 고정하면 셀 너비보다 긴 내용은 셀 밖으로 밀려나가 버립니다. 각 셀의 너비를 고정한 상태에서 셀 너비 안에 셀 내용을 표시하려면 word-break:break-all 속성을 추가해야 합니다. 또한 예상하지 못했던 셀의 줄 바꿈이 생기면 높이 값(height)도 예측하기 쉽지 않기 때문에 셀의 height 속성도 auto로 지정해야 합니다.

다음 예제는 table-layout 속성을 이용해 셀의 너비를 고정하고 내용이 셀에서 벗어나지 않도록 word-break 속성과 height 속성을 함께 사용한 것입니다. 한 문서에 여러 개의 표가 사용될 수 있으므로 .table1이라는 선택자를 사용해 스타일을 적용합니다.

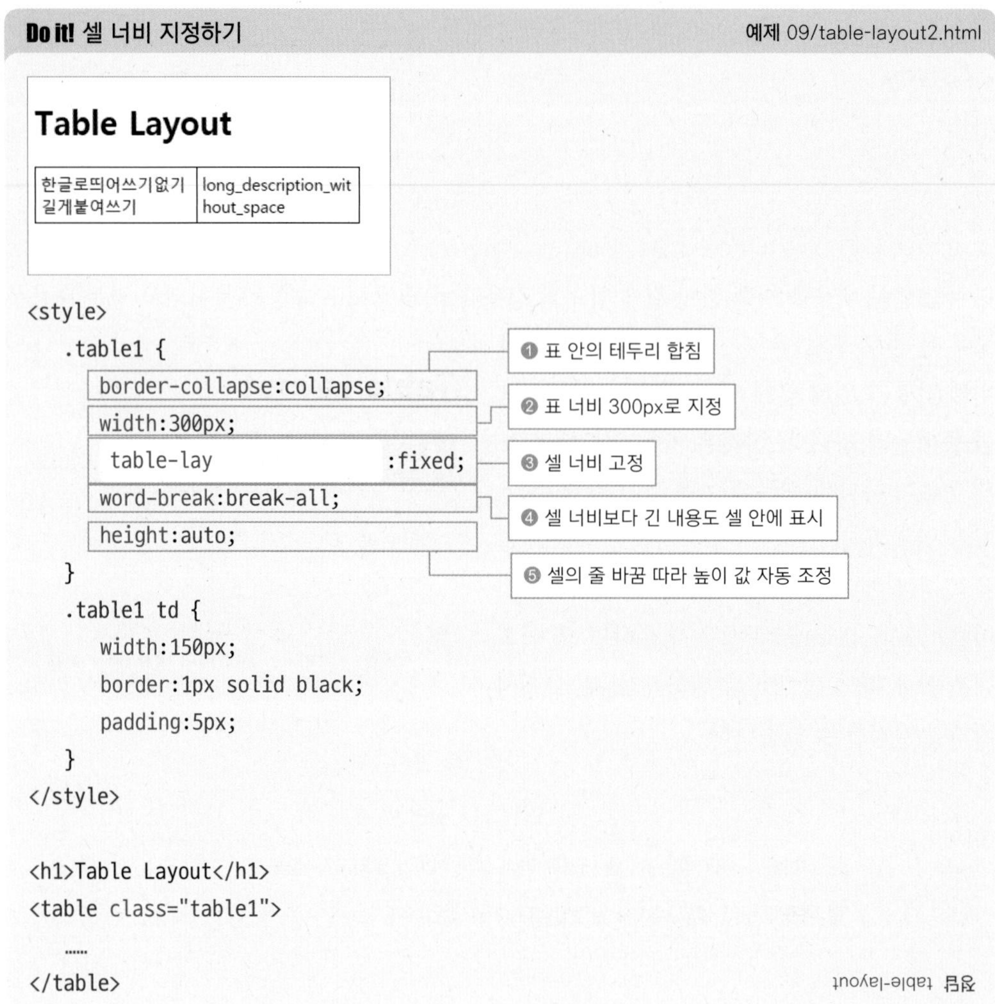
Do it! 셀 너비 지정하기 예제 09/table-layout2.html

Table Layout

한글로띄어쓰기없기 길게붙여쓰기	long_description_without_space

```
<style>
  .table1 {
    border-collapse:collapse;
    width:300px;
    table-lay         :fixed;
    word-break:break-all;
    height:auto;
  }
  .table1 td {
    width:150px;
    border:1px solid black;
    padding:5px;
  }
</style>

<h1>Table Layout</h1>
<table class="table1">
  ......
</table>
```


text-align 속성 - 셀 안에서 수평 정렬하기

text-align 속성은 셀 안에서 텍스트의 수평 정렬 방법을 지정합니다.

기본형 `text-align : left | right | center`

▶ 사용할 수 있는 값은 일반 텍스트 정렬에서와 똑같습니다. 자세한 설명은 06-3을 참고하세요.

```
.table1 td {
    text-align:center;
}
```

셀 가운데 정렬

내용1	내용2	내용3	내용4

vertical-align 속성 - 셀 안에서 수직 정렬하기

vertical-align 속성은 수직 정렬 방법을 지정하는 속성이기 때문에 inline이나 inline-block으로 배치한 요소의 세로 정렬 방법으로 지정합니다.

```
기본형  vertical-align: baseline | top | bottom | middle | sub | super | text-top |
        text-bottom | <길이 값> | <백분율 값>
```

속성 값	설명
baseline	인라인 요소의 기준선을 부모 요소의 기준선(baseline)에 맞춥니다.
sub	인라인 요소의 기준선을 부모 요소의 아래 첨자 위치에 맞춥니다.
super	인라인 요소의 기준선을 부모 요소의 위 첨자 위치에 맞춥니다.
top	인라인 요소의 윗부분을 부모 요소의 윗부분에 맞춥니다.
middle	인라인 요소의 중앙 부분을 부모 요소의 기준선에서 x-높이(소문자 x의 높이 값)의 반만큼 올려서 맞춥니다.
bottom	인라인 요소의 아랫부분을 부모 요소의 아랫부분에 맞춥니다.
text-top	인라인 요소의 윗부분을 부모 요소 글꼴의 윗부분에 맞춥니다.
text-bottom	인라인 요소의 아랫부분을 부모 요소 글꼴의 아랫부분에 맞춥니다.
<길이 값>	기준선을 0px로 생각하고 길이 값이 양수면 기준선 위로, 음수면 기준선 아래로 지정한 크기만큼 옮깁니다.
<백분율 값>	기준선을 0%로 생각하고 line-height의 몇 %인지에 따라 양수면 위로, 음수면 아래로 옮깁니다.

표의 셀에서 사용할 경우 기준선이나 위, 아래, 가운데 등으로 정렬할 수 있습니다.

속성 값	설명
baseline	셀의 기준선에 내용의 기준선을 맞춥니다.*
top	패딩의 위쪽 가장자리에 내용의 윗부분을 맞춥니다.
middle	패딩 박스의 중앙에 내용을 맞춥니다.
bottom	패딩의 아래쪽 가장자리에 내용의 아랫부분을 맞춥니다.

다음 예제는 세 개의 셀에 vertical-align 속성 값을 다르게 지정한 것입니다.

▶ 결과 화면에서 빗금 친 부분은 패딩 영역으로 실제로 브라우저 화면에서는 흰색으로 표시되지만 이해를 돕기 위해 빗금을 친 것입니다.

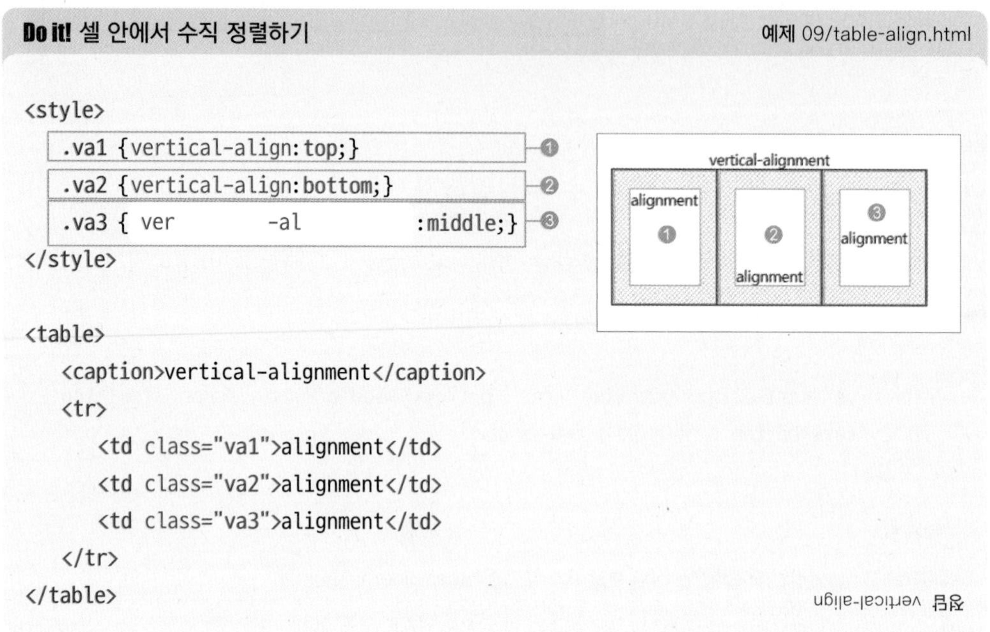

Do it! 셀 안에서 수직 정렬하기 예제 09/table-align.html

```
<style>
  .va1 {vertical-align:top;}         ❶
  .va2 {vertical-align:bottom;}      ❷
  .va3 { ver         -al        :middle;}  ❸
</style>

<table>
  <caption>vertical-alignment</caption>
  <tr>
    <td class="va1">alignment</td>
    <td class="va2">alignment</td>
    <td class="va3">alignment</td>
  </tr>
</table>
```


정답 vertical-align

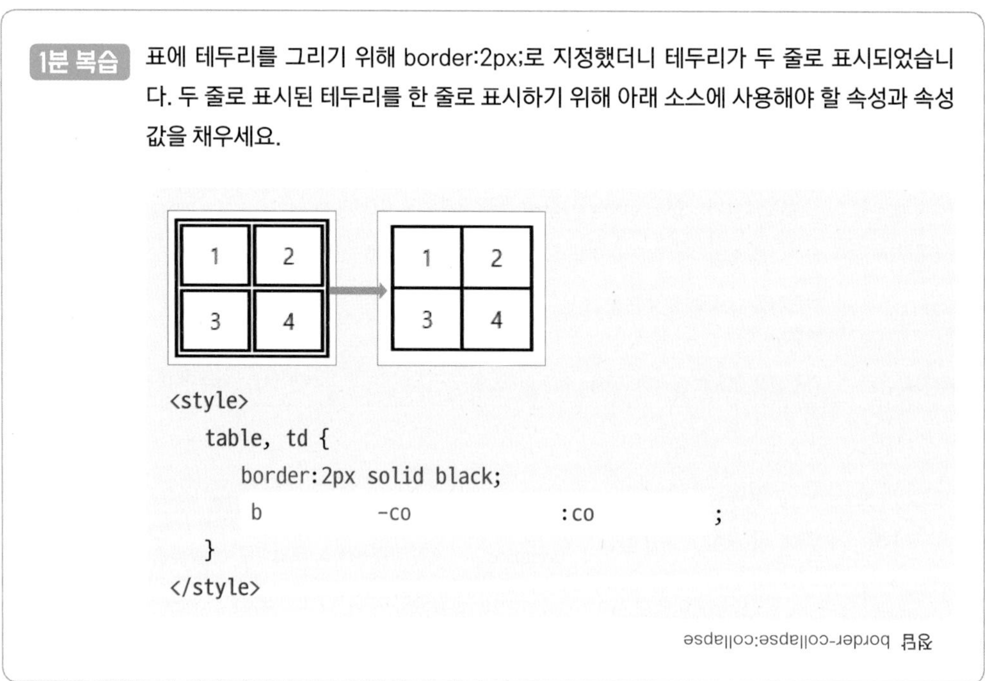

1분 복습 표에 테두리를 그리기 위해 border:2px;로 지정했더니 테두리가 두 줄로 표시되었습니다. 두 줄로 표시된 테두리를 한 줄로 표시하기 위해 아래 소스에 사용해야 할 속성과 속성 값을 채우세요.


```
<style>
  table, td {
    border:2px solid black;
    b        -co          :co        ;
  }
</style>
```

정답 border-collapse:collapse

기억을 되살리는

연습문제

Q1 난이도 ★★☆

quiz-1.html 문서를 다음 조건에 맞도록 수정하세요.

[문제] 09/quiz-1.html

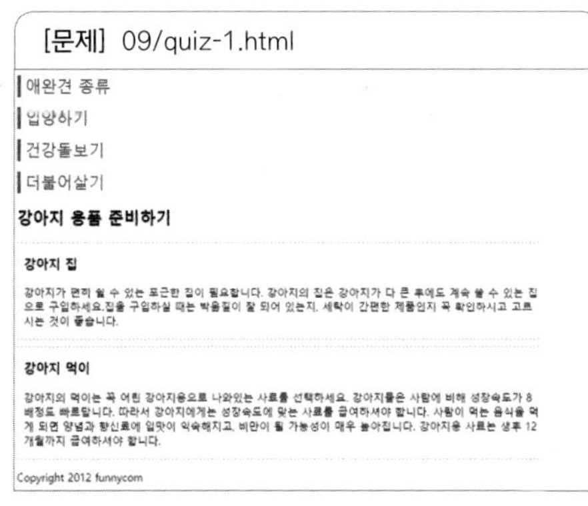

[해답] 09/sol-1.html

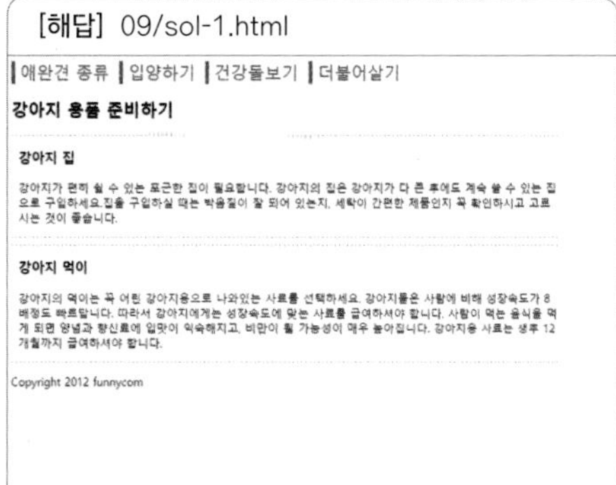

조건

① float 속성을 이용해 내비게이션 항목을 왼쪽부터 차례대로 배치합니다.

② 내비게이션 항목의 오른쪽 마진을 15px로 지정해 각 항목들이 조금씩 떨어지도록 합니다.

③ 기존 margin-bottom 값을 20px로 수정합니다.

④ float 속성 때문에 내비게이션 외의 항목에도 float의 영향을 받으므로 clear 속성을 사용해 '강아지 용품 준비하기' 부터는 float의 영향을 받지 않도록 합니다.

Q2 난이도 ★★★

quiz-2.html 문서에는 기본적인 표를 사용한 내용이 들어 있습니다. 다음 표를 만들기 위해 조건에 맞게 표 스타일을 적용하세요.

[문제] 09/quiz-2.html

2015 국민 독서실태

구분	성인	학생
독서율	65.3%	94.9%
연평균 독서량	9.1권	29.8권
공공도서관 이용률	28.2%	64.9%

[해답] 09/sol-2.html

구분	성인	학생
독서율	65.3%	94.9%
연평균 독서량	9.1권	29.8권
공공도서관 이용률	28.2%	64.9%

2015 국민 독서실태

조건

① 표와 셀에 테두리(1px solid black)를 그린 후 한 줄로 합쳐 표시하세요.

② 표의 설명 글(caption)은 표 아래쪽에 표시하세요.

③ 각 셀에는 padding:10px을 적용해 적절한 여백을 두세요.

④ 배경 색을 #eee로 지정하는 클래스 선택자 .heading을 정의한 후 첫 번째 행과 첫 번째 열에 적용하세요.

HTML, CSS 한 걸음 더 나가기

10 HTML5와 시맨틱 태그

11 HTML5와 멀티미디어

12 다재다능한 CSS3 선택자

13 CSS3와 애니메이션

첫째마당과 둘째마당에서 기본적인 웹 문서를 만들 수 있는 HTML 태그와 CSS 속성들에 대해 살펴보았습니다. 셋째마당에서는 좀 더 나아가 웹 문서에 멀티미디어를 삽입하는 방법과 애니메이션을 만드는 방법을 살펴보겠습니다. 예전에는 외부 프로그램을 이용해야만 가능했던 음악이나 동영상 삽입도 HTML 태그로 가능하고 자바스크립트로 프로그래밍해야 했던 애니메이션도 CSS 속성으로 가능합니다. HTML과 CSS를 더욱 매력적으로 만들어 주는 고급 기능들에 대해 하나씩 살펴보겠습니다.

10

HTML5와 시맨틱 태그

우리가 흔히 보는 웹 문서들은 겉보기에는 달라도 그 안을 살펴보면 구조가 비슷합니다. 이런 웹 문서를 만들 때 빠짐없이 등장하는 태그에는 무엇이 있을까요? HTML5에서는 웹 문서의 구조를 만들 때 앞에서 배운 <head> 태그와 <body> 태그 말고도 시맨틱(semantic) 태그를 사용하도록 권장하고 있습니다. 시맨틱이란 '의미가 통하는'이라는 뜻이며 시맨틱 태그란 태그만 보고도 페이지 구조를 쉽게 이해할 수 있도록 정의된 태그를 말합니다. 자, 그럼 문서 구조를 보는 눈을 만들어 주는 시맨틱 태그를 만나볼까요?

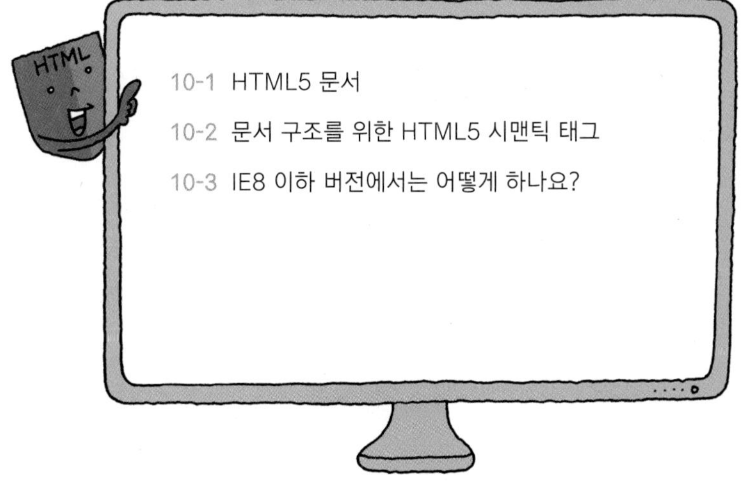

10-1 HTML5 문서
10-2 문서 구조를 위한 HTML5 시맨틱 태그
10-3 IE8 이하 버전에서는 어떻게 하나요?

10-1 HTML5 문서

HTML5는 HTML4의 태그를 그대로 사용하면서도 '시맨틱 태그'가 더 추가되었습니다. 여기서는 시맨틱 태그가 무엇인지 알아보고 시맨틱 태그를 언제, 왜 사용하는지도 함께 살펴보겠습니다.

시맨틱 태그가 사용된 HTML5 문서

우리가 흔히 보는 웹 사이트들을 살펴보면 디자인은 서로 달라 보여도 그 구조는 크게 다르지 않습니다. 사이트 제목이나 로고, 검색 창이 있는 헤더(header), 여러 내용이 있는 본문(contents), 본문 외 내용을 나타내는 사이드바(sidebar)와 푸터(footer) 부분이 문서의 주요 부분이며 사이트에 따라 한두 영역이 추가되곤 합니다. 이런 분석을 토대로 HTML5에서는 태그 이름만 보고도 문서 구조에서 어떤 역할을 하는지 쉽게 이해할 수 있는 '시맨틱 태그(semantic tag)'를 추가했습니다. 다음 예시를 보면서 어떤 영역이 어떻게 나타나는지 확인해 보세요.

▶ 시맨틱이란 '의미론적인', '의미가 통하는'이라는 뜻입니다.

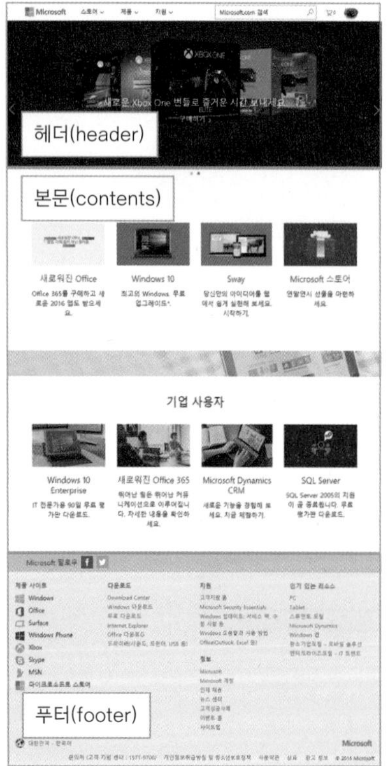

이번에는 문서 소스를 보며 시맨틱 태그가 영역별로 어떻게 적용되었는지 살펴보겠습니다. 다음 예제는 HTML5의 시맨틱 태그를 사용해 만든 문서입니다. HTML5 태그를 아직 잘 모르기 때문에 문서 전체가 이해되지 않더라도 <div> 대신 <header>나 <nav>처럼 각 역할에 맞는 태그들이 사용된 것을 볼 수 있습니다. 이 태그들에 대해서는 앞으로 자세히 배울 것입니다.

Do it! 시맨틱 태그로 작성된 웹 문서 예제 10/html5doc.html

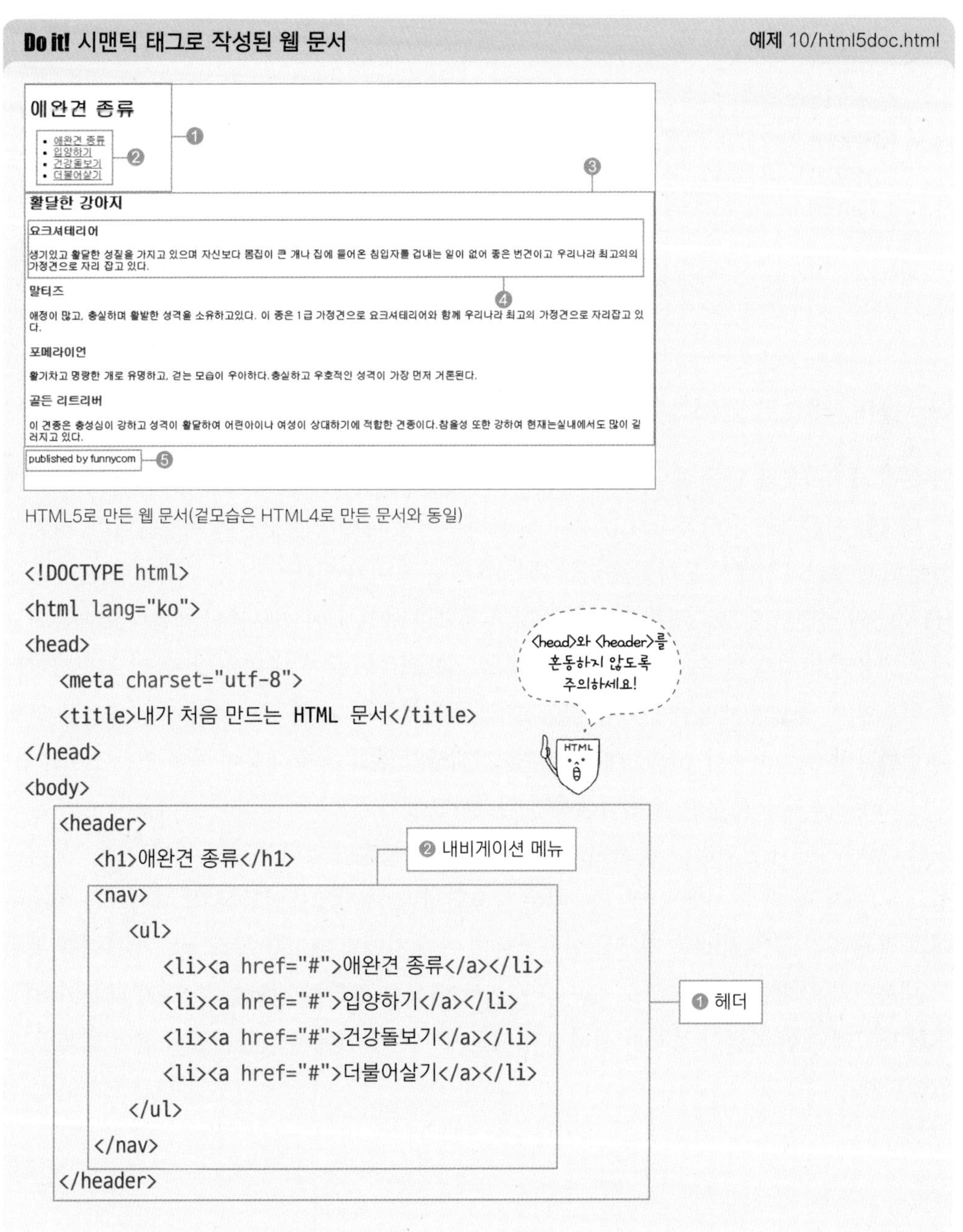

HTML5로 만든 웹 문서(겉모습은 HTML4로 만든 문서와 동일)

```
<!DOCTYPE html>
<html lang="ko">
<head>
  <meta charset="utf-8">
  <title>내가 처음 만드는 HTML 문서</title>
</head>
<body>
  <header>
    <h1>애완견 종류</h1>
    <nav>
      <ul>
        <li><a href="#">애완견 종류</a></li>
        <li><a href="#">입양하기</a></li>
        <li><a href="#">건강돌보기</a></li>
        <li><a href="#">더불어살기</a></li>
      </ul>
    </nav>
  </header>
```

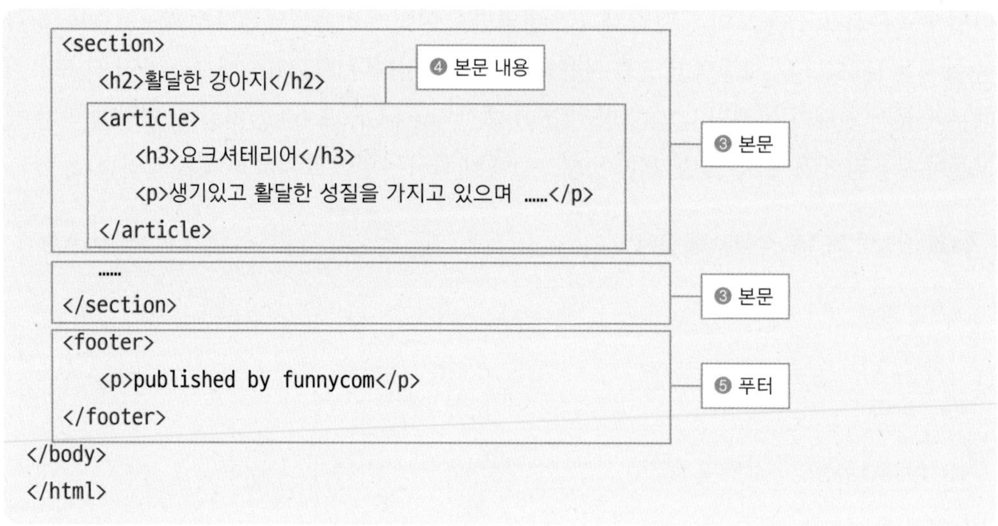

왜 시맨틱 태그로 레이아웃을 만들어야 할까?

웹 문서 레이아웃을 만들 때 시맨틱 태그를 사용하지 않더라도 웹 문서를 만들 수 있고, 시맨틱 태그를 사용하거나 사용하지 않거나 웹 브라우저에 나타나는 모습은 똑같습니다. 하지만 실제로 웹 브라우저에서 문서를 처리할 때는 매우 큰 차이가 있죠.

HTML5의 시맨틱 태그로 작성한 소스를 보면 태그만 보고도 어느 부분이 제목이고 메뉴이고 실제 내용인지 쉽게 알 수 있습니다. 이렇게 소스만으로도 문서 내용을 알 수 있으면 사이트를 검색할 때 필요한 내용을 정확히 찾을 수 있어 편리합니다. 웹 사이트의 본문 내용을 검색해야 한다면 〈header〉나 〈nav〉 태그 부분을 검색하지 않고 실제 내용이 들어 있는 〈section〉이나 〈article〉 태그 부분만 찾아 검색하면 되니까요.

또한 "어떤 장애가 있더라도 웹 사이트를 사용하는 데 불편이 있어서는 안 된다"라는 '웹 접근성' 시각에서 볼 때도 시맨틱 태그는 매우 중요합니다. 시각장애인들은 웹 사이트를 이용할 때 화면 낭독기 같은 웹 보조 기구를 이용하는데 이때 시맨틱 태그를 통해 어느 부분이 제목이고 내용인지 구별할 수 있으므로 그만큼 사이트 내용을 정확히 전달할 수 있기 때문입니다. 또한 태그에 대한 역할이 정확히 정해졌기 때문에 어떤 장치에서든 문서를 똑같이 해석할 수 있습니다.

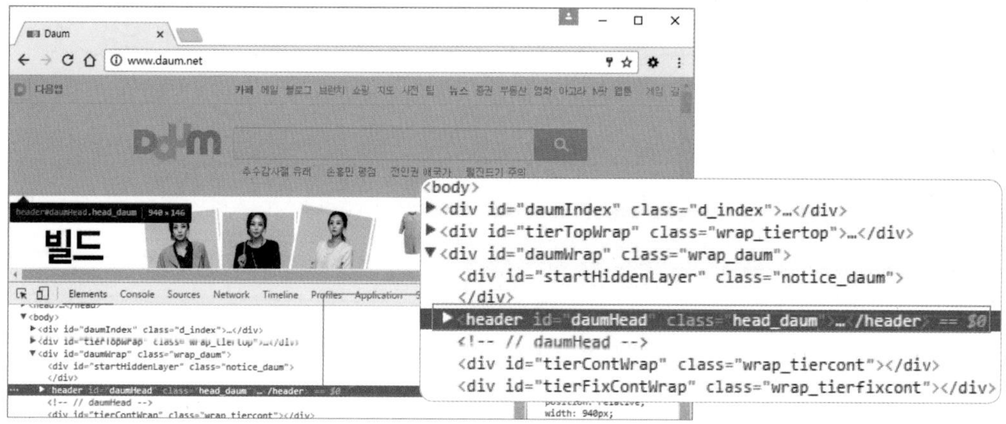

▶ 개발자 도구를 이용하면 웹 사이트에서 사용된 시맨틱 태그를 확인할 수 있습니다.

10-2 문서 구조를 위한 HTML5 시맨틱 태그

지금부터 시맨틱 태그를 배워 보겠습니다. 웹 사이트별로 문서 구조는 약간씩 다르지만 보통 <header> 태그와 <section>태그, <footer> 태그 순으로 이루어집니다. 그럼 차근차근 하나씩 배워볼까요?

<header> 태그 - 머리말 지정하기

맨 처음 배울 <header> 태그는 특정 부분의 머리말(header)에 해당합니다. 사이트 전체의 헤더는 주로 페이지 맨 위쪽이나 왼쪽에 삽입하며 헤더의 내용으로는 주로 <form> 태그를 사용해 검색 창을 넣거나 <nav> 태그를 사용해 사이트 메뉴를 넣습니다. <header> 태그는 본문 중에 사용해 해당 부분의 머리말로 사용할 수도 있습니다.

▶ 01장에서 배운 <head> 태그와 혼동하면 안 됩니다. <head> 태그에는 겉으로 보이지 않는 정보가 있고 <header> 태그는 기본적으로 <body> 태그 안에 사용합니다.

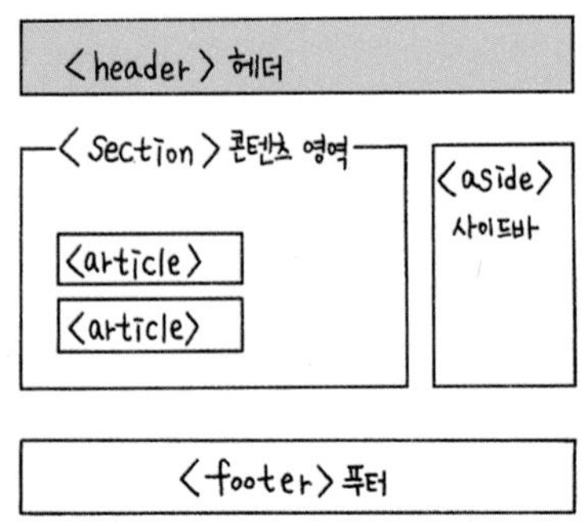

<nav> 태그- 문서를 연결하는 내비게이션 링크

내비게이션 역할을 하는 <nav> 태그는 동일한 사이트 안의 문서나 다른 사이트의 문서로 연결하는 링크 모음을 나타냅니다. 이 태그를 사용하면 어느 부분이 내비게이션인지 쉽게 알 수 있죠.

<nav> 태그는 내비게이션 메뉴뿐만 아니라 푸터에 있는 사이트 링크 모음 부분에도 많이 사용됩니다. 다시 말해 사용하는 위치의 영향을 받지 않아 <header>나 <footer> 태그 또는 <aside> 태그 안에 포함시킬 수도 있고 독립해 사용할 수도 있습니다. 그리고 문서 안에 여러 개의 <nav> 태그를 사용할 경우, ID를 따로 지정해 주면 스타일 시트에서 각 내비게이션에 맞게 스타일을 지정할 수 있습니다.

앞에서 배운 <header> 태그와 <nav> 태그를 이용한 예제를 살펴보겠습니다. 배경 이미지와 제목은 <header> 태그로 지정하고 사이트의 메뉴는 <nav>로 지정했습니다.

Do it! <nav> 태그를 사용한 메뉴 예제 10/header-nav.html

```
< hea   1   >
    <h1>Joandora</h1>
    <h2>가장 제주다운 수산리집</h2>
</header>
<nav class="navi">
    <ul>
        <li><a href="#">이용 안내</a></li>
        <li><a href="#">객실 소개</a></li>
        <li><a href="#">예약 방법</a></li>
        <li><a href="#">예약하기</a></li>
    </ul>
</ n    2  >
```

정답 1. header 2. nav

<section> 태그 - 주제별 콘텐츠 영역 나타내기

웹 문서의 머리말에 대해 알아보았으니 이번에는 콘텐츠가 들어가는 부분을 살펴보겠습니다. 먼저 <section> 태그는 문서에서 콘텐츠 영역을 나타냅니다. 다시 말해 <section> 태그는 문맥 흐름 중에서 콘텐츠를 주제별로 묶을 때 사용하며 그 안에는 섹션 제목을 나타내는 <h1>~<h6> 제목 태그가 함께 사용됩니다. <section> 태그 안에 또 다른 <section> 태그를 넣을 수도 있습니다.

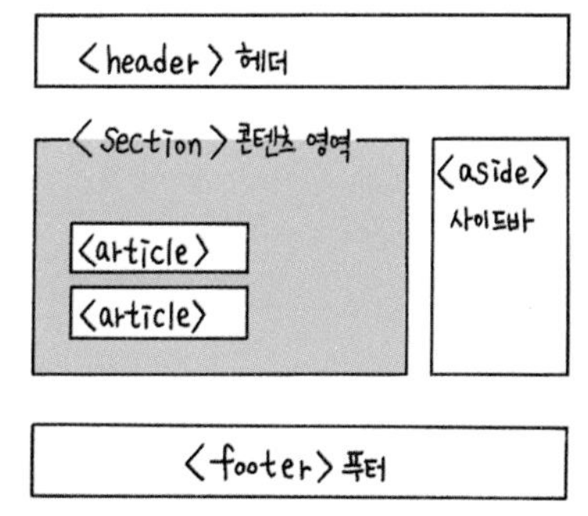

▶ 스타일을 적용하거나 스크립트를 사용하거나 단순히 영역을 나누기 위해 콘텐츠의 일부를 묶고 싶다면 <section> 태그 대신 <div> 태그를 사용하면 됩니다.

<article> 태그 - 콘텐츠 내용 넣기

〈section〉 태그와 비슷해 혼동하기 쉬운 〈article〉 태그는 article의 사전적 의미가 신문이나 잡지의 '기사(記事)'를 뜻하는 것처럼 웹 상의 실제 내용을 넣습니다. 보통 블로그의 포스트나 웹 사이트의 내용, 사용자가 등록한 코멘트, 독립적인 웹 콘텐츠 항목이 해당되죠. 다시 말해 태그를 적용한 부분을 떼어 내 독립적으로 배포하거나 재사용하더라도 완전히 하나의 콘텐츠가 된다면 〈article〉 태그를 쓰면 됩니다.

보통 〈section〉 태그와 〈article〉 태그를 혼동하기도 하는데 〈section〉 태그는 문맥 흐름 중에서 콘텐츠를 주제별로 묶을 때 사용합니다. 〈article〉 태그 안에 〈section〉 태그를 넣을 수도 있습니다.

<aside> 태그 - 본문 이외의 내용 표시하기

블로그에서 왼쪽이나 오른쪽 또는 하단에 사이드바가 표시된 것을 본 적 있을 텐데요. 이런 사이드바를 만드는 태그가 〈aside〉입니다. 사이드바는 필수 요소가 아니므로 광고나 링크 모음 등 문서의 메인 내용에 영향을 미치지 않는 내용들을 넣을 때만 사용하는데요. 이처럼 〈aside〉 태그는 본문 내용 외에 주변에 표시되는 기타 내용들을 나타냅니다.

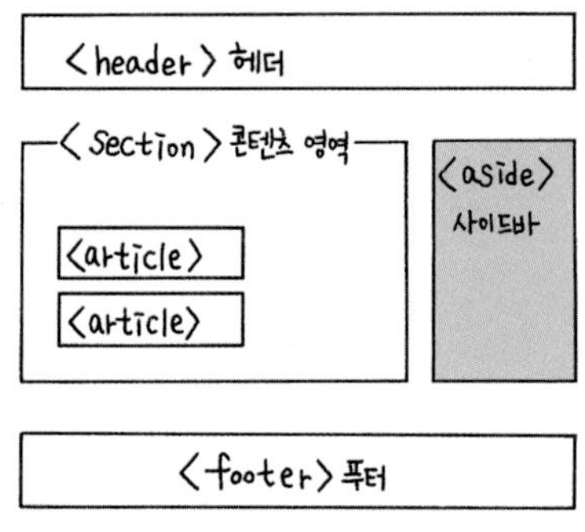

다음 예제는 앞에서 설명했던 〈section〉 태그와 〈article〉 태그를 이용해 게스트 하우스 소개 글을 넣고 〈aside〉 태그를 이용해 게스트 하우스 예약 방법을 간략히 소개한 것입니다. 이때 class="content"라는 속성을 이용해 〈section〉 요소의 위치나 여백 등의 스타일을 조절하고 class="sidebar" 속성을 이용해 사이드바를 왼쪽에 배치할지 오른쪽에 배치할지 등을 지정할 수 있습니다.

▶ 콘텐츠를 삽입할 때 〈section〉 태그와 〈article〉 태그 중 하나만 사용하거나 둘 다 사용할 수도 있습니다. 둘 다 사용할 때는 〈section〉 태그 안에 〈article〉 태그를 사용하거나 〈article〉 태그 안에 〈section〉 태그를 사용할 수도 있습니다.

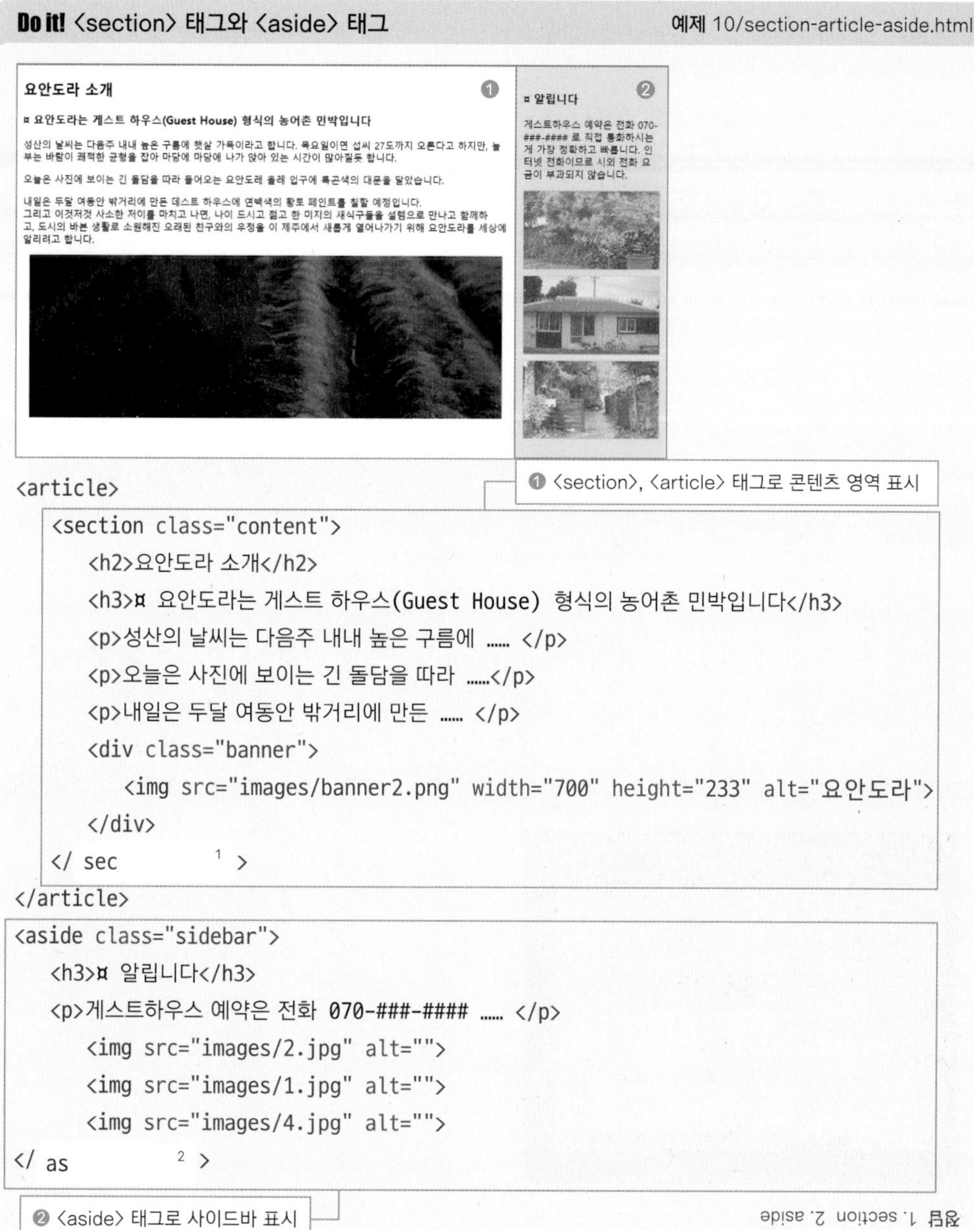

Do it! <section> 태그와 <aside> 태그 예제 10/section-article-aside.html

❶ <section>, <article> 태그로 콘텐츠 영역 표시

```
<article>
    <section class="content">
        <h2>요안도라 소개</h2>
        <h3>¤ 요안도라는 게스트 하우스(Guest House) 형식의 농어촌 민박입니다</h3>
        <p>성산의 날씨는 다음주 내내 높은 구름에 ...... </p>
        <p>오늘은 사진에 보이는 긴 돌담을 따라 ......</p>
        <p>내일은 두달 여동안 밖거리에 만든 ...... </p>
        <div class="banner">
            <img src="images/banner2.png" width="700" height="233" alt="요안도라">
        </div>
    </ sec     1    >
</article>
<aside class="sidebar">
    <h3>¤ 알립니다</h3>
    <p>게스트하우스 예약은 전화 070-###-#### ...... </p>
        <img src="images/2.jpg" alt="">
        <img src="images/1.jpg" alt="">
        <img src="images/4.jpg" alt="">
</ as     2    >
```

❷ <aside> 태그로 사이드바 표시

정답 1. section 2. aside

<iframe> 태그 외부 문서 삽입하기

일반적으로 웹 문서 안에 내용을 직접 입력하지만 다른 외부 문서를 삽입할 수도 있습니다. 이렇게 웹 문서 안에 다른 웹 문서를 가져와 표시하는 것을 인라인 프레임(inline frame)이라고 합니다. 인라인 프레임을 삽입하는 태그는 <iframe> 태그입니다.

```
기본형    <iframe src="삽입할 문서 주소" [속성 = "속성 값"]> </iframe>
```

〈iframe〉 태그에서는 여러 속성을 이용해 원하는 형태로 표시할 수 있습니다. 사용할 수 있는 주요 속성은 다음과 같습니다.

속성	설명
width	인라인 프레임의 너비입니다. 픽셀이나 백분율 값으로 표시합니다.
height	인라인 프레임의 높이입니다. 픽셀이나 백분율 값으로 표시합니다.
name	인라인 프레임의 이름입니다.
src	프레임에 표시할 문서의 주소를 지정합니다.
seamless	프레임의 테두리를 없애 마치 본문의 일부처럼 보이도록 만들며 속성 값 없이 seamless라고 쓰면 됩니다. 이 속성은 아직 크롬과 사파리에서만 지원합니다.

다음 예제는 〈iframe〉 태그를 사용해 iframe.html 문서 안에 이지스퍼블리싱 홈페이지를 삽입한 것입니다.

Do it! 〈iframe〉 태그로 문서 안에 사이트 내용 삽입하기 예제 10/iframe.html

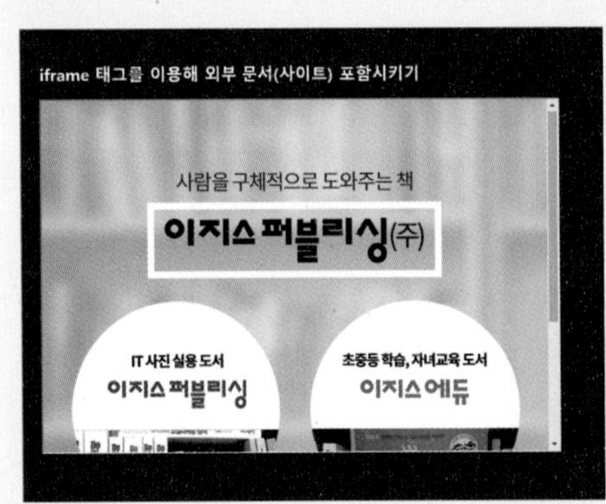


```
<div class="content">
   <iframe src="http://easyspub.co.kr/" width="95%" height="550"></iframe>
</div>
```

<footer> 태그 - 제작 정보와 저작권 정보 표시하기

일반적으로 웹 문서 끝자락에 들어가는 <footer> 태그 안에는 사이트 제작자의 연락처 정보와 저작권 정보를 표시합니다. 또한 <footer> 태그 안에는 <header> 태그를 비롯해 <section>, <article> 등 다른 레이아웃 태그 들을 모두 사용할 수 있고 이런 태그를 이용해 푸터 안에 다양한 정보를 넣을 수 있습니다.

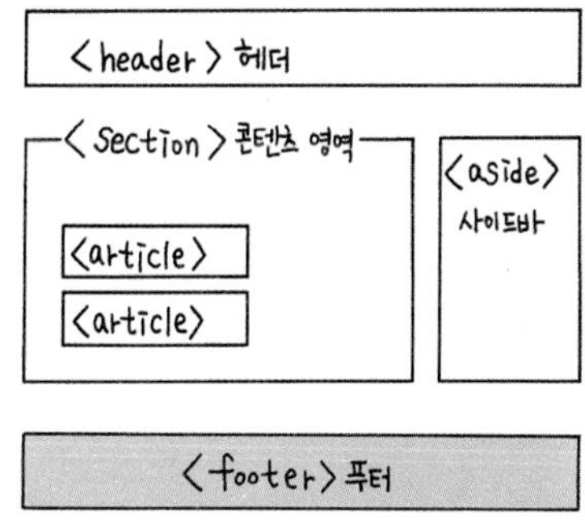

<address> 태그 - 사이트 제작자 정보, 연락처 정보 나타내기

<address> 태그는 주로 <footer> 태그 안에 사용되는데 웹 페이지 제작자의 이름이나 제작자의 웹 페이지 또는 피드백을 위한 연락처 정보를 넣는 데 사용됩니다. 또한 웹 사이트와 관련된 우편 주소도 <address> 태그 안에 포함시킵니다. 하지만 단순히 우편 주소를 표기할 용도라면 <address> 태그가 아닌 <p> 태그를 이용해 표시합니다.

다음은 <footer> 태그와 <address> 태그를 사용해 웹 페이지에 연락처 정보를 넣은 예제입니다.

Do it! <footer> 태그와 <address> 태그 예제 10/footer-address.html

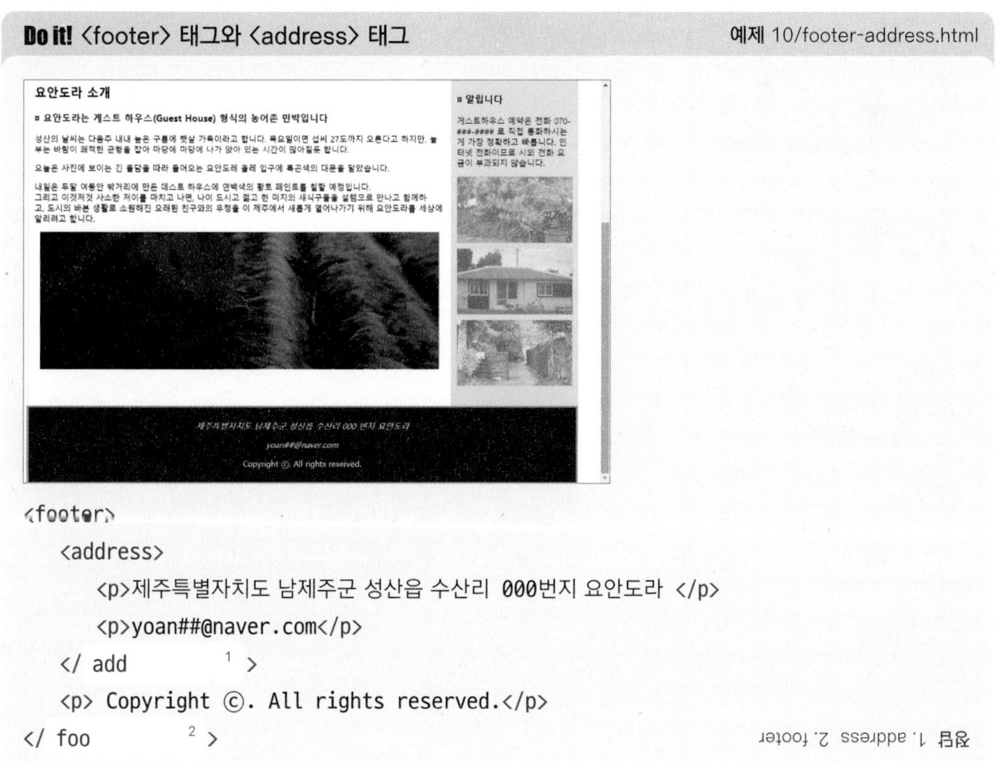


```
<footer>
  <address>
    <p>제주특별자치도 남제주군 성산읍 수산리 000번지 요안도라 </p>
    <p>yoan##@naver.com</p>
  </ add      1 >
  <p> Copyright ©. All rights reserved.</p>
</ foo      2 >
```

정답 1. address 2. footer

<div> 태그는 언제 사용할까?

그렇다면 HTML4에서 사용하던 <div> 태그는 HTML5에서 사용할 수 없을까요? 그렇지 않습니다. HTML5에서도 <div> 태그는 중요하게 사용됩니다. HTML5에서는 주로 콘텐츠를 묶어 시각적 효과를 적용할 때 즉 콘텐츠에 CSS를 적용할 때 <div> 태그를 사용합니다.

예를 들어 다음 10/layout_css.html 문서에서는 브라우저에 표시되는 전체 콘텐츠를 <div id="wrapper">처럼 <div> 태그로 묶어 표시하고 스타일 시트에서 wrapper 스타일을 이용해 콘텐츠의 너비를 지정할 수 있습니다.

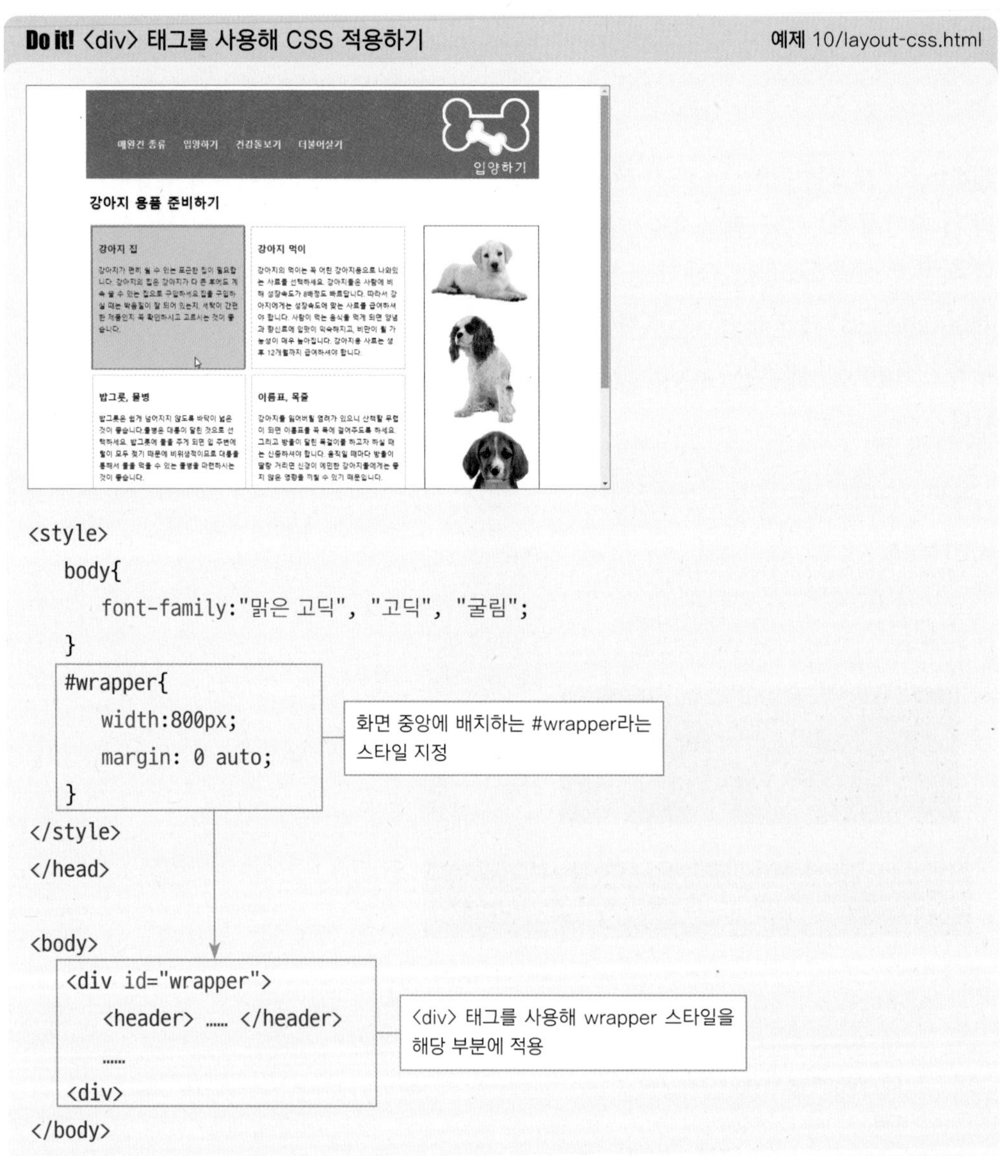

Do it! <div> 태그를 사용해 CSS 적용하기 **예제** 10/layout-css.html


```
<style>
   body{
      font-family:"맑은 고딕", "고딕", "굴림";
   }
   #wrapper{
      width:800px;
      margin: 0 auto;
   }
</style>
</head>

<body>
   <div id="wrapper">
      <header> ...... </header>
      ......
   <div>
</body>
```

{ 직접 해보세요! } HTML5 시맨틱 태그로 웹 표준에 맞는 문서 만들기

[준비] 10/layout1.html **[완성]** 10/layout1-result.html

기본 태그를 사용해 만든 웹 문서에서 HTML5의 시맨틱 태그를 사용해 웹 표준에 맞는 문서로 바꾸어 보겠습니다. 이제 태그들을 정확히 알게 되었으니 문서 구조를 머릿속에 그리며 따라 해보세요.

1. 기존 문서 확인하기

브라우저에서 준비 파일 layout1.html을 열어 보세요. 태그들을 사용해 내용만 입력했기 때문에 아직 레이아웃이 정해져 있지 않고 내용들은 줄글로 표시될 것입니다.

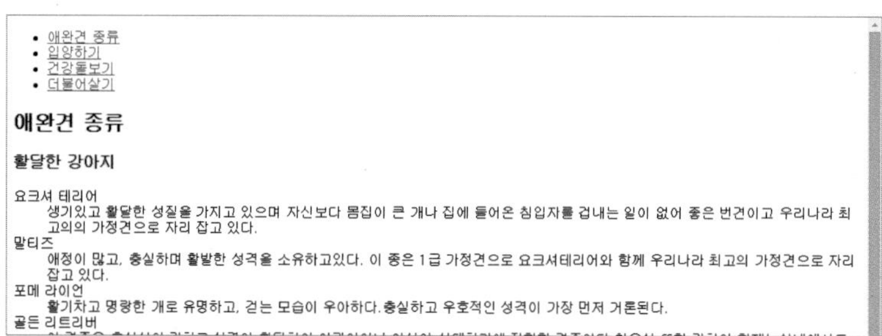

2. <header> 태그로 헤더 영역 만들기

문서 구조를 만들기 위해 우선 헤더 부분을 만들어 보겠습니다.

첫 번째 <ul> 태그 앞에 <header> 태그를 입력하고 </ul> 태그 뒤에 </header> 태그를 삽입해 링크가 있는 부분을 헤더로 만듭니다. <ul>에서 </ul> 태그까지 마우스로 선택한 후 Tab 키를 눌러 <ul> 태그가 <header> 태그 안에 있다는 것을 쉽게 눈으로 확인할 수 있도록 안으로 들여 씁니다.

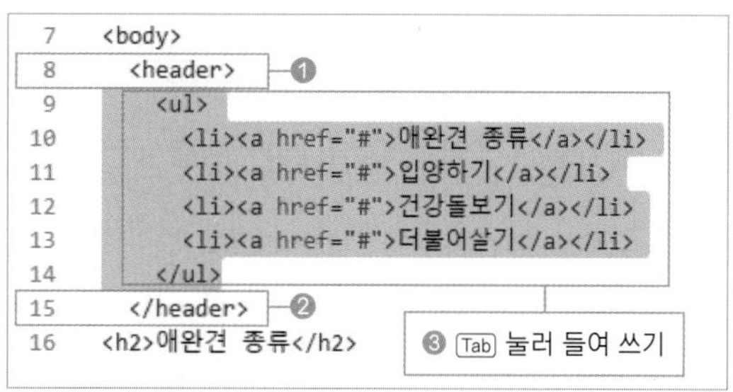

3. <nav> 태그로 내비게이션 영역 만들기

헤더 안에 있는 링크들을 내비게이션으로 사용하기 위해 <ul> 태그 앞에 <nav>를 삽입하고 </ul> 태그 다음에 </nav>를 입력합니다. 그리고 다시 <ul> 태그에서 </ul> 태그까지 마우스로 선택한 후 Tab 키를 눌러 한 단계 안으로 들여 씁니다.

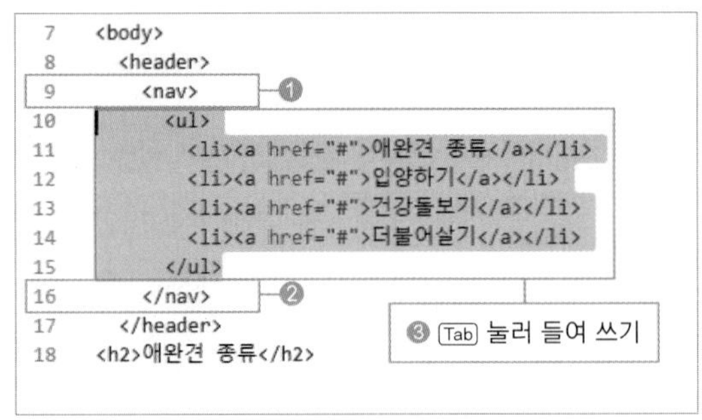
<body>
<header>
<nav>
<ul>
<li><a href="#">애완견 종류</a></li>
<li><a href="#">입양하기</a></li>
<li><a href="#">건강돌보기</a></li>
<li><a href="#">더불어살기</a></li>
</ul>
</nav>
</header>
<h2>애완견 종류</h2>
❶
❷
❸ Tab 눌러 들여 쓰기

4. <article> 태그로 본문 영역 만들기

이제 본문 영역을 표시해야겠죠? </header> 태그 바로 다음에 <article> 태그를 삽입하고 문서 마지막으로 이동한 후 '<h3>건강한 강아지는</h3>' 소스 바로 앞에 </article> 태그를 넣습니다. <article> 다음 줄부터 </article> 앞 줄까지 마우스로 선택한 후 Tab 키를 눌러 선택한 부분을 안으로 들여 씁니다.

```
</header>
<article>  ❶
  <h2>애완견 종류</h2>
  <h3>활달한 강아지</h3>
  <dl>
    <dt>요크셔 테리어 </dt>
    <dd>생기있고 활달한 성질을 가지고 있으며 자신보다 몸집이 큰 개나 집에 들어온 침입자를 겁내
    <dt>말티즈 </dt>
~~~~~~~~~~~~~~~~~~~~~~~~~~~~~~~~~~~~~~~~~~~~~~~~~~~~~
    <dd>사납진 않으나, 상당히 복종적이며, 지능지수가 애완견종 중 가장 뛰어나다.</dd>
    <dt>폭스테리어</dt>
    <dd>가정에서 키우기에 적합한 품종이다.  보호본능이 강하고 정이 많다. 하지만 사냥을 하던 본
  </dl>
</article>  ❷
```

❸ Tab 눌러 들여 쓰기

5. <section> 태그로 내용 구분하기

<article> 태그 안의 본문 내용을 살펴보면 <h3> 태그를 사용한 제목이 있는 세 가지 내용으로 나뉘어져 있습니다. <section> 태그로 영역을 나누면 적당할 것 같습니다. 첫 번째 <h3> 태그 앞부분에 <section> 태그를 삽입하고 두 번째 <h3> 바로 앞에 </section> 태그를 붙여 첫 번째 영역을 만듭니다. 그리고 <section>과 </section> 사이의 소스를 선택한 후 Tab을 눌러 안으로 들여 씁니다.

```
    <h2>애완견 종류</h2>
    <section>  ❶
      <h3>활달한 강아지</h3>
      <dl>
        <dt>요크셔 테리어 </dt>
        <dd>생기있고 활달한 성질을 가지고 있으며 자신보다 몸집이 큰 개나 집에 들어온 침입자를 겁내
        <dt>말티즈 </dt>
        <dd>애정이 많고, 충실하며 활발한 성격을 소유하고있다. 이 종은 1급 가정견으로 요크셔테리어와
        <dt>포메 라이언</dt>
        <dd>활기차고 명랑한 개로 유명하고, 걷는 모습이 우아하다.충실하고 우호적인 성격이 가장 먼저
        <dt>골든 리트리버</dt>
        <dd>이 견종은 충성심이 강하고 성격이 활달하여 어린아이나 여성이 상대하기에 적합한 견종이다.
      </dl>
    </section>  ❷
```

❸ Tab 눌러 들여 쓰기

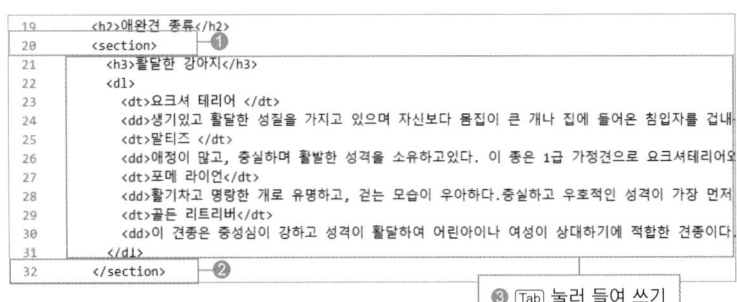

6. 같은 방법으로 '온순한 강아지' 설명 부분은 〈section〉 태그와 〈/section〉 태그로 감싸주고 '사납지만 복종적인 강아지' 설명 부분도 〈section〉 태그와 〈/section〉 태그로 감싸줍니다. 그리고 〈section〉과 〈/section〉 사이의 소스는 각각 들여 씁니다.

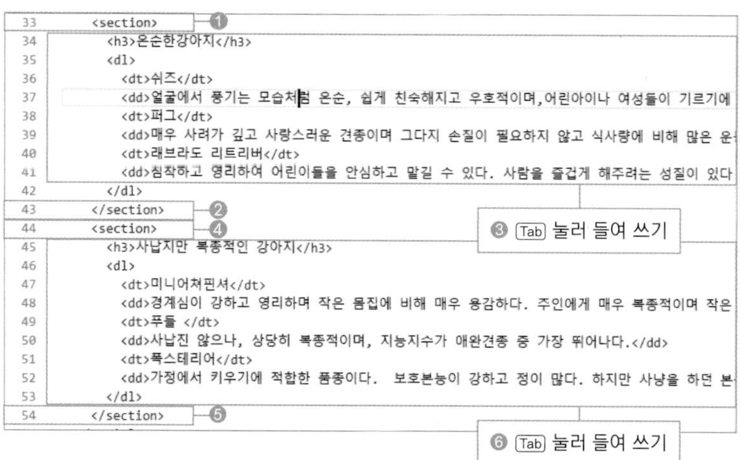

7. 〈aside〉 태그로 사이드바 만들기

〈/article〉 태그 다음에 오는 '건강한 강아지는' 부분은 강아지의 종류를 설명한 본문과 약간 내용이 달라 사이드바로 처리하려고 합니다. 〈h3〉 태그 바로 위에 〈aside〉 태그를 추가하고 〈p〉 태그 앞에 〈/aside〉를 추가해 〈aside〉 영역을 만듭니다. 그리고 〈aside〉와 〈/aside〉 사이의 소스는 한꺼번에 선택해 안으로 들여 씁니다.

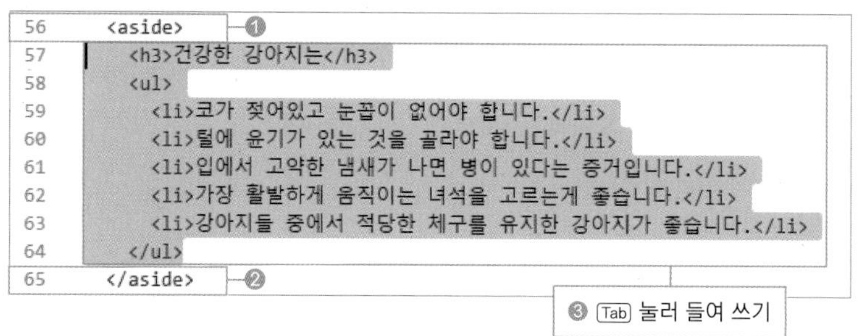

8. 〈footer〉 태그로 영역 나누기

마지막 부분은 저작권 정보가 있기 때문에 푸터로 만들어 보겠습니다. 〈p〉 태그 앞뒤에 〈footer〉 태그와 〈/footer〉 태그를 삽입해 푸터 영역을 만들고 〈p〉 태그 바로 왼쪽에 마우스 포인터를 갖다 놓고 Tab 키를 눌러 들여 씁니다.

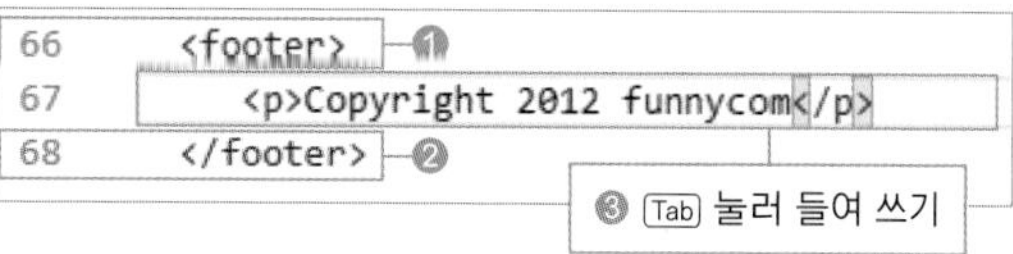

9. 웹 브라우저에서 확인하기

수정한 내용을 저장한 후 브라우저로 확인해 보세요. HTML5 태그를 사용하기 전과 다를 바 없어 실망했나요? 겉모습은 같아 보이지만 브라우저가 문서를 해석하는 데는 큰 차이가 있습니다. 또한 시각장애인의 경우, 화면 낭독기가 문서를 쉽게 해석할 수 있습니다. 물론 검색 사이트에서도 이 문서를 효율적으로 검색할 수 있죠.

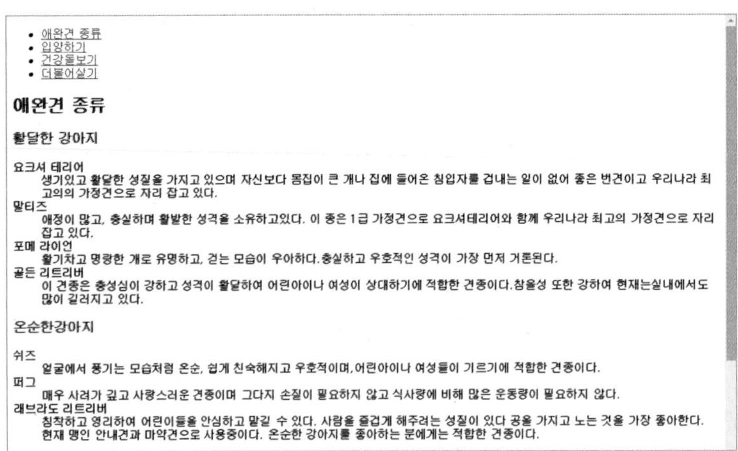

스타일 시트(CSS) 적용해 보기

[준비] 10/layout2.html, 10/css/layout.css **[완성]** 10/layout2-result.html, 10/css/layout-result.css

앞에서 만든 웹 표준 문서에 스타일 시트를 적용하면 어떤 모습이 될까요? 시맨틱 태그를 사용해 문서의 레이아웃을 만들어 놓았다면 스타일 시트를 적용해 문서의 디자인을 바꾸기 쉽습니다.

▶ layout.css의 소스는 실습을 위해 미리 만들어 놓은 것입니다.

1. CSS 파일 연결하기

편집기에서 준비 파일인 layout2.html 문서를 연 후 </head> 태그 바로 앞에 다음과 같이 추가합니다. 이 소스는 layout.css 파일을 연결해 사용하겠다는 뜻입니다.

▶ layout2.html 대신 앞의 실습을 따라 하면서 마지막에 저장한 layout1.html을 사용해도 됩니다.

```
<html lang="ko">
<head>
    <meta charset="utf-8">
    <title>애완견 돌보기</title>
    <link rel="stylesheet" href="css/layout.css">
</head>
<body>
    <header>
```

```
<link rel="stylesheet" href="css/layout.css">
```

2. 웹 브라우저에서 확인하기

웹 문서를 저장한 후 브라우저에서 확인해 보세요. 단순히 텍스트가 나열되었던 웹 문서가 조금이나마 정리되어 있을 것입니다. 아직 브라우저 창을 닫지 마세요.

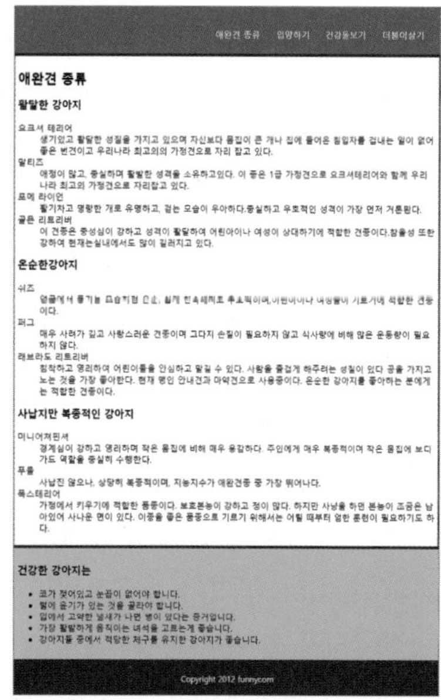

3. CSS 소스 편집하기

편집기로 돌아와 [css] 폴더에 있는 layout.css 파일을 불러옵니다. 그리고 스타일 소스 중 article 부분을 찾은 후 그 아래에 다음과 같은 소스를 추가합니다. section 영역을 왼쪽부터 나란히 배치하는 것입니다.

▶ article section 선택자는 <article> 태그 안에 있는 <section> 태그에 적용할 스타일을 지정하는 선택자입니다.

```
article{
    width: 80%;
    margin-right: auto;
    margin-left: auto;
    border:5px solid #333;
    padding:5px;
    overflow:hidden;
}
article section {
    width:30%;
    height:650px;
    float:left;
    margin:5px;
    padding:5px;
    border:1px dotted #333;
}
```


```
article section{
    width:30%;
    height:650px;
    float:left;
    margin:5px;
    padding:5px;
    border:1px dotted #333;
}
```


4. 제목에 배경 이미지 추가하기

방금 추가한 article section이라는 스타일 정보의 다음 줄에 다음 소스를 추가해 section 영역에 있는 h3 제목에 배경 이미지를 추가합니다. Ctrl + S를 눌러 수정 내용을 저장합니다.

```
section h3{
    background:url('../images/bg-note.png') no-repeat left center;
    padding-left:30px;
}
```

```
article section {
    width:30%;
    height:650px;
    float:left;
    margin:5px;
    padding:5px;
    border:1px dotted #333;
}
section h3 {
    background:url('../images/bg.png') no-repeat left center;
    padding-left:30px;
}
```

5. 웹 브라우저에서 확인하기

방금 파일 탐색기에서 저장한 layout2.html 문서를 더블 클릭해 열어 보세요. 세 개의 section 영역이 가로로 배치되어 있고 각 section 영역에 있는 h3 제목 부분에 작은 이미지가 추가된 것을 알 수 있습니다. 스타일 시트로 옷을 입혀 주니 한결 보기 좋아졌죠?

1분 복습 문서 구조를 위한 주요 시맨틱 태그와 그 설명을 맞게 연결하세요.

1. <header> •	• ㄱ. 제작 정보와 저작권 정보 표시하기
2. <section> •	• ㄴ. 외부 문서 삽입하기
3. <aside> •	• ㄷ. 머리말 지정하기
4. <footer> •	• ㄹ. 콘텐츠 영역 주제별로 나누기
5. <iframe> •	• ㅁ. 본문 이외의 내용 표시하기

정답 1. ㄷ 2. ㄹ 3. ㅁ 4. ㄱ 5. ㄴ

10-3 IE8 이하 버전에서는 어떻게 하나요?

지금까지 시맨틱 태그를 이용해 웹 표준에 맞는 문서를 만드는 방법을 알아보았습니다. 하지만 아직까지 모든 브라우저에서 시맨틱 태그가 지원되지는 않습니다. 특히 국내에서 많이 사용되는 익스플로러 브라우저도 그렇죠. 이번 절에서는 시맨틱 태그를 지원하지 않는 브라우저도 고려하면서 최신 시맨틱 태그를 이용하는 방법을 알아봅시다.

새로운 시맨틱 태그 지원 상황

시맨틱 태그를 이용하면 웹 표준에 맞는 문서를 편리하게 만들 수 있습니다. 그런데 모든 웹 브라우저에서 시맨틱 태그를 사용할 수 있을까요? 아래 그림에서 보듯이 HTML5의 새로운 시맨틱 태그는 대부분의 웹 브라우저에서는 사용할 수 있지만 인터넷 익스플로러(IE) 8에서는 지원하지 않고 모바일용 브라우저인 오페라 미니에서는 일부만 지원됩니다.

http://caniuse.com 사이트에 접속한 후 [Index of features]를 클릭하면 HTML5 태그와 CSS3 속성을 비롯한 HTML5 관련 기능들이 나열된 페이지로 연결됩니다. 여기서 태그나 속성을 선택하면 그 항목을 모던 브라우저에서 얼마나 지원하는지 직접 확인할 수 있습니다.

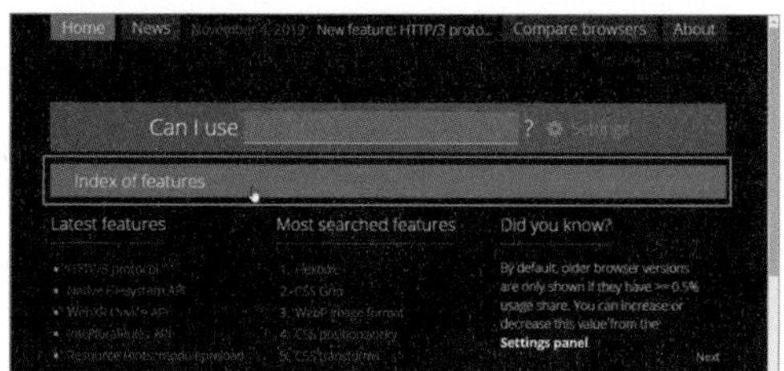

[HTML5] 칼럼의 여러 항목 중 [HTML5 semantic elements]를 클릭하면 각 브라우저 버전별로 HTML5의 시맨틱 태그 지원 여부를 살펴볼 수 있습니다.

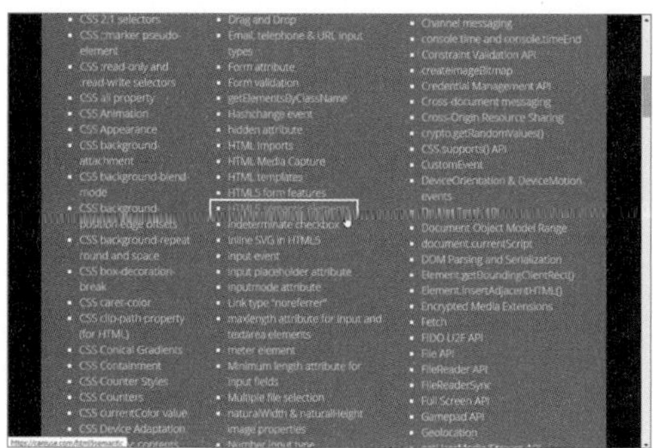

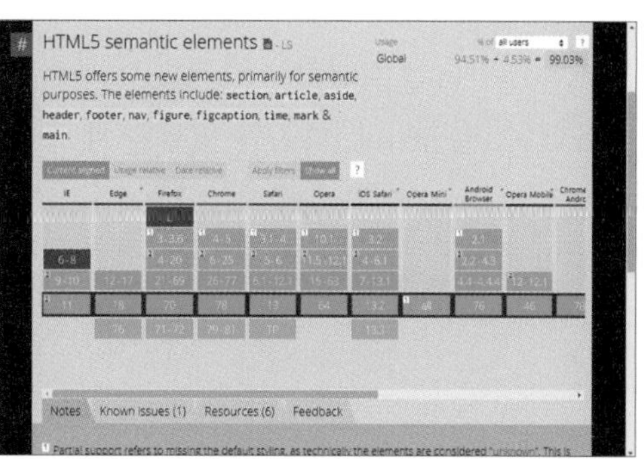

IE8 이하에서 시맨틱 태그를 사용하려면?

브라우저별 시맨틱 태그 지원 여부를 확인하면 인터넷 익스플로러(IE) 8.0 이하 버전은 지원되지 않음을 알 수 있습니다. 2016년 1월 이후 마이크로소프트에서 IE11을 제외한 다른 인터넷 익스플로러에 대한 지원을 중단했기 때문입니다. 하지만 아직 국내에는 IE8 사용자가 꽤 많기 때문에 IE8 이하 버전에서 시맨틱 태그 사용법에 대한 방안이 필요합니다.
IE8 이하에서 시맨틱 태그를 사용하기 위해 지금부터 설명할 여러 방법들이 사용되는데 그 중 가장 일반적인 것은 html5shiv를 이용한 방법입니다.

CSS에서 블록 레벨로 정의하기

첫 번째 방법은 CSS에서 블록 레벨로 정의하는 방법입니다. 브라우저는 자신이 인식하지 못하는 태그를 만나면 인라인 태그로 취급합니다. 이런 태그는 위치값을 가질 수 없으므로 태그를 이용해 레이아웃을 만드는 것은 불가능합니다. 그래서 HTML5 시맨틱 태그를 인식하지 못하는 브라우저에서는 오른쪽과 같은 소스를 <style> 태그와 </style> 태그 사이에 입력해 자신만의 영역을 가질 수 있는 블록 레벨 태그로 바꾸어 주어야 합니다.

```
header, section, nav, article, footer {
   display:block;
}
```

▶ 인라인 태그는 영역을 차지하지 않습니다.

시맨틱 태그 직접 정의하기

IE8 이하 버전에서는 시맨틱 태그를 비롯해 HTML5에서 새로 추가된 태그들을 브라우저에서 인식하지 못하므로 원하는 형태로 화면에 표시하지 못합니다. 그래서 브라우저에서 태그들을 이해할 수 있도록 자바스크립트를 이용해 태그들을 만들어 주어야 합니다.
오른쪽 스크립트를 <head>와 </head> 태그 사이에 넣어 주면 마치 웹 브라우저에서 시맨틱 태그들을 지원하는 것처럼 태그들을 사용할 수 있습니다. 하지만 필요한 태그들을 빠뜨리지 않고 처음에 모두 정의하는 것이 쉽지 않다는 단점도 있습니다.

```
<script>
   document.createElement('article');
   document.createElement('section');
   document.createElement('aside');
   document.createElement('nav');
   document.createElement('header');
   document.createElement('footer');
   ......
</script>
```

알아두면 좋아요! 자바스크립트와 createElement 메서드

자바스크립트란 단순히 문서 내용을 보여 주는 데서 더 나아가 브라우저를 더 동적으로 표현하기 위해 사용하는 프로그래밍 언어입니다. 사용자가 특정 동작을 했을 때 웹 브라우저 창에 새로운 화면을 보여 주기 위해 많이 사용됩니다. 특히 HTML5에 와서 가장 중요한 프로그래밍 언어로 자리잡고 있습니다. 자바스크립트에서는 직접 함수를 만들기도 하고 미리 만들어진 함수(메서드)를 가져와 사용하는데 미리 만들어진 함수 중 createElements(elements)를 사용하면 웹 브라우저에 새로운 elements를 만들고 사용할 수 있습니다.

HTML5 Shiv 사용하기

앞에서처럼 자바스크립트를 이용해 HTML5 태그를 직접 정의해 사용하는 것은 너무 번거롭습니다. 그런데 이 과정을 간단히 만드는 방법이 있습니다. 바로 〈script〉 태그 사이에 태그를 직접 정의하는 과정을 자바스크립트 파일로 만들어 사용할 수 있도록 만든 HTML5 shiv를 사용하는 것입니다. IE8 이하 버전까지 고려해야 할 웹 사이트의 경우, 대부분 이 방법으로 html5shiv.js 파일을 사용합니다. 사용법을 알아볼까요?

html5shiv.js 파일은 인터넷에서 다운로드한 후 소스 안에 링크해 사용합니다. 파일을 다운로드하려면 https://github.com/aFarkas/html5shiv 페이지에서 설명 내용 중에 있는 [latest zip package] 링크를 클릭합니다. 다운로드된 파일의 압축을 푼 후 src 폴더 안의 html5shiv.js 파일을 원하는 폴더로 복사해 사용하면 됩니다.

▶ 이 책의 예제 파일이 있는 10/js 폴더 안에 html5shiv.js 파일이 들어 있으니 그 파일을 사용해도 됩니다.

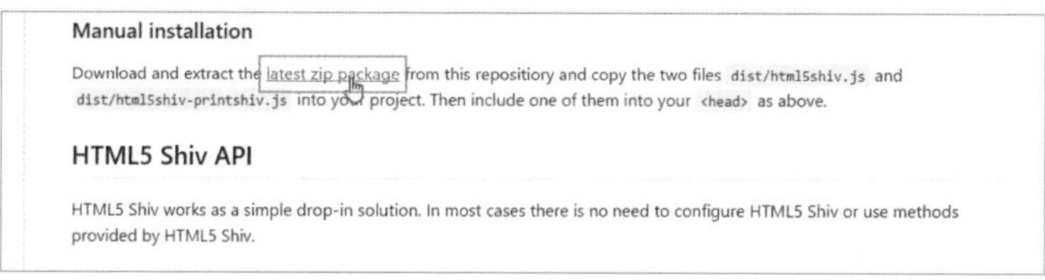

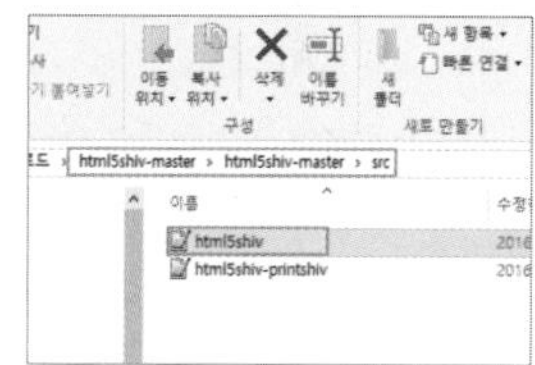

예를 들어 'js' 폴더에 html5shiv.js 파일을 저장했다면 〈head〉와 〈/head〉 사이에 다음과 같은 소스를 추가하면 IE8 이하 버전에서도 시맨틱 태그를 인식할 수 있습니다.

```
<!-- [if lt IE 9]>
    <script src="js/html5shiv.js"></script>
<![endif] -->
```

▶ 소스에서 <!-- [if lt IE 9] --> 부분은 'IE9보다 이전 버전일 경우, 실행하라'라는 의미입니다.

HTML5로 만든 웹 사이트 소스를 살펴보면 대부분 기존 인터넷 익스플로러 사용자를 고려해 이 HTML5 Shiv를 문서 상단에 추가해 사용하고 있음을 알 수 있습니다.

브라우저 사이의 차이를 메꾸어 주는 폴리필(pollyfill)

최신 브라우저더라도 HTML5 표준 기능들이 어떤 브라우저에서는 되고 어떤 브라우저에서는 안 됩니다. 이것을 브라우저 파편화(browser fragmentation)라고 부르는데 이런 브라우저 파편화를 줄이고 비슷하게라도 같은 결과를 만들기 위한 방법을 통틀어 심(shim) 또는 폴백(fallback)이라고 부릅니다. 앞에서 설명한 html5shiv도 shim의 일종이죠.

폴리필(pollyfill)은 파편화가 생기는 브라우저에 삽입하는 자바스크립트로 브라우저를 스스로 진단해 필요한 shim을 자동으로 끼워 넣어 줍니다. 개발되어 있는 폴리필들은 상당히 많은데 HTML5 Cross Browser Pollyfills(https://github.com/Modernizr/Modernizr/wiki/HTML5-Cross-Browser-Polyfills) 페이지를 참고하면 각 기능별로 폴리필이나 심, 폴백을 한눈에 볼 수 있습니다. 폴리필은 이 책의 여러 군데에서도 사용될 예정이므로 여기서는 소개만 하고 넘어가겠습니다.

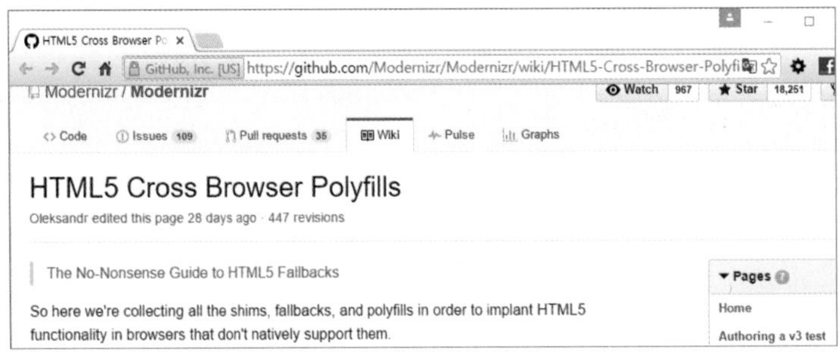

11

HTML5와 멀티미디어

HTML5 덕분에 웹은 더 풍성해졌습니다. 텍스트와 이미지뿐만 아니라 오디오와 비디오도 넣을 수 있게 되었기 때문입니다. 개인 홈페이지에 배경 음악을 넣거나 자신이 촬영한 비디오 영상을 올려 공유할 수도 있죠. 그뿐만 아니라 비디오에 자막을 넣는 것도 HTML5로 가능합니다. 이번 장에서는 이런 멀티미디어를 실현하는 다양한 태그들에 대해 알아보겠습니다.

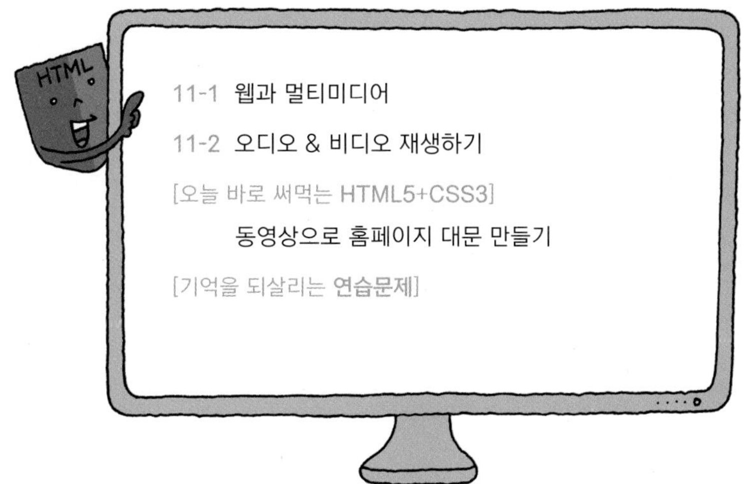

11-1 웹과 멀티미디어

11-2 오디오 & 비디오 재생하기

[오늘 바로 써먹는 HTML5+CSS3]
동영상으로 홈페이지 대문 만들기

[기억을 되살리는 연습문제]

11-1 웹과 멀티미디어

멀티미디어는 HTML5 웹 표준이 정해지면서 가장 많이 변화된 부분입니다. HTML4까지는 웹 브라우저에 멀티미디어 파일을 삽입하더라도 파일을 재생하려면 웹 브라우저가 아닌 별도의 프로그램이 필요했지만 HTML5에서는 웹 브라우저 안에서 멀티미디어를 직접 재생할 수 있습니다. 여기서는 모던 브라우저에서 재생할 수 있는 멀티미디어 파일의 종류를 살펴보고 파일을 변환하는 방법도 알아보겠습니다.

웹에서 사용하는 멀티미디어

오디오나 비디오 같은 멀티미디어를 직접 재생할 수 없던 과거의 웹 브라우저에서는 플러그인(plug-in) 프로그램을 사용했습니다. 그래서 예전에는 인터넷에서 음악을 듣거나 온라인 강의를 시청하려고 할 때 특정 프로그램을 설치하라는 메시지가 뜨곤 했는데 이 프로그램이 바로 플러그인 프로그램입니다.

대부분의 플러그인 프로그램이 웹 사이트에서 사라졌지만 아직도 플래시 플레이어 프로그램을 사용하는 사이트도 있습니다. 하지만 가장 많이 사용하는 크롬 브라우저에서 2020년말까지 플래시 플레이어 지원을 완전히 중단할 예정이기 때문에 머지않아 웹 사이트에서 플래시 플레이어 프로그램도 사라지게 될 것입니다.

크롬 브라우저에서 플래시 플레이어를 사용 시 따로 허용을 클릭해야 합니다.

<object> 태그와 <embed> 태그 - 플러그인 사용하기

앞에서 배웠듯이 웹 브라우저에서 처리할 수 없는 작업을 위해 웹 문서 안에 포함시킨 외부 프로그램 기능을 플러그인이라고 합니다. 이런 플러그인을 웹 브라우저에 적용하려면 <object> 태그와 <embed> 태그를 사용합니다.

▶ 참고로 HTML5에서도 웹 문서 안에 플러그인을 포함시킬 수 있습니다.

<object> 태그 - 외부 파일 삽입하기

<object> 태그는 웹 브라우저에서 직접 재생할 수 없는 자바 애플릿이나 PDF 파일, 플래시 무비 같은 콘텐츠를 웹 문서 안에 포함시키기 위해 사용합니다. 또한 다른 HTML 문서도 웹 문서에 포함시킬 수 있습니다.

▶ <object> 태그로 이미지와 오디오, 비디오도 포함시킬 수 있지만 실제로 이런 콘텐츠는 <img> 태그와 <audio>, <video> 태그를 이용합니다.

기본형

```
<object data="경로" type="유형" [name="이름" width="너비" height="높이"]>
</object>
```

<object> 태그에서 사용할 수 있는 속성들은 다음과 같습니다. <img> 태그에서 src 속성을 반드시 써야 하듯이 특정 외부 파일을 가져와 표시할 것인지 여부를 알려 주기 위해 최소한 data나 type 속성 둘 중 하나를 반드시 사용해야 합니다.

속성	설명
data	외부 파일의 경로를 지정합니다.★
type	포함시킨 내용의 유형을 지정합니다. ★
name	다른 요소들과 구분할 수 있는 이름을 지정합니다.
width	포함시킨 내용의 너비 값을 지정합니다.
height	포함시킨 내용의 높이 값을 지정합니다.

다음 예제는 <object> 태그를 사용해 자바 애플릿을 웹 문서에 연결한 것입니다.

```
<object classid="clsid:8AD9C840-044E-11D1-B3E9-00805F499D93" width="800" height="600"
data="pi.jar">
    <param name="code" value="PiLauncher.class"/>
</object>
```

〈embed〉 태그 - 외부 파일 삽입하기

〈embed〉 태그도 웹 브라우저에서 재생할 수 없는 콘텐츠를 웹 문서에 삽입할 때 사용합니다.

```
기본형  <embed src="경로" type="유형" width="너비" height="높이">
```

〈object〉 태그와 달리 닫는 태그가 없는 〈embed〉 태그는 주로 〈object〉 태그를 지원하지 않는 이전 브라우저에서 사용됩니다. 〈embed〉 태그를 이용하면 다음과 같이 플래시 무비를 삽입할 수 있습니다.

```
<embed src="CalmBay.swf" width="450" height="400">
```

멀티미디어의 웹 표준화

HTML5는 PC뿐만 아니라 웹 브라우저가 설치된 모든 기기에 적용되는 웹 표준이므로 플러그인 프로그램 없이 웹 브라우저 자체에서 멀티미디어를 재생할 수 있습니다. 웹에서 지원되는 비디오/오디오 파일에는 여러 종류가 있습니다.

종류	확장자	설명
비디오	mp4	고화질 영상을 지원해 많은 사이트에서 사용되고 있습니다. 라이선스가 있지만 웹에서 사용할 경우에는 무료로 사용할 수 있습니다.
	webm	화질이 우수하고 무료로 제공되어 최근 많이 사용되고 있습니다.
	ogv	화질은 다른 비디오 유형보다 떨어지지만 무료라는 장점 때문에 webm 형식이 등장하기 전에 많이 사용되었습니다.
오디오	mp3	대부분의 음원에서 사용되지만 라이선스 때문에 유료로 사용해야 합니다.
	ogg	무료이므로 게임 등에서 많이 사용합니다.

아직까지 멀티미디어 파일 형식이 하나의 표준으로 정해진 것은 아니지만 최신 모던 웹 브라우저에서는 비디오 파일의 경우 mp4나 webm, 오디오 파일의 경우 mp3나 ogg 파일을 주로 사용합니다.

다음은 브라우저별 비디오/오디오 파일 지원 여부를 나타낸 표로 괄호 안의 내용은 해당 미디어 파일을 지원하는 버전입니다.

브라우저	비디오			오디오	
	mp4	webm	ogv	mp3	ogg
인터넷 익스플로러	O (9+)	X	X	O (9+)	X
크롬	O (all)	O (25+)	O (all)	O (all)	O (all)
파이어폭스	O (35+)	O (28+)	O (3.5+)	O (22+)	O (3.5+)
사파리	O (3.2+)	X	X	O (+4)	X
오페라	O (25+)	O (16+)	O (11.5+)	O (15+)	O (11.5+)
iOS 사파리	O (all)	X	X	O (4.1+)	X
안드로이드 브라우저	O (4.4+)	X	X	O (2.3+)	O (2.3)

HTML5와 비디오 코덱

요즘은 전문 촬영 장비뿐만 아니라 캠코더나 휴대폰 등 여러 장치를 이용해 비디오를 촬영할 수 있죠. 하지만 이렇게 촬영한 비디오 파일이 있더라도 컴퓨터에서 곧바로 사용할 수는 없고 원본 비디오를 최대한 압축해 컴퓨터에서 사용할 수 있는 비디오 파일로 변환해야 합니다. 이 과정을 인코딩(encoding)이라고 합니다. 반대로 비디오 파일에 저장되어 있는 비디오 정보를 가져와 비디오 플레이어에 보여 주는 과정을 디코딩(decoding)이라고 합니다.

인코딩과 디코딩을 수행하는 것이 비디오 코덱인데 현재 사용할 수 있는 비디오 코덱은 여러 종류가 있습니다. 예를 들어 우리가 자주 보는 WMV(Windows Media Video)라는 코덱은 원본 비디오를 윈도우의 '윈도우 미디어 플레이어'로 볼 수 있도록 변환해 줍니다.

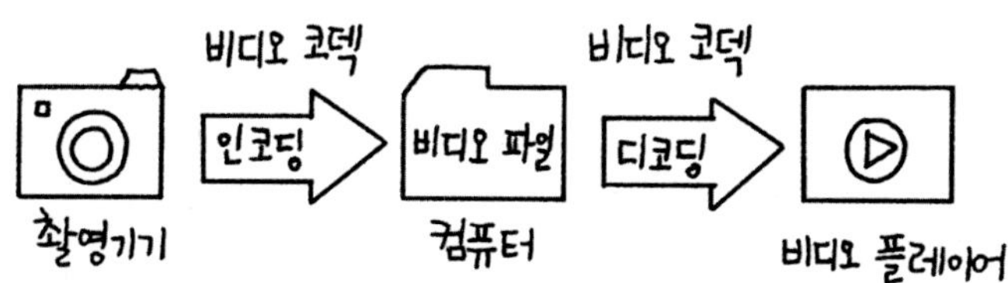

HTML5에서는 플러그인 프로그램 없이 브라우저에서 직접 재생할 수 있는 비디오 코덱만 허용하는데 아직 한 가지 코덱으로 통일되지 않아 다음의 세 가지 비디오 코덱이 함께 사용되고 있습니다.

① **H.264/AVC** - 간단히 줄여 H.264라고 하며 mp4 파일에서 사용합니다. 고화질 영상을 지원하기 때문에 멀티미디어 업계에서 표준으로 사용되고 있고 지금까지 많은 사이트들에서

사용되고 있습니다. H.264는 유료 코덱이기 때문에 웹 브라우저의 표준으로 지정하기에는 많은 논란이 있지만 온라인상에서 사용할 경우에 한해 H.264 코덱을 무료로 사용할 수 있어 인터넷 익스플로러 9 이상을 비롯해 크롬, 파이어폭스, 오페라 등의 PC용 모던 브라우저뿐만 아니라 대부분의 모바일 브라우저에서 사용 가능합니다.

② **v8, v9** – 구글에서 오픈 소스로 공개한 코덱으로 처음에는 v8에서 시작해 v9 코덱이 개발 중이며 webm 파일에서 사용합니다. 하드웨어 가속이 가능한 H.264보다 하드웨어 지원이 부족하다는 단점이 있지만 화질이 우수하고 무료로 제공되므로 파이어폭스와 오페라, 크롬 등에서 사용 가능합니다.

▶ 하드웨어 가속(hardware acceleration)이란 비디오를 재생할 때 그래픽 카드를 가속해 CPU에서 구동하는 것보다 뛰어난 화질을 더 빠르게 볼 수 있도록 하는 것입니다.

③ **오그 테오라**(Ogg Theora) – H.264에 대응해 등장한 무료 공개 코덱으로 ogv 파일에서 사용합니다. 화질은 다른 코덱보다 떨어지지만 무료라는 장점 때문에 파이어폭스와 오페라, 크롬 브라우저에서 사용 가능하지만 모바일 브라우저에서는 사용할 수 없습니다.

정리하면 대부분의 브라우저에 H.264 코덱을 지원하므로 mp4 파일을 기본적으로 사용하고 무료이면서 최신 코덱인 v9 코덱을 이용한 webm 파일도 함께 사용하는 경우도 있습니다. 또한 모던 브라우저 중에서도 이전 버전에서는 ogv 파일만 지원하는 경우도 있으므로 ogv 파일도 함께 사용합니다.

HTML5와 오디오 코덱

오디오 파일도 여러 코덱을 이용해 인코딩할 수 있는데 각 브라우저에 따라 사용하는 코덱이 달라집니다. HTML5에서 주로 사용하는 오디오 코덱은 다음과 같습니다.

① **MPEG-1 AUDIO Layer3** – 흔히 'MP3 코덱'이라고 부르며 가장 유명한 오디오 코덱입니다. MP3는 1991년에 표준화되었고 특허권이 등록되었는데 mp3 파일에서 이 코덱을 사용합니다.

② **Ogg Vorbis** – MP3와 달리 오픈 소스이며 누구나 무료로 사용할 수 있는 오디오 코덱입니다. 확장자 .ogg나 .oga를 사용합니다. 재생할 수 있는 플레이어가 적고 인코딩 시간이 더 걸린다는 단점이 있지만 무료로 사용할 수 있기 때문에 PC 게임 등에 많이 사용됩니다.

알아두면 좋아요! 비디오 변환 프로그램

가지고 있는 비디오 파일을 다른 형식으로 변환하고 싶을 때 변환 프로그램을 사용할 수 있습니다. 네이버 소프트웨어(https://software.naver.com/) 사이트에서 [카테고리 → 동영상 → 동영상 변환] 메뉴를 선택한 후 변환 프로그램을 다운로드해서 사용하세요.

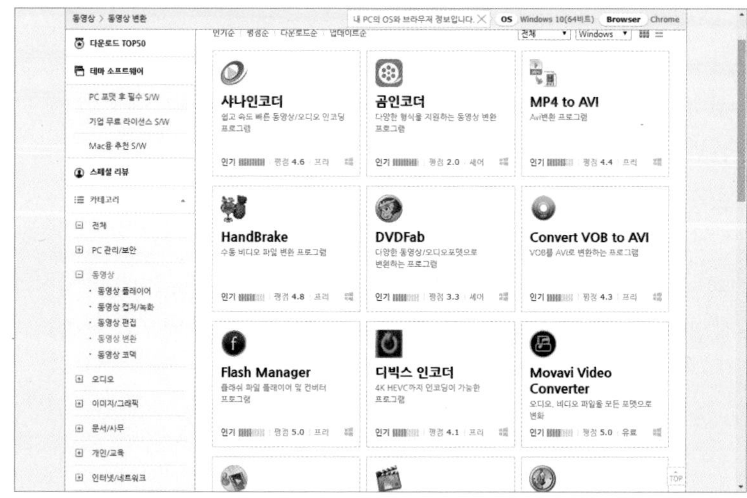

11-2 오디오 & 비디오 재생하기

웹이 지원하는 멀티미디어의 종류와 여러 멀티미디어 형식으로 변환하는 방법에 대해 앞에서 살펴보았습니다. 이제 HTML 태그를 이용해 오디오와 비디오를 재생하는 방법을 알아보겠습니다.

<audio> 태그 - 오디오 파일 삽입하기

오디오를 재생하려면 우선 파일부터 삽입해야겠죠? HTML5에서 배경 음악이나 효과음 등 오디오를 삽입할 때는 <audio> 태그를 사용합니다. 이때 일반적으로 대부분의 브라우저에서 가능하면 mp3 파일을 삽입하며 ogg(또는 oga) 파일은 함께 지정하지 않는 경우가 많습니다.

기본형
```
<audio src="오디오 파일 경로" [속성] [속성="속성 값"]></audio>
```

<audio> 태그에서 어떤 속성들이 사용되는지 간단히 알아보겠습니다.

▶ <audio> 태그의 속성에 대한 자세한 설명은 뒤이어 나옵니다.

속성	설명
autoplay	오디오를 자동 재생합니다.
controls	웹 화면에 컨트롤 막대를 표시합니다. 컨트롤 막대에는 재생/멈춤, 진행 바, 볼륨 등이 표시됩니다.
loop	오디오를 반복 재생합니다.
muted	오디오를 재생해 진행하지만 소리는 끕니다.
preload	재생 버튼을 눌러 재생하기 전에 오디오 파일을 다운로드해 준비해 둡니다.

다음 예제는 웹 문서에 mp3 파일을 삽입한 것입니다. 방문자가 음악을 재생하거나 멈출 수 있도록 컨트롤 막대를 표시하기 위해 controls 속성을 함께 사용했습니다. 결과를 보면 웹 화면에 플레이어가 표시되고 사용자가 재생 버튼을 눌러야만 오디오가 재생됩니다. 오디오는 한 번만 재생됩니다.

Do it! 플레이어와 함께 오디오 삽입하기 예제 11/audio1.html

```
<audio src="media/bgsound.mp3" controls></audio>
```

만약 오디오를 배경 음악으로 사용하겠다면 플레이어를 화면에 표시하지 않는 것이 좋겠죠? 게다가 재생 버튼을 누르지 않아도 재생되도록 자동 재생(autoplay)해야 합니다. 그리고 오디오가 끝나더라도 사용자가 웹 화면에서 빠져 나갈 때까지는 계속 반복 재생(loop)해야 하고요. 다음 예제는 위의 조건을 모두 반영해 속성을 수정한 것입니다. 웹 브라우저 화면에는 오디오 플레이어가 보이지 않지만 오디오가 계속 재생됩니다. 단, 크롬 브라우저의 경우에는 자동 재생되지 않습니다.

Do it! 플레이어 표시 없이 배경 음악 삽입하기 예제 11/audio2.html

```
<audio src="media/bgsound.mp3" autoplay loop></audio>
```

<video> 태그 - 비디오 파일 삽입하기

이번에는 비디오를 삽입해 보겠습니다. 웹 문서에 비디오를 삽입할 때는 <video> 태그를 이용해 비디오 파일을 웹 문서에 손쉽게 넣을 수 있습니다.

```
기본형   <video src="비디오 파일 경로" [속성] [속성="속성 값"]></video>
```

▶ <video> 태그의 속성에 대한 설명은 뒤이어 나옵니다.

예를 들어 Painting.mp4 파일을 웹 문서에서 재생하고 싶다면 다음과 같이 <video> 태그를 이용해 간단히 작성할 수 있습니다. 이때 비디오 화면에 컨트롤 막대가 있어야만 비디오 재생이나 일시 정지가 편하겠죠? controls 속성을 이용해 비디오에 컨트롤 막대를 표시하겠습니다.

Do it! 컨트롤 막대가 있는 비디오 삽입하기 예제 11/video1.html

```
<video src="media/Painting.mp4" controls></video>
```

예제를 실행한 후 컨트롤 막대의 재생 버튼을 클릭해야만 비디오가 재생됩니다. 재생되는 동안에는 화면에 컨트롤 막대가 표시되지 않지만 화면 위로 마우스 포인터를 올려 놓으면 컨트롤 막대가 다시 나타납니다.

만약 controls 속성을 사용하지 않으면 컨트롤 막대 없이 비디오 화면만 표시됩니다. 컨트롤 막대가 없으면 비디오를 재생하거나 일시 정지시킬 수 없기 때문에 불편합니다. 컨트롤 막대가 없는 비디오 화면이라면 크롬 브라우저의 경우, 비디오 화면을 마우스 오른쪽 버튼으로 클릭한 후 [컨트롤 표시]를 선택해 컨트롤 막대를 화면에 표시할 수 있고 파이어폭스나 인터넷 익스플로러 11 등의 브라우저에서는 비디오 화면을 마우스 오른쪽 버튼으로 클릭하면 컨트롤 막대를 표시했을 때와 같은 바로가기 메뉴들을 사용할 수 있습니다.

Do it! 컨트롤 막대가 없는 비디오 삽입하기 예제 11/video2.html

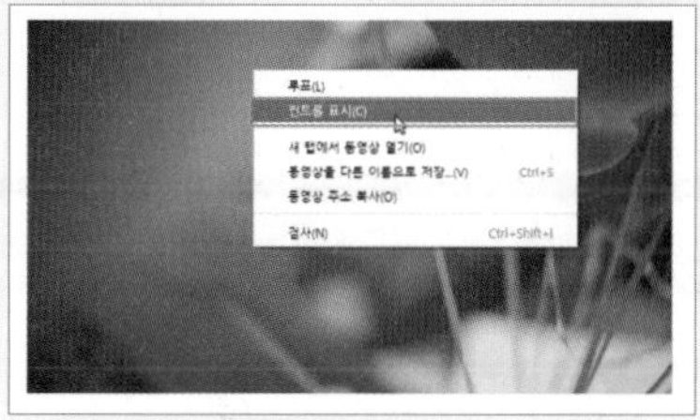

크롬 바로가기 메뉴에서 컨트롤 표시

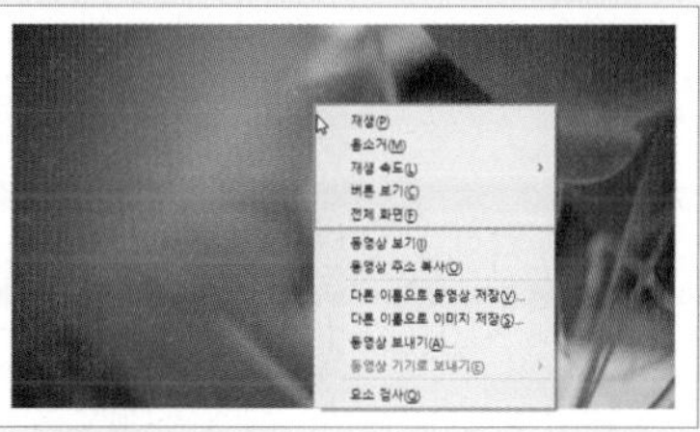

파이어폭스 바로가기 메뉴에서 메뉴 선택

```
<video src="media/Painting.mp4"></video>
```

〈source〉 태그 - 여러 미디어 파일 한꺼번에 지정하기

앞에서 설명한 것처럼 브라우저에 따라 지원하는 오디오 코덱이나 비디오 코덱이 다르기 때문에 한 가지 파일만 사용했을 경우, 일부 오래된 브라우저에서는 지원하지 않을 수 있습니다. 예를 들어 mp4 파일은 최신 브라우저에서는 모두 지원하지만 이전 버전에서는 재생되지 않을 수도 있습니다.

▶ 브라우저 버전별 지원 상황을 알고 싶다면 http://caniuse.com/#feat=mpeg4로 접속한 후 [Show all] 링크를 클릭해 보세요.

따라서 사용자들의 브라우저 환경을 모두 고려한다면 최신 브라우저와 이전 브라우저에서 모두 재생할 수 있도록 ogv 파일도 함께 지정해 주어야 합니다. 최근에는 무료 코덱을 사용하면서 화질도 뛰어난 webm 파일까지 함께 사용합니다. 이렇게 여러 형식의 비디오 파일을 함께 사용하려면 〈video〉 태그와 〈source〉 태그를 함께 사용해 여러 개의 파일을 지정해야 합니다.

〈source〉 태그에는 미디어 파일의 경로를 지정하는 src 속성과 미디어 파일의 형식을 알려 주는 type 속성을 사용합니다. 간단히 type 속성만 사용할 수도 있고 codecs 속성을 이용해 코덱까지 함께 표시할 수도 있습니다.

```
<source src="video.ogv" type="video/ogg; codecs='theora,vorbis'">
```

속성	설명
src	미디어 파일의 경로를 지정하는 필수 속성으로 파일 경로를 지정할 때는 경로에 공백이 있으면 안 됩니다.
type	웹 브라우저가 해당 미디어 파일을 재생할 수 있는지 여부를 확인할 수 있도록 미디어 파일의 유형을 알려 줍니다.
codecs	비디오 코덱을 지정합니다.

다음 예제는 Painting.mp4 파일을 ogv와 webm 형식으로 변환한 후 <source> 태그를 이용해 함께 삽입한 것입니다. 이 소스를 이용하면 HTML5를 지원하는 초기 모던 브라우저에서도 비디오를 재생할 수 있습니다.

Do it! 여러 형식의 비디오 파일 함께 삽입하기 예제 11/video3.html

```
<video controls>
    <source src="Painting.mp4" type="video/mp4">
    <source src="Painting.webm" type="video/webm">
    <source src="Painting.ogv" type="video/ogg">
</video>
```

이렇게 이전 브라우저를 고려해 여러 형식의 파일을 올렸는데도 사용자의 로컬 컴퓨터에서 문제없이 재생되던 파일이 웹 서버에 업로드한 후 재생되지 않는 경우가 있습니다. 이것은 ogv 파일이나 webm 파일 등은 이전에 없던 비디오 파일 형식이어서 웹 서버에서 확장자를 인식하지 못했기 때문입니다. 이런 경우, 파일을 인식할 수 있도록 MIME 유형을 추가해야 합니다. 즉, 비디오 파일을 재생할 수 있도록 웹 사이트 파일이 올라가 있는 웹 서버 관리자에게 MIME 유형을 설정해 달라고 다음과 같이 요청해야 합니다.

```
video/ogg .ogv
video/mp4 .mp4
video/webm .webm
```

▶ MIME(Multipurpose Internet Mail Extensions)이란 서버에서 클라이언트(브라우저) 쪽에 파일을 보낼 때 표시법을 알려 주기 위해 함께 보내는 파일 형식 정보입니다.

이전 브라우저에서는 어떻게 해야 할까?

<video> 태그는 HTML5를 지원하는 브라우저에서만 사용할 수 있기 때문에 모든 사용자들이 비디오를 볼 수는 없습니다. 그렇다면 이전 브라우저에서는 어떻게 해야 할까요? <video> 태그를 지원하지 않는 이전 브라우저를 고려해 다음과 같이 HTML5 지원 브라우저가 필요하다는 대체 텍스트를 표시할 수 있습니다.

▶ <video> 태그 안에 있는 세 가지 <source> 태그와 대체 텍스트 중 하나가 실행되면 나머지는 실행되지 않습니다.

```
<video controls>
    <source src="media/Painting.mp4" type="video/mp4">
    <source src="media/Painting.webm" type="video/webm">
    <source src="media/Painting.ogv" type="video/ogg">
    이 영상을 보기 위해서는 HTML5를 지원하는 브라우저가 필요합니다.
</video>
```

만약 〈video〉 태그를 인식하지 못하는 브라우저에서도 비디오를 보여 주어야 한다면 플래시 무비로 변환한 후 〈embed〉 태그나 〈object〉 태그를 사용해 플러그인으로 삽입할 수도 있습니다.

```
<video controls>
    <source src="media/Painting.mp4" type="video/mp4">
    <source src="media/Painting.webm" type="video/webm">
    <source src="media/Painting.ogv" type="video/ogg">
    <object data="media/Painting.swf" type="application/x-shockwave-flash"></object>
</video>
```

〈audio〉 태그와 〈video〉 태그의 속성

〈audio〉 태그와 〈video〉 태그에서 사용할 수 있는 속성은 거의 일치하기 때문에 함께 소개하겠습니다. 여기서는 mp4 파일 하나만 사용해 〈video〉 태그의 속성을 설명하지만 〈source〉 태그를 이용해 여러 파일 형식을 함께 사용할 때도 아래의 속성들을 〈video〉 태그 안에서 사용할 수 있습니다.

예를 들어 mp4 파일 하나만 사용하겠다면 다음과 같이 사용합니다.

```
<video src="media/Painting.mp4" width="400" height="250" controls></video>
```

하지만 여러 형식의 파일을 사용하겠다면 다음과 같이 〈video〉 태그에 전체 비디오와 관련된 속성을 지정합니다.

```
<video width="400" height="250" controls>
    <source src="media/Painting.mp4" type="video/mp4">
    <source src="media/Painting.webm" type="video/webm">
    <source src="media/Painting.ogv" type="video/ogg">
</video>
```

① width, height 속성 비디오 크기 조절

화면에 표시되는 비디오의 크기를 조절하고 싶다면 〈video〉 태그에 width와 height 속성을 이용해 크기를 지정합니다. width나 height 값 하나만 지정하면 나머지는 자동으로 계산해서 표시됩니다.

② controls 속성 - 컨트롤 막대 표시

이 속성을 사용하면 미디어 파일에 컨트롤 막대를 함께 표시합니다. 속성 값은 따로 없으며 controls라는 속성만 입력하면 됩니다.

```
<video src="media/Painting.mp4" controls></video>
```

알아두면 좋아요! 웹 브라우저별로 다른 컨트롤 막대의 모습

컨트롤 막대는 사용자가 따로 추가하는 것이 아니라 웹 브라우저에 기본적으로 내장된 것이 화면에 표시됩니다. 따라서 표시되는 컨트롤 막대의 모습은 웹 브라우저마다 다르며 사용할 수 있는 명령도 조금씩 다릅니다. 오디오를 재생할 때는 항상 컨트롤 막대가 표시되지만 비디오를 재생할 때는 미디어 파일 위로 마우스 포인터를 가져갈 때만 컨트롤 막대가 나타납니다.

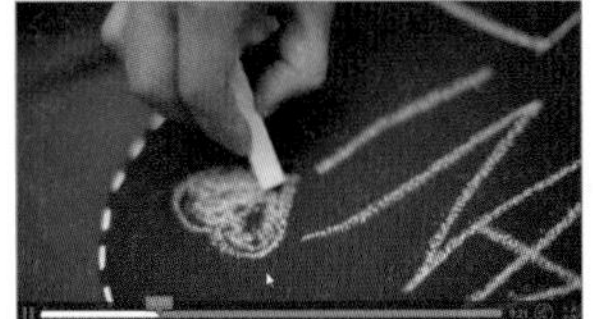
파이어폭스

인터넷 익스플로러 11, MS 엣지

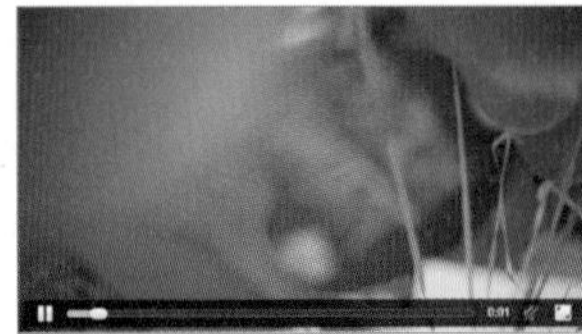
오페라

③ preload 속성 - 파일 다운로드 여부

preload 속성은 파일을 재생하기 전에 미디어 파일을 모두 다운로드할 것인지, 일부 정보만 다운로드할 것인지 여부를 지정합니다. 사용할 수 있는 속성 값은 다음과 같습니다.

속성 값	설명
none	미디어 파일을 미리 다운로드하지 않고 사용자가 재생 버튼을 눌러야만 다운로드하기 시작합니다. <video src="media/Painting.mp4" controls preload="none"></video>
metadata	미디어 파일을 즉시 사용하지 않을 것이라고 생각해 미디어 파일 전체를 다운로드하지 않고 메타 정보만 다운로드합니다. <video src="media/Painting.mp4" controls preload="metadata"></video>
auto	사용자가 즉시 이용할 수 있도록 웹 문서를 로드할 때 미디어 파일도 모두 다운로드합니다. 다만, 다운로드가 끝나도 사용자가 재생 버튼을 눌러야만 재생됩니다. 속성 값을 지정하지 않고 preload라고만 설정하면 auto 값을 기본으로 합니다. 따라서 아래의 두 소스는 같은 의미입니다.★ <video src="media/Painting.mp4" controls preload="auto"></video> <video src="media/Painting.mp4" controls preload></video>

④ muted 속성 - 소리는 끄고 화면만 재생

이 속성을 사용하면 비디오를 재생할 때 소리는 끄고 화면만 재생됩니다. 비디오를 문서 배경으로 사용하거나 특별히 소리가 필요하지 않은 비디오라면 별도 값 없이 muted 속성을 추가해 소리를 끌 수 있습니다.

⑤ autoplay 속성 - 자동 재생

특정 값 없이 autoplay라고 추가하면 비디오나 오디오 파일을 다운로드하자마자 재생됩니다. 하지만 이 속성을 사용하더라도 모바일 기기에서는 자동 재생되지 않습니다. 또한 크롬 브라우저의 경우에도 무분별한 광고 등을 막기 위해 멀티미디어가 자동 재생되지 않습니다. 가능하면 HTML5에서는 자동 재생을 사용하지 않길 권합니다.

⑥ loop 속성 - 반복 재생

이 속성을 사용하면 미디어 파일 재생이 끝났을 때 파일 맨 앞으로 되돌아가 반복 재생합니다. loop 속성을 사용하려면 loop라고 추가하면 됩니다.

⑦ poster 속성 - 문제 상황 표시

브라우저 문제나 인터넷 연결 문제 등 비디오를 재생할 수 없을 경우, 비디오 화면 자리에 대신 표시하는 이미지를 '포스터 이미지'라고 부릅니다. poster 속성은 다음과 같이 비디오 파일의 포스터 이미지를 지정합니다.

```
<video src="media/Painting.mp4" controls poster="fireworks.jpg"></video>
```

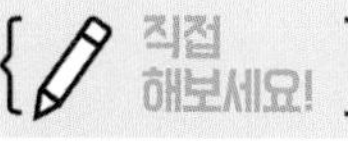

웹 문서에 멀티미디어 파일 넣기

[준비] 11/myVideo.html [완성] 11/myVideo-result.html

HTML5의 〈video〉 태그를 사용해 비디오를 보여 주려면 mp4, webm 형식의 비디오 파일을 준비해야 합니다. 비디오 파일만 준비되었다면 몇 줄의 비디오 소스로 간단히 비디오를 삽입할 수 있습니다.

1. 준비 파일 살펴보기

[11] 폴더에 있는 myVideo.html 문서를 브라우저로 열어 보면 검정색 배경에 흰색 제목만 표시되어 있습니다. 이 문서에 자동으로 재생되는 비디오를 삽입해 보겠습니다.

2. 편집기에서 myVideo.html 문서를 열어 보면 <body> 태그와 </body> 태그 사이에 <h1> 태그를 사용한 제목만 있습니다. 제목 다음에 비디오를 추가해 보겠습니다.

```
<!DOCTYPE html>

<html lang="ko">
<head>
    <meta charset="utf-8">
    <title>비디오 삽입하기</title>
    <style>
        body {
            background: #000;
            color: #fff;
            text-align:center;
        }
    </style>
</head>
<body>
    <h1>밤 하늘을 수놓는 불꽃</h1>
</body>
</html>
```

3. <video> 태그 - 비디오 파일 추가하기

</h1> 태그 다음에 Enter 키를 눌러 비디오 소스를 넣을 공간을 만듭니다. <video> 태그를 입력하면 자동으로 </video> 태그까지 입력되는데 Enter 키를 누르면 <video> 태그와 </video> 태그 사이에 소스를 입력할 수 있도록 빈 줄이 생깁니다. <video> 태그에 controls 속성을 함께 사용해 컨트롤 막대가 표시되도록 합니다.

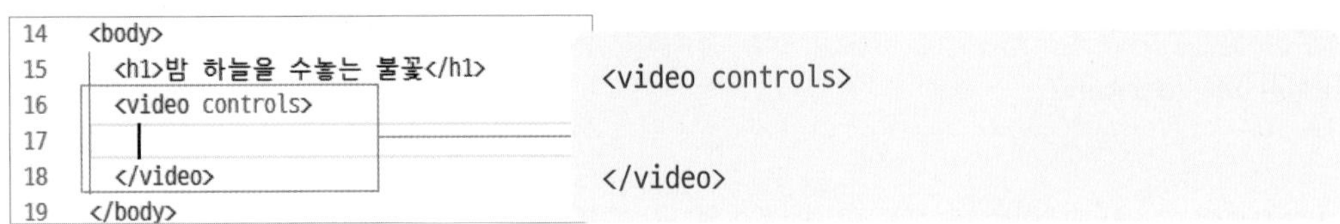

```
<video controls>

</video>
```

4. <source> 태그 - 여러 유형 지정하기

<video>와 </video> 사이에 다음과 같이 <source> 태그를 이용해 여러 유형의 비디오 파일을 지정합니다. 이때 이전 브라우저를 위한 대체 텍스트도 추가하면 좋겠죠?

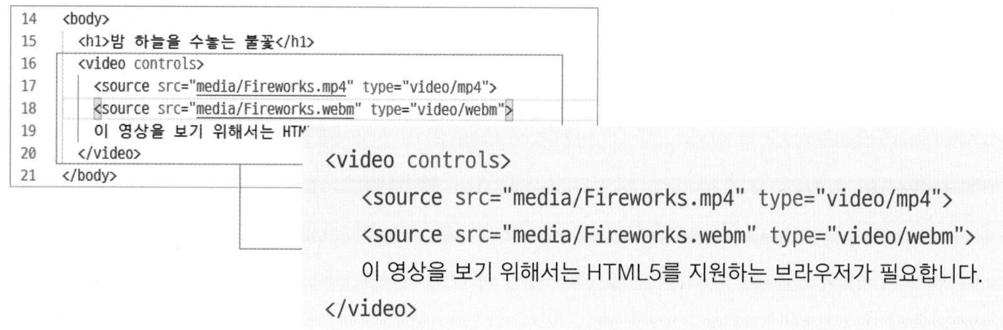

```
<body>
  <h1>밤 하늘을 수놓는 불꽃</h1>
  <video controls>
    <source src="media/Fireworks.mp4" type="video/mp4">
    <source src="media/Fireworks.webm" type="video/webm">
    이 영상을 보기 위해서는 HTM
  </video>
</body>
```

```
<video controls>
    <source src="media/Fireworks.mp4" type="video/mp4">
    <source src="media/Fireworks.webm" type="video/webm">
    이 영상을 보기 위해서는 HTML5를 지원하는 브라우저가 필요합니다.
</video>
```

5. 브라우저에서 확인하기

수정한 소스를 저장한 후 브라우저로 확인해 보세요. 자동 재생되지 않으므로 컨트롤 막대에 있는 재생 버튼을 눌러야 재생됩니다.

6. <video> 태그에 속성 추가하기

다시 소스 창으로 돌아와 <video> 태그에 muted 속성과 autoplay 속성을 추가해 보겠습니다. 기본적으로 비디오는 자동 재생되지 않지만 muted 속성을 함께 사용할 경우 autoplay 속성을 사용해서 자동 재생할 수 있습니다.

```
<body>
  <h1>밤 하늘을 수놓는 불꽃</h1>
  <video controls muted autoplay>
    <source src="media/Fireworks.mp4" type="video/mp4">
    <source src="media/Fireworks.webm" type="video/webm">
    이 영상을 보기 위해서는 HTML5를 지원하는 브라우저가 필요합니다.
  </video>
</body>
```

```
<video controls muted autoplay>
```

7. 브라우저에서 확인하기

수정한 소스를 저장한 후 다시 브라우저로 확인해 보세요. 재생 버튼을 누르지 않더라도 자동 재생될 것입니다. 그리고 컨트롤 막대에 있는 볼륨 버튼이 꺼져 있는 것 도 보일 것입니다.

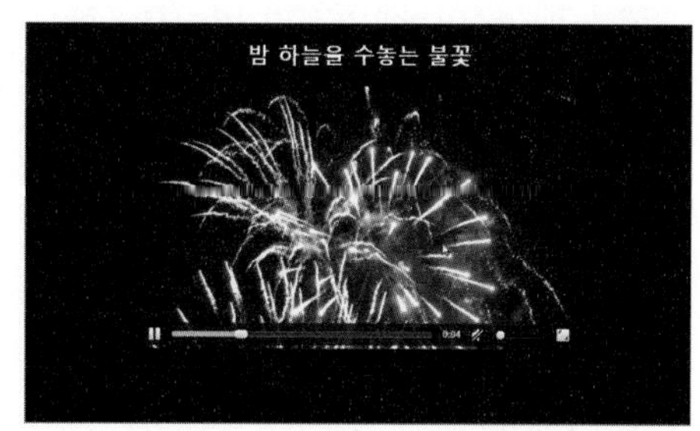

<track> 태그- 비디오 화면에 자막 추가하기

비디오 파일을 넣는 기본적인 방법에 대해 알아보았습니다. 이번에는 한발 더 나아가 비디오 화면에 자막을 추가해 보겠습니다. HTML5에서는 비디오 콘텐츠를 웹 페이지에 삽입할 때 청각장애인용 자막을 표시하는 것이 기본입니다. 이런 자막은 청각장애인에게 도움이 될 뿐만 아니라 주변 소음이나 소리를 들을 수 없는 상황에서 비디오 내용을 이해하는 데도 많은 도움이 되죠. HTML5에서는 <track> 태그를 이용해 외부 자막 파일을 연결할 수 있습니다.

기본형

```
<track kind="자막 종류" src="경로" srclang="언어" label="제목" default>
```

<track> 태그의 속성

<track> 태그에서 사용할 수 있는 주요 속성은 다음과 같습니다.

① **kind 속성** – 자막의 종류를 지정합니다. 사용할 수 있는 값은 다음과 같으며 생략할 경우, subtitles로 간주합니다.

속성 값	설명
subtitles	**자막입니다. 소리를 켤 수 있지만 이해할 수 없는 경우, 다른 언어로 번역한 자막일 경우에 사용하며 비디오 화면에 표시됩니다.★**
captions	캡션입니다. 청각장애인용 자막이거나 소리를 들을 수 없거나 켤 수 없는 경우에 사용합니다. 비디오 화면에 표시됩니다.
descriptions	비디오 콘텐츠에 대한 설명입니다. 비디오 화면에는 표시되지 않습니다.
chapters	비디오 탐색을 위한 장 제목입니다. 비디오 화면에 표시되지 않습니다.
metadata	비디오 콘텐츠 정보입니다. 비디오 화면에 표시되지 않습니다.

② **src 속성** – 자막 텍스트의 파일 경로를 지정합니다.
③ **srclang 속성** – 사용한 언어를 지정합니다. kind 속성 값이 subtitle이라면 반드시 지정해야 하는데 en이나 ko처럼 언어를 나타내는 약자로 표기합니다.

▶ 언어를 나타내는 약자는 39쪽을 참고하세요.

④ **label 속성** – 자막이 여러 개일 경우, 자막을 식별할 수 있도록 제목을 달아 줍니다.
⑤ **default 속성** – 자막 파일이 여러 개일 경우, 기본으로 사용할 자막을 default로 지정할 수 있습니다.

예를 들어 한글 자막 내용이 Wildlife.vtt 파일에 있고 한국어를 기본 언어로 설정한다면 다음과 같이 지정할 수 있습니다.

```
<track kind="subtitles" src="Wildlife.vtt" srclang="ko" label="korean" default>
```

WebVTT 자막 파일

자막 파일은 어떤 확장자를 사용할까요? 보통 컴퓨터에서 외국어로 된 영화나 드라마를 재생할 때 함께 사용하는 자막 파일은 smi 파일이나 srt 파일입니다. smi 파일은 자막 내용만 들어 있는 반면, srt 파일에는 자막의 시작 시간과 종료 시간 같은 시간 정보가 함께 들어 있습니다. 대부분 비디오 재생 프로그램에서는 smi와 srt 파일을 함께 지원하지만 상황에 따라 두 파일을 변환해 사용하죠.

HTML5에서는 srt 파일을 사용하지만 모든 브라우저에서 공식적으로 지원하는 자막 파일 형식은 WebVTT(웹 비디오 텍스트 트랙, Web Video Text Track) 형식입니다. 파일 확장자는 .vtt이고 파일 안에 자막 내용과 시간을 담고 있습니다. 간단히 줄여 vtt 파일이라고 부릅니다.

```
기본형    시작 시간 --> 종료 시간
          자막 내용

          시작 시간 --> 종료 시간
          자막 내용

          ......
```

vtt 파일은 메모장이나 노트패드++ 같은 텍스트 편집기에 입력한 후 .vtt 파일로 저장해 사용하면 됩니다.

▶ WebVTT 형식에 대한 표준안은 현재 논의 중이며 https://w3c.github.io/webvtt/에서 그 내용을 살펴볼 수 있습니다.

자막의 시작 시간과 종료 시간은 "HH:MM:SS.ttt" 형식으로 표시합니다. HH는 시(hours), MM는 분(minutes), SS는 초(seconds), tt는 밀리초(milliseconds)를 나타내고 시작 시간과 종료 시간 사이에는 '-->' 기호를 넣어 시간이 흘렀음을 표시합니다. 물론 종료 시간이 시작 시간보다 커야겠죠? 자막 내용은 한 줄 이상 입력할 수 있으며 하나의 자막이 끝나면 빈 줄을 넣어 자막이 끝났음을 알려 준 후 다음 자막으로 넘어가야 합니다.

예를 들어 앞의 예제에서 사용했던 Painting.mp4 에 오른쪽과 같은 간단한 자막 파일을 만들 수 있습니다.

```
WEBVTT

00:00.000 --> 00:02.172
예술이란

00:02.172 --> 00:05.719
자연이 인간에 투영된 것입니다

00:05.719 --> 00:07.716
중요한 것은

00:07.716 --> 00:11.061
깨끗하게 투영될 수 있도록

00:11.061 --> 00:20.879
늘 깨끗하게 거울을 닦는 일입니다
```

비디오 파일에 자막 파일 연결하기

비디오 파일과 자막 파일이 모두 준비되었다면 <track> 태그를 사용해 다음과 같이 연결합니다.

Do it! 비디오 파일에 자막 파일 연결하기 　　　　예제 11/video5.html

```
<video controls>
    <source src="media/Painting.mp4" type="video/mp4">
    <source src="media/Painting.webm" type="video/webm">
    < tr          src="media/Painting.vtt" srclang="ko" label="Korean" default>
</video>
```

정답 track

WEBVTT 자막을 사용한 비디오는 웹상에 올려놓고 재생해야 자막이 제대로 표시됩니다. 비디오에 자막이 표시되는 것을 확인하려면 http://kyrieko.dothome.co.kr/video5.html로 접속해 보세요.

▶ 인터넷 익스플로러의 경우, 자막이 여러 개일 때 다른 자막을 선택할 수 있고 비디오 화면의 컨트롤 막대의 [CC] 도구를 클릭해 자막을 끌 수도 있습니다.

▶ 엣지 브라우저의 경우에는 PC에서도 자막을 확인할 수 있습니다.

크롬 브라우저의 자막

MS 엣지 브라우저의 자막

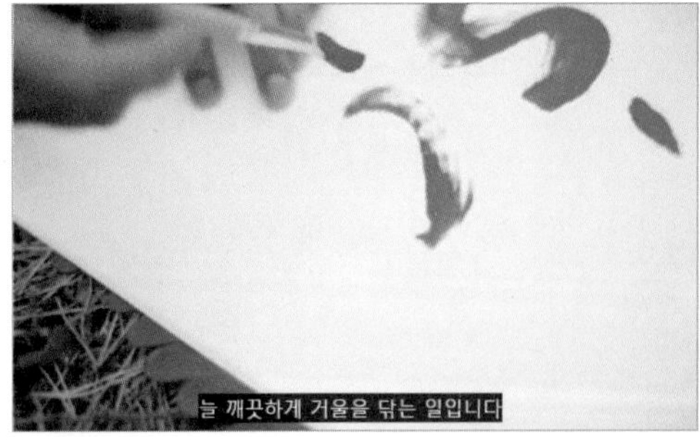

파이어폭스 브라우저의 자막

인터넷 익스플로러11의 자막

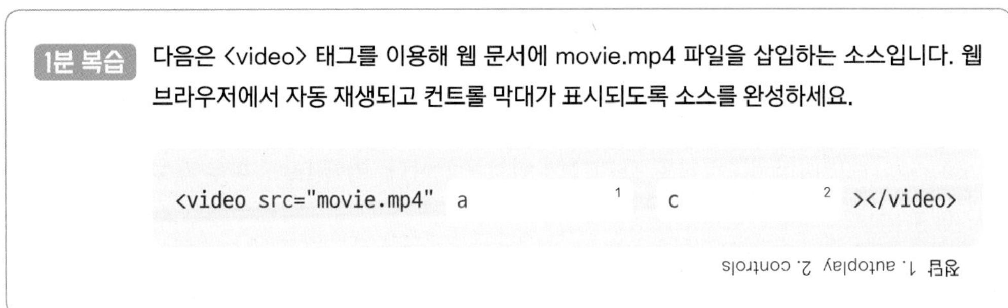

1분 복습 다음은 <video> 태그를 이용해 웹 문서에 movie.mp4 파일을 삽입하는 소스입니다. 웹 브라우저에서 자동 재생되고 컨트롤 막대가 표시되도록 소스를 완성하세요.

```
<video src="movie.mp4" a          1   c          2 ></video>
```

정답 1. autoplay 2. controls

비디오 캡션 메이커로 자막 파일 쉽게 만들기

[준비] 11/myTrack.html [완성] 11/myTrack-result.html

비디오 파일에 자막을 입히다 보면 전문가가 아닌 이상, 시간을 정확히 계산해 자막을 작성하기 쉽지 않습니다. 이럴 때 도움이 되는 사이트가 있습니다. 마이크로소프트에서 제공하는 HTML5 Video Caption Maker라는 사이트로 초보자도 쉽게 비디오에 자막을 추가할 수 있습니다.

1. 비디오 파일 정보 입력하기

편집기에서 myTrack.html 문서를 열면 비디오 파일이 삽입되어 있는 소스가 보일 것입니다. 이 소스에서 사용한 비디오 파일은 제공되지 않으니 여러분이 가지고 있는 비디오 파일을 사용하세요.

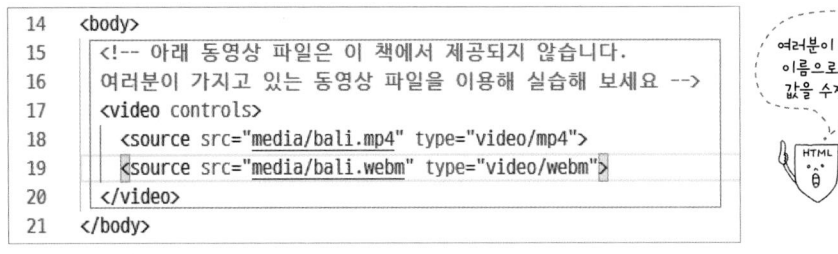

```
<body>
  <!-- 아래 동영상 파일은 이 책에서 제공되지 않습니다.
  여러분이 가지고 있는 동영상 파일을 이용해 실습해 보세요 -->
  <video controls>
    <source src="media/bali.mp4" type="video/mp4">
    <source src="media/bali.webm" type="video/webm">
  </video>
</body>
```

여러분이 가진 파일
이름으로 src 속성
값을 수정하세요!
HTML

2. 웹 서버에 비디오 파일, HTML 파일 업로드하기

Filezilla나 자신이 사용하는 FTP 프로그램을 실행해 FTP 서버에 접속합니다. [리모트 사이트]의 [html] 폴더를 더블클릭해 연 후 왼쪽 [로컬 사이트] 창에서 11/myTrack.html을 찾아 [리모트 사이트]의 [html] 폴더로 드래그해 업로드합니다. 이때 html 파일과 함께 비디오 파일도 함께 업로드해야 합니다.

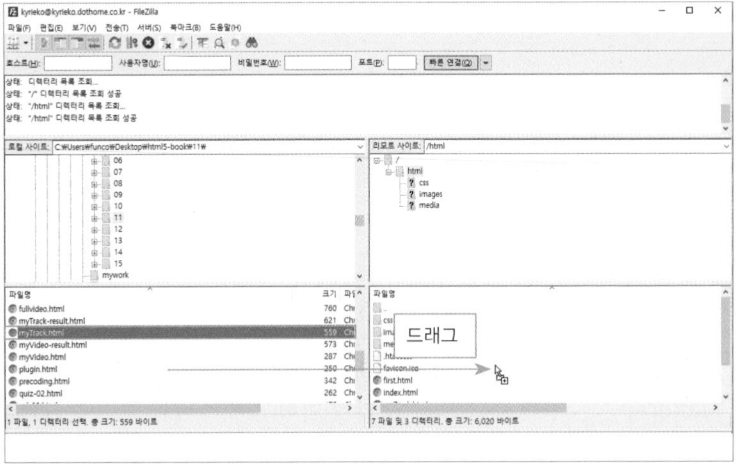

3. 비디오 업로드 확인하기

https://testdrive-archive.azurewebsites.net/Graphics/CaptionMaker/로 접속해 [Enter URL of video file:] 항목에 업로드한 비디오 주소를 입력한 후 [Load]를 클릭합니다. [Video:] 항목에 비디오가 표시될 것입니다. 재생 버튼을 눌러 비디오가 맞게 선택되었는지 확인하세요.

▶ 비디오 파일을 닷홈 무료 계정의 html 폴더에 업로드했다면 'http://닷홈아이디.dothome.co.kr/동영상 파일'이 주소가 됩니다. 그 외에 다른 폴더로 업로드했다면 그 폴더까지 함께 써 주어야 합니다.

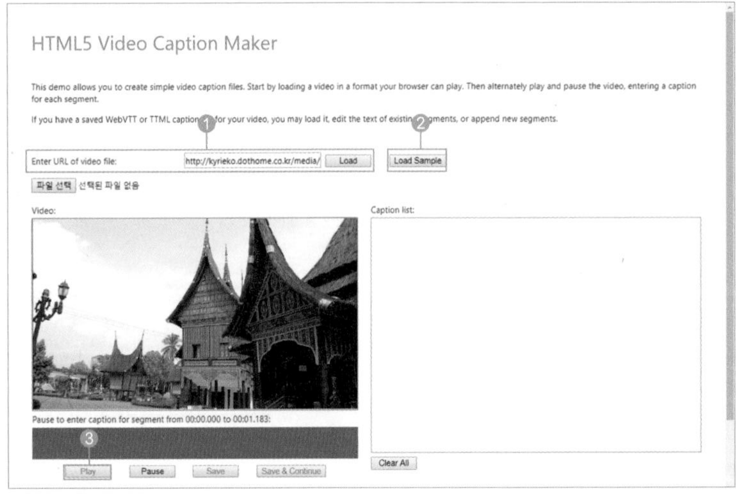

4. 자막 추가하기

[Play] 버튼을 눌러 비디오를 재생하다가 하나의 자막이 끝날 위치가 되면 [Pause]를 누른 후 자막을 작성합니다. 그리고 [Save & Continue]를 클릭합니다. 이 버튼을 클릭하지 않으면 자막이 저장되지 않습니다. 비디오를 재생하면서 원하는 시간에 멈추어 자막을 작성할 수 있어 편리합니다.

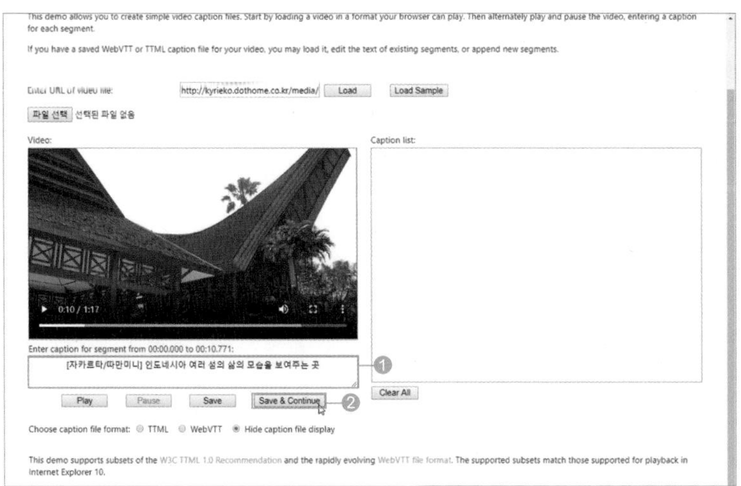

5. 오른쪽의 [Caption list:] 에 작성한 자막들이 하나씩 저장됩니다. 이런 식으로 비디오를 재생하면서 원하는 시간대에 비디오를 멈추면서 자막을 작성할 수 있습니다. 자막 작성이 모두 끝나면 [Save]를 클릭합니다.

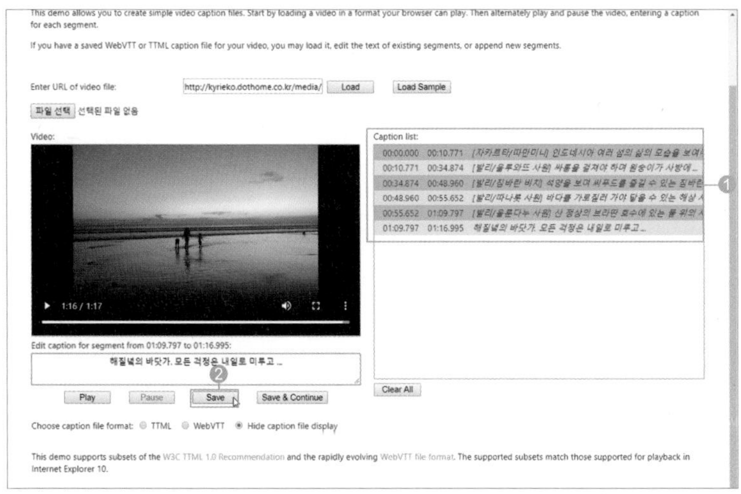

6. 자막을 WebVTT 파일로 바꾸기

지금까지 작성한 자막을 WebVTT 파일로 바꾸어야겠군요. [Choose caption file format:] 항목에서 [WebVTT]를 선택하면 바로 아래에 있는 텍스트 필드에 WebVTT 형식의 자막 텍스트가 자동으로 생성됩니다. 자막 텍스트 파일을 모두 선택한 후 Ctrl + C를 눌러 선택한 내용을 복사합니다.

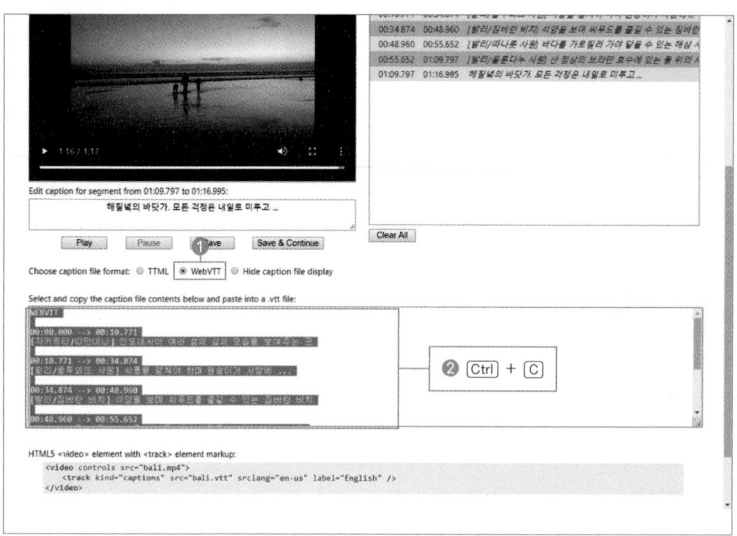

7. 웹 편집기에서 [파일 → 새 파일]을 선택해 새 편집 창을 연 후 Ctrl + V를 눌러 복사한 내용을 모두 붙여 넣으세요.

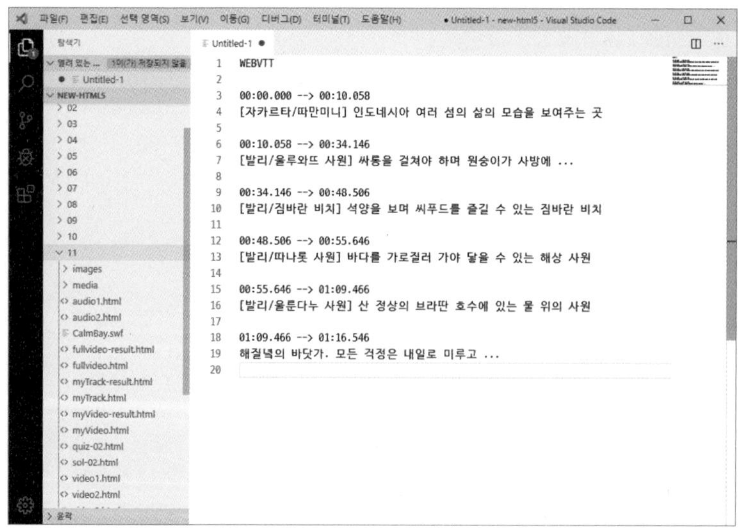

8. [Ctrl] + [S]를 누르면 [다른 이름으로 저장] 창이 뜹니다. [파일 이름]란에 적당한 파일 이름을 입력한 후 확장자 .vtt까지 입력하고 [저장]을 눌러 파일을 저장하세요.

▶ 메모장에 붙여 넣은 후 저장해도 됩니다. 이 경우, [다른 이름으로 저장] 창에서 [인코딩]을 [UTF-8]로 해야 합니다.

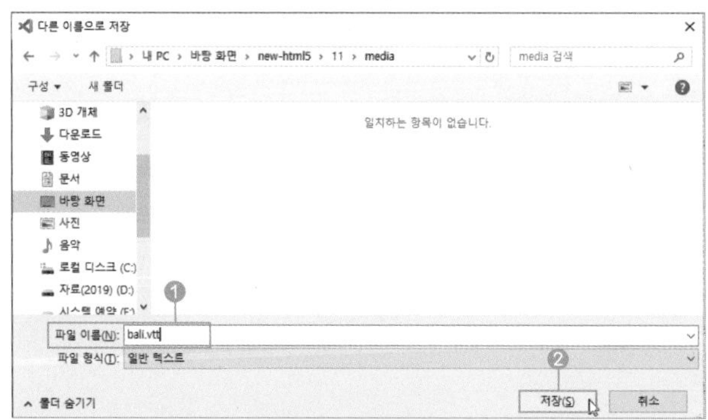

9. <track> 태그 - 자막 추가하기

이제 myTrack.html 문서 소스 창에서 </video> 태그 앞에 방금 만든 자막을 삽입하는 <track> 태그를 추가합니다.

```
<video controls>
  <source src="media/bali.mp4" type="video/mp4">
  <source src="media/bali.webm" type="video/webm">
  <track src="media/bali.vtt" srclang="ko" label="Korean" default>
</video>
```

```
<track src="media/bali.vtt" srclang="ko" label="Korean" default>
```

10. 웹 브라우저에서 확인하기

FTP 프로그램을 이용해 수정한 myTrack.html과 자막 파일(*.vtt)을 서버에 업로드한 후 웹 브라우저로 확인해 보세요. 닷홈 무료 계정에 올려놓았다면 http://아이디.dothome.co.kr/myTrack.html로 접속하면 됩니다.

▶ 이 책에서 만든 자막을 확인하려면 http://kyrieko.dothome.co.kr/myTrack.html을 열어 보세요.

HTML5 오늘 바로 써먹는 CSS3

동영상으로 홈페이지 대문 만들기

여러 사이트를 돌아다니다 보면 움직이는 동영상 위로 텍스트나 이미지가 표시되는 것을 본 적이 있을 것입니다. 회사 사이트라면 사내 풍경이나 직원들의 모습을 동영상으로 보여 주면 좀 더 생동감 있고 친숙하게 느껴지겠죠? 이것은 동영상을 웹 문서의 배경으로 사용하는 기법인데요. 여러분이 찍은 동영상을 웹 문서의 배경으로 사용하는 방법에 대해 알아보겠습니다.

알아두세요!

- 동영상 배경은 한 화면에 꽉 차게 표시되므로 특정 메뉴를 클릭해도 화면에 한 가득 나타나는 등 내용이 화면 단위로 작성되는 경우에 적합합니다.
- 스마트폰의 모바일 브라우저에서는 아직 동영상 풀 스크린 배경을 사용할 수 없으므로 스마트폰 사용자를 위해 동영상 배경 대신 보여줄 포스터 이미지를 함께 넣어 두어야 합니다.
- 동영상 파일은 재생 시간이 길어지면 파일 용량이 커지므로 재생 시간이 짧고(20~30초 정도) 파일 용량이 크지 않은 파일(5M 미만)을 준비하는 것이 좋습니다.
- 동영상을 배경으로 사용할 때는 자동으로 재생되도록 합니다.
- 배경 동영상은 오디오를 제거하고 사용하는 것이 좋습니다. 참고로, 크롬 브라우저의 경우 muted 속성을 사용해 오디오를 제거해야 브라우저에서 동영상이 자동 재생됩니다.

[준비] 11/fullvideo.html　　　　[완성] 11/fullvideo-result.html

1. 준비 파일 살펴보기

11/fullvideo.html 문서를 웹 브라우저에서 열어 보면 동영상(flame.mp4)과 텍스트 두 줄이 포함되어 있고 '이지스퍼블리싱' 텍스트를 클릭하면 이지스퍼블리싱 홈페이지로 연결됩니다. 여기에 있는 동영상을 화면에 가득 채워 보겠습니다.

사람을 구체적으로 도와주는 책

이지스퍼블리싱

2. 동영상 지정하기

이제 본격적으로 작업해 보죠. 웹 편집기에서 준비 파일을 엽니다. 동영상을 자동 재생하고 반복 재생하고 소리를 끌 수 있도록 다음과 같이 <video> 태그를 수정합니다. 동영상이 재생되지 않을 경우를 대비해 포스터 이미지도 지정합니다.

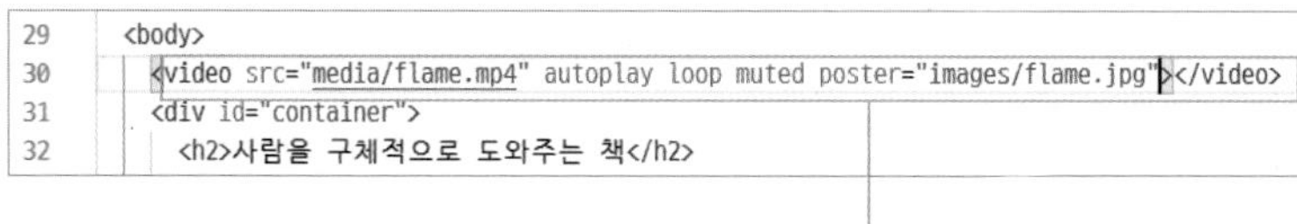

```
<body>
  <video src="media/flame.mp4" autoplay loop muted poster="images/flame.jpg"></video>
  <div id="container">
    <h2>사람을 구체적으로 도와주는 책</h2>
```

```
<video src="media/flame.mp4"></video>
        ↓
<video src="media/flame.mp4" autoplay loop muted poster="images/flame.jpg"></video>
```

autoplay : 자동 재생, loop : 반복 재생, muted : 오디오 제거, poster : 포스터 이미지 지정

3. CSS로 동영상 배경 만들기

배경 동영상을 위한 <video> 태그에 id="bg"로 지정한 후 </style> 태그 앞에 다음과 같은 #bg 스타일을 정의합니다.

```
<video src="media/flame.mp4" autoplay loop muted poster="images/flame.jpg"></video>
        ↓
<video src="media/flame.mp4" autoplay loop muted poster="images/flame.jpg" id="bg"></video>
```

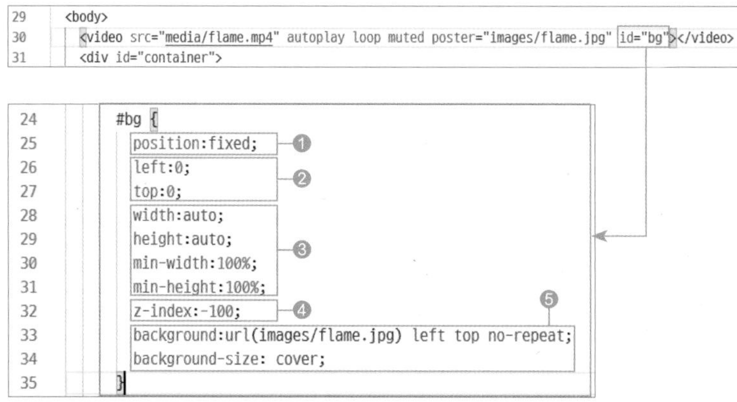

```
<body>
  <video src="media/flame.mp4" autoplay loop muted poster="images/flame.jpg" id="bg"></video>
  <div id="container">
```

```
#bg {
  position:fixed;          ❶
  left:0;                  ❷
  top:0;
  width:auto;              ❸
  height:auto;
  min-width:100%;
  min-height:100%;
  z-index:-100;            ❹
  background:url(images/flame.jpg) left top no-repeat;   ❺
  background-size: cover;
}
```

❶ 배경 동영상 위치를 고정합니다

❷ 왼쪽과 위쪽에 여백 없이 채웁니다.

❸ 동영상 너비와 높이를 화면에 꽉 차게 채웁니다.

❹ z-index 값을 줄여 다른 요소 아래에 놓이게 합니다.

❺ 동영상을 재생할 수 없을 때 표시할 배경 이미지를 추가합니다.

4. 텍스트 위치 옮기기

동영상을 배경으로 사용했기 때문에 텍스트를 화면 오른쪽으로 옮기려고 합니다. 기존 #container 스타일을 다음과 같이 수정하세요.

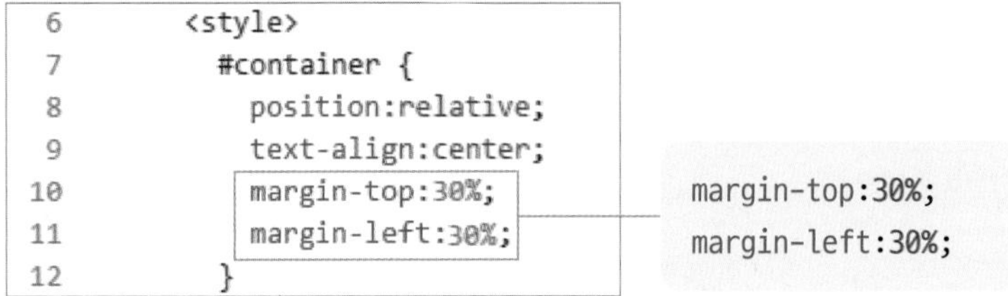

```
    <style>
      #container {
        position:relative;
        text-align:center;
        margin-top:30%;
        margin-left:30%;
      }
```


5. 웹 브라우저에서 확인하기

파일을 저장한 후 웹 브라우저에서 확인해 보세요. 브라우저 창의 너비에 따라 동영상 크기가 달라지면서 배경으로 표시될 것입니다.

기억을 되살리는 연습문제

Q1 난이도 ★★☆

11/quiz-1.html 문서를 열고 '오디오 재생하기' 제목 아래에 컨트롤 막대와 함께 오디오 파일을 삽입하세요. 삽입할 오디오 파일은 11/media/bgsound2.mp3입니다.

[문제] 11/quiz-1.html

오디오 재생하기

Q2 난이도 ★★☆

11/media 폴더에 Beach.mp4 파일과 Beach.webm 파일이 있습니다. 11/quiz-2.html 문서를 불러온 후 'SUMMER BEACH'라는 제목 다음에 비디오를 삽입하세요. 단, 다음 조건을 만족해야 합니다.

[문제] 11/quiz-2.html

SUMMER BEACH

조건

① 비디오 화면의 크기는 400×220 픽셀입니다.
② 어느 브라우저에서나 재생할 수 있도록 두 개 이상의 비디오를 함께 삽입합니다.
③ 비디오에 컨트롤 막대가 함께 표시되어야 합니다.

12

다재다능한 CSS3 선택자

둘째마당에서 배웠던 CSS를 기억하나요? 선택자(selector)를 속성의 맨 앞에 붙여 속성이 어디에 적용되는지 표시했습니다. 앞에서 배웠던 주요 선택자 외에도 CSS3에는 매우 다양한 선택자들이 있습니다. 이런 선택자를 사용하면 사용자 동작에 반응하는 웹 문서뿐만 아니라 애니메이션까지 만들 수 있죠. 모던 웹 사이트에서 빼놓을 수 없는 다재다능한 선택자 스타일! 하나씩 알아볼까요?

▶ 선택자 스타일에 대한 표준 사양은 http://www.w3.org/TR/css3-selectors에서 확인할 수 있습니다.

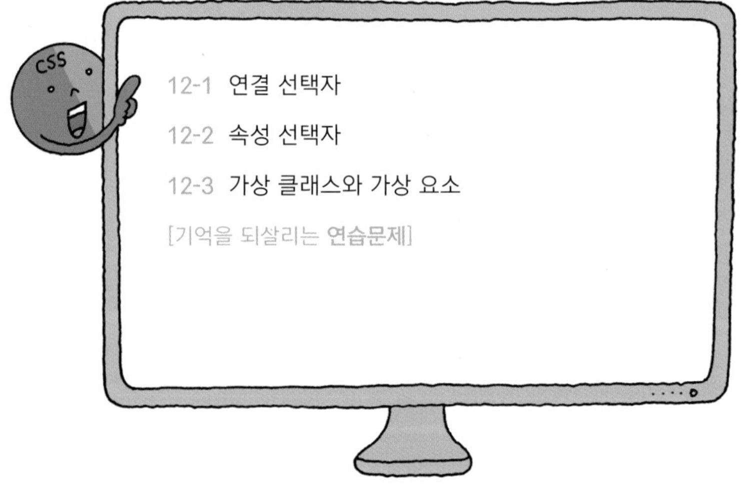

12-1 연결 선택자

12-2 속성 선택자

12-3 가상 클래스와 가상 요소

[기억을 되살리는 연습문제]

12-1 연결 선택자

앞의 05장에서 배운 주요 선택자 기억하나요? 이번에는 선택자와 선택자를 연결해 적용 대상을 한정시키는 '연결 선택자'에 대해 알아보겠습니다. 연결 선택자는 '콤비네이션 선택자', '콤비네이션 셀렉터(combination selector)'라고도 합니다.

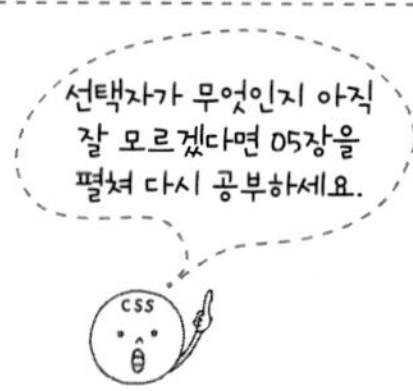
선택자가 무엇인지 아직
잘 모르겠다면 05장을
펼쳐 다시 공부하세요.
CSS

하위 선택자 - 지정한 모든 하위 요소에 스타일 적용하기

기본형　　상위요소 하위요소

하위 선택자(descendant selector, 디센던트 셀렉터)는 부모 요소에 포함된 하위 요소 모두에 스타일이 적용되는 것으로 '자손 선택자'라고도 합니다. 즉, 자식 요소뿐만 아니라 손자 요소, 손자의 손자 요소 등 모든 하위 요소까지 적용됩니다. 하위 선택자를 정의할 때는 상위 요소와 하위 요소를 공백으로 구분하고 대괄호 안에 속성을 지정합니다. 다음 예는 하위 선택자를 이용해 section 요소 안에 있는 모든 p 요소의 글자 색을 파란색으로 지정한 것입니다.

상위요소
하위요소
section p { color: blue; }

알아두면 좋아요! 후손 선택자, 자손 선택자, 하위 선택자

'하위 선택자'라고 불리는 'descendant selector'는 원문에서 'descendant'라는 용어를 번역하다 보니 descendant selector를 '후손 선택자', child selector를 '자손 선택자'라고 번역한 책도 있고 descendant selector를 '자손 선택자'라고 번역한 책도 있습니다. 후손이나 자손은 같은 의미이므로 한글로 번역된 이름만 보면 혼동되기 쉽습니다. 그래서 이 책에서는 모든 하위 요소를 포함하는 descendant selector를 '하위 선택자'라고 부르겠습니다.
선택자 명칭들은 아직 (공식적으로 번역된) 한글 이름이 없습니다. 이 책에서 사용한 이름은 대중적으로 사용되는 한글 이름이므로 정식 영문 명칭도 함께 알아 두는 것이 좋습니다.

실제로 하위 선택자가 어떻게 사용되는지 예제로 알아보겠습니다. 다음 예제는 id가 container인 요소(#container) 아래 모든 ul 요소에 파란색의 1px짜리 점선을 표시한 것입니다.

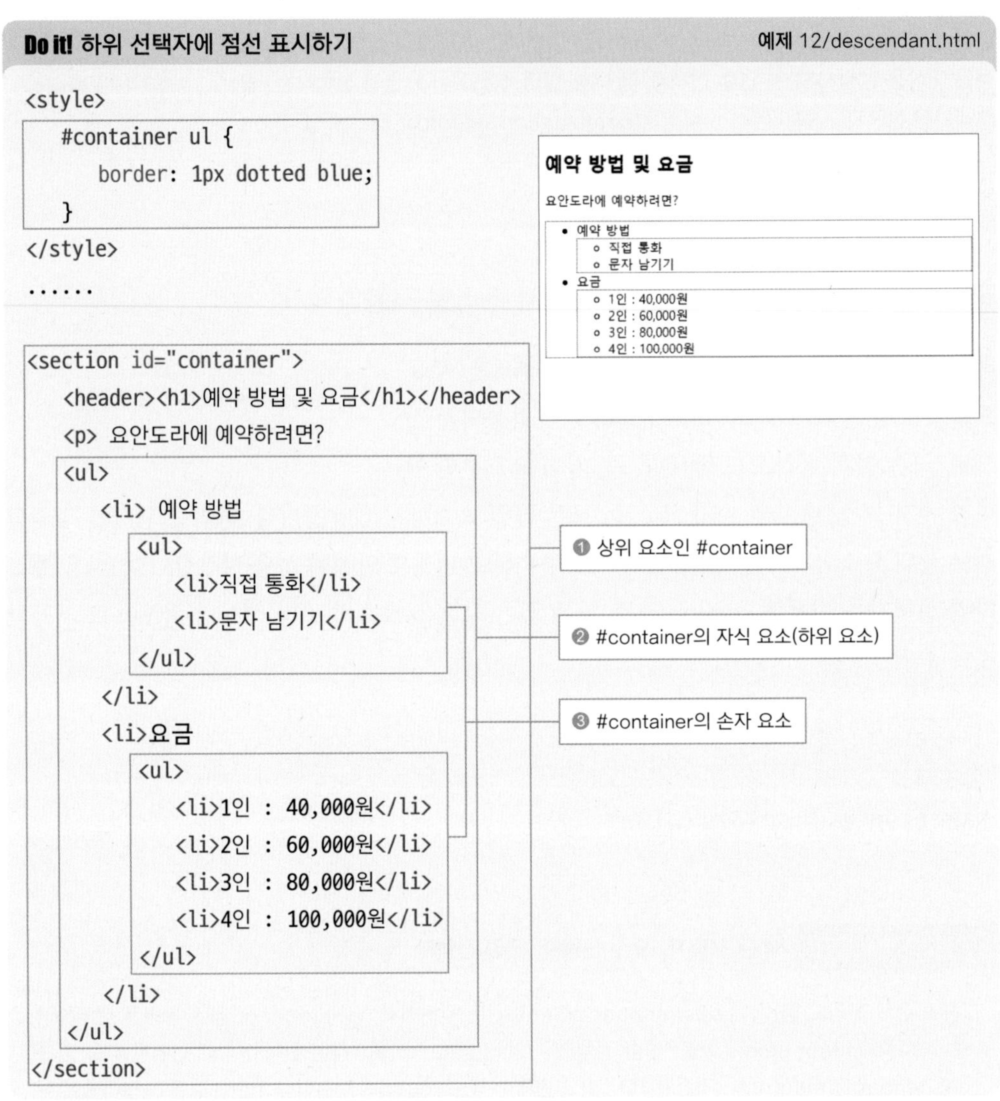


```
<style>
    #container ul {
        border: 1px dotted blue;
    }
</style>
......

<section id="container">
    <header><h1>예약 방법 및 요금</h1></header>
    <p> 요안도라에 예약하려면?
    <ul>
        <li> 예약 방법
            <ul>
                <li>직접 통화</li>
                <li>문자 남기기</li>
            </ul>
        </li>
        <li>요금
            <ul>
                <li>1인 : 40,000원</li>
                <li>2인 : 60,000원</li>
                <li>3인 : 80,000원</li>
                <li>4인 : 100,000원</li>
            </ul>
        </li>
    </ul>
</section>
```

이 예제의 문서 구조를 그림으로 그리면 다음과 같습니다. 첫 번째 〈ul〉 태그는 id가 container인 〈section〉 태그의 자식이고 두 번째, 세 번째 〈ul〉 태그는 〈section〉 태그의 손자가 됩니다.

#container ul이라는 하위 선택자는 #container 요소(section 요소)의 자식인 ul 요소와 손자 ul 요소 모두에 적용됩니다. 따라서 다음의 문서 구조 중에서 색칠한 요소에 하위 선택자의 스타일이 적용됩니다. 정리하면 예제 문서를 실행한 결과는 세 ul 요소 모두에 스타일이 적용됩니다.

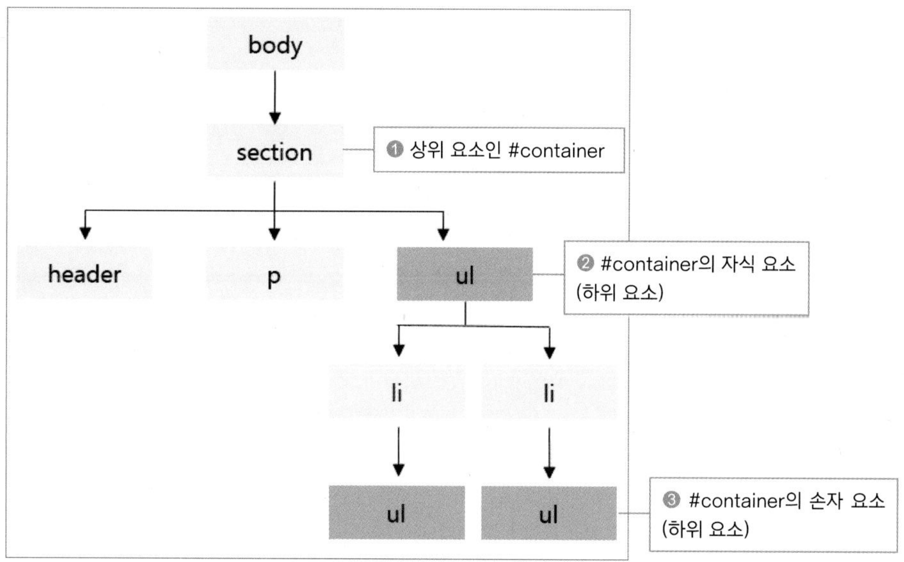

자식 선택자 - 자식 요소에만 스타일 적용하기

기본형	부모요소 > 자식요소

하위 요소 전체에 스타일을 적용하는 것이 아니라 자식 요소에만 스타일을 적용할 수도 있습니다. 자식 선택자(child selector, 차일드 셀렉터)는 자식 요소에 스타일을 적용하는 선택자로 두 요소 사이에 '>(부등호)'를 표시해 부모 요소와 자식 요소를 구분합니다.

자식 선택자는 종종 하위 선택자와 혼동되는데 하위 선택자에서는 자식 요소뿐만 아니라 자식의 자식, 즉 손자 요소까지 적용되는 반면, 자식 선택자에서는 바로 아래 요소, 즉 자식 요소에만 스타일이 적용됩니다.

다음 소스는 section 요소 안에 포함된 p 요소 중 자식 p 요소에만 파란(blue) 글자 색을 적용한 것입니다.

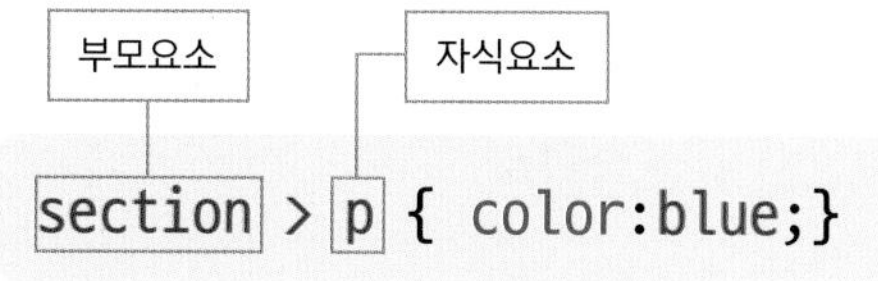


```
section > p { color:blue;}
```

하위 선택자와 자식 선택자의 차이를 구분하기 위해 앞에서 살펴본 하위 선택자 예제(descendant.html)에서 선택자만 자식 선택자로 바꿔 보겠습니다. 두 예제의 결과가 어떻게 다른지 주의 깊게 살펴보세요.

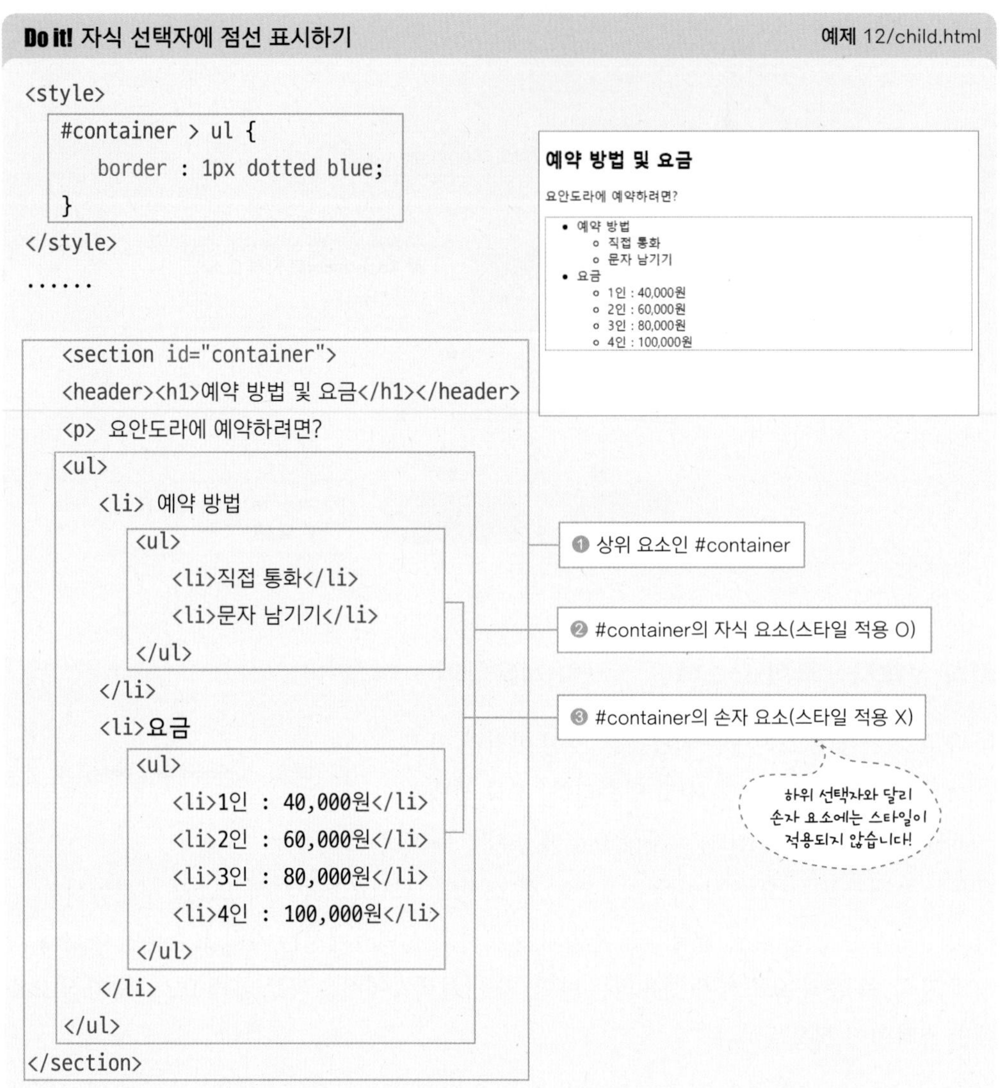

Do it! 자식 선택자에 점선 표시하기 예제 12/child.html

```
<style>
  #container > ul {
    border : 1px dotted blue;
  }
</style>
......

<section id="container">
<header><h1>예약 방법 및 요금</h1></header>
<p> 요안도라에 예약하려면?
<ul>
  <li> 예약 방법
    <ul>
      <li>직접 통화</li>
      <li>문자 남기기</li>
    </ul>
  </li>
  <li>요금
    <ul>
      <li>1인 : 40,000원</li>
      <li>2인 : 60,000원</li>
      <li>3인 : 80,000원</li>
      <li>4인 : 100,000원</li>
    </ul>
  </li>
</ul>
</section>
```


#container 요소(section 요소)에는 모두 3개의 ul 요소가 있는데 그중 #container 요소의 자식인 첫 번째 ul 요소에만 스타일이 적용됩니다. 예제의 문서 구조를 그림으로 그리면 다음과 같고 색칠한 요소가 자식 선택자의 스타일이 적용될 요소입니다.

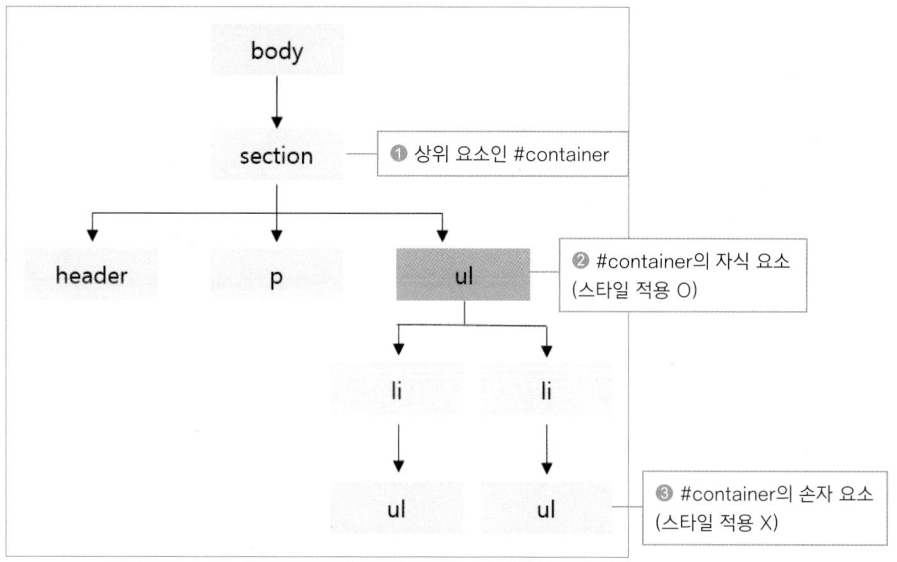

인접 형제 선택자 - 가장 가까운 형제 요소에 스타일 적용하기

기본형 요소 1 + 요소 2

앞에서 스타일을 부모 관계로 지정했으니 이번에는 형제 관계에서 스타일을 적용해 보겠습니다. 태그들이 포함 관계를 가질 때 포함하는 요소를 부모 요소, 포함되는 요소를 자식 요소라고 하듯이 같은 부모 요소를 가지는 요소들을 형제 관계라고 부르고 형제 관계인 요소들에서 먼저 나오는 요소를 '형 요소', 나중에 나오는 요소를 '동생 요소'라고 합니다.

인접 형제 선택자(adjacent selector, 어제이슨트 셀렉터)는 문서 구조상 같은 부모를 가진 형제 요소 중 첫 번째 동생 요소에만 스타일이 적용됩니다. 이 선택자를 정의할 때는 요소 1과 요소 2 사이에 '+(더하기 기호)'를 표시하는데요. 요소 1과 요소 2는 같은 레벨이면서 요소 1 이후 맨 먼저 오는 요소 2에 스타일을 적용합니다.

다음 예는 h1 요소 다음에 오는 p 요소들 중 첫 번째 p 요소에만 밑줄을 그으라는 것입니다.

<h1> 태그의 첫 번째 형제 요소

```
h1 + p { text-decoration: underline; }
```

다음 예제는 h1+ul 선택자를 사용해 h1 태그의 형제 요소들 중 맨 먼저 오는 ul 요소에 스타일을 적용하는 것입니다.

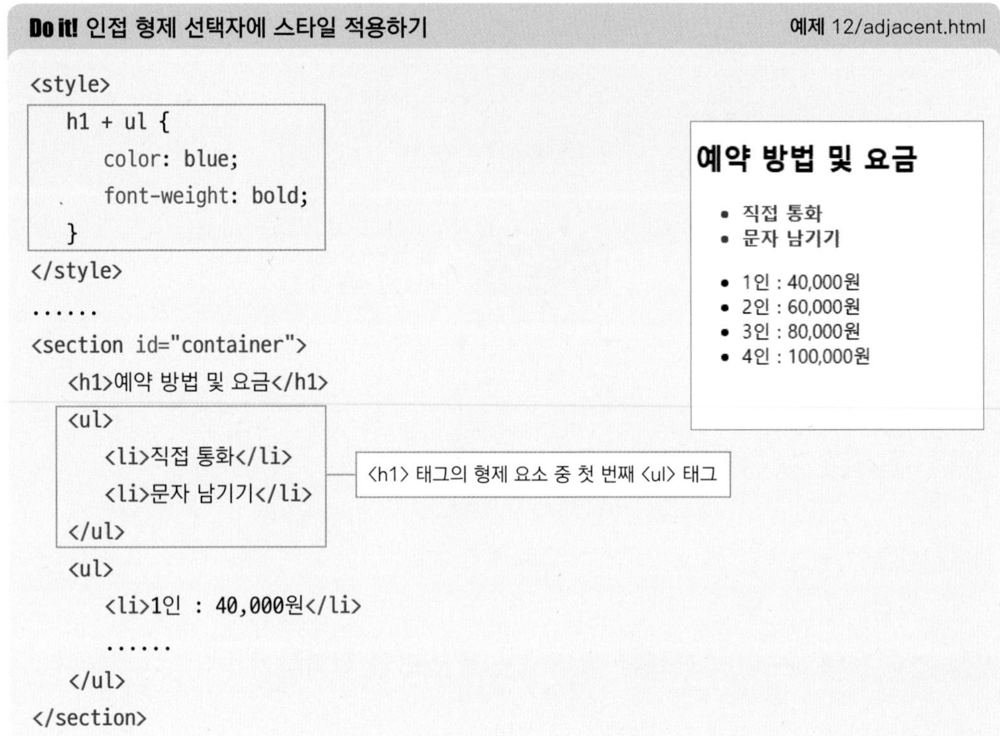

Do it! 인접 형제 선택자에 스타일 적용하기 예제 12/adjacent.html

```
<style>
    h1 + ul {
        color: blue;
        font-weight: bold;
    }
</style>
......
<section id="container">
    <h1>예약 방법 및 요금</h1>
    <ul>
        <li>직접 통화</li>
        <li>문자 남기기</li>
    </ul>
    <ul>
        <li>1인 : 40,000원</li>
        ......
    </ul>
</section>
```


앞의 예제의 문서 구조는 다음과 같이 표현할 수 있습니다.

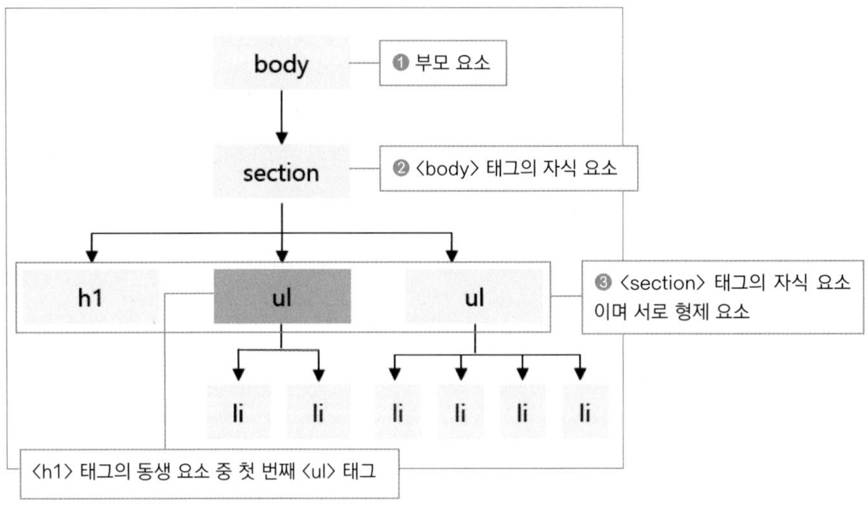

형제 선택자 - 형제 요소에 스타일 적용하기

형제 선택자(sibling selector, 시블링 셀렉터)도 형제 요소들에 스타일을 정의하는데 인접 형제 선택자와 달리 모든 형제 요소에 적용됩니다.

기본형　요소 1 ~ 요소 2

형제 선택자를 정의할 때는 첫 번째 요소와 두 번째 요소 사이에 '~ (틸드)'를 표시합니다. 다음 예는 h1 요소 다음에 오는 모든 형제 p 요소에 밑줄을 그으라는 것입니다.

형제 요소

```
h1 ~ p { text-decoration: underline; }
```

다음 sibling.html 예제는 h1 ~ ul 스타일을 정의한 것으로 h1 요소 다음에 오는 형제 ul 요소 모두를 파란색 굵은 글자로 표시하는 것입니다.

Do it! 형제 선택자에 스타일 적용하기　예제 12/sibling.html

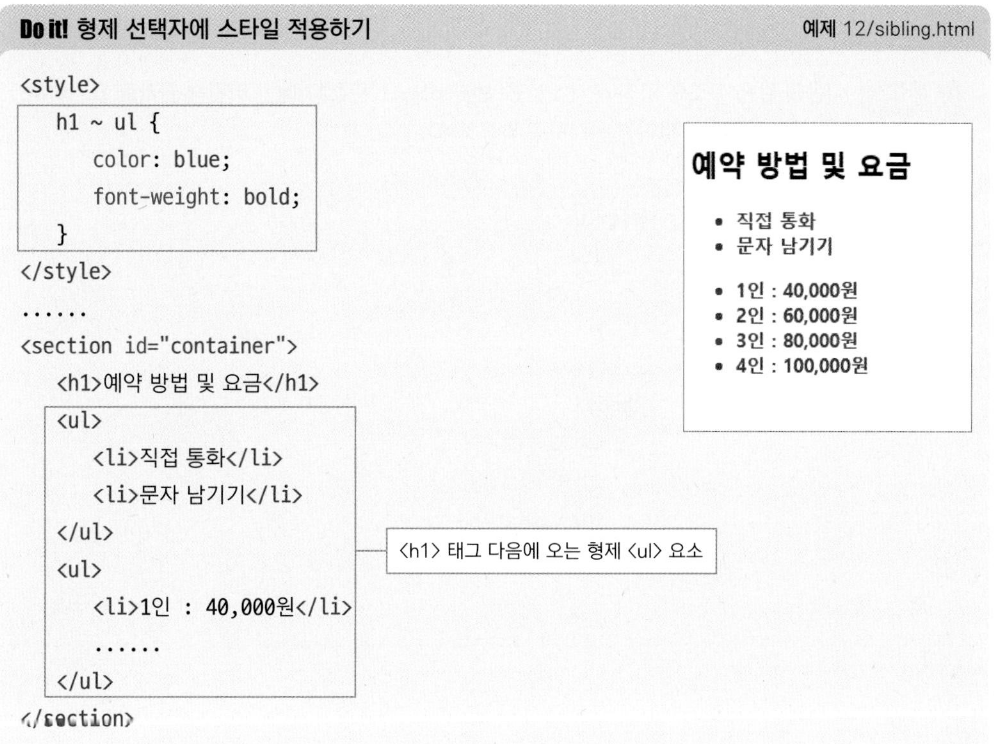

```
<style>
    h1 ~ ul {
        color: blue;
        font-weight: bold;
    }
</style>
......
<section id="container">
    <h1>예약 방법 및 요금</h1>
    <ul>
        <li>직접 통화</li>
        <li>문자 남기기</li>
    </ul>
    <ul>
        <li>1인 : 40,000원</li>
        ......
    </ul>
</section>
```

앞의 예제 문서에서 h1 요소와 ul 요소는 형제 관계이며 h1 ~ ul 선택자는 h1 요소의 동생들 중 모든 ul 요소에 스타일을 적용하는 것입니다. 다음 문서 구조 중에서 색칠한 요소가 형제 선택자의 스타일이 적용될 요소입니다.

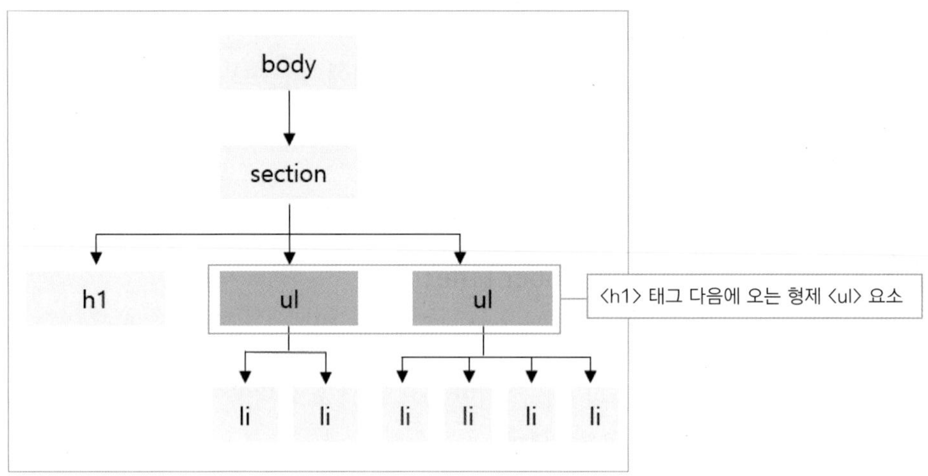

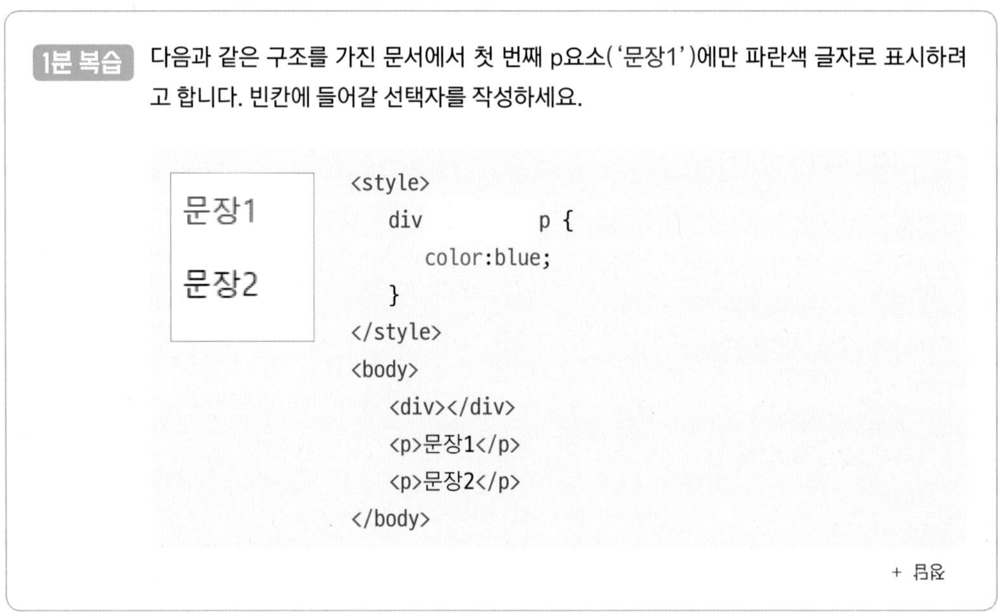

1분 복습 다음과 같은 구조를 가진 문서에서 첫 번째 p요소('문장1')에만 파란색 글자로 표시하려고 합니다. 빈칸에 들어갈 선택자를 작성하세요.


```
<style>
   div          p {
      color:blue;
   }
</style>
<body>
   <div></div>
   <p>문장1</p>
   <p>문장2</p>
</body>
```

12-2 속성 선택자

지금까지 살펴본 선택자들은 태그나 클래스 이름, id 이름만 알면 그대로 적용할 수 있는 스타일들이었습니다. 하지만 지금부터 살펴볼 속성 선택자는 태그 안에서 사용하는 속성들의 값에 따라 스타일을 지정합니다. 속성 값 조건에 따라 다양한 스타일을 지정할 수 있기 때문에 활용도가 높은 스타일 지정 방식이죠.

[속성] 선택자 - 지정한 속성에 스타일 적용하기

기본형 [속성]

먼저 특정한 속성을 사용한 요소에 스타일을 적용하는 선택자부터 알아보겠습니다. 이 선택자는 지정한 속성을 가진 요소를 찾아 스타일을 적용합니다. 사용하는 방법은 대괄호([,]) 사이에 찾으려는 속성을 지정하면 됩니다.

다음 예제는 a[href] 선택자를 사용해 <a> 태그 중 href라는 속성이 있는 요소를 찾아내 배경 색을 지정하는 것입니다. 예제에서는 다섯 개의 <a> 태그를 사용했지만 첫 번째 <a> 태그에는 href 속성이 없기 때문에 배경 색이 표시되지 않습니다.

Do it! href 속성이 있는 요소를 찾아내 배경 지정하기 예제 12/attr1.html

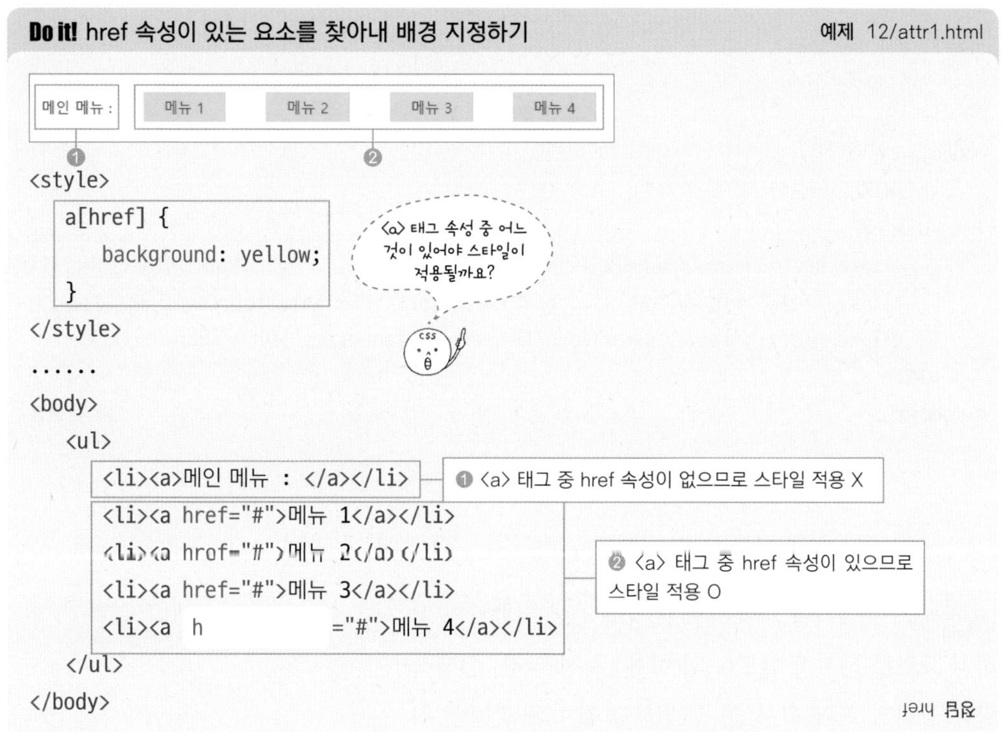


```
<style>
  a[href] {
    background: yellow;
  }
</style>
......
<body>
  <ul>
    <li><a>메인 메뉴 : </a></li>
    <li><a href="#">메뉴 1</a></li>
    <li><a href="#">메뉴 2</a></li>
    <li><a href="#">메뉴 3</a></li>
    <li><a h            ="#">메뉴 4</a></li>
  </ul>
</body>
```

[속성 = 값] 선택자 - 특정 값을 갖는 속성에 스타일 적용하기

기본형 [속성 = 값]

[속성] 형식에서 더 나아가 주어진 속성과 속성 값이 일치하는 요소를 찾아 스타일을 적용할 수도 있습니다. 이 형식은 대괄호 안에 속성과 속성 값을 넣고 사이에 '부등호(=)'를 넣습니다.

다음 예제에서 사용한 a[target="_blank"] 선택자는 target 속성의 값이 _blank인 링크를 찾아 newwindow.png 라는 배경 이미지를 표시하는 것입니다.

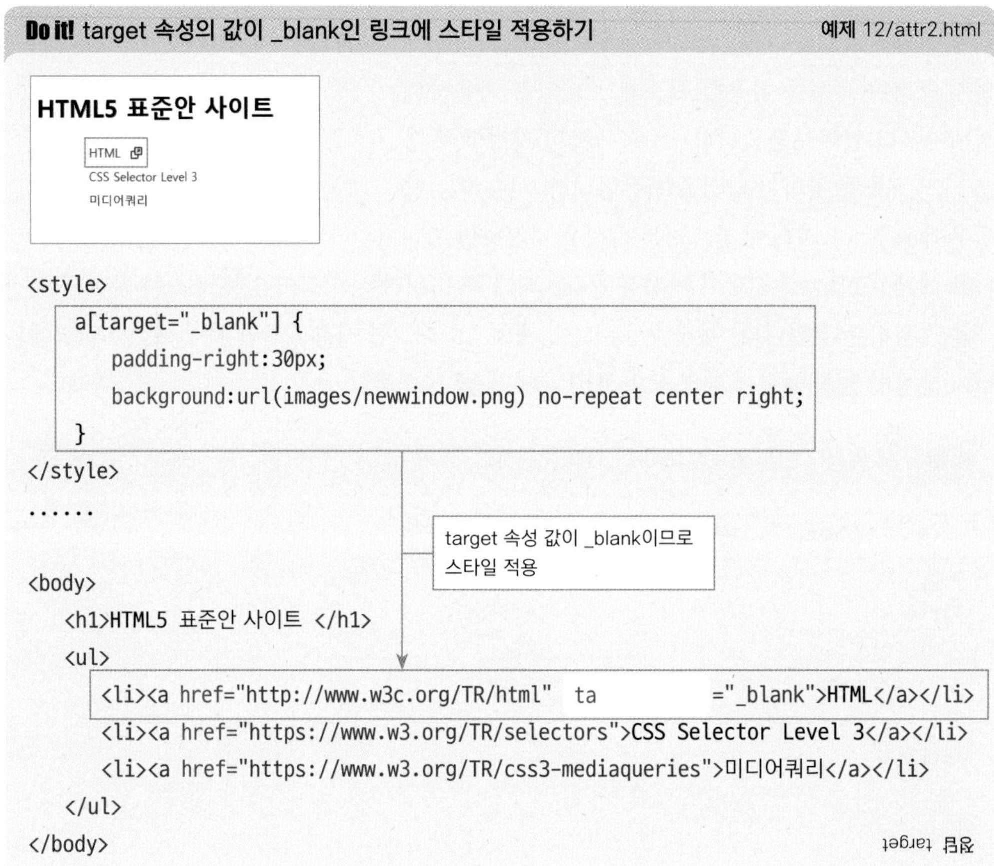
Do it! target 속성의 값이 _blank인 링크에 스타일 적용하기
예제 12/attr2.html
HTML5 표준안 사이트
HTML
CSS Selector Level 3
미디어쿼리
<style>
a[target="_blank"] {
padding-right:30px;
background:url(images/newwindow.png) no-repeat center right;
}
</style>
......
target 속성 값이 _blank이므로
스타일 적용
<body>
<h1>HTML5 표준안 사이트 </h1>
<ul>
<li><a href="http://www.w3c.org/TR/html" ta ="_blank">HTML</a></li>
<li><a href="https://www.w3.org/TR/selectors">CSS Selector Level 3</a></li>
<li><a href="https://www.w3.org/TR/css3-mediaqueries">미디어쿼리</a></li>
</ul>
</body>
정답 target

[속성 ~= 값] 선택자 - 여러 값 중 특정 값이 포함된 속성에 스타일 적용하기

기본형 [속성 ~= 값]

[속성=값] 선택자를 사용하면 속성과 값이 정확히 일치하는 요소를 찾지만 틸드(~)와 함께 [속성~=값] 선택자를 사용하면 여러 속성 값 중에 해당 값이 포함되어 있

는 요소를 선택합니다. 이 선택자는 하나의 속성에 속성 값이 여러 개일 때 특정 속성 값을 찾는 데 편리합니다.

다음 예제는 [class ~="button"] 선택자를 사용해 class 속성에서 "button"이라는 값이 포함된 요소의 스타일을 정의한 것입니다. 이 선택자는 class="button"처럼 값이 정확히 일치하거나 class="flat button"처럼 두 개 이상의 속성 값 중에 "button" 값이 포함되어 있을 때 적용됩니다. 하지만 이때 선택된 값은 일부만 일치하는 것이 아니라 한 단어로 일치해야 합니다. 예를 들어 class="flat-button"처럼 하이픈으로 연결되어 있거나 class="buttons"처럼 요소의 값이 일부만 일치할 때는 적용되지 않습니다.

Do it! class 속성에 "button" 값이 포함된 요소에 스타일 적용하기 — 예제 12/attr3.html

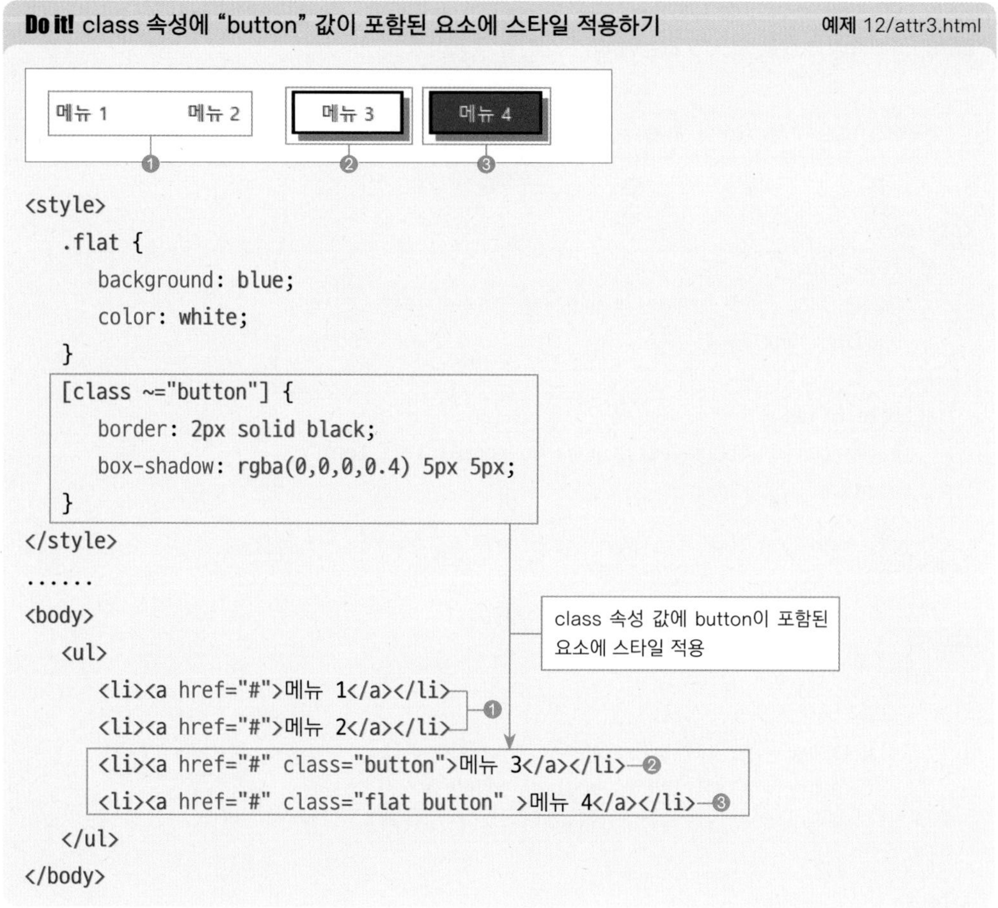


```
<style>
   .flat {
      background: blue;
      color: white;
   }
   [class ~="button"] {
      border: 2px solid black;
      box-shadow: rgba(0,0,0,0.4) 5px 5px;
   }
</style>
......
<body>
   <ul>
      <li><a href="#">메뉴 1</a></li>  ①
      <li><a href="#">메뉴 2</a></li>  ①
      <li><a href="#" class="button">메뉴 3</a></li>  ②
      <li><a href="#" class="flat button" >메뉴 4</a></li>  ③
   </ul>
</body>
```

① 속성 값에 button과 flat이 포함되지 않았으므로 아무 스타일도 적용되지 않습니다.

② 속성 값에 button이 포함되었으므로 요소에 [class~="button"] 스타일을 적용합니다.

③ 속성 값에 button과 flat이 포함되었으므로 요소에 [class~="button"] 스타일과 .flat 스타일을 적용합니다.

[속성 |= 값] 선택자 - 특정 값이 포함된 속성에 스타일 적용하기

[속성 |= 값] 선택자는 특정 값이 포함된 속성에 스타일을 적용합니다. 이때 값은 한 단어로 일치해야 합니다. 자칫 [속성 ~= 값] 선택자와 혼동될 수 있지만 [속성 ~= 값]은 하이픈(-)으로 연결한 단어에 스타일을 적용하지 않는 반면, [속성 |= 값] 선택자는 속성 값이 지정한 값이거나 "값-"으로 시작하면 스타일을 적용합니다. 다시 말해 하이픈(-)으로 연결한 단어가 있더라도 스타일을 적용합니다. 직접 예제로 살펴볼까요?

기본형	[속성 |= 값]

다음 예제는 [속성 |= 값] 선택자를 사용해 title 속성 값을 체크하는 것입니다.

Do it! title 속성의 값을 체크해 조건에 따라 스타일 적용하기 예제 12/attr4.html

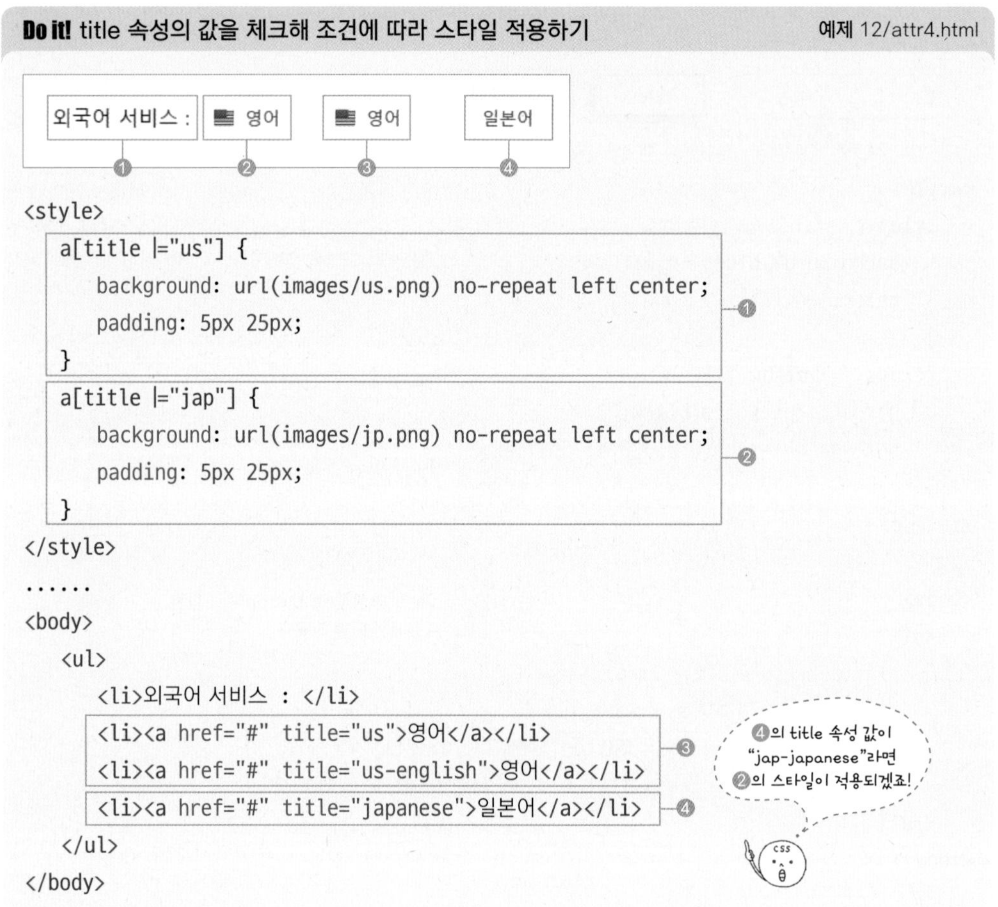

외국어 서비스 :
영어
영어
일본어
❹의 title 속성 값이
"jap-japanese"라면
❷의 스타일이 적용되겠죠!

```
<style>
  a[title |="us"] {
    background: url(images/us.png) no-repeat left center;
    padding: 5px 25px;
  }
  a[title |="jap"] {
    background: url(images/jp.png) no-repeat left center;
    padding: 5px 25px;
  }
</style>
......
<body>
  <ul>
    <li>외국어 서비스 : </li>
    <li><a href="#" title="us">영어</a></li>
    <li><a href="#" title="us-english">영어</a></li>
    <li><a href="#" title="japanese">일본어</a></li>
  </ul>
</body>
```

❶ 속성 값이 "us"이거나 "us-"로 시작하는 요소를 찾는 선택자입니다.

❷ 속성 값이 "jap"이거나 "jap-"로 시작하는 요소를 찾는 선택자입니다.

❸ 속성 값이 "us"이거나 "us-"로 시작하므로 ❶의 스타일을 적용합니다.

❹ 속성 값이 "jap-"로 시작하지 않으므로 ❷의 스타일을 적용하지 않습니다.

[속성 ^= 값] 선택자 - 특정 값으로 시작하는 속성에 스타일 적용하기

기본형 [속성 ^= 값]

[속성 = 값] 선택자에 '캐럿(^)'이 붙으면 지정한 문자로 시작하는 속성 값에 대해서만 스타일을 적용합니다. 다음 예제에서는 <a> 요소 중에서 title 속성 값의 시작 부분을 살펴보고 그 내용에 따라 배경 이미지를 다르게 지정했습니다. [속성 = 값] 선택자를 써 title 속성 값 전체를 확인하고 배경 이미지를 지정할 수도 있고 다음 예제처럼 몇 개의 시작 글자만 비교해 스타일을 정의할 수도 있습니다.

Do it! title 속성 값의 시작 부분을 체크해 스타일 적용하기 예제 12/attr5.html

외국어 서비스 : 영어 일본어 중국어

```
<style>
  a[title ^="eng"] {
    background: url(images/us.png) no-repeat left center;
    padding: 5px 25px;
  }                                                        ❶
  a[title ^="jap"] {
    background: url(images/jp.png) no-repeat left center;
    padding: 5px 25px;
  }                                                        ❷
  a[title ^="chin"] {
    background: url(images/ch.png) no-repeat left center;
    padding: 5px 25px;
  }                                                        ❸
</style>
......
<body>
  <ul>
    <li>외국어 서비스 : </li>
    <li><a href="#" title="english">영어</a></li>       ❶의 스타일 적용
    <li><a href="#" title="japanese">일본어</a></li>    ❷의 스타일 적용
    <li><a href="#" title="chinese">중국어</a></li>     ❸의 스타일 적용
  </ul>
</body>
```

[속성 $= 값] 선택자 - 특정 값으로 끝나는 속성에 스타일 적용하기

> 기본형 [속성 $= 값]

[속성 ^= 값]이 해당 속성이 지정한 값으로 시작하는 요소에 스타일을 적용했다면 [속성 $= 값] 선택자는 지정한 값으로 끝나는 요소를 찾아 스타일을 적용합니다.

다음 예제와 같이 [속성 $= 값] 선택자를 사용해 href에 링크된 파일의 확장자, 즉 파일 이름의 마지막 값을 체크하면 그 파일에 맞는 아이콘을 파일 이름 옆에 표시할 수 있습니다.

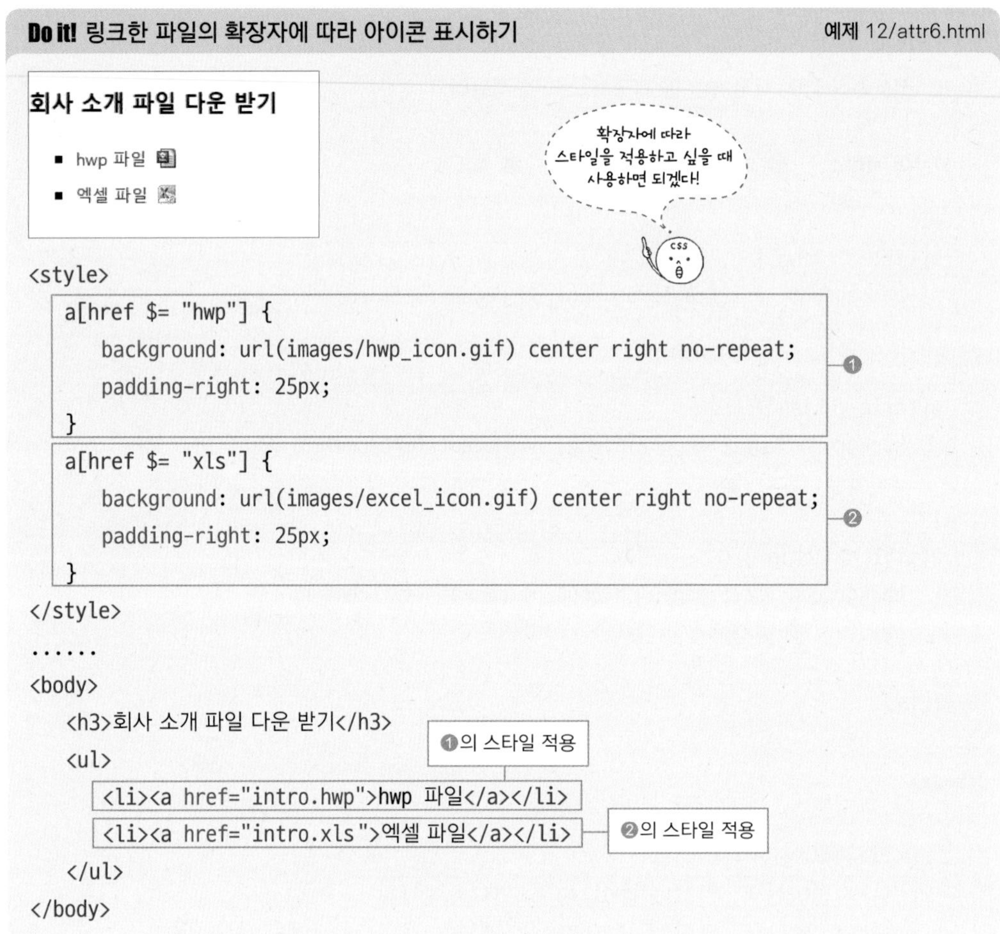

Do it! 링크한 파일의 확장자에 따라 아이콘 표시하기 예제 12/attr6.html


```
<style>
  a[href $= "hwp"] {
    background: url(images/hwp_icon.gif) center right no-repeat;
    padding-right: 25px;
  }                                                              ❶
  a[href $= "xls"] {
    background: url(images/excel_icon.gif) center right no-repeat;
    padding-right: 25px;
  }                                                              ❷
</style>
......
<body>
  <h3>회사 소개 파일 다운 받기</h3>
  <ul>
    <li><a href="intro.hwp">hwp 파일</a></li>
    <li><a href="intro.xls">엑셀 파일</a></li>
  </ul>
</body>
```

[속성 *= 값] 선택자 - 값의 일부가 일치하는 속성에 스타일 적용하기

> 기본형 [속성 *= 값]

앞에서 배운 것들 중 속성 값의 앞부분을 체크하거나 뒷부분을 체크하는 선택자가 있었죠? [속성 *= 값] 선택자는 사용자가 지정한 속성 값의 어느 위치에든 해당 값이 포함되어 있으면 스타일이 적용됩니다.

다음 예제에서는 링크를 여러 곳으로 연결할 때 W3C 사이트로 연결하는 링크 텍스트에만 별도 스타일을 지정했습니다. 여기서는 href 속성에 w3라는 값이 포함되면 배경 색은 파란색으로 바뀌고 글자 색은 흰색으로 바뀌게 했습니다.

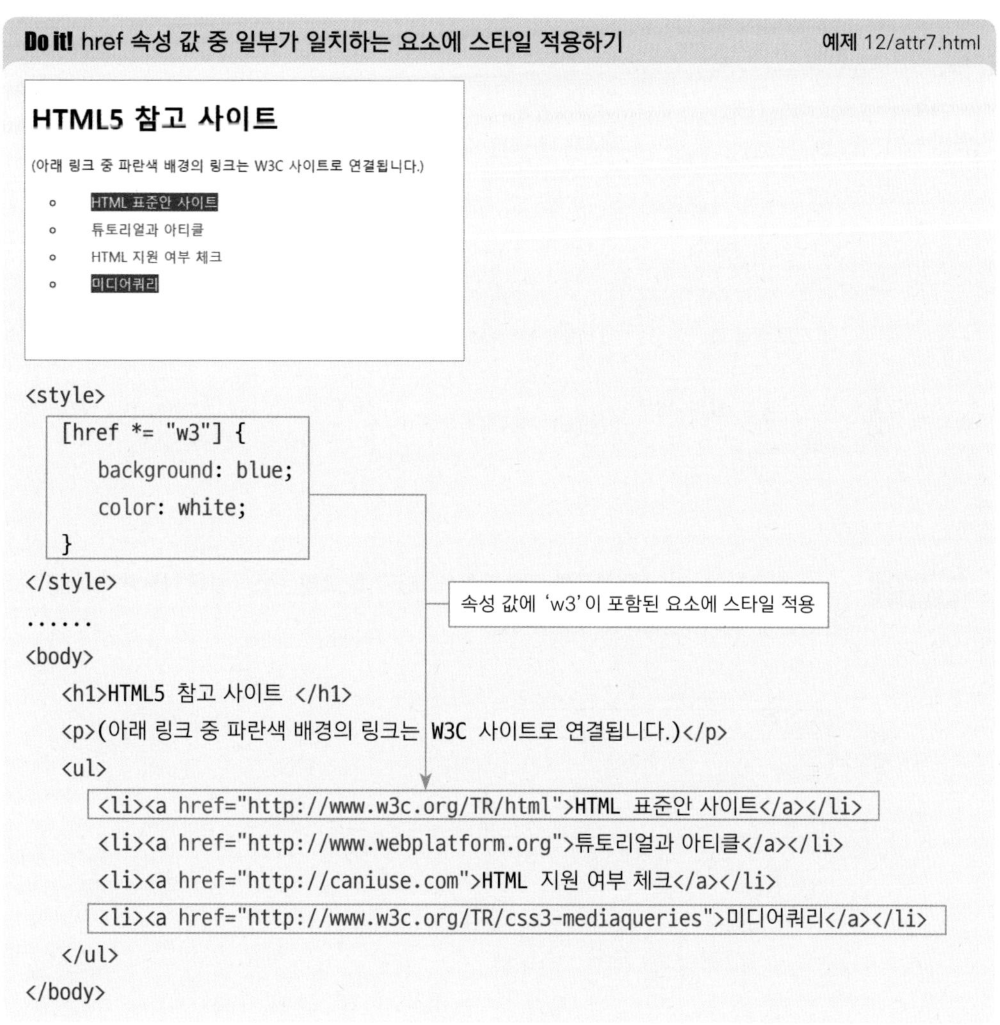

Do it! href 속성 값 중 일부가 일치하는 요소에 스타일 적용하기 — 예제 12/attr7.html

```
<style>
  [href *= "w3"] {
    background: blue;
    color: white;
  }
</style>
......
<body>
  <h1>HTML5 참고 사이트 </h1>
  <p>(아래 링크 중 파란색 배경의 링크는 W3C 사이트로 연결됩니다.)</p>
  <ul>
    <li><a href="http://www.w3c.org/TR/html">HTML 표준안 사이트</a></li>
    <li><a href="http://www.webplatform.org">튜토리얼과 아티클</a></li>
    <li><a href="http://caniuse.com">HTML 지원 여부 체크</a></li>
    <li><a href="http://www.w3c.org/TR/css3-mediaqueries">미디어쿼리</a></li>
  </ul>
</body>
```

이상으로 모든 속성 선택자를 배웠습니다. 부호의 작은 차이로 이것들을 구별해야 하니 혼동되죠? 다음 표로 앞의 내용을 간단히 정리했습니다. 책에 표시해 두고 헷갈릴 때마다 펼쳐 보세요.

기본형	스타일 적용 경우	예시 - 선택자	예시 - 적용되는 요소
[속성]	지정한 '속성'일 때	[href]	<a href="#">메뉴 1</a>
[속성 = 값]	'값'에 일치할 때	[target="_blank"]	<a href="......." target="_blank">HTML</a>
[속성 ~= 값]	여러 값들 중 특정 '값'이 포함되어 있을 때(단어별)	[class~="button"]	<a href="#" class="flat button"> 메뉴 4</a>
[속성 |= 값]	'값'이 포함되어 있을 때 (하이픈 포함 단어별)	[title="us"]	<a href="#" title="us">영어</a> <a href="#" title="us-english">영어</a>
[속성 ^= 값]	'값'으로 시작할 때	[title^="eng"]	<a href="#" title="english"> 영어</a>
[속성 $= 값]	'값'으로 끝날 때	[href $="xls"]	<a href="intro.xls">엑셀 파일 </a>
[속성 *= 값]	'값'이 속성 값의 일부일 때	[href *= "w3"]	<a href="http://www.w3c.org/TR/html">HTML 사이트</a>

1분 복습 class 선택자 .accent를 사용한 요소를 찾아 테두리를 그리는 스타일을 적용하려고 합니다. 빈칸에 알맞은 선택자를 작성하세요.

```
문장1
문장2
문장3
```

```
<style>
  [class        accent] {
    border:1px solid black;
  }
</style>
<body>
  <p class="accent blue">문장1</p>
  <p class="italic">문장2</p>
  <p class="accent red" >문장3</p>
</body>
```

정답 ~=

12-3 가상 클래스와 가상 요소

지금까지 여러 선택자들을 살펴보았습니다. 그런데 지금까지 배운 선택자들로도 지정하기 어려운 대상이 있습니다. 예를 들어 메뉴에서 몇 번째 항목이라든가 단락의 첫 번째 글자 등의 경우, 어떻게 지정해야 할까요? 이때 클래스 이름 앞에 콜론(:)을 붙여 표시하는 가상 클래스와 클래스 이름 앞에 콜론 두 개(::)를 붙여 표시하는 가상 요소를 사용합니다.

사용자 동작에 반응하는 가상 클래스

사용자가 웹 요소를 클릭하거나 마우스 커서를 올려놓는 등 특정 동작을 할 때 스타일이 바뀌도록 만들고 싶다면 가상 클래스 선택자를 사용합니다. 다음 선택자들은 가상 클래스 선택자 중 자주 사용하는 것들을 모아 둔 것입니다.

▶ 가상 클래스는 슈도 클래스(pseudo class)라고도 합니다.

① :link 가상 클래스 선택자 - 방문하지 않은 링크에 스타일 적용

문서 안의 하이퍼링크 중에서 사용자가 아직 방문하지 않은 링크에 스타일을 적용합니다. 텍스트 링크는 기본적으로 파란색(blue) 글자와 밑줄로 표시되는데 링크의 밑줄을 없애거나 색상을 바꾸려고 할 때 :link 선택자를 사용합니다.

② :visited 가상 클래스 선택자 - 방문한 링크에 스타일 적용

문서의 링크 중에서 한 번 이상 방문한 링크에 대한 스타일을 적용합니다. 방문한 텍스트 링크는 기본적으로 자주색(purple)으로 표시되는데 사용자가 방문했던 링크도 일반 텍스트 링크와 색상이 달라지지 않게 하려면 :visited 선택자를 사용해 조절합니다.

③ :hover 가상 클래스 선택자 - 웹 요소에 마우스 커서를 올려놓을 때의 스타일 적용

웹 요소 위로 마우스 커서를 올려놓을 때의 스타일을 지정합니다. 이 가상 클래스 선택자를 응용하면 이미지 위로 마우스 커서를 올려놓으면 다른 이미지로 바뀌었다가 마우스 커서를 치우면 원래 이미지로 돌아오는 롤오버 효과(rollover)를 만들 수 있습니다.

④ :active 가상 클래스 선택자 - 웹 요소를 활성화했을 때의 스타일 적용

링크나 이미지 등 웹 요소를 활성화했을 때(누르고 있을 때)의 스타일을 지정합니다. 예를 들어 링크를 클릭했을 때의 스타일을 지정합니다.

⑤ :focus 가상 클래스 선택자 - 웹 요소에 초점이 맞추어졌을 때의 스타일 적용

웹 요소에 초점이 맞추어졌을 때의 스타일을 지정합니다. 예를 들어 아이디를 입력하기 위해 텍스트 필드 안에 마우스 커서를 갖다 놓거나 Tab 을 눌러 초점을 이동했을 때의 스타일을 지정합니다.

▶ 여기서는 focus를 '초점'이라고 설명했는데 주로 '포커스'라는 용어를 사용합니다.

가상 선택자를 링크와 관련해 사용할 때는 선택자 순서에 주의해야 합니다. 앞에서 살펴본 ①~④ 네 가지를 모두 정의한다면 :link 선택자부터 정의하고 :visited, :hover, :active 순서대로 정의합니다. 이 순서가 바뀌면 스타일을 정의하더라도 제대로 적용되지 않습니다.
다음 예제는 가상 클래스 선택자를 사용해서 메뉴의 텍스트를 상황에 따라 다르게 표현하는 것입니다. 링크(a:link)와 방문했던 링크의 텍스트(a:visited)에서 밑줄을 없애고, 링크 위로 마우스 커서를 올려놓으면(a:hover) 짙은 회색 배경에 흰색 글씨로, 초점이 맞춰지면(a:focus) 빨간색 배경으로 바꿉니다.

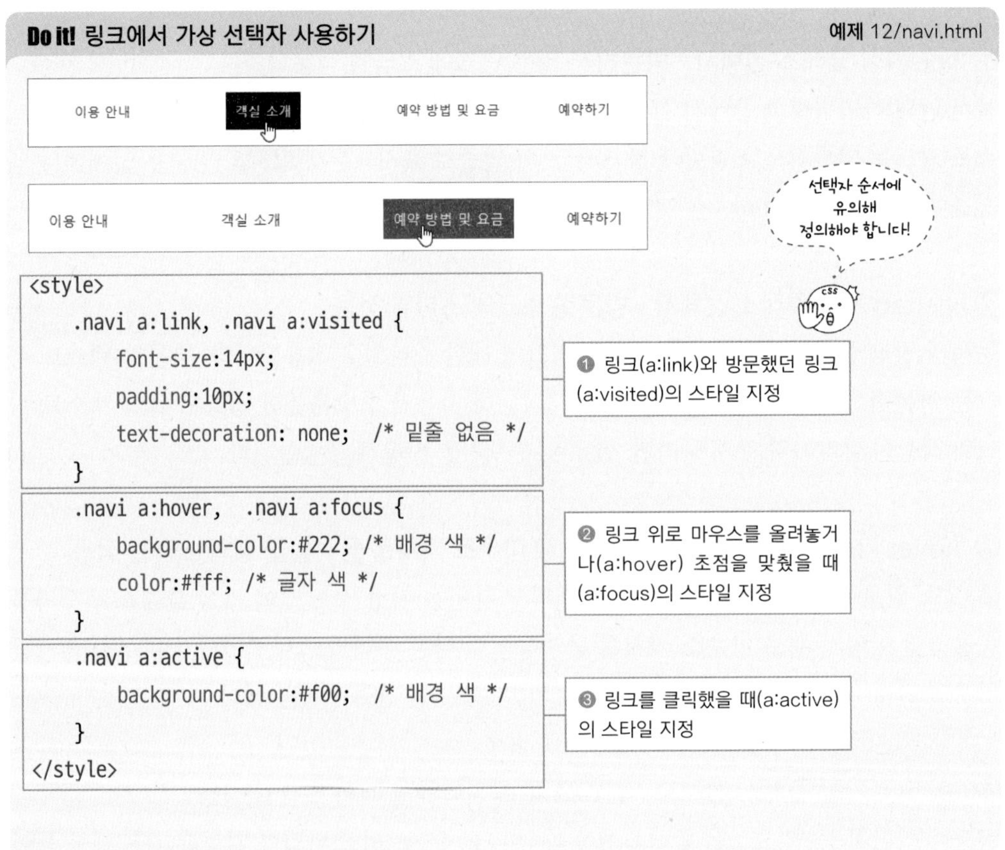
Do it! 링크에서 가상 선택자 사용하기
예제 12/navi.html
이용 안내
객실 소개
예약 방법 및 요금
예약하기
이용 안내
객실 소개
예약 방법 및 요금
예약하기
선택자 순서에 유의해 정의해야 합니다!
<style>
.navi a:link, .navi a:visited {
font-size:14px;
padding:10px;
text-decoration: none; /* 밑줄 없음 */
}
.navi a:hover, .navi a:focus {
background-color:#222; /* 배경 색 */
color:#fff; /* 글자 색 */
}
.navi a:active {
background-color:#f00; /* 배경 색 */
}
</style>
❶ 링크(a:link)와 방문했던 링크(a:visited)의 스타일 지정
❷ 링크 위로 마우스를 올려놓거나(a:hover) 초점을 맞췄을 때(a:focus)의 스타일 지정
❸ 링크를 클릭했을 때(a:active)의 스타일 지정

```
<nav class="navi">
    <ul>
        <li><a href="#">이용 안내</a></li>
        <li><a href="#">객실 소개</a></li>
        <li><a href="#">예약 방법 및 요금</a></li>
        <li><a href="#">예약하기</a></li>
    </ul>
</nav>
```

UI 요소 상태에 따른 가상 클래스

사용자의 동작뿐만 아니라 웹 요소의 상태에 따라 스타일을 지정할 때도 가상 클래스 선택자를 사용합니다. 그중에서도 UI(User Interface) 요소의 상태에 따른 가상 클래스는 웹 사이트나 앱 화면을 디자인할 때 웹 요소의 상태에 따라 스타일을 지정하기 위해 사용하죠. 다음은 UI 요소의 상태에 따른 대표적인 가상 클래스 선택자들입니다.

① :enabled 와 :disabled 가상 클래스 선택자 - 요소를 사용할 수 있을 때와 없을 때의 스타일 지정

해당 요소가 사용 가능한 상태일 때의 스타일을 지정하려면 :enabled 클래스를 사용하고 해당 요소가 사용 불가능한 상태일 때의 스타일을 지정하려면 :disabled 클래스를 사용합니다. 예를 들어 여러 줄의 텍스트를 입력할 수 있는 텍스트 영역 필드(textarea 필드)를 게시판 입력 화면으로 사용할 때는 enabled 상태이지만 회원 약관 등을 보여 줄 때는 사용자가 내용을 보기만 해야 하므로 disabled 상태로 만들어야 합니다.

② :checked 가상 클래스 선택자 - 라디오 박스나 체크 박스에서 해당 항목을 선택했을 때의 스타일 지정

라디오 박스나 체크 박스에서 사용자가 해당 항목을 선택했을 때(체크했을 때)의 스타일을 지정합니다.

다음 예제는 disabled 상태인 텍스트 상자에 배경 색과 테두리 스타일을 지정하고 라디오 버튼에서 항목을 클릭하면 항목 텍스트가 파란색으로 바뀌도록 한 것입니다.

Do it! 라디오 버튼을 클릭했을 때 스타일 적용하기 예제 12/states.html

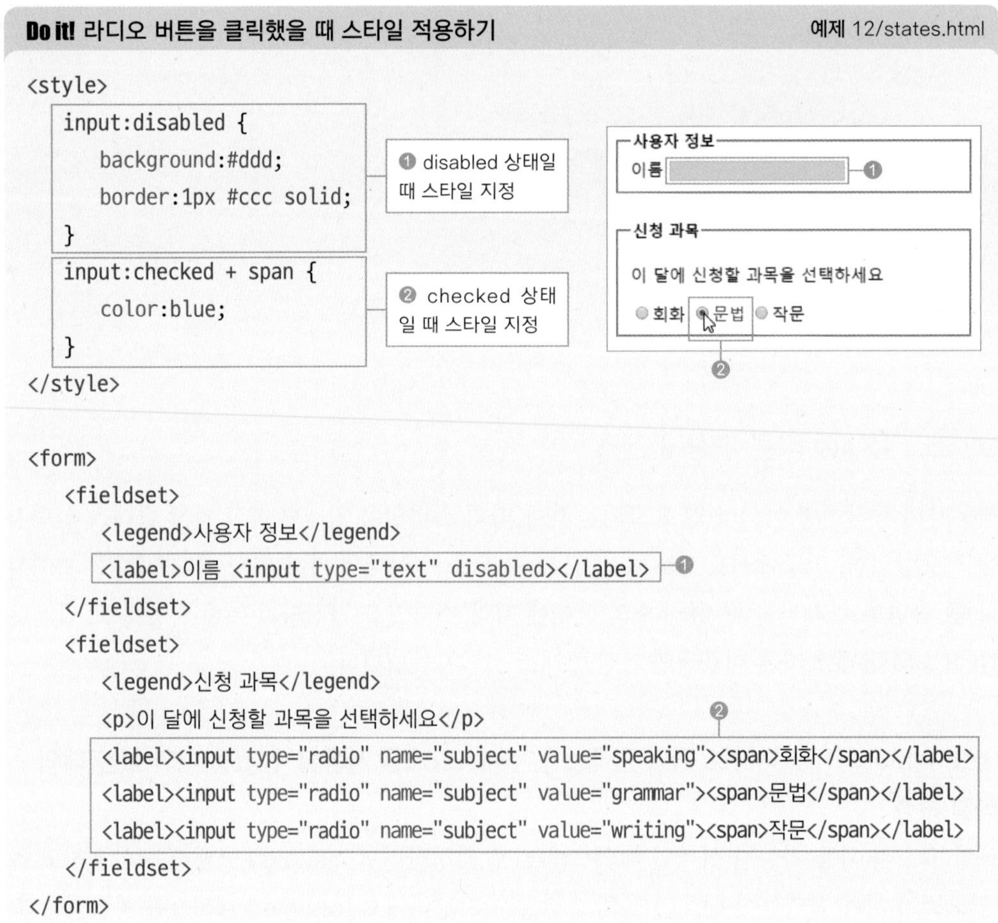


```
<style>
  input:disabled {
    background:#ddd;
    border:1px #ccc solid;
  }
  input:checked + span {
    color:blue;
  }
</style>

<form>
  <fieldset>
    <legend>사용자 정보</legend>
    <label>이름 <input type="text" disabled></label>
  </fieldset>
  <fieldset>
    <legend>신청 과목</legend>
    <p>이 달에 신청할 과목을 선택하세요</p>
    <label><input type="radio" name="subject" value="speaking"><span>회화</span></label>
    <label><input type="radio" name="subject" value="grammar"><span>문법</span></label>
    <label><input type="radio" name="subject" value="writing"><span>작문</span></label>
  </fieldset>
</form>
```

구조 가상 클래스

구조 가상 클래스란 말 그대로 웹 문서 구조를 기준으로 특정 위치에 있는 요소를 찾아 스타일을 지정할 때 사용하는 가상 클래스 선택자입니다.

① :root 가상 클래스 선택자 - 문서 전체에 적용하기

문서 안의 루트(root) 요소에 스타일을 적용합니다. HTML 문서에서는 루트 요소가 HTML이므로 HTML 요소에 스타일이 적용됩니다.

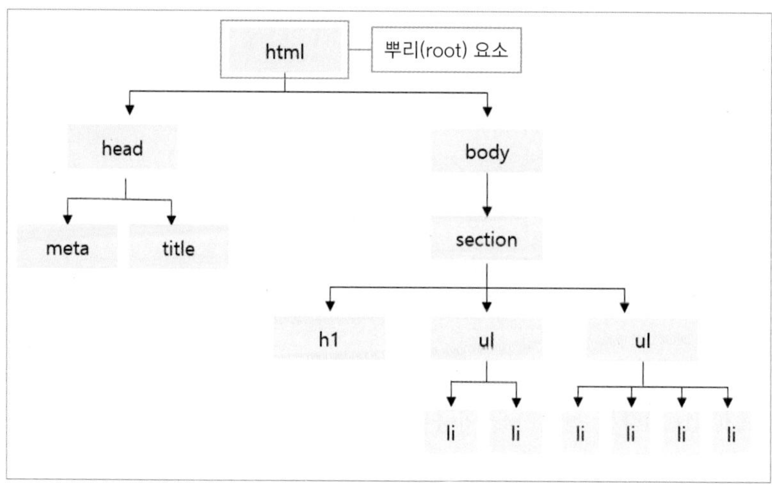

위의 그림에서 보듯이 나무 형태로 표시한 웹 문서 구조에서 최상위 요소, 즉 뿌리 부분은 〈html〉 태그입니다. 전체적으로 문서 안에 똑같이 적용할 스타일이 있을 경우, :root 선택자를 이용해 지정합니다.

▶ :root 선택자는 CSS3부터 정의되었습니다.

② :nth-child(n)와 :nth-last-child(n) 가상 클래스 선택자 - 자식 요소의 위치에 따라 스타일 적용하기

웹 문서에서 특정 부분에 스타일을 적용하려면 보통 class나 id 선택자를 이용해 이름을 붙여 주고 그 클래스나 id에 대한 스타일을 정의하면 됩니다. 하지만 여러 개의 항목이 일렬(가로나 세로)로 나열되어 있는 경우, class나 id를 사용하지 않고 스타일을 지정할 항목이 몇 번째에 있는지를 따져 스타일을 적용할 수 있습니다. 주로 메뉴 항목에 이 선택자를 사용합니다. 세 번째에 있는 메뉴 항목이든 끝에 있는 메뉴 항목이든 원하는 위치에 따라 요소를 찾아 스타일을 지정할 수 있기 때문입니다.

:nth-child(n)는 앞에서부터 n번째 자식 요소에 스타일을 적용하고 :nth-last-child(n)는 끝에서부터 n번째인 자식 요소에 스타일을 적용합니다. an+b처럼 수식을 사용할 수도 있는데 이때 n값은 0부터 차례대로 정수를 대입해 계산합니다. 다만, 위치에 따라 스타일을 적용하는 선택자는 해당 요소들이 모두 한 부모 요소를 갖고 있어야만 합니다. 즉, 문서 구조로 표시했을 때 모두 같은 레벨의 요소여야 합니다.

```
/* div 요소 안에서 세 번째 자식 요소인 p 요소에 스타일 적용 */
div p:nth-child(3)

/* div 요소 안에서 홀수 번째로 나타나는 자식 요소인 p 요소에 스타일 적용 */
div p:nth-child(odd), div p:nth-child(2n+1)

/* div 요소 안에서 짝수 번째로 나타나는 자식 요소인 p 요소에 스타일 적용 */
div p:nth-child(even), div p:nth-child(2n+0), div p:nth-child(2n)
```

다음 예제는 tr:nth-child(2n+1)라는 선택자를 이용해 표의 홀수 번째 열에만 배경 색을 넣는 스타일을 정의한 것입니다. tr:nth-child(odd)라고 해도 같은 결과를 보여 줍니다.

Do it! 표의 홀수 번째 열에만 배경 색 넣기 예제 12/nth.html

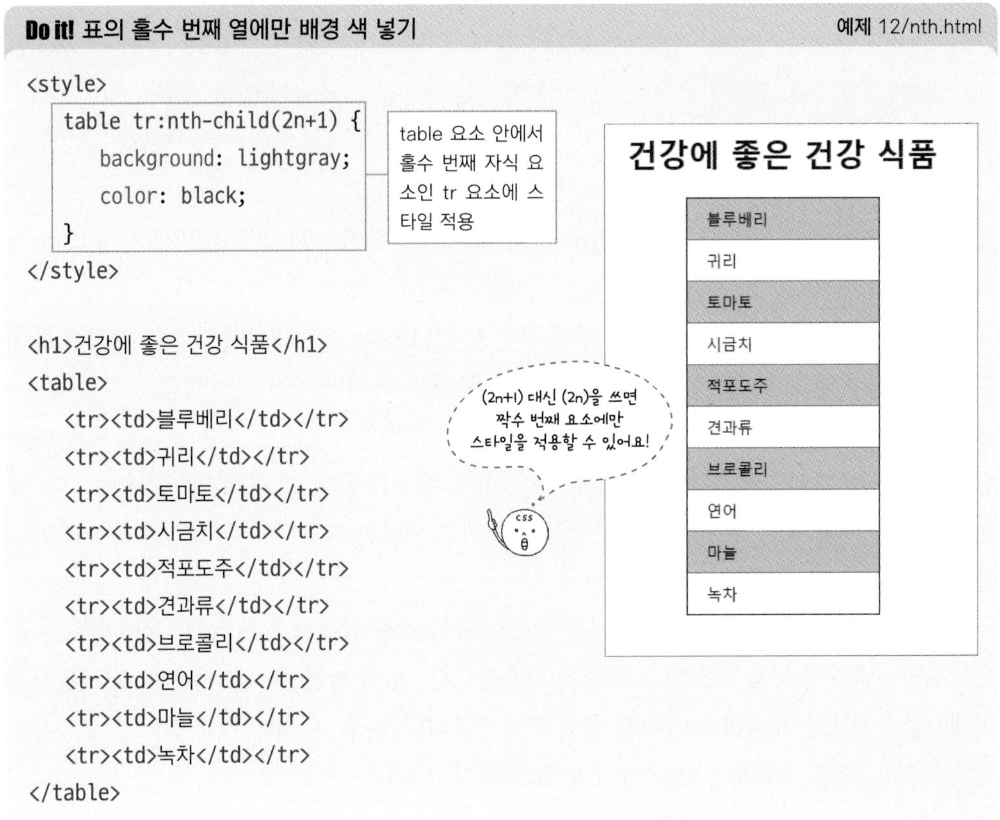

```
<style>
  table tr:nth-child(2n+1) {
    background: lightgray;
    color: black;
  }
</style>

<h1>건강에 좋은 건강 식품</h1>
<table>
  <tr><td>블루베리</td></tr>
  <tr><td>귀리</td></tr>
  <tr><td>토마토</td></tr>
  <tr><td>시금치</td></tr>
  <tr><td>적포도주</td></tr>
  <tr><td>견과류</td></tr>
  <tr><td>브로콜리</td></tr>
  <tr><td>연어</td></tr>
  <tr><td>마늘</td></tr>
  <tr><td>녹차</td></tr>
</table>
```


③ :nth-of-type(n), :nth-last-of-type(n) 가상 클래스 선택자 - 특정 태그 위치에 스타일 적용하기

<p> 태그나 <li> 태그가 여러 개 나열되어 있고 각 태그에 id나 class를 사용하지 않은 상태에서 몇 번째에 있는 <p> 태그 또는 몇 번째에 있는 <li> 태그처럼 태그에 따라 몇 번째에 있는 항

목인지를 지정해 스타일을 적용할 때 이 가상 클래스 선택자를 사용합니다. :nth-of-type(n)은 앞에서부터 세어 n번째 요소이고 :nth-last-of-type(n)은 끝에서부터 세어 n번째 요소에 스타일을 적용합니다.

④ :first-child, :last-child 가상 클래스 선택자 - 첫 번째, 마지막 요소에 스타일 적용하기

:first-child는 첫 번째 자식 요소를 선택해 스타일을 적용하고 :last-child는 마지막 자식 요소에 스타일을 적용합니다. 예를 들어 section p:first-child는 section의 p 자식 요소들 중 첫 번째 p 자식 요소를 가리킵니다.

다음 예제는 ul의 li 자식 요소 중 첫 번째 li 요소와 마지막 li 요소의 왼쪽과 오른쪽 모서리를 둥글게 처리하도록 스타일을 지정한 것입니다.

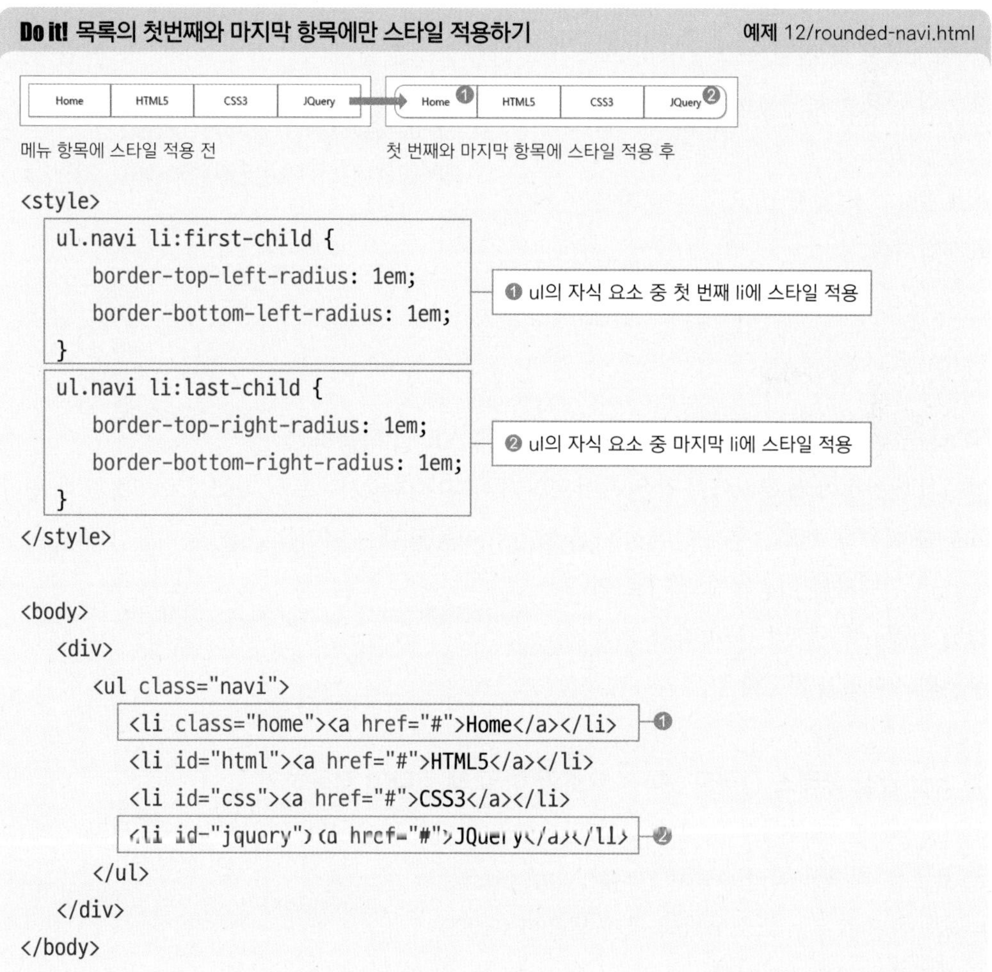

Do it! 목록의 첫번째와 마지막 항목에만 스타일 적용하기 예제 12/rounded-navi.html


```
<style>
  ul.navi li:first-child {
    border-top-left-radius: 1em;
    border-bottom-left-radius: 1em;
  }
  ul.navi li:last-child {
    border-top-right-radius: 1em;
    border-bottom-right-radius: 1em;
  }
</style>

<body>
  <div>
    <ul class="navi">
      <li class="home"><a href="#">Home</a></li>
      <li id="html"><a href="#">HTML5</a></li>
      <li id="css"><a href="#">CSS3</a></li>
      <li id="jquory"><a href="#">JQuery</a></li>
    </ul>
  </div>
</body>
```

❶ ul의 자식 요소 중 첫 번째 li에 스타일 적용

❷ ul의 자식 요소 중 마지막 li에 스타일 적용

⑤ :first-of-type, :last-of-type 가상 클래스 선택자 - 형제 관계 요소의 위치에 따라 스타일 적용하기

형제 관계인 요소 중에서 :first-of-type은 첫 번째 요소, :last-of-type은 마지막 요소에 스타일을 적용합니다. 다음 예시에서 첫 번째 소스는 레벨이 같은 p 요소들 중 첫 번째 p 요소의 글자 색을 파란색으로 지정하는 선택자이고 두 번째 소스는 레벨이 같은 p 요소들 중 마지막 p 요소의 글자 색을 빨간색으로 지정하는 선택자입니다.

```
p:first-of-type { color: blue; }
p:last-of-type { color: red; }
```

⑥ :only-child, :only-of-type 가상 클래스 선택자 - 하나뿐인 자식 요소에 스타일 적용하기

:only-child는 부모 요소 안의 자식 요소가 유일하게 하나일 때 스타일을 적용하며 :only-of-type은 :only-child와 비슷한데 해당 요소가 유일한 요소일 때 스타일을 적용합니다. 다음 예시에서 첫 번째 소스는 자식 요소가 오직 p 요소뿐일 때(다른 자식 요소가 있으면 안 됨) p 요소의 글자를 녹색으로 표시하고 두 번째 소스는 p 요소가 오직 하나뿐일 때(다른 자식 요소가 있어도 됨)에서 p 요소의 글자를 진하게 표시합니다.

```
p:only-child { color: green; }
p:only-of-type { font-weight: bold; }
```

그 외 가상 클래스

① :target 가상 클래스 선택자 - 앵커 목적지에 스타일 적용하기

앞에서 배웠듯이 웹 문서에서 같은 사이트의 페이지나 다른 사이트의 페이지로 이동할 때 링크(link)를 이용하고 같은 문서 안에서 다른 위치로 이동할 때는 앵커(anchor)를 이용합니다. 이때 :target 선택자를 이용하면 앵커로 연결된 부분, 즉 앵커의 목적지가 되는 부분의 스타일을 지정할 수 있습니다.

```
#intro:target { background-color: yellow; }
```

② :not 가상 클래스 선택자 - 특정 요소가 아닐 때 스타일 적용하기

:not 선택자는 이름에서도 알 수 있듯이 부정의 의미가 있습니다. 여기서 not은 '괄호 안에 있는 요소를 제외한'이라는 의미입니다. 다음 소스는 #ex가 아닌 모든 p 요소에서의 글자 색을 파란색으로 지정하는 스타일입니다.

```
p:not(#ex) { color: blue; }
```

가상 요소

가상 클래스 선택자가 여러 태그 중에서 원하는 태그를 선택하기 위해 사용하는 선택자라면 가상 요소는 내용의 일부만 선택해 스타일을 적용할 때 사용합니다. 가상 요소는 가상 클래스와 구별하기 위해 클래스 이름 앞에 콜론 두 개(::)를 붙여 표시합니다. 다음은 가장 많이 사용하는 가상 요소들입니다.

▶ 가상 요소 앞에 콜론 하나(:)를 붙여도 브라우저에서 가상 요소로 인식합니다.

① ::first-line 요소와 ::first-letter 요소 - 첫 번째 줄, 첫 번째 글자에 스타일 적용하기

이 요소들을 사용하면 지정한 요소의 첫 번째 줄(::first-line)이나 첫 번째 글자(::first-letter)에 스타일을 쉽게 적용할 수 있습니다. ::first-letter 요소는 해당 요소의 첫 번째 글자를 가리키는데 첫 번째 글자는 반드시 첫 번째 줄에 있어야 합니다. 만약 <p> 태그 안에
 태그가 있어 첫 번째 글자가 첫 번째 줄에 없을 경우, 적용할 수 없습니다.

▶ ::first-line 요소에는 font 속성과 background 속성, color 속성, word-spacing 속성, letter-spacing 속성, text-decoration 속성, vertical-align 속성, text-transform 속성, line-height 속성만 사용할 수 있습니다.

② ::before, ::after 요소 - 내용의 앞뒤에 콘텐츠 추가하기

이 요소를 사용하면 특정 요소의 내용 앞(::before)이나 뒤(::after)에 지정한 내용을 넣을 수 있습니다. 다시 말해 요소의 앞뒤에 텍스트나 이미지 등을 추가할 수 있습니다. 다음 예제는 ::after 가상 요소를 사용해 제품 목록에 'NEW!!'라는 텍스트를 추가한 것입니다. 'NEW!!'라는 내용을 화면에 표시하기 위해 실제로 HTML 태그를 사용하고 있지는 않지만 가상 요소를 사용하면 쉽게 스타일을 적용할 수 있습니다.

Do it! 가상 요소를 사용해 내용 표시하기 　　예제 12/after.html

제품 목록

- 제품 A NEW!!
- 제품 B
- 제품 C
- 제품 D NEW!!

```
<style>
    ul li {
        margin:15px;
    }
    li.hot::after {
        content:"NEW!!";
        font-size:x-small;
        padding:2px 4px;
        margin:0 10px;
        border-radius:2px;
        background:#f00;
        color:#fff;
    }
</style>

<ul>
    <li class="hot">제품 A</li>
    <li>제품 B</li>
    <li>제품 C</li>
    <li class="hot">제품 D</li>
</ul>
```

기억을 되살리는

연습문제

Q1 난이도 ★★☆

12/quiz-1.html에는 이미지가 삽입되어 있습니다. 다음 조건에 맞게 이미지 위로 마우스 포인터를 올려놓았을 때의 스타일을 정의하세요.

[문제] 12/quiz-1.html

이미지 위로 마우스 포인터를 올려보세요

[해답] 12/sol-1.html

이미지 위로 마우스 포인터를 올려보세요

조건

① 웹 문서에는 여러 이미지가 있을 수 있으므로 이미지에 적용된 class 속성 값을 확인하고 그 이름에 맞는 클래스 선택자 스타일을 작성합니다.

② 이미지 위로 마우스 포인터를 올려놓았을 때 검정색 5px짜리 실선이 표시되도록 합니다.

Q2 난이도 ★★☆

12/quiz-2.html 문서에 있는 내비게이션 링크에는 아무 스타일도 적용되어 있지 않기 때문에 파란색 밑줄이 있는 텍스트로 표시됩니다. 가상 클래스 선택자를 사용해 다음 조건에 맞게 링크 스타일을 수정하세요.

[문제] 12/quiz-2.html

메뉴1 메뉴2 메뉴3

[해답] 12/sol-2.html

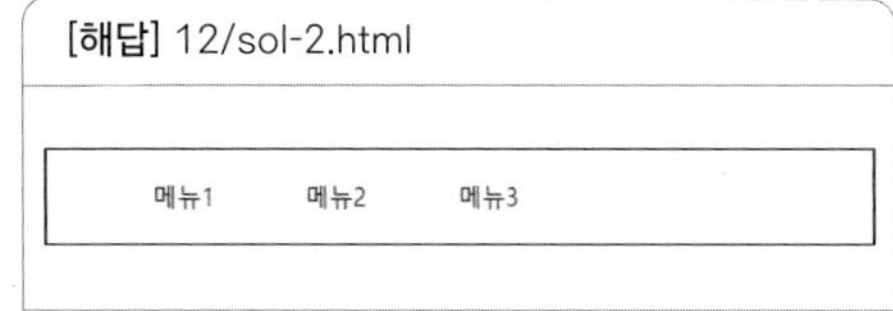
메뉴1 메뉴2 메뉴3

조건

① 웹 문서에는 내비게이션 링크 외에도 다른 링크가 있을 수 있으므로 내비게이션 요소에 있는 링크에만 적용합니다(내비게이션의 하위 선택자로 적용해야 합니다).

② 링크의 글자 색을 '검정(black)'으로 지정하고 밑줄을 없앱니다.

③ 방문했던 링크의 글자 색을 원래 링크 색상인 '검정(black)'으로 지정합니다.

④ 링크를 클릭하는 순간의 글자 색을 '파랑(blue)'으로 지정합니다.

13

CSS3와 애니메이션

HTML 태그를 한 단계 발전시켜 멀티미디어를 삽입했던 것 기억하나요? CSS도 한 걸음 더 나아가면 변형과 애니메이션 동작을 수행할 수 있습니다. 단순히 웹 요소를 삽입하는 것이 아니라 사용자의 동작에 따라 요소가 이동하고 크기가 바뀌고 회전하는 등으로 변형시키는 거죠. 그리고 이런 변형을 부드럽게 연결하면 애니메이션을 만들 수도 있습니다. 이 모든 것이 다른 프로그램 없이 CSS3 소스로 가능하다는 사실! 정말 그런지 이번 장을 배우면서 살펴볼까요?

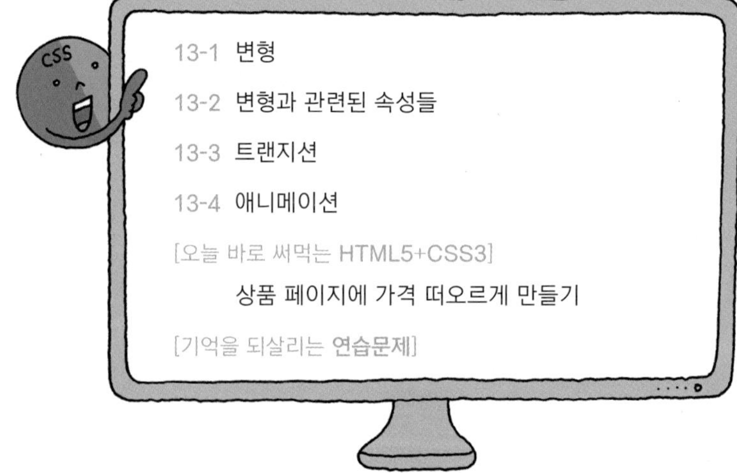

CSS
13-1 변형
13-2 변형과 관련된 속성들
13-3 트랜지션
13-4 애니메이션
[오늘 바로 써먹는 HTML5+CSS3]
상품 페이지에 가격 떠오르게 만들기
[기억을 되살리는 연습문제]

13-1 변형

일반적으로 특정 요소의 크기나 형태가 변하는 것을 변형 또는 트랜스폼(transform)이라고 하죠. 웹 요소도 예외가 아닙니다. 웹 문서에서 CSS를 이용하면 사용자의 동작에 반응해 텍스트나 이미지 등을 움직이게 할 수 있습니다. 이런 변형을 이용하면 사용자가 웹 요소를 좀 더 흥미롭게 느끼겠죠?

2차원 변형과 3차원 변형

CSS3를 이용하면 스타일 시트 소스만으로 간단히 이미지를 변형할 수 있습니다. 이때 이미지의 변형은 크게 '2차원 변형'과 '3차원 변형'으로 나뉩니다.

'2차원 변형(2D transform)'은 웹 요소를 변형시킬 때 단순히 수평이나 수직으로 이동하고 회전하는 것을 말합니다. 이렇게 평면상에서 특정 요소를 이동, 회전, 왜곡시키는 것은 그 결과를 쉽게 예측할 수 있기 때문에 크기나 각도만 지정하면 손쉽게 변형할 수 있죠. 수평이나 수직으로 옮기는 것은 x축과 y축으로 이동하는 것이기 때문에 2차원 좌표를 사용하는데 2차원 좌표계에서 x축은 오른쪽으로 갈수록 값이 커지고 y축은 아래로 내려갈수록 값이 커집니다.

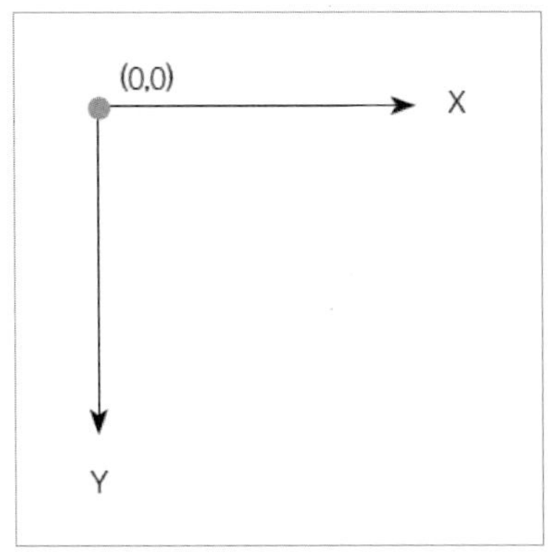

2차원 좌표계

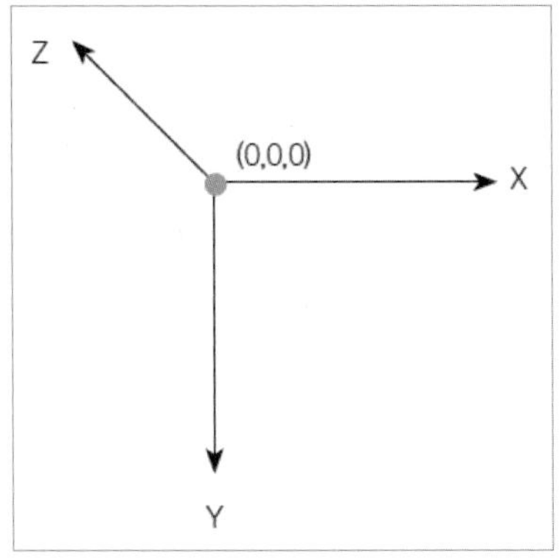

3차원 좌표계

한편, '3차원 변형(3D transform)'은 x축과 y축에 원근감을 주는 z축을 추가해 변형시키는 것을 말합니다. 3차원 변형에서 z축은 앞뒤로 이동하는데 보는 사람 쪽으로 다가올수록 값이 더 커지고 뒤로 갈수록 값이 작아집니다.

▶ 이 책에서 '수평' 방향과 '가로' 방향, 'x축' 방향이 같은 의미로 사용되고 '수직' 방향과 '세로' 방향, 'y'축 방향이 같은 의미로 사용됩니다. 또한 '앞뒤' 방향과 'z축' 방향이 같은 의미로 사용됩니다.

transform과 변형 함수

변형 개념을 알아보았으니 이 개념을 적용하는 함수를 배워 보겠습니다. 이미지를 회전시키거나 이동하는 등 웹 요소를 변형하려면 transform 속성을 사용해야 하는데 transform: 다음에 변형 함수를 함께 입력해 사용합니다.

기본형 `transform:변형 함수;`

예를 들어 .photo라는 클래스 선택자를 가진 웹 요소를 x축으로 50픽셀, y축으로 100픽셀 이동시키려면 웹 요소를 이동시키는 변형 함수 translate을 사용해 다음과 같이 스타일을 지정합니다.

```
.photo { transform: translate(50px,100px); }
```

▶ CSS transform 관련 명세는 http://www.w3c.org/TR/css3-transforms/, https://drafts.csswg.org/css-transforms-2/에서 볼 수 있는데 level 1을 표준으로 정해 놓은 상태에서 level 2를 계속 개발하는 중입니다.

그렇다면 transform 속성 다음에 올 수 있는 변형 함수에는 어떤 것들이 있을까요? 2차원 변형 함수와 3차원 변형 함수의 종류를 살펴보고 하나씩 자세히 알아보겠습니다.

2차원 변형 함수

먼저 2차원 변형에서 사용하는 변형 함수는 오른쪽과 같습니다. 참고로 2차원 변형 함수는 최신 브라우저에서는 모두 지원되지만 인터넷 익스플로러 9를 비롯한 이전 브라우저를 위해 -webkit-과 -moz-, -ms-, -o- 등의 브라우저 접두사를 붙여야 합니다.

▶ 오페라 브라우저의 경우, 15.0 버전 이후에는 -webkit- 접두사를 붙이지만 12.1 버전 이전까지 고려할 경우, -o- 접두사를 붙여야 합니다.

▶ 각 변형 함수에 대해서는 뒤이어 배웁니다.

변형 함수	설명
translate(tx, ty)	지정한 크기만큼 x축과 y축으로 이동합니다.
translateX(tx)	지정한 크기만큼 x축으로 이동합니다.
translateY(ty)	지정한 크기만큼 y축으로 이동합니다.
scale(sx, sy)	지정한 크기만큼 x축과 y축으로 확대/축소합니다.
scaleX(sx)	지정한 크기만큼 x축으로 확대/축소합니다.
scaleY(sy)	지정한 크기만큼 y축으로 확대/축소합니다.
rotate(각도)	지정한 각도만큼 회전합니다.
skew(ax, ay)	지정한 각도만큼 x축과 y축으로 왜곡합니다.
skewX(ax)	지정한 각도만큼 x축으로 왜곡합니다.
skewY(ay)	지정한 각도만큼 y축으로 왜곡합니다.

3차원 변형 함수

2차원 변형 함수에 z축을 추가하면 3차원 변형 함수가 됩니다. 3차원 변형 함수도 최신 브라우저에서는 모두 지원되지만 이전 브라우저를 위해 -webkit-과 -moz- 등의 브라우저 접두사를 붙여야 합니다. 인터넷 익스플로러의 경우, 10 이상에서 3차원 변형 함수를 지원하므로 -ms- 접두사를 따로 사용하지 않습니다.

변형 함수	설명
matrix3d(n [, n])	4×4 행렬을 이용해 이동과 확대/축소, 회전 등의 변환을 지정합니다.
translate3d(tx, ty, tz)	지정한 크기만큼 x축과 y축, z축으로 이동합니다.
translateZ(tz)	지정한 크기만큼 z축으로 이동합니다.
scale3d(sx, sy, sz)	지정한 크기만큼 x축과 y축, z축으로 확대/축소합니다.
scaleZ(sz)	지정한 크기만큼 z축으로 확대/축소합니다.
rotate3d(rx, ry, rz, 각도)	지정한 각도만큼 회전합니다.
rotateX(각도)	지정한 각도만큼 x축으로 회전합니다.
rotateY(각도)	지정한 각도만큼 y축으로 회전합니다.
rotateZ(각도)	지정한 각도만큼 z축으로 회전합니다.
perspective(길이)	입체적으로 보일 수 있는 깊이 값을 지정합니다.

▶ matrix3d(n [, n])를 이용할 때 4×4 행렬의 각 항목이 어떤 변환을 나타내는지에 대해서는 https://www.w3.org/TR/css-transforms-1/#interpolation-of-3d-matrices을 참고하세요.

이렇게 설명만 보아서는 어떤 함수인지 모르겠죠? 이제부터 변형 함수들을 하나씩 살펴보며 어떻게 사용하고 적용하는지 알아보겠습니다.

translate 변형 함수 - 요소 이동시키기

먼저 살펴볼 translate 변형 함수는 2차원과 3차원에서 모두 가능한 변형 함수입니다. x축 방향이나 y축 방향 또는 양쪽 방향으로 이동할 거리를 지정해 해당 요소를 지정한 크기만큼 이동시키죠. translate 함수에서 사용하는 형식은 다음과 같습니다.

기본형
```
transform:translate(tx, ty) —❶
transform:translate3d(tx, ty, tz) —❷
transform:translateX(tx) —❸
transform:translateY(ty) —❹
transform:translateZ(tz) —❺
```

❶ transform:translate(tx, ty) - x축 방향으로 tx만큼, y축 방향으로 ty만큼 이동합니다. tx와 ty 두 가지 값을 사용하지만 ty 값이 주어지지 않으면 0으로 간주합니다.

❷ transform:translate3d(tx, ty, tz) - x축 방향으로 tx만큼, y축 방향으로 ty만큼, 그리고 z축 방향(앞뒤)으로 tz만큼 이동합니다.

❸ transform:translateX(tx) - x축 방향으로 tx만큼 이동합니다.

❹ transform:translateY(ty) - y축 방향으로 ty만큼 이동합니다.

❺ transform:translateZ(tz) - z축 방향으로 tz만큼 이동합니다.

다음 예제는 translate 변형 함수를 이용해 사용자가 이미지 위로 마우스를 올려놓았을 때 x축 방향으로 50px만큼 이동하거나 y축 방향으로 20px만큼 이동하거나 x축과 y축 방향으로 각각 10px과 20px만큼 이동한 것입니다. 원래 이미지 자리에는 1픽셀짜리 테두리가 그려지므로 얼마나 이동하는지 눈으로 확인할 수 있고 마우스를 치우면 원래 자리로 돌아옵니다.

▶ 이 책의 예제 소스에서는 같은 소스가 반복되는 것을 피하기 위해 transform 소스의 브라우저 접두사를 표시하지 않았지만 여러분의 편집기에서 예제 문서를 열고 소스를 확인해 보면 각 변형 함수마다 브라우저 접두사가 사용된 것을 볼 수 있습니다.

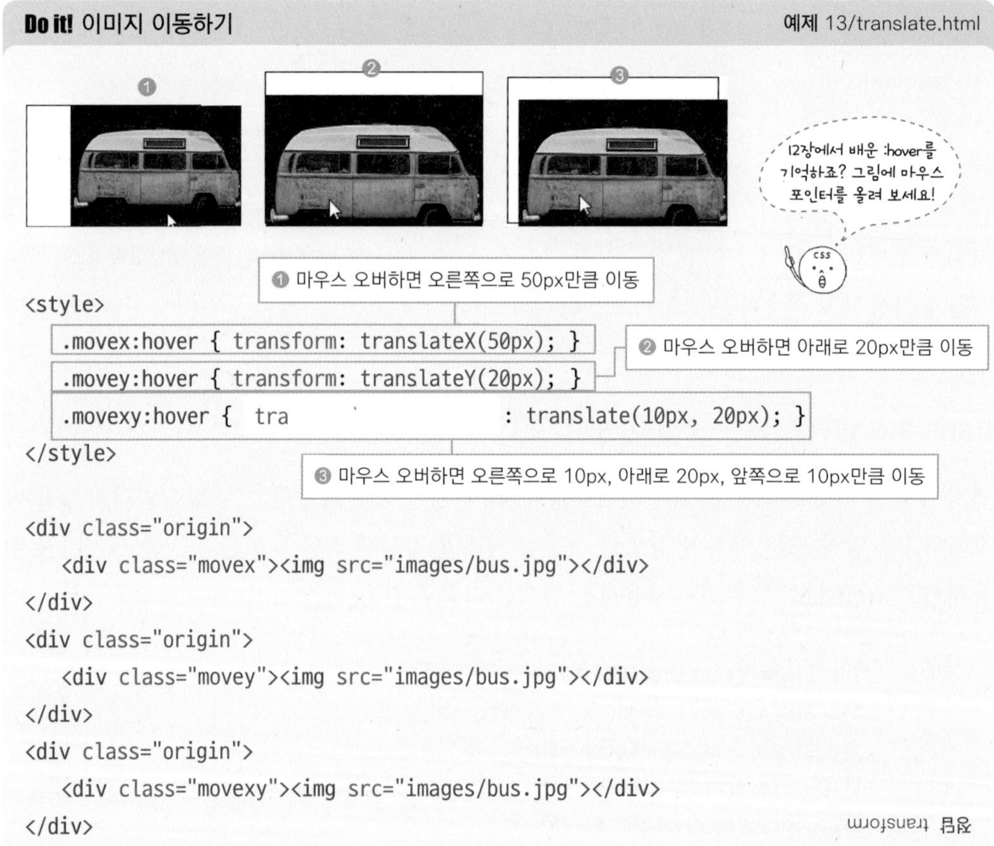

Do it! 이미지 이동하기
예제 13/translate.html
❶
❷
❸
12장에서 배운 :hover를 기억하죠? 그림에 마우스 포인터를 올려 보세요!
CSS
❶ 마우스 오버하면 오른쪽으로 50px만큼 이동
❷ 마우스 오버하면 아래로 20px만큼 이동
❸ 마우스 오버하면 오른쪽으로 10px, 아래로 20px, 앞쪽으로 10px만큼 이동
<style>
.movex:hover { transform: translateX(50px); }
.movey:hover { transform: translateY(20px); }
.movexy:hover { tra : translate(10px, 20px); }
</style>
<div class="origin">
<div class="movex"><img src="images/bus.jpg"></div>
</div>
<div class="origin">
<div class="movey"><img src="images/bus.jpg"></div>
</div>
<div class="origin">
<div class="movexy"><img src="images/bus.jpg"></div>
</div>
정답 transform

scale 변형 함수 - 요소 확대/축소하기

다음으로 scale 변형 함수는 지정한 크기만큼 확대/축소합니다. 사용하는 함수는 scale(sx, sy)와 scaleX(sx), scaleY(sy), scale3d(sx, sy, sz), scaleZ(sz)인데 괄호 안의 값이 1보다 크면 확대되고 1보다 작으면 축소됩니다. scale 변형을 사용하는 형식은 다음과 같습니다.

```
기본형  transform:scale(sx, sy) —❶
        transform:scale3d(sx, sy, sz) —❷
        transform:scaleX(sx) —❸
        transform:scaleY(sy) —❹
        transform:scaleZ(sz) —❺
```

❶ transform:scale(sx, sy) - x축 방향으로 sx만큼, y축 방향으로 sy만큼 확대합니다. sy 값이 주어지지 않는다면 sx 값과 같다고 간주합니다. 예를 들어 scale(2.0)는 scale(2,2)와 같은 함수이며 요소를 두 배로 확대합니다.

❷ transform:scale3d(sx, sy, sz) - x축 방향으로 sx만큼, y축 방향으로 sy만큼, 그리고 z축 방향으로 sz만큼 확대합니다.

❸ transform:scaleX(sx) - x축 방향으로 sx만큼 확대합니다.

❹ transform:scaleY(sy) - y축 방향으로 sy만큼 확대합니다.

❺ transform:scaleZ(sz) -z축 방향으로 sz만큼 확대합니다.

다음 예제는 scale 변형을 이미지에 적용한 것입니다. 각 이미지 위로 마우스를 올려놓으면 scale 변형이 적용되는데 첫 번째 이미지는 scaleX 함수를 사용해 x축 방향으로만 확대되고 두 번째 이미지는 scaleY 함수를 이용해 y축 방향으로만 확대됩니다. 세 번째 이미지는 scale 함수를 이용해 x축과 y축 방향으로 동시에 확대되는데 하나의 값만 사용했기 때문에 x축과 y축에 같은 값이 적용됩니다.

Do it! 이미지 확대/축소하기 예제 13/scale.html

1 2 3

```
<style>                          ❶ 마우스 오버하면 가로로 1.2배 확대
  .scalex:hover { transform: scaleX(1.2); }
  .scaley:hover { transform: scaleY(1.5); }   ❷ 마우스 오버하면 세로로 1.5배 확대
  .scale:hover { transform: sc           (0.7); }
</style>
                          ❸ 마우스 오버하면 가로, 세로로 0.7배 확대

<div class="origin">
  <div class="scalex"><img src="images/fruit.jpg"></div>
</div>
<div class="origin">
  <div class="scaley"><img src="images/fruit.jpg"></div>
</div>
<div class="origin">
  <div class="scale"><img src="images/fruit.jpg"></div>
</div>
```

정답 scale

rotate 변형 함수 - 요소 회전하기

2차원과 3차원 변형 모두 가능한 rotate 변형 함수는 지정한 각도만큼 웹 요소를 시계 방향이나 시계 반대 방향으로 회전시킵니다. rotate 변형 함수는 2차원 함수일 때와 3차원 함수일 때의 기본형이 다릅니다.

2차원 함수 기본형 `transform:rotate(각도)`

3차원 함수 기본형

```
transform:rotate(rx, ry, 각도)
transform:rotate3d(rx, ry, rz, 각도)
transform:rotateX(각도)
transform:rotateY(각도)
transform:rotateZ(각도)
```

rotate 변형 함수에서는 일반적인 각도(degree)나 래디안(radian) 값을 사용합니다. 이때 1래디안은 180°/π입니다.

다음은 이미지가 평면에서 회전하는 예제로 이미지 위로 마우스를 올려놓았을 때 20°와 -40°만큼 회전하는 것입니다. 이때 회전 각도가 양수일 경우, 시계 방향으로 회전하고 음수일 경우, 시계 반대 방향으로 회전하는 것을 볼 수 있습니다.

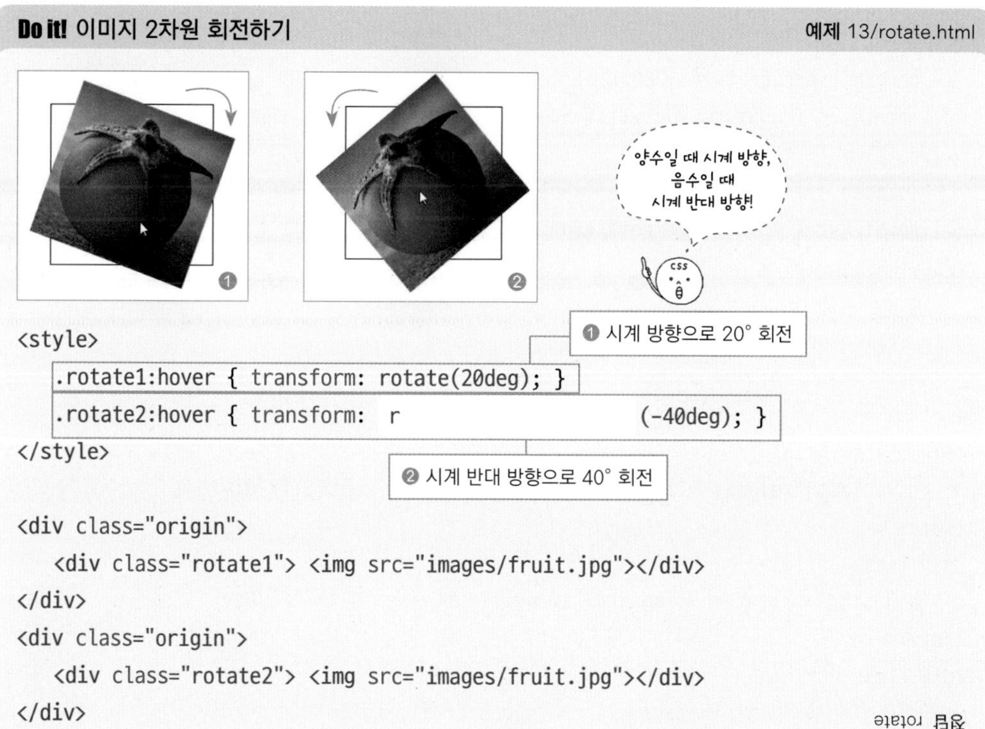

Do it! 이미지 2차원 회전하기
예제 13/rotate.html
양수일 때 시계 방향,
음수일 때
시계 반대 방향!
CSS
❶ 시계 방향으로 20° 회전
❷ 시계 반대 방향으로 40° 회전
<style>
.rotate1:hover { transform: rotate(20deg); }
.rotate2:hover { transform: r (-40deg); }
</style>
<div class="origin">
<div class="rotate1"> <img src="images/fruit.jpg"></div>
</div>
<div class="origin">
<div class="rotate2"> <img src="images/fruit.jpg"></div>
</div>
정답 rotate

위 예제에서는 가장 기본적인 2차원 rotate 변형 함수를 이용했습니다. 이번에는 회전하는 축도 지정해 3차원 rotate 변형 함수를 사용해 보겠습니다. 다음 예제는 x축을 기준으로 45° 회전시켰을 때와 y축, z축을 기준으로 45° 회전시켰을 때 그리고 x축과 y축, z축으로 각각 2.5, 1.2, -1.5만큼의 방향 벡터를 갖고 45°만큼 회전했을 때의 소스입니다. 이때 3차원에서 입체적인 느낌을 주기 위해 화면에 깊이감을 주는 perspective 속성을 사용합니다.

▶ perspective 속성에 대해서는 13-2를 참고하세요.

▶ 벡터란 크기와 방향을 나타내는 물리량입니다. 예를 들어 '가속도'는 크기와 방향을 모두 가진 벡터입니다. 벡터 중에서 방향을 가리키는 벡터를 '방향 벡터'라고 합니다.

Do it! 이미지 3차원 회전하기

예제 13/rotate3d.html

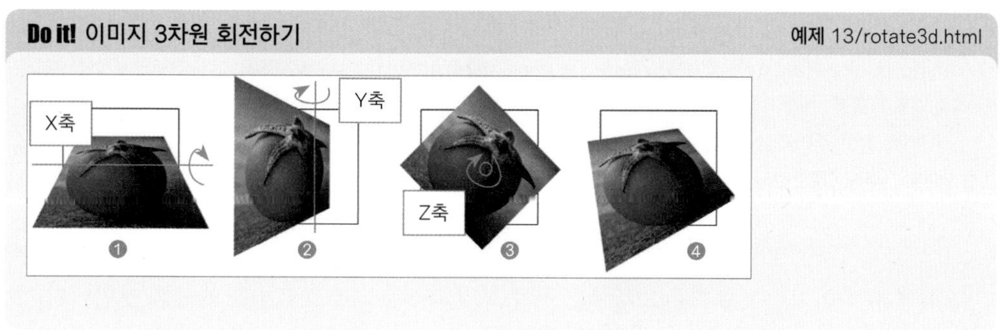

```
<style>
    .origin { perspective: 200px; }
    .rotatex { transform: rotateX(45deg); }
    .rotatey { transform: ro                    (45deg); }
    .rotatez { transform: rotateZ(45deg); }
    .rotatexyz { transform: rotate3d(2.5, 1.2, -1.5, 45deg); }
</style>

<div class="origin">
    <div class="rotatex"><img src="images/fruit.jpg" alt=""></div>
</div>
<div class="origin">
    <div class="rotatey"><img src="images/fruit.jpg" alt=""></div>
</div>
<div class="origin">
    <div class="rotatez"><img src="images/fruit.jpg" alt=""></div>
</div>
<div class="origin">
    <div class="rotatexyz"><img src="images/fruit.jpg" alt=""></div>
</div>
```

❶ X축을 기준으로 시계 방향으로 45° 회전

❷ Y축을 기준으로 시계 방향으로 45° 회전

❸ Z축을 기준으로 시계 방향으로 45° 회전

❹ X축으로 2.5, Y축으로 1.2, Z축으로 -1.5만큼의 방향 벡터로 45° 회전

정답 rotatey

skew 변형 함수 - 요소를 비틀어 왜곡하기

2차원 변형만 가능한 skew 변형 함수는 요소를 지정한 각도만큼 비틀어 왜곡합니다. 이때 양쪽 방향이나 한쪽 방향으로만 비틀 수 있습니다.

기본형
```
transform:skew(ax, ay) ―❶
transform:skewX(ax) ―❷
transform:skewY(ax) ―❸
```

❶ transform:skew(ax, ay) - 첫 번째 각도는 x축에서의 왜곡 각도이고 두 번째 각도는 y축에서의 왜곡 각도입니다. 두 번째 값이 주어지지 않으면 y축에 대한 왜곡 각도를 0으로 간주해 y축으로는 왜곡이 생기지 않습니다.

❷ transform:skewX(ax) - x축에서만 주어진 각도만큼 왜곡합니다.

❸ transform:skewY(ay) - y축에서만 주어진 각도만큼 왜곡합니다.

다음 예제는 이미지를 x축 기준으로 30° 왜곡한 것과 y축 기준으로 15° 왜곡한 것입니다. 그리고 마지막 이미지는 x축으로 -25°, y축으로 -15° 왜곡한 것입니다.

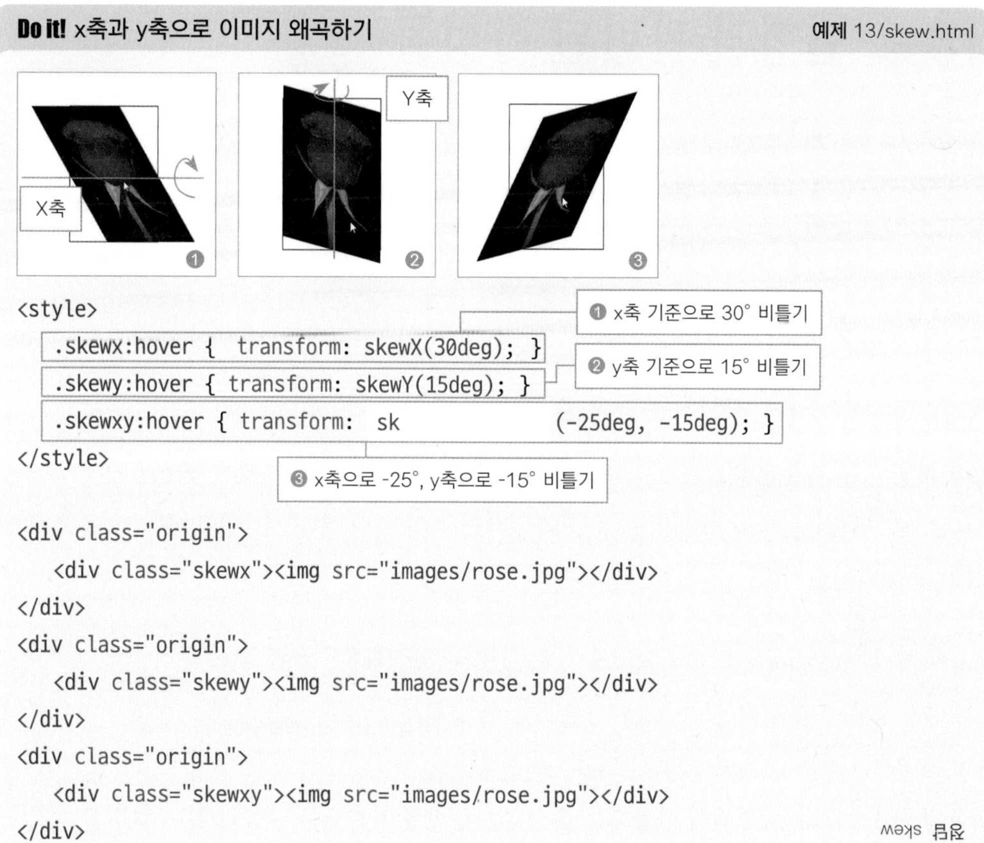

Do it! x축과 y축으로 이미지 왜곡하기 — 예제 13/skew.html


```
<style>
  .skewx:hover {  transform: skewX(30deg); }
  .skewy:hover { transform: skewY(15deg); }
  .skewxy:hover { transform:  sk          (-25deg, -15deg); }
</style>

<div class="origin">
    <div class="skewx"><img src="images/rose.jpg"></div>
</div>
<div class="origin">
    <div class="skewy"><img src="images/rose.jpg"></div>
</div>
<div class="origin">
    <div class="skewxy"><img src="images/rose.jpg"></div>
</div>
```

정답 skew

지금까지 transform 속성을 이용할 때 사용하는 변형 함수에 대해 알아보았습니다. 다음 절에서는 기본적인 변형 함수에 추가 기능을 넣는 속성들에 대해 알아보겠습니다.

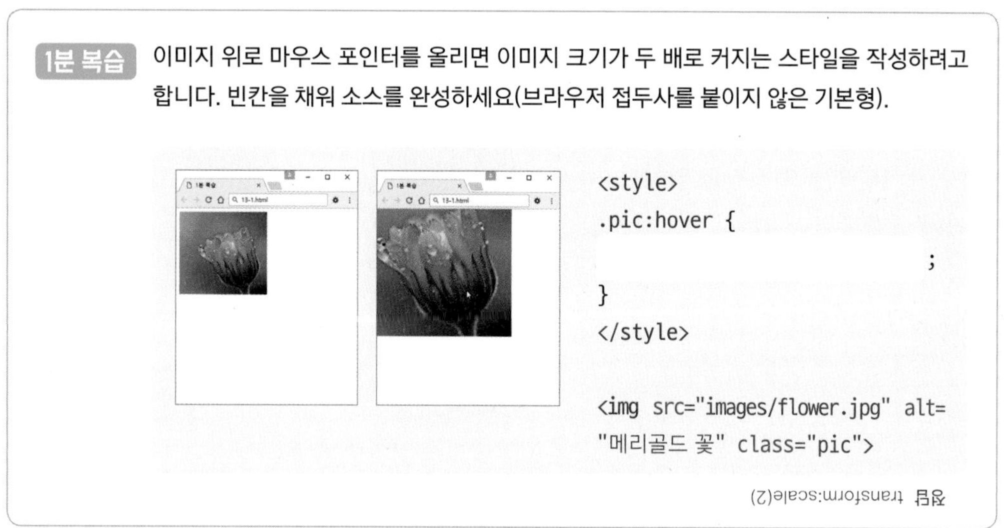

1분 복습 이미지 위로 마우스 포인터를 올리면 이미지 크기가 두 배로 커지는 스타일을 작성하려고 합니다. 빈칸을 채워 소스를 완성하세요(브라우저 접두사를 붙이지 않은 기본형).

```
<style>
.pic:hover {
                         ;
}
</style>

<img src="images/flower.jpg" alt=
"메리골드 꽃" class="pic">
```

정답 transform:scale(2)

13-2 변형과 관련된 속성들

앞에서 배운 변형 함수들에서 2차원 변형에 원근감을 추가하면 3차원 변형을 만들 수 있는데 이때 단순히 z 축만 추가한다고 해서 원근감이 생기지는 않습니다. 다시 말해 변형할 때 기준이 되는 지점을 바꾸거나 요소의 원근감을 표현하기 위한 다른 속성도 필요합니다. 이번 장에서는 변형 관련 속성들을 알아보겠습니다.

transform-origin 속성 - 변형 기준점 설정하기

앞에서 transform 속성에 쓰이는 변형 함수를 배울 때 x축과 y축, z축을 기준으로 변형했습니다. 그런데 transform-origin 속성을 이용하면 축이 아닌 특정 지점을 변형의 기준으로 설정할 수 있습니다. 물론 2차원 변형과 3차원 변형 모두에서 사용 가능하죠.

```
기본형  transform-origin: <x축> <y축> <z축> | initial | inherit ;
```

▶ 속성에서 사용하는 initial과 inherit은 다른 CSS 속성에서와 같기 때문에 이번 장에서는 따로 설명하지 않습니다.

transform-origin 속성에서 사용하는 속성 값, 즉 변형 기준점은 다음과 같이 설정할 수 있습니다.

속성 값	설명
<x축>	원점 기준의 x 좌푯값으로 길이 값이나 <백분율>, left, center, right 중에서 사용할 수 있습니다.
<y축>	원점 기준의 y 좌푯값으로 길이 값이나 <백분율>, top, center, bottom 중에서 선택할 수 있습니다.
<z축>	원점 기준의 z 좌푯값으로 길이 값만 사용할 수 있습니다.

다음 예제는 네 개의 이미지에 transform:rotateZ(10deg)라는 변형을 똑같이 추가해 z축을 기준으로 10° 만큼 회전한 것입니다. 각 이미지마다 transform-origin 값을 다르게 주어 결과 값이 어떻게 달라지는지 비교해 보았습니다.

Do it! 이미지 변형 시작점을 다양하게 지정하기 예제 13/tr-origin.html

```
<style>
  .rose {transform: rotateZ(10deg);}
  .ltop .rose{ transform-origin: left top; }
  .rtop .rose { transform-origin: right top; }
  .lbottom .rose { transform-origin: left bottom; }
  .rbottom .rose {  transform-or            : right bottom; }
</style>

<div class="origin">
  <div class="ltop"><img src="images/rose.jpg" class="rose"></div>
</div>
<div class="origin">
  <div class="rtop"><img src="images/rose.jpg" class="rose"></div>
</div>
<div class="origin">
  <div class="lbottom"><img src="images/rose.jpg" class="rose"></div>
</div>
<div class="origin">
  <div class="rbottom"><img src="images/rose.jpg" class="rose"></div>
</div>
```

정답 transform-origin

perspective, perspective-origin 속성 - 원근감 표현하기

기본형	perspective: <크기> | none;

perspective 속성은 3차원 변형에서 사용하는 속성으로 원래 위치에서 사용자가 있는 방향이나 반대 방향으로 잡아당기거나 밀어내 원근감을 갖게 합니다. 속성 값은 0보다 커야 하며 값이 클수록 사용자로부터 멀어집니다.

▶ 파이어폭스에서는 body 태그에 perspective 속성을 사용할 수 없고 별도의 컨테이너 요소를 만든 후 그 곳에 perspective 속성을 사용해야 합니다.

속성 값	설명
〈크기〉	원래 위치에서 사용자가 있는 방향으로 얼마나 이동하는지를 픽셀 크기로 지정합니다.
none	perspective를 지정하지 않습니다. 기본 값입니다.★

```
기본형    perspective-origin: <x축 값> | <y축 값>;
```

앞에서 말한 것처럼 perspective 속성을 사용하면 요소에 원근감이 생기는데요. perspective-origin 속성을 사용하면 좀 더 높은 곳에서 원근을 조절하는 듯한 느낌을 만들 수 있습니다. perspective-origin 속성으로 입체적으로 표현할 요소의 아랫부분(bottom) 위치를 지정할 수 있기 때문입니다. 물론 이 속성을 사용하려면 perspective 속성이 함께 지정되어 있어야 합니다. 이 속성을 사용하고 싶다면 기본형에 나열된 순서대로 값을 입력하면 됩니다.

속성 값	설명
〈x축 값〉	웹 요소가 x축에서 어디에 위치하는지를 지정합니다. 사용할 수 있는 값은 길이 값이나 백분율, left, right, center입니다. 기본 값은 50%입니다.
〈y축 값〉	웹 요소가 y축에서 어디에 위치하는지를 지정합니다. 사용할 수 있는 값은 길이 값이나 백분율, top, center, bottom입니다. 기본 값은 50%입니다.

다음 예제는 x축을 기준으로 이미지를 회전시켰을 때와 x축을 기준으로 회전시키는 동시에 perspective:300px로 원근감을 주었을 때를 비교한 것입니다.

Do it! 이미지 회전하며 원근감 주기 예제 13/perspective.html

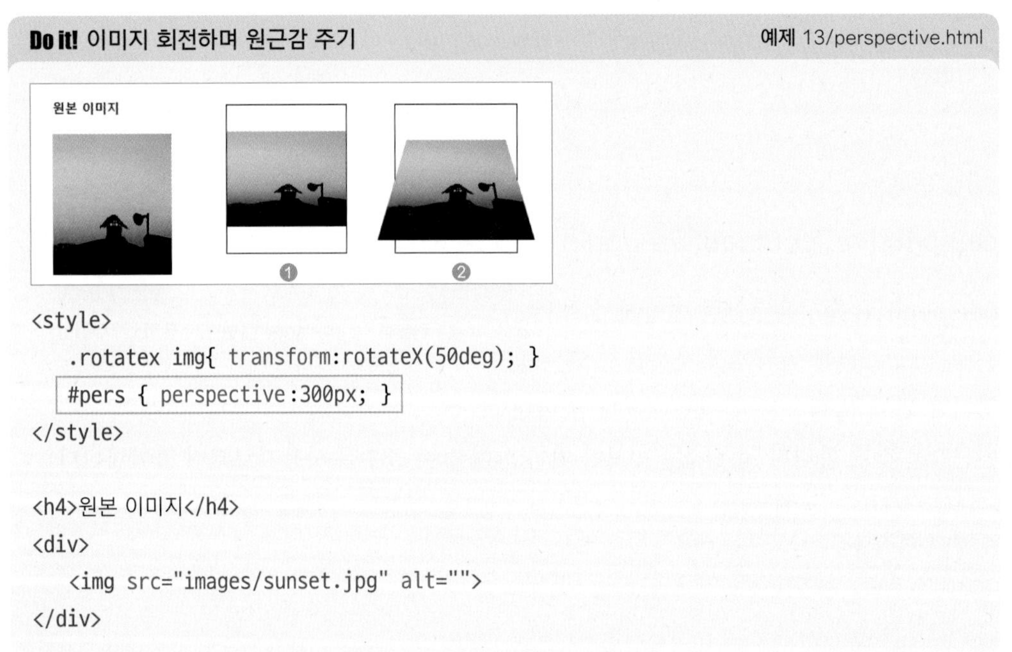


```
<style>
   .rotatex img{ transform:rotateX(50deg); }
   #pers { perspective:300px; }
</style>

<h4>원본 이미지</h4>
<div>
   <img src="images/sunset.jpg" alt="">
</div>
```

```
<div id="no-pers">
    <div class="rotatex"> <img src="images/sunset.jpg" alt=""></div>
</div>
<div id="pers">
    <div class="rotatex"> <img src="images/sunset.jpg" alt=""></div>
</div>
```

❶ perspective를 지정하지 않았을 때

❷ perspective를 지정했을 때

transform-style 속성 - 3D 변형 적용하기

기본형 `transform-style: flat | preserve-3d`

속성 값	설명
flat	하위 요소를 평면으로 처리합니다.
preserve-3d	하위 요소들에 3D효과를 적용합니다.

▶ 인터넷 익스플로러의 경우, IE11 이상에서만 지원하며 마이크로소프트 엣지에서는 브라우저 접두사 없이 사용할 수 있습니다. 기타 브라우저에서는 -webkit-나 -moz- 접두사를 붙여 사용해야 합니다.

여러 가지 변형을 동시에 적용할 때 transform-style 속성을 사용하면 부모 요소에 적용한 3D 변형을 하위 요소에도 적용할 수 있습니다.
다음 예제는 rotateX와 rotateY를 이용해 두 개의 사각형을 회전시킨 것입니다. .box1 요소에는 rotateY()를 적용하고 그 하위에 있는 .box2 요소에는 rotateX()를 적용하는데 transform-style의 속성을 flat으로 했을 때와 preserve-3d로 했을 때 어떻게 달라지는지 살펴보세요.

Do it! 3D 변형을 적용하지 않았을 때 vs 적용했을 때 　　　예제 13/tr-style.html

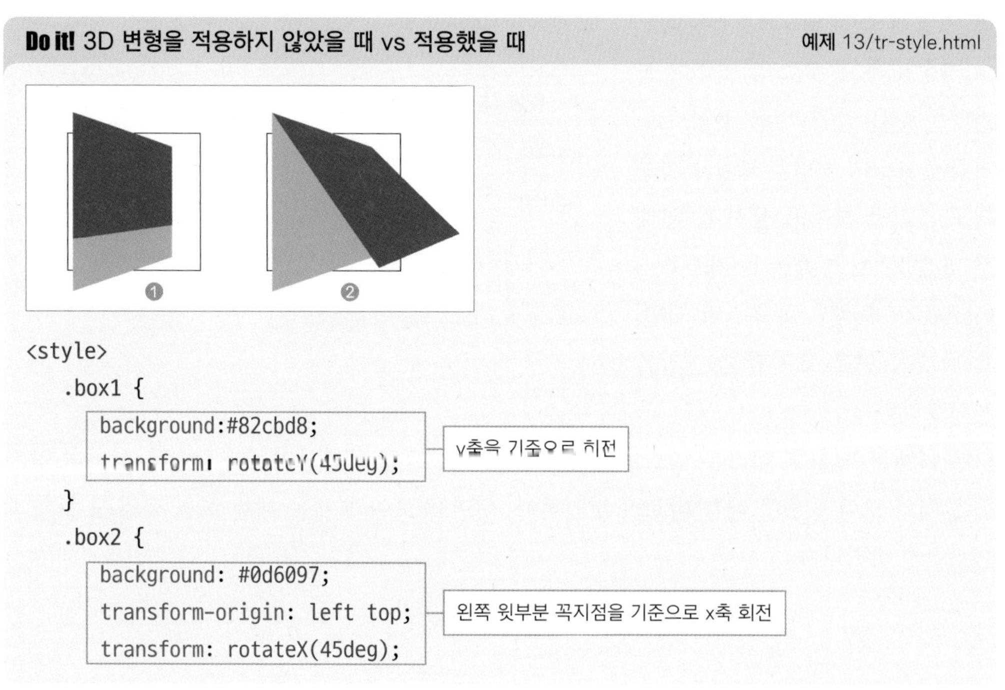

```
<style>
    .box1 {
        background:#82cbd8;
        transform: rotateY(45deg);
    }
    .box2 {
        background: #0d6097;
        transform-origin: left top;
        transform: rotateX(45deg);
```

y축을 기준으로 회전

왼쪽 윗부분 꼭지점을 기준으로 x축 회전

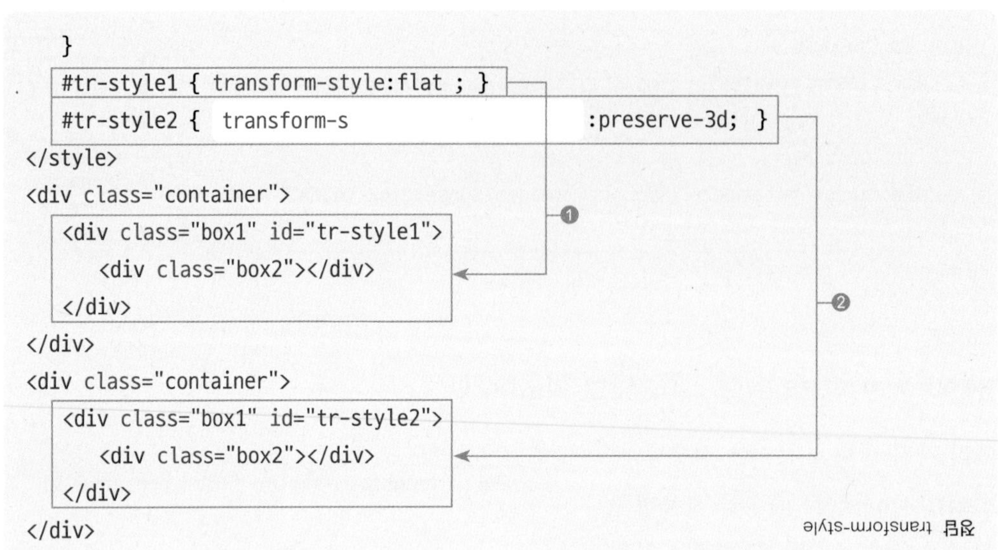

```
    }
    #tr-style1 { transform-style:flat ; }
    #tr-style2 { transform-s              :preserve-3d; }
</style>
<div class="container">
    <div class="box1" id="tr-style1">
        <div class="box2"></div>
    </div>
</div>
<div class="container">
    <div class="box1" id="tr-style2">
        <div class="box2"></div>
    </div>
</div>
```


❶ transform-style:flat을 이용했으므로 첫 번째 사각형은 y축 기준으로 회전해 입체적으로 표현되지만 그 하위에 있던 사각형은 첫 번째 사각형에 찰싹 붙은 평면으로 처리됩니다.

❷ transform-style:preserve-3d로 처리했으므로 첫 번째 사각형이 y축으로 회전한 후 그 위에서 왼쪽 위 꼭지점을 원점으로 x축 회전합니다.

backface-visibility 속성 - 요소의 뒷면 표시하기

요소 회전할 때 각도가 90°를 넘으면 어떻게 표시될까요? 머릿속으로 상상해 보면 요소의 뒷면이 보인다는 것을 알 수 있을 것입니다. 이렇게 요소의 뒷면을 보이고 싶을 때도 있지만 보이고 싶지 않을 때도 있겠죠? 이럴 때는 backface-visibility 속성으로 요소의 뒷면, 즉 반대쪽 면을 표시할 것인지를 결정합니다.

기본형 `backface-visibility : visible | hidden`

속성 값	설명
visible	뒷면을 표시합니다. 기본 값입니다.★
hidden	뒷면을 표시하지 않습니다.

▶ 인터넷 익스플로러의 경우, IE10 이상에서만 지원하며 마이크로소프트 엣지에서는 브라우저 접두사 없이 사용할 수 있습니다. 기타 브라우저에서는 -webkit-나 -moz- 브라우저 접두사를 붙여 사용해야 합니다.

다음 예제는 'BACK'이라는 텍스트를 y축 기준으로 135° 회전시키는데 뒷면을 보이지 않게 했을 때와 보이게 했을 때를 비교한 것입니다. 뒷면을 보이게 했을 때는 회전 후의 모습이 자연스럽게 비칩니다.

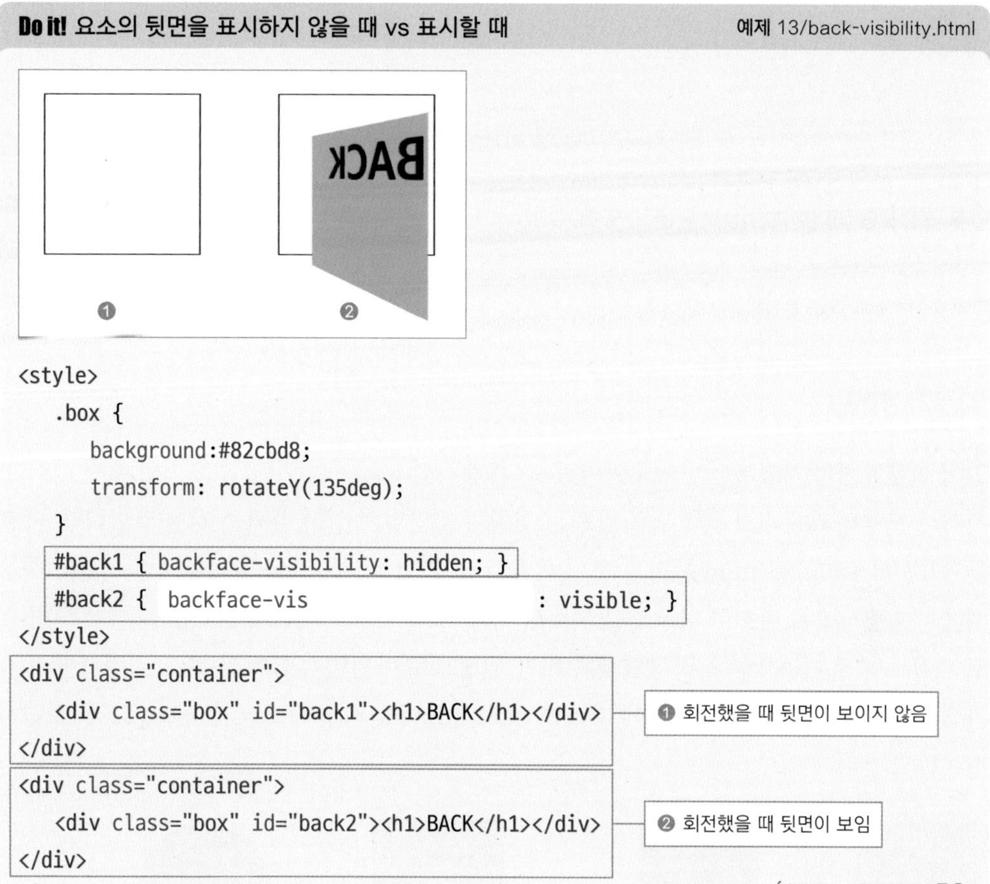

Do it! 요소의 뒷면을 표시하지 않을 때 vs 표시할 때 예제 13/back-visibility.html


```
<style>
    .box {
        background:#82cbd8;
        transform: rotateY(135deg);
    }
    #back1 { backface-visibility: hidden; }
    #back2 { backface-vis                    : visible; }
</style>
<div class="container">
    <div class="box" id="back1"><h1>BACK</h1></div>
</div>
<div class="container">
    <div class="box" id="back2"><h1>BACK</h1></div>
</div>
```

❶ 회전했을 때 뒷면이 보이지 않음

❷ 회전했을 때 뒷면이 보임

정답 backface-visibility

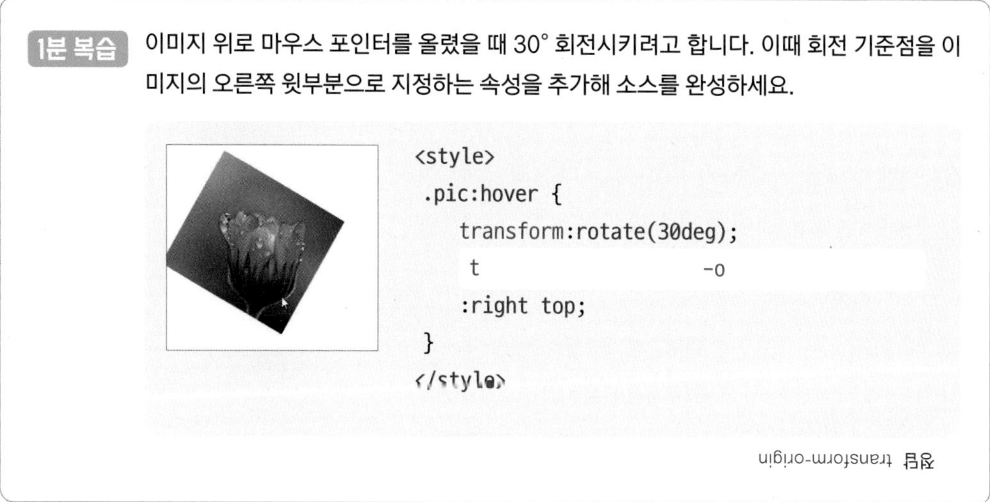

1분 복습 이미지 위로 마우스 포인터를 올렸을 때 30° 회전시키려고 합니다. 이때 회전 기준점을 이미지의 오른쪽 윗부분으로 지정하는 속성을 추가해 소스를 완성하세요.

```
<style>
 .pic:hover {
    transform:rotate(30deg);
    t                    -o
    :right top;
 }
</style>
```

정답 transform-origin

13-3 트랜지션

앞에서는 요소를 이동하거나 회전, 왜곡시키는 등 비교적 단순한 변형을 배웠습니다. 이번에 배울 트랜지션(transition)은 변형을 넘어 하나의 스타일에서 다른 스타일로 완전히 바꿉니다. 이렇게 스타일이 바뀌는 시간을 조절하면 애니메이션 효과도 낼 수 있죠. CSS 소스만으로 애니메이션효과를 내는 방법을 알아봅시다.

트랜지션이란

먼저 트랜지션의 개념부터 알아보아야겠죠? 트랜지션(transition)이란 웹 요소의 배경 색이 바뀌거나 도형의 테두리가 원형으로 바뀌는 것처럼 스타일 속성이 바뀌는 것을 말합니다. 예를 들어 13/tr-samples.html 문서를 열어 하늘색 도형 위로 마우스를 올려놓으면 도형이 하늘색에서 파란색으로 바뀌고 마우스를 치우면 원래 배경 색으로 되돌아갑니다. 오른쪽 도형 위로 마우스를 올려놓으면 사각형의 테두리가 원형으로 바뀌면서 테두리 색도 검정색에서 빨간색으로 바뀝니다. 이렇게 시간에 따라 웹 요소의 스타일 속성이 조금씩 바뀌는 것을 트랜지션이라고 합니다.

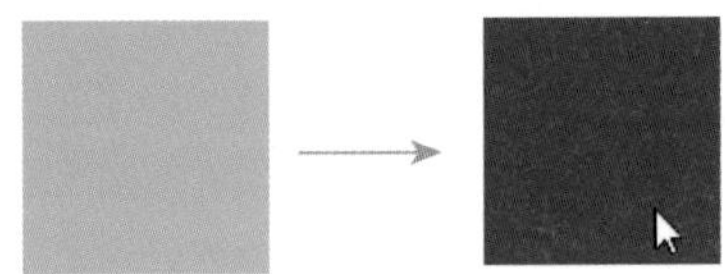

사각형의 배경 색이 바뀌는 트랜지션

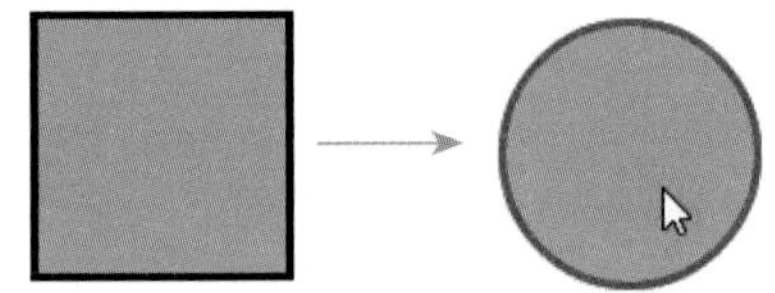

사각형의 모양과 테두리 색이 바뀌는 트랜지션

▶ 트랜지션은 마이크로소프트 엣지와 인터넷 익스플로러(IE) 10 이상에서 지원되며 크롬을 비롯한 파이어폭스, 오페라, 사파리 등 대부분의 최신 브라우저에서 모두 지원됩니다. 하지만 초기의 모던 브라우저에서도 사용할 수 있게 하려면 -webkit-, -moz-, -o- 같은 브라우저 접두사를 붙여야 합니다. 하지만 IE10 이후부터 -ms- 접두사 없이 지원하므로 IE용 접두사를 따로 붙이지 않습니다.

CSS3 트랜지션을 실행하기 위해서는 다음과 같이 여러 가지 속성이 사용됩니다. 각 속성에 대한 자세한 설명은 뒤이어 나옵니다.

속성	설명
transition-property	트랜지션 대상을 설정합니다.
transition-duration	트랜지션 진행 시간을 설정합니다.
transition-timing-function	트랜지션 속도 곡선을 설정합니다.
transition-delay	트랜지션 지연 시간을 설정합니다.
transition	transition-property와 transition-duration, transition-timing-function, transition-delay 속성을 한꺼번에 설정합니다.

transition-property 속성 - 트랜지션을 적용할 속성 지정하기

```
기본형   transition-property: all | none | <속성 이름>
```

지금부터 트랜지션의 속성을 하나씩 알아보겠습니다. 트랜지션을 만드는 첫 번째 단계는 트랜지션을 어느 속성에 적용할 것인지 선택하는 것입니다. transition-property 속성으로 이것을 결정합니다. transition-property를 사용하지 않을 경우, 모든 속성이 트랜지션 대상이 되고 특정 속성 이름을 입력하면 그 속성에 트랜지션이 적용됩니다. transition-property 속성에서 사용할 수 있는 값은 다음과 같습니다.

속성 값	설명
all	all 값을 사용하거나 transition-property를 생략할 경우, 요소의 모든 속성이 트랜지션 대상이 됩니다. 기본 값입니다.★
none	트랜지션 동안 아무 속성도 바뀌지 않습니다.
<속성 이름>	트랜지션 효과를 적용할 속성 이름을 지정합니다. 예를 들어 배경 색만 바꿀 것인지, width 값을 바꿀 것인지 원하는 대상만 골라 지정할 수 있습니다. 속성이 여러 개일 경우, 쉼표(,)로 구분해 나열합니다.

transition-property 속성을 이용해 다음과 같이 트랜지션 대상을 지정할 수 있습니다.

```
transition-property:all; /* 해당 요소의 모든 속성에 트랜지션 적용 */
transition-property:background-color; /* 해당 요소의 배경 색에 트랜지션 적용 */
transition-property:width, height; /* 해당 요소의 너비와 높이에 트랜지션 적용 */
```

transition-duration 속성 - 트랜지션 진행 시간 지정하기

```
기본형   transition-duration: <시간>
```

transition-property에서 트랜지션 대상을 지정했다면 진행 시간을 지정해야 그 시간 동안 속성이 자연스럽게 바뀌는 애니메이션 효과를 만들 수 있습니다. transition-duration 속성, 즉 트랜지션 진행 시간이 0초를 기본으로 설정되어 있기 때문입니다. 이때 시간 단위는 초(seconds) 또는 밀리초(milliseconds)입니다. 트랜지션 대상이 되는 속성이 여러 개라면 트랜지션 진행 시간도 쉼표(,)로 구분해 순서대로 여러 개를 지정할 수 있습니다.

▶ 음수 값을 지정하면 0으로 간주합니다.

예를 들어 다음과 같이 요소의 너비와 높이에 트랜지션 시간을 다르게 지정해 높이 값은 1초 안에 바뀌게 하고 너비 값은 2초 동안 바뀌도록 할 수 있습니다.

Do it! 정해진 시간 동안 높이와 너비 바꾸기 예제 13/tr1.html

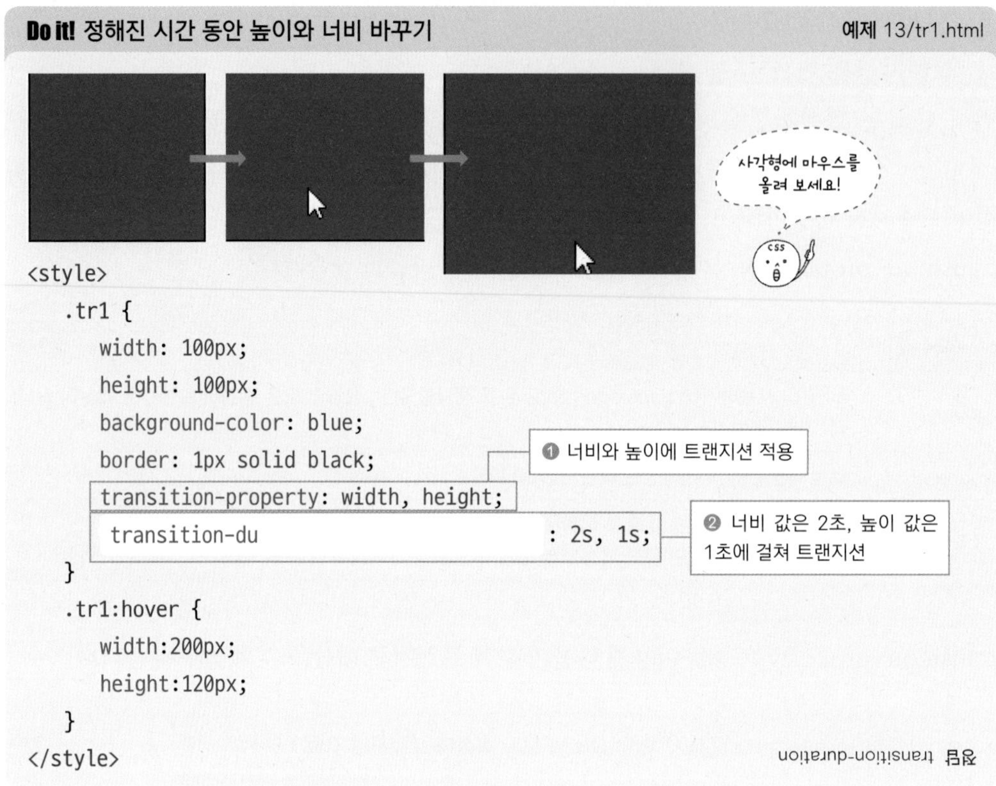


```
<style>
  .tr1 {
    width: 100px;
    height: 100px;
    background-color: blue;
    border: 1px solid black;
    transition-property: width, height;
    transition-du                : 2s, 1s;
  }
  .tr1:hover {
    width:200px;
    height:120px;
  }
</style>
```

❶ 너비와 높이에 트랜지션 적용

❷ 너비 값은 2초, 높이 값은 1초에 걸쳐 트랜지션

정답 transition-duration

위의 예에서는 transition-property에서 지정한 속성의 개수와 transition-duration에서 지정한 시간의 개수가 같기 때문에 transition-property에서 지정한 순서대로 transition-duration의 시간을 적용합니다. 그래서 width 속성은 2초 동안, height 속성은 1초 동안 트랜지션이 진행되었습니다.

하지만 transition-property 속성에서 지정한 값의 개수와 transition-duration 속성에서 지정한 값의 개수가 일치하지 않으면 어떻게 될까요? 예를 들어 transition-property 속성에서 background-color, transform, width, height와 같이 4개 값을 지정했는데 transition-duration 속성에 2s, 3s처럼 2개 값만 지정했다면 어떻게 계산될까요?

```
<style>
   .tr1 {
      transition-property: background-color, transform, width, height;
      transition-duration: 2s, 3s;
   }
</style>
```


이럴 때는 처음 2개 속성(background-color, transform)에 2s와 3s가 적용되고 다시 2개 속성(width, height)에 2s, 3s가 적용됩니다. 만약 다른 속성이 있다면 다시 2s, 3s가 반복 적용됩니다.

다음 예제는 빨간색 작은 사각형 위로 마우스 포인터를 올려놓으면 배경 색과 회전, 크기 변경(width, height)까지 4가지 속성이 모두 바뀌는 트랜지션이 실행되는 예제입니다.

Do it! 정해진 시간 동안 배경 색과 회전, 높이, 너비 바꾸기 예제 13/tr2.html

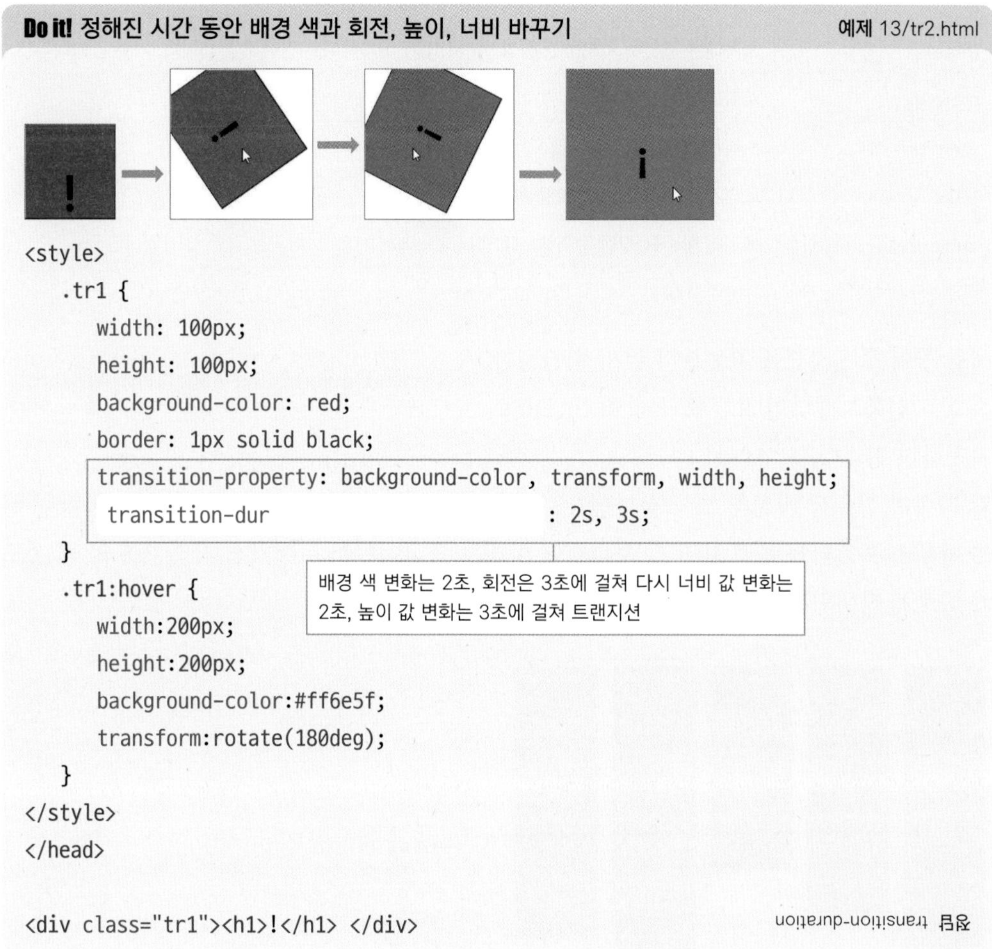

```
<style>
   .tr1 {
      width: 100px;
      height: 100px;
      background-color: red;
      border: 1px solid black;
      transition-property: background-color, transform, width, height;
      transition-dur                          : 2s, 3s;
   }
   .tr1:hover {
      width:200px;
      height:200px;
      background-color:#ff6e5f;
      transform:rotate(180deg);
   }
</style>
</head>

<div class="tr1"><h1>!</h1> </div>
```

배경 색 변화는 2초, 회전은 3초에 걸쳐 다시 너비 값 변화는 2초, 높이 값 변화는 3초에 걸쳐 트랜지션

정답 transition-duration

transition-timing-function 속성 - 트랜지션 속도 곡선 지정하기

지금까지 배운 속성으로 트랜지션을 실행할 때 속도 변화를 지정하지 않았는데 처음에는 천천히 시작해 점점 빨라지다가 마지막에는 다시 느려진 것 눈치챘나요? 이번에 배울 transition-timing-function 속성을 사용하면 시작과 중간, 끝에서의 속도를 지정해 속도 곡선을 만들 수 있습니다. 속도 곡선은 미리 정해진 키워드나 '베지에 곡선'을 이용해 표현합니다.

기본형
```
transition-timing-function: linear | ease | ease-in | ease-out |
ease-in-out | cubic-bezier(n,n,n,n)
```

▶ '베지에 곡선'은 n개의 점을 이용해 (n-1)차 곡선을 만들어 내는 함수입니다.

속성 값	설명
linear	시작부터 끝까지 똑같은 속도로 트랜지션을 진행합니다.
ease	**처음에는 천천히 시작하고 점점 빨라지다가 마지막에는 천천히 끝냅니다. 기본 값입니다.★**
ease-in	시작을 느리게 합니다.
ease-out	느리게 끝냅니다.
ease-in-out	느리게 시작하고 느리게 끝냅니다.
cubic-bezier(n,n,n,n)	베지에 함수를 직접 정의해 사용합니다. n에서 사용할 수 있는 값은 0~1입니다.

예를 들어 트랜지션을 처음부터 끝까지 일정한 속도로 진행하겠다면 오른쪽과 같이 linear로 지정하면 됩니다.

```
transition-timing-function: linear;
```

각 타이밍 함수를 비교해 보고 싶다면 13/tr-function.html 문서를 열어 보세요. 사각형 위로 마우스 포인터를 올려 보면 각 사각형이 아래로 움직이면서 트랜지션 시작 속도와 끝 속도가 다르게 진행되는 것을 볼 수 있을 것입니다.

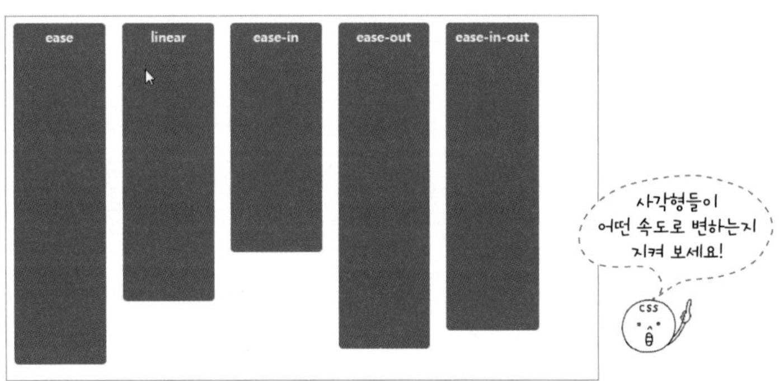

사각형들이 어떤 속도로 변하는지 지켜 보세요!

transition-delay 속성 - 지연 시간 설정하기

> 기본형 `transition-delay : <시간>`

속도를 지정한 김에 시작 시간도 지정해 보겠습니다. transition-delay 속성은 트랜지션이 언제부터 시작할 것인지를 설정합니다. 이 속성에서 지정하는 시간만큼 기다렸다가 트랜지션이 시작되죠. 사용할 수 있는 값은 초(seconds)나 밀리초(milliseconds)이며 기본 값은 0s입니다.

다음 예제는 첫 번째 상자에는 지연 시간 없이 트랜지션을 실행하고 두 번째 상자에는 1초 동안 지연 시간을 두고 트랜지션을 실행해 비교한 것입니다. 화면의 사각 영역 위로 마우스 포인터를 올려놓으면 첫 번째 사각형이 회전을 시작하고 1초 후 두 번째 사각형이 회전합니다.

▶ transition-delay에서도 여러 값을 지정할 수 있고 그 값들은 transition-property에서 지정한 대상에 차례대로 적용됩니다.

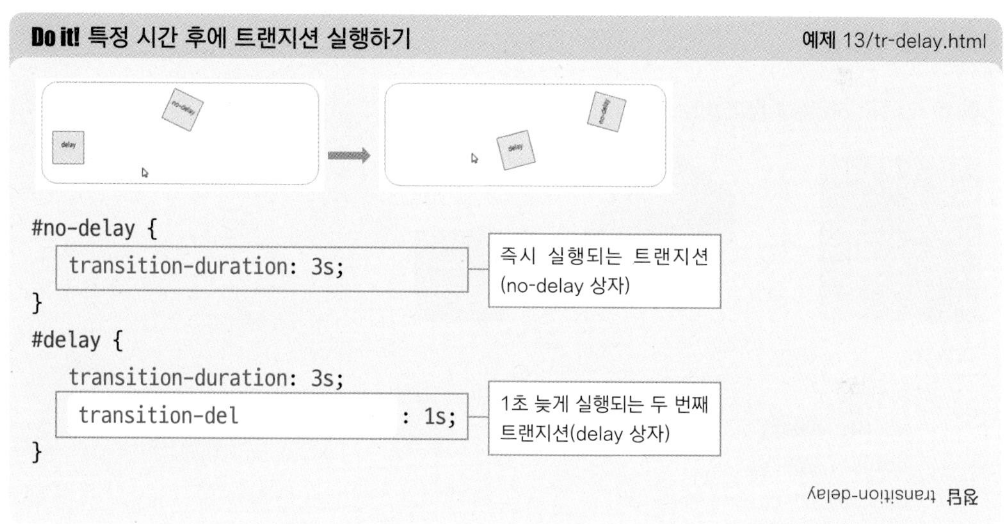

Do it! 특정 시간 후에 트랜지션 실행하기
예제 13/tr-delay.html
no-delay
delay
#no-delay {
transition-duration: 3s;
}
#delay {
transition-duration: 3s;
transition-del : 1s;
}
즉시 실행되는 트랜지션 (no-delay 상자)
1초 늦게 실행되는 두 번째 트랜지션(delay 상자)
정답 transition-delay

transition 속성 - 트랜지션 속성 한꺼번에 표기하기

앞에서 본 것처럼 트랜지션과 관련된 속성은 여러 가지이고 각 브라우저에 맞게 속성 이름 앞에 접두사를 붙여야 합니다. -webkit- 접두사와 -moz- , -o- 접두사를 붙이고 표준 속성까지 모두 사용하면 각 속성 당 여러 줄의 소스를 사용하게 되고 트랜지션 속성을 모두 표기해야 할 경우, 소스가 매우 길어집니다.

소스가 아무리 길어지더라도 트랜지션 적용 대상을 2~3개씩 일부만 지정할 경우, transition-property 속성을 이용해 대상을 알려 주어야 하고 각 대상별로 진행 시간이 다르다면 transition-duration 속성을 이용해 시간도 따로 지정하는 것이 좋습니다.

하지만 트랜지션 적용 대상이 전체이고 트랜지션 실행 시간이 대상별로 다르지 않다면 transition 속성으로 한꺼번에 지정하는 것이 편리합니다. transition 속성 값의 나열 순서는 다음 순서를 따라야 합니다. 4개의 속성 중 빠진 것이 있다면 그 속성의 기본 값을 사용합니다.

기본형

```
transition: <transition-property 값> | <transition-duration 값> |
<transition-timing-function 값> | <transition-delay 값>
```

예를 들어 다음 소스는 2초 동안 ease-in 트랜지션을 실행한 것입니다. 트랜지션 대상을 지정하지 않았으므로 기본 값인 all이 적용되어 CSS에서 지정한 모든 속성, 즉 여기서는 width와 height, background-color, transform이 트랜지션 대상이 됩니다.
사각형 위로 마우스 포인터를 올려놓으면 270° 회전하면서 너비와 높이 값이 줄어들고 배경색도 바뀝니다.

Do it! transition 속성 한꺼번에 표기하기 예제 13/tr3.html

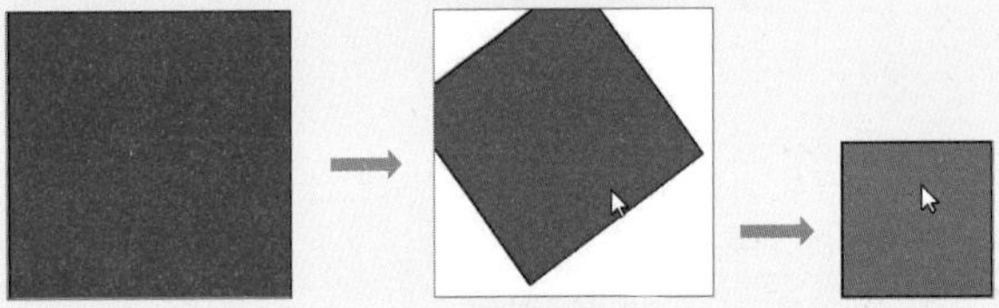

```
<style>
  .tr1 {
    width: 200px;
    height: 200px;
    background-color: red;
    border: 1px solid black;
    transition: 2s ease-in;
  }
  .tr1:hover {
    width: 100px;
    height: 100px;
    background-color: #ff6e5f;
    transform: rotate(270deg);
  }
</style>

<div class="tr1"></div>
```

transition-property 기본 값 all
transition-duration 값인 2s
transition-timing-function 값인 ease-in
transition-delay 기본 값 0

알아두면 좋아요! 두 개 이상의 변형 동시에 사용하기

트랜지션이나 애니메이션을 만들다 보면 이동하면서 확대하거나 회전하면서 축소하는 등 두 개 이상의 변형을 동시에 사용하는 경우가 있습니다. 이럴 때는 transform 속성에 여러 개의 속성을 나열하면 됩니다. 예를 들어 크기를 2배로 확대하면서 x축을 기준으로 180° 회전시키려면 2차원 변형 함수 scale()과 3차원 변형 함수 rotateX()를 사용해야 합니다. 이 함수들을 각각 적용한다면 다음과 같이 사용하겠죠.

```
transform: scale(2);
perspective: 120px;
transform: rotateX(180deg);
```

이 변형 함수들을 동시에 적용하려면 transform 속성을 이용해 다음과 같이 작성하면 됩니다.

```
transform: scale(2)  perspective(120px) rotateX(180deg);
```

다음 예제는 이런 방법으로 상자 위로 마우스 포인터를 올려놓았을 때 상자가 2배로 커지며 x축 기준으로 180° 회전하는 것입니다.

Do it! 두 개 이상의 트랜지션 연결해서 실행하기

예제 13/tr4.html

```
<style>
   div {
      width:100px;
      height:100px;
      margin:100px;
      background:#0094ff;
   }
   .box {
      transition: 2s ease-in;
   }
   .box:hover {
      transform: scale(2)  perspective(120px) rotateX(180deg);
   }
</style>

<div class="box"></div>
```

1분 복습 초록색 배경을 가진 .rect라는 요소에 마우스 포인터를 올려놓으면 3초에 걸쳐 배경 색이 노란색으로 서서히 바뀌는 트랜지션 소스를 작성하세요. 트랜지션 속도 곡선은 지정하지 않습니다.

```
<style>
  .rect {
    width:100px;
    height:100px;
    background:green;
    t                                                ;
  }
  .rect:hover {
    background:yellow;
  }
</style>
```

정답 transition:background 3s

13-4 애니메이션

앞에서 배운 CSS 트랜지션을 잘 활용해도 부드러운 애니메이션 효과를 만들 수 있지만 CSS3의 다른 속성인 animation 속성을 이용하면 트랜지션보다 더 쉽게 애니메이션을 만들 수 있습니다. 애니메이션과 트랜지션의 차이를 살펴보고 animation 속성을 이용해 애니메이션을 만드는 방법도 알아보겠습니다.

CSS와 애니메이션

CSS3의 animation 속성을 사용하면 자바스크립트나 플래시를 사용하지 않고도 웹 요소에 애니메이션을 추가할 수 있습니다. CSS 애니메이션은 어떤 면에서는 트랜지션과 비슷하고 어떤 면에서는 다릅니다. 시작 스타일과 끝 스타일을 지정하면 CSS에서 중간 스타일을 자동으로 추가해 전체적으로 부드럽게 변하는 애니메이션 효과를 만들어 낸다는 것은 비슷하지만 CSS 애니메이션은 시작해 끝내는 동안 원하는 곳 어디서든 스타일을 바꾸며 애니메이션을 정의할 수 있다는 점은 트랜지션과 다릅니다. 이때 애니메이션 중간에 스타일이 바뀌는 지점을 키프레임(keyframe)이라고 부릅니다.

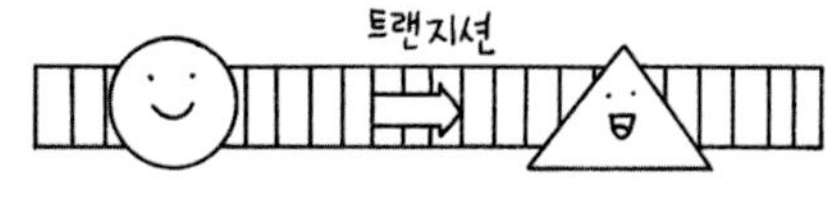

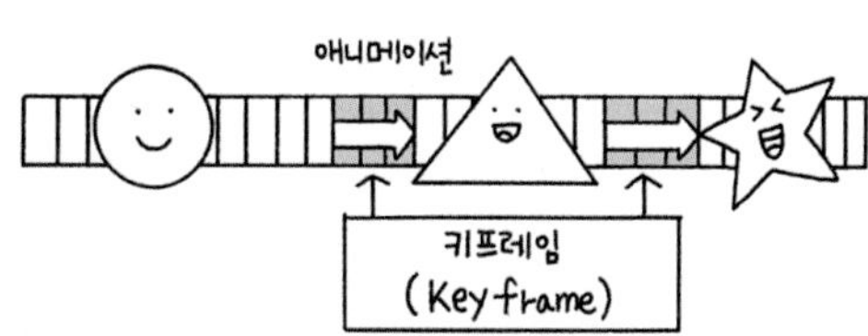

CSS 애니메이션에서 사용하는 속성

CSS 애니메이션을 만들 때 애니메이션이 바뀌는 지점(키프레임)은 @keyframes 속성을 이용해 정의하고 animation 속성과 animation 하위 속성을 이용해 애니메이션의 실행 시간이나 반복 여부 등을 지정합니다. 이 속성들은 인터넷 익스플로러 10 이상과 최신 모던 브라우저에서 지원하며 이전 모던 브라우저를 고려하려면 -webkit-, -moz- 접두사를 붙여야 합니다.

▶ 오페라 브라우저의 경우, 15.0 버전 이후에는 -webkit- 접두사를 붙이지만 12.0 버전 이전까지 고려할 경우, -o- 접두사를 붙여야 합니다.

animation 관련 속성들은 다음과 같습니다. 이 중에서 자주 사용하는 속성들에 대해 하나씩 자세히 살펴보겠습니다.

속성	설명
@keyframes	애니메이션이 바뀌는 지점을 설정합니다.
animation-delay	애니메이션 지연 시간을 지정합니다.
animation-direction	애니메이션 종료 후 처음부터 시작할지, 역방향으로 진행할지를 지정합니다.
animation-duration	애니메이션 실행 시간을 설정합니다.
animation-fill-mode	애니메이션이 종료되었거나 지연되어 애니메이션이 실행되지 않는 상태일 때 요소의 스타일을 지정합니다.
animation-iteration-count	애니메이션 반복 횟수를 지정합니다.
animation-name	@keyframes로 설정해 놓은 중간 상태의 이름을 지정합니다.
animation-play-state	애니메이션을 멈추거나 다시 시작합니다.
animation-timing-function	애니메이션의 속도 곡선을 지정합니다.
animation	animation 하위 속성들을 한꺼번에 묶어 지정합니다.

@keyframes 속성 - 애니메이션 지점 설정하기

먼저 애니메이션의 시작 지점부터 설정해 보겠습니다. 앞에서 설명한 것처럼 이 지점은 키프레임(keyframe)이라고 부르죠. 애니메이션의 시작과 끝을 비롯해 상태가 바뀌는 부분이 있다면 @keyframes 속성을 이용해 바뀌는 지점을 설정합니다.

우선 웹 문서에서 여러 애니메이션을 정의할 수 있으므로 '이름'으로 애니메이션을 구별해 주어야겠죠? 그리고 스타일 속성 값이 바뀌는 지점은 '선택자'로 입력합니다. 예를 들어 애니메이션에서 중간 지점을 추가하려면 시작 위치를 0%, 끝 위치를 100%로 놓고 50% 위치에 키프레임을 하나 더 추가하면 됩니다. 시작과 끝 위치만 사용하겠다면 0%와 100% 값 대신 from과 to라는 키워드를 사용해도 됩니다.

기본형
```
@keyframes <이름> {
    <선택자> { <스타일> }
}
```

▶ 이 <이름>은 animation-name 속성에서 사용합니다.

▶ @keyframes 속성을 사용할 때도 @-webkit-keyframes 나 @-moz-keyframes처럼 브라우저 접두사를 붙여야 합니다.

곧바로 예시로 다시 살펴보겠습니다. 다음 예는 시작할 때 파란색 사각형이었다가 끝날 때 옅은 파란색 원으로 바뀌는 애니메이션입니다. @keyframes의 이름은 change-bg이고 시작과 끝만 지정하기 때문에 from과 to 키워드를 사용합니다. 애니메이션이 끝나면 처음의 파란색 사각형으로 되돌아갑니다.

▶ 애니메이션에 사용된 animation-name과 animation-duration 속성은 나중에 설명할 것입니다.

Do it! 사각형에서 원으로 서서히 바뀌는 애니메이션 예제 13/ani-keyframes.html

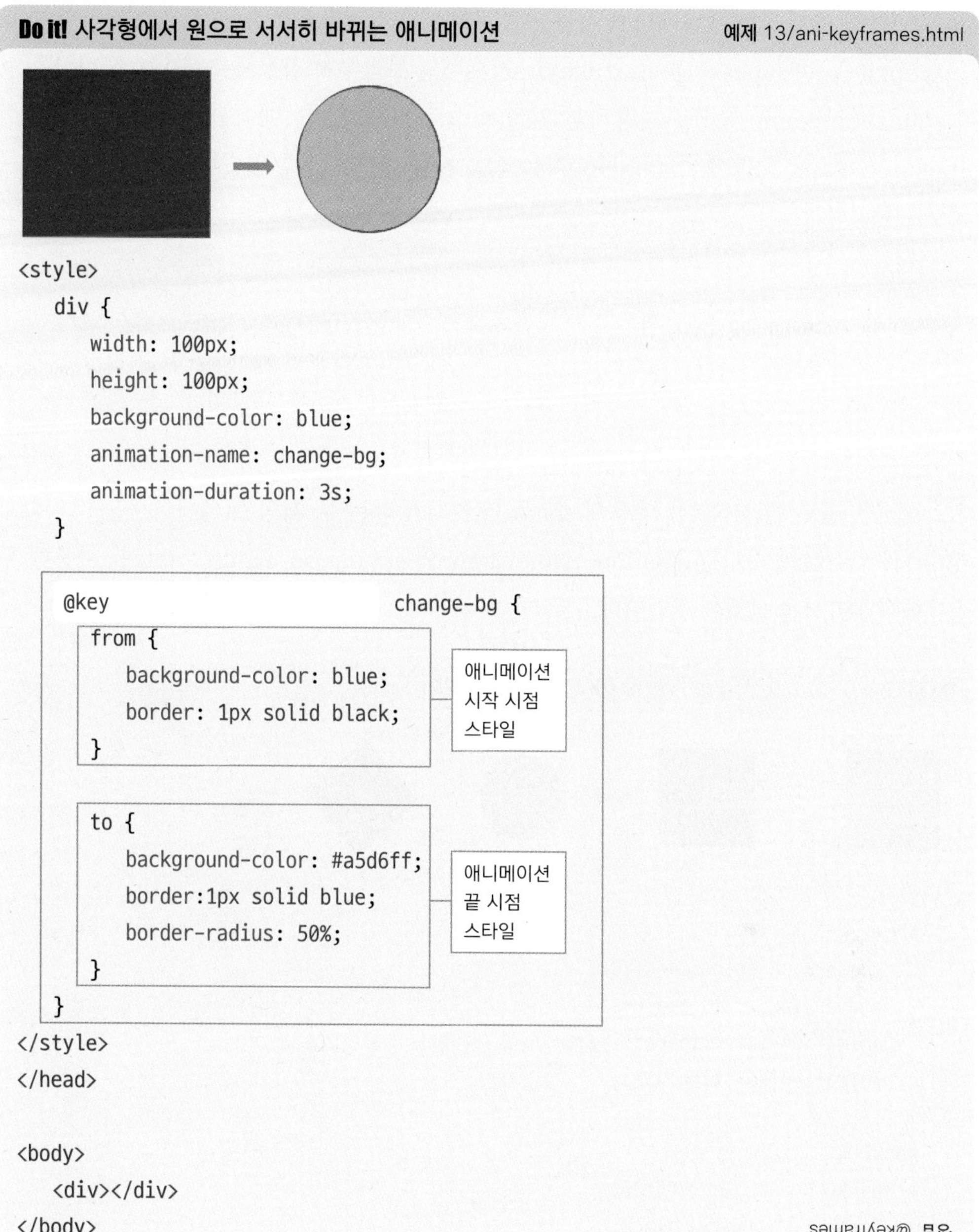


```
<style>
  div {
    width: 100px;
    height: 100px;
    background-color: blue;
    animation-name: change-bg;
    animation-duration: 3s;
  }

  @key                    change-bg {
    from {
      background-color: blue;
      border: 1px solid black;
    }

    to {
      background-color: #a5d6ff;
      border:1px solid blue;
      border-radius: 50%;
    }
  }
</style>
</head>

<body>
  <div></div>
</body>
```

정답 @keyframes

animation-name 속성 - 애니메이션 이름 지정하기

기본형	animation-name: <키프레임 이름> | none

CSS로 애니메이션을 만들 때 @key frames 속성을 이용해 여러 개의 애니메이션을 정의하는데 animation-

name 속성에서 지정한 애니메이션 이름으로 구분합니다. @keyframes 속성을 사용할 때도 @-webkit-keyframes나 @-moz-keyframes처럼 브라우저 접두사를 붙여야 합니다.
이 animation-name 속성을 사용하면 왼쪽 소스로 정의한 애니메이션을 오른쪽 소스처럼 animation-name 속성에 change-bg라는 값을 적용해 사용할 수 있습니다.

```
@keyframes change-bg { ...... }
```

→

```
div {
  ......
  animation-name: change-bg;
  animation-duration: 3s;
}
```

다음 예제는 @keyframes을 이용해 shape와 rotate라는 두 개의 애니메이션을 정의하고 #box1과 #box2에 각각 animation-name:shape와 animation-name:rotate를 사용해 두 가지 애니메이션을 실행한 것입니다.

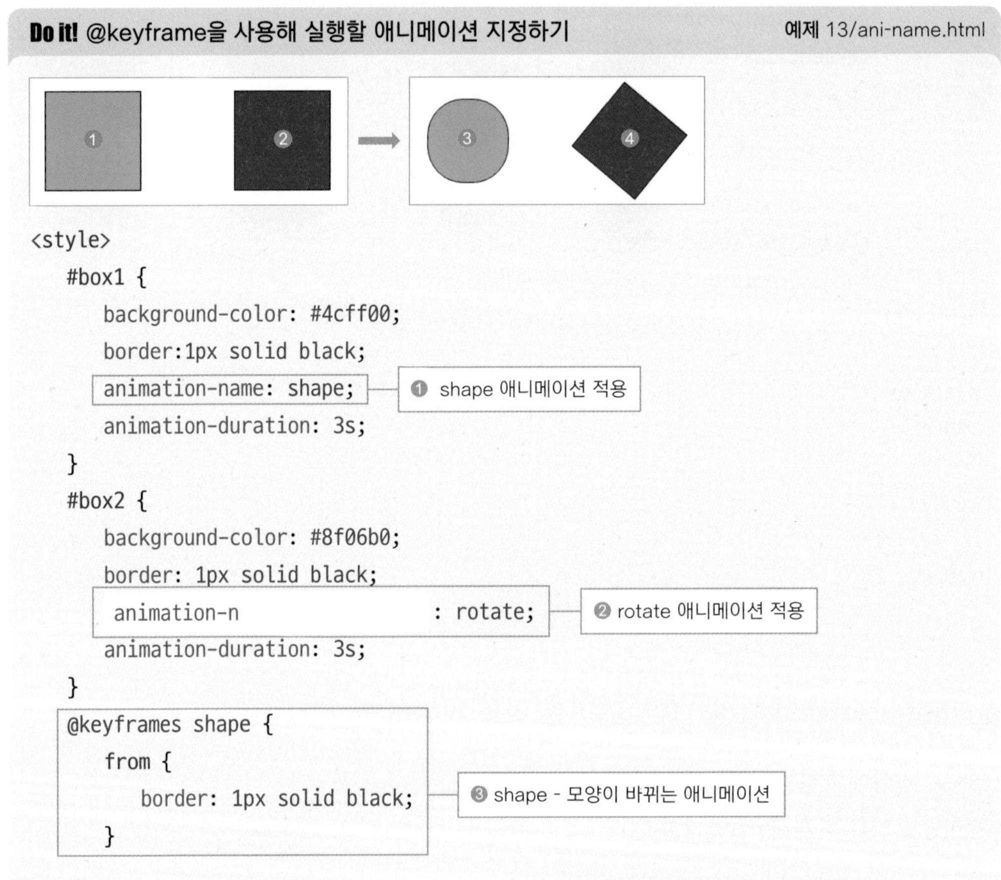

Do it! @keyframe을 사용해 실행할 애니메이션 지정하기 예제 13/ani-name.html


```
<style>
  #box1 {
    background-color: #4cff00;
    border:1px solid black;
    animation-name: shape;          ❶ shape 애니메이션 적용
    animation-duration: 3s;
  }
  #box2 {
    background-color: #8f06b0;
    border: 1px solid black;
    animation-n                : rotate;          ❷ rotate 애니메이션 적용
    animation-duration: 3s;
  }
  @keyframes shape {
    from {
      border: 1px solid black;          ❸ shape - 모양이 바뀌는 애니메이션
    }
```

```
    to {
      border: 1px solid black;
      border-radius: 50%;
    }
  }
  @keyframes rotate {
    from {
      transform:rotate(0deg)
    }
    to {
      transform: rotate(45deg);
    }
  }
</style>

<div id="box1"></div>
<div id="box2"></div>
```

❸ shape - 모양이 바뀌는 애니메이션

❹ rotate - 회전하는 애니메이션

animation-duration 속성 - 애니메이션 실행 시간 설정하기

애니메이션 이름을 지정해 어떤 애니메이션을 실행할지 결정했으니 이번에는 애니메이션 실행 시간을 지정해 보겠습니다. animation-duration 속성은 애니메이션을 얼마 동안 재생할 것인지 설정합니다. 사용할 수 있는 값은 초(s)나 밀리초(ms)로 표시한 시간 값입니다. 기본값은 0이기 때문에 animation-duration 속성값을 정하지 않으면 애니메이션은 일어나지 않습니다. 예를 들어 애니메이션 진행 시간을 3초로 지정하려면 오른쪽과 같이 작성합니다.

기본형 `animation-duration: <시간>`

```
div {
  ......
  animation-duration: 3s;
}
```

animation-direction 속성 - 애니메이션 방향 지정하기

이번에는 애니메이션이 끝난 후의 설정을 바꾸어 보겠습니다. 기본적으로 애니메이션이 한 번 실행되면 원래 위치로 되돌아가는데 animation-direction 속성을 이용하면 원래 위치

기본형 `animation-direction: normal | alternate`

로 되돌아가거나 반대 방향으로 애니메이션을 한 번 더 실행할 수 있습니다.

속성 값	설명
normal	애니메이션을 끝까지 실행하면 원래 있던 위치로 돌아갑니다. 기본 값입니다.★
alternate	애니메이션을 끝까지 실행하면 왔던 방향으로 되돌아가면서 애니메이션을 실행합니다.

animation-iteration-count 속성 - 반복 횟수 지정하기

기본적으로 애니메이션은 한 번만 실행하고 끝나는데요. 애니메이션 실행 후 반복 실행할 수도 있습니다. 그럴 때 animation-iteration-count 속성을 사용해 반복 횟수를 지정할 수 있습니다.

기본형	animation-iteration-count: <숫자> | infinite

속성 값	설명
<숫자>	입력한 숫자만큼 반복합니다. 기본 값은 1입니다.
infinite	무한 반복합니다.

다음 예제는 애니메이션 실행 후 반대 방향으로 실행하지 않고(animation-direction:normal) 무한 반복시키는(animation-iteration-count:infinite) 것입니다.

Do it! 무한 반복하는 애니메이션 만들기 예제 13/ani-count.html

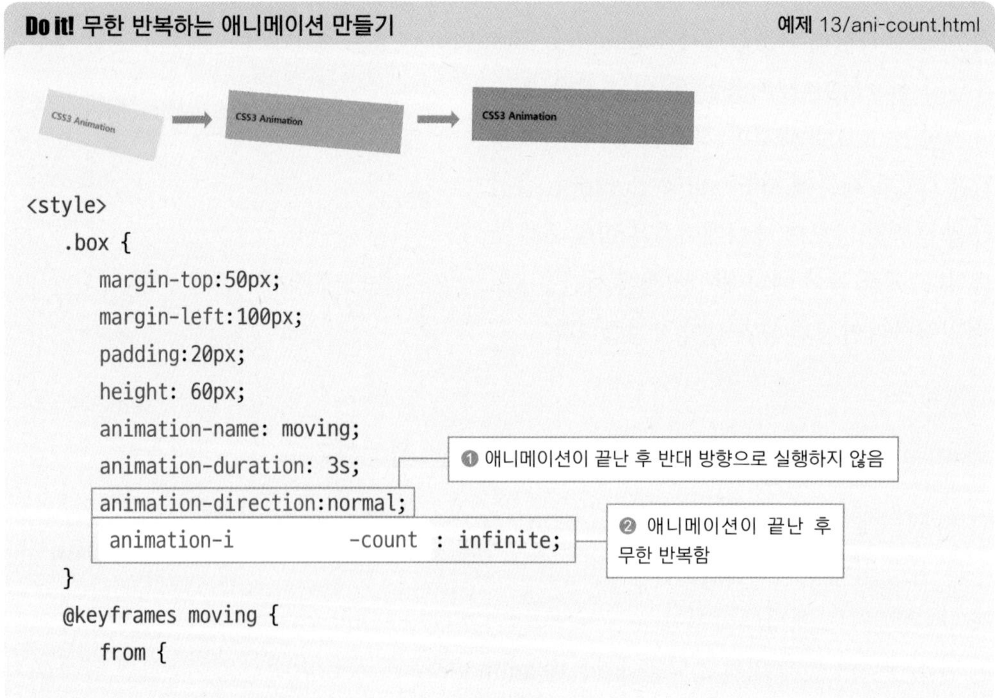


```
<style>
  .box {
    margin-top:50px;
    margin-left:100px;
    padding:20px;
    height: 60px;
    animation-name: moving;
    animation-duration: 3s;
    animation-direction:normal;
     animation-i           -count  : infinite;
  }
  @keyframes moving {
    from {
```

❶ 애니메이션이 끝난 후 반대 방향으로 실행하지 않음

❷ 애니메이션이 끝난 후 무한 반복함

```
        width: 200px;
        background: #faef7c;
        opacity: 0.5;
        transform: scale(0.5) rotate(15deg);
      }
      to {
        width: 400px;
        background: #ff9400;
        opacity: 1;
        transform: scale(1)  rotate(0deg);
      }
    }
  </style>

  <div class="box">
    <h3>CSS3 Animation</h3>
  </div>
```

정답 animation-iteration-count

animation-timing-function 속성 - 애니메이션 속도 곡선 지정하기

트랜지션과 마찬가지로 애니메이션에서도 애니메이션의 시작과 중간, 끝에서의 속도를 선택해 전체적인 속도 곡선을 지정할 수 있습니다.

기본형

```
animation-timing-function: linear | ease | ease-in | ease-out |
ease-in-out | cubic-bezier(n,n,n,n)
```

▶ 이 속성에서 사용할 수 있는 값들은 transition-timing-function 속성에서 사용할 수 있는 값과 같기 때문에 13-3의 설명을 참고하세요.

animation 속성 - 애니메이션 관련 속성 한꺼번에 표기하기

앞에서 여러 가지 애니메이션 속성을 사용했는데 각 속성들마다 브라우저 접두사까지 붙이고 나면 애니메이션 관련 속성들만으로도 상당히 긴 소스가 될 것입니다. 책에 표시한 소스는 핵심 내용들만 골라 실은 것이므로 짧아 보이지만 [13] 폴더에서 'ani-'가 앞에 붙은 예제 파일 소스를 열어 보면 간단한 애니메이션 하나를 실제로 실행하기 위해 사용한 소스가 얼마나 긴지 알 수 있습니다. 이렇게 길고 복잡한 애니메이션 관련 속성들도 animation 속성을 사용하면 간단히 한 줄로 표기할 수 있습니다.

이렇게 간략히 표기해 기본 값을 사용하더라도 animation-duration 속성 값은 반드시 표기해야 합니다. 애니메이션 실행 시간을 지정하지 않으면 기본 값 0이 적용되어 애니메이션 효과를 볼 수 없기 때문입니다. 기본형에 나열된 속성 순서는 중요하지 않지만 시간 값이 두 개라면 첫 번째 시간은 〈animation-time〉으로, 두 번째 시간은 〈animation-delay〉 속성으로 간주합니다.

```
기본형  animation: <animation-name> | <animation-duration> |
                   <animation-timing-function> | <animation-delay> |
                   <animation-iteration-count> | <animation-direction>
```

예를 들어 moving 이라는 애니메이션을 왼쪽과 같이 정의했다면 animation 속성을 사용해 오른쪽과 같이 간단히 줄일 수 있습니다.

```
.box {
   animation-name: moving;
   animation-duration: 3s;
   animation-timing-function:ease-in;
   animation-direction: alternate;
   animation-iteration-count: infinite;
}
```

```
.box {
   animation: moving 3s alternate
   infinite ease-in;
}
```

다음 예제는 rotate 애니메이션과 background 애니메이션을 동시에 실행한 것입니다. animation 속성을 사용하면 간단히 표현할 수 있기 때문에 쉼표로 구분하면 두 개 이상의 애니메이션을 실행합니다.

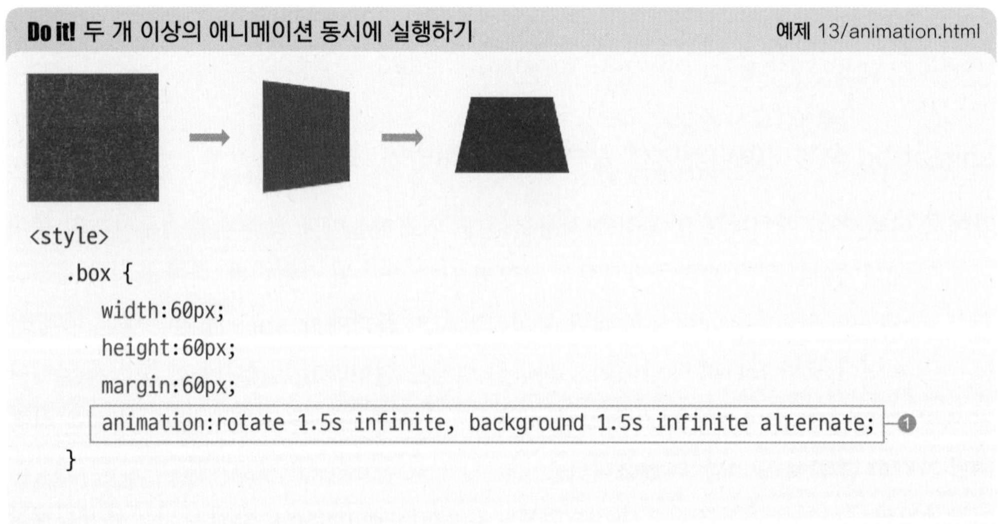

Do it! 두 개 이상의 애니메이션 동시에 실행하기 예제 13/animation.html

```
<style>
   .box {
      width:60px;
      height:60px;
      margin:60px;
      animation:rotate 1.5s infinite, background 1.5s infinite alternate;  ❶
   }
```

```
    @keyframes rotate {
        from { transform: perspective(120px) rotateX(0deg) rotateY(0deg); }
        50% { transform: perspective(120px) rotateX(-180deg) rotateY(0deg); }   ❷
        to { transform: perspective(120px) rotateX(-180deg) rotateY(-180deg); }
    }
    @keyframes background {
        from { background: red; }
        50% { background-color: green   }   ❸
        to { background-color: blue;    }
    }
</style>

<div class="box"> </div>
```

❶ 1.5초 동안 실행하는 rotate 애니메이션과 background 애니메이션을 무한 반복합니다. background 애니메이션 alternate 속성이 있으므로 방향으로도 실행됩니다.

❷ rotate 애니메이션은 중간(50%)에 x축 기준으로 회전하고 끝날 때(100%) y축 기준으로 회전합니다.

❸ background 애니메이션은 처음에는 빨간색 배경이었다가 중간에 초록색으로 바뀐 후 끝날 때는 파란색 배경으로 바뀝니다.

1분 복습 ani라는 애니메이션을 3초에 걸쳐 실행하려고 합니다. 속도는 ease-in을 사용하고 애니메이션이 끝나면 반대 방향으로 애니메이션을 실행하며 무한 반복시키는 소스를 작성하는데 animation 속성을 사용해 한 줄로 작성하세요.

```
<style>
    div {
        width:50px;
        height:100px;
        border:1px solid darkgreen;
        background:#b6ff00;
        animation:                                  ;
    }
    @keyframes ani {
        from{ width:50px; }
        to { width:300px; }
    }
</style>
```

정답 ani 3s alternate infinite ease-in

상품 페이지에 가격 떠오르게 만들기

쇼핑몰 사이트 화면에 나열된 상품 이미지 위로 마우스 포인터를 올려놓았을 때 감추어졌던 설명 글이 표시되는 것을 본 적 있을 것입니다. 이렇게 하면 상품 이미지를 클릭해 상세 정보 페이지로 이동하지 않고도 상품에 대한 간단한 정보를 볼 수 있죠. 이 기법을 응용하면 개인 쇼핑몰은 물론 포트폴리오 등의 웹 문서에도 활용할 수 있습니다!

신상품 목록

[준비] 13/product.html [완성] 13/product-result.html

1. 준비 파일 살펴보기

13/product.html 문서를 웹 브라우저에서 열어 보면 상품 이미지 아래에 상품 설명이 간단히 표시되어 있습니다. 이 문서를 웹 편집기로 열어 보면 구조가 다음과 같습니다.

신상품 목록

상품 1

상품 1 설명 텍스트

가격 : 12,345원

상품 2

상품 2 설명 텍스트

가격 : 12,345원

상품 3

상품 3 설명 텍스트

가격 : 12,345원

```
<h1>신상품 목록</h1>
<div id="container">
    <ul class="prod-list">
        <li>
            <img src="images/prod1.jpg">
            <div class="caption">
                <h1>상품 1</h1>
                <p>상품 1 설명 텍스트</p>
                <p>가격 : 12,345원</p>
            </div>
        </li>
        <li> … </li>
        <li> … </li>
    </ul>
</div>
```

- 상품 목록은 <ul> 태그를 사용하며 .prod-list라는 클래스 선택자가 적용됩니다.
- 각 상품은 <li> 태그를 이용해 나열하며 모두 3개의 <li> 태그를 사용합니다.
- 각 상품의 설명글에는 .caption이라는 클래스 선택자가 적용됩니다.

2. 우선 상품 설명 글(.caption)에 대한 스타일을 정의하고 처음에 화면에 보이지 않도록 불투명도(opacity)를 0으로 지정하겠습니다. 다음과 같은 소스를 </style> 태그 앞에 입력하세요.

```
    .prod-list .caption {
        position: absolute;
        padding-top:20px;
        background: rgba(0,0,0,0.6);
        width:300px;
        height:200px;
        top:200px;
        opacity:1;
        -moz-transition: all 0
        -o-transition: all 0.2
        -webkit-transition: al
        transition: all 0.2s e
        z-index:10;
    }
</style>
```

```
.prod-list .caption {
    position: absolute;
    top:200px;                              ❶
    width:300px;
    height:200px;
    padding-top:20px;
    background: rgba(0,0,0,0.6);            ❷
    opacity:0;
    -moz-transition: all 0.2s ease-in-out;
    -o-transition: all 0.2s ease-in-out;
    -webkit-transition: all 0.2s ease-in-out;   ❹
    transition: all 0.2s ease-in-out;
    z-index:10;                             ❺
}
```

❶ 부모 요소(.prod-list)를 기준으로 아래쪽 200px 위치에 설명글을 표시합니다.

▶ position:absolute를 사용하려면 부모 요소에 position: relative로 지정되어 있어야 합니다.

❷ 설명 글 아래에 반투명한 검정색 배경을 지정합니다.

❸ 불투명도를 0으로 지정해 화면에 보이지 않게 합니다.

❹ 설명 글이 부드럽게 나타나도록 트랜지션 효과를 사용합니다.

❺ 설명 글은 이미지나 다른 요소보다 위에 표시되어야 하므로 z-index 값을 크게 지정합니다(10이 아니더라도 큰 숫자면 됩니다).

3. 저장한 후 웹 브라우저에서 확인해 보면 설명 글이 보이지 않을 것입니다. 하지만 설명 글은 화면에서만 보이지 않을 뿐 실제로는 브라우저에 포함되어 있습니다. 크롬 개발자 도구 창에서 <div class="caption"> 부분을 검사해 보면 오른쪽 그림처럼 영역을 차지하고 있는 것을 볼 수 있습니다.

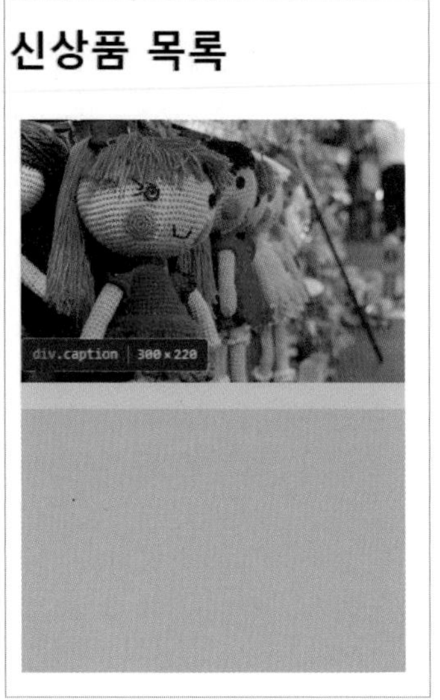

4. 변형 효과 넣기

이제 상품 항목 위로 마우스 포인터를 올려놓았을 때 .caption이 위로 이동할 수 있도록 변형 함수 translateY()를 이용해 다음과 같은 스타일을 지정합니다. 이때 위로 이동하면서 설명 글이 보여야 하므로 opacity를 1로 수정합니다. 이 소스를 </style> 태그 앞에 추가하세요.

```
.prod-list li:hover .caption {
  opacity: 1;
  -moz-transform: translateY(-200px);
  -ms-transform: translateY(-200px);
  -o-transform: translateY(-200px);
  -webkit-transform: translateY(-200px);
  transform: translateY(-200px);
}
</style>
```

5. 웹 브라우저에서 확인하기

저장한 후 웹 브라우저에서 확인해 보세요. 상품 이미지 위로 마우스 포인터를 올려놓으면 반투명한 검은색 배경이 있는 설명 글이 화면 위에 나타났다가 마우스 포인터를 치우면 설명 글도 사라질 것입니다. 이제 설명 글 안에 있는 텍스트만 눈에 띄도록 바꾸면 되겠군요.

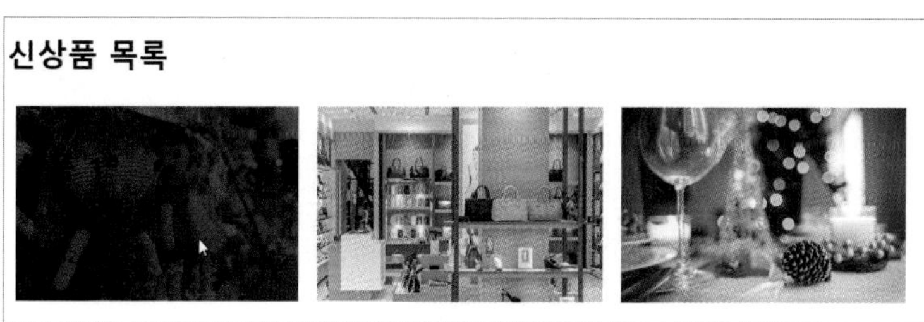

6. 글자 스타일 수정하기

설명 글의 배경이 어두운 색이므로 .caption 요소에 있는 글자의 색상을 흰색으로 바꾸는 것이 좋겠죠? 그리고 화면 가운데로 정렬해 보겠습니다. 다음 CSS 소스를 </style> 태그 앞에 입력하세요.

```
  .prod-list li:hover .caption {
    opacity: 1;
    -moz-transform: translateY(-2
    -ms-transform: translateY(-20
    -o-transform: translateY(-200
    -webkit-transform: translateY
    transform: translateY(-200px);
  }
  .prod-list .caption h1, .prod-list .caption p {
    color: #fff;
    text-align: center;
  }
</style>
```


```
.prod-list .caption h1, .prod-list .caption p {
  color: #fff;
  text-align: center;
}
```


7. 웹 브라우저에서 확인하기

수정한 내용을 저장한 후 다시 웹 브라우저로 확인해 보세요. 상품 이미지 위로 반투명의 검은색 배경의 설명 글이 나타났다가 사라지는 것을 볼 수 있을 것입니다.

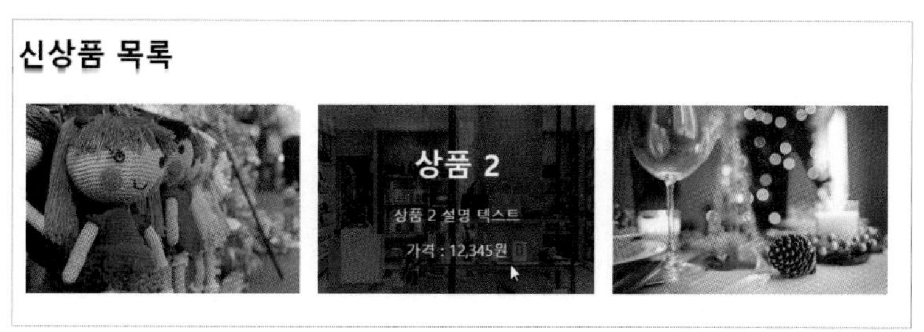

기억을 되살리는

연습문제

Q1 난이도 ★☆☆

13/quiz-1.html에 있는 사각형에 마우스 포인터를 올렸을 때 다음 조건에 맞게 transition 속성을 적용하세요.

[문제] 13/quiz-1.html

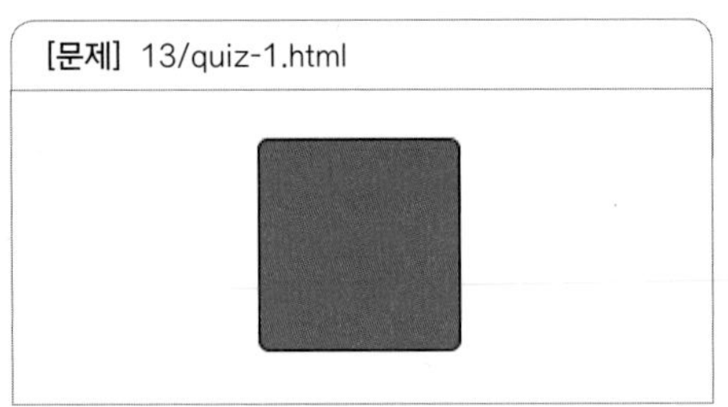

[해답] 13/sol-1.html

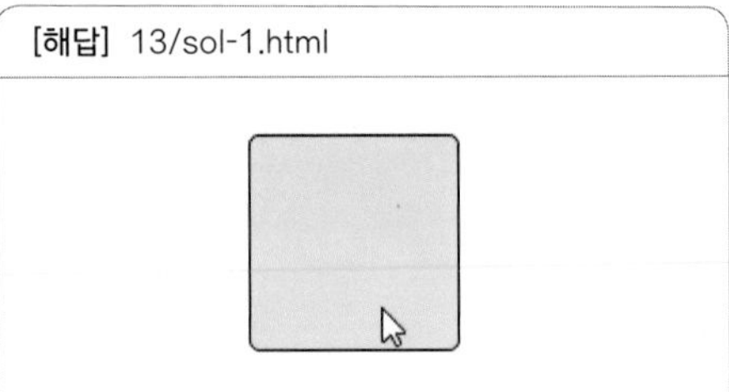

조건

① 기존 사각형의 속성 중 배경 색을 yellow로 바꿉니다.

② 배경 색이 천천히 바뀌도록 transition 속성을 사용하는데 적용 속성은 배경이고 진행 시간은 1초로 합니다.

Q2 난이도 ★★☆

13/quiz-2.html 문서를 열어 보면 이미지 파일이 화면에 삽입되어 있습니다. 이미지 위로 마우스 포인터를 올렸을 때 다음 조건에 맞게 이미지가 변형되도록 소스를 수정하세요.

[문제] 13/quiz-2.html

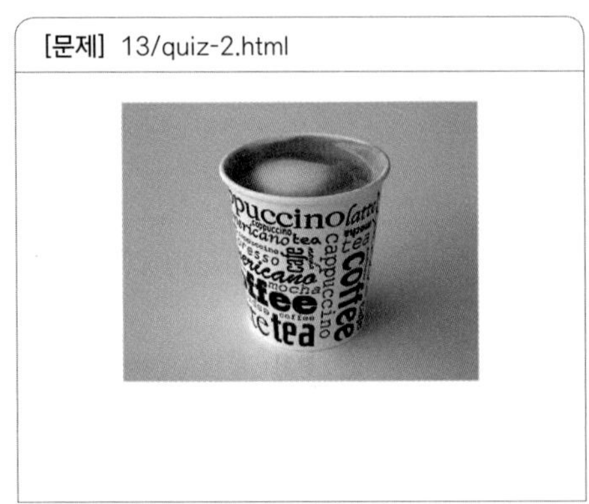

[해답] 13/sol-2.html

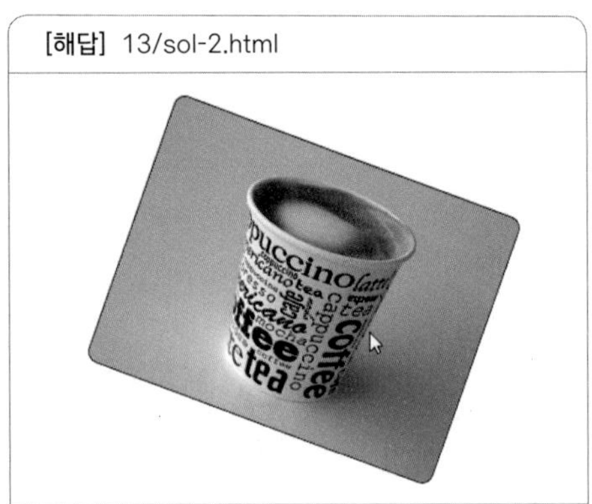

조건

① 이미지가 20° 회전합니다.

② 이미지의 테두리가 1px짜리 검은 실선으로 바뀝니다.

③ 테두리의 모서리 부분을 10px만큼 둥글게 처리합니다.

Q3 난이도 ★★★

transition 속성과 transform 속성을 이용해 사진 위로 마우스 포인터를 가져갈 때 사진이 확대되는 애니메이션을 만들려고 합니다. 13/quiz-3.html 문서를 가져와 다음 조건에 맞게 수정하세요.

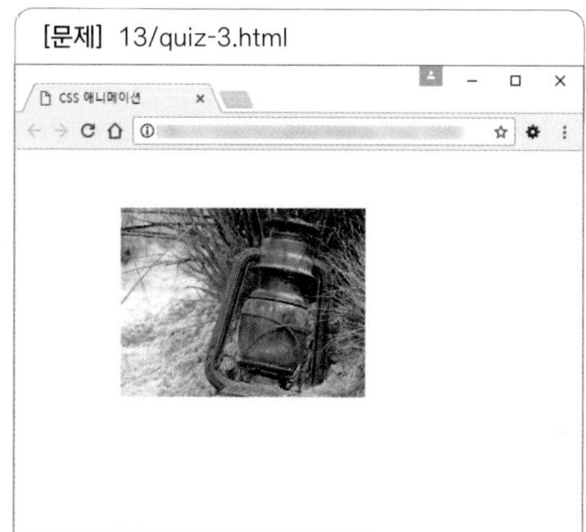

조건

① 트랜지션 대상은 all, 진행 시간은 1s로 지정합니다.
② 이미지가 삽입된 요소(.photo)에 마우스 포인터를 올려놓을 때 트랜지션이 진행됩니다.
③ 이미지의 크기를 1.5배로 확대합니다.
④ 확대된 이미지에 그림자 효과를 추가합니다(가로/세로 오프셋 5px, blur 3px, 그림자 색상 black).
⑤ 변형 기준(transform-origin)을 왼쪽 위 모서리(left top)로 지정합니다.
⑥ 트랜지션과 변형 관련 속성에는 브라우저 접두사를 붙입니다.

반응형 웹 사이트 만들기

14 반응형 웹이란?

15 미디어 쿼리

16 플렉스 박스 레이아웃

지금까지 HTML5와 CSS3의 모든 핵심 기능들을 살펴보았는데 이 두 가지가 웹 문서에서 만나면 어떤 일을 할 수 있을까요? HTML5에는 여러 기능이 있지만 최근 웹 디자인과 관련해 가장 큰 관심을 끄는 것은 '반응형 웹'입니다. 반응형 웹이란 원하는 웹 사이트를 우리 주변의 여러 스마트 기기들에서 자연스럽게 열어볼 수 있게 해주는 방법이죠. 넷째마당에서는 '반응형 웹'을 만드는 여러 방법에 대해 알아보겠습니다.

14

반응형 웹이란?

아직까지 웹 사이트들이 데스크톱 웹 브라우저를 기준으로 제작되어 있기 때문에 스마트폰이나 태블릿, 스마트 TV 같은 기기의 웹 브라우저로 접속해 보면 화면이 작게 보이거나 터치하기 불편합니다. 이럴 때 PC 브라우저로 접속하든 모바일 브라우저로 접속하든 사용자의 접속 환경에 맞추어 사이트 레이아웃을 자연스럽게 바꾸어 보여주는 웹 디자인을 '반응형 웹 디자인'이라고 합니다. 하나의 사이트를 제작해 여러 기기에서 볼 수 있도록 하는 것이죠. 이번 장에서는 반응형 웹 디자인이 무엇인지 알아보고 반응형 웹 사이트를 만드는 최신 웹 디자인 기법들에 대해 살펴보겠습니다.

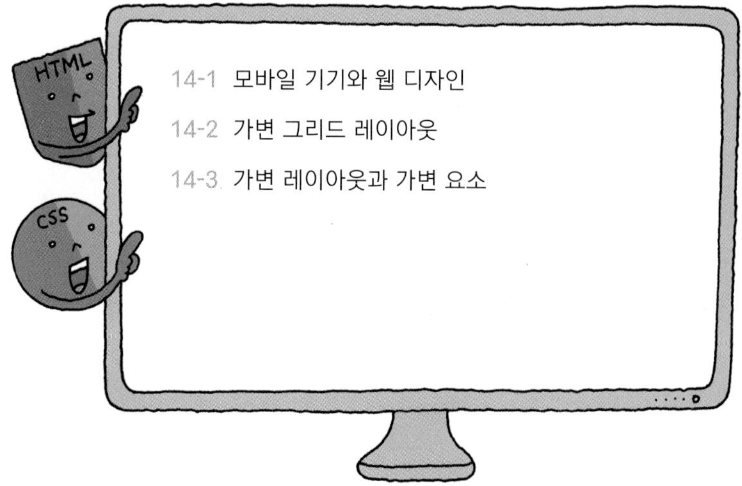

HTML
CSS
14-1 모바일 기기와 웹 디자인
14-2 가변 그리드 레이아웃
14-3 가변 레이아웃과 가변 요소

14-1 모바일 기기와 웹 디자인

모바일 기기 화면은 PC 화면을 단지 작게 줄여놓기만 한 것이 아니므로 PC와 모바일 기기 모두에서 볼 수 있는 웹 디자인을 만들기는 쉽지 않습니다. 최근 PC나 태블릿, 스마트폰 등 다양한 화면 크기를 가진 기기로 웹 사이트에 접속하는 엔스크린(N-screen)을 지원하기 위한 여러 방법들이 등장하고 있는데요. 그중 가장 기본적인 '뷰포트' 개념을 알아보고 반응형 웹이 등장한 이유도 살펴보겠습니다.

반응형 웹 디자인

얼마 전까지만 해도 웹 사이트를 디자인할 때 오른쪽 그림과 같이 웹 사이트 화면 너비를 노트북 화면 너비에 맞추어 고정시켜 놓고 큰 화면에 표시할 때는 웹 사이트 내용을 중앙에 오도록 하고 양쪽에 여백을 표시하는 방법을 주로 사용했습니다.

PC용 웹 사이트

이제는 PC나 노트북보다 더 작은 스마트폰에서 웹에 접속하는 경우가 많습니다. 그런데 PC와 스마트폰의 화면 크기가 다르기 때문에 데스크톱 PC용으로 만들어진 웹 사이트를 스마트폰에서 접속하면 매우 작은 글씨로 표시됩니다. 데스크톱에서 보여주던 내용을 스마트폰 화면 안에 다 보여줘야 하기 때문이죠. 그래서 포털 사이트나 쇼핑몰 사이트의 경우, 모바일 기기의 특성을 충분히 활용할 수 있도록 모바일 사이트를 별도로 제작합니다.

모바일용 사이트

하지만 스마트폰이나 태블릿, 스마트 TV 등 브라우저 환경이 다양해지는데 그때마다 웹 사이트를 별도로 제작하는 것은 쉬운 일이 아닙니다. 기존 웹 사이트의 내용을 그대로 유지하면서 다양한 화면 크기에 맞게 웹 사이트를 표시할 수 있는 방법은 없을까요? 그 해답은 바로 반응형 웹 디자인(responsive web design)입니다. 반응형 웹 디자인은 화면 요소들을 화면 크기에 맞게 재배치하고 각 요소의 표시 방법만 바꾸어 사이트를 구현해 줍니다.

반응형 웹 사이트는 어떻게 동작할까요? https://developers.naver.com/에 접속해 보세요. 그리고 브라우저 창의 너비를 조절하면서 화면이 어떻게 바뀌는지 확인해 봅시다. 브라우저 창이 넓을 때는 사이트 메뉴가 상단에 있고 화면 요소들도 가로로 배치되어 있죠. 하지만 브라우저 창의 너비를 줄이면 왼쪽 위에 있는 ☰를 클릭해야 메뉴를 확인할 수 있습니다. 또한 가로로 여러 개 배치되었던 창도 두 개씩 여러 줄에 걸쳐 배치됩니다.

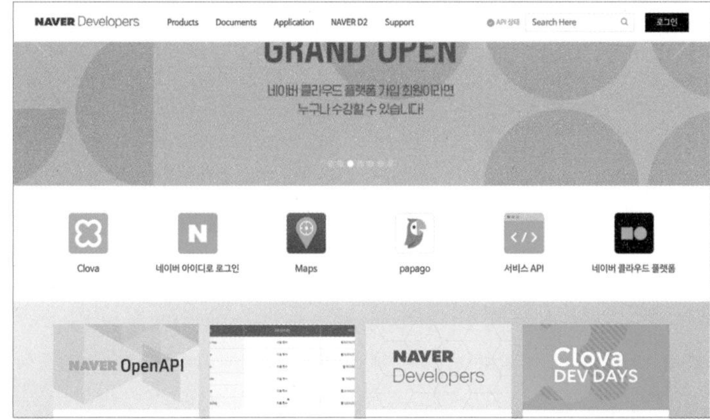

다양한 화면 크기의 모바일 기기들이 계속 쏟아져 나오는데 그 때마다 그 크기에 맞춘 사이트를 별도로 제작하는 것은 투자 비용과 시간, 노력을 고려하면 비효율적입니다. 이런 점을 고려해 여러 기기에 맞는 사이트를 별도로 제작하지 않고 앞의 사이트처럼 화면 크기에 '반응'해 화면 요소들을 자동으로 바꾸어 사이트를 구현하는 것이 바로 반응형 웹 디자인입니다.

▶ 반응형 웹은 모바일 기기에 반응하는 것이 아니라 모바일 기기에 있는 웹 브라우저 창의 너비 값에 반응합니다.

반응형 웹의 장·단점

사이트를 하나만 만들면 데스크톱 PC와 모바일 기기에서 모두 사용할 수 있어 효율적이라는 점이 반응형 웹의 큰 장점입니다. 이외에 어떤 장점들이 있을까요?

① 모든 스마트 기기에서 접속 가능

반응형 웹에서 사용하는 기술들은 W3C에서 웹 표준으로 지정한 HTML과 CSS로 이루어져 있기 때문에 스마트 워치 같은 웨어러블 기기뿐만 아니라 스마트 TV나 게임 콘솔 등 웹 표준을 지원하는 어떤 스마트 기기에서든 접속할 수 있습니다.

② 가로 모드에 맞추어 레이아웃 변경 가능

스마트폰이나 태블릿에서 가로 모드로 돌렸을 때 너비 값이 커지면 그에 맞추어 레이아웃을 바꾸어 보여줄 수도 있습니다. 이것은 CSS에서 조절하며 화면 크기에 맞추어 자유롭게 반응할 수 있습니다.

③ 사이트 유지·관리 용이

사이트가 하나뿐이기 때문에 유지·관리가 쉽습니다. 특히 반응형 웹에 사용되는 코드들은 서버쪽 코드가 없고 HTML과 CSS로만 되어 있어 복잡하지 않습니다.

하지만 반응형 웹 사이트를 제작하기 위한 기술 중 미디어 쿼리와 플렉스 박스는 최신 웹 표준인 CSS3의 일부이기 때문에 최신 모던 브라우저에서만 지원됩니다. 따라서 하위 버전의 브라우저 사용자까지 고려할 수 없다는 단점도 있습니다.

▶ '가변 그리드 레이아웃'과 '미디어 쿼리', '플렉스 박스' 등은 최근 가장 많이 사용되는 반응형 웹 디자인 기법들로 각 방법에 대해서는 앞으로 하나씩 알아보겠습니다.

모바일 기기를 위한 기본 다지기, 뷰포트

반응형 웹 디자인의 방법을 알아보기 전 기본적으로 알아두어야 할 것이 '뷰포트(viewport)'입니다. PC 화면에서 보이는 내용을 모바일 기기에서 그대로 볼 수 없는 이유는 PC 화면과 모바일 화면의 픽셀 표현 방법이 다르기 때문인데 뷰포트를 지정하면 접속한 기기 화면에 맞추어 확대하거나 축소해 표시할 수 있습니다. 이때 '뷰포트'란 스마트폰 화면에서 실제 내용이 표시되는 영역입니다.

앞으로 설명할 여러 방법으로 모바일 기기에 적합한 사이트를 제작했더라도 정작 스마트폰 화면에서 내용을 확인하면 페이지의 글자들이 매우 작게 표시되는 것을 보게 됩니다. 이것은 웹키트(webkit) 기반인 모바일 브라우저들의 기본 뷰포트 너비가 980px이기 때문입니다. 다시 말해 웹 페이지 너비를 스마트폰용인 320px로 맞추어 웹 사이트를 제작하더라도 스마트폰의 모바일 브라우저의 기본 뷰포트 너비가 980px이기 때문에 웹 페이지 너비를 무조건 980px로 표시하려고 합니다. 결국 스마트폰용으로 제작한 웹 페이지의 내용들은 의도와 달리 작은 글씨와 그림으로 표시되는 것이죠.

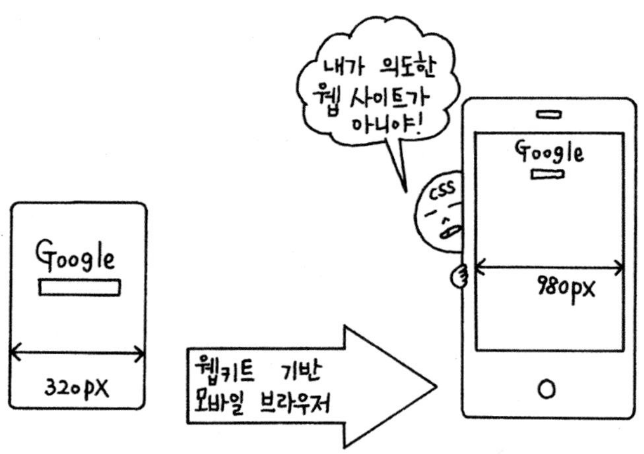

▶ 웹키트 기반의 브라우저(webkit-based browser)란 브라우저를 동작시키는 실행 엔진이 '웹키트(webkit)' 엔진이기 때문에 붙은 이름입니다. 아이폰의 사파리 브라우저와 안드로이드폰의 크롬 브라우저가 웹키트 엔진을 기반하고 있습니다. 스마트폰 브라우저는 대부분 웹키트 엔진을 기반으로 하는 브라우저입니다.

뷰포트 지정하기

뷰포트가 필요한 이유를 살펴보았으니 뷰포트를 지정하는 방법을 알아보겠습니다. 뷰포트는 〈meta〉 태그를 이용해 〈head〉 태그와 〈/head〉 태그 사이에 작성합니다. 뷰포트를 지정하는 기본적인 형식은 다음과 같습니다.

```
기본형  <meta name="viewport" content="<속성1=값>, <속성2=값2>, ... ">
```

▶ 뷰포트 관련 표준 규약은 https://www.w3.org/TR/css-device-adapt-1/에서 확인할 수 있습니다.

content 속성을 이용해 뷰포트 속성과 속성 값을 지정하는데 content 안에서 사용하는 뷰포트 속성은 다음과 같습니다.

속성	설명	사용 가능한 값	기본 값
width	뷰포트 너비	device-width 또는 크기	브라우저 기본 값
height	뷰포트 높이	device-height 또는 크기	브라우저 기본 값
user-scalable	확대/축소 가능 여부	yes 또는 no	yes
initial-scale	초기 확대/축소 값	1~10	1
minimum-scale	최소 확대/축소 값	0~10	0.25
maximum-scale	최대 확대/축소 값	0~10	1.6

뷰포트 속성을 이용한 예시를 살펴보겠습니다. 다음은 웹 페이지 뷰포트의 너비를 스마트폰 화면 너비에 맞추고 초기 화면 배율을 1로 지정한 것으로 가장 많이 사용하는 형태입니다.

```
<meta name="viewport" content="width=device-width, initial-scale=1">
```

웹 문서에 뷰포트 소스를 추가하면 다음과 같이 모바일 화면에 맞게 출력됩니다.

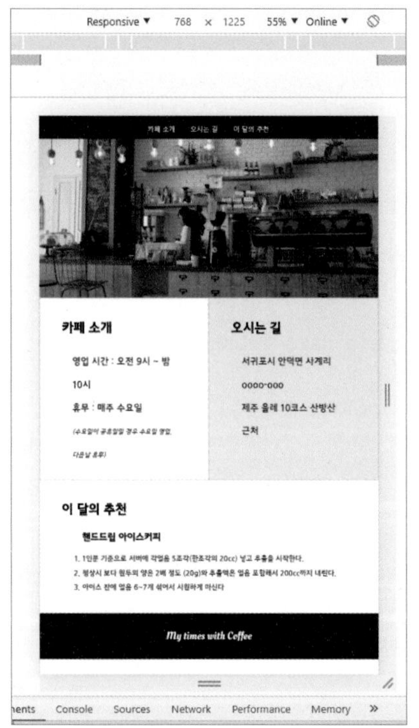

직접 해보세요! 크롬의 디바이스 모드 활용하기

[준비] 14/index.html

반응형 웹 사이트를 만들었더라도 여러 기기에서 제대로 보이는지 테스트해야 하는데 모든 기기를 갖추고 직접 확인하는 것은 쉽지 않습니다. 이때 크롬 개발자 도구의 '디바이스 모드'를 활용하면 좋습니다. 크롬 개발자 도구의 디바이스 모드는 반응형 웹 사이트를 제작하는 동안 활용할 수 있고 제작이 끝난 사이트를 살펴볼 때도 활용할 수 있습니다.

1. 디바이스 모드 시작하기

14/index.html을 크롬 브라우저에서 연 후 Ctrl + Shift + I 키를 눌러 개발자 도구 창을 엽니다. 개발자 도구 창의 맨 왼쪽 윗부분에 있는 디바이스 모드 아이콘 을 클릭합니다.

▶ 반응형 웹 디자인을 적용한 사이트에 접속한 후 따라 해도 됩니다.

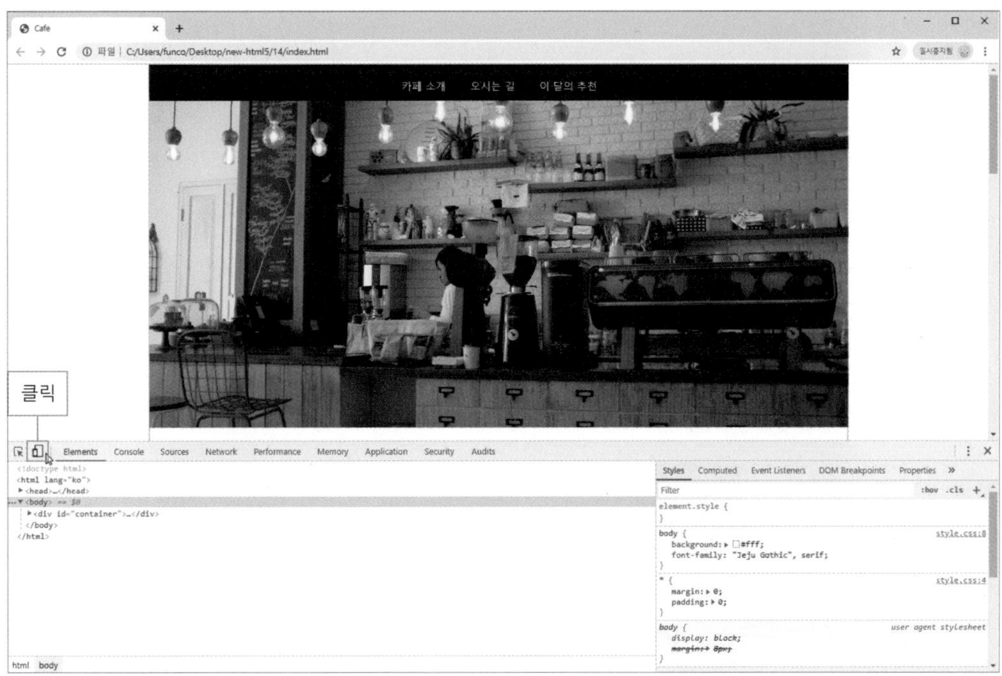

2. 화면 크기에 따라 확인하기

브라우저 창 윗부분에 [Responsive] 항목이 표시되면서 데스크톱 기본 너비 값인 [1024]가 표시될 것입니다. 높이 값은 브라우저 창 높이와 개발자 도구 창 높이에 따라 달라집니다.

▶ '100%' 부분을 클릭한 후 '75%'나 '50%'를 선택하면 화면을 축소해서 좀 더 많은 부분을 보여줍니다.

3. 작은 화면 크기로 바꾸기

반응형 웹 디자인을 확인해 볼 수 있는 부분은 [Responsive] 항목 바로 아래에 있는 회색 막대입니다. 회색 막대 위로 마우스 포인터를 올려놓을 때마다 중단점을 선택할 수 있습니다. [Tablet-768px]이 나타나는 위치에서 클릭해 보세요.

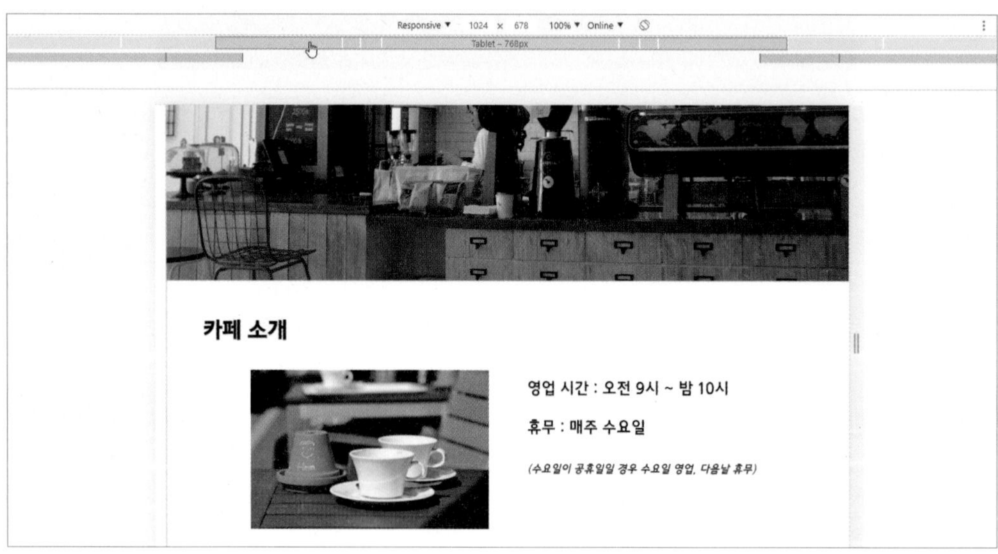

4. 넓은 화면일 경우에는 '카페 소개'나 '오시는 길' 영역에 그림과 텍스트가 함께 나타나지만 태블릿 화면을 클릭했을 경우에는 그림이 사라지고 텍스트만 표시됩니다. 태블릿 화면에서는 마우스크를 클릭한 상태로 스와이프하듯 화면을 움직일 수 있습니다.

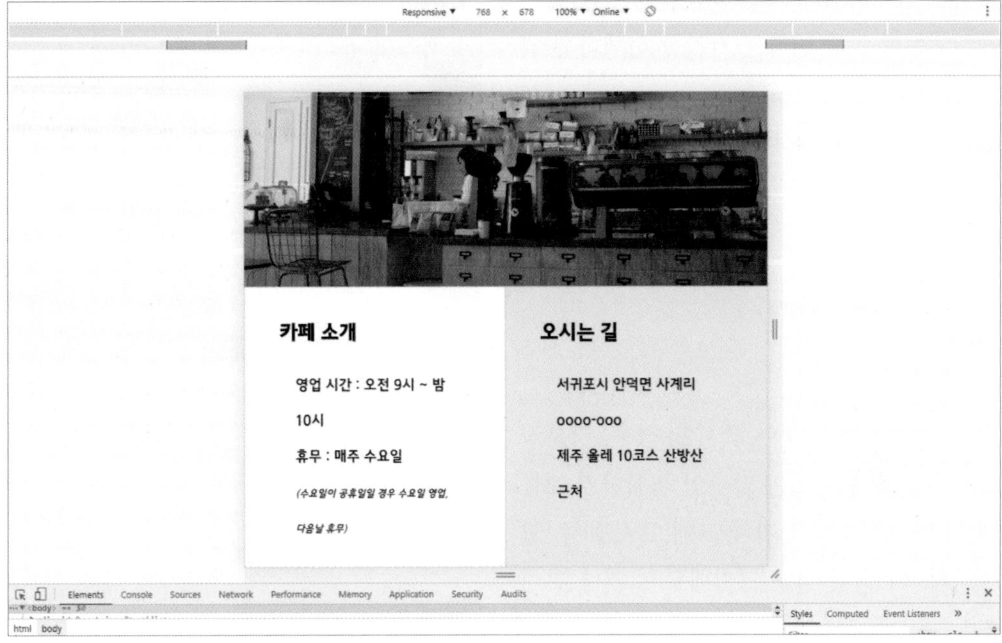

5. 이런 방법으로 회색 막대에서 옆으로 옮겨 가며 반응형 웹 디자인의 크기에 따라 사이트가 어떻게 바뀌는지 확인해 볼 수 있습니다.

6. 모바일 기기에 따라 확인하기

특정 기기에서 사이트가 어떻게 보일지 확인해 볼 수도 있습니다. 회색 막대의 [Responsive] 항목을 클릭하면 선택 가능한 주요 기기들이 표시되는데 그중 원하는 기기를 선택하면 됩니다.

▶ 목록에 표시된 기기 외에 다른 기기에서 테스트해 보고 싶다면 [Edit]을 클릭한 후 원하는 기기를 선택하면 됩니다.

7. 특정 기기에 맞추어 표시할 경우, 기본적으로 웹 브라우저 창에 맞추어 표시하기 때문에 실제 크기보다 작거나 크게 표시될 수 있습니다. 이럴 때 실제 크기대로 보거나 확대 또는 축소해 보려면 화면 배율 항목 부분을 클릭한 후 원하는 배율을 선택하면 됩니다.

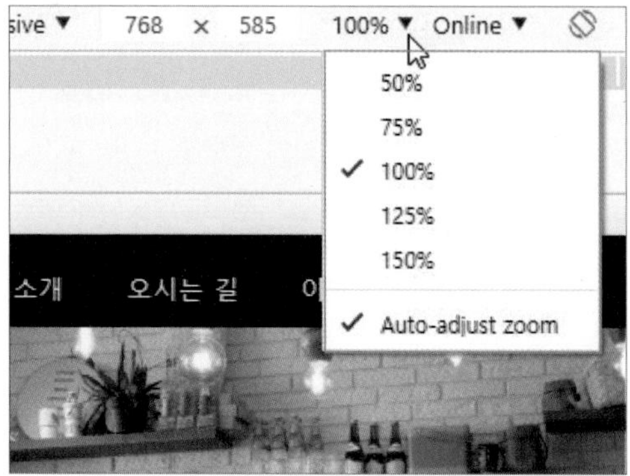

1분 복습 http://mediaqueri.es/ 사이트에는 미디어 쿼리를 이용한 반응형 웹 사이트들이 소개되어 있습니다. 그중 한 군데를 방문해 크롬 개발자 도구에 있는 디바이스 모드를 사용해 보세요.

14-2 가변 그리드 레이아웃

가변 그리드 레이아웃(fluid grid layout)은 사이트의 모든 요소들을 상대적 크기로 지정해 브라우저의 크기에 따라 탄력적으로 보여주는 방법입니다. 가변 그리드 레이아웃에서는 CSS를 하나만 정의하면 됩니다. 먼저 가변 레이아웃이 무엇인지부터 알아보겠습니다.

고정 그리드와 가변 그리드

웹 사이트의 레이아웃을 정할 때 자주 사용하는 기준이 '그리드 시스템(grid system)'입니다. 반드시 그리드 시스템을 따를 필요는 없지만 사이트 전체의 디자인이나 일관성을 유지하는 데는 그리드 시스템이 편리합니다. 그리드 시스템이란 화면을 몇 개의 칼럼(column)으로 나누어 요소들을 배치하는 것으로 필요할 때마다 칼럼들을 묶어 배치할 수 있습니다. 그리드 시스템을 사용하면 화면을 단순하게 만들면서도 규칙적으로 배열하기 때문에 레이아웃을 일관성 있게 유지할 수 있다는 장점이 있어 대부분의 사이트들에서 사용됩니다.

그리드 시스템에서는 화면 너비를 몇 픽셀로 하는가에 따라 960픽셀로 고정하는 '960 그리드 시스템'이나 1200픽셀로 고정하는 '1200 그리드 시스템'으로 나누기도 하고 화면을 몇 개의 칼럼으로 나누는가에 따라 12칼럼 그리드, 16칼럼 그리드, 24칼럼 그리드로도 나누는데 주로 오른쪽 그림과 같이 960픽셀의 12칼럼 그리드를 사용합니다.

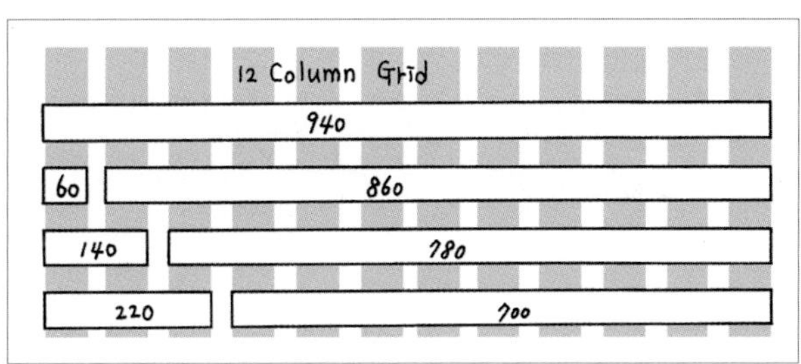

▶ 위 그림은 좌우 마진을 10px로 가정한 결과입니다.

그리드 시스템은 화면 너비를 특정 값으로 고정해 놓고 그 안에 표시할 요소들의 너비 값을 지정하면 너비가 항상 일정하게 표시되기 때문에 원하는 레이아웃을 쉽게 만들 수 있습니다. PC용 사이트만 만든다면 이 방법이 편리하겠죠?

반면, 어떤 기기에서도 동일한 레이아웃을 가지면서 기기의 특성에 맞게 웹 문서가 표현되려면 문서 안의 각 요소의 너비를 픽셀과 같은 고정 값이 아니라 백분율과 같은 가변 값으로 지정하면 됩니다. 이렇게 사이트의 레이아웃을 백분율로 지정하는 것을 '가변 그리드 레이아웃

(fluid grid layout)' 또는 줄여서 '가변 레이아웃(fluid layout)'이라고 합니다. '가변(fluid)'이란 '너비 값이 정해져 있지 않다'라는 뜻으로 브라우저 너비 값이 바뀔 때마다 웹 요소의 너비 값도 함께 바뀐다는 뜻입니다. 가변 그리드 레이아웃을 사용할 경우, 너비 값이 줄어들면 실제 콘텐츠를 확인하기 불편하므로 가능하면 간결한 디자인을 사용하는 것이 좋습니다.

가변 그리드 레이아웃 만들기

가변 그리드 레이아웃을 만들기 위해 특별한 디자인 방법이 필요한 것은 아닙니다. 픽셀(px)을 이용한 레이아웃을 만들어 놓았다면 간단한 계산법으로 만들 수 있습니다. 다시 말해 고정 그리드 레이아웃을 만들고 가변 그리드 레이아웃으로 바꿀 수 있다는 말이죠.

아래 예제는 고정 그리드 레이아웃을 이용해 만든 문서입니다. 문서의 맨 바깥 부분을 #wrapper 요소로 묶고 너비를 960px로 지정했습니다. 그리고 그 안에 헤더와 본문, 사이드바, 푸터를 배치했습니다. 고정 그리드 레이아웃을 사용했기 때문에 브라우저 창의 너비를 조절하거나 크롬 개발자 도구의 디바이스 모드를 이용해 모바일 기기를 선택해 보면 문서 내용이 가려지면서 스크롤바가 생기는 것을 알 수 있습니다.

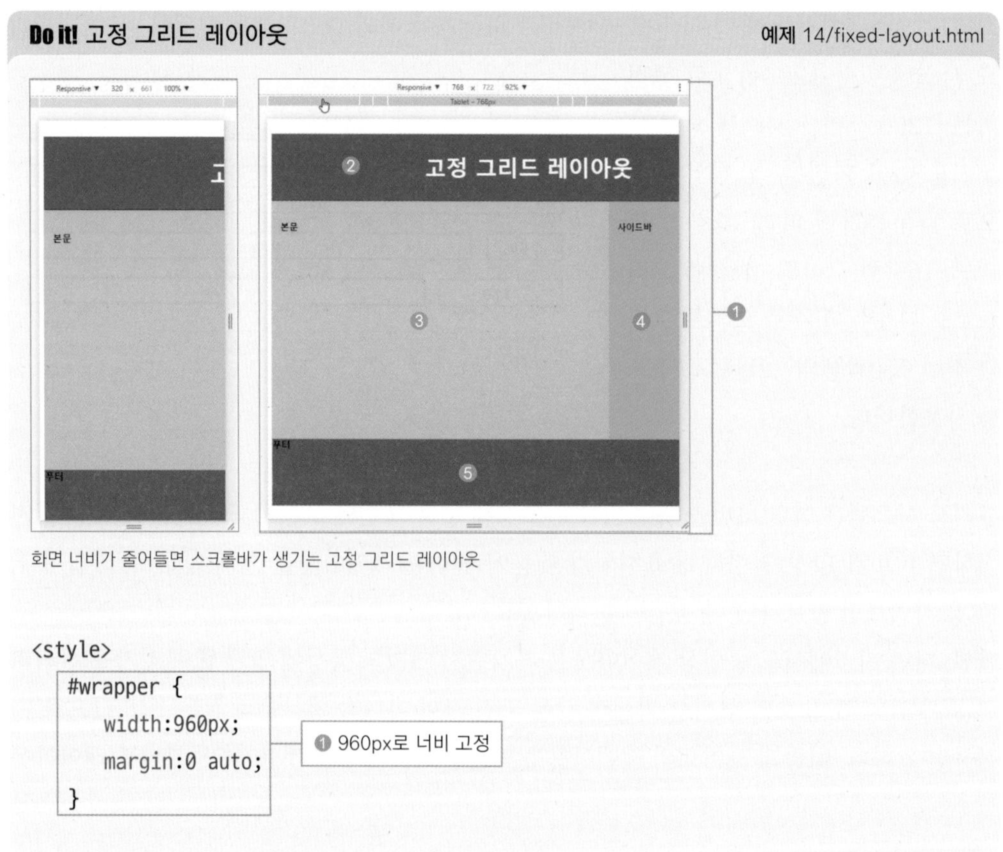

화면 너비가 줄어들면 스크롤바가 생기는 고정 그리드 레이아웃

```
<style>
  #wrapper {
     width:960px;
     margin:0 auto;
  }
```

```
header {
    width:960px;
    height:120px;
}
.content {
    float:left;
    width:600px;
}
.right-side {
    float:right;
    width:300px;
}
footer {
    clear:both;
    width:960px;
}
</style>
```

❷ 헤더
❸ 본문
❹ 오른쪽 사이드바
❺ 푸터

이렇게 고정 그리드 레이아웃은 화면 너비가 작아질 경우, 내용의 일부가 가려집니다. 이 예제를 바탕으로 가변 그리드 레이아웃을 만들어 보겠습니다.

1. 전체를 감싸는 요소 확인하기

가변 그리드는 웹 콘텐츠 전체를 감싸는 요소의 너비를 기준으로 각 요소의 너비를 계산합니다. 앞에서 살펴본 예제(fixed-layout.html)의 경우, #wrapper 요소가 전체를 감싸고 있습니다. 만약 이런 요소가 없다면 <div id="wrapper">나 <div id="container">처럼 직접 추가합니다. id 이름은 무엇이든 상관없습니다.

```
<div id="wrapper">
    ......
</div>
```

그리고 #wrapper의 너비 값 960px을 백분율 값으로 변환합니다. 여기서는 화면 양옆에 여백을 두기 위해 너비를 96%로 지정해 보겠습니다. 하지만 사이트 디자인이 모니터 화면에 가득 차게 표시하고 싶다면 100%로 지정해도 됩니다.

```
#wrapper {
    width:96%;
    margin:0 auto;
}
```

2. 각 요소의 너비 값 계산하기

기준이 되는 요소를 찾았다면 그 요소의 너비 값으로 각 요소의 너비 값을 계산합니다.

```
(요소의 너비 / 콘텐츠 전체를 감싸는 요소의 너비) * 100
```

요소의 너비 값을 %로 지정할 때 소수점 이하 숫자가 많다면 소수점 이하 3~4자리까지 표시하는 것이 좋습니다. 그리고 요소들의 너비와 함께 패딩과 마진도 백분율 값으로 조절하는 것이 자연스럽습니다. 각 요소에 사용한 패딩과 마진 값도 #wrapper 너비 값으로 나눈 후 100을 곱해 계산합니다.

앞의 예제의 경우, 각 요소의 너비를 가변 그리드에 맞게 계산하면 다음과 같습니다.

요소	고정 그리드	가변 그리드
header	960px	100%
.content	600px	62.5%
padding	15px	1.5625%
.right-side	300px	31.25%
padding	15px	1.5625%
footer	960px	100%

▶ 가변 그리드 레이아웃은 너비가 줄거나 늘어나면 높이 값이 계속 바뀌므로 높이 값은 백분율로 바꾸지 않습니다.

이 방법을 적용해 앞에서 살펴본 fixed-layout.html 예제를 가변 그리드로 바꾸어 볼까요? 이렇게 바꾸면 브라우저 창의 너비를 줄일 때 각 요소의 너비 값도 줄어들어 스크롤바 없이 한눈에 볼 수 있습니다.

Do it! 가변 그리드 레이아웃 예제 14/fluid-grid.html

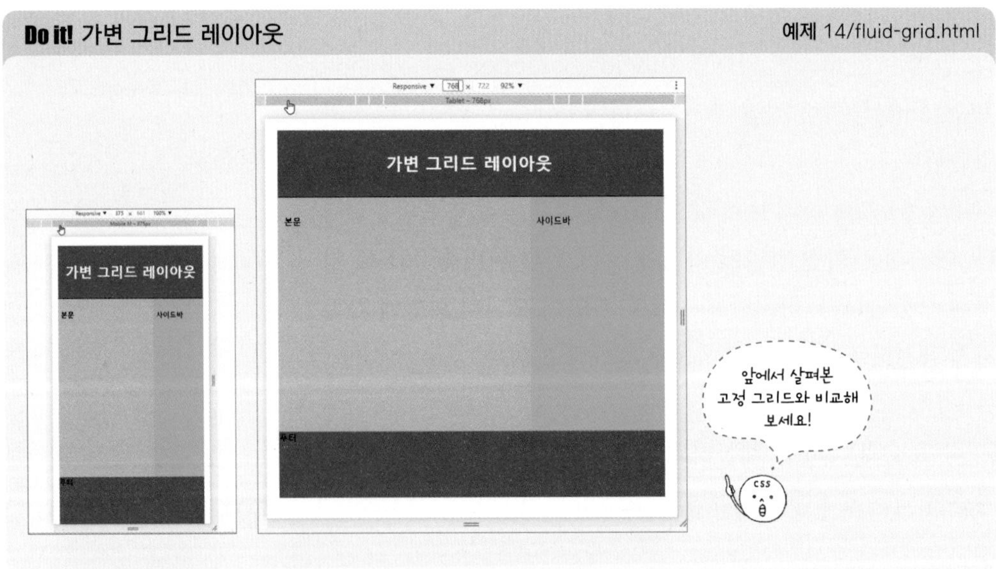

```
<style>
  #wrapper {
    width:96%;
    margin:0 auto;
  }
  header {
    width: 100%;
    height: 120px;
  }
  .content {
    float:left;
    width:62.5%;
    height:400px;
    padding:1.5625%;
    background-color:#ffd800;
  }
  .right-side {
    float:right;
    width:31.25%;
    height:400px;
    padding:1.5625%;
    background-color:#00ff90;
  }
  footer {
    clear:both;
    width:100%;
    height:120px;
    background-color:#c3590a;
  }
</style>
```

96%로 너비 값 설정

너비의 px 값을 %로 변경

14-3 가변 레이아웃과 가변 요소

가변 그리드를 사용하면 사이트에 접속하는 브라우저의 너비에 따라 웹 요소들의 너비가 유동적으로 바뀝니다. 이때 웹 요소 중 너비 값을 가진 요소들도 브라우저 너비가 바뀔 때 함께 바뀌어야 자연스럽게 표현될 수 있겠죠. 여기서는 그런 가변 요소들에 대해 살펴보겠습니다.

가변 글꼴

텍스트 크기를 픽셀(px) 단위로 지정하면 크기가 고정되기 때문에 화면 크기가 작은 기기에서는 매우 작게 표시됩니다. 따라서 반응형 웹 디자인을 위해 가변 그리드 레이아웃을 사용할 때는 글자 크기도 유동적으로 바뀌어야 합니다. 이것을 '가변 글꼴'이라고 하는데요. 가장 많이 사용하는 단위는 em과 rem입니다.

em 단위

em 단위는 부모 요소에서 지정한 폰트의 대문자 M의 너비를 1em으로 지정한 것으로 1em은 16px입니다(1em = 16px). 따라서 이미 px로 표시한 글자의 크기를 16px로 나누면 em 값으로 계산할 수 있습니다.

$$\text{글자 크기(em)} = \frac{\text{글자 크기(px)}}{16\text{px}}$$

다음 예제는 가변 그리드 레이아웃에서 각 영역의 텍스트 크기를 em 단위로 지정한 것입니다.

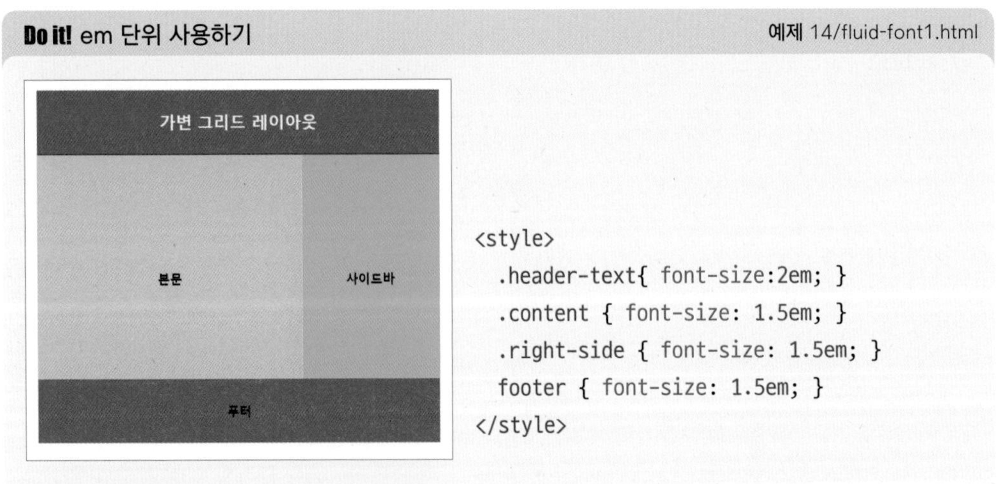


```
<style>
  .header-text{ font-size:2em; }
  .content { font-size: 1.5em; }
  .right-side { font-size: 1.5em; }
  footer { font-size: 1.5em; }
</style>
```

이렇게 em 단위로 작성된 글꼴도 실제로 브라우저 창에 표시될 때는 해당 기기에 맞춘 픽셀 크기로 계산되어 표시됩니다. 브라우저 창에서 해당 파일을 열고 글꼴 부분을 마우스 오른쪽 버튼으로 클릭한 후 [요소 검사] 또는 [검사]를 선택하면 개발자 도구 창이 뜹니다. 개발자 도구의 왼쪽 창에는 HTML 소스가 뜨고 오른쪽에는 CSS 소스가 뜨는데 오른쪽 창 상단에 있는 [Computed] 탭이나 [계산됨] 탭을 클릭하고 font-size 속성을 보면 실제로 계산된 글꼴 크기가 표시됩니다.

예를 들어 fluid-font1.html의 헤더에 있는 텍스트의 경우, 2em이기 때문에 16px×2=32px로 계산된 것을 볼 수 있습니다.

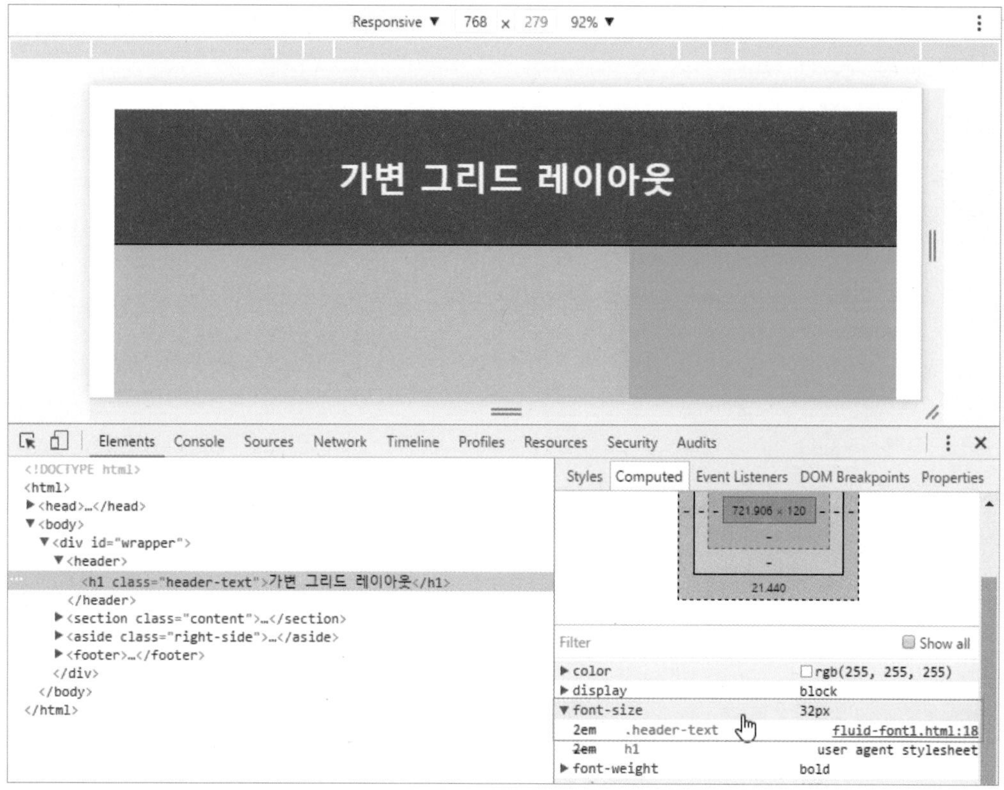

rem 단위

em 단위는 부모 요소의 글꼴을 기준으로 하기 때문에 중첩된 부모 요소의 글자 크기의 영향을 받습니다. 예를 들어 14/fluid-font2.html 예제를 보면 #wrapper 요소에서 font-size:12px;이라고 지정하면 그 자식 요소인 .header-text에 있는 font-size:2em;은 화면에 24px로 표시되고 .header-text의 자식 요소인 .fluid-text 요소의 font-size:1.5em;은 부모 요소 .header-text의 글자 크기인 24px를 기준으로 해 36px로 표시됩니다. 즉, em 단위를 사용하면 부모 요소의 크기에 따라 자식 요소의 글자 크기가 바뀌는 것이죠. 이렇게 하면 em 수치가 계속 달라진다는 단점이 있습니다.

Do it! em 단위의 단점 예제 14/fluid-font2.html

```
<style>
   #wrapper { font-size:12px; }
   .header-text{ font-size:2em; }
   .fluid-text { font-size:1.5em; }
</style>
<div id="wrapper">
   <header class="header-text"> ❶
      <p> 가변 그리드 레이아웃 </p>
      <p class="fluid-text"> 가변 폰트 </p> ❷
   </header>
</div>
```

이런 단점을 없애기 위해 만든 단위가 rem입니다. rem에서 r은 루트(root)를 뜻하며 rem은 처음부터 기본 크기를 지정하기 때문에 중간에 기본 값이 바뀌지 않습니다.
이번에는 rem을 사용한 예제를 살펴보죠. 14/fluid-font3.html 예제는 body 요소에서 16px을 기본 크기로 지정하기 때문에 #wrapper 요소에서 글자 크기를 12px로 지정하더라도 영향을 받지 않습니다. 또한 앞의 예제와 달리 .header-text는 16px의 2배인 32px로 표시되고 .fluid-text는 16px의 1.5배인 24px로 표시됩니다.

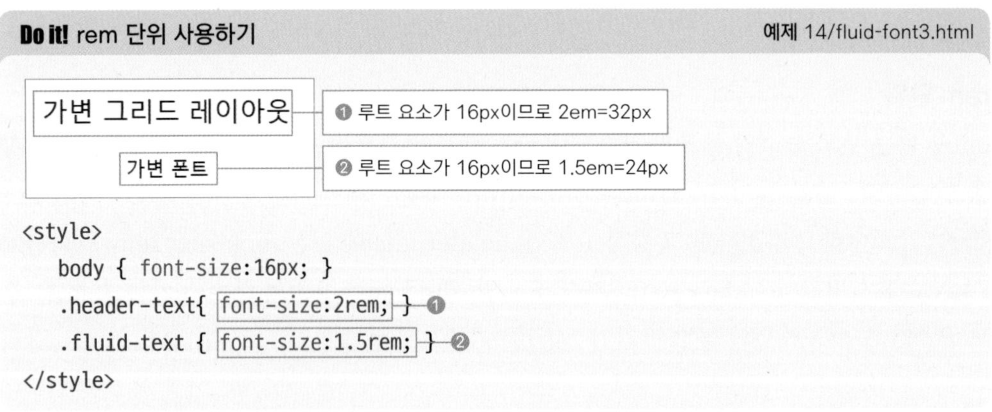

Do it! rem 단위 사용하기 예제 14/fluid-font3.html

```
<style>
   body { font-size:16px; }
   .header-text{ font-size:2rem; } ❶
   .fluid-text { font-size:1.5rem; } ❷
</style>
```

가변 이미지

이미지의 경우, 웹 문서에 삽입할 때부터 이미지의 크기가 정해져 있기 때문에 브라우저 창의 크기가 변하더라도 이미지의 너비 값은 바뀌지 않습니다. 그래서 가변 그리드 레이아웃에서 이미지의 너비가 브라우저 화면의 너비보다 클 경우, 브라우저 화면의 너비를 줄이면 이미지의 일부가 가려집니다.

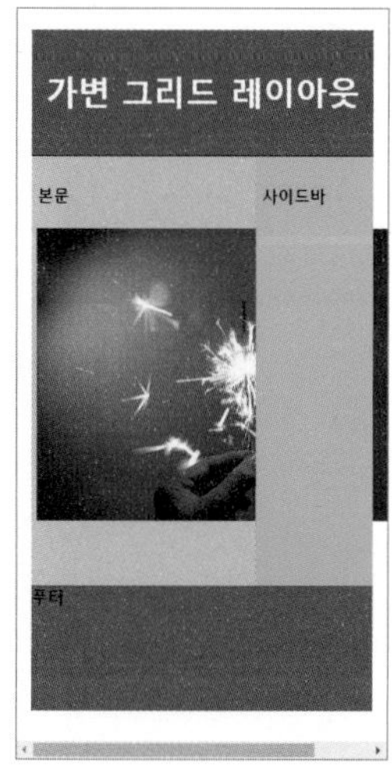

▶ 14/fluid-img1.html에서 확인할 수 있습니다.

브라우저 창의 너비를 줄이면 이미지의 일부가 가려집니다.

이렇게 이미지가 가려지면 안 되겠죠? 이럴 때 '가변 이미지(fluid image)'로 만들면 창의 너비에 따라 이미지 너비도 적절히 조절되도록 만들 수 있습니다.

CSS 이용하기

이미지를 가변 레이아웃에 맞게 표시하려면 이미지를 감싸고 있는 부모 요소만큼만 커지거나 작아지도록 max-width 속성 값을 100%로 지정하면 됩니다.

▶ 인터넷 익스플로러 7 이하 버전까지 지원해야 할 경우, max-width 속성을 인식하지 못하기 때문에 width 속성을 이용해 100%로 지정합니다.

곧바로 예제로 실습해 보죠. 다음 예제는 .content 요소 안에 포함된 이미지를 가변 이미지로 지정한 것으로 max-width:100%로 지정했기 때문에 .content 요소 너비 값이 변할 때마다 이미지의 너비와 높이도 바뀝니다.

▶ width는 웹 문서에 삽입할 이미지 너비 값이고 max-width는 가변 이미지에서 최대한 표시할 수 있는 이미지 너비 값입니다.

Do it! 가변 이미지 사용하기 예제 14/fluid-img2.html

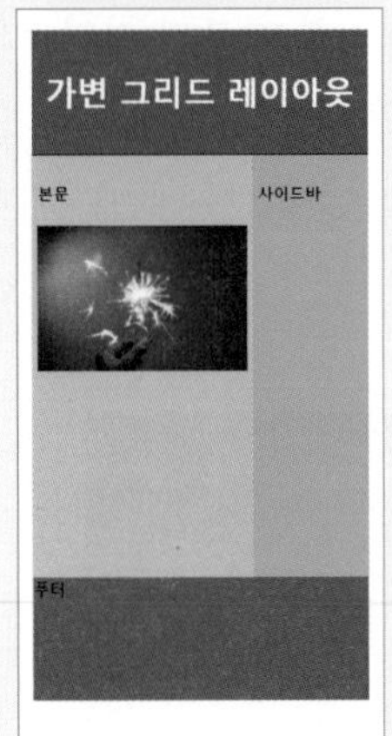

브라우저 창의 너비가 줄어들면 이미지 너비도 함께 줄어듭니다.

```
<style>
  .content img {
    max-width:100%;
    height:auto;
  }
</style>
```

<img> 태그와 srcset 속성

이미지 너비 값을 max-width:100%로 지정하면 가변 이미지를 간단히 만들 수 있지만 모든 상황에서 사용할 수 있는 것은 아닙니다. 고해상도 이미지를 크기만 줄여 모바일에 표시하더라도 파일 사이즈가 크기 때문에 모바일에서 다운로드하는 데 시간이 오래 걸립니다. 또한 텍스트가 포함된 이미지일 경우, 모바일 화면에 맞게 줄여 표시하면 텍스트 내용을 알아보기 힘들 수도 있죠. <img> 태그에서 srcset 속성을 이용하면 화면 너비 값이나 픽셀 밀도에 따라 고해상도의 이미지 파일을 지정할 수 있습니다.

```
기본형  <img src="<이미지>" srcset="<이미지1>[, <이미지2>, <이미지3>, ...]">
```

이때 <이미지1>, <이미지2>, … 은 화면 너비가 달라질 때 표시할 이미지들을 나열한 것으로 이미지 파일 경로와 함께 너비 값이나 픽셀 밀도도 함께 표시해야 합니다.

예를 들어 srcset 속성을 사용해 픽셀 밀도가 1일 때 표시할 이미지와 픽셀 밀도가 2일 때 표시할 고해상도 이미지를 따로 지정할 수 있습니다.

▶ 픽셀 밀도 2란 픽셀 밀도 1일 때보다 화면 1인치당 표시하는 픽셀 수가 2배라는 뜻입니다. 동일한 크기를 표시하는 데 2배의 픽셀을 사용하므로 그만큼 해상도가 더 뛰어납니다.

```
<img src="images/pencil.jpg" srcset="images/pencil-hd.jpg 2x" alt="색연필 제품 이미지">
```

<picture> 태그와 <source> 태그 - 상황별로 다른 이미지 표시하기

HTML5.1에는 <picture> 태그가 표준으로 포함되면서 <picture> 태그와 <source> 태그를 함께 사용해 화면 해상도뿐만 아니라 화면 너비에 따라 다른 이미지 파일을 표시할 수도 있습니다.

▶ <picture> 태그는 IE에서는 지원하지 않고 파이어폭스 38 이상, 크롬 38 이상, 사파리 9.1 이상 버전에서 지원됩니다. iOS 사파리와 안드로이드 브라우저에서는 최신 버전인 iOS 사파리 9.3 이상과 안드로이드 브라우저 53 이상에서만 지원됩니다.

<source> 태그를 사용하는 방법은 <video> 태그나 <audio> 태그에서 <source> 태그를 이용해 여러 조건의 파일을 따로 지정하는 방법과 비슷합니다.

속성	설명
srcset	이미지 파일의 경로
media	srcset에 지정한 이미지를 표시하기 위한 조건(속성 값은 14-4 미디어 쿼리 참고).
type	파일 유형
sizes	파일의 크기

다음 예제는 브라우저 창의 너비 값에 따라 PC와 태블릿, 스마트폰 화면에 표시할 이미지를 다르게 지정한 것입니다.

Do it! 화면 해상도와 화면 너비에 따라 이미지 지정하기 예제 14/fluid-img4.html

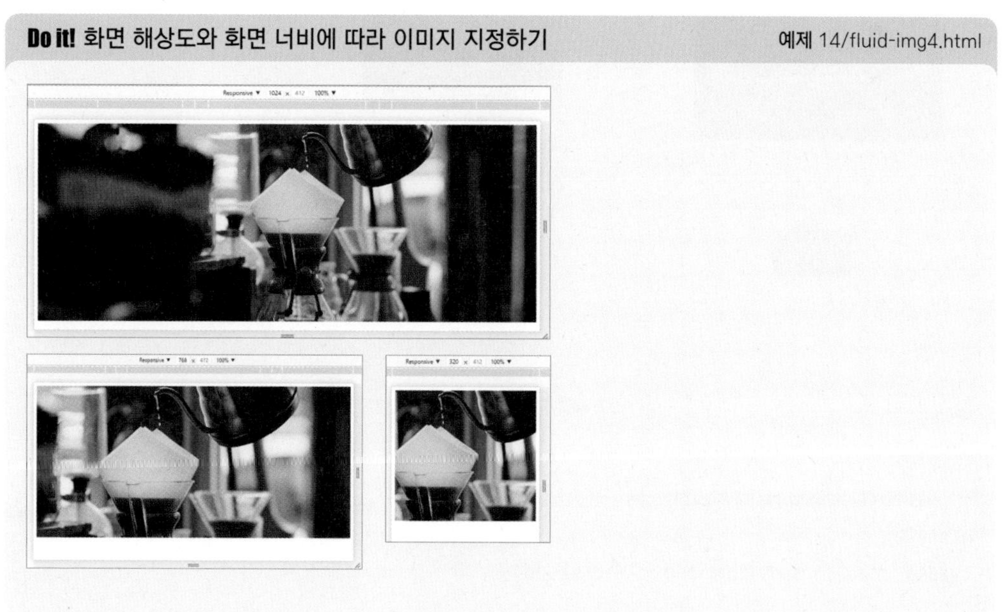

```
<picture>
    <source srcset="images/shop-large.jpg" media="(min-width:1024px)">
    <source srcset="images/shop-medium.jpg" media="(min-width:768px)">
    <source srcset="images/shop-small.jpg" media="(min-width:320px)">
    <img src="images/shop.jpg" alt="fill with coffee" style="width:100%;">
</picture>
```

가변 비디오

가변 이미지와 마찬가지로 비디오도 화면의 너비가 달라질 때마다 비디오의 너비가 늘어나거나 줄어들 수 있도록 해야 합니다. HTML5에서 동영상을 삽입할 때는 기본적으로 <video> 태그를 사용하므로 CSS를 사용해 max-width 속성을 100%로 지정하면 웹 문서 안에서 크기가 적절히 조절됩니다.

다음은 max-width:100%로 설정한 가변 비디오를 삽입한 예제입니다. 크롬 개발자 도구의 디바이스 도구를 이용해 PC와 태블릿, 모바일 크기에서 비디오 화면 크기가 적절히 조절되는 것을 볼 수 있습니다.

▶ 다음 예제에서는 간단히 mp4 비디오만 삽입해 가변 비디오 동작 여부만 살펴보았지만 다양한 브라우저 환경에서 동작시키려면 비디오 포맷을 ogv나 webm으로 변환해 주는 것이 좋습니다.

Do it! 가변 비디오 사용하기 예제 14/fluid-video.html

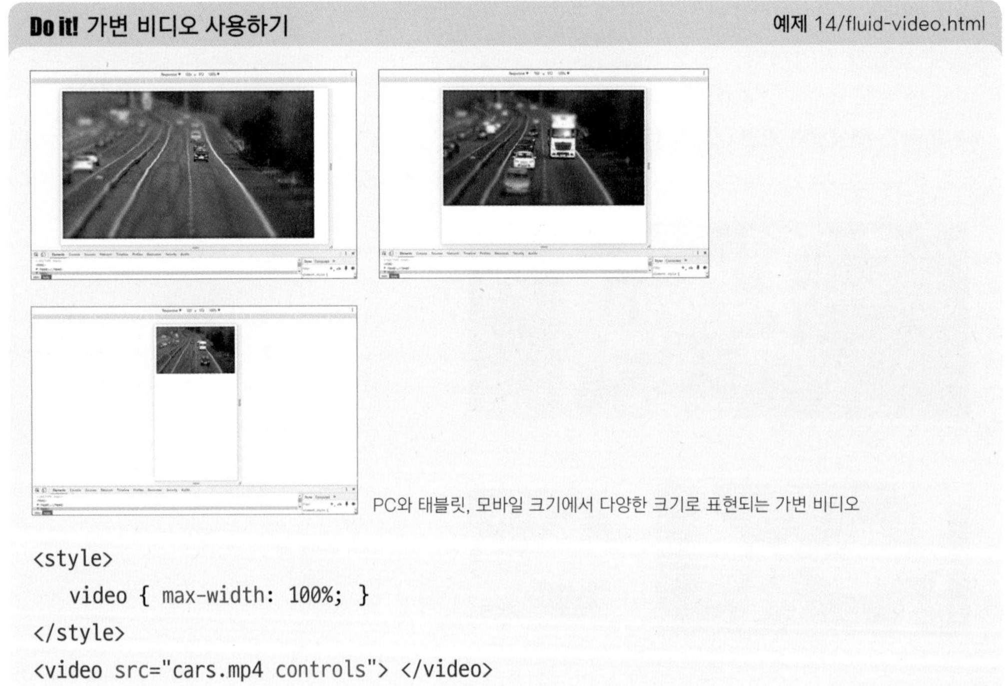

PC와 태블릿, 모바일 크기에서 다양한 크기로 표현되는 가변 비디오

```
<style>
    video { max-width: 100%; }
</style>
<video src="cars.mp4 controls"> </video>
```

15

미디어 쿼리

웹 사이트에 접속할 수 있는 기기들이 늘면서 하나의 웹 사이트를 기기마다 다르게 표현하는 반응형 웹이 기본이 되고 있습니다. 반응형 웹 디자인은 사이트에 접근하는 기기의 해상도에 따라 서로 다른 스타일 시트를 적용해 주는 미디어 쿼리를 기반으로 합니다.
이 장에서는 미디어 쿼리가 무엇인지 알아보고 미디어 쿼리를 사용해 웹 문서를 만드는 방법에 대해 살펴보겠습니다. 미디어 쿼리는 반응형 웹 디자인에서 꼭 알아두어야 할 개념이므로 반드시 이해하고 넘어가세요.

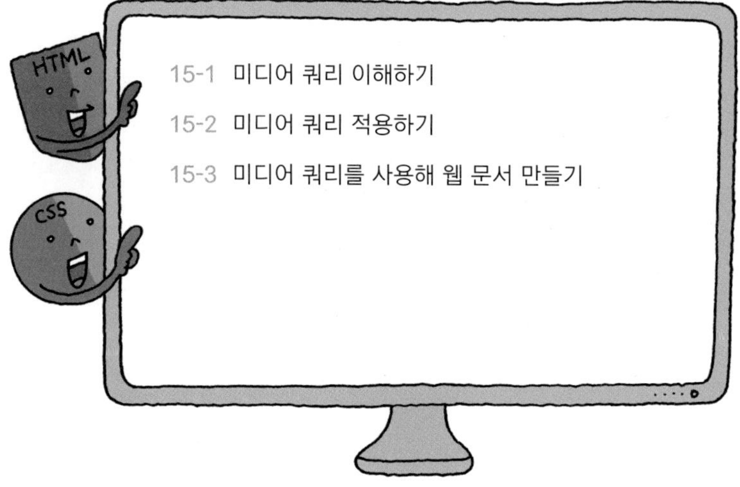

15-1 미디어 쿼리 이해하기
15-2 미디어 쿼리 적용하기
15-3 미디어 쿼리를 사용해 웹 문서 만들기

15-1 미디어 쿼리 이해하기

미디어 쿼리가 무엇인지 알아보고 미디어 쿼리를 사용할 때 고려해야 할 여러 조건들에 대해서도 함께 살펴보겠습니다.

미디어 쿼리란?

미디어 쿼리(Media Queries)는 CSS3 모듈 중 하나로 사이트에 접속하는 장치에 따라 특정한 CSS 스타일을 사용하도록 해 줍니다.

미디어 쿼리를 사용하면 접속하는 기기의 화면 크기에 따라 레이아웃이 달라집니다. 웹 브라우저에서 15/index-result.html 문서를 열어보세요. 웹 브라우저 창을 최대로 만들었을 땐 세 개의 카드 한 줄에 나열되어 있고 각 카드에는 왼쪽에 그림이 있고 오른쪽에 텍스트가 있습니다. 웹 브라우저 창의 너비를 줄이면 한 줄에 카드 하나씩 표시되고 왼쪽에 그림, 오른쪽에 텍스트가 나타납니다. 이 상태에서 브라우저 창의 너비를 더 줄이면 그림이 위쪽에 나타나고 그 아래에 텍스트가 표시되죠. 즉, PC나 태블릿, 스마트폰의 웹 브라우저 화면 크기에 따라 사이트 레이아웃이 바뀌는 것입니다. 이렇게 사용자가 어떤 미디어를 사용하는가에 따라 사이트의 형태가 바뀌도록 CSS를 작성하는 방법을 미디어 쿼리라고 합니다.

▶ 미디어 쿼리를 이용해 제작된 사이트들을 모아 놓은 곳이 있습니다. http://mediaqueri.es 사이트에 접속하면 미디어 쿼리를 이용한 사이트들이 등록 날짜별로 나열되어 있고 사이트 섬네일 이미지를 클릭하면 해당 사이트로 이동할 수 있습니다.

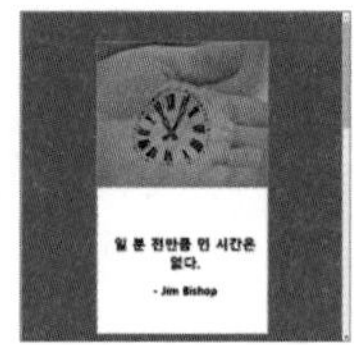

미디어 쿼리 구문

미디어 쿼리는 @media 속성을 사용해 특정 미디어에서 어떤 CSS를 적용할 것인지 지정해 줍니다. 미디어 쿼리의 기본적인 구문은 다음과 같습니다.

```
기본형  @media [only | not] 미디어 유형 [and 조건] * [and 조건]
```

미디어 쿼리 구문은 <style>과 </style> 사이에 사용하며 대·소문자를 구별하지 않습니다. 기본적으로 미디어 유형이 지정되어야 하고 필요할 경우, and 연산자로 조건을 적용합니다. 예를 들어 다음 소스는 미디어 유형이 'screen'이면서 최소 너비가 '200px'이고 최대 너비가 '360px'일 경우에 적용할 CSS를 정의하는 구문입니다.

```
@media screen and (min-width:200px) and (max-width:360px) {
    ......
}
```

앞의 소스에서 조건 사이에 넣은 and를 연산자라고 합니다. 미디어 쿼리 구문에서 사용할 수 있는 연산자는 다음과 같습니다.

연산자	설명
and	앞의 소스처럼 조건을 계속 추가할 수 있습니다.
,(쉼표)	동일한 스타일 유형을 사용할 미디어의 유형과 조건이 있다면 쉼표를 이용해 추가합니다.
only	미디어 쿼리를 지원하는 웹 브라우저에서만 조건을 인식하게 합니다. 이 키워드를 사용하면 미디어 쿼리를 지원하지 않는 웹 브라우저에서는 미디어 쿼리를 무시하고 실행하지 않습니다. IE에서는 미디어 쿼리를 제대로 인식하지 못하기 때문에 only 키워드를 사용하더라도 큰 의미가 없습니다.
not	not 다음에 지정하는 미디어 유형을 제외합니다. 예를 들어 'not tv'라고 지정한다면 TV를 제외한 미디어 유형에만 적용합니다.

미디어 유형의 종류

미디어 쿼리는 미디어별로 적용할 CSS를 따로 작성하기 때문에 @media 속성 다음에 미디어 유형을 알려주어야 합니다. 미디어 유형에 들어갈 수 있는 것은 다음과 같습니다.

미디어 유형	사용 가능한 미디어
all	모든 미디어 유형
print	인쇄 장치
screen	컴퓨터 스크린(스마트폰 스크린 포함)
tv	음성과 영상이 동시 출력되는 TV
aural	음성 합성 장치(주로 화면을 읽어 소리로 출력해 주는 장치)
braille	점자 표시 장치
handheld	패드(pad)처럼 손에 들고 다니는 장치
projection	프로젝터

tty	디스플레이 기능이 제한된 장치(픽셀(px) 단위를 사용할 수 없음)
embossed	점자 프린터

미디어 쿼리의 조건

미디어 쿼리는 특정 조건에 따라 적용할 CSS를 다르게 정의하므로 조건을 어떻게 체크할 것인지가 중요합니다. 미디어 쿼리에서 사용하는 조건에는 주로 화면 크기와 관련된 것들이 많습니다. 화면 크기를 체크해 크기에 따라 다른 CSS가 적용되도록 하는 것이죠. 미디어 쿼리의 조건들을 하나씩 살펴보겠습니다.

웹 문서의 가로 너비와 세로 높이

실제 웹 문서의 내용이 화면에 보이는 영역을 '뷰포트'라고 하는데 뷰포트의 너비와 높이를 미디어 쿼리의 조건으로 사용할 수 있습니다. 이때 height(높이) 값은 미디어에 따라 달라지기 때문에 주의해야 합니다.

▶ screen이 아닌 미디어에서는 스크롤을 포함한 전체 문서를 height로 지정해야 하며 print에서는 한 페이지 높이를 기준으로 합니다.

▶ 다양한 모바일 기기의 뷰포트 크기를 확인하려면 http://viewportsizes.com/를 참고하세요.

가로 너비와 세로 높이를 지정하기 위해 사용하는 속성은 다음과 같습니다.

가로, 세로 값 설정하는 속성	설명
width, height	웹 페이지의 가로 너비, 세로 높이
min-width, min-height	최소 너비, 최소 높이
max-width, max-height	최대 너비, 최대 높이

예를 들어 뷰포트의 너비가 600px 이상이고 959px 이하일 때 적용할 CSS는 다음과 같이 정의합니다.

```
@media all (min-width:600px) and (max-width:959px) {
    ......
}
```

미디어 쿼리를 이용하면 다음 예제와 같이 max-width 값(브라우저 창의 최대 너비 값)에 따라 문서의 배경 이미지가 달라지도록 미디어 쿼리 구문을 구성할 수 있습니다. 이 문서를 웹 브라우저로 불러와 브라우저 창의 너비를 조절하거나 크롬 개발자 도구의 디바이스 모드에서 확인하면 너비 값이 1024px일 때, 768px일 때, 320px일 때, 그리고 기타 값일 때 문서 배경 이미지가 어떻게 달라지는지 볼 수 있습니다.

▶ 크롬 브라우저에서는 500px 이하로 화면 너비가 줄어들지 않습니다. 그 이하 결과는 개발자 도구의 디바이스 모드를 통해 확인하세요.

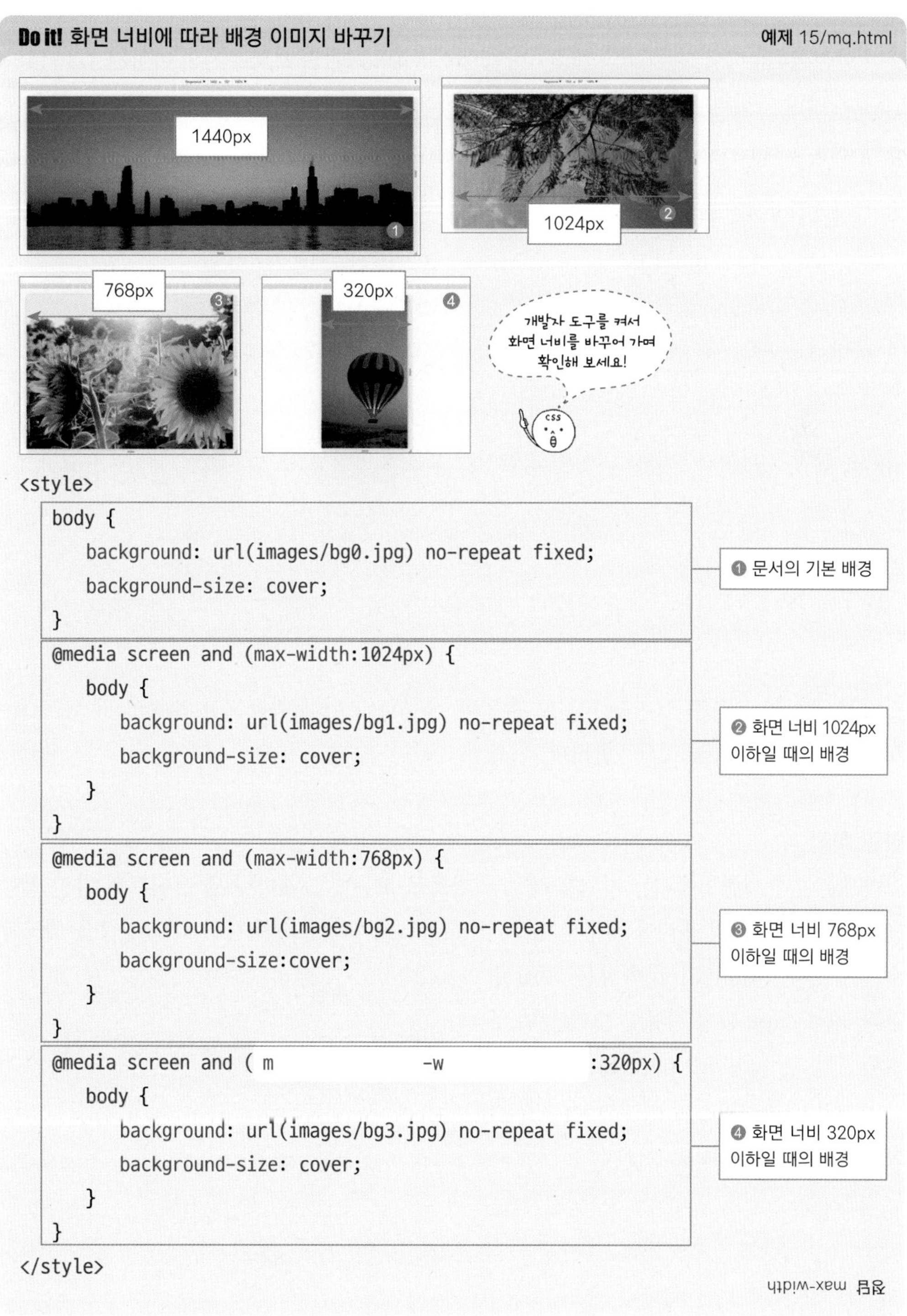

Do it! 화면 너비에 따라 배경 이미지 바꾸기 예제 15/mq.html

```
<style>
  body {
    background: url(images/bg0.jpg) no-repeat fixed;
    background-size: cover;
  }
  @media screen and (max-width:1024px) {
    body {
      background: url(images/bg1.jpg) no-repeat fixed;
      background-size: cover;
    }
  }
  @media screen and (max-width:768px) {
    body {
      background: url(images/bg2.jpg) no-repeat fixed;
      background-size:cover;
    }
  }
  @media screen and ( m              -w              :320px) {
    body {
      background: url(images/bg3.jpg) no-repeat fixed;
      background-size: cover;
    }
  }
</style>
```

❶ 문서의 기본 배경

❷ 화면 너비 1024px 이하일 때의 배경

❸ 화면 너비 768px 이하일 때의 배경

❹ 화면 너비 320px 이하일 때의 배경

정답 max-width

단말기의 가로 너비와 세로 높이

웹 문서의 가로 너비와 세로 높이는 단말기에 따라서도 달라지겠죠? 단말기에서 기본적으로 제공하는 브라우저 창의 물리적 가로 너비와 세로 높이를 체크해 보겠습니다. 이때 주의할 점은 대부분의 단말기들은 단말기 해상도와 실제 브라우저의 너비가 다르다는 것입니다. 예를 들어 아이폰4의 해상도는 640×960이지만 아이폰4의 사파리 브라우저의 너비는 320×480입니다. 단말기 너비나 높이를 고려해 미디어 쿼리를 작성해야 한다면 다음과 같은 속성을 사용합니다.

단말기의 가로, 세로 값을 설정하는 속성	설명
device-width, device-height	단말기의 가로 너비, 세로 높이
min-device-width, min-device-height	단말기의 최소 너비, 최소 높이
max-device-width, max-device-height	단말기의 최대 너비, 최대 높이

다음은 단말기 너비가 320px 이상이고 높이가 480px 이상일 때 실행할 미디어 쿼리입니다.

```
@media all and (min-device-width:320px) and (min-device-height: 480px) {
    ......
}
```

단말기 크기와 뷰포트 크기를 하나로 통일해 사용하기 위해 뷰포트를 지정할 때 width="device-width"로 놓고 사용합니다.

화면 회전

스마트폰이나 태블릿에서는 기기를 세로나 가로로 보는데 그때마다 웹 사이트의 화면 방향도 달라지죠. 미디어 쿼리를 작성할 경우, orientation 속성을 사용하면 화면 방향을 체크할 수 있습니다. orientation 속성은 portrait 값과 landscape 값을 사용할 수 있는데 풍경화처럼 가로(width 값)가 넓으면 landscape이고 초상화처럼 세로(height 값)가 길면 portrait입니다.

속성	설명
orientation: portrait	단말기 세로 방향
orientation: landscape	단말기 가로 방향

다음은 단말기 방향에 따라 가로 방향이면 주황색, 세로 방향이면 노란색으로 바뀌도록 미디어 쿼리를 만든 것입니다. 크롬 개발자 도구의 디바이스 모드에서 모바일 기기를 선택한 후 Rotate 도구(⃠)를 클릭하면 스마트폰 방향을 직접 바꾸지 않고서도 결과를 확인할 수 있습니다.

▶ 크롬 개발자 도구의 디바이스 모드에서 확인하는 방법은 14-1을 참고하세요.

Do it! 화면 회전에 따라 배경 색 바꾸기 예제 15/mq-orientation.html

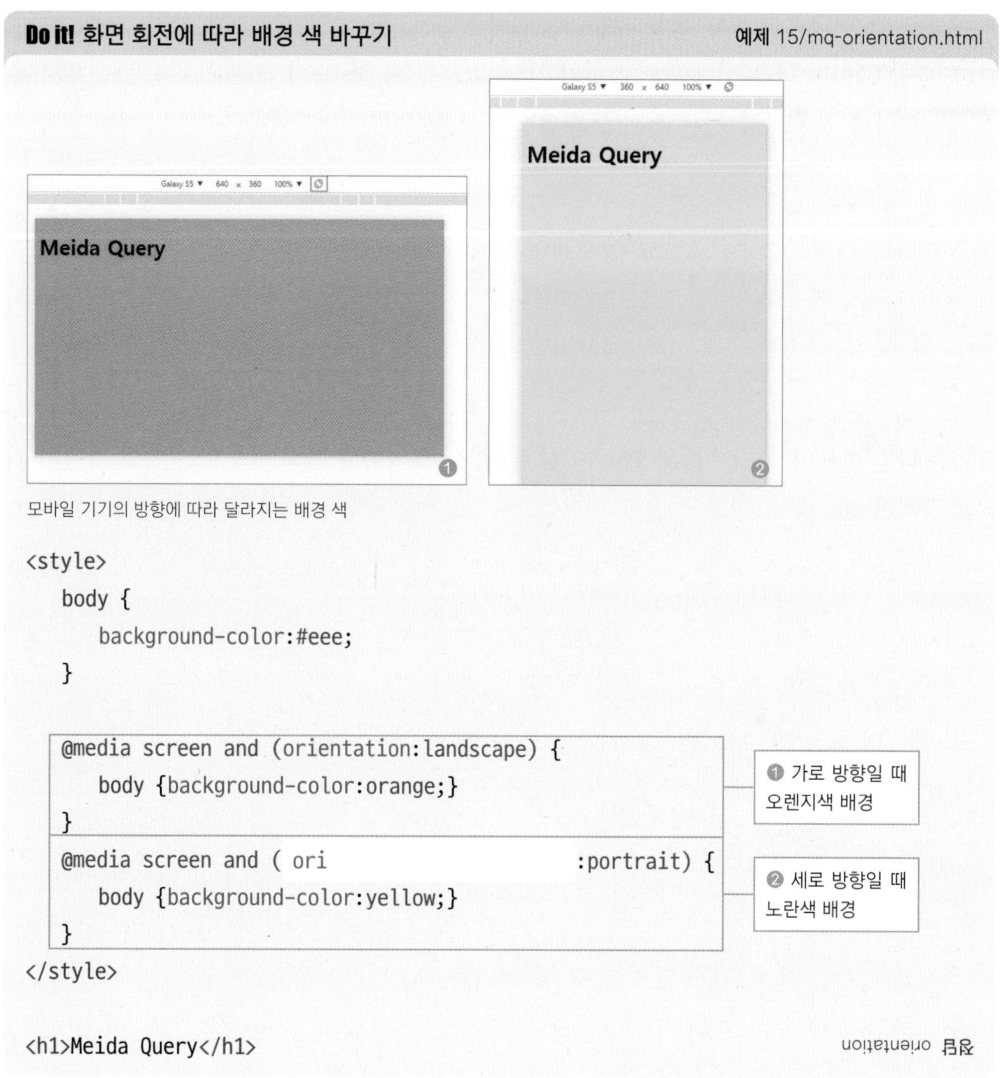

모바일 기기의 방향에 따라 달라지는 배경 색

```
<style>
  body {
    background-color:#eee;
  }

  @media screen and (orientation:landscape) {
    body {background-color:orange;}
  }
  @media screen and ( ori                :portrait) {
    body {background-color:yellow;}
  }
</style>

<h1>Meida Query</h1>
```

❶ 가로 방향일 때 오렌지색 배경

❷ 세로 방향일 때 노란색 배경

정답 orientation

화면 비율, 단말기의 물리적 화면 비율

화면 비율은 뷰포트, 즉 단말기 브라우저 화면의 너비 값(width)을 높이 값(height)으로 나눈 것으로 숫자 값이나 계산식을 사용할 수 있습니다. 사용할 수 있는 속성 값은 다음과 같습니다.

속성	설명
aspect-ratio	화면 비율(width 값/ height 값)
min-aspect-ratio	최소 화면 비율
max-aspect-ratio	최대 화면 비율

반면, 단말기 화면 비율은 단말기의 너비 값(device-width)과 높이 값(device-height)을 이용해 계산합니다. 사용할 수 있는 속성 값은 다음과 같습니다.

속성	설명
device-aspect-ratio	단말기 화면 비율(width 값/ height 값)
min-device-aspect-ratio	단말기 최소 화면 비율
max-device-aspect-ratio	단말기 최대 화면 비율

다음은 화면 비율이 16:9일 때와 16:9 이상일 때, 16:9 이하일 때로 나누어 실행할 미디어 쿼리를 정의한 것입니다.

```
@media all and (device-aspect-ratio:16/9) {
    ......
}

@media all and (min-device-aspect-ratio:16/9) {
    ......
}

@media all and (max-device-aspect-ratio:16/9) {
    ......
}
```

색상당 비트 수

단말기에서 사용하는 최대 색상 비트 수를 미디어 쿼리 조건으로 사용할 수도 있습니다. color:1이면 최대 2가지(2^1) 색상을 나타낼 수 있고 color:3이면 비트 3개로 표현할 수 있는 최대 색상인 8가지(2^3)를 표현할 수 있습니

속성 값	설명
color	비트 수
min-color	최소 비트 수
max-color	최대 비트 수

다. 미디어가 컬러 색상을 지원하지 않는다면 color:0으로 지정합니다.

다음은 색상에 대한 비트 수를 미디어 쿼리의 조건으로 사용한 예입니다. 컬러를 지원하는 브라우저일 때 실행하는 조건과 8비트 색상을 지원하는 브라우저일 때 실행하는 조건, 8비트 이하 색상을 지원하는 브라우저일 때 실행하는 조건을 지정했습니다.

```
/* 컬러를 지원하면 실행 */
@media all and (color) {
    ......
}
/* 컬러를 지원하지 않으면 실행 */
@media all and (color:0) {
    ......
}
/* 8비트 색상이라면 실행 */
@media all and (color:3) {
    ......
}
/* 8비트 이하 색상이라면 실행 */
@media all and (min-color:3) {
    ......
}
```

이 외에도 TV 미디어나 webkit 브라우저, 흑백 단말기 등 특정 기기에 해당하는 여러 미디어 쿼리 조건들도 있습니다. 미디어 쿼리의 조건에 대한 자세한 설명은 https://www.w3.org/TR/css3-mediaqueries/를 참고하세요.

미디어 쿼리 중단점 만들기

미디어 쿼리를 작성할 때 서로 다른 CSS를 적용할 화면 크기를 중단점(break point)이라고 합니다. 이 중단점을 어떻게 지정하는가에 따라 CSS가 달라지고 화면 레이아웃이 바뀌는데 대부분 기기의 화면 크기를 기준으로 합니다.

하지만 시중의 모든 기기들을 반영할 수는 없기 때문에 모바일 기기와 태블릿, 데스크톱 정도로만 구분하는 것이 좋습니다. 그리고 처리 속도나 화면 크기 등에서 다른 기기보다 모바일 기기의 제약 조건이 더 많기 때문에 모바일 기기의 레이아웃을 기본으로 해 CSS를 만듭니다(모바일용 CSS는 태블릿과 데스크톱에도 기본적으로 적용됩니다). 그런 후 좀 더

▶ 디자이너에 따라 데스크톱을 기준으로 디자인한 후 모바일에 맞추어 기능을 줄이고 스타일을 바꾸어가는 방법을 선택하기도 합니다.

사양이 훌륭하고 화면이 큰 태블릿과 데스크톱에 맞추어 더 많은 기능과 스타일을 추가합니다. 이렇게 모바일을 먼저 고려해 미디어 쿼리를 작성하는 것을 '모바일 퍼스트(mobile first)'라고 합니다.

지금까지 출시된 기기들이 많고 앞으로도 다양한 크기의 기기들이 추가될 것이기 때문에 미디어 쿼리의 중단점을 어떻게 나눌 것인지에 대한 표준은 없습니다. 웹 사이트를 제작하면서 미디어 쿼리를 사용할 예정이라면 해당 웹 사이트에 접속하는 사용자를 미리 예측하고 가장 일반적으로 사용할 만한 기기를 파악해야 합니다. 그리고 그 기기들에 대한 크기를 중단점으로 사용하는 것이 좋습니다.

참고로 CSS 프레임워크인 부트스트랩(Bootstrap)과 쇼핑몰 개발 플랫폼인 마젠토(Magento)에서는 다음과 같은 중단점을 사용합니다.

	아주 작은 화면	작은 화면	중간 화면	큰 화면	아주 큰 화면
부트스트랩	576px 미만	576px 이상	768px 이상	992px 이상	1200px 이상
마젠토	640px 미만	640px 이상	768Px 이상	1024px 이상	1440px 이상

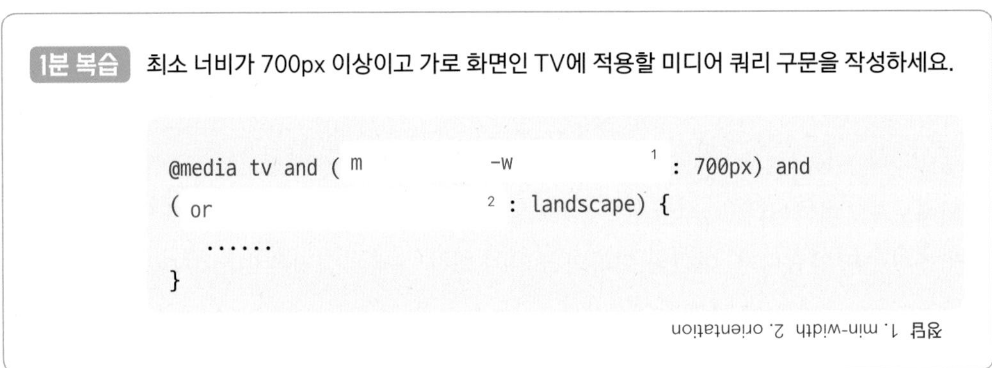

1분 복습
최소 너비가 700px 이상이고 가로 화면인 TV에 적용할 미디어 쿼리 구문을 작성하세요.
@media tv and (m -w 1 : 700px) and
(or 2 : landscape) {
......
}
정답 1. min-width 2. orientation

15-2 미디어 쿼리 적용하기

미디어 쿼리는 웹 문서 안에서 @media 구문 다음에 조건에 맞는 CSS 규칙을 직접 추가해 구현할 수도 있고 각 미디어 조건에 맞는 별도의 CSS 파일을 만들어 <link> 태그로 연결해 사용할 수도 있습니다. 미디어 쿼리를 적용하는 방법에 대해 알아보겠습니다.

외부 CSS 파일 연결하기

미디어 쿼리가 어떻게 구성되는지 알았으니 이제 웹 문서에 적용해 보겠습니다. 적용하는 방법은 크게 외부 파일로 연결하는 방법과 직접 정의하는 방법이 있습니다. 먼저 외부 스타일 시트 파일로 따로 저장한 후 웹 문서에 연결해 보겠습니다.

<link> 태그 사용하기

외부 스타일 시트 파일을 연결할 때 <link> 태그를 이용하는 방법을 가장 많이 사용합니다. <link> 태그는 <head> 태그와 </head> 태그 사이에 삽입합니다.

```
기본형   <link rel="stylesheet" media="미디어 쿼리 조건" href="css 파일 경로">
```

위의 구문은 특정 조건에 맞을 경우, 지정한 css 파일을 가져와 적용하라는 뜻입니다. 속성 순서는 상관없습니다. 예를 들어 'css' 폴더에 인쇄용 스타일 시트 print.css를 만들어 놓았다면 다음과 같이 연결할 수 있습니다.

```
<link rel="stylesheet" media="print" href="css/print.css">
```

화면 너비가 768px 이하일 때 적용할 태블릿용 스타일 시트 파일을 만들어 놓았다면 조건을 좀 더 추가해 다음과 같이 작성할 수도 있습니다.

```
<link rel="stylesheet" media="screen and (max-width:768px)" href="css/tablet.css">
```

@import 구문 사용하기

```
기본형   @import url(css 파일 경로) 미디어 쿼리 조건
```

외부 CSS 파일을 연결할 때 <link> 태그 대신 @import 구문을 사용할 수도 있는데 @import 구문은 CSS를 정의하는 <style> 태그와 </style> 태그 사이에서 사용합니다.

예를 들어 태블릿 PC에 맞는 스타일 시트 tablet.css를 만들어 두었고 너비가 321px 이상이고 768px 이하일 때 적용하고 싶다면 다음과 같이 지정할 수 있습니다.

```
@import url("css/tablet.css") only screen and (min-width:321px) and (max-width:768px);
```

> **알아두면 좋아요! <link> 태그와 @import 구문**
>
> <link> 태그와 @import 구문 중에서 어느 것을 사용해야 할까요? <link> 태그와 @import 구문 모두 외부 CSS 파일을 가져와 사용하는 방법이기 때문에 CSS 파일이 1~2개 밖에 없다면 속도나 처리 면에서 큰 차이가 없습니다. 하지만 실제로 사이트를 만들다 보면 CSS 파일이 상당히 많아집니다. 이럴 경우, @import 구문보다 <link> 태그가 안정적이고 빠르기 때문에 <link> 태그를 사용하길 권합니다.
> 특히 인터넷 익스플로러의 경우, @import 구문과 자바스크립트가 함께 있을 경우, 자바스크립트를 먼저 다운로드하고 @import 구문에 있는 CSS를 다운로드하기 때문에 자바스크립트에서 스타일 관련 정보를 처리해야 할 경우, 오류를 낼 수도 있습니다. 따라서 CSS 파일이 많고 대규모 사이트를 개발할 때는 @import 구문보다 <link> 태그를 주로 사용합니다.

웹 문서에서 직접 정의하기

```
기본형   <style media="미디어 쿼리 조건">
             스타일 규칙들
         </style>
```

이번엔 미디어 쿼리를 웹 문서에 직접 정의해 보겠습니다. 웹 문서에서 직접 정의하는 방법은 두 가지가 있습니다. 첫 번째 방법은 <style> 태그 안에서 media 속성을 사용해 조건을 지정하고 그 조건에 맞는 스타일을 정의하는 것입니다.

다음 소스는 최대 너비가 320px일 때 즉 너비가 320px 이하인 경우에 적용할 미디어 쿼리입니다.

```
<style media="screen and (max-width:320px)">
    body {
        background-color: orange;
    }
</style>
```

두 번째 방법은 스타일을 선언할 때 @media 구문을 사용해 각 조건별로 스타일을 지정해 놓고 선택적으로 스타일을 적용하는 것입니다. 첫 번째 방법은 하나의 〈style〉 태그 안에서 하나의 조건을 지정하지만 이 방법은 〈style〉 태그 안에 여러 조건에 따른 스타일을 모두 나열해 놓고 그 중 선택적으로 스타일을 사용합니다.

기본형
```
<style>
    @media 미디어 쿼리 조건{
        스타일 규칙들
    }
</style>
```

예를 들어 @media 구문을 사용해 화면 너비가 320px 이하일 때 배경 색을 주황색으로 바꾸는 미디어 쿼리는 다음과 같이 사용합니다.

```
<style>
    @media screen and (max-width:320px) {
        body {
            background-color: orange;
        }
    }
</style>
```

그럼 이제부터 실제 사이트에서 미디어 쿼리가 어떻게 사용되는지 확인해 보겠습니다. 네이버 개발자 센터(https://developers.naver.com/)로 접속한 후 Ctrl + Shift + I 를 눌러 개발자 도구 창을 엽니다. 그리고 도구 창 왼쪽에 있는 Toggle device toolbar 아이콘 을 클릭하면 화면 위쪽에 파란색, 주황색 등 여러 색의 막대가 나타날 것입니다. 만약에 이 막대들이 보이지 않는다면 More options 아이콘 ⋮ 을 클릭한 후 [show media query] 메뉴를 선택하세요. 이 막대들은 미디어 쿼리에서 지정한 조건을 시각적으로 보여주는 것입니다.

파란색 막대는 min-width 속성을 사용해 최소 너비를 지정했을 때, 주황색 막대는 max-width 속성을 사용해 최대 너비를 지정했을 때 그리고 중간에 표시된 초록색 막대는 min-width와 max-width 속성을 모두 사용해 미디어 쿼리를 적용했을 때 나타납니다.

예를 들어 파란색 막대 위에서 마우스 커서를 옮기다가 '960px'이 표시될 때 막대를 클릭해 보세요. CSS 소스 안에 960px에 대한 미디어 쿼리가 적용되어 있기 때문에 960px 너비에 맞는 화면이 표시됩니다.

미디어 쿼리 소스가 어떻게 사용됐는지 궁금하다면 막대 위에 '960px'이란 글자가 표시될 때 마우스 오른쪽 버튼을 클릭합니다. [Reveal in source code]라는 메뉴 위로 마우스 커서를 올리면 미디어 쿼리 소스가 들어있는 파일 이름이 나타납니다. 파일 이름을 클릭해 보세요.

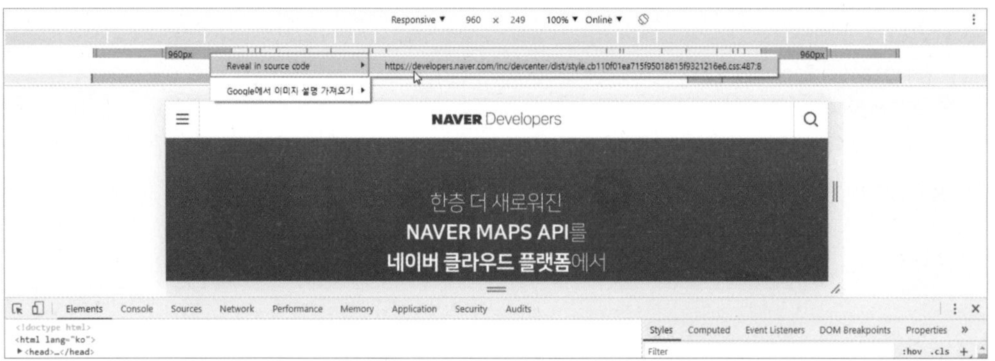

개발자 도구 창의 [Sources] 탭이 열리면서 연결된 CSS 소스가 표시됩니다. 너비가 960px일 때 미디어 쿼리 조건을 어떻게 지정했는지 한 눈에 확인할 수 있습니다. 이제 960px뿐만 아니라 다른 크기일 때도 어떤 조건을 사용했는지 찾을 수 있겠죠?

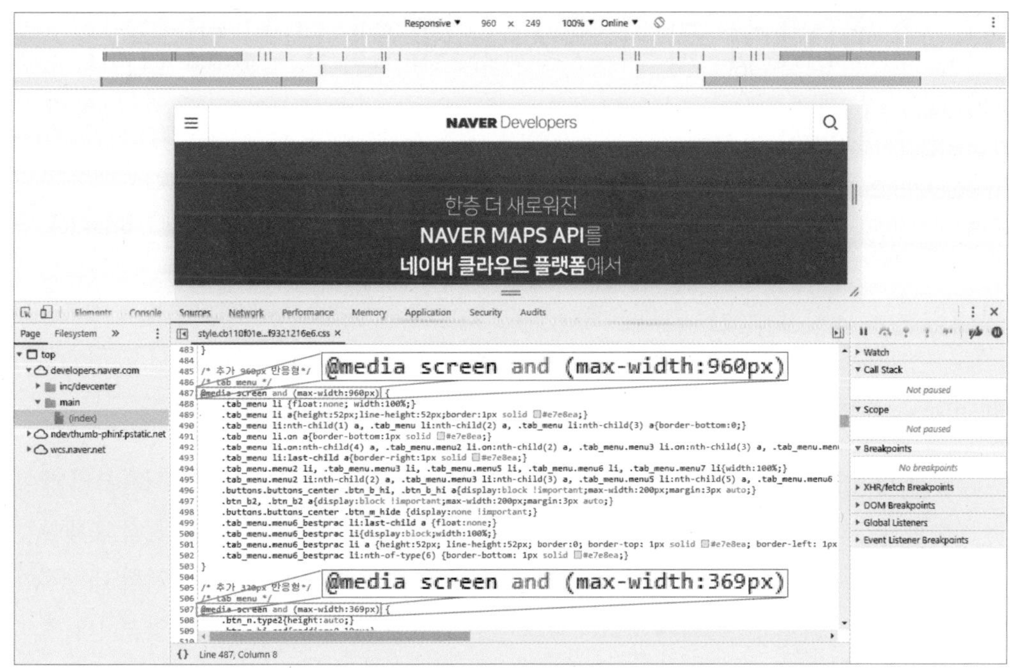
NAVER Developers
한층 더 새로워진
NAVER MAPS API를
네이버 클라우드 플랫폼에서
@media screen and (max-width:960px)
@media screen and (max-width:369px)

15-3 미디어 쿼리를 사용해 웹 문서 만들기

미디어 쿼리 사용법을 공부했으니 이제부터 미디어 쿼리를 사용해 직접 웹 문서를 만들어 보겠습니다. 브라우저 화면 너비에 따라서 레이아웃이 바뀌게 해볼 텐데 그렇게 하려면 CSS를 사용해 레이아웃 만드는 것에 익숙해져야 합니다. 아직 CSS에 익숙하지 않다면 여기에서 소개하는 내용을 여러 번 연습해 보기 바랍니다.

레이아웃 구상하기

반응형 웹 디자인은 화면 해상도에 따라 화면 요소들을 옮길 수 있어야 하므로 처음부터 레이아웃을 잘 구상하고 옮길 부분을 결정해야 합니다. 이때 주로 모바일 화면부터 시작해 태블릿과 PC 화면 순서대로 구상하면 편합니다. 아래 그림은 여기에서 만들어 볼 문서의 대략적인 레이아웃입니다. 화면에는 3개의 카드가 있고 각 카드에는 이미지와 텍스트가 있습니다.

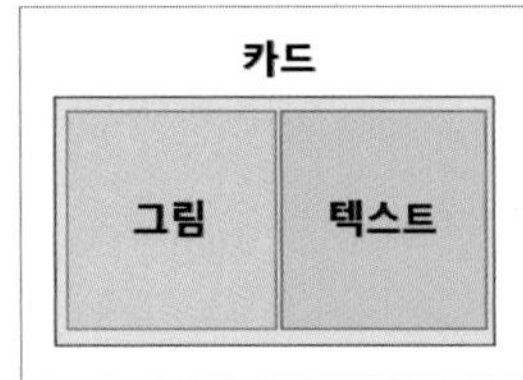

화면 너비에 따라 카드를 가로로 배치하기도 하고 세로로 배치하기도 할 것입니다. 또한 카드 안에 있는 이미지와 텍스트 역시 가로로 나란히 배치하거나 세로로 배치할 것입니다.

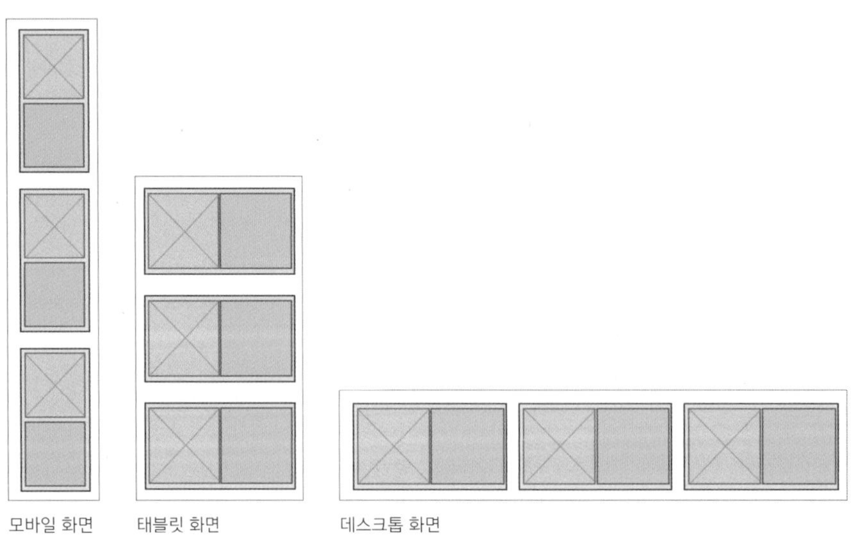

미디어 쿼리 중단점 결정하기

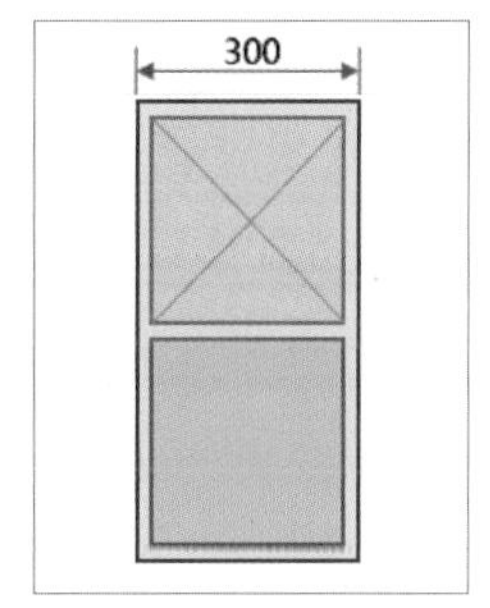

모바일 화면일 때 배치

미디어 쿼리를 사용하려면 중단점을 먼저 결정해야 합니다. 여기에서 만들어 볼 문서는 화면 너비에 따라 카드를 가로로 배치하거나 세로로 배치하기 때문에 카드 너비 값만 정하면 미디어 쿼리 중단점을 정할 수 있습니다.

모바일 화면일 경우 이미지와 텍스트를 세로로 배치하기 때문에 이미지 너비 값을 기준으로 카드 너비 값을 결정하면 됩니다. 사용할 이미지의 너비가 300px이므로 카드의 너비도 300px로 지정하면 되겠군요.

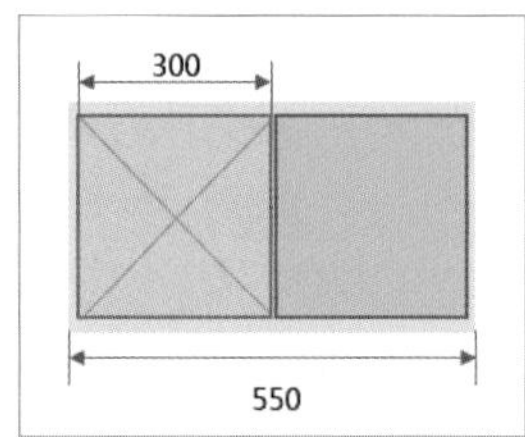

태블릿 화면일 때 배치

태블릿 화면일 경우 이미지와 텍스트를 나란히 배치한 카드의 너비를 정하면 되는데 여기에서는 550px로 하겠습니다. 이렇게 하면 왼쪽 이미지의 너비는 300px이 되고 오른쪽 텍스트의 너비는 250px정도가 되겠군요. 표시해야 할 텍스트 양이 많다면 카드 너비 값을 크게 지정하면 되겠죠?

데스크톱 화면에서는 카드 3개를 나란히 배치하려고 합니다.

카드 너비가 550px짜리 세 개와 카드마다 마진을 각각 10px로 지정할 생각이라면 최소한 화면 너비가 1710px 이상이어야 합니다.

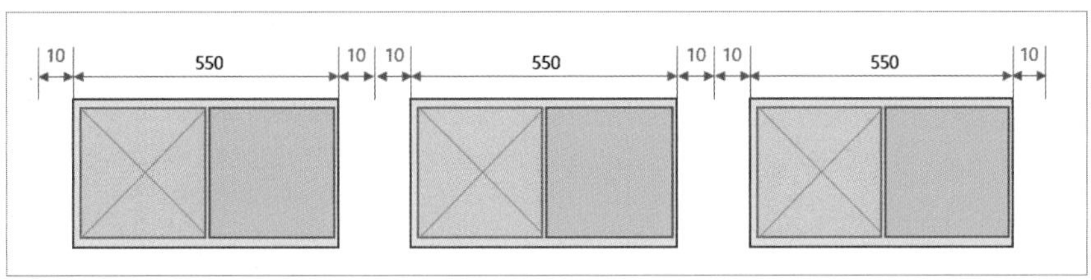

데스크톱 화면일 때 배치

계산을 모두 마쳤나요? 그렇다면 다음과 같이 미디어 쿼리 중단점을 지정해 보겠습니다.

- 768px 미만이면 → 모바일 화면
- 768px ~ 1719px 사이이면 → 태블릿 화면
- 1720px 이상이면 → 데스크톱 화면

태그로 구성하기

지금까지의 레이아웃 구상을 기본으로 HTML 문서를 작성해 보겠습니다. 웹 문서의 다른 요소들에 영향을 주지 않으면서 위치를 바꾸려면 미디어 쿼리의 영향을 받는 요소를 〈div〉 태그로 묶어줘야 합니다. 여기에서는 카드를 〈div〉 태그로 묶고 카드 안에 있는 텍스트 부분도 〈div〉 태그로 묶습니다. 이 소스는 이미 작성되어 있으니 어떻게 〈div〉 태그를 사용했는지만 살펴보세요.

Do it! 내용 구성하기 예제 15/index.html

```
<div class="card">
    <img src="images/1.jpg">
    <div class="words">
        <h2>일 분 전만큼 먼 시간은 없다.</h2>
        <h3>- Jim Bishop</h3>
    </div>
</div>
<div class="card">
    <img src="images/2.jpg">
    <div class="words">
        <h2>웃음은 마음의 조깅이다.</h2>
        <h3>- Norman Cousins</h3>
    </div>
</div>
<div class="card">
    <img src="images/3.jpg">
    <div class="words">
        <h2>낡은 옷은 그냥 입고 새 책을 사라.</h2>
        <h3>- Austin Phelps</h3>
    </div>
</div>
```

미디어 쿼리 소스 작성하기

[준비] 15/index.html, 15/css/style.css [완성] 15/index-result.html, 15/css/style-result.css

여기에서 실습해 볼 문서에는 기본적으로 모바일용 레이아웃이 적용되어 있습니다. 미디어 쿼리를 작성할 때 모바일 화면용 레이아웃을 먼저 만든 후 중단점을 지정하면서 소스를 작성하는 것이 좋습니다. 우선 모바일용 문서를 살펴본 후 태블릿용 레이아웃과 데스크탑용 레이아웃을 만들어 보겠습니다.

1. 기존 문서 살펴보기

비주얼 스튜디오 코드에서 15/index.html 문서를 열어놓습니다. 이 문서의 소스를 보면 css/style.css 파일이 연결되어 있습니다. HTML 문서 편집 창의 빈 공간을 마우스 오른쪽 버튼으로 클릭한 후 [Open with Live Server]를 선택하세요.

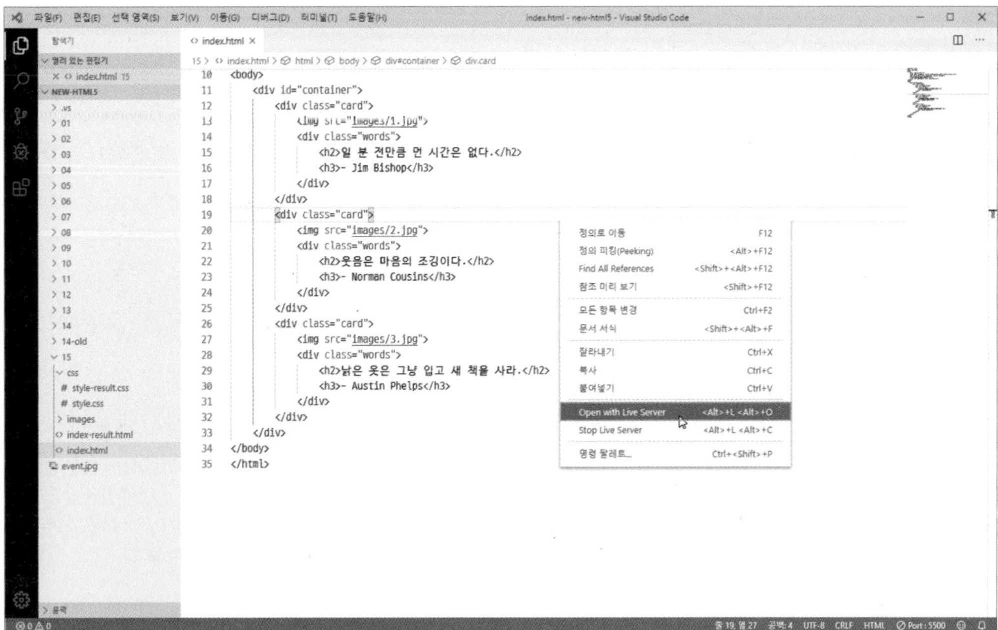

2. 브라우저를 확인하면 세 개의 카드가 세로로 나열되어 있고 각 카드에는 이미지와 텍스트가 세로로 표시됩니다. 이 브라우저 창은 닫지 마세요. 모니터 화면이 넓다면 비주얼 스튜디오 코드 창과 브라우저 창을 나란히 열어놓고 작업하면 좀 더 편리합니다.

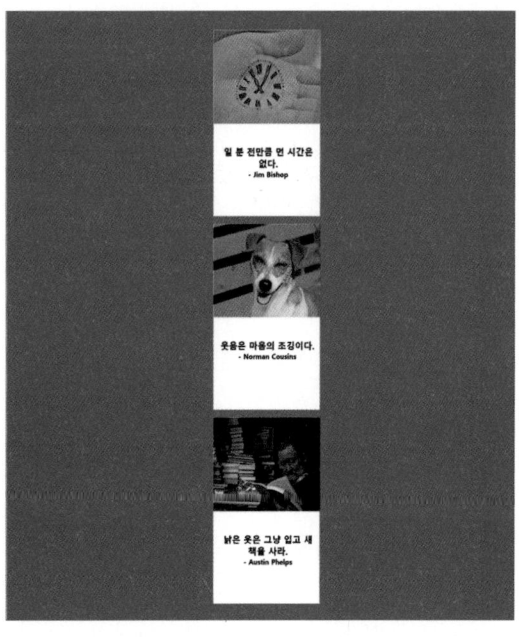

3. 미디어 쿼리는 CSS 파일에 작성하므로 CSS 소스도 함께 열어보겠습니다. 비주얼 스튜디오 코드의 탐색기 창에서 15/css/style.css 파일을 마우스 오른쪽 버튼으로 클릭한 후 [측면에서 열기]를 선택하세요.

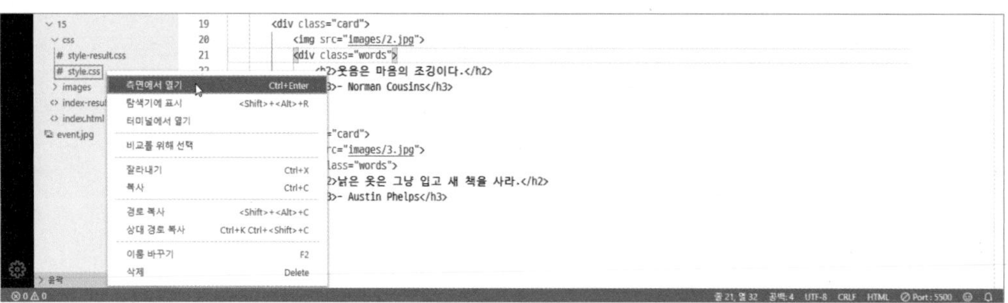

4. 비주얼 스튜디오 코드에 편집 창이 2개로 바뀌면서 왼쪽에는 HTML 문서를, 오른쪽에는 CSS 문서를 나란히 놓고 볼 수 있습니다. HTML 소스와 CSS 소스가 짧기 때문에 간단히 살펴보겠습니다. 문서 전체를 #container로 감싼 후 CSS를 사용해 화면 중앙에 배치했습니다. 그리고 카드 부분에는 .card 스타일이 적용되어 있고 카드 안에 있는 텍스트 부분에는 .words 스타일이 적용되어 있습니다. 이 스타일들을 사용해 카드의 너비와 높이, 텍스트의 위치 등을 지정했습니다.

▶ 비주얼 스튜디오 코드의 왼쪽에 있는 탐색기 아이콘 을 클릭할 때마다 탐색 창을 닫거나 열 수 있습니다. 탐색 창을 닫으면 비주얼 스튜디오 코드 창을 좀 더 넓게 쓸 수 있습니다.

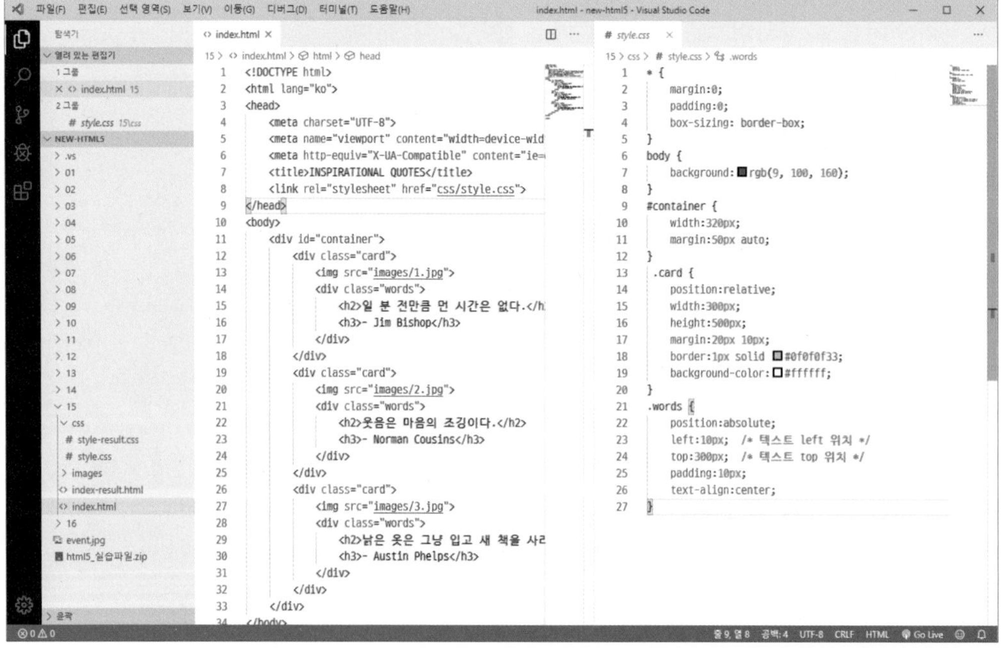

5. 태블릿 레이아웃 만들기

태블릿 화면을 작성하기 위한 중단점을 768px 이상 1719px 이하로 결정했었죠? 15/css/style.css 소스 끝에 다음과 같은 내용을 추가합니다.

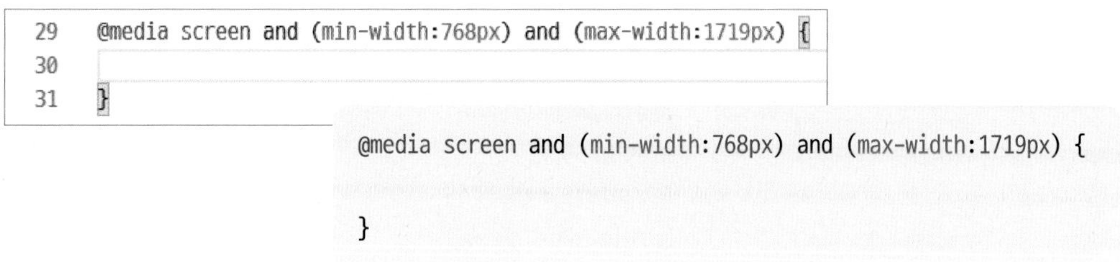

6. 태블릿 화면에서는 카드의 너비를 550px로 사용할 텐데 좌우 마진을 10px씩 넣으려고 합니다. 그렇다면 문서 전체를 감싸는 #container의 너비는 570px이나 580px 정도로 지정하면 되겠군요.

▶ .card 스타일에는 border 값이 1px씩 들어있기 때문에 box-sizing:border-box라고 미리 지정해 두어야 카드의 너비 값에 테두리까지 함께 계산됩니다. 15/css/style.css 문서의 4번째 줄 소스를 참고하세요.

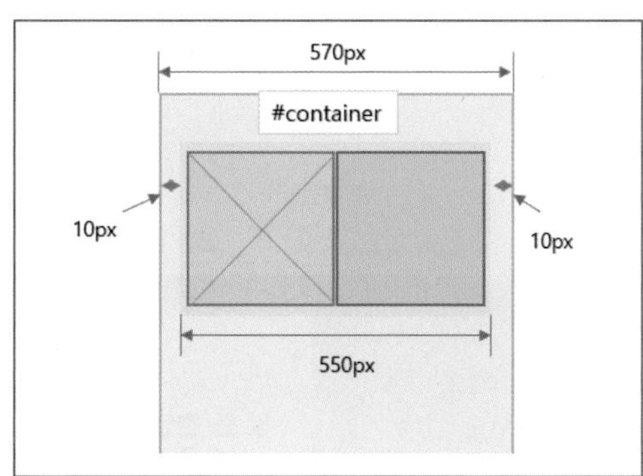

앞에서 작성한 미디어 쿼리 부분에 다음과 같은 소스를 추가하고 Ctrl + S 를 눌러 저장합니다.

```
@media screen and (min-wid
    #container {
        width:570px;
        margin:50px auto;
    }
    .card {
        position:relative;
        width:550px;
        height:250px;
        margin:20px 10px;
        border:1px solid 
        background-color:
    }
    .words {
        position:absolute;
        width:200px;
        left:310px;  /* 텍
        top:50px;  /* 텍스
        text-align:center;
    }
}
```

```
@media screen and (min-width:768px) and (max-width:1719px) {
    #container {
        width:570px;
        margin:50px auto;
    }
    .card {
        position:relative;
        width:550px;
        height:250px;
        margin:20px 10px;
        border:1px solid #0f0f0f33;
        background-color:#ffffff;
    }
    .words {
        position:absolute;
        width:200px;
        left:310px;
        top:50px;
        text-align:center;
    }
}
```

7. 열려 있던 웹 브라우저 창에는 소스 코드에서 수정한 내용이 즉시 적용됩니다. 웹 브라우저 창의 너비를 작게 혹은 크게 만들어 보세요. 창의 너비가 768px 이상이 되면 카드 안에 이미지와 텍스트가 가로로 나열될 것입니다.

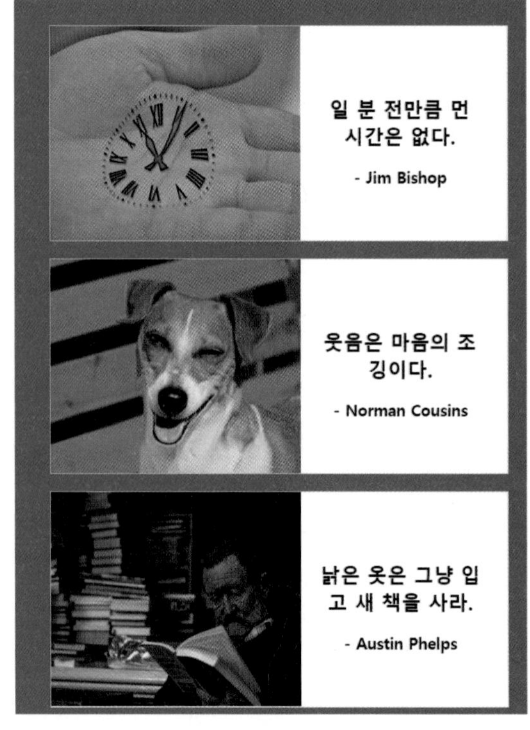

8. 데스크톱 레이아웃 만들기

데스크톱 레이아웃에서는 카드 3개를 가로로 배치할 것입니다. 그리고 각 카드 너비와 마진 값까지 고려하면 전체 너비는 1710px이 됩니다. 따라서 #container의 너비를 1710px로 지정하거나 조금 여유있게 1720px로 지정해도 됩니다. 앞에서 입력했던 소스 끝에 아래와 같은 소스를 추가합니다. 소스 추가 후에는 Ctrl + S를 눌러 저장하세요.

```
@media screen and (min-width:1720px) {
    #container {
        width:1710px;
        margin:50px auto;
    }
    .card {
        position:relative;
        float:left;  /* 카드를 가로로 배치 */
        width:550px;
        height:250px;
        margin:10px;
        border:1px solid #0f0f0f33;
        background-color:#ffffff;
    }
    .words {
        position:absc
        left:310px;
        top:50px;
        text-align:ce
        width:200px;

    }
}
```

```
@media screen and (min-width:1720px) {
    #container {
        width:1710px;
        margin:50px auto;
    }
    .card {
        position:relative;
        float:left;
        width:550px;
        height:250px;
        margin:10px;
        border:1px solid #0f0f0f33;
        background-color:#ffffff;
    }
    .words {
        position:absolute;
        left:310px;
        top:50px;
        text-align:center;
        width:200px;
    }
}
```

9. 소스를 저장하면 열려 있던 웹 브라우저 창에 수정 내용이 즉시 반영됩니다. 브라우저 창의 너비를 직접 늘이거나 줄여서 확인할 수도 있지만 개발자 도구 창을 이용하는 것이 편리합니다. Ctrl + Shift + I 를 누른 후 도구 창 왼쪽에 있는 Toggle device toolbar 아이콘 을 클릭하고, 화면 위에 있는 미디어 쿼리 막대를 클릭해 보세요. 다른 색상의 막대를 클릭할 때마다 다른 레이아웃을 볼 수 있습니다.

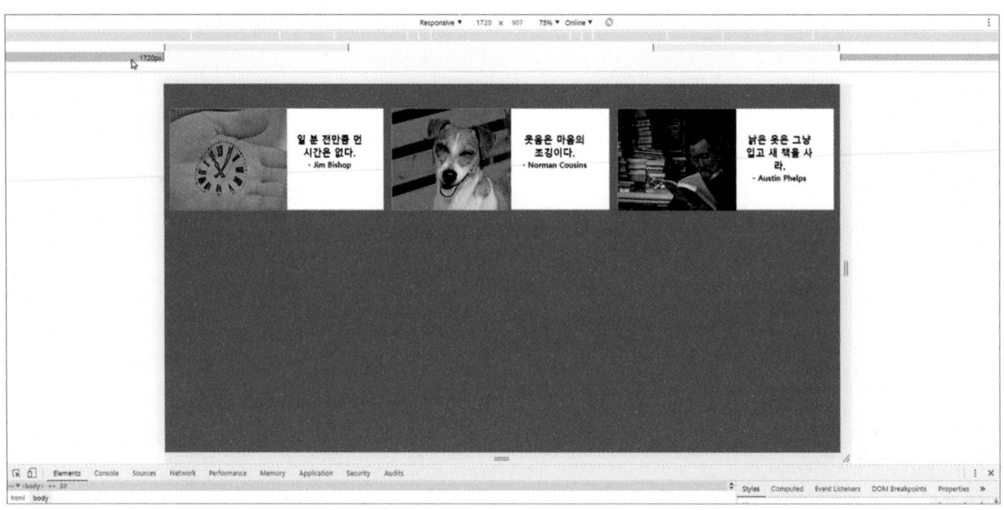

16

플렉스 박스 레이아웃

반응형 웹 디자인을 구현하는 다른 방법은 '플렉스 박스(flex box)'를 이용한 플렉스 박스 레이아웃입니다. 미디어 쿼리를 사용해 반응형 레이아웃을 만들 때 CSS로 각 요소를 원하는 형태로 배치하려면 생각만큼 쉽지 않습니다. 사실 CSS에 익숙한 사람들도 레이아웃을 만드는 것은 골치 아픈 일이죠. 하지만 플렉스 박스를 이용하면 화면을 분할하고 배치하는 것이 쉬워집니다. 이 장에서는 플렉스 박스에서 사용하는 속성들을 살펴보고, 직접 플렉스 박스 레이아웃을 사용해 사이트를 만드는 방법도 알아보겠습니다.

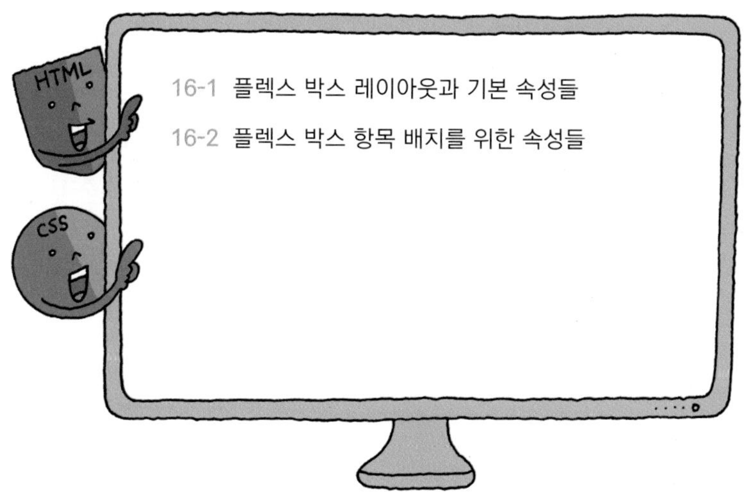

16-1 플렉스 박스 레이아웃과 기본 속성들
16-2 플렉스 박스 항목 배치를 위한 속성들

16-1 플렉스 박스 레이아웃과 기본 속성들

플렉스 박스 레이아웃은 최근에 등장한 개념이기 때문에 기존의 CSS 속성 외에 새로 공부해야 할 속성들이 있습니다. 여기에서는 우선 플렉스 박스 레이아웃이 무엇인지 살펴보고 플렉스 박스 레이아웃을 사용하기 위한 기본 속성들을 알아봅니다.

플렉스 박스 레이아웃이란?

플렉스 박스 레이아웃(flex box layout)이란 그리드 레이아웃을 기본으로 해 플렉스 박스를 원하는 위치에 배치하는 것입니다. 이 플렉스 박스를 이용하면 여유 공간에 따라 너비나 높이, 위치를 자유롭게 변형할 수 있죠. 따라서 화면 크기에 따라 레이아웃의 배치나 크기를 조절해야 할 때 편리하게 사용할 수 있습니다.

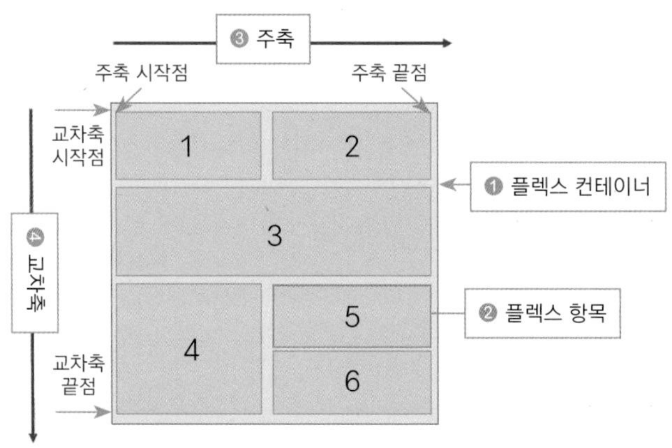

❶ **플렉스 컨테이너**(flex container) - 웹 문서에 텍스트나 이미지, 표 등 웹 요소들을 플렉스하게 사용하려면 먼저 플렉스 컨테이너로 묶어 주어야 합니다.

❷ **플렉스 항목**(flex item) - 플렉스 컨테이너에 담기는 웹 요소입니다. 위의 그림에서 1~6번 요소들은 모두 플렉스 항목입니다.

❸ **주축**(main axis) - 플렉스 컨테이너 안에서 플렉스 항목을 배치하는 기본 방향입니다. 기본적으로 주축은 왼쪽에서 오른쪽으로 수평 방향으로 배치합니다. 주축에서 플렉스 항목이 배치되기 시작하는 지점을 '주축 시작점', 배치가 끝나는 지점을 '주축 끝점'이라고 합니다.

❹ **교차축**(cross axis) - 교차축은 주축과 교차되는 방향입니다. 기본적으로 위에서 아래로 배치합니다. 교차축에서 배치가 시작되는 지점을 '교차축 시작점', 배치가 끝나는 지점을 '교차축 끝점'이라고 합니다.

▶플렉스 박스 레이아웃의 표준 규약은 https://www.w3.org/TR/css-flexbox-1에서 볼 수 있습니다.

display 속성 - 플렉스 컨테이너 지정하기

플렉스 박스 레이아웃을 만들려면 먼저 웹 콘텐츠를 플렉스 컨테이너로 묶어 주어야 합니다. 즉, 배치하려는 웹 요소들이 있다면 그 요소들을 감싸는 부모 요소를 만들고 그 부모 요소를 플렉스 컨테이너로 만들어야 하죠. 이때 특정 요소가 플렉스 컨테이너로 동작하려면 display 속성을 이용해 플렉스 박스 형태를 지정해야 합니다.

기본형	display: flex | inline-flex

속성 값	설명
flex	플렉스 박스를 박스 레벨 요소로 정의합니다.
inline-flex	플렉스 박스를 인라인 레벨 요소로 정의합니다.

예를 들어 다음과 같은 소스에서는 #container가 플렉스 컨테이너가 되고 그 안에 2개의 플렉스 항목이 있습니다.

```
<style>
  #container {
    display:flex;
  }
</style>
<div id="container">
  <div></div>
  <div></div>
</div>
```

display 속성과 브라우저 접두사

플렉스 박스 레이아웃은 최신 모던 브라우저에서는 모두 지원되고 대부분의 구식 버전에서도 지원됩니다(http://caniuse.com/#feat=flexbox 참고).

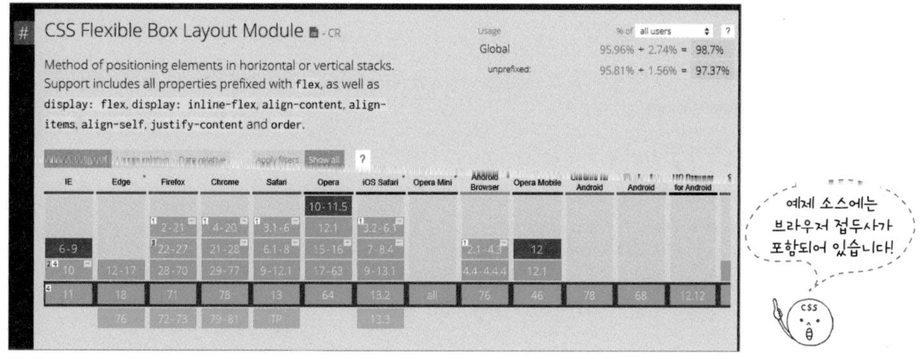

예제 소스에는 브라우저 접두사가 포함되어 있습니다!

브라우저별 플렉스 박스 레이아웃 지원 현황

하지만 브라우저마다 플렉스 박스를 지원하는 방법이 달라 브라우저 접두사를 붙여야 합니다. 특히 플렉스 컨테이너를 지정하는 display 속성의 경우, 접두사가 상당히 복잡합니다. 브라우저와 버전에 따라 다음과 같이 브라우저 접두사를 붙여 표시합니다.

```
.wrapper {
    display:-webkit-box; /* iOS 6 이하, 사파리 3.1 */
    display:-moz-box; /* 파이어폭스 19 이하 */
    display:-ms-flexbox; /* IE 10 */
    display:-webkit-flex; /* 웹킷 구 버전 */
    display: flex; /* 표준 스펙 */
}
```

인터넷 익스플로러 10에서는 -ms- 접두사, 크롬과 파이어폭스 구 버전에서는 -webkit- 접두사를 붙여 사용합니다.

flex-direction 속성 - 플렉스 방향 지정하기

플렉스 컨테이너를 지정했다면 플렉스 항목을 배치할 방향을 알려 주어야 합니다. flex-direction 속성을 사용해 플렉스 항목의 주축을 가로(row)로 할지, 세로(column)로 할지 지정합니다. 따로 지정하지 않으면 기본 값인 row로 인식합니다.

```
기본형  flex-direction: row | row-inverse | column | column-inverse
```

속성 값	설명
row	**주축을 가로로 교차축을 세로로 지정합니다. 플렉스 항목은 주축 시작점에서 끝점으로(왼쪽에서 오른쪽으로) 배치됩니다.★**
row-inverse	주축을 가로로 교차축을 세로로 지정합니다. 플렉스 항목은 주축 끝점에서 시작점으로(오른쪽에서 왼쪽으로) 배치됩니다.
column	주축을 세로로 교차축을 가로로 지정합니다. 플렉스 항목은 주축 시작점에서 끝점으로(위쪽에서 아래쪽으로) 배치됩니다.
column-inverse	주축을 세로로 교차축을 가로로 지정합니다. 플렉스 항목은 주축 끝점에서 시작점으로(아래쪽에서 위쪽으로) 배치됩니다.

다음 예제는 #container 요소를 플렉스 컨테이너로 지정한 것입니다. flex-direction 속성은 지정하지 않았기 때문에 기본 값인 row로 인식하고 플렉스 항목을 왼쪽에서 오른쪽으로 배치합니다.

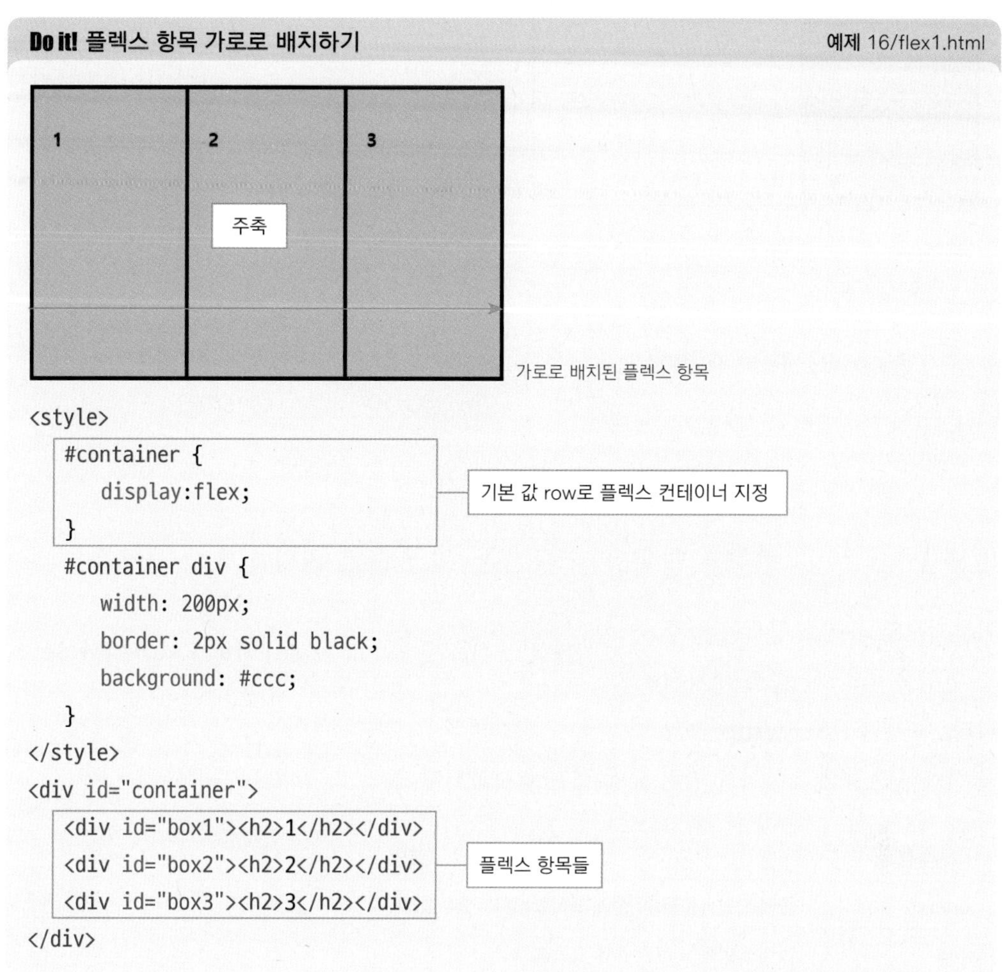
Do it! 플렉스 항목 가로로 배치하기
예제 16/flex1.html
1
2
3
주축
가로로 배치된 플렉스 항목
<style>
#container {
display:flex;
}
#container div {
width: 200px;
border: 2px solid black;
background: #ccc;
}
</style>
<div id="container">
<div id="box1"><h2>1</h2></div>
<div id="box2"><h2>2</h2></div>
<div id="box3"><h2>3</h2></div>
</div>
기본 값 row로 플렉스 컨테이너 지정
플렉스 항목들

다음 예제는 플렉스 컨테이너인 #container에서 플렉스 방향을 세로로 지정한 것입니다.

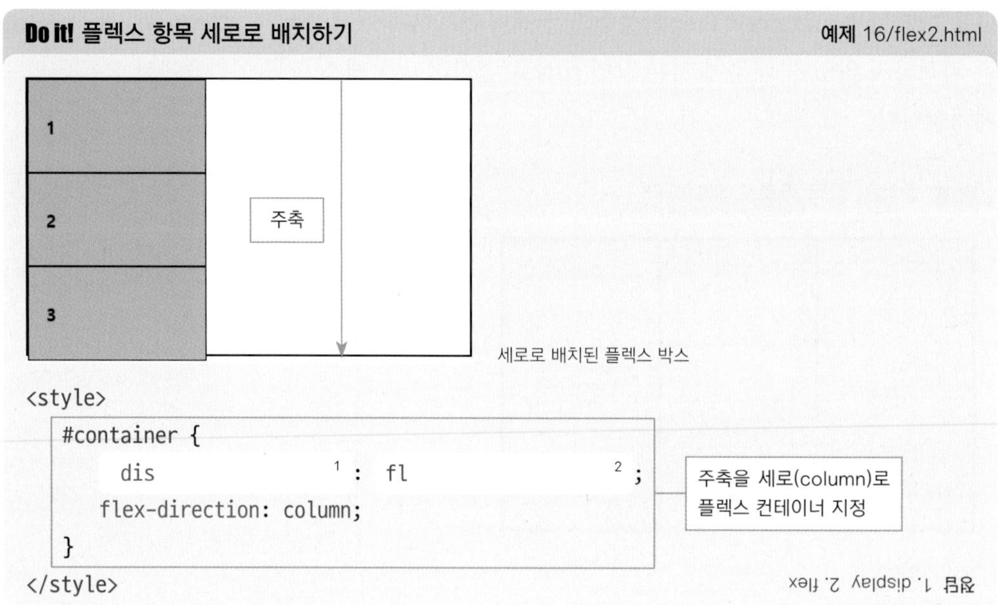

Do it! 플렉스 항목 세로로 배치하기
예제 16/flex2.html
1
2
3
주축
세로로 배치된 플렉스 박스
<style>
#container {
dis 1 : fl 2 ;
flex-direction: column;
}
</style>
주축을 세로(column)로 플렉스 컨테이너 지정
정답 1. display 2. flex

flex-wrap 속성 - 플렉스 항목을 한 줄 또는 여러 줄로 배치하기

기본형 `flex-wrap: no-wrap | wrap | wrap-reverse`

기본적으로 플렉스 항목들은 주축 방향을 따라 한 줄로 배치됩니다. 하지만 flex-wrap 속성을 사용하면 플렉스 항목을 여러 줄에 걸쳐 표시합니다.

속성 값	설명
no-wrap	플렉스 항목들을 한 줄에 표시합니다. 기본 값입니다.*
wrap	플렉스 항목을 여러 줄에 표시합니다.
wrap-reverse	플렉스 항목을 여러 줄에 표시하되 기존 방향과 반대로 배치합니다.

예를 들어 14/flex1.html처럼 너비가 500px인 플렉스 컨테이너 안에 3개의 영역을 만들고 각 플렉스 항목의 너비를 200px로 했을 때 flex-wrap 속성을 지정하지 않으면 속성 값이 no-wrap이기 때문에 플렉스 컨테이너 안에 3개의 영역이 한 줄로 표시됩니다. 하지만 flex-wrap 속성을 wrap으로 지정하면 플렉스 항목을 여러 줄에 표시할 수 있기 때문에 플렉스 항목의 너비 값(width: 200px)이 제대로 적용됩니다.

Do it! 플렉스 항목 왼쪽에서 오른쪽으로 배치하기 예제 16/flex3.html

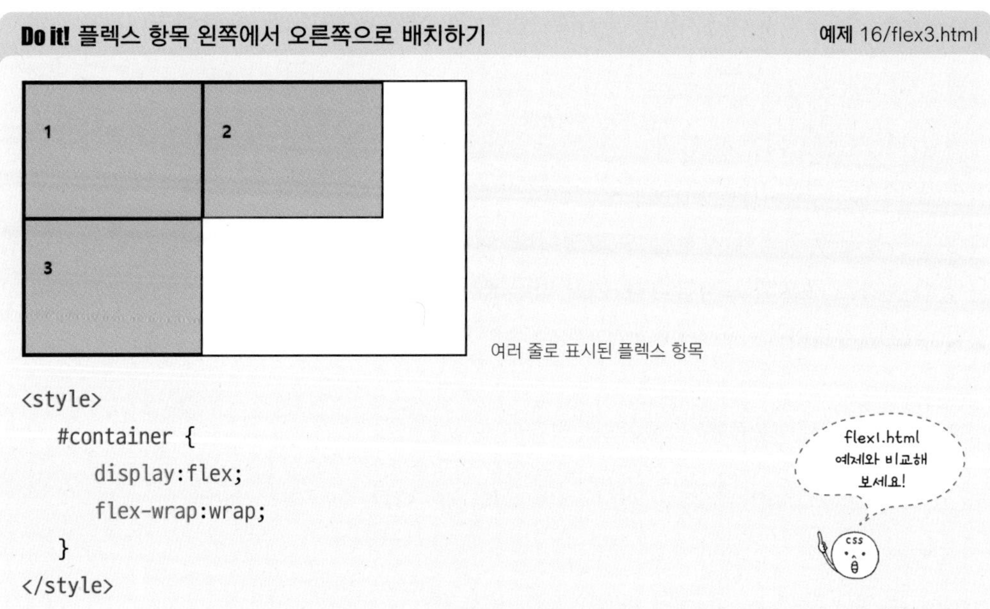

여러 줄로 표시된 플렉스 항목

```
<style>
  #container {
    display:flex;
    flex-wrap:wrap;
  }
</style>
```

flex-wrap 값을 wrap으로 지정하면 가로로 왼쪽에서 오른쪽으로 배치하고 세로로 위에서 아래로 배치합니다. 하지만 wrap-reverse로 지정하면 주축은 시작점에서 끝점으로(왼쪽 → 오른쪽) 배치하고 교차축은 끝점에서 시작점으로(아래 → 위) 배치합니다.

위의 예제에서 flex-wrap:wrap-reverse로 수정하면 다음과 같이 배치됩니다.

Do it! 플렉스 항목 오른쪽에서 왼쪽으로 배치하기 예제 16/flex4.html

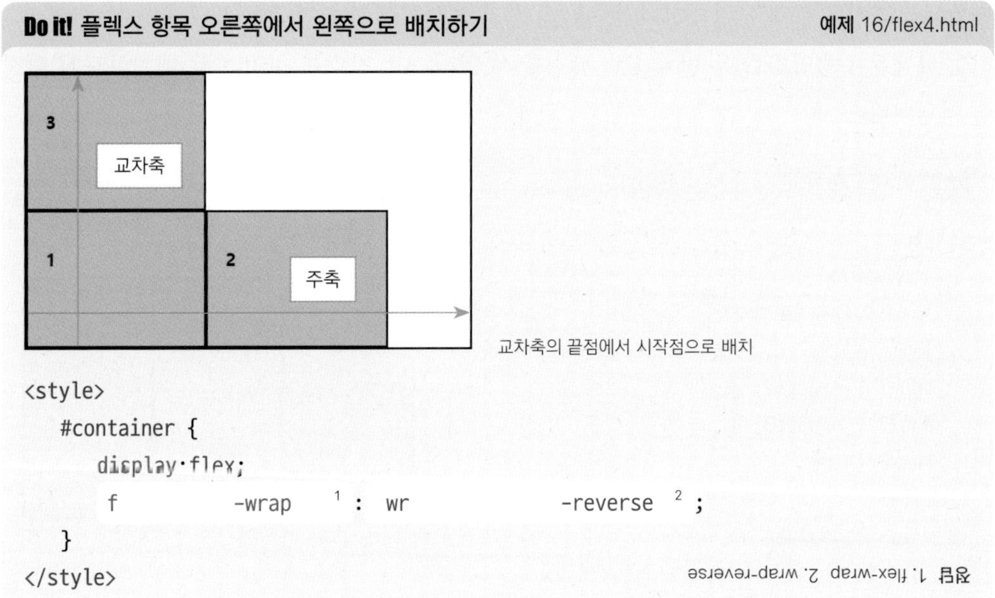

교차축의 끝점에서 시작점으로 배치

```
<style>
  #container {
    display:flex;
    f      -wrap 1 : wr      -reverse 2 ;
  }
</style>
```

정답 1. flex-wrap 2. wrap-reverse

flex-flow 속성 - 플렉스 방향과 여러 줄의 배치를 한꺼번에 지정하기

> 기본형 flex-flow : <플렉스 방향> <플렉스 줄 배치>

플렉스 박스를 이용해 항목들을 배치할 때 기본이 되는 방향과 여러 줄 배치 여부는 flex-flow 속성을 이용해 한꺼번에 지정할 수 있습니다. 이때 플렉스 배치 방향과 여러 줄의 배치 방법을 공백 문자로 구분해 표시합니다. 기본 값은 flex-flow:row no-wrap이며 다음과 같이 지정할 수도 있습니다.

```
flex-flow:row;  /* 왼쪽에서 오른쪽으로, 한 줄에 표시 */
flex-flow:column wrap;   /* 위에서 아래로, 여러 줄에 표시 */
```

order 속성 - 플렉스 항목의 배치 순서 바꾸기

> 기본형 order : 0 | 숫자

플렉스 항목은 소스 코드에 입력한 순서대로 주축을 따라 배치되지만 order 속성을 이용하면 배치 순서를 바꿀 수 있습니다.

▶ order 값에 음수를 지정하면 0으로 취급합니다.

order 값이 0이라면 소스에 입력한 순서대로 배치되고 order 값을 숫자로 하면 그 순서에 따라 배치됩니다. 이때 order 속성은 플렉스 컨테이너가 아니라 플렉스 항목에서 지정해야 합니다.

다음 예제는 1번 박스를 두 번째, 2번 박스를 세 번째, 3번 박스를 첫 번째로 배치하도록 지정한 것입니다.

Do it! 플렉스 항목 배치 순서 바꾸기 예제 16/flex-order.html

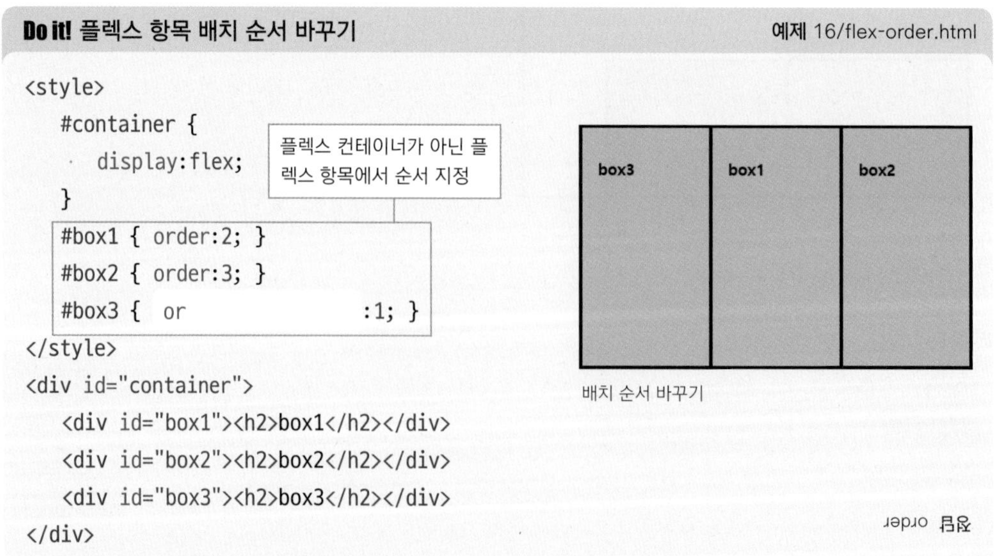

```
<style>
  #container {
    display:flex;
  }
  #box1 { order:2; }
  #box2 { order:3; }
  #box3 {  or             :1; }
</style>
<div id="container">
  <div id="box1"><h2>box1</h2></div>
  <div id="box2"><h2>box2</h2></div>
  <div id="box3"><h2>box3</h2></div>
</div>
```


배치 순서 바꾸기

flex 속성 - 플렉스 항목 크기 조절하기

flex 속성은 플렉스 항목의 너비를 늘이거나 줄일 수 있도록 세 가지 값을 이용해 표시합니다. 첫 번째 숫자는 늘릴 비율, 두 번째 숫자는 줄일 비율, 세 번째 숫자는 기본 값입니다.

```
기본형  flex : [<flex-grow> <flex-shrink> <flex-basis>] | auto | initial
```

속성 값	설명
<flex-grow>	플렉스 항목의 너비를 얼마나 늘일지 숫자로 지정합니다.
<flex-shrink>	플렉스 항목의 너비를 얼마나 줄일지 숫자로 지정합니다.
<flex-basis>	플렉스 항목의 기본 크기를 지정합니다. width 속성처럼 너비 값을 지정할 수도 있고 0이나 auto를 지정할 수도 있습니다. 0일 경우, flex-grow와 flex-shrink의 인수 값을 함께 사용하고 auto일 경우, 플렉스 항목의 너비 값을 사용합니다.
initial	**항목의 width/height 값에 의해 크기가 결정되는데 플렉스 컨테이너의 공간이 부족할 경우, 최소 크기까지 줄입니다.** ★
auto	항목의 width/height 값에 의해 크기가 결정되지만 플렉스 컨테이너의 공간에 따라 늘이거나 줄입니다.

flex-grow와 flex-shrink, flex-basis 속성은 별개의 속성이지만 따로 쓰지 말고 flex 속성으로 묶어 사용하길 권합니다. 예를 들어 다음과 같이 사용할 수 있습니다.

```
flex:1 1 0; /* 늘이거나 줄이지 않음 */
flex:2 2 0; /* 2배 늘이거나 2배 줄임 */
```

다음 소스는 두 번째 박스에서 flex:2 2 0으로 지정해 2배 늘이거나 2배 줄이도록 설정한 것입니다. #box3은 flex 속성을 지정하지 않았기 때문에 기본 값인 initial로 인식합니다.

1 2 3

```
#box1 {
  flex:1 1 0;
}
#box2 {
  flex:2 2 0;  /* 2배 늘이거나 2배 줄임 */
}
```

16-2 플렉스 박스 항목 배치를 위한 속성들

플렉스 박스 레이아웃에는 여러 플렉스 항목들이 있는데 일괄적으로 한꺼번에 배치하거나 주축이나 교차축을 기준으로 다양하게 배치할 수 있습니다.

justify-content 속성 - 주축 기준의 배치 방법 지정하기

justify-content 속성을 이용하면 플렉스 항목을 주축 방향으로 배치할 때의 배치 기준을 지정할 수 있습니다.

▶ 플렉스 항목이 여러 줄로 배치될 때의 배치 방법에 대해서는 align-content 속성을 참고하세요.

▶ justfiy-content와 관련된 예제는 16/flex-justify-content.html을 참고하세요.

기본형 `justify-content : flex-start | flex-end | center | space-between | space-around`

속성 값	설명	미리 보기
flex-start	주축의 시작점을 기준으로 배치합니다.	1 2 3
flex-end	주축의 끝점을 기준으로 배치합니다.	1 2 3
center	주축의 중앙을 기준으로 배치합니다.	1 2 3
space-between	첫 번째 플렉스 항목과 마지막 플렉스 항목은 시작점과 끝점에 배치한 후 중앙 항목들은 같은 간격으로 배치합니다.	1 2 3
space-around	모든 플렉스 항목들을 같은 간격으로 배치합니다.	1 2 3

align-items 속성, align-self 속성 - 교차축 기준의 배치 방법 지정하기

align-items 속성과 align-self 속성을 이용하면 주축뿐만 아니라 교차축을 기준으로 배치 방법을 조절할 수 있습니다. 먼저 align-items 속성부터 살펴보겠습니다.

▶ 예제 16/flex-align-items.html을 참고하세요.

기본형 `align-items : stretch | flex-start | flex-end | center | baseline`

기본형 `align-items : stretch | flex-start | flex-end | center | baseline`

속성 값	설명	미리 보기
stretch	플렉스 항목을 확장해 교차축을 꽉 채웁니다. 기본 값입니다.★	1 2 3
flex-start	교차축의 시작점을 기준으로 배치합니다.	1 2 3
flex-end	교차축의 끝점을 기준으로 배치합니다.	1 2 3
center	교차축의 중앙을 기준으로 배치합니다.	1 2 3
baseline	시작점과 글자 기준선이 가장 먼 플렉스 항목(미리보기에서는 2번 항목의 글자 크기가 가장 크기 때문에 2번의 글자 기준선이 가장 멀리 떨어져 있음)을 시작점에 배치합니다. 그리고 그 글자의 기준선과 다른 항목의 기준선을 맞추어 배치합니다.	1 2 3

다음으로 align-self 속성을 이용하면 플렉스 항목을 개별적으로 배치할 수 있습니다. 플렉스 컨테이너에서 플렉스 항목 전체의 배치 방법을 결정하지만 align-self 속성으로 특정 플렉스 항목만 배치 방법을 바꿀 수 있습니다. 따라서 이 속성은 플렉스 항목 자체의 스타일로 지정합니다.

기본형 `align-self : auto | stretch | flex-start | flex-end | center | baseline`

align-self의 속성 값은 플렉스 항목의 부모 속성 값을 상속받는 auto를 제외하면 align-items에서의 속성 값과 같습니다.
다음 예제는 align-items 속성을 이용해 플렉스 항목을 교차축의 중앙에 배치한 후 #box1에서 align-self 속성을 flex-start로 지정해 그 항목만 교차축의 시작점에 배치한 것입니다.

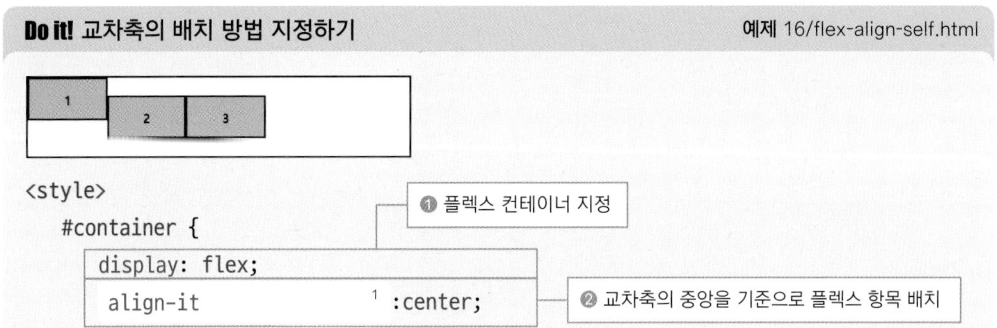

Do it! 교차축의 배치 방법 지정하기
예제 16/flex-align-self.html
1
2
3
<style>
#container {
display: flex;
align-it 1 :center;
❶ 플렉스 컨테이너 지정
❷ 교차축의 중앙을 기준으로 플렉스 항목 배치

```
    }
    #box1 {
        align-se        2    :flex-start;    ❸ 첫 번째 박스만 교차축의 시작점에 배치
    }
</style>
```

정답 1. align-items 2. align-self

align-content 속성 - 여러 줄일 때의 배치 방법 지정하기

플렉스 항목이 여러 줄에 걸쳐 표시될 때 align-content 속성을 사용하면 교차축 방향의 배치 방법을 지정할 수 있습니다. align-content 속성에서 사용하는 값은 justify-content의 속성 값과 같으므로 앞의 내용을 참고하세요.

> 기본형 `align-content : flex-start | flex-end | center | space-between | space-around`

▶ align-content 관련 예제는 14/flex-align-content.html을 참고하세요.

align-content : flex-start (기본 값)

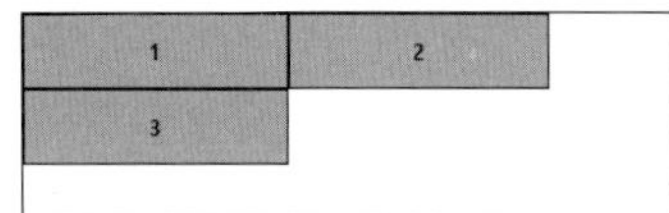

align-content : flex-end

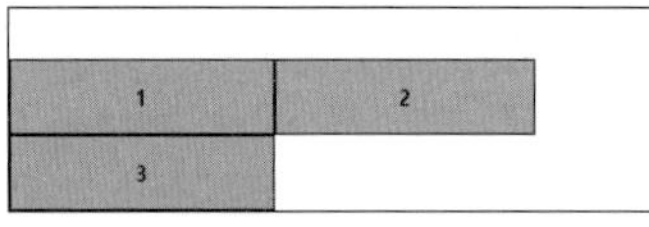

align-content : center

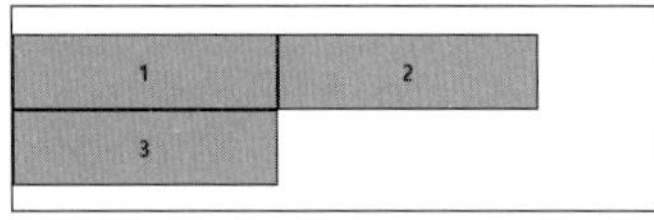

align-content : space-between

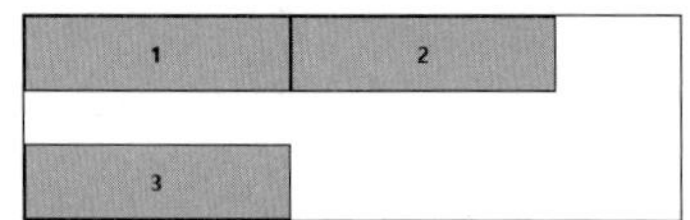

align-content : space-around

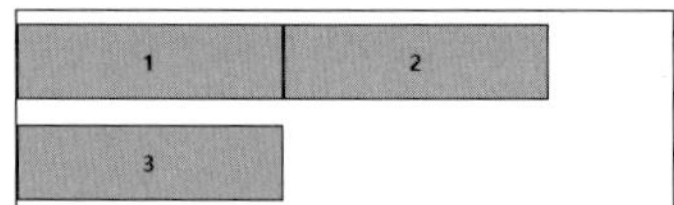

1분 복습 플렉스 박스를 이용해 .container 요소 안에 여러 항목들을 배치하려고 합니다. 다음 .container의 CSS 소스를 작성하세요. 다만, 플렉스 방향은 주축을 가로로 하고 주축 시작점에서 끝점으로 배치합니다. 이때 .container 안의 항목들은 같은 간격으로 배치합니다. 그리고 플렉스 항목은 여러 줄에 걸쳐 표시할 수 있어야 합니다.

```
.container {
    display:flex;
    f          -di          1 :row;
    flex-wrap:wrap;
    ju          -co          2 :space-around;
}
```

정답 1. flex-direction 2. justify-content

{직접 해보세요!} 플렉스 박스를 이용해 사이트 구성하기

[준비] 16/index.html, css/style.css [완성] 16/index-result.html, css/style-result.css

플렉스 컨테이너와 플렉스 항목을 이용해 레이아웃을 만들어 보겠습니다.

1. 플렉스 박스 레이아웃 구상하기

여기서 연습해 볼 플렉스 박스 레이아웃은 다음과 같은 형태입니다. 화면 크기에 따라 레이아웃이 달라지기 때문에 미디어 쿼리도 함께 사용해야 합니다.

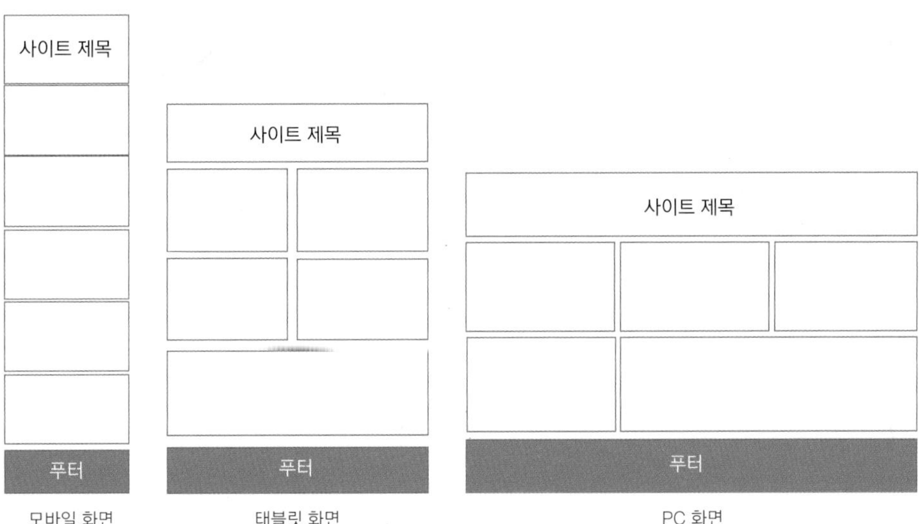

2. 기존 파일 확인하기

웹 브라우저에서 16/index.html 파일을 열어 보면 모바일 화면에 적합하도록 모든 항목들이 하나씩 세로로 배치되어 있습니다. 이 레이아웃을 기본으로 태블릿용 화면과 PC용 화면을 만들어 보겠습니다.

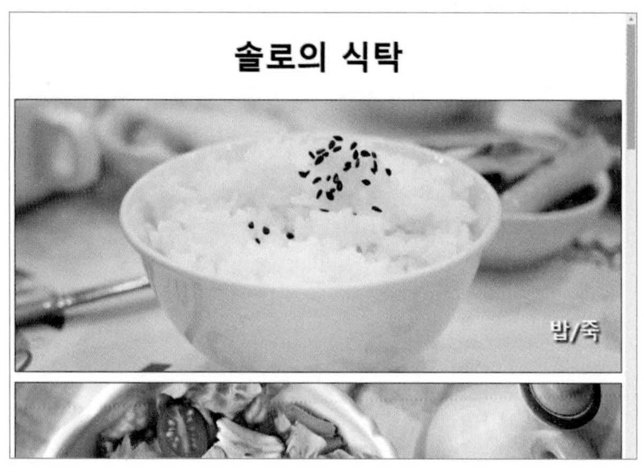

3. 태블릿용, PC용 미디어 쿼리 작성하기

미디어 쿼리를 작성하기 위한 태블릿 화면 크기는 768px 이상, PC 화면 크기는 992px 이상으로 할 것입니다. 이 값은 '부트스트랩'의 미디어 쿼리에서 사용하는 화면 크기입니다. 다음과 같은 소스를 16/css/style.css 파일 끝에 추가합니다.

▶ 미디어 쿼리의 화면 크기는 프로젝트에 따라 달라지므로 기획 단계에서 결정합니다.

▶ 부트스트랩(bootstrap)이란 반응형 웹 사이트 개발을 도와주는 프레임워크로 웹 제작자들이 부트스트랩의 레이아웃을 기반으로 사이트를 제작합니다. 자세한 내용은 www.getboot strap.com을 참고하세요.

```
footer p {
  font-size:1.2em;
  color: #eee;
  text-align:center;
  line-height:200px;
}

@media all and (min-width:768px) {

}

@media all and (min-width:992px) {

}
```

```
@media all and (min-width:768px) {

}
@media all and (min-width:992px) {

}
```

4. 플렉스 컨테이너 지정하기

태블릿 화면에서는 플렉스 박스 레이아웃을 사용하기 위해 #menus 요소를 플렉스 컨테이너로 지정합니다. 다음과 같은 소스를 @media all and (min-width:768px) { 다음 줄에 추가합니다.

```
@media all and (min-width:768px) {
  #menus {
    display: flex; /* 플렉서블 박스 레이아웃 적용 */
    -ms-flex-wrap: wrap;
    -webkit-flex-wrap: wrap;
    flex-wrap: wrap; /* 여러 줄에 걸쳐 표시 */
    justify-content: space-between; /* 화면 양쪽에 바짝 붙이기  */
  }
}
```

```
#menus {
    display: flex; /* 플렉스 박스 레이아웃 적용 */
    flex-wrap: wrap; /* 여러 줄에 걸쳐 표시 */
    justify-content: space-between; /* 화면 양쪽에 바짝 붙이기  */
}
```

5. 플렉스 항목 너비 지정하기

'menu1'부터 'menu4'까지 한 줄에 두 개씩 표시하고 'menu5'는 하나만 표시할 것이기 때문에 menu1부터 menu4까지는 너비를 49%로 지정하고 menu5는 너비를 100%로 지정했습니다. 다음 소스를 #menus 스타일 다음에 추가합니다.

```
  #menu1, #menu2, #menu3, #menu4 {
    width: 49%;
  }
  #menu5 {
    width: 100%;
  }
}
```

```
#menu1, #menu2, #menu3, #menu4 {
    width: 49%;
}
#menu5 {
    width: 100%;
}
```

6. PC 화면일 경우, 사이트 제목 아래 줄에 3개의 플렉스 항목을 표시하고 두 번째 줄에는 2개의 항목을 표시하는데 마지막 항목은 다른 항목의 2배 크기로 늘일 것입니다. 다음과 같은 소스를 @media all and (min-width:992px) { 다음 줄에 추가합니다.

```
@media all and (min-width:992px) {
  #menu1, #menu2, #menu3, #menu4, #menu5 {
    width:33%;
  }
  #menu5 {
    margin-left: 0.5%;
    -ms-flex: 2 2 0;
    -webkit-flex: 2 2 0;
    flex: 2 2 0;
  }
}
```

```
#menu1, #menu2, #menu3, #menu4, #menu5 {
    width:33%;
}
#menu5 {
    margin-left:0.5%;
    flex:2 2 0;
}
```

7. 브라우저에서 확인하기

파일을 저장한 후 브라우저에서 index.html 문서를 확인해 보세요. 화면 크기를 태블릿 크기로 조절하면 스마트폰 화면과 다르게 배치될 것입니다.

▶ 개발자 도구의 '디바이스 툴바'를 켜고 [Responsive] 항목을 선택한 후 화면 크기를 조절해 보세요.

태블릿 화면

PC 화면

한글

ㄱ

가변 그리드 레이아웃(fluid grid layout) 499
가변 글꼴 504
가변 이미지 507
가상 요소 445
가상 클래스 437
교차축(cross axis) 536
구글 웹 폰트 217
그러데이션(gradation) 274
그룹 선택자 201
그리드 시스템(grid system) 499
글꼴 215
기본 글꼴(web-safe font) 216

ㄴ ~ ㄷ

내부 스타일 시트 190
다단 349
대체 텍스트 59, 100
디바이스 모드 495
디코딩(decoding) 395

ㅁ

마진(margin) 315
마진 중첩(margin overlap) 319
마케팅 메일 286
마크업 15
멀티미디어 392
문서 유형(document type) 39
문자 인코딩 41
미디어 쿼리(Media Queries) 512, 521

ㅂ

박스 모델 294
반응형 웹 디자인 490
벡터 이미지(vector image) 120
변형 450
불릿(bullet) 66
뷰포트(viewport) 492
브라우저 개발자 도구 76
브라우저 접두사 211
블록 레벨(block-level) 요소 294
비디오 자막 408
비디오 코덱 395
비주얼 스튜디오 코드 24
비트맵 이미지(bitmap image) 120

ㅅ

상위 요소 421
색상 이름 258
색상 중지 점(color-stop) 277, 282
선택자(selector) 188, 194
선형 그러데이션 275
설명 목록(description list) 69
셀(cell) 75
속성 선택자 429
순서 목록 67
순서 없는 목록 66
스타일 상속 206
스타일 시트 190
스타일 우선순위 203
스타일 주석 189
스타일(style) 186
시맨틱 태그(semantic tag) 370
심(shim) 390

ㅇ

아이프레임(iframe) 108
애니메이션(animation) 473
앵커(anchor) 109
엔스크린(N-screen) 490
열(column) 75
오그 테오라(Ogg Theora) 396
오디오 코덱 396
외부 스타일 시트 191
원형 그러데이션 278
웹 브라우저 21
웹 접근성 41, 59
웹 편집기 23
웹 폰트(web font) 216
웹 표준 17
위지위그 편집기 4
이미지 맵 25
인라인 레벨(inline-level) 요소 94
인라인 스타일 93
인라인 프레임(inline frame) 77
인접 형제 선택자(adjacent selector) 25
인코딩(encoding) 95

ㅈ

자식 선택자(child selector) 23

전체 선택자(universal selector) 94
주석(comment) 71, 189
주축(main axis) 536
중단점(break point) 519

ㅋ ~ ㅌ

캐스케이딩(cascading) 203
클래스 선택자(class selector) 196
키프레임(keyframe) 474
태그 선택자(tag selector) 195
테두리(border) 304
트랜지션(transition) 464
특수 기호 43

ㅍ

파일 전송 프로토콜(File Transfer Protocol) 48
패딩(padding) 320
포지셔닝 327
폴리필(pollyfill) 390
폴백(fallback) 390
폼(form) 133
표(table) 75
프론트엔드(front-end) 22
플러그인 392
플렉스 박스 레이아웃(flex box layout) 536
플렉스 컨테이너(flex container) 536
플렉스 항목(flex item) 536

ㅎ

하위 선택자(descendant selector) 421
하위 요소 421
하이퍼텍스트 마크업 랭귀지 15
행(row) 75
형제 선택자(sibling selector) 427
호스팅 45

영어

C ~ E

Color Picker 259
CSS 검사기 246
CSS 모듈 209
CSS 애니메이션 473
CSS3 209
em 단위 221

F ~ H

FileZilla 49
FTP 49
GIF 94
H.264/AVC 395
html5shiv 389

I ~ M

id 선택자(id selector) 200
JPG 94
Modernizr 122
mp3 396
mp4 395

O ~ R

Ogg Theora 396
Ogg Vorbis 396
ogv 395
PNG 94
px 단위 220
rem 단위 505
rgb 256
rgba 256

S ~ W

SVG 120
utf-8 41
v8 396
v9 396
viewport 492
vtt 파일 409
webm 395
WebVTT 409
woff(Web Open Font Format) 218

기타 및 숫자

!important 205
.vtt 409
16진수 256
2단 레이아웃 334
2차원 변형 함수 450
2차원 변형(2D transform) 449
3단 레이아웃 340
3차원 변형 함수 451
3차원 변형(3D transform) 449

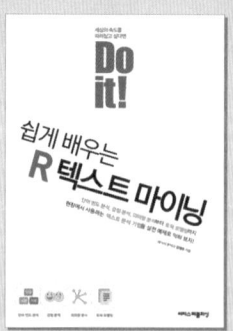